企业会计准则

实务操作精解

实务解读 + 操作要点 + 典型案例

（2021年版）

企业会计准则编审委员会　编著

人民邮电出版社

北京

图书在版编目（CIP）数据

企业会计准则实务操作精解：实务解读+操作要点+典型案例：2021年版 / 企业会计准则编审委员会编著. -- 北京：人民邮电出版社，2021.2
ISBN 978-7-115-55824-4

Ⅰ. ①企… Ⅱ. ①企… Ⅲ. ①企业－会计准则－中国 Ⅳ. ①F279.23

中国版本图书馆CIP数据核字(2020)第268112号

内 容 提 要

企业会计准则是会计从业人员进行会计确认、会计计量、会计报告的基本依据，学好企业会计准则，是做好会计工作的基础。同时，企业会计准则是一个动态体系，随着社会经济的发展和业务的延伸，其内容也在不断地完善与优化，会计从业人员需要不断地了解新事物，学习新规定，掌握新方法。本书根据新企业会计准则编写，对会计实务操作案例进行剖析，案例丰富、内容全面、通俗易懂、与时俱进，有较强的实用性，旨在帮助企业会计从业人员学好、用好企业会计准则。本书适合企业会计从业人员、企业经营管理者、企业培训及咨询人员、高校会计相关专业的师生阅读和使用。

◆ 编　著　企业会计准则编审委员会
　　责任编辑　李士振
　　责任印制　周昇亮

◆ 人民邮电出版社出版发行　北京市丰台区成寿寺路11号
　邮编　100164　电子邮件　315@ptpress.com.cn
　网址　https://www.ptpress.com.cn
　北京隆昌伟业印刷有限公司印刷

◆ 开本：787×1092　1/16
　印张：34　　　　　　　2021年2月第1版
　字数：805千字　　　　2021年2月北京第1次印刷

定价：128.00元

读者服务热线：(010)81055296　印装质量热线：(010)81055316
反盗版热线：(010)81055315
广告经营许可证：京东市监广登字20170147号

PREFACE 前言

本书写作目的

每一项具体的企业会计准则,均是针对企业某一方面的经济业务如何进行会计处理而给予的具体规定和指导。要准确把握企业会计准则的精髓,正确应用准则的相关知识,实现从理论到实践的飞跃,重中之重是要连贯、系统地学习会计要素的内容与含义、企业经济业务的处理过程、会计报表的编制方法。

企业会计准则(1项基本准则,41项具体准则)是进行会计工作的基本依据。为了更好地介绍企业会计准则的基础知识、基本要求和实务操作要点,我们精心编写了本书。

本书内容

本书以新的企业会计准则为出发点,针对现行的1项基本准则和41项具体准则,简明扼要地对企业会计准则进行了全面、清晰的解读,系统介绍了企业会计准则的基础知识、基本要求和实务操作要点。最为重要的是,本书引用了大量实务案例,具体问题具体分析,对准则的逻辑脉络、操作流程进行了切合实际工作的描述,使读者能够深入浅出地学好企业会计准则。

本书第1章为企业会计准则——基本准则,包括总则、会计信息质量要求、财务会计报表要素、会计计量、财务会计报告等10项内容。从第2章开始,对41项具体准则进行解读,按照一项准则一章的形式呈现,具体包括总则、初始计量、后续计量、转换、处置、披露等内容。在重点解读之后列举大量案例,以强化读者对具体准则的理解,提高实务操作水平。

本书特色

本书立足于现行有效的新企业会计准则,每个具体准则下列举了多个典型的企业会计处理案例,使读者能够更好地运用会计政策,掌握会计处理方法。本书主要有以下特色。

第一,全面系统。本书全面介绍了企业对所涉及的主要会计事项进行会计处理的基本思路和方法。坚持理论与实际相结合的原则，列举大量实务案例，以案例为载体，对重点、难点问题答疑解惑，旨在帮助会计从业人员举一反三、融会贯通。

第二，实用性强。在准确地解读企业会计准则之外，本书最大的特色在于引入类别丰富、切合实际的关键案例，让初学者从实务角度更好地理解和学习会计的内在联系和操作方法，深刻领悟准则在具体实践中的应用，同时更详细地解释了准则中的重难点。

第三，与时俱进。2018年，中华人民共和国财政部颁布了《企业会计准则第14号——收入》《企业会计准则第16号——政府补助》《企业会计准则第22号——金融工具确认和计量》等7项企业会计准则应用指南；2018年、2019年颁布了《企业会计准则第21号——租赁》《企业会计准则第7号——非货币性资产交换》《企业会计准则第12号——债务重组》3项准则的修订版；2019年又颁布了《企业会计准则第21号——租赁》《企业会计准则第7号——非货币性资产交换》《企业会计准则第12号——债务重组》3项准则的应用指南。本书严格依据现行的企业会计准则编写，体现了现行法规的要求。

本书使用方法

本书体系完整、内容全面，并与新的企业会计准则保持同步。阅读、查询本书，具有不同需求的读者可以有不同的收获。

大中专院校的会计、财务管理专业学生：了解新企业会计准则、企业会计处理的基本知识。

企业会计从业人员：熟悉企业会计准则的具体要求和重难点，把握会计实务工作的关键要点，在具体实践中更好地运用企业会计准则。

企业经营管理者：了解新的企业会计准则，熟悉企业会计操作具体流程。

企业培训及咨询人员：查询新的会计法规和实际操作方法。

在本书的编写过程中，得到了多位企业财务会计从业人员的热情支持，在此一并表示感谢。由于水平有限，书中疏漏在所难免，恳请广大读者批评、指正。

编者

CONTENTS 目录

第1章 企业会计准则——基本准则

- 1.1 总则 ... 1
  - 1.1.1 财务会计报告的目标 ... 1
  - 1.1.2 财务会计报告使用者 ... 1
  - 1.1.3 会计基本假设 ... 1
  - 1.1.4 会计基础 ... 2
  - 1.1.5 会计要素 ... 2
  - 1.1.6 记账方法 ... 2
- 1.2 会计信息质量要求 ... 2
  - 1.2.1 可靠性 ... 2
  - 1.2.2 相关性 ... 3
  - 1.2.3 可理解性 ... 3
  - 1.2.4 可比性 ... 3
  - 1.2.5 实质重于形式 ... 3
  - 1.2.6 重要性 ... 3
  - 1.2.7 谨慎性 ... 3
  - 1.2.8 及时性 ... 3
- 1.3 资产 ... 4
  - 1.3.1 资产的定义 ... 4
  - 1.3.2 资产的确认条件 ... 4
  - 1.3.3 资产的列报 ... 4
- 1.4 负债 ... 4
  - 1.4.1 负债的定义 ... 4
  - 1.4.2 负债的确认条件 ... 4
  - 1.4.3 负债的列报 ... 4
- 1.5 所有者权益 ... 5
  - 1.5.1 所有者权益的定义 ... 5
  - 1.5.2 所有者权益的来源 ... 5
  - 1.5.3 所有者权益的确认条件 ... 5
  - 1.5.4 所有者权益的列报 ... 5
- 1.6 收入 ... 5
  - 1.6.1 收入的定义 ... 5
  - 1.6.2 收入的确认条件 ... 6
  - 1.6.3 收入的列报 ... 6
- 1.7 费用 ... 6
  - 1.7.1 费用的定义 ... 6
  - 1.7.2 费用的确认条件 ... 6
  - 1.7.3 费用的列报 ... 6
- 1.8 利润 ... 6
  - 1.8.1 利润的定义 ... 6
  - 1.8.2 利润的确认条件 ... 6
  - 1.8.3 利润的构成与列报 ... 7
- 1.9 会计计量 ... 7
  - 1.9.1 会计计量属性 ... 7
  - 1.9.2 计量属性的运用原则 ... 7
- 1.10 财务会计报告 ... 8
  - 1.10.1 财务会计报告的定义 ... 8
  - 1.10.2 财务会计报告的构成 ... 8

第2章 存货

- 2.1 总则 ... 9
- 2.2 存货的确认 ... 9
  - 2.2.1 存货的定义 ... 9
  - 2.2.2 存货的范围 ... 9
  - 2.2.3 存货的确认条件 ... 9
- 2.3 取得存货的计量 ... 10
  - 2.3.1 存货的计量原则 ... 10

2.3.2 外购取得的存货的成本 ………… 10	第4章 投资性房地产
2.3.3 加工取得的存货的成本 ………… 10	4.1 投资性房地产的确认 …………… 36
2.3.4 其他方式取得的存货的成本 …… 10	4.1.1 投资性房地产的定义及范围 …… 36
2.3.5 不计入存货成本的相关费用 …… 11	4.1.2 确认投资性房地产的条件 ……… 36
2.4 发出存货的计量 ………………… 11	4.2 投资性房地产的计量 …………… 37
2.4.1 确定发出存货成本的方法 ……… 11	4.2.1 初始计量 ………………………… 37
2.4.2 存货成本的结转 ………………… 12	4.2.2 后续支出计量 …………………… 38
2.5 期末存货的计量 ………………… 12	4.2.3 后续计量 ………………………… 39
2.5.1 可变现净值的定义及特征 ……… 12	4.3 投资性房地产的转换 …………… 40
2.5.2 确定存货的可变现净值应考虑的因素 …… 13	4.3.1 投资性房地产转换形式及转换日 …… 40
2.5.3 表明存货的可变现净值低于成本的情形 …… 13	4.3.2 投资性房地产转换的会计处理 … 41
2.5.4 存货跌价准备的计提 …………… 14	4.4 投资性房地产的处置 …………… 44
2.5.5 存货跌价准备的转回 …………… 14	4.5 披露 ……………………………… 45
2.5.6 存货盘盈的会计处理 …………… 15	第5章 固定资产
2.5.7 存货盘亏或毁损的会计处理 …… 15	5.1 固定资产概述 …………………… 46
2.6 披露 ……………………………… 15	5.1.1 定义 ……………………………… 46
第3章 长期股权投资	5.1.2 确认条件 ………………………… 46
3.1 长期股权投资概述 ……………… 16	5.2 固定资产的初始计量 …………… 46
3.2 长期股权投资的计量 …………… 17	5.2.1 外购固定资产 …………………… 46
3.2.1 企业合并形成的长期股权投资 … 17	5.2.2 自行建造固定资产 ……………… 49
3.2.2 企业合并以外其他方式取得的长期股权投资 …… 19	5.2.3 投资者投入固定资产 …………… 49
3.2.3 特殊情况的会计处理 …………… 20	5.2.4 存在弃置义务的固定资产 ……… 49
3.3 后续计量之成本法 ……………… 22	5.3 固定资产的后续计量 …………… 49
3.3.1 成本法的适用范围 ……………… 22	5.3.1 固定资产折旧 …………………… 50
3.3.2 成本法核算下长期股权投资账面价值的调整及投资损益的确认 …… 23	5.3.2 固定资产的后续支出 …………… 51
3.4 后续计量之权益法 ……………… 23	5.4 固定资产的处置 ………………… 53
3.4.1 权益法的适用范围 ……………… 23	5.4.1 固定资产终止确认的条件 ……… 53
3.4.2 权益法的核算 …………………… 24	5.4.2 固定资产处置的账务处理 ……… 53
3.5 长期股权投资核算方法的转换及处置 …… 30	5.5 披露 ……………………………… 54
3.5.1 长期股权投资核算方法的转换 … 30	第6章 生物资产
3.5.2 长期股权投资的处置 …………… 34	6.1 生物资产概述 …………………… 55
3.6 披露 ……………………………… 35	6.1.1 生物资产概念 …………………… 55
	6.1.2 不属于生物资产的特殊规定 …… 55
	6.2 生物资产的确认和初始计量 …… 55
	6.2.1 确认的基本原则 ………………… 55
	6.2.2 初始计量 ………………………… 56

6.2.3 生物资产相关的后续支出 ········ 58
6.3 后续计量 ································· 59
6.3.1 折旧 ·································· 59
6.3.2 计提减值 ··························· 59
6.4 收获与处置 ···························· 60
6.4.1 基本原则 ··························· 60
6.4.2 具体运用 ··························· 60
6.5 披露 ······································ 66

第7章 无形资产

7.1 无形资产概述 ························ 67
7.1.1 无形资产的定义及内容 ······· 67
7.1.2 无形资产的确认条件 ·········· 67
7.1.3 无形资产的特征 ················· 67
7.2 无形资产的初始计量 ·············· 68
7.2.1 无形资产分类 ···················· 68
7.2.2 无形资产的初始计量 ·········· 68
7.3 无形资产后续计量 ·················· 73
7.3.1 无形资产使用寿命 ············· 73
7.3.2 无形资产摊销的会计处理 ··· 73
7.4 无形资产处置 ························ 76
7.4.1 出售 ·································· 76
7.4.2 对外出租 ··························· 77
7.4.3 报废 ·································· 77
7.5 披露 ······································ 78

第8章 非货币性资产交换

8.1 非货币性资产交换概述 ·········· 79
8.2 非货币性资产交换的确认和计量 ·· 80
8.2.1 确认和计量原则 ················· 80
8.2.2 商业实质 ··························· 83
8.2.3 涉及多项非货币性资产交换的处理
······································· 83
8.3 披露 ······································ 86

第9章 资产减值

9.1 资产减值概述 ························ 87
9.1.1 资产减值相关概念 ············· 87
9.1.2 资产减值范围 ···················· 87
9.2 可能发生减值资产的认定 ······· 88

9.2.1 资产减值情形的判定 ·········· 88
9.2.2 可收回金额的确定 ············· 88
9.3 资产预计未来现金流量 ·········· 89
9.3.1 预计资产未来现金流量的方法 ·· 89
9.3.2 预计未来现金流量现值的计算 ·· 89
9.4 资产减值损失的确定及处理 ··· 90
9.4.1 资产减值损失的确定原则 ··· 90
9.4.2 资产减值损失确认的账务处理 ·· 91
9.5 资产组的认定及减值处理 ······· 91
9.5.1 资产组的概念 ···················· 91
9.5.2 资产组的认定 ···················· 91
9.5.3 资产组减值的会计处理 ······ 93
9.6 商誉减值的处理 ···················· 97
9.6.1 资产减值的基本原则 ·········· 97
9.6.2 商誉减值测试的方法与会计处理 ·· 97
9.7 披露 ······································ 99

第10章 职工薪酬

10.1 职工薪酬概述 ···················· 101
10.1.1 职工 ······························· 101
10.1.2 职工薪酬概念及分类 ······ 101
10.1.3 其他相关会计准则 ·········· 101
10.2 短期薪酬的确认与计量 ······ 101
10.2.1 货币性短期薪酬 ·············· 101
10.2.2 带薪缺勤 ························ 103
10.2.3 短期利润分享计划 ·········· 104
10.2.4 非货币性福利 ················· 105
10.3 离职后福利的确认与计量 ··· 107
10.3.1 设定提存计划 ················· 107
10.3.2 设定受益计划 ················· 108
10.4 辞退福利的确认与计量 ······ 109
10.5 其他长期职工福利的确认与计量 ···· 111
10.5.1 其他长期职工福利中设定提存计划
······································· 111
10.5.2 其他长期职工福利中设定受益计划
······································· 112
10.6 披露 ·································· 113

第 11 章　企业年金基金

11.1　企业年金基金概述 ·············· 114
11.1.1　企业年金与企业年金基金 ········· 114
11.1.2　企业年金基金管理各方当事人 ······ 114
11.1.3　企业年金基金会计准则及其应用指南 ·············· 114

11.2　企业年金基金缴费 ·············· 115
11.2.1　企业年金基金缴费及其流程 ······ 115
11.2.2　企业年金基金收到缴费的账务处理 ·············· 115

11.3　企业年金基金投资运营 ·············· 116
11.3.1　企业年金基金投资运营原则和范围 ·············· 116
11.3.2　企业年金基金投资运营流程 ······ 116
11.3.3　企业年金基金投资运营的账务处理 ·············· 116

11.4　企业年金基金收入 ·············· 119
11.4.1　企业年金基金收入的构成 ······ 119
11.4.2　企业年金基金收入的账务处理 ······ 119

11.5　企业年金基金费用 ·············· 120
11.5.1　企业年金基金费用的构成 ······ 120
11.5.2　企业年金基金费用的账务处理 ······ 120

11.6　企业年金待遇给付及企业年金基金净资产 ·············· 122
11.6.1　企业年金待遇给付及其账务处理 ··· 122
11.6.2　企业年金基金净资产、净收益及其账务处理 ·············· 123

11.7　企业年金基金财务报表 ·············· 124
11.7.1　企业年金基金财务报表编报主体 ··· 124
11.7.2　企业年金基金财务报表构成 ········ 125

第 12 章　股份支付

12.1　股份支付概述 ·············· 126
12.1.1　股份支付的分类 ·············· 126
12.1.2　股份支付的适用范围 ·············· 126
12.1.3　股份支付的特征 ·············· 127
12.1.4　相关概念 ·············· 127
12.1.5　不适用该准则的情形 ·············· 127

12.2　可行权条件 ·············· 127
12.2.1　可行权条件的分类 ·············· 127
12.2.2　可行权条件的修改 ·············· 128

12.3　股份支付的确认和计量原则 ·············· 129
12.3.1　权益结算的股份支付的确认和计量原则 ·············· 129
12.3.2　现金结算的股份支付的确认和计量原则 ·············· 130
12.3.3　权益工具公允价值的确认原则 ······ 130

12.4　股份支付的会计处理 ·············· 130
12.4.1　股份支付会计处理程序 ·············· 130
12.4.2　股份支付的具体会计处理 ······ 131

12.5　披露 ·············· 135

第 13 章　债务重组

13.1　债务重组基础 ·············· 137
13.1.1　债务重组的概念 ·············· 137
13.1.2　债务重组的方式 ·············· 138

13.2　债务重组的会计处理 ·············· 138
13.2.1　债务人的处理 ·············· 138
13.2.2　债权人的处理 ·············· 138

13.3　债务重组会计处理具体应用 ······ 139
13.3.1　以资产清偿债务 ·············· 139
13.3.2　债务转为权益工具 ·············· 140
13.3.3　修改其他债务条件 ·············· 141

13.4　披露 ·············· 142

第 14 章　或有事项

14.1　或有事项概述 ·············· 143
14.1.1　或有事项的定义 ·············· 143
14.1.2　或有事项的基本特征 ·············· 144

14.2　确认和计量 ·············· 144
14.2.1　预计负债的确认 ·············· 144
14.2.2　预计负债的计量 ·············· 144
14.2.3　对预计负债账面价值的复核 ······ 145
14.2.4　或有负债和或有资产 ·············· 145

14.3　披露 ·············· 146

第 15 章 收入

15.1 收入概述 ·············· 147
15.1.1 收入的定义 ·············· 147
15.1.2 收入确认的判断标准与流程 ······ 147

15.2 收入的确认 ·············· 148
15.2.1 识别与客户订立的合同 ········ 148
15.2.2 识别合同中的单项履约义务 ····· 151
15.2.3 确定交易价格 ············· 152
15.2.4 将交易价格分摊至各单项履约义务 ·············· 156
15.2.5 履行每一单项履约义务时确认收入 ·············· 158

15.3 合同成本 ·············· 161
15.3.1 合同履约成本 ············· 161
15.3.2 合同取得成本 ············· 162
15.3.3 与合同成本有关的资产的摊销 ···· 162
15.3.4 与合同成本有关的资产的减值 ···· 162

15.4 关于特定交易的会计处理 ······ 162
15.4.1 附有销售退回条款的销售 ······ 162
15.4.2 附有质量保证条款的销售 ······ 163
15.4.3 主要责任人和代理人 ········ 163
15.4.4 附有客户额外购买选择权的销售 ·············· 163
15.4.5 授予知识产权许可 ·········· 164
15.4.6 售后回购 ················ 164
15.4.7 客户未行使的权利 ·········· 164
15.4.8 无须退回的初始费 ·········· 165

第 16 章 政府补助

16.1 政府补助概述 ·············· 166
16.1.1 政府补助的定义 ············ 166
16.1.2 政府补助的特征 ············ 166
16.1.3 政府补助的分类 ············ 167

16.2 政府补助的确认和计量 ········ 167
16.2.1 与资产相关的政府补助 ······· 168
16.2.2 与收益相关的政府补助 ······· 169
16.2.3 政府补助的退回 ············ 171

16.3 政府补助的列报 ············· 172
16.3.1 列报项目 ················ 172
16.3.2 披露信息 ················ 172

16.4 衔接规定 ················ 172

第 17 章 借款费用

17.1 借款费用的定义及范畴 ········ 174
17.1.1 定义 ··················· 174
17.1.2 范畴 ··················· 174

17.2 借款费用的确认和计量 ········ 175
17.2.1 借款费用确认的基本原则 ······ 175
17.2.2 借款费用资本化的计量 ······· 177
17.2.3 借款费用资本化的停止 ······· 181

17.3 披露 ··················· 182

第 18 章 所得税

18.1 资产、负债的计税基础 ········ 183
18.1.1 资产的计税基础 ············ 183
18.1.2 负债的计税基础 ············ 186

18.2 暂时性差异 ··············· 188
18.2.1 暂时性差异的概念 ·········· 188
18.2.2 应纳税暂时性差异和可抵扣暂时性差异 ·············· 188

18.3 递延所得税负债及递延所得税资产 ·············· 188
18.3.1 递延所得税负债的确认和计量 ··· 188
18.3.2 递延所得税资产的确认和计量 ··· 189

18.4 所得税费用 ··············· 190

18.5 所得税的列报 ·············· 191

第 19 章 外币折算

19.1 记账本位币 ··············· 192
19.1.1 记账本位币的定义 ·········· 192
19.1.2 记账本位币的确定 ·········· 192
19.1.3 境外经营记账本位币的确定 ···· 193
19.1.4 记账本位币的变更 ·········· 193

19.2 外币交易的会计处理 ········· 194
19.2.1 即期汇率和即期汇率近似汇率 ··· 194
19.2.2 汇兑差额的会计处理 ········ 194

19.3 外币财务报表的折算 ········· 195
19.3.1 境外经营财务报表的折算原则 ··· 195

V

19.3.2 处置境外经营时外币报表折算差额核算 ·················· 195

第20章 企业合并
20.1 企业合并概述 ·················· 196
20.1.1 企业合并的界定 ·················· 196
20.1.2 企业合并的方式 ·················· 196
20.1.3 企业合并类型的划分 ·················· 197
20.1.4 合并日或购买日的确定 ·················· 197
20.2 同一控制下的企业合并 ·················· 198
20.2.1 同一控制下企业合并的定义 ·················· 198
20.2.2 同一控制下企业合并的处理原则 ·················· 198
20.3 非同一控制下的企业合并 ·················· 199
20.3.1 非同一控制下企业合并的定义 ·················· 199
20.3.2 非同一控制下企业合并的处理原则 ·················· 199
20.4 不同合并方式下的会计处理 ·················· 201
20.4.1 控股合并的会计处理 ·················· 201
20.4.2 吸收合并和新设合并的会计处理 ·················· 202

第21章 租赁
21.1 租赁概述 ·················· 203
21.1.1 与租赁相关的定义 ·················· 203
21.1.2 租赁的分类 ·················· 204
21.2 承租人的会计处理 ·················· 205
21.2.1 承租人对租赁资产初始确认的会计处理 ·················· 205
21.2.2 承租人对使用权资产的后续计量 ·················· 207
21.2.3 承租人对租赁负债的后续计量 ·················· 208
21.2.4 租赁变更的会计处理 ·················· 209
21.2.5 租赁期届满时的会计处理 ·················· 211
21.3 出租人的会计处理 ·················· 211
21.3.1 出租人对融资租赁的会计处理 ·················· 211
21.3.2 出租人对经营租赁的会计处理 ·················· 215
21.3.3 租赁期届满时出租人的会计处理 ·················· 216
21.4 特殊租赁业务的会计处理 ·················· 217
21.4.1 生产商或经销商出租人的融资租赁会计处理 ·················· 217
21.4.2 售后租回业务的会计处理 ·················· 219
21.5 租赁的列报和披露 ·················· 222
21.5.1 承租人的列报和披露 ·················· 222
21.5.2 出租人的列报和披露 ·················· 222

第22章 金融工具确认和计量
22.1 金融工具概述 ·················· 224
22.2 金融工具的分类 ·················· 226
22.2.1 金融资产的分类 ·················· 227
22.2.2 金融负债的分类 ·················· 231
22.3 嵌入衍生工具 ·················· 232
22.3.1 嵌入衍生工具的定义 ·················· 232
22.3.2 混合合同 ·················· 233
22.4 金融工具的重分类 ·················· 234
22.5 金融工具计量 ·················· 236
22.5.1 初始计量 ·················· 236
22.5.2 后续计量 ·················· 237
22.6 金融工具的减值 ·················· 251
22.6.1 金融工具减值概述 ·················· 251
22.6.2 金融资产信用减值的客观信息 ·················· 252
22.6.3 特殊情况 ·················· 252
22.6.4 预期信用损失 ·················· 253
22.6.5 信用损失 ·················· 259
22.6.6 损失准备确认方法 ·················· 260
22.6.7 判断事项 ·················· 261
22.6.8 其他规定 ·················· 262
22.7 利得和损失 ·················· 263
22.7.1 以公允价值计量的金融工具 ·················· 263
22.7.2 以摊余成本计量的金融工具 ·················· 263
22.7.3 其他规定 ·················· 263

第23章 金融资产转移
23.1 金融资产转移与终止确认 ·················· 265
23.2 金融资产终止确认的判断流程 ·················· 265
23.3 金融资产转移的确认和计量 ·················· 272
23.3.1 满足终止确认条件的金融资产转移 ·················· 272
23.3.2 继续确认被转移金融资产 ·················· 275
23.3.3 继续涉入被转移金融资产 ·················· 275
23.3.4 向转入方提供非现金担保物 ·················· 277

第 24 章　套期会计

24.1 套期会计概述 278
24.1.1 套期的定义 278
24.1.2 套期的分类 279
24.1.3 套期会计方法 279

24.2 套期工具 280
24.2.1 套期工具的定义与范围 280
24.2.2 指定套期工具 280

24.3 被套期项目 281
24.3.1 符合条件的被套期项目 281
24.3.2 项目组成部分作为被套期项目的规定和要求 281
24.3.3 汇总风险敞口作为被套期项目的规定和要求 282
24.3.4 被套期项目的组合 283

24.4 套期关系评估与套期会计 283
24.4.1 运用套期会计的条件 283
24.4.2 套期关系再平衡 284
24.4.3 套期关系的终止 284

24.5 套期保值的确认与计量 285
24.5.1 公允价值套期 285
24.5.2 现金流量套期 286
24.5.3 境外经营净投资套期 288
24.5.4 一组项目套期 289

24.6 关于信用风险敞口的公允价值选择权 291
24.6.1 指定为公允价值计量的条件 291
24.6.2 相关会计处理 291

第 25 章　原保险合同

25.1 原保险合同概述 293
25.1.1 保险合同的定义 293
25.1.2 原保险合同的定义 294
25.1.3 原保险合同的分类 294

25.2 原保险合同收入 294
25.2.1 原保险合同收入的确认条件 294
25.2.2 原保险合同收入的计量 295
25.2.3 原保险合同提前解除 295

25.3 原保险合同准备金 296
25.3.1 原保险合同准备金的内容 296
25.3.2 保险责任准备金充足性测试 298

25.4 原保险合同成本 298
25.4.1 原保险合同成本的定义 298
25.4.2 计入当期损益的情形 298
25.4.3 损余物资 298
25.4.4 代位追偿款 299

25.5 列报 299
25.5.1 资产负债表列示项目 299
25.5.2 利润表列示项目 299
25.5.3 附注中披露项目 299

第 26 章　再保险合同

26.1 再保险合同概述 300
26.1.1 再保险合同的定义及特征 300
26.1.2 再保险合同基本业务 300

26.2 分出业务的会计处理 301
26.2.1 基本规定 301
26.2.2 应收分保准备金 301
26.2.3 分出保费及摊回款项 301
26.2.4 赔付成本 301
26.2.5 存入分保保证金 301
26.2.6 纯益手续费 302

26.3 分入业务的会计处理 302
26.3.1 分保费收入的确认 302
26.3.2 分保费用 302
26.3.3 分保赔付成本 303
26.3.4 存出分保保证金 304

26.4 列报 304
26.4.1 在财务报表中列报事项 304
26.4.2 在附注中披露事项 304

第 27 章　石油天然气开采

27.1 石油天然气核算范围 305
27.2 相关定义解释 305
27.3 矿区权益的会计处理 306
27.3.1 初始计量 306
27.3.2 矿区权益的折耗 306

27.3.3 矿区权益的减值 …………… 306
27.3.4 矿区权益的处置 …………… 307
27.4 油气勘探的会计处理 …………… 310
27.4.1 基本原则 …………… 310
27.4.2 会计处理 …………… 311
27.5 油气开发的会计处理 …………… 312
27.6 油气生产的会计处理 …………… 312
27.6.1 定义及核算范围 …………… 312
27.6.2 井及相关设施的折耗计提 …………… 312
27.7 弃置义务 …………… 312
27.8 披露 …………… 313

第28章 会计政策、会计估计变更和差错更正

28.1 会计政策及其变更 …………… 314
28.1.1 会计政策概述 …………… 314
28.1.2 会计政策变更 …………… 315
28.1.3 会计政策变更的会计处理 …………… 315
28.1.4 会计政策变更的披露 …………… 318
28.2 会计估计及其变更 …………… 319
28.2.1 会计估计与会计估计变更 …………… 319
28.2.2 会计政策变更与会计估计变更的划分 …………… 319
28.2.3 会计估计变更的会计处理 …………… 320
28.2.4 会计估计变更的披露 …………… 320
28.3 前期差错及其更正 …………… 320
28.3.1 前期差错概述 …………… 320
28.3.2 前期差错更正的会计处理 …………… 321
28.3.3 前期差错更正的披露 …………… 322

第29章 资产负债表日后事项

29.1 资产负债表日后事项概述 …………… 323
29.1.1 资产负债表日后事项的定义 …………… 323
29.1.2 资产负债表日后事项涵盖的期间 …………… 323
29.1.3 资产负债表日后事项分类 …………… 323
29.2 资产负债表日后调整事项 …………… 323
29.2.1 基本处理原则 …………… 323
29.2.2 具体会计处理 …………… 324
29.3 资产负债表日后非调整事项 …………… 328
29.4 披露 …………… 329

第30章 财务报表列报

30.1 财务报表概览 …………… 330
30.1.1 财务报表的定义 …………… 330
30.1.2 财务报表的构成 …………… 330
30.2 财务报表列报的基本要求 …………… 330
30.2.1 遵循各项会计准则进行确认和计量 …………… 330
30.2.2 以持续经营为列报基础 …………… 330
30.2.3 以权责发生制为编制基础 …………… 330
30.2.4 遵循重要性原则 …………… 330
30.2.5 保证列报的一致性 …………… 331
30.2.6 保持披露金额的准确 …………… 331
30.2.7 遵循可比性原则 …………… 331
30.2.8 财务报表表首的列报要求 …………… 331
30.2.9 报告期间 …………… 331
30.3 资产负债表列报 …………… 331
30.3.1 资产负债表的定义 …………… 331
30.3.2 资产负债表项目列报分类 …………… 332
30.3.3 资产负债表列报格式 …………… 333
30.4 利润表列报 …………… 343
30.4.1 利润表的定义及项目列报原则和具体适用 …………… 343
30.4.2 利润表列报总要求 …………… 344
30.4.3 利润表项目列报 …………… 344
30.5 所有者权益变动表列报 …………… 351
30.5.1 所有者权益变动表定义 …………… 351
30.5.2 所有者权益变动表列报的基本原则 …………… 351
30.5.3 所有者权益变动表列报格式及说明 …………… 352
30.6 附注 …………… 358
30.6.1 财务报表附注的定义 …………… 358
30.6.2 附注应当披露的内容及顺序 …………… 358
30.6.3 一般企业财务报表附注格式 …………… 358

第31章 现金流量表

31.1 现金流量表概述 ·········· 380
31.1.1 现金流量表的内容 ·········· 380
31.1.2 现金流量表内容与结构 ·········· 380
31.1.3 现金流量表的编制方法及程序 ·········· 381

31.2 一般企业现金流量表的编制 ·········· 381
31.2.1 一般企业现金流量表格式 ·········· 381
31.2.2 一般企业现金流量表项目编制 ·········· 382

31.3 披露 ·········· 387

第32章 中期财务报告

32.1 中期财务报告概述 ·········· 388
32.1.1 中期财务报告的定义 ·········· 388
32.1.2 中期财务报告的内容 ·········· 388

32.2 确认和计量 ·········· 388
32.2.1 会计政策 ·········· 388
32.2.2 会计估计 ·········· 388
32.2.3 重要性 ·········· 388
32.2.4 会计计量 ·········· 389
32.2.5 季节性、周期性或者偶然性取得收入的确认和计量 ·········· 390
32.2.6 会计年度中不均匀发生的费用的确认和计量 ·········· 390

32.3 合并财务报表 ·········· 390
32.4 比较财务报表 ·········· 391
32.5 附注 ·········· 392

第33章 合并财务报表

33.1 合并财务报表基础 ·········· 394
33.1.1 合并财务报表的定义及解释 ·········· 394
33.1.2 合并范围的确定 ·········· 394
33.1.3 合并财务报表的编制原则 ·········· 396
33.1.4 编制合并财务报表的前期准备工作 ·········· 396
33.1.5 合并财务报表的编制程序 ·········· 396
33.1.6 报告期内增减子公司的处理 ·········· 396

33.2 合并日财务报表的编制 ·········· 397
33.2.1 对子公司的个别财务报表进行调整 ·········· 397
33.2.2 合并日资产负债表的编制 ·········· 397

33.3 购买日后合并财务报表的编制 ·········· 405
33.3.1 合并资产负债表 ·········· 405
33.3.2 合并利润表 ·········· 409
33.3.3 合并现金流量表 ·········· 412
33.3.4 合并所有者权益变动表 ·········· 414
33.3.5 案例分析 ·········· 415

33.4 特殊交易的会计处理 ·········· 436
33.4.1 追加投资的会计处理 ·········· 436
33.4.2 处置对子公司投资的会计处理 ·········· 437
33.4.3 因子公司的少数股东增资而稀释母公司拥有的股权比例 ·········· 438
33.4.4 其他特殊交易 ·········· 438

第34章 每股收益

34.1 基本每股收益 ·········· 439
34.1.1 分子的确定 ·········· 439
34.1.2 分母的确定 ·········· 439

34.2 稀释每股收益 ·········· 440
34.2.1 基本计算原则 ·········· 440
34.2.2 可转换公司债券 ·········· 440
34.2.3 认股权证、股份期权 ·········· 441
34.2.4 企业承诺将回购其股份的合同 ·········· 441
34.2.5 多项潜在普通股 ·········· 442
34.2.6 子公司、合营企业或联营企业发行的潜在普通股 ·········· 443

34.3 每股收益的列报 ·········· 444
34.3.1 重新计算 ·········· 444
34.3.2 列报 ·········· 445

第35章 分部报告

35.1 报告分部的确定 ·········· 447
35.1.1 业务分部 ·········· 447
35.1.2 地区分部 ·········· 447
35.1.3 分部合并的条件 ·········· 447
35.1.4 报告分部的确定 ·········· 449

35.2 分部信息的披露 ·········· 450
35.2.1 分部信息披露的主要报告形式和次要报告形式 ·········· 450

35.2.2 主要报告形式下分部信息的披露 ··· 450
35.2.3 分部信息与企业合并财务报表或企业财务报表总额信息的衔接 ·············· 451
35.2.4 次要报告形式下分部信息的披露 ··· 451
35.2.5 其他披露要求 ···························· 451

第36章 关联方披露

36.1 关联方披露的基本规定 ················ 453
36.1.1 关联方的认定 ···························· 453
36.1.2 基本规定 ···································· 453

36.2 关联方关系的认定 ······················· 453
36.2.1 关联方关系认定的一般原则 ········· 453
36.2.2 关联方关系界定的例外情况 ········· 455

36.3 关联方交易 ··································· 455
36.3.1 关联方交易的定义 ······················· 455
36.3.2 关联方交易的类型 ······················· 456

36.4 关联方及其交易的披露 ················ 456

第37章 金融工具列报

37.1 金融工具列报概述 ······················· 457
37.1.1 金融工具列报的含义 ···················· 457
37.1.2 金融工具列报准则适用范围 ········· 457

37.2 金融负债和权益工具的区分 ········ 457
37.2.1 金融工具的分类 ·························· 457
37.2.2 金融负债和权益工具的区分 ········· 457
37.2.3 金融工具的列示 ·························· 465

37.3 特殊金融工具的区分 ·················· 466
37.3.1 可回售工具 ································· 466
37.3.2 发行方仅在清算时才向另一方按比例交付其净资产的金融工具 ············· 467
37.3.3 特殊金融工具分类为权益工具的其他条件 ··· 467

37.4 金融负债和权益工具之间的重分类 ··· 467

37.5 收益和库存股 ···························· 467
37.5.1 发行方对利息、股利、利得或损失的处理 ··· 467
37.5.2 库存股 ·· 468
37.5.3 对每股收益计算的影响 ················ 468

37.6 金融资产与金融负债的抵销列示 ····· 468
37.6.1 金融资产与金融负债抵销列示的条件 ··· 468
37.6.2 金融资产与金融负债不得抵销的情形 ··· 468
37.6.3 总互抵协议 ································· 469

37.7 金融工具对财务状况和经营成果影响的列报 ······································ 469
37.7.1 一般性规定 ································· 469
37.7.2 资产负债表中的列示及相关披露 ··· 469
37.7.3 利润表中的列示及相关披露 ········· 471
37.7.4 套期会计相关披露 ······················· 472
37.7.5 公允价值披露 ····························· 473

37.8 与金融工具相关的风险披露 ········ 474
37.8.1 定性和定量信息 ·························· 474
37.8.2 信用风险披露 ····························· 475
37.8.3 流动性风险披露 ·························· 481
37.8.4 市场风险披露 ····························· 482

37.9 金融资产转移的披露 ·················· 483
37.9.1 金融资产转移信息披露的一般要求 ··· 483
37.9.2 已转移但未整体终止确认的金融资产的信息披露 ······················· 484
37.9.3 已整体终止确认但转出方继续涉入已转移金融资产的信息披露 ············· 484

37.10 衔接规定 ·································· 485

第38章 首次执行企业会计准则

38.1 首次执行企业会计准则概述 ········· 489

38.2 首次执行日的确认与计量 ············ 489
38.2.1 首次执行日的新旧会计科目余额对照表和期初资产负债表 ············· 489
38.2.2 首次执行日采用追溯调整法有关项目的处理 ······························· 489
38.2.3 首次执行日采用未来适用法有关项目的处理 ······························· 492

38.3 首次执行日会计列报 ·················· 493
38.3.1 首份年度财务报表 ······················· 493
38.3.2 比较财务报表及披露 ···················· 494

第 39 章　公允价值计量

- 39.1 公允价值计量概述 ············ 495
- 39.2 相关资产或负债 ··············· 495
  - 39.2.1 资产或负债的特征 ········· 495
  - 39.2.2 资产或负债的计量单元 ····· 495
- 39.3 有序交易和市场 ··············· 495
  - 39.3.1 有序交易 ················· 495
  - 39.3.2 主要市场和最有利市场 ····· 495
- 39.4 市场参与者 ··················· 496
  - 39.4.1 公允价值计量条件 ········· 496
  - 39.4.2 市场参与者定义 ··········· 496
- 39.5 公允价值初始计量 ············· 497
  - 39.5.1 初始计量 ················· 497
  - 39.5.2 公允价值通常与其交易价格不相等的情况 ····················· 497
  - 39.5.3 以公允价值对相关资产或负债进行初始计量且交易价格与公允价值不相等的利得或损失处理 ················· 497
- 39.6 估值技术 ····················· 498
  - 39.6.1 估值技术概述 ············· 498
  - 39.6.2 估值技术方法 ············· 498
  - 39.6.3 变更估值技术的情况 ······· 498
- 39.7 公允价值层次 ················· 499
- 39.8 非金融资产的公允价值计量 ····· 499
  - 39.8.1 非金融资产的计量 ········· 499
  - 39.8.2 非金融资产最佳用途的影响因素 ····· 499
  - 39.8.3 估值前提的确定 ··········· 499
- 39.9 负债和企业自身权益工具的公允价值计量 ····················· 499
  - 39.9.1 负债和企业自身权益工具的计量 ···499
  - 39.9.2 计量原则 ················· 500
- 39.10 市场风险或信用风险可抵销的金融资产和金融负债的公允价值计量 ····· 500
  - 39.10.1 计量原则 ················ 500
  - 39.10.2 计量条件 ················ 500
- 39.11 公允价值披露 ················ 500
  - 39.11.1 公允价值披露要求 ········ 500
  - 39.11.2 持续以公允价值计量的每组资产和负债的附注披露要求 ········· 501
  - 39.11.3 非持续以公允价值计量的每组资产和负债的附注披露要求 ········· 501

第 40 章　合营安排

- 40.1 合营安排概述 ················· 502
  - 40.1.1 合营安排定义 ············· 502
  - 40.1.2 合营安排参与方 ··········· 502
- 40.2 合营安排的认定和分类 ········· 502
  - 40.2.1 合营安排的认定 ··········· 502
  - 40.2.2 合营安排的分类 ··········· 502
- 40.3 共同经营参与方的会计处理 ····· 503
  - 40.3.1 共同经营合营方利益份额的确定 ····· 503
  - 40.3.2 共同经营投出或出售资产损益的确认 ····· 503
  - 40.3.3 共同经营购买资产损益中归属于共同经营其他参与方的部分确认 ····· 503
  - 40.3.4 对共同经营不享有共同控制的参与方损益的确认 ················· 504
- 40.4 合营企业参与方的会计处理 ····· 504

第 41 章　在其他主体中权益的披露

- 41.1 在其他主体中权益的披露概述 ····· 505
- 41.2 重大判断和假设的披露 ········· 505
  - 41.2.1 对其他主体实施控制、共同控制或重大影响的重大判断和假设的披露 ····· 505
  - 41.2.2 由非投资性主体转变为投资性主体的信息披露 ····················· 505
- 41.3 在子公司中权益的披露 ········· 505
  - 41.3.1 在合并财务报表附注中的披露一般要求 ····· 505
  - 41.3.2 使用企业集团资产和清偿企业集团债务存在重大限制的企业的附注披露要求 ····· 506
  - 41.3.3 存在纳入合并财务报表范围的结构化主体的企业的附注披露要求 ····· 506
  - 41.3.4 对子公司所有者权益所拥有份额发生变化时企业的附注披露要求 ····· 506

41.3.5 作为投资性主体的企业对未纳入合并财务报表的投资企业的一般披露要求 ……… 506
41.3.6 作为投资性主体的企业对未纳入合并财务报表的投资企业的风险披露要求 ……… 506

41.4 在合营安排或联营企业中权益的披露 …………………………………… 507

41.4.1 存在重要的合营安排或联营企业的，企业应当披露的信息 …………… 507
41.4.2 重要的合营企业或联营企业补充信息披露 ………………………………… 507
41.4.3 企业在单个合营企业或联营企业中的权益不重要的信息披露 ………… 507
41.4.4 限制性信息披露 …………………… 507
41.4.5 超额亏损的份额确认 ……………… 507
41.4.6 未确认承诺及或有负债的披露 …… 507

41.5 在未纳入合并财务报表范围的结构化主体中权益的披露 ……………………… 508

41.5.1 对于未纳入合并财务报表范围的结构化主体的企业应当披露的信息 …… 508
41.5.2 披露对未纳入合并财务报表范围的结构化主体提供财务支持或其他支持的意图 …… 508
41.5.3 企业是投资性主体的，对受其控制但未纳入合并财务报表范围的结构化主体的处理 ………………………………… 508

第42章 持有待售的非流动资产、处置组和终止经营

42.1 准则适用范围 …………………… 509

42.2 持有待售的非流动资产或处置组的定义与分类 …………………………… 509

42.2.1 持有待售类别的定义 …………… 509
42.2.2 持有待售类别的划分条件 ……… 510

42.3 持有待售的非流动资产或处置组的计量 …………………………………… 512

42.3.1 取得日的计量 …………………… 512
42.3.2 持有待售类别的初始计量和后续计量 …………………………………… 512
42.3.3 减值准备的转回 ………………… 520
42.3.4 不再满足划分条件时的处理 …… 520

42.4 终止经营 ………………………… 520

42.5 列报 ……………………………… 522

42.5.1 资产负债表列报 ………………… 522
42.5.2 利润表列报 ……………………… 524
42.5.3 报表附注中的披露 ……………… 525
42.5.4 可比期间信息的披露 …………… 526

第 1 章
企业会计准则——基本准则

我国企业会计准则体系包括基本准则、具体准则和应用指南。

基本准则为主导，对企业财务会计的一般要求和主要方面做出原则性的规定，为制定具体准则和会计制度提供依据。基本准则包括总则、会计信息质量要求、财务会计报表要素、会计计量、财务会计报告、附则等十一项内容。

具体准则是在基本准则的指导下，处理会计具体业务标准的规范。

应用指南从不同角度对企业具体准则进行强化，解决实务操作，包括具体准则解释部分、会计科目和财务报表部分。

1.1 总则

为了规范企业会计确认、计量和报告行为，保证会计信息质量，中华人民共和国财政部（以下简称"财政部"）根据《中华人民共和国会计法》和其他有关法律、行政法规制定企业会计准则，并适用于在中华人民共和国境内设立的企业（包括公司，下同）。

企业会计准则包括基本准则和具体准则，具体准则的制定应当遵循基本准则。

1.1.1 财务会计报告的目标

企业应当编制财务会计报告（又称财务报告，下同）。财务会计报告的目标是向财务会计报告使用者提供与企业财务状况、经营成果和现金流量等有关的会计信息，反映企业管理层受托责任履行情况，有助于财务会计报告使用者作出经济决策。

1.1.2 财务会计报告使用者

财务会计报告使用者包括投资者、债权人、政府及其有关部门和社会公众等，如图 1-1 所示。

1.1.3 会计基本假设

会计基本假设是企业会计确认、计量和报告的前提，是对会计核算所处时间、空间环境等所作的合理假定。会计基本假设包括会计主体、持续经营、会计分期和货币计量。具体如表 1-1 所示。

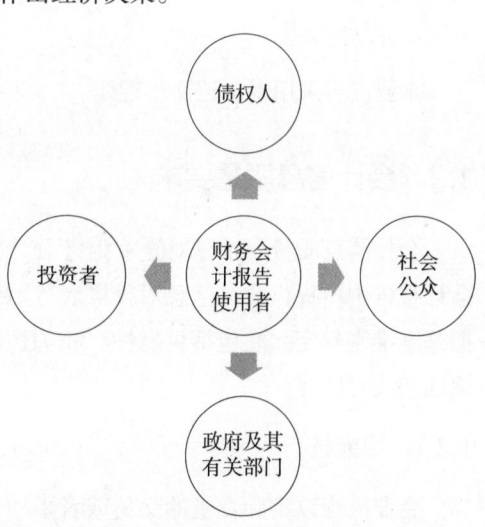

图 1-1 财务会计报告使用者

表 1-1　　　　　　　　　　　会计基本假设

会计基本假设	准则规定
会计主体	企业应当对其本身发生的交易或者事项进行会计确认、计量和报告
持续经营	企业会计确认、计量和报告应当以持续经营为前提
会计分期	企业应当划分会计期间，分期结算账目和编制财务会计报告；会计期间分为年度和中期。中期是指短于一个完整的会计年度的报告期间
货币计量	企业会计应当以货币计量

1.1.4　会计基础

企业应当以权责发生制为基础进行会计确认、计量和报告。

权责发生制基础要求，凡是当期已经实现的收入和已经发生或应当负担的费用，无论款项是否收付，都应当作为当期的收入和费用，计入利润表；凡是不属于当期的收入和费用，即使款项已在当期收付，也不应当作为当期的收入和费用。

收付实现制是与权责发生制相对应的一种会计基础，它是以收到或支付的现金及其时点作为确认收入和费用等的依据。为了更加真实、公允地反映特定会计期间的财务状况和经营成果，基本准则明确规定，企业在会计确认、计量和报告中应当以权责发生制为基础。

【提示】权责发生制与收付实现制的本质区别是收入和费用的确认时点不同。权责发生制以收入和费用的权利和义务发生的时点进行确认，收付实现制以现金实际收入和支出作为收入和费用的确认时点。

目前，我国的行政单位会计采用收付实现制，事业单位部分经济业务或者事项的核算采用权责发生制，除此之外的业务采用收付实现制。

1.1.5　会计要素

企业应当按照交易或者事项的经济特征确定会计要素。会计要素包括资产、负债、所有者权益、收入、费用和利润。

1.1.6　记账方法

企业应当采用借贷记账法记账。

1.2　会计信息质量要求

会计信息质量要求是对企业财务会计报告中所提供会计信息质量的基本要求，是使财务会计报告中所提供会计信息对投资者等财务会计报告使用者决策有用应具备的基本特征，根据基本准则规定，它包括可靠性、相关性、可理解性、可比性、实质重于形式、重要性、谨慎性和及时性等。

1.2.1　可靠性

企业应当以实际发生的交易或者事项为依据进行会计确认、计量和报告，如实反映符合确认和计量要求的各项会计要素及其他相关信息，保证会计信息真实可靠、内容完整。

1.2.2 相关性

企业提供的会计信息应当与财务会计报告使用者的经济决策需要相关,有助于财务会计报告使用者对企业过去、现在或者未来的情况作出评价或者预测。

1.2.3 可理解性

企业提供的会计信息应当清晰明了,便于财务会计报告使用者理解和使用。

企业编制财务会计报告、提供会计信息的目的在于使用,而要使财务会计报告使用者有效使用会计信息,应当能让其了解会计信息的内涵,弄懂会计信息的内容。

1.2.4 可比性

企业提供的会计信息应当具有可比性。可比性包括纵向可比与横向可比,如表1-2所示。

表1-2　　　　　　　　　　会计信息的可比性

可比的类型	含义
纵向可比	同一企业不同时期发生的相同或者相似的交易或者事项,应当采用一致的会计政策,不得随意变更。确需变更的,应当在附注中说明
横向可比	不同企业发生的相同或者相似的交易或者事项,应当采用规定的会计政策,确保会计信息口径一致、相互可比

1.2.5 实质重于形式

企业应当按照交易或者事项的经济实质进行会计确认、计量和报告,不应仅以交易或者事项的法律形式为依据。

大多数的业务交易,其法律形式反映了经济实质;但是,在有些情况下,法律形式没有反映经济实质,这就要求会计人员作出职业判断,按照业务的经济实质进行账务处理。

1.2.6 重要性

企业提供的会计信息应当反映与企业财务状况、经营成果和现金流量等有关的所有重要交易或者事项。

重要性的判断取决于性质和金额两个方面,相同的金额对于规模不同的企业,可能存在不同的重要性理解。

1.2.7 谨慎性

企业对交易或者事项进行会计确认、计量和报告应当保持应有的谨慎,不应高估资产或者收益、低估负债或者费用。

但是,谨慎性的应用并不允许企业设置秘密准备。

1.2.8 及时性

企业对于已经发生的交易或者事项,应当及时进行会计确认、计量和报告,不得提前或者延后。

1.3 资产

1.3.1 资产的定义

资产是指企业过去的交易或者事项形成的、由企业拥有或者控制的、预期会给企业带来经济利益的资源。

前款所指的企业过去的交易或者事项包括购买、生产、建造行为或其他交易或者事项。预期在未来发生的交易或者事项不形成资产。

由企业拥有或者控制，是指企业享有某项资源的所有权，或者虽然不享有某项资源的所有权，但该资源能被企业控制。

预期会给企业带来经济利益，是指直接或者间接导致现金和现金等价物流入企业的潜力。

1.3.2 资产的确认条件

符合上述资产定义的资源，在同时满足以下条件时，确认为资产：

（1）与该资源有关的经济利益很可能流入企业；

（2）该资源的成本或者价值能够可靠地计量。

1.3.3 资产的列报

符合资产定义和资产确认条件的项目，应当列入资产负债表；符合资产定义但不符合资产确认条件的项目，不应当列入资产负债表。

1.4 负债

1.4.1 负债的定义

负债是指企业过去的交易或者事项形成的、预期会导致经济利益流出企业的现时义务。

现时义务是指企业在现行条件下已承担的义务。未来发生的交易或者事项形成的义务，不属于现时义务，不应当确认为负债。

1.4.2 负债的确认条件

符合上述负债定义的义务，在同时满足以下条件时，确认为负债：

（1）与该义务有关的经济利益很可能流出企业；

（2）未来流出的经济利益的金额能够可靠地计量。

1.4.3 负债的列报

符合负债定义和负债确认条件的项目，应当列入资产负债表；符合负债定义但不符合负债确认条件的项目，不应当列入资产负债表。

1.5 所有者权益

1.5.1 所有者权益的定义

所有者权益是指企业资产扣除负债后由所有者享有的剩余权益。公司的所有者权益又称为股东权益。

所有者权益是所有者对企业资产的剩余索取权。它是企业的资产扣除债权人权益后应由所有者享有的部分，既可反映所有者投入资本的保值增值情况，又可体现保护债权人权益的理念。

1.5.2 所有者权益的来源

所有者权益的来源包括所有者投入的资本、直接计入所有者权益的利得和损失、留存收益等，如图1-2所示。

所有者投入的资本，是指所有者投入企业的资本部分，它既包括构成企业注册资本或者股本部分的金额，也包括投入资本超过注册资本或者股本部分的金额，即资本溢价或者股本溢价。

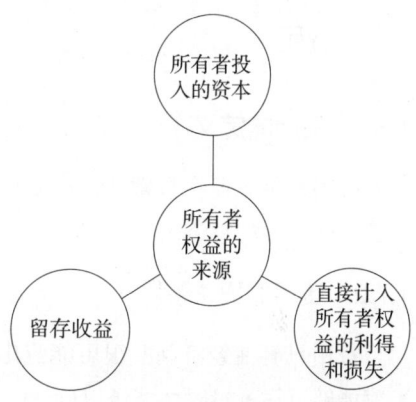

图1-2 所有者权益的来源

直接计入所有者权益的利得和损失，是指不应计入当期损益、会导致所有者权益发生增减变动的、与所有者投入资本或者向所有者分配利润无关的利得或者损失。其中，利得是指由企业非日常活动所形成的、会导致所有者权益增加的、与所有者投入资本无关的经济利益的流入。损失是指由企业非日常活动所发生的、会导致所有者权益减少的、与向所有者分配利润无关的经济利益的流出。

留存收益是企业历年实现的净利润留存于企业的部分，主要包括计提的盈余公积和未分配利润。

1.5.3 所有者权益的确认条件

由于所有者权益体现的是所有者在企业中的剩余权益，因此，所有者权益的确认主要依赖于其他会计要素的确认，尤其是资产和负债的确认；所有者权益金额取决于资产和负债的计量。

1.5.4 所有者权益的列报

所有者权益项目应当列入资产负债表。

1.6 收入

1.6.1 收入的定义

收入是指企业在日常活动中形成的、会导致所有者权益增加的、与所有者投入资本无关的经济利益的总流入。

1.6.2 收入的确认条件

收入在确认时除了应当符合收入定义外，还应当满足严格的确认条件。收入只有在经济利益很可能流入从而导致企业资产增加或者负债减少，且经济利益的流入额能够可靠计量时才能予以确认。

1.6.3 收入的列报

符合收入定义和收入确认条件的项目，应当列入利润表。

1.7 费用

1.7.1 费用的定义

费用是指企业在日常活动中发生的、会导致所有者权益减少的、与向所有者分配利润无关的经济利益的总流出。

1.7.2 费用的确认条件

费用只有在经济利益很可能流出从而导致企业资产减少或者负债增加，且经济利益的流出额能够可靠计量时才能予以确认。

【提示】费用与成本的区别。

区别主要表现在：期间费用是资产的耗费，它与一定的会计期间相联系，而与生产哪一种产品无关；生产成本与一定种类和数量的产品相联系，而不论发生在哪一个会计期间。

1.7.3 费用的列报

符合费用定义和费用确认条件的项目，应当列入利润表。

1.8 利润

1.8.1 利润的定义

利润是指企业在一定会计期间的经营成果。

通常情况下，如果企业实现了利润，表明企业的所有者权益将增加，业绩将得到提升；反之，如果企业发生了亏损（即利润为负数），表明企业的所有者权益将减少，业绩将下降。

1.8.2 利润的确认条件

利润包括收入减去费用后的净额、直接计入当期利润的利得和损失等。

直接计入当期利润的利得和损失，是指应当计入当期损益、会导致所有者权益发生增减变动的、与所有者投入资本或者向所有者分配利润无关的利得或者损失。

利润金额取决于收入和费用、直接计入当期利润的利得和损失金额的计量。

1.8.3　利润的构成与列报

利润按构成内容不同可以分为营业利润、利润总额和净利润。

利润项目应当列入利润表，上述几项利润构成内容都体现在我国企业的利润表中。

1.9　会计计量

企业在将符合确认条件的会计要素登记入账并列报于会计报表及其附注（又称财务报表，下同）时，应当按照规定的会计计量属性进行计量，确定其金额。

1.9.1　会计计量属性

会计要素的计量是为了将符合确认条件的会计要素登记入账并列报于财务报表而确定其金额的过程。会计计量属性主要包括以下几项。

1. 历史成本

在历史成本计量下，资产按照购置时支付的现金或者现金等价物的金额，或者按照购置资产时所付出的对价的公允价值计量。负债按照因承担现时义务而实际收到的款项或者资产的金额，或者承担现时义务的合同金额，或者按照日常活动中为偿还负债预期需要支付的现金或者现金等价物的金额计量。

2. 重置成本

在重置成本计量下，资产按照现在购买相同或者相似资产所需支付的现金或者现金等价物的金额计量。负债按照现在偿付该项债务所需支付的现金或者现金等价物的金额计量。

3. 可变现净值

在可变现净值计量下，资产按照其正常对外销售所能收到现金或者现金等价物的金额扣减该资产至完工时估计将要发生的成本、估计的销售费用以及相关税费后的金额计量。

4. 现值

在现值计量下，资产按照预计从其持续使用和最终处置中所产生的未来净现金流入量的折现金额计量。负债按照预计期限内需要偿还的未来净现金流出量的折现金额计量。

5. 公允价值

在公允价值计量下，资产和负债按照市场参与者在计量日发生的有序交易中，出售资产所能收到或者转移负债所需支付的价格计量。

1.9.2　计量属性的运用原则

企业在对会计要素进行计量时，一般应当采用历史成本，采用重置成本、可变现净值、现值、公允价值计量的，应当保证所确定的会计要素金额能够取得并可靠计量。

1.10 财务会计报告

1.10.1 财务会计报告的定义

财务会计报告是指企业对外提供的反映企业某一特定日期的财务状况和某一会计期间的经营成果、现金流量等会计信息的文件。

1.10.2 财务会计报告的构成

财务会计报告包括会计报表及其附注和其他应当在财务会计报告中披露的相关信息和资料。会计报表至少应当包括资产负债表、利润表、现金流量表等报表。小企业编制的会计报表可以不包括现金流量表。财务会计报告的构成如图1-3所示。

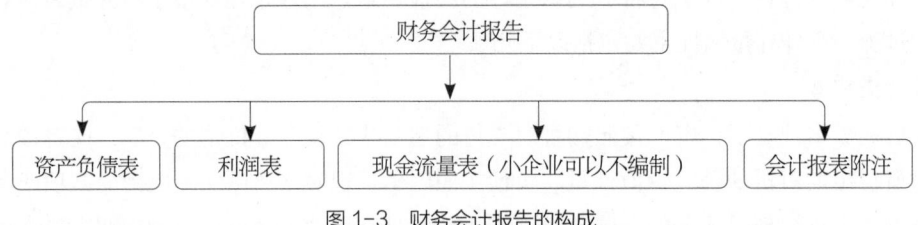

图1-3 财务会计报告的构成

1. 资产负债表

资产负债表是指反映企业在某一特定日期的财务状况的会计报表。

2. 利润表

利润表是指反映企业在一定会计期间的经营成果的会计报表。

3. 现金流量表

现金流量表是指反映企业在一定会计期间的现金和现金等价物流入和流出的会计报表。

4. 附注

附注是指对在会计报表中列示项目所做的进一步说明，以及对未能在这些报表中列示项目的说明等。

第 2 章
存货

《企业会计准则第 1 号——存货》包括"总则""确认""计量""披露"四部分。

"总则"部分，说明了制定存货准则的目的、依据以及该准则不涉及的内容范围。

"确认"部分，明确了存货的概念以及存货确认的条件。

"计量"部分，说明了存货成本的内容、存货的初始计量方法、发出存货成本的确定方法、存货的期末计量方法、存货成本的结转等。

"披露"部分，规定了企业应当在财务报表附注中披露的存货相关信息内容。

2.1 总则

为了规范存货的确认、计量和相关信息的披露，根据《企业会计准则——基本准则》制定本准则。

下列各项适用其他相关会计准则：（1）消耗性生物资产，适用《企业会计准则第 5 号——生物资产》；（2）通过建造合同归集的存货成本，适用《企业会计准则第 14 号——收入》。

2.2 存货的确认

2.2.1 存货的定义

存货是指企业在日常活动中持有以备出售的产成品或商品、处在生产过程中的在产品、在生产过程或提供劳务过程中耗用的材料和物料等。

2.2.2 存货的范围

（1）原材料

【提示】为建造固定资产等各项工程而储备的各种材料，虽然同属于原材料，但是由于用于建造固定资产等各项工程，不符合存货的定义，因此不能作为企业存货进行核算。

（2）在产品

（3）半成品

（4）产成品

（5）商品

（6）周转材料

2.2.3 存货的确认条件

在符合定义的前提下，存货应同时满足下列两个条件：

（1）与该存货有关的经济利益很可能流入企业；
（2）该存货的成本能够可靠地计量。

2.3 取得存货的计量

2.3.1 存货的计量原则

存货应当按照成本进行初始计量。存货成本包括采购成本、加工成本和其他成本。

2.3.2 外购取得的存货的成本

存货的采购成本，包括购买价款、相关税费、运输费、装卸费、保险费以及其他可归属于存货采购成本的费用。

（1）存货的购买价款，是指企业购入的材料或商品的发票账单上列明的价款，但不包括按规定可以抵扣的增值税。

（2）存货的相关税费，是指企业购买、自制或委托加工存货发生的进口关税、消费税、资源税和不能抵扣的增值税进项税额等应计入存货采购成本的税费。

（3）其他可归属于存货采购成本的费用，即采购成本中除上述各项以外的可归属于存货采购成本的费用，如在存货采购过程中发生的仓储费、包装费、运输途中的合理损耗、入库前的挑选整理费用等。企业采购商品的进货费用金额较小的，可以在发生时直接计入当期损益。

2.3.3 加工取得的存货的成本

存货加工成本，由直接人工和制造费用构成，其实质是企业在进一步加工存货的过程中追加发生的生产成本。制造费用是指企业为生产产品和提供劳务而发生的各项间接费用。

【提示】制造费用是一种间接生产成本，包括企业生产部门（如生产车间）管理人员的职工薪酬、折旧费、办公费、水电费、机物料消耗、劳动保护费、季节性和修理期间的停工损失等。制造费用不是期间费用。

2.3.4 其他方式取得的存货的成本

企业取得存货的其他方式主要包括接受投资者投资、非货币性资产交换、债务重组、企业合并、盘盈等。

（一）投资者投入存货的成本

投资者投入存货的成本应当按照投资合同或协议约定的价值确定，但合同或协议约定价值不公允的除外。在投资合同或协议约定价值不公允的情况下，按照该项存货的公允价值作为其入账价值。

（二）通过非货币性资产交换、债务重组、企业合并等方式取得的存货的成本

分别按照相关准则的规定确定。

（三）盘盈存货的成本

盘盈的存货应按其重置成本作为入账价值，并通过"待处理财产损溢"科目进行会计处理，按管理权限报经批准后冲减当期管理费用。

2.3.5 不计入存货成本的相关费用

下列费用应当在发生时确认为当期损益，不计入存货成本。

（1）非正常消耗的直接材料、直接人工和制造费用。

（2）仓储费用（不包括在生产过程中为达到下一个生产阶段所必需的费用）。例如，某种酒类产品生产企业为使生产的酒达到规定的产品质量标准而必须发生的仓储费用，就应计入酒的成本，而不是计入当期损益。

（3）不能归属于使存货达到目前场所和状态的其他支出。

2.4 发出存货的计量

2.4.1 确定发出存货成本的方法

企业可采用先进先出法、移动加权平均法、月末一次加权平均法或者个别计价法确定发出存货的实际成本。

【提示】现行准则不允许采用后进先出法确定存货的成本。

（一）先进先出法

先进先出法是以先购入的存货应先发出（销售或耗用）这样一种存货实物流动假设为前提，对发出存货进行计价的方法。采用这种方法，先购入的存货成本在后购入的存货成本之前转出，据此确定发出存货和期末存货的成本。

（二）移动加权平均法

移动加权平均法，是指以每次进货的成本加上原有库存存货的成本，除以每次进货数量与原有库存存货的数量之和，据以计算加权平均单位成本，作为在下次进货前计算各次发出存货成本的依据的方法。

（三）月末一次加权平均法

月末一次加权平均法，是指以当月全部进货数量加上月初存货数量作为权数，去除当月全部进货成本加上月初存货成本，计算出存货的加权平均单位成本，以此为基础计算当月发出存货的成本和期末存货的成本的方法。

（四）个别计价法

个别计价法，其特征是注重所发出存货具体项目的实物流转与成本流转之间的联系，逐一辨认各批发出存货和期末存货所属的购进批别或生产批别，分别按其购入或生产时所确定的单位成本计算各批发出存货和期末存货的成本。即把每一种存货的实际成本作为计算发出存货成本和期末存货成本的基础。

【提示】对于不能替代使用的存货、为特定目的专门购入或制造的存货以及提供的劳务，通常采用个别计价法确定发出存货的成本。

2.4.2 存货成本的结转

《企业会计准则第1号——存货》具体准则规定，对于已售存货，应当将其成本结转为当期损益，相应的存货跌价准备也应当予以结转。

（一）对外销售商品结转成本的会计处理

借：主营业务成本
　　存货跌价准备
　　贷：库存商品

（二）对外销售材料结转成本的会计处理

借：其他业务成本
　　存货跌价准备
　　贷：原材料

（三）包装物的会计处理

1. 生产领用的包装物

借：制造费用等
　　贷：周转材料——包装物

2. 出借包装物及随同产品出售不单独计价的包装物

借：销售费用
　　贷：周转材料——包装物

3. 出租包装物及随同产品出售单独计价的包装物

借：其他业务成本
　　贷：周转材料——包装物

2.5 期末存货的计量

资产负债表日，存货应当按照成本与可变现净值孰低计量。存货成本高于其可变现净值的，应当计提存货跌价准备，计入当期损益。

存货的成本低于其可变现净值的，按其成本计量，不计提存货跌价准备，但原已计提存货跌价准备的，应在已计提存货跌价准备金额的范围内转回。

2.5.1 可变现净值的定义及特征

存货的可变现净值，是指在日常活动中，存货的估计售价减去至完工时估计将要发生的成本、估计的销售费用以及相关税费后的金额。

可变现净值具有以下基本特征。

（1）确定存货可变现净值的前提是企业在进行日常活动。

（2）可变现净值特征表现为存货的预计未来净现金流量，而不是存货的售价或合同价。

（3）不同存货可变现净值的构成不同。

①产成品、商品和用于出售的材料等直接用于出售的商品存货，在正常生产经营过程中，应当以该存货的估计售价减去估计的销售费用和相关税费后的金额确定其可变现净值。

②需要经过加工的材料存货，在正常生产经营过程中，应当以所生产的产成品的估计售价减去至完工时估计将要发生的成本、估计的销售费用和相关税费后的金额确定其可变现净值。

③为执行销售合同或者劳务合同而持有的存货，其可变现净值应当以合同价格为基础计算。企业持有存货的数量多于销售合同订购数量的，超出部分的存货的可变现净值应当以一般销售价格为基础计算。

2.5.2　确定存货的可变现净值应考虑的因素

企业确定存货的可变现净值，应当以取得的确凿证据为基础，并且考虑持有存货的目的、资产负债表日后事项的影响等因素。

（一）确凿证据

取得的确凿证据，是指对确定存货的可变现净值和成本有直接影响的客观证明，如产成品或商品的市场销售价格、与企业产成品或商品相同或类似商品的市场销售价格、销售方提供的有关资料和生产成本资料等。

（二）持有存货的目的

直接出售的存货与需要进一步加工出售的存货，两者可变现净值是不同的。

（三）资产负债表日后事项的影响

要考虑资产负债表日后期间发生的相关事项。

2.5.3　表明存货的可变现净值低于成本的情形

（一）存货存在下列情形之一的，表明存货的可变现净值低于成本

（1）该存货的市场价格持续下跌，并且在可预见的未来无回升的希望。

（2）企业使用该项原材料生产的产品的成本大于产品的销售价格。

（3）企业因产品更新换代，原有库存原材料已不适应新产品的需要，而该原材料的市场价格又低于其账面成本。

（4）因企业所提供的商品或劳务过时或消费者偏好改变而使市场的需求发生变化，导致市场价格逐渐下跌。

（5）其他足以证明该项存货实质上已经发生减值的情形。

（二）存货存在下列情形之一的，表明存货的可变现净值为零

（1）已霉烂变质的存货。

（2）已过期且无转让价值的存货。

（3）生产中已不再需要，并且已无使用价值和转让价值的存货。

（4）其他足以证明已无使用价值和转让价值的存货。

【例2-1】假定A公司20×8年12月31日库存W型机器12台，成本（不含增值税）

为 360 万元，单位成本为 30 万元/台。该批 W 型机器全部销售给 B 公司。与 B 公司签订的销售合同约定，20×9 年 1 月 20 日，A 公司应按 30 万元/台的价格（不含增值税）向 B 公司提供 W 型机器 12 台。A 公司销售部门提供的资料表明，向长期客户——B 公司销售的 W 型机器的平均运杂费等销售费用为 0.12 万元/台，向其他客户销售 W 型机器的平均运杂费等销售费用为 0.1 万元/台。20×8 年 12 月 31 日，W 型机器的市场销售价格为 32 万元/台。

在本例中，能够证明 W 型机器的可变现净值的确凿证据是 A 公司与 B 公司签订的有关 W 型机器的销售合同、市场销售价格资料、账簿记录和 A 公司销售部门提供的有关销售费用的资料等。根据该销售合同规定，库存的 12 台 W 型机器的销售价格全部由销售合同约定。

在这种情况下，W 型机器的可变现净值应以销售合同约定的价格 30 万元/台为基础确定。据此，W 型机器的可变现净值 = 30×12-0.12×12 = 360-1.44 = 358.56（万元），低于 W 型机器的成本（360 万元），应按其差额 1.44 万元计提存货跌价准备（假定以前未对 W 型机器计提存货跌价准备）。如果 W 型机器的成本为 350 万元，则不需计提存货跌价准备。

2.5.4 存货跌价准备的计提

《企业会计准则第 1 号——存货》具体准则对存货跌价准备的计提做出以下规定。

（1）企业通常应当按照单个存货项目计提存货跌价准备。

（2）对于数量繁多、单价较低的存货，可以按照存货类别计提存货跌价准备。

（3）与在同一地区生产和销售的产品系列相关、具有相同或类似最终用途或目的，且难以与其他项目分开计量的存货，可以合并计提存货跌价准备。

2.5.5 存货跌价准备的转回

资产负债表日，企业应当确定存货的可变现净值。以前减记存货价值的影响因素已经消失的，减记的金额应当予以恢复，并在原已计提的存货跌价准备金额内转回，转回的金额计入当期损益。

【例 2-2】20×8 年 12 月 31 日，甲公司 W7 型机器的账面成本为 500 万元，但由于 W7 型机器的市场价格下跌，预计可变现净值为 400 万元，由此计提存货跌价准备 100 万元。

假定：（1）20×9 年 6 月 30 日，W7 型机器的账面成本仍为 500 万元，但由于 W7 型机器市场价格有所上升，使得 W7 型机器的预计可变现净值变为 475 万元。

（2）20×9 年 12 月 31 日，W7 型机器的账面成本仍为 500 万元，由于 W7 型机器的市场价格进一步上升，预计 W7 型机器的可变现净值为 555 万元。

本例中：（1）20×9 年 6 月 30 日，由于 W7 型机器市场价格上升，W7 型机器的可变现净值有所恢复，应计提的存货跌价准备为 25（500-475）万元，则当期应冲减已计提的存货跌价准备为 75（100-25）万元，且小于已计提的存货跌价准备（100 万元），因此，应转回的存货跌价准备为 75 万元。

会计分录为：

借：存货跌价准备　　　　　　　　　　　　　　　　　　750 000
　　贷：资产减值损失——存货减值损失　　　　　　　　　　　750 000

（2）20×9年12月31日，W7型机器的可变现净值又有所恢复，应冲减的存货跌价准备为55（555-500）万元，但是对W7型机器已计提的存货跌价准备的余额为25万元，因此，当期应转回的存货跌价准备为25万元而不是55万元（即以将对W7型机器已计提的"存货跌价准备"科目余额冲减至零为限）。

会计分录为：

借：存货跌价准备　　　　　　　　　　　　　　　　　　　250 000
　　贷：资产减值损失——存货减值损失　　　　　　　　　　250 000

2.5.6 存货盘盈的会计处理

盘盈的存货应按其重置成本作为入账价值，并通过"待处理财产损溢"科目进行会计处理，按管理权限报经批准后，冲减当期管理费用。

2.5.7 存货盘亏或毁损的会计处理

存货发生的盘亏或毁损，应作为待处理财产损溢进行核算。按管理权限报经批准后，根据造成存货盘亏或毁损的原因，分别以下情况进行处理。

（1）属于计量收发差错和管理不善等原因造成的存货短缺，应先扣除残料价值、可以收回的保险赔偿和过失人赔偿，将净损失计入管理费用。

（2）属于自然灾害等非常原因造成的存货毁损，应先扣除处置收入（如残料价值）、可以收回的保险赔偿和过失人赔偿，将净损失计入营业外支出。

2.6 披露

企业应当在附注中披露与存货有关的下列信息。

（1）各类存货的期初和期末账面价值。

（2）确定发出存货成本所采用的方法。

（3）存货可变现净值的确定依据，存货跌价准备的计提方法，当期计提的存货跌价准备的金额，当期转回的存货跌价准备的金额，以及计提和转回的有关情况。

（4）用于担保的存货账面价值。

第3章
长期股权投资

《企业会计准则第2号——长期股权投资》（以下简称"长期股权投资准则"）包括"总则""初始计量""后续计量""衔接规定""附则"等内容。

其中："总则"部分，明确了长期股权投资的概念、范围以及不适用该准则的范围；"初始计量"和"后续计量"部分，介绍了长期股权投资初始计量和后续计量的方法（成本法和权益法）、长期股权投资核算方法的转换（公允价值、权益法、成本法）及长期股权投资处置的条件及其处理方法。

3.1 长期股权投资概述

长期股权投资，是指投资方对被投资单位实施控制、重大影响的权益性投资，以及对其合营企业的权益性投资。具体包括以下三项内容。

（1）投资方能够对被投资单位实施控制的权益性投资（对子公司投资）。

对子公司投资，是投资方持有的能够对被投资单位施加控制的股权投资。控制的界定及判断请见本书合并财务报表的有关介绍。对子公司投资的取得一般是通过企业合并方式。

（2）投资方对被投资单位具有重大影响的权益性投资（对联营企业投资）。

对联营企业投资，是指投资方能够对被投资单位施加重大影响的股权投资。重大影响，是指投资方对被投资单位的财务和生产经营决策有参与决策的权力，但并不能控制或与其他方一起共同控制这些政策的制定。

这里所谓"重大影响"，其实对于投资方只要能够参与被投资单位的生产经营决策即可，在此基础上不再衡量影响的重大程度如何，即投资方有关提议接受程度或是在被投资单位的财务和生产经营决策过程中发言权的比重等。

实务中，较为常见的重大影响体现为在被投资单位的董事会或类似权力机构中派有代表，通过在被投资单位财务和经营决策制定过程中的发言权实施重大影响。投资方直接或通过子公司间接持有被投资单位20%以上但低于50%的表决权时，一般认为对被投资单位具有重大影响，除非有明确的证据表明该种情况下不能参与被投资单位的生产经营决策，不形成重大影响。

（3）投资方与其他合营方一同对被投资单位实施共同控制的权益性投资（对合营企业投资）。

对合营企业投资，是指投资方持有的对构成合营企业的合营安排的投资。投资方判断持有的对合营企业的投资，应当首先看是否构成合营安排，其次看有关合营安排是否构成合营企业。

除上述情况以外，企业持有的其他权益性投资，应当按照《企业会计准则第22号——金融工具确认和计量》的规定处理。

《企业会计准则第2号——长期股权投资》对以上3类权益性投资的判断进行了进一步的解释。

（1）在确定能否对被投资单位实施控制时，投资方应当按照《企业会计准则第33号——合并财务报表》的有关规定进行判断。投资方能够对被投资单位实施控制的，被投资单位为其子公司（适用成本法）。投资方属于《企业会计准则第33号——合并财务报表》规定的投资性主体且子公司不纳入合并财务报表的情况除外。

（2）在确定被投资单位是否为合营企业时，投资方应当按照《企业会计准则第40号——合营安排》的有关规定进行判断。合营安排是指一项由两个或两个以上的参与方共同控制的安排；合营企业是指合营方仅对该安排的净资产享有权利的合营安排。合营安排的特征为：各参与方均受到该安排的约束；两个或两个以上的参与方对该安排实施共同控制。任何一个参与方都不能够单独控制该安排，对该安排具有共同控制的任何一个参与方均能够阻止其他参与方或参与方组合单独控制该安排。共同控制是指按照相关约定对某项安排所共有的控制，并且该安排的相关活动必须经过分享控制权的参与方一致同意后才能决策。

共同控制的实质是通过合同约定建立起来的、合营各方对合营企业共有的控制。实务中，在确定是否构成共同控制时，企业一般可以将以下情况作为确定基础。

①任何一个合营方均不能单独控制合营企业的生产经营活动。

②涉及合营企业基本经营活动的决策需要各合营方一致同意。

③各合营方可能通过合同或协议的形式任命其中的一个合营方对合营企业的日常活动进行管理，但其必须在各合营方已经一致同意的财务和经营政策范围内行使管理权。

（3）在对联营企业的投资进行判断时，重大影响是指投资方对被投资单位的财务和经营政策有参与决策的权力，但并不能够控制或者与其他方一起共同控制这些政策的制定。在确定能否对被投资单位施加重大影响时，应当考虑投资方和其他方持有的被投资单位当期可转换公司债券、当期可执行认股权证等潜在表决权因素。投资方能够对被投资单位施加重大影响的，被投资单位为其联营企业。实务中，较为常见的重大影响体现为：在被投资单位的董事会或类似权力机构中派有代表，通过在被投资单位生产经营决策制定过程中的发言权实施重大影响。投资企业直接或通过子公司间接拥有被投资单位20%以上但低于50%的表决权股份时，一般认为投资企业对被投资单位具有重大影响。若有明确的证据表明该种情况下不能参与被投资单位的生产经营决策，则投资企业对被投资企业不形成重大影响。

企业持有的长期股权投资，涉及的主要核算问题包括初始投资成本的确定、持有期间的后续计量及处置损益的结转等几个方面。

3.2 长期股权投资的计量

3.2.1 企业合并形成的长期股权投资

对于企业控股合并形成的长期股权投资，应分别同一控制下控股合并与非同一控制下控股合并两种情况确定长期股权投资的初始投资成本。

（一）同一控制下的企业合并

（1）合并方以支付现金、转让非现金资产或承担债务方式作为合并对价的，应当在合并日按照取得被合并方所有者权益账面价值的份额作为长期股权投资的初始投资成本。长期股权投资初始投资成本与支付的现金、转让的非现金资产以及所承担债务账面价值之间的差额，应当调整资本公积；资本公积不足冲减的，调整留存收益。

具体进行会计处理时，合并方在合并日按取得被合并方所有者权益账面价值的份额，借记"长期股权投资"科目，按应享有被投资单位已宣告但尚未发放的现金股利或利润，借记"应收股利"科目，按支付的合并对价的账面价值，贷记有关资产或借记有关负债科目，按其差额，贷记"资本公积——资本溢价或股本溢价"科目；如为借方差额，应借记"资本公积——资本溢价或股本溢价"科目，资本公积（资本溢价或股本溢价）不足冲减的，借记"盈余公积""利润分配——未分配利润"科目。

（2）合并方以发行权益性证券作为合并对价的，应按发行权益性证券的面值总额作为股本，长期股权投资初始投资成本与所发行权益性证券面值总额之间的差额，应当调整资本公积；资本公积不足冲减的，调整留存收益。

具体进行会计处理时，在合并日应按取得被合并方所有者权益账面价值的份额，借记"长期股权投资"科目，按应享有被投资单位已宣告但尚未发放的现金股利或利润，借记"应收股利"科目，按发行权益性证券的面值，贷记"股本"科目，按其差额，贷记"资本公积——资本溢价或股本溢价"科目；如为借方差额，应借记"资本公积——资本溢价或股本溢价"科目，资本公积（资本溢价或股本溢价）不足冲减的，借记"盈余公积""利润分配——未分配利润"科目。

【例3-1】20×9年6月30日，P公司向同一集团内S公司的原股东定向增发1 500万股普通股（每股面值为1元，市价为13.02元），取得S公司100%的股权，并于当日起能够对S公司实施控制。合并后S公司仍维持其独立法人资格继续经营。两公司在企业合并前采用的会计政策相同。合并日S公司的账面所有者权益总额为6 606万元。

S公司在合并后维持其法人资格继续经营，合并日P公司在其账簿及个别财务报表中应确认对S公司的长期股权投资，账务处理为：

借：长期股权投资　　　　　　　　　　　　　　　　66 060 000
　　贷：股本　　　　　　　　　　　　　　　　　　15 000 000
　　　　资本公积——股本溢价　　　　　　　　　　51 060 000

（3）通过多次交换交易，分步取得股权最终形成控股合并的，在个别财务报表中，应当以持股比例计算的合并日应享有被合并方账面所有者权益份额，作为该项投资的初始投资成本。初始投资成本与其长期股权投资账面价值加上合并日为取得新的股份所支付对价的公允价值之和的差额，调整资本公积（资本溢价或股本溢价），资本公积不足冲减的，冲减留存收益。

（二）非同一控制下的企业合并

非同一控制下的企业合并，购买方在购买日应当按照《企业会计准则第20号——企业合并》的有关规定确定的合并成本作为长期股权投资的初始投资成本。企业合并成本包括购买方付出的资产、发生或承担的负债、发行的权益性证券的公允价值。

合并方或购买方为企业合并发生的审计、法律服务、评估咨询等中介费用以及其他相关管理费用，应当于发生时计入当期损益。

具体进行会计处理时，对于非同一控制下企业合并形成的长期股权投资，应在购买日按企业合并成本（不含应自被投资单位收取的现金股利或利润），借记"长期股权投资"科目，按享有被投资单位已宣告但尚未发放的现金股利或利润，借记"应收股利"科目，按支付合并对价的账面价值，贷记有关资产或借记有关负债科目，按发生的直接相关费用，贷记"银行存款"等科目，按其差额，贷记"营业外收入"或借记"营业外支出"等科目。非同一控制下企业合并涉及以库存商品等作为合并对价的，应按库存商品的公允价值，贷记"主营业务收入"科目，并同时结转相关的成本。

【例3-2】 A公司于20×9年3月31日取得B公司70％的股权。为核实B公司的资产价值，A公司聘请专业资产评估机构对B公司的资产进行评估，支付评估费用300万元。合并中，A公司支付的相关资产在购买日的账面价值与公允价值如表3-1所示。

表3-1　　　　　　　　相关资产的账面价值与公允价值

单位：万元

项目	账面价值	公允价值
土地使用权（自用）	6 000	9 600
专利技术	2 400	3 000
银行存款	2 400	2 400
合计	10 800	15 000

假定合并前A公司与B公司不存在任何关联方关系，A公司用作合并对价的土地使用权和专利技术原价为9 600万元，至企业合并发生时已累计摊销1 200万元。

分析，本例中因A公司与B公司在合并前不存在任何关联方关系，应作为非同一控制下的企业合并处理。

A公司对于合并形成的对B公司的长期股权投资，应按确定的企业合并成本作为其初始投资成本。A公司应进行以下账务处理。

借：长期股权投资　　　　　　　　　　　　　150 000 000
　　管理费用　　　　　　　　　　　　　　　　3 000 000
　　累计摊销　　　　　　　　　　　　　　　 12 000 000
　　贷：无形资产　　　　　　　　　　　　　　96 000 000
　　　　银行存款　　　　　　　　　　　　　　27 000 000
　　　　营业外收入　　　　　　　　　　　　　42 000 000

3.2.2　企业合并以外其他方式取得的长期股权投资

（1）以支付现金取得的长期股权投资，应当按照实际支付的购买价款作为初始投资成本。初始投资成本包括与取得长期股权投资直接相关的费用、税金及其他必要支出。但所支付价款中包含的被投资单位已宣告但尚未发放的现金股利或利润应作为应收项目核算，不构成取得长期股权投资的成本。

【例3-3】甲公司于20×9年2月10日，自公开市场中买入乙公司20%的股份，实际支付价款8 000万元。另外，在购买过程中支付手续费等相关费用200万元。甲公司取得该部分股权后，能够对乙公司的生产经营决策施加重大影响。

甲公司应当按照实际支付的购买价款和相关费用作为取得长期股权投资的成本，其账务处理为：

借：长期股权投资　　　　　　　　　　　　　　　　　82 000 000
　　贷：银行存款　　　　　　　　　　　　　　　　　82 000 000

（2）以发行权益性证券取得的长期股权投资，应当按照发行权益性证券的公允价值作为初始投资成本。

为发行权益性证券支付给有关证券承销机构等的手续费、佣金等与权益性证券发行直接相关的费用，不构成取得长期股权投资的成本。按照《企业会计准则第37号——金融工具列报》的有关规定，该部分费用应自权益性证券的溢价发行收入中扣除，权益性证券的溢价发行收入不足冲减的，应冲减盈余公积和未分配利润。

【例3-4】20×9年3月5日，A公司通过增发9 000万股本公司普通股（每股面值为1元）取得B公司20%的股权，该9 000万股股份的公允价值为15 600万元。为增发该部分股份，A公司向证券承销机构等支付了600万元的佣金和手续费。假定A公司取得该部分股权后，能够对B公司的财务和生产经营决策施加重大影响。

A公司应当以所发行股份的公允价值作为取得长期股权投资的成本，账务处理为：

借：长期股权投资　　　　　　　　　　　　　　　　156 000 000
　　贷：股本　　　　　　　　　　　　　　　　　　　90 000 000
　　　　资本公积——股本溢价　　　　　　　　　　　66 000 000

发行权益性证券过程中支付的佣金和手续费，应冲减权益性证券的溢价发行收入，账务处理为：

借：资本公积——股本溢价　　　　　　　　　　　　　6 000 000
　　贷：银行存款　　　　　　　　　　　　　　　　　6 000 000

（3）通过非货币性资产交换取得的长期股权投资，其初始投资成本应当按照《企业会计准则第7号——非货币性资产交换》确定。

（4）通过债务重组取得的长期股权投资，其初始投资成本应当按照《企业会计准则第12号——债务重组》确定。

3.2.3　特殊情况的会计处理

（一）分步实现企业合并

追加投资形成的企业合并应该区分同一控制和非同一控制进行处理。

投资方因追加投资等原因能够对非同一控制下的被投资单位实施控制的，在编制个别财务报表时,应当按照原持有的股权投资账面价值加上新增投资成本之和,作为改按成本法核算的初始投资成本。购买日之前持有的股权投资因采用权益法核算而确认的其他综合收益,应当在处置该项投资时采用与被投资单位直接处置相关资产或负债相同的基础进行会计处理。购买日之前持有的股权投资按照《企业会计准则第22号——金融工具确认和计量》的有关规定进行会计处理的,原计入其他综合收益的累计公允价值变动应当在改按成本法核算时转入当期损益。在编制合并财务报表时,企业应当按照《企业会计准则第33号——合并财务报表》的有关规定进行会计处理。

对于同一控制下通过多次交换交易分步取得股权最终形成控股合并的,在个别财务报表中,应当以持股比例计算的合并日应享有被合并方账面所有者权益份额,作为该项投资的初始投资成本。初始投资成本与其原长期股权投资账面价值加上合并日为取得新的股份所支付对价的现金、转让的非现金资产及所承担债务账面价值之和的差额,调整资本公积(资本溢价或股本溢价),资本公积(资本溢价或股本溢价)不足冲减的,冲减留存收益。

【例3-5】A公司于20×9年3月以12 000万元取得B公司30%的股权,因能够对B公司施加重大影响,对所取得的长期股权投资采用权益法核算,于20×9年确认对B公司的投资收益450万元。20×9年4月,A公司又斥资15 000万元自C公司取得B公司另外30%的股权。假定A公司在取得对B公司的长期股权投资以后,B公司并未宣告发放现金股利或利润。A公司按净利润的10%提取盈余公积。A公司对该项长期股权投资未计提任何减值准备。A公司与C公司不存在任何关联方关系。

本例中,A公司是通过分步购买最终达到对B公司的控制,且不存在任何关联方关系,构成非同一控制下的企业合并,由权益法转换为成本法。在购买日,A公司应进行以下账务处理。

借:长期股权投资　　　　　　　　　　　　　　　150 000 000
　　贷:银行存款　　　　　　　　　　　　　　　　　150 000 000

购买日对B公司长期股权投资的账面余额=12 450+15 000=27 450(万元)

另外,A公司通过追加投资,使原持有的对联营企业或合营企业的投资转变为对子公司的投资,长期股权投资的核算方法由权益法转变为成本法,对于原权益法核算的账面价值部分,会计准则及解释并未给出明确规定,当前实务界存在两种不同的会计处理思路。一种是不需要追溯调整,如上述会计处理。第二种是需要进行追溯调整,会计处理如下。

借:盈余公积　　　　　　　　　　(4 500 000×10%)450 000
　　利润分配——未分配利润　　　　　　　　　　4 050 000
　　贷:长期股权投资　　　　　　　　　　　　　　4 500 000
借:长期股权投资　　　　　　　　　　　　　　　150 000 000
　　贷:银行存款　　　　　　　　　　　　　　　　　150 000 000

购买日对B公司长期股权投资的账面余额=(12 450-450)+15 000=27 000(万元)

对比两种处理思路,关键点在于追溯调整,即对于原按照权益法核算的长期股权投资的初始投资成本调整及之后确认的投资损益等变动是否应该冲销。

根据我国准则规定，重要会计政策变更需要进行追溯调整。会计政策变更是针对相同的交易或事项而言的，而本文讨论的企业追加投资是由对联营或合营企业的投资转为对子公司的投资，由对被投资单位施加重大影响或共同控制转为控制，对被投资单位的投资相比以前已经发生了本质的区别，并不属于相同的交易或事项，且根据我国现行会计准则的规定，权益法与成本法的适用范围各异，因此核算方法由权益法改为成本法，并不属于会计政策变更。

权益法转换为成本法时，没有必要对权益法下确认的长期股权投资损益调整、投资成本及其他权益变动进行冲销，而是保留其账面价值作为转为成本法后的初始投资成本的一部分，这样更能体现多次交易的经济实质，也体现出公司不同投资时期成本与风险的不同，所以倾向于第一种会计处理。

（二）投资成本中包含的已宣告尚未发放现金股利或利润的处理

取得长期股权投资时，对于支付的对价中包含的应享有被投资单位已经宣告但尚未发放的现金股利或利润应作为应收款，构成企业的一项债权，其与取得的对被投资单位的投资应作为两项金融资产。

【例3-6】甲公司于20×9年2月10日自公开市场中买入乙公司20%的股份，实际支付价款16 000万元。另外，在购买过程中支付手续费等相关费用400万元。甲公司取得该部分股权后能够对乙公司的生产经营决策施加重大影响。

甲公司应当按照实际支付的购买价款作为取得长期股权投资的成本，其账务处理为：

借：长期股权投资　　　　　　　　　　　　　　164 000 000
　　贷：银行存款　　　　　　　　　　　　　　　　164 000 000

假定甲公司取得该项投资时，乙公司已经宣告但尚未发放现金股利，甲公司按其持股比例计算确定可分得60万元。则甲公司在确认该长期股权投资时，应将包含的现金股利部分单独核算，其账务处理为：

借：长期股权投资　　　　　　　　　　　　　　163 400 000
　　应收股利　　　　　　　　　　　　　　　　　　　600 000
　　贷：银行存款　　　　　　　　　　　　　　　　164 000 000

3.3　后续计量之成本法

长期股权投资的后续计量方法有两种，即成本法和权益法。

3.3.1　成本法的适用范围

投资方持有的对子公司投资应当采用成本法核算，投资方为投资性主体且子公司不纳入其合并财务报表的除外。投资方在判断对被投资单位是否具有控制时，应综合考虑直接持有的股权和通过子公司间接持有的股权。在个别财务报表中，投资方进行成本法核算时，应仅考虑直接持有的股权份额。

3.3.2 成本法核算下长期股权投资账面价值的调整及投资损益的确认

（1）按照初始投资成本计价。追加或收回投资应当调整长期股权投资的成本。

（2）被投资单位宣告分派的现金股利或利润，确认为当期投资收益，除取得投资时实际支付的价款或对价中包含的已宣告但尚未发放的现金股利或利润外。

（3）投资企业在确认自被投资单位应分得的现金股利和利润后，应当考虑有关长期股权投资是否发生减值。在判断该类长期股权投资是否存在减值迹象时，应当关注长期股权投资的账面价值是否大于享有被投资单位净资产（包括相关商誉）账面价值的份额等情况。出现类似情况时，企业应当按照《企业会计准则第 8 号——资产减值》的规定对长期股权投资进行减值测试，可收回金额低于长期股权投资账面价值的，应当计提减值准备。

（4）子公司将未分配利润或盈余公积转增股本（实收资本），且未向投资方提供等值现金股利或利润的选择权时，投资方并没有获得收取现金或者利润的权力，该项交易通常属于子公司自身权益结构的重分类，投资方不应确认相关的投资收益。

【例 3-7】20×9 年 6 月 20 日，甲公司以 1 500 万元购入乙公司 80% 的股权。甲公司取得该部分股权后，能够有权力主导乙公司的相关活动并获得可变回报。20×9 年 9 月乙公司宣告分派现金股利，甲公司按照其持有比例确定可分回 20 万元。

甲公司对乙公司长期股权投资应进行的账务处理如下。

借：长期股权投资　　　　　　　　　　　　　　　15 000 000
　　贷：银行存款　　　　　　　　　　　　　　　　　15 000 000
借：应收股利　　　　　　　　　　　　　　　　　　200 000
　　贷：投资收益　　　　　　　　　　　　　　　　　　200 000

3.4 后续计量之权益法

3.4.1 权益法的适用范围

权益法是指投资初始以初始投资成本计量后，在投资持有期间，根据被投资单位所有者权益的变动，投资企业按应享有（或应分担）被投资单位所有者权益的份额调整其投资账面价值的方法。

需要注意的是，投资方对联营企业的权益性投资，如果其中一部分是通过风险投资机构、共同基金、信托公司或包括投保险基金在内的类似主体间接持有的，那么无论以上主体是否对这部分投资具有重大影响，投资方都可以按照《企业会计准则第 22 号——金融工具确认和计量》的有关规定，对间接持有的该部分投资选择以公允价值计量且其变动计入当期损益，并对其余部分采用权益法核算。

3.4.2 权益法的核算

（一）初始投资成本的调整

（1）长期股权投资的初始投资成本大于投资时应享有被投资单位可辨认净资产公允价值份额的，该部分差额实质上是投资企业在取得投资过程中通过购买作价体现出的与所取得股权份额相对应的商誉及被投资单位不符合确认条件的资产价值，不调整长期股权投资的初始投资成本。

（2）长期股权投资的初始投资成本小于投资时应享有被投资单位可辨认净资产公允价值份额的，两者之间的差额体现为双方在交易作价过程中的让步，该部分经济利益流入应当计入当期损益，同时调整长期股权投资的成本。

【例3-8】A企业于20×9年1月取得B公司30％的股权，支付价款9 000万元。取得投资时被投资单位净资产账面价值为22 500万元（假定被投资单位各项可辨认资产、负债的公允价值与其账面价值相同）。

在B公司的生产经营决策过程中，所有股东均按持股比例行使表决权。A企业在取得B公司的股权后，派人参与B公司的生产经营决策。因能够对B公司施加重大影响，A企业对该投资应当采用权益法核算。取得投资时，A企业应进行以下账务处理。

借：长期股权投资——投资成本　　　　　　　　　　　　90 000 000
　　贷：银行存款　　　　　　　　　　　　　　　　　　90 000 000

长期股权投资的初始投资成本9 000万元大于取得投资时应享有被投资单位可辨认净资产公允价值的份额6 750（22 500×30％）万元，两者之间的差额不调整长期股权投资的账面价值。

如果本例中取得投资时被投资单位可辨认净资产的公允价值为36 000万元，A企业按持股比例30％计算确定应享有10 800万元，则初始投资成本与应享有被投资单位可辨认净资产公允价值份额之间的差额1 800万元应计入取得投资当期的营业外收入，账务处理如下。

借：长期股权投资——投资成本　　　　　　　　　　　　108 000 000
　　贷：银行存款　　　　　　　　　　　　　　　　　　90 000 000
　　　　营业外收入　　　　　　　　　　　　　　　　　18 000 000

（二）投资收益的确认

1. 投资收益确认原则

投资企业取得长期股权投资后，应当按照应享有或应分担的被投资单位实现的净损益的份额，确认投资损益并调整长期股权投资的账面价值。投资企业按照被投资单位宣告分派的利润或现金股利计算应分得的部分，相应减少长期股权投资的账面价值。

2. 确认投资收益时被投资单位净损益的调整

采用权益法核算的长期股权投资，在确认应享有或应分担被投资单位的净利润或净亏损时，在被投资单位账面净利润的基础上，应考虑以下因素的影响进行适当调整。

（1）被投资单位采用的会计政策及会计期间与投资企业不一致的，应按投资企业的会计政策及会计期间对被投资单位的财务报表进行调整。

(2)以取得投资时被投资单位固定资产、无形资产的公允价值为基础计提的折旧额或摊销额,以及以投资企业取得投资时有关资产的公允价值为基础计算确定的资产减值准备金额等对被投资单位净利润的影响。

【例3-9】甲公司于20×9年1月10日购入乙公司30%的股份,购买价款为3 300万元,并自取得投资之日起派人参与乙公司的财务和生产经营决策。取得投资当日,乙公司可辨认净资产公允价值为9 000万元,除表3-2所列项目外,乙公司其他资产、负债的公允价值与账面价值相同。

表3-2　　　　　　　　　被投资单位净利润调整基础数据

单位:万元

项目	账面原价	已提折旧或摊销	公允价值	乙公司预计使用年限	甲公司取得投资后剩余使用年限
存货	750		1 050		
固定资产	1 800	360	2 400	20	16
无形资产	1 050	210	1 200	10	8
合计	3 600	570	4 650		

假定乙公司于20×9年实现净利润900万元,其中,在甲公司取得投资时的账面存货有80%对外出售。甲公司与乙公司的会计期间及采用的会计政策相同。固定资产、无形资产均按直线法提取折旧或摊销,预计净残值均为0。假定甲、乙公司间未发生任何内部交易。

甲公司在确定其应享有的投资收益时,应在乙公司实现净利润的基础上,根据取得投资时乙公司有关资产的账面价值与其公允价值差额的影响进行调整(假定不考虑所得税影响,以万元为单位)。

存货账面价值与公允价值的差额应调整减少的利润=(1 050-750)×80% =240(万元)

注:从乙公司角度,出售存货时,乙公司应做以下会计处理。

借:主营业务成本　　　　　　　　　　　　　　　(750×80%)600
　　贷:存货　　　　　　　　　　　　　　　　　　　　　　　600

相对于甲公司,其对乙公司的会计处理按照购买日净资产的公允价值持续计算,即此时存货在甲公司合并财务报表上的账面价值为1 050万元,从甲公司合并财务报表角度来看,应做以下会计处理。

借:主营业务成本　　　　　　　　　　　　　　　(1 050×80%)840
　　贷:存货　　　　　　　　　　　　　　　　　　　　　　　840

所以,由于取得投资时乙公司存货的账面价值低于其公允价值,在存货售出时,结转入营业成本的金额低于其按照公允价值计算的金额(成本少记),从而使得利润偏高。因此,甲公司在确认应享有乙公司的投资收益时,在乙公司个别财务报表账面净利润的基础上,应当对乙公司由于存货账面价值低于公允价值少记成本而导致利润多记的部分进行调整,即调减利润240(1 050×80%-750×80%)万元。

此处需要特别注意的是，存货的账面价值与公允价值的差额影响成本而非收入。存货售出时的价格影响营业收入。

固定资产账面价值与公允价值的差额应调整增加的折旧额＝2 400÷16－1 800÷20＝60（万元）

无形资产账面价值与公允价值的差额应调整增加的摊销额＝1 200÷8－1 050÷10＝45（万元）

调整后的净利润＝900－240－60－45＝555（万元）

甲公司应享有份额＝555×30％＝166.50（万元）

确认投资收益的账务处理如下：

借：长期股权投资——损益调整　　　　　　　　　　　　166.50
　　贷：投资收益　　　　　　　　　　　　　　　　　　　　　　166.50

（3）在确认应享有或应分担的被投资单位净利润（或亏损）额时，法规或章程规定不属于投资企业的净损益应当予以剔除后计算。例如，被投资单位发行了分类为权益的累积优先股类似的权益工具，无论被投资单位是否宣告分配优先股股利，投资方计算应享有被投资单位的净利润时，均应将归属于其他投资方的累积优先股股利予以扣除。

（4）在确认投资收益时，除考虑公允价值的调整外，对于投资企业与其联营企业及合营企业之间发生的未实现内部交易损益应予抵销。即投资企业与联营企业及合营企业之间发生的未实现内部交易损益按照应享有的比例计算归属于投资企业的部分应当予以抵销，在此基础上确认投资损益。投资企业与被投资单位发生的内部交易损失，按照《企业会计准则第8号——资产减值》等规定属于资产减值损失的，应当全额确认。投资企业对于纳入其合并范围的子公司与其联营企业及合营企业之间发生的内部交易损益，也应当按照上述原则进行抵销，在此基础上确认投资损益。

应当注意的是，该未实现内部交易损益的抵销既包括顺流交易也包括逆流交易。其中，顺流交易是指投资企业向其联营企业或合营企业出售资产，逆流交易是指联营企业或合营企业向投资企业出售资产。当该未实现内部交易损益体现在投资企业或其联营企业、合营企业持有的资产账面价值中时，相关的损益在计算确认投资损益时应予抵销。

①对于联营企业或合营企业向投资企业出售资产的逆流交易，在该交易存在未实现内部交易损益的情况下（即有关资产未对外部独立第三方出售），投资企业在采用权益法计算确认应享有联营企业或合营企业的投资损益时，应抵销该未实现内部交易损益的影响。当投资企业自其联营企业或合营企业购买资产时，在将该资产出售给外部独立的第三方之前，不应确认联营企业或合营企业因该交易产生的损益中本企业应享有的部分。

因逆流交易产生的未实现内部交易损益，在未对外部独立第三方出售之前，体现在投资企业持有资产的账面价值当中。投资企业对外编制合并财务报表的，应在合并财务报表中对长期股权投资及包含未实现内部交易损益的资产账面价值进行调整，抵销有关资产账面价值中包含的未实现内部交易损益，并相应调整对联营企业或合营企业的长期股权投资。

【例3-10】甲企业于20×7年1月取得乙公司20％有表决权股份，能够对乙公司施加重大影响。假定甲企业取得该项投资时，乙公司各项可辨认资产、负债的公允价值与其账面价值相同。20×7年8月，乙公司将其成本为600万元的某商品以1 000万元的价格出售给甲企业，甲企业将取得的商品作为存货。至20×7年资产负债表日，甲企业仍未对外出售该存货。乙公司20×7年实现净利润3 200万元。假定不考虑所得税因素。

该项交易产生未实现内部交易利润400万元，甲企业在按照权益法确认应享有乙公司20×7年净损益时，应进行以下账务处理。

借：长期股权投资——损益调整　［（32 000 000-4 000 000）×20%］5 600 000
　　贷：投资收益　　　　　　　　　　　　　　　　　　　　　　5 600 000

进行上述处理后，投资企业有子公司，需要编制合并财务报表的，在合并财务报表中，因该未实现内部交易损益体现在投资企业持有存货的账面价值当中，应在合并财务报表中进行以下调整。

借：长期股权投资——损益调整　［（10 000 000-6 000 000）×20%］800 000
　　贷：存货　　　　　　　　　　　　　　　　　　　　　　　　800 000

假定在20×8年，甲企业将该商品以1 000万元的价格向外部独立第三方出售，因该部分内部交易损益已经实现，甲企业在确认应享有乙公司20×8年净损益时，应考虑将原未确认的该部分内部交易损益计入投资损益，即应在考虑其他因素计算确定的投资损益基础上调整增加80万元。

②对于投资企业向联营企业或合营企业出售资产的顺流交易，在该交易存在未实现内部交易损益的情况下（即有关资产未向外部独立第三方出售），投资企业在采用权益法计算确认应享有联营企业或合营企业的投资损益时，应抵销该未实现内部交易损益的影响，同时调整对联营企业或合营企业长期股权投资的账面价值。当投资企业向联营企业或合营企业出售资产，同时有关资产由联营企业或合营企业持有时，投资方因出售资产应确认的损益仅限于与联营企业或合营企业其他投资者交易的部分。即在顺流交易中，投资方投出资产或出售资产给其联营企业或合营企业产生的损益中，按照持股比例计算确定归属于本企业的部分不予确认。

【例3-11】甲企业持有乙公司20%有表决权股份，能够对乙公司的财务和生产经营决策施加重大影响。20×7年，甲企业将其账面价值为600万元的商品以1 000万元的价格出售给乙公司。至20×7年资产负债表日，该批商品尚未对外部第三方出售。假定甲企业取得该项投资时，乙公司各项可辨认资产、负债的公允价值与其账面价值相同，两者在以前期间未发生内部交易。乙公司20×7年净利润为2 000万元。假定不考虑所得税因素。

甲企业在该项交易中实现利润400万元，其中80（400×20%）万元是针对本企业持有的对联营企业的权益份额，在采用权益法计算确认投资损益时应予抵销，即甲企业应当进行的账务处理为：

借：长期股权投资——损益调整　［（20 000 000-4 000 000）×20%］3 200 000
　　贷：投资收益　　　　　　　　　　　　　　　　　　　　　　3 200 000

甲企业如需编制合并财务报表，在合并财务报表中对该未实现内部交易损益应在个别财务报表已确认投资损益的基础上进行以下调整。

借：营业收入　　　　　　　　　　　　　（10 000 000×20％）2 000 000
　　贷：营业成本　　　　　　　　　　　　（6 000 000×20％）1 200 000
　　　　投资收益　　　　　　　　　　　　　　　　　　　　　　　800 000

注：该笔会计分录是甲企业在乙公司个别财务报表基础上编制合并财务报表时的调整分录，不在会计账簿中记录。

应当说明的是，投资企业与其联营企业及合营企业之间发生的无论是因顺流交易还是因逆流交易产生的未实现内部交易损失，属于所转让资产发生减值的，有关的未实现内部交易损失不应予以抵销。

（三）超额亏损的确认

投资企业确认被投资单位发生的净亏损，原则上应当以长期股权投资的账面价值以及其他实质上构成对被投资单位净投资的长期权益减记至零为限，投资企业负有承担额外损失义务的除外。被投资单位以后实现净利润的，投资企业在其收益分享额弥补未确认的亏损分担额后，恢复确认收益分享额。

其他实质上构成对被投资单位净投资的长期权益，通常是指长期性的应收项目，如企业对被投资单位的长期应收款，该款项的清偿没有明确的计划且在可预见的未来期间难以收回的，实质上构成长期权益。

企业在确认应分担被投资单位发生的亏损时，应当按照以下顺序进行处理。

（1）减记长期股权投资的账面价值。借记"投资收益"科目，贷记"长期股权投资——损益调整"科目。

（2）长期股权投资的账面价值减记至零时，如果存在实质上构成对被投资单位净投资的长期权益，应以该长期权益的账面价值为限减记长期股权投资的账面价值，同时确认投资损失。长期权益的账面价值不做调整。借记"投资收益"科目，贷记"长期应收款"等科目。

（3）长期权益的价值减记至零时，如果按照投资合同或协议约定需要企业承担额外义务的，应按预计承担的金额确认为投资损失，同时减记长期股权投资的账面价值。借记"投资收益"科目，贷记"预计负债"科目。

（4）除上述情况仍未确认的应分担被投资单位的损失，应在账外备查登记。

被投资单位以后期间实现盈利的，应按以上相反顺序恢复长期股权投资的账面价值，同时确认投资收益。

【例3-12】甲企业持有乙企业40％的股权，能够对乙企业施加重大影响。20×4年12月31日，该项长期股权投资的账面价值为6 000万元。乙企业20×5年由于一项主营业务市场条件发生变化，当年度亏损9 000万元。假定甲企业在取得该投资时，乙企业各项可辨认资产、负债的公允价值与其账面价值相等，双方所采用的会计政策及会计期间也相同。则甲企业当年度应确认的投资损失为3 600万元。确认上述投资损失后，长期股权投资的账面价值变为2 400万元。

上述如果乙企业当年度的亏损额为18 000万元，则甲企业按其持股比例确认应分担的损失为 7 200 万元,但长期股权投资的账面价值仅为 6 000 万元,如果没有其他实质上构成对被投资单位净投资的长期权益项目,则甲企业应确认的投资损失仅为 6 000 万元,超额损失在账外进行备查登记;在确认了 6 000 万元的投资损失,长期股权投资的账面价值减记至零以后,如果甲企业账上仍有应收乙企业的长期应收款 2 400 万元,该款项从目前情况看,没有明确的清偿计划(并非产生于商品购销等日常活动),则在长期应收款的账面价值大于 1 200 万元的情况下,应以长期应收款的账面价值为限进一步确认投资损失 1 200 万元。甲企业应进行的账务处理为:

借:投资收益　　　　　　　　　　　　　　　　　　　60 000 000
　　贷:长期股权投资——损益调整　　　　　　　　　　60 000 000
借:投资收益　　　　　　　　　　　　　　　　　　　12 000 000
　　贷:长期应收款　　　　　　　　　　　　　　　　　12 000 000

(四)其他综合收益的处理

在权益法核算下,被投资单位确认的其他综合收益及其变动,也会影响被投资单位所有者权益总额,进而影响投资企业应享有被投资单位所有者权益的份额。因此,当被投资单位其他综合收益发生变动时,投资企业应当按照归属于本企业的部分,相应调整长期股权投资的账面价值,同时增加或减少其他综合收益。

【例 3-13】A 企业持有 B 企业 30% 的股份,能够对 B 企业施加重大影响。当期 B 企业因持有的其他权益工具投资公允价值的变动计入其他综合收益的金额为 1 200 万元,除该事项外,B 企业当期实现的净损益为 6 400 万元。假定 A 企业与 B 企业适用的会计政策、会计期间相同,投资时 B 企业有关资产、负债的公允价值与其账面价值亦相同,双方当期及以前期间未发生任何内部交易。

A 企业在确认应享有被投资单位所有者权益的变动时,应进行的账务处理为:

借:长期股权投资——损益调整　　　　　　　　　　　19 200 000
　　　　　　　　——其他综合收益　　　　　　　　　 3 600 000
　　贷:投资收益　　　　　　　　　　　　　　　　　 19 200 000
　　　　其他综合收益　　　　　　　　　　　　　　　 3 600 000

(五)被投资单位所有者权益其他变动的处理

投资方对于被投资单位除净损益、其他综合收益和利润分配以外所有者权益的其他变动,应当按照持股比例与被投资单位所有者权益的其他变动计算的归属于本企业的部分,相应调整长期股权投资的账面价值并增加或减少资本公积(其他资本公积)。被投资单位除净损益、其他综合收益和利润分配以外所有者权益的其他变动主要包括被投资单位接受其他股东的资本性投入、被投资单位发行可分离交易的可转换公司债券中包含的权益成分、以权益结算的股份支付等。

【例 3-14】A 企业持有 B 企业 30% 的股份,能够对 B 企业施加重大影响。B 企业为上市公司,当期 B 企业的母公司给予 B 企业捐赠 1 000 万元,该捐赠实质上属于资本性投资,B 企业将其计入资本公积(股本溢价)。

A企业在确认应享有被投资单位所有者权益的变动时,应进行的账务处理为:

借:长期股权投资——其他权益变动　　　　　　　　　　　　3 000 000
　　贷:资本公积——其他资本公积　　　　　　　　　　　　　3 000 000

(六)取得现金股利或利润的处理

按照权益法核算的长期股权投资,投资企业自被投资单位取得的现金股利或利润,应抵减长期股权投资的账面价值。在被投资单位宣告分派现金股利或利润时,借记"应收股利"科目,贷记"长期股权投资——损益调整"科目;自被投资单位取得的现金股利或利润超过已确认损益调整的部分应视同投资成本的收回,冲减长期股权投资的账面价值。

(七)长期股权投资减值

长期股权投资的期末计价,应遵循可收回金额与账面价值孰低原则。投资账面价值高于可收回金额的,按其差额借记"资产减值损失"科目,贷记"长期股权投资减值准备"科目。长期股权投资的减值准备一经计提,不得转回。

3.5　长期股权投资核算方法的转换及处置

3.5.1　长期股权投资核算方法的转换

(一)权益法转公允价值计量

投资企业因减少投资等原因对被投资单位不再具有共同控制或重大影响的,处置后的剩余股权应当改按《企业会计准则第22号——金融工具确认和计量》核算,其在丧失共同控制或重大影响之日的公允价值与账面价值之间的差额计入当期损益。原股权投资因采用权益法核算而确认的其他综合收益,应当在终止采用权益法核算时采用与被投资单位直接处置相关资产或负债相同的基础进行会计处理;因被投资单位除净损益、其他综合收益和利润分配以外的其他所有者权益变动而确认的所有者权益,应当在终止采用权益法时,全部转入当期损益。

【例3-15】甲公司持有乙公司30%的有表决权股份,因能够对乙公司的生产经营决策施加重大影响,甲公司对该项投资采用权益法核算。20×6年10月,甲公司将该项投资中的50%对外出售,取得价款1 800万元。相关手续当日完成。出售时,该项长期股权投资的账面价值为3 200万元,其中投资成本为2 600万元,损益调整为300万元,其他综合收益为200万元(性质为被投资单位的可供出售金融资产的累计公允价值变动),除净损益、其他综合收益和利润分配外的其他所有者权益变动为100万元。剩余股权的公允价值为1 800万元。不考虑相关税费等其他因素影响。甲公司确认处置损益应进行以下账务处理。

(1)确认有关股权投资的处置损益。

借:银行存款　　　　　　　　　　　　　　　　　　　　　18 000 000
　　贷:长期股权投资　　　　　　　　　(32 000 000×50%)16 000 000
　　　　投资收益　　　　　　　　　　　　　　　　　　　　2 000 000

(2)由于终止采用权益法核算,将原确认的相关其他综合收益全部转入当期损益。

借:其他综合收益　　　　　　　　　　　　　　　　　　　　2 000 000

　　　　贷：投资收益　　　　　　　　　　　　　　　　　　　　　　　　　　　2 000 000
　（3）由于终止权益法核算，将原计入资本公积的其他所有者权益变动全部转入当期损益。
　　借：资本公积——其他资本公积　　　　　　　　　　　　　　　　　　　1 000 000
　　　　贷：投资收益　　　　　　　　　　　　　　　　　　　　　　　　　　　1 000 000
　（4）剩余股权投资转为其他权益工具投资，当天公允价值为1 800万元，账面价值为1 600万元，两者差异应计入当期投资收益。
　　借：其他权益工具投资　　　　　　　　　　　　　　　　　　　　　　　18 000 000
　　　　贷：长期股权投资　　　　　　　　　　　　　　　　　　　　　　　　16 000 000
　　　　　　投资收益　　　　　　　　　　　　　　　　　　　　　　　　　　 2 000 000

（二）成本法转公允价值计量

　　原持有对被投资单位具有控制的长期股权投资，因部分处置等原因导致持股比例下降，不能再对被投资单位实施控制、共同控制或重大影响的，应改按金融工具确认和计量准则进行会计处理，在丧失控制之日的公允价值与账面价值之间的差额计入当期投资收益。

　　【例3-16】 甲公司持有乙公司60%的有表决权股份，能够对乙公司实施控制，对该长期股权投资采用成本法核算。2×19年10月，甲公司将该项投资中的80%出售给非关联方，取得价款8 000万元。相关手续于当日完成。甲公司无法再对乙公司实施控制，也不能施加共同控制或重大影响，将剩余长期股权投资转为以公允价值计量且其变动计入当期损益的金融资产。出售时，该项长期股权投资的账面价值为8 000万元，剩余长期股权投资的公允价值为2 000万元。不考虑相关税费等其他因素影响。

　　甲公司有关会计处理如下。
　（1）确认有关股权投资的处置损益。
　　借：银行存款　　　　　　　　　　　　　　　　　　　　　　　　　　　80 000 000
　　　　贷：长期股权投资　　　　　　　　　　　　　　　　（80 000 000×80%）64 000 000
　　　　　　投资收益　　　　　　　　　　　　　　　　　　　　　　　　　 16 000 000
　（2）剩余股权投资转为以公允价值计量且其变动计入当期损益的金融资产，当天公允价值为2 000万元，账面价值为1 600万元，两者差异应计入当期投资收益。
　　借：交易性金融资产——成本　　　　　　　　　　　　　　　　　　　　20 000 000
　　　　贷：长期股权投资　　　　　　　　　　　　　　　　　　　　　　　　16 000 000
　　　　　　投资收益　　　　　　　　　　　　　　　　　　　　　　　　　　 4 000 000

（三）成本法转权益法

　　因处置投资等原因导致对被投资单位由能够实施控制转为具有重大影响或者与其他投资方一起实施共同控制的，首先应按处置或收回投资的比例结转应终止确认的长期股权投资成本。然后，比较剩余长期股权投资的成本与按照剩余持股比例计算原投资时应享有被投资单位可辨认净资产公允价值的份额，前者大于后者的，属于投资作价中体现的商誉部分，不调整长期股权投资的账面价值；前者小于后者的，在调整长期股权投资成本的同时，调整留存收益。

对于原取得投资后转变为权益法核算之间被投资单位净损益中投资方应享有的份额，一方面应调整长期股权投资的账面价值，同时对于原取得投资时至处置投资当期期初被投资单位实现的净损益（扣除已宣告发放的现金股利和利润）中应享有的份额，调整留存收益，对于处置当期期初至处置投资之日被投资单位实现的净损益中享有的份额，调整当期损益；在被投资单位其他综合收益变动中应享有的份额，在调整长期股权投资账面价值的同时，应当计入资本公积（其他资本公积）。长期股权投资自成本法转为权益法后，未来期间应当按照长期股权投资准则规定计算确认应享有被投资单位实现的净损益、其他综合收益和所有者权益其他变动的份额。

在合并财务报表中，对于剩余股权，应当按照其在丧失控制权日的公允价值进行重新计量。处置股权取得的对价与剩余股权公允价值之和，减去按原持股比例计算应享有原有子公司自购买日开始持续计算的净资产的份额之间的差额，计入丧失当期的投资收益。与原有子公司股权投资相关的其他综合收益，应当在丧失控制权时转为当期投资收益。企业应当在附注中披露处置后的剩余股权在丧失控制权日的公允价值、按照公允价值重新计量产生的相关利得或损失的金额。

【例3-17】20×8年1月1日，甲公司支付600万元取得乙公司100%的股权，投资当时乙公司可辨认净资产的公允价值为500万元，商誉为100万元。20×8年1月1日至20×8年12月31日，乙公司的净资产增加了75万元，其中按购买日公允价值计算实现的净利润为50万元，持有的非交易性权益工具投资以公允价值计量且其变动计入其他综合收益的金融资产的公允价值升值25万元。

20×9年1月14日，甲公司转让乙公司60%的股权，收取现金480万元存入银行，转让后甲公司对乙公司的持股比例为40%，能对其施加重大影响。20×9年1月14日，即甲公司丧失对乙公司的控制权日，乙公司剩余40%股权的公允价值为320万元。假定甲、乙公司提取盈余公积的比例为10%。假定乙公司未分配现金股利，并不考虑其他因素。

甲公司在其个别和合并财务报表中的处理分别如下。

（1）甲公司个别财务报表的处理。

①确认部分股权处置收益。

借：银行存款　　　　　　　　　　　　　　　　　　　　4 800 000
　　贷：长期股权投资　　　　　　　　　　（6 000 000 × 60%）3 600 000
　　　　投资收益　　　　　　　　　　　　　　　　　　　1 200 000

②对剩余股权改按权益法核算。

借：长期股权投资　　　　　　　　　　　　　　　　　　　300 000
　　贷：盈余公积　　　　　　　　　　　（500 000 ×40% ×10%）20 000
　　　　利润分配　　　　　　　　　　　（500 000 ×40% × 90%）180 000
　　　　其他综合收益　　　　　　　　　　（250 000 × 40%）100 000

经上述调整后，在个别财务报表中，剩余股权的账面价值为270（600×40%+30）万元。

（2）甲公司合并财务报表的处理。

合并财务报表中应确认的投资收益为125（480+320-675）万元。由于个别财务报表中已经确认了 120 万元的投资收益,在合并财务报表中做以下调整。

①对剩余股权按丧失控制权日的公允价值重新计量的调整。

借:长期股权投资 3 200 000
　　贷:长期股权投资 (6 750 000×40%) 2 700 000
　　　　投资收益 500 000

②对个别财务报表中的部分处置收益的归属期间进行调整。

借:投资收益 (750 000×60%) 450 000
　　贷:盈余公积 (500 000×60%×10%) 30 000
　　　　利润分配——未分配利润 (500 000×60%×90%) 270 000
　　　　其他综合收益 (250 000×60%) 150 000

③由于与子公司股权投资相关的其他综合收益为其持有的非交易性权益工具投资的累计公允价值变动,在子公司终止确认时该其他综合收益应转入留存收益。

借:其他综合收益 250 000
　　贷:留存收益 250 000

(四)公允价值转权益法

原持有的对被投资单位的股权投资(不具有控制、共同控制或重大影响的),按照金融工具确认和计量准则进行会计处理的,因追加投资等原因导致持股比例上升,能够对被投资单位施加共同控制或重大影响的,在转按权益法核算时,投资方应当按照金融工具确认和计量准则确定的原股权投资的公允价值加上为取得新增投资而应支付对价的公允价值,作为改按权益法核算的初始投资成本。如原投资属于分类为公允价值计量且其变动计入其他综合收益的非交易性权益工具投资,与其相关的原计入其他综合收益的累计公允价值变动转入改按权益法核算当期的留存收益,不得计入当期损益。

然后,比较上述计算所得的初始投资成本,与按照追加投资后全新的持股比例计算确定的应享有被投资单位在追加投资日可辨认净资产公允价值份额之间的差额,前者大于后者的,不调整长期股权投资的账面价值;前者小于后者的,差额应调整长期股权投资的账面价值,并计入当期营业外收入。

【例3-18】20×2年2月,甲公司以600万元现金自非关联方处取得乙公司10%的股权。甲公司根据金融工具确认和计量准则将其作为以公允计量且其变动计入其他综合收益的非交易性权益工具投资的金融资产。20×3年1月4日,甲公司又以1 200万元的银行存款自另一非关联方处取得乙公司12%的股权,相关手续于当日完成。当日,乙公司可辨认净资产公允价值总额为8 000万元,甲公司对乙公司投资原10%股权的公允价值为1 000万元,计入其他综合收益的累计公允价值变动为400万元。取得该部分股权后,按照乙公司章程规定,甲公司能够对乙公司施加重大影响,对该项投资转为采用权益法核算。不考虑相关税费等其他因素影响。

甲公司账务处理如下。

20×3年1月4日,甲公司原持有10%股权的公允价值为1 000万元,为取得新增投资而支付对价的公允价值为1 200万元,因此甲公司对乙公司22%的股权的初始投资成本为2 200万元。

甲公司的最终持股比例为22%,应享有乙公司可辨认净资产公允价值的份额为1 760(80 000 000×22%)万元。由于甲公司初始投资成本(2 200万元)大于应享有乙公司可辨认净资产公允价值的份额(1 760万元),因此,甲公司无须调整长期股权投资的成本。

20×3年1月4日,甲公司确认对乙公司的长期股权投资,进行以下会计处理。

借:长期股权投资——投资成本　　　　　　　　　　22 000 000
　　其他综合收益　　　　　　　　　　　　　　　　 4 000 000
　　贷:其他综合收益　　　　　　　　　　　　　　　10 000 000
　　　　银行存款　　　　　　　　　　　　　　　　　12 000 000
　　　　留存收益　　　　　　　　　　　　　　　　　 4 000 000

(五)公允价值计量或权益法转成本法

投资方原持有的对被投资单位不具有控制、共同控制或重大影响的按照金融工具确认和计量准则进行会计处理的权益性投资,或者原持有对联营企业、合营企业的长期股权投资、因追加投资等原因,能够对被投资单位实施控制的,应按《企业会计准则第2号——长期股权投资》应用指南有关企业合并形成的长期股权投资的指引进行会计处理。

3.5.2　长期股权投资的处置

(一)准则规定

处置长期股权投资,其账面价值与实际取得价款之间的差额,应当计入当期损益。采用权益法核算的长期股权投资,在处置该项投资时,采用与被投资单位直接处置相关资产或负债相同的基础,按相应比例对原计入其他综合收益的部分进行会计处理。

(二)准则解释

企业处置长期股权投资时,应相应结转与所售股权相对应的长期股权投资的账面价值,出售所得价款与处置长期股权投资账面价值之间的差额,应确认为处置损益。

投资方全部处置权益法核算的长期股权投资时,原权益法核算的相关其他综合收益应当在终止采用权益法核算时采用与被投资单位直接处置相关资产或负债相同的基础进行会计处理,因被投资方除净损益、其他综合收益和利润分配以外的其他所有者权益变动而确认的所有者权益,应当在终止采用权益法核算时全部转入当期投资收益。

投资方部分处置权益法核算的长期股权投资,剩余股权仍采用权益法核算的,原权益法核算的相关其他综合收益应当采用与被投资单位直接处置相关资产或负债相同的基础处理并按比例结转,因被投资方除净损益、其他综合收益和利润分配以外的其他综合收益和利润分配以外的其他所有者权益变动而确认的所有者权益,应当按比例结转入当期投资收益。

【例3-19】A企业原持有B企业40%的股权,20×6年12月20日,A企业决定出售10%的B企业股权,出售时A企业账面上对B企业长期股权投资的构成为:投资成本1 800万元,损益调整480万元,其他权益变动300万元。出售取得价款705万元。

（1）A企业确认处置损益的账务处理为：

借：银行存款　　　　　　　　　　　　　　　　　　　　7 050 000
　　贷：长期股权投资　　　　　　　　　　　　　　　　　　6 450 000
　　　　投资收益　　　　　　　　　　　　　　　　　　　　　600 000

（2）除应将实际取得价款与出售长期股权投资的账面价值进行结转，确认出售损益以外，还应将原计入资本公积的部分按比例转入当期损益。

借：资本公积——其他资本公积　　　　　　　　　　　　　750 000
　　贷：投资收益　　　　　　　　　　　　　　　　　　　　750 000

3.6　披露

《企业会计准则第2号——长期股权投资》第四条规定，长期股权投资的披露适用《企业会计准则第41号——在其他主体中权益的披露》。

第4章
投资性房地产

《企业会计准则第3号——投资性房地产》包括"总则""确认和初始计量""后续计量""转换""处置""披露"等内容。

"确认和初始计量"部分，明确了投资性房地产的概念、范围以及投资性房地产确认的条件。

"后续计量"部分，介绍了投资性房地产后续计量的方法。

"转换"部分，介绍了投资性房地产与非投资性房地产之间的转换及其会计处理方法。

"处置"部分，明确了投资性房地产处置的条件及其处理方法。

"披露"部分，规定了企业应当在财务报表附注中披露的投资性房地产相关信息内容。

4.1 投资性房地产的确认

4.1.1 投资性房地产的定义及范围

投资性房地产是指为赚取租金或资本增值，或者两者兼有而持有的房地产。投资性房地产应当能够单独计量或者出售。

（一）属于投资性房地产的项目

（1）已出租的土地使用权。

（2）持有并准备增值后转让的土地使用权。

（3）已出租的建筑物。

企业将建筑物出租并按出租协议向承租人提供保安和维修等其他服务，所提供的其他服务在整个协议中不重大的，可以将该建筑物确认为投资性房地产；所提供的其他服务在整个协议中如为重大的，该建筑物应视为企业的经营场所，应当确认为自用房地产。

（二）不属于投资性房地产的项目

（1）自用房地产。

（2）作为存货的房地产。

（3）某项房地产，部分用于赚取租金或资本增值，部分用于生产商品、提供劳务或经营管理，能够单独计量和出售的、用于赚取租金或资本增值的部分，应当确认为投资性房地产；不能够单独计量和出售的、用于赚取租金或资本增值的部分，不确认为投资性房地产。

4.1.2 确认投资性房地产的条件

投资性房地产同时满足下列条件的，才能予以确认。

（1）与该投资性房地产有关的经济利益很可能流入企业。

（2）该投资性房地产的成本能够可靠地计量。

4.2 投资性房地产的计量

4.2.1 初始计量

（一）外购

外购的土地使用权和建筑物，按照取得时的实际成本进行初始计量。取得时的实际成本包括购买价款、相关税费和可直接归属于该资产的其他支出。具体如表4-1所示。

表4-1　　　　　　　　　　外购投资性房地产的初始计量

采用成本模式进行初始计量	采用公允价值模式进行初始计量
借：投资性房地产 　　应交税费——应交增值税（进项税额） 　贷：银行存款等	借：投资性房地产——成本 　　应交税费——应交增值税（进项税额） 　贷：银行存款等

【例4-1】 20×9年3月，甲企业计划购入一栋写字楼用于对外出租。3月15日，甲企业与乙企业签订了经营租赁合同，约定自写字楼购买日起将这栋写字楼出租给乙企业，为期5年。4月5日，甲企业实际购入写字楼，支付价款共计1 200万元（假设不考虑其他因素，甲企业采用成本模式进行初始计量）。

甲企业的账务处理如下。

借：投资性房地产——写字楼　　　　　　　　　　　　　　　　　12 000 000
　贷：银行存款　　　　　　　　　　　　　　　　　　　　　　　　12 000 000

（二）自行建造

自行建造的投资性房地产，其成本由建造该项资产达到预定可使用状态前发生的必要支出构成，包括土地开发费、建筑成本、安装成本、应予以资本化的借款费用、支付的其他费用和分摊的间接费用等。建造过程中发生的非正常性损失直接计入当期损益，不计入建造成本。具体如表4-2所示。

表4-2　　　　　　　　　　自行建造投资性房地产的初始计量

采用成本模式进行初始计量	采用公允价值模式进行初始计量
借：投资性房地产 　贷：银行存款等	借：投资性房地产 　贷：银行存款等

【例4-2】20×9年1月，甲企业从其他单位购入一块土地的使用权，并在这块土地上开始自行建造三栋厂房。20×9年10月，甲企业预计厂房即将完工，与乙公司签订了经营租赁合同，将其中一栋厂房租赁给乙公司使用。租赁合同约定，该厂房于完工（达到预定可使用状态）时开始起租。20×9年11月1日，三栋厂房同时完工（达到预定可使用状态）。该块土地使用权的成本为600万元；三栋厂房的实际造价均为1 000万元，能够单独出售。假设甲企业采用成本模式计量。

甲企业的账务处理如下。

土地使用权中的对应部分同时转换为投资性房地产。

每栋厂房的土地使用权成本 =[600×(1 000÷3 000)]=200(万元)

借:投资性房地产——厂房	10 000 000	
贷:在建工程		10 000 000
借:投资性房地产——土地使用权	2 000 000	
贷:无形资产——土地使用权		2 000 000

4.2.2 后续支出计量

与投资性房地产有关的后续支出,满足资本化的确认条件的,应当计入投资性房地产成本;不满足规定的确认条件的,应当在发生时计入当期损益。

(一)资本化的后续支出

企业对某项投资性房地产进行改扩建等再开发且将来仍作为投资性房地产的,在再开发期间应继续将其作为投资性房地产,再开发期间不计提折旧或摊销。

【例4-3】20×9年3月,甲企业与乙企业的一项厂房经营租赁合同即将到期。该厂房按照成本模式进行后续计量,原价为2 000万元,已计提折旧600万元。为了提高厂房的租金收入,甲企业决定在租赁期满后对厂房进行改扩建,并与丙企业签订了经营租赁合同,约定自改扩建完工时将厂房出租给丙企业。3月15日,与乙企业的租赁合同到期,厂房随即进入改扩建工程。12月10日,厂房改扩建工程完工,共发生支出150万元,即日按照租赁合同出租给丙企业。假设甲企业采用成本模式计量。

本例中,改扩建支出属于资本化的后续支出,应当计入投资性房地产的成本。

甲企业的账务处理如下。

(1)20×9年3月15日,投资性房地产转入改扩建工程。

借:投资性房地产——厂房(在建)	14 000 000	
投资性房地产累计折旧	6 000 000	
贷:投资性房地产——厂房		20 000 000

(2)20×9年3月15日—12月10日。

借:投资性房地产——厂房(在建)	1 500 000	
贷:银行存款等		1 500 000

(3)20×9年12月10日,改扩建工程完工。

借:投资性房地产——厂房	15 500 000	
贷:投资性房地产——厂房(在建)		15 500 000

(二)费用化的后续支出

与投资性房地产有关的后续支出,不满足投资性房地产确认条件的,应当在发生时计入当期损益。企业在发生投资性房地产费用化的后续支出时,借记"其他业务成本"等科目,贷记"银行存款"等科目。

【例4-4】甲企业对其某项投资性房地产进行日常维修,发生维修支出1.5万元。本例中,日常维修支出属于费用化的后续支出,应当计入当期损益。

甲企业的账务处理如下。

借：其他业务成本　　　　　　　　　　　　　　　　　　　　　15 000
　　贷：银行存款等　　　　　　　　　　　　　　　　　　　　　　15 000

4.2.3　后续计量

企业通常应当采用成本模式对投资性房地产进行后续计量，满足特定条件时可以采用公允价值模式对投资性房地产进行后续计量。但是同一企业只能采用一种模式对所有投资性房地产进行后续计量，不得同时采用两种计量模式。

（一）成本模式

在成本模式下，对已出租的建筑物或土地使用权进行计量，并计提折旧或摊销；如果存在减值迹象的，应当计提相应的减值准备。投资性房地产的计量模式一经确定，不得随意变更，只有存在确凿证据表明其公允价值能够持续可靠取得的，才允许采用公允价值模式计量。

【例4-5】甲企业的一栋办公楼出租给乙企业使用，已确认为投资性房地产，采用成本模式进行后续计量。假设这栋办公楼的成本为1 800万元，按照直线法计提折旧，使用寿命为20年，预计净残值为0。按照经营租赁合同约定，乙企业每月支付甲企业租金8万元。当年12月，这栋办公楼发生减值迹象，经减值测试，其可收回金额为1 200万元，此时办公楼的账面价值为1 500万元，以前未计提减值准备。

甲企业的账务处理如下。

（1）计提折旧。

每月计提的折旧=1 800÷20÷12=7.5（万元）

借：其他业务成本　　　　　　　　　　　　　　　　　　　　　75 000
　　贷：投资性房地产累计折旧　　　　　　　　　　　　　　　　75 000

（2）确认租金收入。

借：银行存款（或其他应收款）　　　　　　　　　　　　　　　80 000
　　贷：其他业务收入　　　　　　　　　　　　　　　　　　　　80 000

（3）计提减值准备。

借：资产减值损失　　　　　　　　　　　　　　　　　　　　3 000 000
　　贷：投资性房地产减值准备　　　　　　　　　　　　　　　3 000 000

（二）公允价值模式

1. 采用公允价值模式计量的前提条件

有确凿证据表明投资性房地产的公允价值能够持续可靠取得的，可以对投资性房地产采用公允价值模式进行后续计量。

2. 公允价值模式计量的应用

投资性房地产采用公允价值模式进行后续计量的，不计提折旧或摊销，应当以资产负债表日的公允价值计量。资产负债表日，投资性房地产的公允价值高于其账面余额的差额，借记"投资性房地产——公允价值变动"科目，贷记"公允价值变动损益"科目；公允价值低于其账面余额的差额做相反的会计分录。

【例 4-6】甲公司为从事房地产经营开发的企业。20×9 年 8 月，甲公司与乙公司签订租赁协议，约定将甲公司开发的一栋精装修的写字楼于开发完成同时开始租赁给乙公司使用，租赁期为 10 年。当年 10 月 1 日，该写字楼开发完成并开始起租，写字楼的造价为 9 000 万元。20×9 年 12 月 31 日，该写字楼的公允价值为 9 200 万元。假设甲公司采用公允价值模式计量。

甲企业的账务处理如下。

（1）20×9 年 10 月 1 日，甲公司开发完成写字楼并出租。

借：投资性房地产——成本　　　　　　　　　　　　　90 000 000
　　贷：开发成本　　　　　　　　　　　　　　　　　　90 000 000

（2）20×9 年 12 月 31 日，按照公允价值为基础调整其账面价值。

借：投资性房地产——公允价值变动　　　　　　　　　 2 000 000
　　贷：公允价值变动损益　　　　　　　　　　　　　 2 000 000

（三）后续计量模式的变更

企业对投资性房地产的计量模式一经确定，不得随意变更。成本模式转为公允价值模式的，应当作为会计政策变更，将计量模式变更时公允价值与账面价值的差额调整期初留存收益。

已采用公允价值模式计量的投资性房地产，不得从公允价值模式转为成本模式。

【例 4-7】20×7 年，甲企业将一栋写字楼对外出租，采用成本模式进行后续计量。20×9 年 2 月 1 日，假设甲企业持有的投资性房地产满足采用公允价值模式计量的条件，甲企业决定采用公允价值模式对该写字楼进行后续计量。20×9 年 2 月 1 日，该写字楼的原价为 9 000 万元，已计提折旧 270 万元，账面价值为 8 730 万元，公允价值为 9 500 万元。甲企业按净利润的 10% 计提盈余公积。假定除上述对外出租的写字楼外，甲企业无其他的投资性房地产。

甲企业的账务处理如下。

借：投资性房地产——成本　　　　　　　　　　　　　95 000 000
　　投资性房地产累计折旧　　　　　　　　　　　　　 2 700 000
　　贷：投资性房地产　　　　　　　　　　　　　　　90 000 000
　　　　利润分配——未分配利润　　　　　　　　　　 6 930 000
　　　　盈余公积　　　　　　　　　　　　　　　　　　 770 000

4.3　投资性房地产的转换

4.3.1　投资性房地产转换形式及转换日

房地产的转换，是因房地产用途发生改变而对房地产进行的重新分类。企业必须有确凿证据表明房地产用途发生改变，才能将投资性房地产转换为非投资性房地产或者将非投资性房地产转换为投资性房地产。这里的确凿证据包括两个方面：一是企业董事会应当就改变房地产用途形成正式的书面决议，二是房地产因用途改变而发生实际状态上的改变。

房地产转换形式主要包括：

（1）投资性房地产转换为自用房地产；

（2）投资性房地产转换为存货；

（3）自用房地产转换为投资性房地产；

（4）作为存货的房地产转换为投资性房地产。

投资性房地产转换的形式及转换日如图4-1所示。

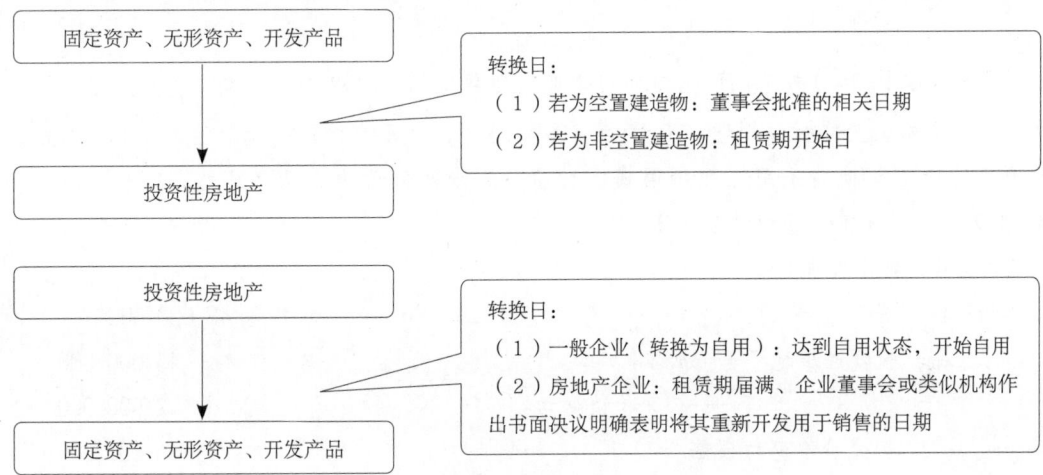

图4-1 投资性房地产的转换形式及转换日

4.3.2 投资性房地产转换的会计处理

（一）非房地产企业

非房地产企业投资性房地产转换的会计处理如表4-3所示。

表4-3　　　　　　非房地产企业投资性房地产转换的会计处理

成本模式下的转换	公允价值模式下的转换
（1）自用房地产转换为投资性房地产 借：投资性房地产【原值】 　　累计折旧（或累计摊销） 　　固定资产减值准备（或无形资产减值准备） 　贷：固定资产（或无形资产）【原值】 　　投资性房地产累计折旧（或投资性房地产累计摊销） 　　投资性房地产减值准备	（1）自用房地产转换为投资性房地产 借：投资性房地产——成本【公允价值】 　　累计折旧（或累计摊销） 　　固定资产减值准备（或无形资产减值准备） 　　公允价值变动损益【借差】 　贷：固定资产（或无形资产）【原值】 　　其他综合收益【贷差】
（2）投资性房地产转换为自用房地产 借：固定资产（或无形资产）【原值】 　　投资性房地产累计折旧（或投资性房地产累计摊销） 　　投资性房地产减值准备 　贷：投资性房地产【原值】 　　累计折旧（或累计摊销） 　　固定资产减值准备（或无形资产减值准备）	（2）投资性房地产转换为自用房地产 借：固定资产（或无形资产）【公允价值】 　　公允价值变动损益【借差】 　贷：投资性房地产——成本 　　　　　　　　——公允价值变动（或借记） 　　公允价值变动损益【贷差】

【例4-8】20×9年8月1日,甲企业将出租在外的厂房收回,开始用于本企业生产商品。该项房地产账面价值为3 765万元,其中,原价为5 000万元,累计已提折旧为1 235万元。假设甲企业采用成本模式计量。

甲企业的账务处理如下。

借:固定资产	50 000 000
投资性房地产累计折旧	12 350 000
贷:投资性房地产	50 000 000
累计折旧	12 350 000

【例4-9】20×9年10月15日,甲企业因租赁期满,将出租的写字楼收回,开始作为办公楼用于本企业的行政管理。20×9年10月15日,该写字楼的公允价值为4 800万元。该项房地产在转换前采用公允价值模式计量,原账面价值为4 750万元,其中,成本为4 500万元,公允价值变动增值250万元。

甲企业的账务处理如下。

借:固定资产	48 000 000
贷:投资性房地产——成本	45 000 000
——公允价值变动	2 500 000
公允价值变动损益	500 000

【例4-10】甲企业拥有一栋办公楼,用于本企业总部办公。20×9年3月10日,甲企业与乙企业签订了经营租赁协议,将该栋办公楼整体出租给乙企业使用,租赁期开始日为20×9年4月15日,为期5年。20×9年4月15日,该栋办公楼的账面余额为45 000万元,已计提折旧300万元。假设甲企业采用成本模式计量。

甲企业的账务处理如下。

借:投资性房地产——办公楼	450 000 000
累计折旧	3 000 000
贷:固定资产	450 000 000
投资性房地产累计折旧	3 000 000

【例4-11】20×8年3月10日,甲房地产开发公司与乙企业签订了租赁协议,将其开发的一栋写字楼出租给乙企业。租赁期开始日为20×9年4月15日。20×9年4月15日,该写字楼的账面余额为45 000万元,公允价值为47 000万元。20×9年12月31日,该项投资性房地产的公允价值为48 000万元。

甲企业的账务处理如下。

① 20×9年4月15日。

借:投资性房地产——成本	470 000 000
贷:开发产品	450 000 000
资本公积——其他资本公积	20 000 000

② 20×9年12月31日。

借：投资性房地产——公允价值变动　　　　　　　　　　10 000 000
　　贷：公允价值变动损益　　　　　　　　　　　　　　　　　　10 000 000

【例4-12】20×9年6月，甲企业打算搬迁至新建办公楼，由于原办公楼处于商业繁华地段，甲企业准备将其出租，以赚取租金收入。20×9年10月30日，甲企业完成了搬迁工作，原办公楼停止自用，并与乙企业签订了租赁协议，将其原办公楼租赁给乙企业使用，租赁期开始日为20×9年10月30日，租赁期限为3年。20×9年10月30日，该办公楼原价为5亿元，已提折旧14 250万元，公允价值为35 000万元。假设甲企业对投资性房地产采用公允价值模式计量。

甲企业的账务处理如下。

借：投资性房地产——成本　　　　　　　　　　　　　350 000 000
　　公允价值变动损益　　　　　　　　　　　　　　　　　7 500 000
　　累计折旧　　　　　　　　　　　　　　　　　　　　142 500 000
　　贷：固定资产　　　　　　　　　　　　　　　　　　　　500 000 000

（二）房地产企业

房地产企业投资性房地产转换的会计处理如表4-4所示。

表4-4　　房地产企业投资性房地产转换的会计处理

成本模式下的转换	公允价值模式下的转换
（1）作为存货的房地产转换为投资性房地产 借：投资性房地产【账面价值】 　　存货跌价准备【已计提存货跌价准备】 　　贷：开发产品【账面余额】	（1）作为存货的房地产转换为投资性房地产 借：投资性房地产——成本【公允价值】 　　存货跌价准备【已计提存货跌价准备】 　　公允价值变动损益【借差】 　　贷：开发产品【账面余额】 　　　　其他综合收益【贷差】
（2）投资性房地产转换为存货 借：开发产品【账面价值】 　　投资性房地产累计折旧 　　投资性房地产减值准备 　　贷：投资性房地产	（2）投资性房地产转换为存货 借：开发产品【公允价值】 　　公允价值变动损益【借差】 　　贷：投资性房地产——成本 　　　　　　　　　　——公允价值变动（或借记） 　　　　公允价值变动损益【贷差】

【例4-13】甲房地产开发企业将其开发的部分写字楼用于对外经营租赁。20×9年10月15日，因租赁期满，甲企业将出租的写字楼收回，并作出书面决议，将该写字楼重新开发用于对外销售，即由投资性房地产转换为存货，当日的公允价值为5 800万元。该项房地产在转换前采用公允价值模式计量，原账面价值为5 600万元，其中，成本为5 000万元，公允价值增值600万元。

甲企业的账务处理如下。

借：开发产品　　　　　　　　　　　　　　　　　　　58 000 000
　　贷：投资性房地产——成本　　　　　　　　　　　　　　50 000 000

	——公允价值变动	6 000 000
公允价值变动损益		2 000 000

【例4-14】甲企业是从事房地产开发业务的企业，20×9年3月10日，甲企业与乙企业签订了租赁协议，将其开发的一栋写字楼出租给乙企业使用，租赁期开始日为20×9年4月15日。20×9年4月15日，该写字楼的账面余额为45 000万元，未计提存货跌价准备。假设甲企业采用成本模式对其投资性房地产进行后续计量。

甲企业的账务处理如下。

借：投资性房地产——写字楼		450 000 000
贷：开发产品		450 000 000

4.4 投资性房地产的处置

当投资性房地产被处置，或者永久退出使用且预计不能从其处置中取得经济利益时，应当终止确认该项投资性房地产。

企业出售、转让、报废投资性房地产或者发生投资性房地产毁损，应当将处置收入扣除其账面价值和相关税费后的金额计入当期损益，如表4-5所示。

表4-5　　　　　　　　　投资性房地产处置的会计处理

成本模式计量的投资性房地产	公允价值模式计量的投资性房地产
借：银行存款等 　　贷：其他业务收入 　　　　应交税费——应交增值税（销项税额）	同左
借：其他业务成本 　　投资性房地产累计折旧（或投资性房地产累计摊销） 　　投资性房地产减值准备 　　贷：投资性房地产	借：其他业务成本 　　公允价值变动损益（或贷记） 　　其他综合收益 　　贷：投资性房地产——成本 　　　　　　　　　　——公允价值变动（或借记）

【例4-15】甲公司将其出租的一栋写字楼确认为投资性房地产，采用成本模式计量。租赁期届满后，甲公司将该栋写字楼出售给乙公司，合同价款为30 000万元，乙公司已用银行存款付清。出售时，该栋写字楼的成本为28 000万元，已计提折旧3 000万元。假设不考虑相关税费。

甲公司的账务处理如下。

借：银行存款		300 000 000
贷：其他业务收入		300 000 000
借：其他业务成本		250 000 000
投资性房地产累计折旧		30 000 000
贷：投资性房地产——写字楼		280 000 000

【例4-16】甲企业为一家房地产开发企业，20×8年3月10日，甲企业与乙企业签订

了租赁协议,将其开发的一栋写字楼出租给乙企业使用,租赁期开始日为20×8年4月15日。20×8年4月15日,该写字楼的账面余额为45 000万元,公允价值为47 000万元。20×8年12月31日,该项投资性房地产的公允价值为48 000万元。20×9年6月租赁期届满,甲企业收回该项投资性房地产,并以55 000万元出售,出售款项已收讫。甲企业采用公允价值模式计量,不考虑相关税费。

甲企业的账务处理如下。

(1) 20×8年4月15日,存货转换为投资性房地产。

借:投资性房地产——成本　　　　　　　　　　　　　470 000 000
　　贷:开发产品　　　　　　　　　　　　　　　　　　450 000 000
　　　　其他综合收益　　　　　　　　　　　　　　　　 20 000 000

(2) 20×8年12月31日,公允价值变动。

借:投资性房地产——公允价值变动　　　　　　　　　 10 000 000
　　贷:公允价值变动损益　　　　　　　　　　　　　　 10 000 000

(3) 20×9年6月,出售投资性房地产。

借:银行存款　　　　　　　　　　　　　　　　　　　550 000 000
　　公允价值变动损益　　　　　　　　　　　　　　　 10 000 000
　　其他综合收益　　　　　　　　　　　　　　　　　 20 000 000
　　其他业务成本　　　　　　　　　　　　　　　　　450 000 000
　　贷:投资性房地产——成本　　　　　　　　　　　　470 000 000
　　　　　　　　　　——公允价值变动　　　　　　　　 10 000 000
　　　　其他业务收入　　　　　　　　　　　　　　　 550 000 000

4.5 披露

企业应当在附注中披露与投资性房地产有关的下列信息。

(1) 投资性房地产的种类、金额和计量模式。
(2) 采用成本模式的,投资性房地产的折旧或摊销,以及减值准备的计提情况。
(3) 采用公允价值模式的,公允价值的确定依据和方法,以及公允价值变动对损益的影响。
(4) 房地产转换情况、理由,以及对损益或所有者权益的影响。
(5) 当期处置的投资性房地产及其对损益的影响。

第 5 章
固定资产

《企业会计准则第4号——固定资产》包括"总则""确认""初始计量""后续计量""处置""披露"等内容。

"总则"部分,明确了固定资产准则的制定原则和适用范围,规定适用范围不包括作为投资性房地产的建筑物和生产性生物资产。

"确认"部分,明确了固定资产确认的条件。

"初始计量""后续计量"部分,介绍了固定资产初始计量和后续计量的处理方法。

"处置"部分,明确了固定资产终止确认的条件及其账务处理。

"披露"部分,规定了企业应当在财务报表附注中披露的固定资产的相关信息内容。

5.1 固定资产概述

5.1.1 定义

固定资产是指同时具有下列特征的有形资产:

(1)为生产商品、提供劳务、出租或经营管理而持有的;

(2)使用寿命超过一个会计年度。

5.1.2 确认条件

固定资产同时满足下列条件的,才能予以确认:

(1)与该固定资产有关的经济利益很可能流入企业;

(2)该固定资产的成本能够可靠地计量。

5.2 固定资产的初始计量

固定资产应当按照取得成本进行初始计量。

5.2.1 外购固定资产

外购固定资产的成本,包括购买价款、相关税费、使固定资产达到预定可使用状态前所发生的可归属于该项资产的运输费、装卸费、安装费和专业人员服务费等。

特殊考虑以下两项。

(1)以一笔款项购入多项没有单独标价的固定资产,应当按照各项固定资产公允价值比例对总成本进行分配,分别确定各项固定资产的成本。

(2)购买固定资产的价款超过正常信用条件延期支付,实质上具有融资性质的,固定资产的成本以购买价款的现值为基础确定。

企业购入的固定资产分为不需要安装的固定资产和需要安装的固定资产两种情形。前者的取得成本为企业实际支付的购买价款、包装费、运杂费、保险费、专业人员服务费和相关税费（不含可抵扣的增值税进项税额）等，其账务处理为：按应计入固定资产成本的金额，借记"固定资产"科目，贷记"银行存款""其他应付款""应付票据"等科目；后者的取得成本是在前者取得成本的基础上，加上安装调试成本等，其账务处理为：按应计入固定资产成本的金额，先记入"在建工程"科目，安装完毕交付使用时再转入"固定资产"科目。

【例5-1】20×7年1月1日，甲公司与乙公司签订一项购货合同，甲公司从乙公司购入一台需要安装的特大型设备。合同约定，甲公司采用分期付款方式支付价款。该设备价款共计900万元（不考虑增值税），在20×7年至2×11年的5年内每半年支付90万元，每年的付款日期分别为当年6月30日和12月31日。

20×7年1月1日，设备如期运抵甲公司并开始安装。20×7年12月31日，设备达到预定可使用状态，发生安装费398 530.60元，已用银行存款付讫。

假定甲公司适用的6个月折现率为10%。

（1）购买价款的现值为：

900 000×（P/A,10%,10）=900 000×6.144 6=5 530 140（元）

20×7年1月1日甲公司的账务处理如下。

借：在建工程——××设备　　　　　　　　　　　　　　　　5 530 140
　　未确认融资费用　　　　　　　　　　　　　　　　　　　3 469 860
　　贷：长期应付款——乙公司　　　　　　　　　　　　　　　　9 000 000

（2）确定信用期间未确认融资费用的分摊额，如表5-1所示。

表5-1　　　　　　　　　　　未确认融资费用分摊情况

单位：元

日期	分期付款额	确认的融资费用	应付本金减少额	应付本金余额
①	②	③＝期初⑤×10%	④＝②－③	期末⑤＝期初⑤－④
20×7年1月1日				5 530 140.00
20×7年6月30日	900 000	553 014.00	346 986.00	5 183 154.00
20×7年12月31日	900 000	518 315.40	381 684.60	4 801 469.40
20×8年6月30日	900 000	480 146.94	419 853.06	4 381 616.34
20×8年12月31日	900 000	438 161.63	461 838.37	3 919 777.97
20×9年6月30日	900 000	391 977.80	508 022.20	3 411 755.77
20×9年12月31日	900 000	341 175.58	558 824.42	2 852 931.35
2×10年6月30日	900 000	285 293.14	614 706.86	2 238 224.49

续表

日期	分期付款额	确认的融资费用	应付本金减少额	应付本金余额
①	②	③ = 期初⑤ × 10%	④ = ② - ③	期末⑤ = 期初⑤ - ④
2×10年12月31日	900 000	223 822.45	676 177.55	1 562 046.94
2×11年6月30日	900 000	156 204.69	743 795.31	818 251.63
2×11年12月31日	900 000	81 748.39*	818 251.61	0.00
合计	9 000 000	3 469 860	5 530 140	0.00

注：* 做尾数调整，81 748.39=900 000-818 251.61，818 251.61 为最后一期应付本金余额。

（3）20×7年1月1日至20×7年12月31日为设备的安装期间，未确认融资费用的分摊额符合资本化条件，计入固定资产成本。

20×7年6月30日，甲公司的账务处理如下。

借：在建工程——××设备　　　　　　　　　　　　　553 014
　　贷：未确认融资费用　　　　　　　　　　　　　　　　553 014
借：长期应付款——乙公司　　　　　　　　　　　　900 000
　　贷：银行存款　　　　　　　　　　　　　　　　　　　900 000

20×7年12月31日，甲公司的账务处理如下。

借：在建工程——××设备　　　　　　　　　　　　　518 315.40
　　贷：未确认融资费用　　　　　　　　　　　　　　　　518 315.40
借：长期应付款——乙公司　　　　　　　　　　　　900 000
　　贷：银行存款　　　　　　　　　　　　　　　　　　　900 000
借：在建工程——××设备　　　　　　　　　　　　　398 530.60
　　贷：银行存款　　　　　　　　　　　　　　　　　　　398 530.60
借：固定资产——××设备　　　　　　　　　　　　　7 000 000
　　贷：在建工程——××设备　　　　　　　　　　　　　7 000 000

固定资产的成本 = 5 530 140+553 014+ 518 315.40+398 530.60=7 000 000（元）

（4）20×8年1月1日至2×11年12月31日，该设备已经达到预定可使用状态，未确认融资费用的分摊额不再符合资本化条件，应计入当期损益。

20×8年6月30日甲公司的账务处理如下。

借：财务费用　　　　　　　　　　　　　　　　　　　480 146.94
　　贷：未确认融资费用　　　　　　　　　　　　　　　　480 146.94
借：长期应付款——乙公司　　　　　　　　　　　　900 000
　　贷：银行存款　　　　　　　　　　　　　　　　　　　900 000

以后期间的账务处理与20×8年6月30日相同，此处略。

5.2.2 自行建造固定资产

自行建造固定资产的成本,由建造该项资产达到预定可使用状态前所发生的必要支出构成。必要支出,包括工程用物资成本、人工成本、缴纳的相关税费、应予资本化的借款费用以及应分摊的间接费用等。

5.2.3 投资者投入固定资产

投资者投入固定资产的成本,应当按照投资合同或协议约定的价值确定,但合同或协议约定价值不公允的除外。

5.2.4 存在弃置义务的固定资产

对于特殊行业的特定固定资产,如核电站核废料的处置等,确定其初始入账成本时,还应考虑弃置费用。对于这些特殊行业的特定固定资产,企业应当按照现值计算确定应计入固定资产成本的金额和相应的预计负债。在固定资产的使用寿命内按照预计负债的摊余成本和实际利率计算确定的利息费用应计入财务费用。一般工商企业的固定资产发生的报废清理费用不属于弃置费用,应当在发生时作为固定资产处置费用处理。

【例 5-2】乙公司经国家批准于 20×9 年 1 月 1 日建造完成核电站核反应堆并交付使用,建造成本为 2 500 000 万元,预计使用寿命为 40 年。该核反应堆将会对当地的生态环境产生一定的影响,根据法律规定,企业应在该项设施使用期满后将其拆除,并对造成的污染进行整治,预计发生弃置费用 250 000 万元。假定适用的折现率为 10%。

核反应堆属于特殊行业的特定固定资产,确定其成本时应考虑弃置费用。账务处理为:

(1)20×9 年 1 月 1 日,弃置费用的现值 =250 000×(P/F,10%,40)=250 000×0.022 1= 5 525(万元)

固定资产的成本 =2 500 000+5 525=2 505 525(万元)

借:固定资产　　　　　　　　　　　　　　　　　　　　　　　25 055 250 000
　　贷:在建工程　　　　　　　　　　　　　　　　　　　　　　25 000 000 000
　　　　预计负债　　　　　　　　　　　　　　　　　　　　　　　　55 250 000

(2)第一年应负担的利息费用 =55 250 000×10%=5 525 000(元)

借:财务费用　　　　　　　　　　　　　　　　　　　　　　　　　5 525 000
　　贷:预计负债　　　　　　　　　　　　　　　　　　　　　　　　5 525 000

以后年度,企业应当按照实际利率法计算确定每年财务费用,账务处理略。

5.3 固定资产的后续计量

固定资产的后续计量主要包括固定资产折旧的计提、减值损失的确定,以及后续支出的计量。

5.3.1 固定资产折旧

（一）与折旧有关的概念

应计折旧额，是指应当计提折旧的固定资产的原价扣除其预计净残值后的金额。已计提减值准备的固定资产，还应当扣除已计提的固定资产减值准备累计金额。

（二）计提折旧的范围

企业应当对所有固定资产计提折旧。但是，已提足折旧仍继续使用的固定资产和单独计价入账的土地除外。

在确认折旧范围时还应注意以下几点。

（1）已达到预定可使用状态的固定资产，无论是否交付使用，尚未办理竣工决算的，应当按照估计价值确认为固定资产，并计提折旧；待办理竣工决算手续后，再按实际成本调整原来的暂估价值，但不需要调整原已计提的折旧额。

（2）固定资产提足折旧后，不管能否继续使用，均不再计提折旧；提前报废的固定资产，也不再补提折旧。

（3）固定资产应当按月计提折旧，当月增加的固定资产，当月不计提折旧，从下月起计提折旧；当月减少的固定资产，当月仍计提折旧，从下月起不计提折旧。

（4）处于更新改造过程中的固定资产，应将其账面价值转入在建工程，不再计提折旧。更新改造项目达到预定可使用状态转为固定资产后，再按重新确定的折旧方法、预计净残值和尚可使用寿命计提折旧。

（5）固定资产在定期大修理期间，照提折旧。

（三）固定资产折旧方法

企业可选用的折旧方法包括年限平均法、工作量法、双倍余额递减法和年数总和法等。

1. 年限平均法

年限平均法又称直线法。

年折旧率＝（1－预计净残值率）÷预计使用寿命（年）×100%

月折旧率＝年折旧率÷12

月折旧额＝固定资产原价×月折旧率

2. 工作量法

单位工作量折旧额＝固定资产原价×（1－预计净残值率）÷预计总工作量

某项固定资产月折旧额＝该项固定资产当月工作量×单位工作量折旧额

3. 双倍余额递减法

年折旧率＝2÷预计使用寿命（年）×100%

月折旧率＝年折旧率÷12

月折旧额＝每月月初固定资产账面净值×月折旧率

【例5-3】甲公司某项设备原价为120万元，预计使用寿命为5年，预计净残值率为4%；假设甲公司没有对该机器设备计提减值准备。

甲公司按双倍余额递减法计提折旧，每年折旧额计算如下。

年折旧率 =2÷5 ×100%=40%

第一年应提的折旧额 =120×40%=48（万元）

第二年应提的折旧额 =（120-48）×40%=28.8（万元）

第三年应提的折旧额 =（120-48-28.8）×40%=17.28（万元）

从第四年起改按年限平均法（直线法）计提折旧。

第四年、第五年应提折旧额 =（120-48-28.8-17.28-120×4%）÷2=10.56（万元）

4. 年数总和法

年折旧率＝尚可使用年限 ÷ 预计使用寿命的年数总和×100%

月折旧率＝年折旧率 ÷12

月折旧额＝（固定资产原价 − 预计净残值）× 月折旧率

（四）固定资产折旧的会计处理

固定资产折旧的会计处理如下。

借：制造费用（生产车间计提折旧）

　　管理费用（企业管理部门、未使用的固定资产计提折旧）

　　销售费用（企业专设销售部门计提折旧）

　　其他业务成本（企业出租固定资产〈动产〉计提折旧）

　　研发支出（企业研发无形资产时使用的固定资产计提折旧）

　　在建工程（在建工程中使用的固定资产计提折旧）

　　贷：累计折旧

（五）固定资产使用寿命、预计净残值和折旧方法的复核

企业至少应当于每年年度终了,对固定资产的使用寿命、预计净残值和折旧方法进行复核。

（1）使用寿命预计数与原先估计数有差异的，应当调整固定资产使用寿命。

（2）预计净残值预计数与原先估计数有差异的，应当调整预计净残值。

（3）与固定资产有关的经济利益预期消耗方式有重大改变的，应当改变固定资产折旧方法。

固定资产的使用寿命、预计净残值、折旧方法一经确定，不得随意变更，如需变更应当作为会计估计变更。

5.3.2 固定资产的后续支出

固定资产的后续支出是指固定资产在使用过程中发生的修理费用、更新改造支出等。

（一）资本化的后续支出

与固定资产有关的更新改造等后续支出，符合固定资产确认条件的，应当计入固定资产成本，同时将被替换部分的账面价值扣除。企业对固定资产进行更新改造的，应将相关固定资产的原价、已计提的累计折旧和减值准备转销，将固定资产的账面价值转入在建工程，并停止计提折旧。固定资产发生的可资本化的后续支出，通过"在建工程"科目核算。待固定资产发生的后续支出完工并达到预定可使用状态时,再从在建工程转为固定资产,并按重新确定的固定资产入账价值、使用寿命、预计净残值和折旧方法计提折旧。

【例5-4】 某航空公司20×0年12月购入一架飞机,总计花费8 000万元(含发动机),发动机当时的购价为500万元。公司未将发动机作为一项单独的固定资产进行核算。20×9年年初,公司开辟新航线,航程增加。为延长飞机的飞行时间,公司决定更换一部性能更为先进的发动机。新发动机购价为700万元,另需支付安装费用51 000元。假定飞机的年折旧率为3%,不考虑相关税费的影响,公司的账务处理为:

(1)20×9年年初。

飞机的累计折旧金额=80 000 000×3%×8=19 200 000(元),固定资产转入在建工程。

借:在建工程——××飞机　　　　　　　　　　　　　　60 800 000
　　累计折旧　　　　　　　　　　　　　　　　　　　　19 200 000
　　贷:固定资产——××飞机　　　　　　　　　　　　　80 000 000

(2)安装新发动机。

借:在建工程——××飞机　　　　　　　　　　　　　　7 051 000
　　贷:工程物资——××发动机　　　　　　　　　　　　7 000 000
　　　　银行存款　　　　　　　　　　　　　　　　　　　51 000

(3)20×9年年初。

老发动机的账面价值=5 000 000-5 000 000×3%×8=3 800 000(元),终止确认老发动机的账面价值。假定报废处理,无残值。

借:营业外支出　　　　　　　　　　　　　　　　　　　3 800 000
　　贷:在建工程——××飞机　　　　　　　　　　　　　3 800 000

(4)发动机安装完毕,投入使用。

固定资产的入账价值=60 800 000+7 051 000-3 800 000=64 051 000(元)

借:固定资产——××飞机　　　　　　　　　　　　　　64 051 000
　　贷:在建工程——××飞机　　　　　　　　　　　　　64 051 000

(二)费用化的后续支出

与固定资产有关的修理费用等后续支出,不符合固定资产确认条件的,应当根据不同情况分别在发生时计入当期管理费用或销售费用。

【例5-5】 20×7年1月3日,甲公司对现有的一台生产用机器设备进行日常维护,维护过程中领用本企业原材料一批,价值为94 000元,应支付维护人员的工资为28 000元。不考虑其他相关税费。

本例中,对机器设备的维护,仅仅是为了维护固定资产的正常使用而发生的,不产生未来的经济利益,因此应在其发生时确认为费用。甲公司的账务处理为:

借:管理费用　　　　　　　　　　　　　　　　　　　　122 000
　　贷:原材料　　　　　　　　　　　　　　　　　　　　94 000
　　　　应付职工薪酬　　　　　　　　　　　　　　　　　28 000

5.4 固定资产的处置

5.4.1 固定资产终止确认的条件

固定资产满足下列条件之一的，应当予以终止确认。

（1）该固定资产处于处置状态。

固定资产处置包括固定资产的出售、转让、报废或毁损、对外投资、非货币性资产交换、债务重组等。

（2）该固定资产预期通过使用或处置不能产生经济利益。

5.4.2 固定资产处置的账务处理

企业出售、转让、报废固定资产或发生固定资产毁损，应当将处置收入扣除账面价值和相关税费后的金额计入当期损益（资产处置损益）。固定资产的账面价值是固定资产成本扣减累计折旧和累计减值准备后的金额。固定资产盘亏造成的损失，应当计入当期损益（营业外支出）。盘盈的固定资产，应按重置成本确定其入账价值，借记"固定资产"科目，贷记"以前年度损益调整"科目。

【例5-6】乙公司有一台设备，因使用期满经批准报废。该设备原价为186 400元，累计已计提折旧177 080元、减值准备2 300元。在清理过程中，以银行存款支付清理费用4 000元，收到残料变卖收入5 400元，应支付相关税费270元。有关账务处理如下。

（1）固定资产转入清理。

借：固定资产清理——××设备	7 020
累计折旧	177 080
固定资产减值准备——××设备	2 300
贷：固定资产——××设备	186 400

（2）发生清理费用和相关税费。

借：固定资产清理——××设备	4 270
贷：银行存款	4 000
应交税费	270

（3）收到残料变卖收入。

借：银行存款	5 400
贷：固定资产清理——××设备	5 400

（4）结转固定资产净损益。

借：营业外支出——非流动资产处置损失	5 890
贷：固定资产清理——××设备	5 890

5.5 披露

企业应当在附注中披露与固定资产有关的下列信息。

（1）固定资产的确认条件、分类、计量基础和折旧方法。

（2）各类固定资产的使用寿命、预计净残值和折旧率。

（3）各类固定资产的期初和期末原价、累计折旧额及固定资产减值准备累计金额。

（4）当期确认的折旧费用。

（5）对固定资产所有权的限制及其金额和用于担保的固定资产账面价值。

（6）准备处置的固定资产名称、账面价值、公允价值、预计处置费用和预计处置时间等。

第 6 章
生物资产

《企业会计准则第 5 号——生物资产》包括"总则""确认和初始计量""后续计量""收获与处置""披露"等内容。

"总则"部分，明确了生物资产的相关概念以及生物资产适用的其他相关准则。

"确认和初始计量"部分，介绍了生物资产中不同分类的初始计量方法。

"后续计量"部分，介绍了生物资产后续计量的原则。

"收获与处置"部分，明确了生物资产收获与处置的条件及其处理方法。

"披露"部分，规定了企业应当在财务报表附注中披露的生物资产相关信息内容。

6.1 生物资产概述

6.1.1 生物资产概念

生物资产，是指有生命的动物和植物。

生物资产分为消耗性生物资产、生产性生物资产和公益性生物资产。

消耗性生物资产，是指为出售而持有的，或在将来收获为农产品的生物资产，包括生长中的大田作物、蔬菜、用材林以及存栏待售的牲畜等。

生产性生物资产，是指为产出农产品、提供劳务或出租等目的而持有的生物资产，包括经济林、薪炭林、产畜和役畜等。

公益性生物资产，是指以防护、环境保护为主要目的的生物资产，包括防风固沙林、水土保持林和水源涵养林等。

6.1.2 不属于生物资产的特殊规定

适用于其他相关会计准则的资产如下。

（1）收获后的农产品，适用《企业会计准则第 1 号——存货》。

（2）与生物资产相关的政府补助，适用《企业会计准则第 16 号——政府补助》。

6.2 生物资产的确认和初始计量

6.2.1 确认的基本原则

生物资产同时满足下列条件的，才能予以确认：

（1）企业因过去的交易或者事项而拥有或者控制该生物资产；

（2）与该生物资产有关的经济利益或服务潜能很可能流入企业；

（3）该生物资产的成本能够可靠地计量。

6.2.2 初始计量

（一）初始成本原则

生物资产通常按照成本进行初始计量，但有确凿证据表明其公允价值能够持续可靠取得的除外，但是采用公允价值计量的生物资产，应当同时满足以下两个条件。

一是生物资产有活跃的交易市场，该生物资产能够在交易市场中直接交易。

二是能够从交易市场上取得同类或类似生物资产的市场价格及其他相关信息，从而对生物资产的公允价值作出科学、合理的估计。

（二）具体应用

分以下情况确定生物资产的初始成本。

1. 外购的生物资产

外购生物资产的成本，包括购买价款、相关税费、运输费、保险费以及可直接归属于购买该资产的其他支出。其中，可直接归属于购买该资产的其他支出包括场地整理费、装卸费、栽植费、专业人员服务费等。

企业外购的生物资产，按应计入生物资产成本的金额，借记"消耗性生物资产""生产性生物资产"或"公益性生物资产"科目，贷记"银行存款""应付账款""应付票据"等科目。企业以一笔款项一次性购入多项生物资产时，购买过程中发生的相关税费、运输费、保险费等可直接归属于购买该资产的其他支出，应当按照各项生物资产的价款比例进行分配，分别确定各项生物资产的成本。

【例6-1】20×7年2月，甲农业企业从市场上一次性购买了6头种牛、15头种猪和600头猪苗，单价分别为4 000元/头、1 400元/头和250元/头，支付的价款共计195 000元，此外，发生的运输费为4 500元、保险费为3 000元、装卸费为2 250元，款项全部以银行存款支付。有关计算如下。

（1）确定应分摊的运输费、保险费和装卸费

分摊比例＝（4 500+3 000+2 250）÷195 000＝5%

6头种牛应分摊＝6×4 000×5%＝1 200（元）

15头种猪应分摊＝15×1 400×5%＝1 050（元）

600头猪苗应分摊＝600×250×5%＝7 500（元）

（2）确定种牛、种猪和猪苗的入账价值

6头种牛的入账价值＝6×4 000+1 200＝25 200（元）

15头种猪的入账价值＝15×1 400+1 050＝22 050（元）

600头猪苗的入账价值＝600×250+7 500＝157 500（元）

甲农业企业的账务处理如下。

借：生产性生物资产——种牛　　　　　　　　　　　　　　25 200
　　　　　　　　——种猪　　　　　　　　　　　　　　　22 050
　　消耗性生物资产——猪苗　　　　　　　　　　　　　　157 500
　　贷：银行存款　　　　　　　　　　　　　　　　　　　204 750

2. 自行栽培、营造、繁殖或养殖的生物资产

（1）自行栽培、营造、繁殖或养殖的消耗性生物资产的成本，应当按照下列规定确定。

①自行栽培的大田作物和蔬菜的成本，包括在收获前耗用的种子、肥料、农药等材料费、人工费和应分摊的间接费用等必要支出，借记"消耗性生物资产"科目，贷记"银行存款"等科目。

②自行营造的林木类消耗性生物资产的成本，包括郁闭前发生的造林费、抚育费、营林设施费、良种试验费、调查设计费和应分摊的间接费用等必要支出，借记"消耗性生物资产"科目，贷记"银行存款"等科目。

③自行繁殖的育肥畜的成本，包括出售前发生的饲料费、人工费和应分摊的间接费用等必要支出，借记"消耗性生物资产"科目，贷记"银行存款"等科目。

农业生产过程中发生的应归属于消耗性生物资产的费用，按应分配的金额，借记"消耗性生物资产"科目，贷记"生产成本"科目。

④水产养殖的动物和植物的成本，包括在出售或入库前耗用的苗种、饲料、肥料等材料费、人工费和应分摊的间接费用等必要支出。

（2）自行营造或繁殖的生产性生物资产的成本，应当按照下列规定确定。

①自行营造的林木类生产性生物资产的成本，包括达到预定生产经营目的前发生的造林费、抚育费、营林设施费、良种试验费、调查设计费和应分摊的间接费用等必要支出。

②自行繁殖的产畜和役畜的成本，包括达到预定生产经营目的（成龄）前发生的饲料费、人工费和应分摊的间接费用等必要支出。

未成熟生产性生物资产达到预定生产经营目的时，按其账面余额，借记"生产性生物资产——成熟生产性生物资产"科目，贷记"生产性生物资产——未成熟生产性生物资产"科目，未成熟生产性生物资产已计提减值准备的，还应同时结转已计提的减值准备。

【例6-2】甲企业自20×0年开始自行营造100万平方米橡胶树，当年发生种苗费189 000元，平整土地和定植所需的机械作业费55 500元，定植当年抚育发生肥料及农药费250 500元、人员工资等450 000元。该橡胶树达到正常生产期为6年，从定植后到20×6年共发生管护费用2 415 000元，以银行存款支付。

甲企业的账务处理如下。

借：生产性生物资产——未成熟生产性生物资产（橡胶树）　　945 000
　　贷：原材料——种苗　　　　　　　　　　　　　　　　　189 000
　　　　　　　——肥料及农药　　　　　　　　　　　　　　250 500
　　　　应付职工薪酬　　　　　　　　　　　　　　　　　　450 000
　　　　累计折旧　　　　　　　　　　　　　　　　　　　　 55 500
借：生产性生物资产——未成熟生产性生物资产（橡胶树）　2 415 000
　　贷：银行存款　　　　　　　　　　　　　　　　　　　2 415 000

因此，该100万平方米橡胶树的成本为：
189 000+55 500+250 500+450 000+2 415 000＝3 360 000（元）

借:生产性生物资产——成熟生产性生物资产(橡胶树)　　　3 360 000
　　贷:生产性生物资产——未成熟生产性生物资产(橡胶树)　3 360 000

(3)自行营造的公益性生物资产

自行营造的公益性生物资产的成本,应当按照郁闭前发生的造林费、抚育费、森林保护费、营林设施费、良种试验费、调查设计费和应分摊的间接费用等必要支出确定,借记"公益性生物资产"科目,贷记"应付职工薪酬""库存现金""银行存款"等相关科目。

3. 天然起源的生物资产

天然起源的生物资产应当按照名义金额确定该生物资产的成本,同时计入当期损益,名义金额为1元人民币,借记"消耗性生物资产""生产性生物资产"或"公益性生物资产"科目,贷记"营业外收入"科目。

4. 非货币性资产交换、债务重组和企业合并取得的生物资产

非货币性资产交换、债务重组和企业合并取得的生物资产的成本,应当分别按照相关准则确定。

6.2.3　生物资产相关的后续支出

因择伐、间伐或抚育更新性质采伐而补植林木类生物资产发生的后续支出,应当计入林木类生物资产的成本。借记"消耗性生物资产""生产性生物资产"或"公益性生物资产"科目,贷记"库存现金""银行存款""其他应付款"等科目。

生物资产在郁闭或达到预定生产经营目的后发生的管护、饲养费用等后续支出,应当计入当期损益。借记"管理费用"科目,贷记"银行存款"等科目。

【例6-3】甲林业有限责任公司下属的乙林班统一组织培植管护一片森林,20×0年3月,发生森林管护费用共计40 000元,其中:人员工资为20 000元,尚未支付;使用库存肥料16 000元;管护设备折旧4 000元。管护总面积为5 000万平方米,其中作为用材林的杨树林共计4 000万平方米,已郁闭的占75%,其余的尚未郁闭;作为水土保持林的马尾松共计1 000万平方米,全部已郁闭。假定管护费用按照森林面积比例进行分配。

有关计算如下。

未郁闭杨树林应分配共同费用的比例=4 000×(1-75%)÷5 000=0.2

已郁闭杨树林应分配共同费用的比例=4 000×75%÷5 000=0.6

已郁闭马尾松应分配共同费用的比例=1 000÷5 000=0.2

未郁闭杨树林应分配的共同费用=40 000×0.2=8 000(元)

已郁闭杨树林应分配的共同费用=40 000×0.6=24 000(元)

已郁闭马尾松应分配的共同费用=40 000×0.2=8 000(元)

甲林业有限责任公司的账务处理如下。

借:消耗性生物资产——用材林(杨树林)　　　8 000
　　管理费用　　　　　　　　　　　　　　　　32 000
　　贷:应付职工薪酬　　　　　　　　　　　　　　　　20 000

原材料	16 000
累计折旧	4 000

6.3 后续计量

6.3.1 折旧

企业对达到预定生产经营目的的生产性生物资产，应当按期计提折旧，并根据用途分别计入相关资产的成本或当期损益。

具体来说，企业应当根据生产性生物资产的性质、使用情况和有关经济利益的预期实现方式，合理确定其使用寿命、预计净残值和折旧方法。可选用的折旧方法包括年限平均法、工作量法、产量法等。生产性生物资产的使用寿命、预计净残值和折旧方法一经确定，不得随意变更。但是，符合生物资产准则第二十条规定的除外。

企业确定生产性生物资产的使用寿命，应当考虑下列因素：

（1）该资产的预计产出能力或实物产量；

（2）该资产的预计有形损耗；

（3）该资产的预计无形损耗。

企业至少应当于每年年度终了对生产性生物资产的使用寿命、预计净残值和折旧方法进行复核。使用寿命或预计净残值的预期数与原先估计数有差异的，或者有关经济利益预期实现方式有重大改变的，应当作为会计估计变更。

6.3.2 计提减值

（一）生物资产减值的原则

企业至少应当于每年年度终了对消耗性生物资产和生产性生物资产进行检查，有确凿证据表明由于遭受自然灾害、病虫害、动物疫病侵袭或市场需求变化等原因，使消耗性生物资产的可变现净值或生产性生物资产的可收回金额低于其账面价值的，应当按照可变现净值或可收回金额低于账面价值的差额，计提生物资产跌价准备或减值准备，并计入当期损益。上述可变现净值和可收回金额，应当分别按照《企业会计准则第1号——存货》和《企业会计准则第8号——资产减值》确定。

消耗性生物资产减值的影响因素已经消失的，减记金额应当予以恢复，并在原已计提的跌价准备金额内转回，转回的金额计入当期损益。生产性生物资产减值准备一经计提，不得转回。公益性生物资产不计提减值准备。

（二）生物资产减值的会计处理

（1）消耗性生物资产减值会计核算。期末，企业应按照消耗性生物资产的可变现净值低于账面价值的差额，借记"资产减值损失——计提的消耗性生物资产跌价准备"科目，贷记"消耗性生物资产跌价准备"科目。如果资产减值的影响因素已经消失，应将减记金额予以恢复，在原已计提的跌价准备金额内转回，做相反分录。

【例6-4】 某农业上市公司的已郁闭成林的造纸原料林实际成本为400万元，20×7年度，由于遭受病虫害侵袭，该公司预计其可变现净值为360万元，假定该原料林以前年度未计提减值准备，20×8年病虫害得到根本控制，该原料林预计其可变现净值为380万元。

该公司会计处理如下。

（1）20×7年预计其可变现净值360万元小于实际成本400万元，故计提跌价准备40万元。

借：资产减值损失——计提的消耗性生物资产跌价准备　　400 000
　　贷：消耗性生物资产跌价准备　　　　　　　　　　　　　400 000

（2）20×8年影响消耗性生物资产的减值因素已消失，预计其可变现净值380万元大于其账面价值360万元，故恢复增加的价值20万元。

借：消耗性生物资产跌价准备　　　　　　　　　　　　　　200 000
　　贷：资产减值损失——计提的消耗性生物资产跌价准备　　200 000

（2）生产性生物资产减值的会计核算。期末，企业应当按照生产性生物资产的可收回金额低于账面价值的差额，借记"资产减值损失——计提的生产性生物资产减值准备"科目，贷记"生产性生物资产减值准备"科目。

6.4　收获与处置

6.4.1　基本原则

（1）对于消耗性生物资产，应当在收获或出售时，按照其账面价值结转成本。结转成本的方法包括加权平均法、个别计价法、蓄积量比例法、轮伐期年限法等。

（2）生产性生物资产收获的农产品成本，按照产出或采收过程中发生的材料费、人工费和应分摊的间接费用等必要支出计算确定，并采用加权平均法、个别计价法、蓄积量比例法、轮伐期年限法等方法，将其账面价值结转为农产品成本。收获之后的农产品，应当按照《企业会计准则第1号——存货》处理。

（3）生物资产改变用途后的成本，应当按照改变用途时的账面价值确定。

（4）生物资产出售、盘亏或死亡、毁损时，应当将处置收入扣除其账面价值和相关税费后的余额计入当期损益。

6.4.2　具体运用

（一）生物资产的收获

1. 收获农产品成本核算的一般要求

企业应当按照成本核算对象（消耗性生物资产、生产性生物资产、公益性生物资产和农产品）设置明细科目，并按成本项目设置专栏，进行明细分类核算。

2. 收获农产品的会计处理

（1）消耗性生物资产收获农产品的会计处理。

企业应当将收获时点消耗性生物资产的账面价值结转为农产品的成本。借记"农产品"

科目,贷记"消耗性生物资产"科目,已计提跌价准备的,还应同时结转跌价准备,借记"消耗性生物资产跌价准备"科目;对于不通过入库直接销售的鲜活产品等,按实际成本,借记"主营业务成本科目"。

【例6-5】甲种植企业20×7年6月入库小麦20吨,成本为12 000元。甲种植企业的账务处理如下。

借:农产品——小麦　　　　　　　　　　　　　　　　　　　　12 000
　　贷:消耗性生物资产——小麦　　　　　　　　　　　　　　　　12 000

(2)生物性生物资产收获农产品的会计处理。

①农产品收获过程中发生的直接材料、直接人工等直接费用,直接计入相关成本核算对象,借记"农业生产成本——农产品"科目,贷记"库存现金""银行存款""原材料""应付职工薪酬""生产性生物资产累计折旧"等科目。

【例6-6】甲奶牛养殖企业20×7年1月发生奶牛(已进入产奶期)的饲养费用如下:领用饲料5 000千克,共计1 200元,应付饲养人员工资3 000元,以现金支付防疫费500元。甲奶牛养殖企业的账务处理如下。

借:农业生产成本——农产品(牛奶)　　　　　　　　　　　　4 700
　　贷:原材料　　　　　　　　　　　　　　　　　　　　　　　1 200
　　　　应付职工薪酬　　　　　　　　　　　　　　　　　　　　3 000
　　　　库存现金　　　　　　　　　　　　　　　　　　　　　　　500

②农产品收获过程中发生的间接费用,如材料费、人工费、生产性生物资产的折旧费等应分摊的共同费用,应当在生产成本归集,借记"农业生产成本——共同费用"科目,贷记"库存现金""银行存款""原材料""应付职工薪酬""生产性生物资产累计折旧"等科目;在会计期末按一定的分配标准,分配计入有关的成本核算对象,借记"农业生产成本——农产品"科目,贷记"农业生产成本——共同费用"科目。

3. 成本结转方法

在收获时点企业应当将该时点归属于某农产品生产成本的账面价值结转为农产品的成本,借记"农产品"科目,贷记"农业生产成本——农产品"科目。具体的成本结转方法包括加权平均法、蓄积量比例法、轮伐期年限法等。企业可以根据实际情况选用合适的成本结转方法,但是一经确定,不得随意变更。

(1)加权平均法。

【例6-7】甲畜牧养殖企业(以下简称"甲企业")20×7年5月末养殖的肉猪账面余额为24 000元,共计40头;6月6日花费7 000元新购入一批肉猪养殖,共计10头;6月30日屠宰并出售肉猪20头,支付临时工屠宰费用100元,出售取得价款16 000元;6月共发生饲养费用500元(其中,应付专职饲养员工资300元,饲料费200元)。甲企业采用加权平均法结转成本。

甲企业的账务处理如下。

平均单位成本＝（24 000+7 000+500）÷（40+10）＝630（元/头）
出售肉猪的成本＝630×20＝12 600（元）

借：消耗性生物资产——肉猪　　　　　　　　　　　　7 000
　　贷：银行存款　　　　　　　　　　　　　　　　　　7 000
借：消耗性生物资产——肉猪　　　　　　　　　　　　500
　　贷：应付职工薪酬　　　　　　　　　　　　　　　　300
　　　　原材料　　　　　　　　　　　　　　　　　　　200
借：农产品——猪肉　　　　　　　　　　　　　　　　12 700
　　贷：消耗性生物资产——肉猪　　　　　　　　　　　12 600
　　　　库存现金　　　　　　　　　　　　　　　　　　100
借：库存现金　　　　　　　　　　　　　　　　　　　16 000
　　贷：主营业务收入　　　　　　　　　　　　　　　　16 000
借：主营业务成本　　　　　　　　　　　　　　　　　12 700
　　贷：农产品——猪肉　　　　　　　　　　　　　　　12 700

（2）蓄积量比例法、轮伐期年限法等方法都是林业中通常使用的方法，具有林业的特殊性。

①蓄积量比例法。

蓄积量比例法以达到经济成熟可供采伐的林木为"完工"标志，将包括已成熟和未成熟的所有林木按照完工程度（林龄、林木培育程度、费用发生程度等）折算为达到经济成熟可供采伐的林木总体蓄积量，然后，按照当期采伐林木的蓄积量占折算的林木总体蓄积量的比例，确定应该结转的林木资产成本。该方法主要适用于择伐方式和林木资产由于择伐更新使其价值处于不断变动的情况。计算公式如下：

某期应结转的林木资产成本＝（当期采伐林木的蓄积量÷林木总体蓄积量）×期初林木资产账面总值

②轮伐期年限法。

轮伐期年限法将林木原始价值按照可持续经营的要求，在其轮伐期的年份内平均摊销，并结转林木资产成本。其中，轮伐期是指将一块林地上的林木均衡分批、轮流采伐一次所需要的时间（通常以年为单位计算）。计算公式如下：

某期应结转的林木资产成本＝林木资产原值÷轮伐期

【例6-8】20×9年8月末有存栏育肥牛50头，账面成本为450 000元，9月新购进30头育肥牛，购进成本为270 000元；9月共发生饲养费120 000元，其中饲料成本为100 000元，人工成本为20 000元，9月屠宰并出售菜牛40头，支付临时工屠宰费4 000元，材料费2 000元，已屠宰菜牛屠宰前总重量为40 000千克。9月末存栏育肥牛的总重量为30 000千克。该养殖场按宰、存栏重量比例分摊育肥牛的成本。已屠宰菜牛的牛肉及副产品的80%已于当月出售，20%进入冷库储备。9月肉产品出售总收入为480 000元。

分析：

（1）企业应当将收获时点消耗性生物资产的账面价值结转为农产品成本。对入库管理的农产品应当设置"农产品"科目核算其成本，对于不入库直接销售的鲜活产品，应按实际成本记入"主营业务成本"科目。

（2）该养殖场9月发生的饲养成本应追加计入育肥牛的成本；菜牛屠宰时发生的相关费用应计入肉产品的成本。

会计处理如下。

①新购入育肥牛时。

借：消耗性生物资产——育肥牛	270 000
贷：银行存款	270 000

②发生饲养成本时。

借：消耗性生物资产——育肥牛	120 000
贷：原材料	100 000
应付职工薪酬	20 000

③计算并分摊宰、存栏育肥牛成本。

育肥牛总成本 =450 000+270 000+120 000=840 000（元）

育肥牛成本分配率 = 840 000÷（40 000+30 000）=12（元/千克）

存栏育肥牛应分摊成本 =30 000×12=360 000（元）

应转化为肉产品的成本 =40 000×12=480 000（元）

④计算已宰菜牛成本。

已宰菜牛总成本 =480 000+4 000+2 000=486 000（元）

期末库存肉产品成本 =486 000×20%=97 200（元）

已销售肉产品成本 = 486 000×80% = 388 800（元）

借：主营业务成本	388 800
农产品——肉产品	97 200
贷：原材料	2 000
库存现金	4 000
消耗性生物资产——育肥牛	480 000

⑤取得肉产品销售收入时。

借：银行存款等	480 000
贷：主营业务收入	480 000

⑥若将库存肉产品对外销售，结转销售成本时。

借：主营业务成本	97 200
贷：农产品——肉产品	97 200

（二）生物资产的处置

1. 生物资产出售

生物资产出售时，企业应按实际收到的金额，借记"银行存款"等科目，贷记"主营业务收入"等科目;应按其账面余额,借记"主营业务成本"等科目,贷记"生产性生物资产""消耗性生物资产"等科目,已计提跌价或减值准备或折旧的,还应同时结转跌价或减值准备或累计折旧。

【例6-9】甲畜牧养殖企业于20×7年10月将育成的40头仔猪出售给乙食品加工厂,价款总额为20 000元,货款尚未收到。出售时仔猪的账面余额为12 000元,未计提跌价准备。

甲畜牧养殖企业的账务处理如下。

借:应收账款——乙食品加工厂　　　　　　　　　　　　　　　20 000
　　贷:主营业务收入　　　　　　　　　　　　　　　　　　　　20 000
借:主营业务成本　　　　　　　　　　　　　　　　　　　　　　12 000
　　贷:消耗性生物资产——仔猪　　　　　　　　　　　　　　　12 000

2. 生物资产盘亏或死亡、毁损

生物资产盘亏或死亡、毁损时,应当将处置收入扣除其账面价值和相关税费后的余额先记入"待处理财产损溢"科目,待查明原因后,根据企业的管理权限,经股东大会、董事会、经理(场长)会议或类似机构批准后,在期末结账前处理完毕。生物资产因盘亏或死亡、毁损造成的损失,在减去过失人或者保险公司等的赔款和残余价值之后,计入当期管理费用;属于自然灾害等非常损失的,计入营业外支出。

【例6-10】甲企业于20×7年8月4日丢失三头种牛,账面原值为11 600元,已经计提折旧600元;8月29日经查实,饲养员赵五应赔偿3 000元。甲企业的账务处理如下。

借:待处理财产损溢　　　　　　　　　　　　　　　　　　　　11 000
　　生产性生物资产累计折旧　　　　　　　　　　　　　　　　　　600
　　贷:生产性生物资产——种牛　　　　　　　　　　　　　　11 600
借:其他应收款——赵五　　　　　　　　　　　　　　　　　　　3 000
　　管理费用　　　　　　　　　　　　　　　　　　　　　　　　8 000
　　贷:待处理财产损溢　　　　　　　　　　　　　　　　　　11 000

【例6-11】20×9年10月,阿克苏地区奶牛场死亡奶牛6头,其账面价值为24 000元。已提折旧8 000元。已查明因疫病造成。经保险公司核实,70%的损失由保险公司赔偿,其余部分于10月20日批准作为企业的损失处理。

分析:

生物资产盘亏或死亡毁损时,应当将处置收入扣除账面价值和相关费用后的余额先记入"待处理财产损溢"科目,待查明原因后,根据损失原因分别处理。该养殖场的奶牛因疫病而造成的损失扣除保险公司的赔偿后应计入营业外支出。

会计处理:

(1)奶牛死亡时。

借:待处理财产损溢　　　　　　　　　　　　　　　　　　　　16 000
　　生产性生物资产累计折旧——奶牛　　　　　　　　　　　　　8 000
　　贷:生产性生物资产——成熟生产性生物资产(奶牛)　　　24 000

(2）保险公司核实后批准转账。

借：其他应收款——保险公司　　　　　　　　　　　　　　　11 200
　　营业外支出——奶牛疫病损失　　　　　　　　　　　　　　4 800
　　贷：待处理财产损溢　　　　　　　　　　　　　　　　　　　　　16 000

3. 生物资产转换

生物资产改变用途后的成本应当按照改变用途时的账面价值确定，也就是说，将转出生物资产的账面价值作为转入资产的实际成本。通常包括以下情况。

（1）产畜或役畜淘汰转为育肥畜，或者林木类生产性生物资产转为林木类消耗性生物资产时，按转群或转变用途时的账面价值，借记"消耗性生物资产"科目，按已计提的累计折旧，借记"生产性生物资产累计折旧"科目，按其账面余额，贷记"生产性生物资产"科目。已计提减值准备的，还应同时结转已计提的减值准备。

育肥畜转为产畜或役畜，或者林木类消耗性生物资产转为林木类生产性生物资产时，应按其账面余额，借记"生产性生物资产"科目，贷记"消耗性生物资产"科目。已计提跌价准备的，还应同时结转跌价准备。

【例6-12】 20×7年4月，甲企业自行繁殖的50头种猪转为育肥猪，此批种猪的账面原价为500 000元，已经计提的累计折旧为200 000元，已经计提的资产减值准备为30 000元。甲企业的账务处理如下。

借：消耗性生物资产——育肥猪　　　　　　　　　　　　　　270 000
　　生产性生物资产累计折旧　　　　　　　　　　　　　　　　200 000
　　生产性生物资产减值准备　　　　　　　　　　　　　　　　 30 000
　　贷：生产性生物资产——成熟生产性生物资产（种猪）　　　　　500 000

（2）消耗性生物资产、生产性生物资产转为公益性生物资产时，应当按照相关准则规定，考虑其是否发生减值，发生减值时，应首先计提减值准备，并以计提减值准备后的账面价值作为公益性生物资产的入账价值。转换，应按其扣除减值准备后的账面价值，借记"公益性生物资产"科目，按已计提的生产性生物资产累计折旧，借记"生产性生物资产累计折旧"科目，按已计提的跌价准备或减值准备，借记"消耗性生物资产跌价准备""生产性生物资产减值准备"科目，按账面余额，贷记"消耗性生物资产""生产性生物资产"科目。

【例6-13】 20×7年7月，由于区域生态环境的需要，甲林业有限责任公司的12万平方米造纸原料林（杨树）被划为防风固沙林，仍由公司负责管理，该林的账面余额为80 000元，已经计提的跌价准备为5 000元。甲企业的账务处理如下。

借：公益性生物资产——防风固沙林（杨树）　　　　　　　　　75 000
　　消耗性生物资产跌价准备　　　　　　　　　　　　　　　　　5 000
　　贷：消耗性生物资产——造纸原料林（杨树）　　　　　　　　　 80 000

公益性生物资产转为消耗性生物资产或生产性生物资产时，应按其账面余额，借记"消耗性生物资产"或"生产性生物资产"科目，贷记"公益性生物资产"科目。

【例6-14】20×7年9月,甲林业有限责任公司(以下简称"甲公司")根据所属区域的林业发展规划相关政策调整,将以马尾松为主的800万平方米防风固沙林全部转为以采脂为目的的商品林,该马尾松的账面价值为2 000 000元。其中,已经具备采脂条件的为600万平方米,账面价值为1 600 000元,其余的尚不具备采脂条件。20×7年11月,甲公司根据国家政策规定,将乙林班100万平方米作为防风固沙林的杨树转为作为造纸原料的商品林,该杨树账面余额为180 000元。

甲公司的账务处理如下。

(1)20×7年9月。

借:生产性生物资产——成熟生产性生物资产(马尾松)　　1 600 000
　　生产性生物资产——未成熟生产性生物资产(马尾松)　　400 000
　　贷:公益性生物资产——防风固沙林(马尾松)　　　　　　2 000 000

(2)20×7年11月。

借:消耗性生物资产——造纸原料林(杨树)　　　　　　　　180 000
　　贷:公益性生物资产——防风固沙林(杨树)　　　　　　　180 000

6.5 披露

企业必须披露生物资产的基本信息及其变动信息。

(1)企业应当在附注中披露与生物资产有关的下列信息。

①生物资产的类别以及各类生物资产的实物数量和账面价值。

②各类消耗性生物资产的跌价准备累计金额,以及各类生产性生物资产的使用寿命、预计净残值、折旧方法、累计折旧和减值准备累计金额。

③天然起源生物资产的类别、取得方式和实物数量。

④用于担保的生物资产的账面价值。

⑤与生物资产相关的风险情况与管理措施。

(2)企业应当在附注中披露与生物资产增减变动有关的下列信息。

①因购买而增加的生物资产。

②因自行培育而增加的生物资产。

③因出售而减少的生物资产。

④因盘亏或死亡、毁损而减少的生物资产。

⑤计提的折旧及计提的跌价准备或减值准备。

⑥其他变动。

第7章
无形资产

《企业会计准则第6号——无形资产》包括"总则""确认""初始计量""后续计量""处置和报废""披露"等内容。

"总则"部分,明确了无形资产准则的制定原则和适用范围,规定适用范围不包括作为投资性房地产的土地使用权、企业合并中形成的商誉、石油天然气矿区权益。

"确认"部分,明确了无形资产的定义及确认条件。

"初始计量""后续计量"部分,介绍了无形资产初始计量和后续计量的处理方法。

"处置和报废"部分,明确了无形资产终止确认的条件及其账务处理。

"披露"部分,规定了企业应当在财务报表附注中披露的无形资产的相关信息内容。

7.1 无形资产概述

7.1.1 无形资产的定义及内容

无形资产,是指企业拥有或者控制的没有实物形态的可辨认非货币性资产。

商誉是企业合并成本大于合并取得被购买方各项可辨认资产、负债公允价值份额的差额,其存在无法与企业自身分离,不具有可辨认性,不属于无形资产准则所规范的无形资产。

无形资产主要包括专利权、非专利技术、商标权、著作权、土地使用权、特许权等。

7.1.2 无形资产的确认条件

无形资产在符合定义的前提下,同时满足下列条件的,才能予以确认:

(1)与该无形资产有关的经济利益很可能流入企业;

(2)该无形资产的成本能够可靠地计量。

7.1.3 无形资产的特征

(一)由企业拥有或者控制并能为其带来未来经济利益的资源

(1)无形资产不具有实物形态。

(2)无形资产具有可辨认性。

(二)无形资产属于非货币性资产

7.2 无形资产的初始计量

7.2.1 无形资产分类

按照取得方式,无形资产可以分为外购的无形资产、投资者投入的无形资产、非货币性资产交换换入的无形资产和自行研发的无形资产。

无形资产通常是按实际成本进行初始计量。

7.2.2 无形资产的初始计量

(一)外购的无形资产的初始计量

外购无形资产的成本,包括购买价款、相关税费以及直接归属于使该项资产达到预定用途所发生的其他支出。购买无形资产的价款超过正常信用条件延期支付,实质上具有融资性质的,无形资产的成本以购买价款的现值为基础确定。实际支付的价款与购买价款的现值之间的差额,除按照《企业会计准则第 17 号——借款费用》应予资本化的以外,应当在信用期间内计入当期损益。

下列各项不包括在无形资产的初始成本中:

(1)为引入新产品进行宣传发生的广告费、管理费用及其他间接费用;

(2)无形资产已经达到预定用途以后发生的费用。

外购无形资产的初始确认如图 7-1 所示。

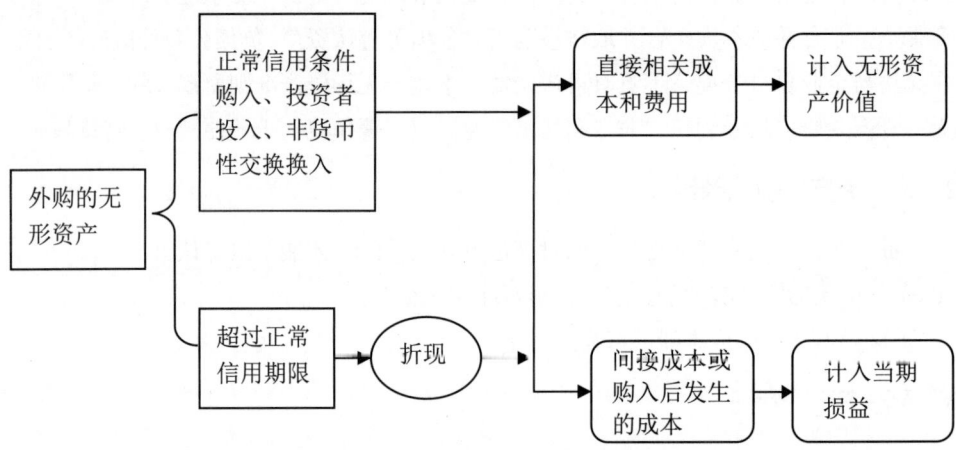

图 7-1　外购无形资产初始确认

【例 7-1】 因甲公司某项生产活动需要乙公司已获得的专利技术,如果使用了该项专利技术,甲公司预计其生产能力比原先提高 20%,销售利润率增长 15%。为此,甲公司从乙公司购入一项专利权,按照协议约定以银行存款支付,实际支付的价款为 300 万元,并支付相关税费 1 万元和有关专业服务费用 5 万元,款项已通过银行转账支付。

分析:

(1)甲公司购入的专利权符合无形资产的定义,即甲公司能够拥有或者控制该项专利技术,符合可辨认的条件,同时是不具有实物形态的非货币性资产。(2)甲公司购入的专利权符合无形资产的确认条件。首先，甲公司的某项生产活动需要乙公司已获得的专利技术，甲公司使用了该项专利技术，预计甲公司的生产能力比原先提高20%，销售利润率增长15%，即经济利益很可能流入；其次，甲公司购买该项专利权的成本为300万元，另外支付相关税费和有关专业服务费用共计6万元，即成本能够可靠计量。由此，符合无形资产的确认条件。

无形资产初始计量的成本 =300+1+5=306（万元）

甲公司的账务处理如下。

借：无形资产——专利权　　　　　　　　　　　　　　　　　　　3 060 000
　　贷：银行存款　　　　　　　　　　　　　　　　　　　　　　3 060 000

【例7-2】20×5年1月8日，甲公司从乙公司购买一项商标权，由于甲公司资金周转比较紧张，经与乙公司协议采用分期付款方式支付款项。合同规定，该项商标权总计1 000万元，每年年末付款200万元，5年付清。假定银行同期贷款年利率为5%。为了简化计算，假定不考虑其他有关税费（已知5年期5%利率的年金现值系数为4.329 5）。

甲公司的账务处理如下，未确认的融资费用计算过程见表7-1。

表7-1　　　　　　　　　未确认的融资费用计算过程

金额单位：万元

年份	融资余额	利率	本年利息 融资余额 × 利率	付款	付款 - 本年利息	未确认融资费用 上年余额 - 本年利息
0	865.9					134.1
1	709.2	0.05	43.3	200	156.7	90.8
2	544.66	0.05	35.46	200	164.54	55.34
3	371.89	0.05	27.23	200	172.77	28.11
4	190.48	0.05	18.59	200	181.41	9.52
5	0	0.05	9.52	200	190.48	0
合计			134.1	1 000	865.9	

（1）20×5年无形资产现值 =200×4.329 5=865.9（万元）

20×5年未确认融资费用 =1 000-865.9=134.1（万元）

借：无形资产——商标权　　　　　　　　　　　　　　　　　　　8 659 000
　　未确认融资费用　　　　　　　　　　　　　　　　　　　　　1 341 000
　　　贷：长期应付款　　　　　　　　　　　　　　　　　　　　10 000 000

（2）20×5年年底付款时。

借：长期应付款　　　　　　　　　　　　　　　　　　　　　　　2 000 000
　　贷：银行存款　　　　　　　　　　　　　　　　　　　　　　2 000 000

借：财务费用　　　　　　　　　　　　　　　　　　　　　　　　　433 000
　　贷：未确认融资费用　　　　　　　　　　　　　　　　　　　　433 000

（3）20×6年年底付款时。

借：长期应付款　　　　　　　　　　　　　　　2 000 000
　　贷：银行存款　　　　　　　　　　　　　　　　　　2 000 000
借：财务费用　　　　　　　　　　　　　　　　　354 600
　　贷：未确认融资费用　　　　　　　　　　　　　　　354 600

（4）20×7年年底付款时。

借：长期应付款　　　　　　　　　　　　　　　2 000 000
　　贷：银行存款　　　　　　　　　　　　　　　　　　2 000 000
借：财务费用　　　　　　　　　　　　　　　　　272 300
　　贷：未确认融资费用　　　　　　　　　　　　　　　272 300

（5）20×8年年底付款时。

借：长期应付款　　　　　　　　　　　　　　　2 000 000
　　贷：银行存款　　　　　　　　　　　　　　　　　　2 000 000
借：财务费用　　　　　　　　　　　　　　　　　185 900
　　贷：未确认融资费用　　　　　　　　　　　　　　　185 900

（6）20×9年年底付款时。

借：长期应付款　　　　　　　　　　　　　　　2 000 000
　　贷：银行存款　　　　　　　　　　　　　　　　　　2 000 000
借：财务费用　　　　　　　　　　　　　　　　　95 200
　　贷：未确认融资费用　　　　　　　　　　　　　　　95 200

（二）投资者投入的无形资产的初始计量

投资者投入无形资产的成本，应当按照投资合同或协议约定的价值确定，但合同或协议约定价值不公允的除外。如果投资合同或协议约定价值不公允的，应按无形资产的公允价值作为无形资产初始入账成本。

【例7-3】因乙公司创立的商标已有较好的声誉，甲公司预计使用乙公司商标后可使其未来利润增长30%。为此，甲公司与乙公司协议商定，乙公司以其商标权投资于甲公司，双方协议价格（等于公允价值）为500万元，甲公司另支付相关税费2万元，款项已通过银行转账支付。

该商标权的初始计量，应当以取得时的成本为基础。取得时的成本为投资协议约定的价格500万元，加上支付的相关税费2万元。

甲公司接受乙公司作为投资的商标权的成本=500+2=502（万元）

甲公司的账务处理如下。

借：无形资产——商标权　　　　　　　　　　　5 020 000
　　贷：实收资本（或股本）　　　　　　　　　　　　　5 000 000
　　　　银行存款　　　　　　　　　　　　　　　　　　20 000

（三）其他方式取得的无形资产的初始计量

通过非货币性资产交换、债务重组、政府补助和企业合并取得的无形资产的成本，应当分别按照《企业会计准则第 7 号——非货币性资产交换》《企业会计准则第 12 号——债务重组》《企业会计准则第 16 号——政府补助》和《企业会计准则第 20 号——企业合并》确定。

(四) 土地使用权的处理

企业取得的土地使用权,通常应当按照取得时所支付的价款及相关税费确认为无形资产。土地使用权用于自行开发建造厂房等地上建筑物时,土地使用权与地上建筑物分别进行摊销和提取折旧。但下列情况除外。

(1) 房地产开发企业取得的土地使用权用于建造对外出售的房屋建筑物,相关的土地使用权应当计入所建造的房屋建筑物成本。

(2) 企业外购的房屋建筑物,实际支付的价款中包括土地以及建筑物的价值,则应当对支付的价款按照合理的方法在土地和地上建筑物之间进行分配;如果确实无法在地上建筑物与土地使用权之间进行合理分配的,应当全部作为固定资产,按照固定资产确认和计量的规定进行处理。

企业改变土地使用权的用途,将其用于出租或增值时,应将其转为投资性房地产。

【例 7-4】 20×7 年 1 月 1 日,A 股份有限公司(以下简称"A 公司")购入一块土地的使用权,以银行存款转账支付 8 000 万元,并在该土地上自行建造厂房等工程,发生材料支出 12 000 万元、工资费用 8 000 万元、其他相关费用 10 000 万元等。该工程已经完工并达到预定可使用状态。假定土地使用权的使用年限为 50 年,该厂房的使用年限为 25 年,两者都没有净残值,都采用直线法进行摊销和计提折旧。为简化计算,不考虑其他相关税费。

分析:

A 公司购入的土地使用权,使用年限为 50 年,表明它属于使用寿命有限的无形资产,在该土地上自行建造厂房,应将土地使用权和地上建筑物分别作为无形资产和固定资产进行核算,并分别摊销和计提折旧。

A 公司的账务处理如下。

(1) 支付转让价款。

借:无形资产——土地使用权	80 000 000
贷:银行存款	80 000 000

(2) 在土地上自行建造厂房。

借:在建工程	300 000 000
贷:工程物资	120 000 000
应付职工薪酬	80 000 000
银行存款	100 000 000

(3) 厂房达到预定可使用状态。

借:固定资产	300 000 000
贷:在建工程	300 000 000

(4) 每年分期摊销土地使用权和对厂房计提折旧。

借:制造费用(土地摊销)	1 600 000

制造费用（厂房折旧）	12 000 000
贷：累计摊销	1 600 000
累计折旧	12 000 000

（五）自行研发的无形资产的初始计量

1. 研究阶段与开发阶段的界定

企业内部研究开发项目的支出，应当区分研究阶段支出与开发阶段支出。

研究阶段是探索性的，为进一步开发活动进行资料及相关方面的准备，已进行的研究活动将来是否会转入开发、开发后是否会形成无形资产等均具有较大的不确定性。相对于研究阶段而言，开发阶段应当是已完成研究阶段的工作，在很大程度上具备了形成一项新产品或新技术的基本条件。

开发阶段的支出符合资本化条件的，才能确认为无形资产；不符合资本化条件的计入当期损益（管理费用）。无法区分研究阶段支出和开发阶段支出的，应当将其所发生的研发支出全部费用化，计入当期损益（管理费用）。

2. 开发成本资本化条件

（1）完成该无形资产以使其能够使用或出售在技术上具有可行性。

（2）具有完成该无形资产并使用或出售的意图。

（3）无形资产产生经济利益的方式，包括能够证明运用该无形资产生产的产品存在市场或无形资产自身存在市场，无形资产将在内部使用的，应当证明其有用性。

（4）有足够的技术、财务资源和其他资源支持，以完成该无形资产的开发，并有能力使用或出售该无形资产。

（5）归属于该无形资产开发阶段的支出能够可靠地计量。

3. 具体账务处理方法

（1）企业自行研发无形资产发生的研发支出。

借：研发支出——费用化支出【不满足资本化条件】
　　　　　　——资本化支出【满足资本化条件】
　　贷：原材料、银行存款、应付职工薪酬等

（2）期（月）末，应将"研发支出"科目归集的费用化支出金额转入"管理费用"科目。

借：管理费用——研发费用
　　贷：研发支出——费用化支出【不满足资本化条件】

（3）研究开发项目达到预定用途形成无形资产。

借：无形资产
　　贷：研发支出——资本化支出【满足资本化条件】

【例7-5】20×9年1月1日，甲公司经董事会批准研发某项新产品专利技术，该公司董事会认为，研发该项目具有可靠的技术和财务等资源的支持，并且一旦研发成功将降低公司生产产品的生产成本。该公司在研究开发过程中发生材料费5 000万元、人工工资1 000万元，以及其他费用4 000万元，以银行存款支付，总计10 000万元，其中，符合资本化条件的支出为 6 000 万元。20×9 年 12 月 31 日，该专利技术已经达到预定用途。

分析：首先，甲公司经董事会批准研发某项新产品专利技术，并认为完成该项新型技术无论是从技术上，还是财务等方面能够得到可靠的资源支持，并且一旦研发成功将降低公司的生产成本，因此，符合条件的开发费用可以资本化。其次，甲公司在开发该项新型技术时，累计发生 10 000 万元的研究与开发支出，其中符合资本化条件的研发支出为 6 000 万元，其符合"归属于该无形资产开发阶段的支出能够可靠地计量"的条件。

甲公司的账务处理如下。

（1）发生研发支出。

借：研发支出——费用化支出	40 000 000
——资本化支出	60 000 000
贷：原材料	50 000 000
应付职工薪酬	10 000 000
银行存款	40 000 000

（2）20×9 年 12 月 31 日，该专利技术已经达到预定用途。

借：管理费用	40 000 000
无形资产	60 000 000
贷：研发支出——费用化支出	40 000 000
——资本化支出	60 000 000

7.3 无形资产后续计量

7.3.1 无形资产使用寿命

1. 估计使用寿命

（1）无形资产的使用寿命如为有限的，应当估计该使用寿命的年限或者构成使用寿命的产量等类似计量单位数量，同时进行摊销。

（2）无法预见无形资产为企业带来经济利益期限的，应当视为使用寿命不确定的无形资产，不需要进行摊销，但是需要在每年年末进行减值测试。

2. 无形资产使用寿命的复核

企业至少应当于每年年度终了，对无形资产的使用寿命及摊销方法进行复核，如果有证据表明无形资产的使用寿命及摊销方法不同于以前的估计，则对于使用寿命有限的无形资产，应改变其摊销年限及摊销方法，并按照会计估计变更进行处理。

7.3.2 无形资产摊销的会计处理

（一）使用寿命有限的无形资产

使用寿命有限的无形资产，其应摊销金额应当在使用寿命内系统合理摊销。

1. 摊销期和摊销方法

（1）无形资产的摊销期自其可供使用（即其达到预定用途）时起至终止确认时止，即无形资产摊销的起始和停止日期为：当月增加的无形资产，当月开始摊销；当月减少的无形资产，当月不再摊销。

（2）企业选择的无形资产摊销方法，应当反映与该项无形资产有关的经济利益的预期消耗方式。无法可靠确定预期消耗方式的，应当采用直线法摊销。

（3）无形资产的摊销金额一般应当计入当期损益，其他会计准则另有规定的除外。

具体来说，在无形资产的使用寿命内系统地分摊其应摊销金额，存在多种方法。这些方法包括直线法、产量法等。企业选择的无形资产摊销方法，应当能够反映与该项无形资产有关的经济利益的预期消耗方式，并一致地运用于不同会计期间。例如，受技术陈旧因素影响较大的专利权和专有技术等无形资产，可采用类似固定资产加速折旧的方法进行摊销；有特定产量限制的特许经营权或专利权，应采用产量法进行摊销。无法可靠确定其预期实现方式的，应当采用直线法进行摊销。

持有待售的无形资产不进行摊销，按照账面价值与公允价值减去处置费用后的净额孰低进行计量。

2. 残值的确定

除下列情况外，无形资产的残值一般为零：

（1）有第三方承诺在无形资产使用寿命结束时购买该项无形资产；

（2）可以根据活跃市场得到无形资产预计残值信息，并且该市场在该项无形资产使用寿命结束时可能存在。

残值确定以后，在持有无形资产的期间内，至少应于每年年末进行复核，预计其残值与原估计金额不同的，应按照会计估计变更进行处理。如果无形资产的残值重新估计以后高于其账面价值的，则无形资产不再摊销，直至残值降至低于账面价值时再恢复摊销。

3. 使用寿命有限的无形资产摊销的账务处理

无形资产的摊销一般应计入当期损益，但如果某项无形资产是专门用于生产某种产品或者其他资产，其所包含的经济利益是通过转入所生产的产品或其他资产实现的，则无形资产的摊销费用应当计入相关资产的成本。

摊销时，应当考虑该项无形资产所服务的对象，并以此为基础将其摊销价值计入相关资产的成本或者当期损益。

【例 7-6】 20×7 年 1 月 1 日，A 公司从外单位购得一项非专利技术，支付价款 5 000 万元，款项已用银行存款支付，估计该项非专利技术的使用寿命为 10 年，该项非专利技术用于产品生产；同时，购入一项商标权，支付价款 3 000 万元，款项已用银行存款支付，估计该商标权的使用寿命为 15 年。假定这两项无形资产的净残值均为 0，并按直线法摊销。

本例中，A 公司外购的非专利技术的估计使用寿命为 10 年，表明该项无形资产是使用寿命有限的无形资产，且该项无形资产用于产品生产，因此，应当将其摊销金额计入相关产品的制造成本。A 公司外购的商标权的估计使用寿命为 15 年，表明该项无形资产同样也是使用寿命有限的无形资产,而商标权的摊销金额通常直接计入当期管理费用。

A公司的账务处理如下。

(1)取得无形资产时。

借:无形资产——非专利技术　　　　　　　　　　　　　50 000 000
　　　　　　——商标权　　　　　　　　　　　　　　　30 000 000
　　贷:银行存款　　　　　　　　　　　　　　　　　　　80 000 000

(2)按年摊销时。

借:制造费用——非专利技术　　　　　　　　　　　　　　5 000 000
　　管理费用——商标权　　　　　　　　　　　　　　　　2 000 000
　　贷:累计摊销　　　　　　　　　　　　　　　　　　　　7 000 000

如果A公司20×8年12月31日根据科学技术发展的趋势判断,20×7年购入的该项非专利技术在4年后将被淘汰,不能再为公司带来经济利益,决定对其再使用4年后不再使用。为此,A公司应当在20×8年12月31日据此变更该项非专利技术的估计使用寿命,并按会计估计变更进行处理。

20×8年12月31日该项无形资产累计摊销金额为1 000(5 000÷10×2)万元,20×9年该项无形资产的摊销金额为1 000 [(5 000-1 000)÷4]万元。A公司20×9年对该项非专利技术按年摊销的账务处理如下。

借:制造费用——非专利技术　　　　　　　　　　　　　10 000 000
　　贷:累计摊销　　　　　　　　　　　　　　　　　　　10 000 000

(二)使用寿命不确定的无形资产

根据可获得的相关信息判断,如果无法合理估计某项无形资产的使用寿命的,应将其作为使用寿命不确定的无形资产进行核算。对于使用寿命不确定的无形资产,在持有期间内不需要摊销,但应当在每个会计期间进行减值测试。其减值测试的方法按照资产减值的原则进行处理,如减值测试表明已发生减值,则需要计提相应的减值准备,其相关的账务处理为:借记"资产减值损失"科目,贷记"无形资产减值准备"科目。

【例7-7】20×8年1月1日,A公司购入一项市场领先的畅销产品的商标,成本为6 000万元,该商标按照法律规定还有5年的使用寿命,但是在保护期届满时,A公司可每10年以较低的手续费申请延期,同时,A公司有充分的证据表明其有能力申请延期。此外,有关的调查表明,根据产品生命周期、市场竞争等方面情况综合判断,该商标将在不确定的期间内为企业带来现金流量。

根据上述情况,该商标可视为使用寿命不确定的无形资产,在持有期间内不需要进行摊销。

20×9年年底,A公司对该商标按照资产减值的原则进行减值测试,测试表明该商标已发生减值。20×9年年底,该商标的公允价值为4 000万元。

则A公司的账务处理如下。

（1）20×8年购入商标时。

借：无形资产——商标权 60 000 000
　　贷：银行存款 60 000 000

（2）20×9年发生减值时。

借：资产减值损失 （60 000 000-40 000 000）20 000 000
　　贷：无形资产减值准备——商标权 20 000 000

7.4 无形资产处置

无形资产的处置，主要是指无形资产出售、对外出租、对外捐赠，或者是无法为企业带来未来经济利益时，应予终止确认并转销。

7.4.1 出售

企业出售某项无形资产，应将所取得的价款与该无形资产账面价值的差额作为资产处置利得或损失（资产处置损益），与固定资产处置性质相同，计入当期损益。

出售无形资产时，应按实际收到的金额，借记"银行存款"等科目，按已计提的累计摊销，借记"累计摊销"科目，原已计提减值准备的，借记"无形资产减值准备"科目，按应支付的相关税费，贷记"应交税费"等科目，按其账面余额，贷记"无形资产"科目，按其差额，贷记或借记"资产处置损益"科目。

【例7-8】20×9年1月1日，B公司拥有的某项专利技术成本为1 000万元。已摊销金额为500万元，已计提的减值准备为20万元。该公司于20×9年将该项专利技术出售给C公司，取得出售收入600万元，应交相关税费为36万元。

B公司的账务处理为：

借：银行存款 6 000 000
　　累计摊销 5 000 000
　　无形资产减值准备 200 000
　　贷：无形资产 10 000 000
　　　　应交税费——应交增值税（销项税额） 360 000
　　　　资产处置损益 840 000

如果该公司转让该项专利技术取得的收入为4 000 000元，应交相关税费为240 000元。则B公司的账务处理为：

借：银行存款 4 000 000
　　累计摊销 5 000 000
　　无形资产减值准备 200 000
　　资产处置损益 1 040 000
　　贷：无形资产 10 000 000
　　　　应交税费——应交增值税（销项税额） 240 000

7.4.2 对外出租

让渡无形资产使用权而取得的租金收入，借记"银行存款"等科目，贷记"其他业务收入"等科目；摊销出租无形资产的成本并发生与转让有关的各种费用支出时，借记"其他业务成本"科目，贷记"累计摊销"科目。

【例 7-9】20×7 年 1 月 1 日，A 企业将一项专利技术出租给 B 企业使用，该专利技术账面余额为 500 万元，摊销期限为 10 年，出租合同规定，承租方每销售一件用该专利技术生产的产品，必须付给出租方 10 元专利技术使用费。假定承租方当年销售该产品 10 万件，不考虑相关税费。

A 企业的账务处理如下。

（1）取得该项专利技术使用费时。

借：银行存款　　　　　　　　　　　　　　　　　　　　　　1 000 000
　　贷：其他业务收入　　　　　　　　　　　　　　　　　　　1 000 000

（2）按年对该项专利技术进行摊销并计算应交的税费。

借：其他业务成本　　　　　　　　　　　　　　　　　　　　　500 000
　　贷：累计摊销　　　　　　　　　　　　　　　　　　　　　　500 000

7.4.3 报废

如果无形资产预期不能为企业带来未来经济利益，如该无形资产已被其他新技术替代或超过法律保护期，不能再为企业带来经济利益的，则不再符合无形资产的定义，应将其报废并予以转销，其账面价值转作当期损益。转销时，应按已计提的累计摊销，借记"累计摊销"科目；按其账面余额，贷记"无形资产"科目；按其差额，借记"营业外支出"科目。已计提减值准备的，还应同时结转减值准备。

【例 7-10】D 企业拥有某项专利技术，根据市场调查，用其生产的产品已没有市场，决定应予转销。转销时，该项专利技术的账面余额为 600 万元，摊销期限为 10 年，采用直线法进行摊销，已累计摊销 300 万元，假定该项专利技术的残值为 0，已累计计提的减值准备为 160 万元，假定不考虑其他相关因素。

则 D 企业的账务处理如下。

借：累计摊销　　　　　　　　　　　　　　　　　　　　　　3 000 000
　　无形资产减值准备　　　　　　　　　　　　　　　　　　1 600 000
　　营业外支出——处置非流动资产损失　　　　　　　　　　1 400 000
　　贷：无形资产——专利技术　　　　　　　　　　　　　　6 000 000

7.5 披露

企业应当按照无形资产的类别在附注中披露与无形资产有关的下列信息。

（1）无形资产的期初和期末账面余额、累计摊销额及减值准备累计金额。

（2）使用寿命有限的无形资产，其使用寿命的估计情况；使用寿命不确定的无形资产，其使用寿命不确定的判断依据。

（3）无形资产的摊销方法。

（4）用于担保的无形资产账面价值、当期摊销额等情况。

（5）计入当期损益和确认为无形资产的研究开发支出金额。

企业应当披露当期确认为费用的研究开发支出总额。

第8章
非货币性资产交换

《企业会计准则第 7 号——非货币性资产交换》包括"总则""确认""以公允价值为基础计量""以账面价值为基础计量""披露""衔接规定""附则"等内容。

"总则"部分,明确了非货币性资产交换准则的指导依据,介绍了非货币性资产交换的确定方法。

"确认"部分,明确了非货币性资产交换的换入资产的确认及换出资产的终止确认。

"以公允价值为基础计量"部分,明确了非货币性资产交换以公允价值为计量基础的条件及换入资产成本的确定方法。

"以账面价值为基础计量"部分,明确了非货币性资产交换以账面价值为计量基础的条件及换入资产成本的确定方法。

"披露"部分,规定了企业应当在财务报表附注中披露的非货币性资产交换的相关信息内容。

8.1 非货币性资产交换概述

(一)货币性资产和非货币性资产

货币性资产,是指企业持有的货币资金和收取固定或可确定金额的货币资金的权利,包括现金、银行存款、应收账款和应收票据等。

非货币性资产,是指货币性资产以外的资产。

(二)非货币性资产交换

(1)非货币性资产交换,是指企业以固定资产、无形资产、投资性房地产和长期股权投资等非货币性资产进行的交换。该交换不涉及或只涉及少量的货币性资产(即补价)。

认定涉及少量货币性资产的交换为非货币性资产交换,通常以补价占整个资产交换金额的比例低于 25% 作为参考。

(2)非货币性资产交换的适用范围。

适用于所有非货币性资产交换,但下列各项除外。

①企业以存货换取客户的非货币性资产的,适用《企业会计准则第 14 号——收入》。企业以存货换取客户的存货、固定资产、无形资产等,按照新收入准则的规定进行会计处理;其他非货币性资产交换,按照《企业会计准则第 7 号——非货币性资产交换》的规定进行会计处理。

②非货币性资产交换中涉及的企业合并,适用《企业会计准则第 20 号——企业合并》《企业会计准则第 2 号——长期股权投资》和《企业会计准则第 33 号——合并财务报表》。

③非货币性资产交换中涉及的企业债务重组,适用《企业会计准则第12号——债务重组》。

④非货币性资产交换的资产涉及金融资产的,金融资产的确认、终止确认和计量适用《企业会计准则第22号——金融工具确认和计量》和《企业会计准则第23号——金融资产转移》。

8.2 非货币性资产交换的确认和计量

8.2.1 确认和计量原则

(一)公允价值

公允价值计量时,应当以公允价值和应支付的相关税费作为换入资产的成本,公允价值与换出资产账面价值的差额计入当期损益。

换入资产和换出资产公允价值均能够可靠计量的,应当以换出资产的公允价值作为确定换入资产成本的基础,但有确凿证据表明换入资产的公允价值更加可靠的除外。

【例8-1】2×19年9月,A公司以生产经营过程中使用的一台设备交换B打印机公司(以下简称"B公司")生产的一批打印机,换入的打印机作为固定资产管理。A、B公司均为增值税一般纳税人,适用的增值税税率为13%。设备的账面原价为150万元,在交换日的累计折旧为45万元,公允价值为90万元。打印机的账面价值为110万元,在交换日的市场价格为90万元,计税价格等于市场价格。B公司换入A公司的设备是生产打印机过程中需要使用的设备。

假设A公司此前没有为该项设备计提资产减值准备,整个交易过程中,除支付运杂费15 000元外,没有发生其他相关税费。假设B公司此前也没有为库存打印机计提存货跌价准备,其在整个交易过程中没有发生除增值税以外的其他税费。

分析:

整个资产交换过程没有涉及收付货币性资产,因此该项交换属于非货币性资产交换。两项资产的公允价值都能够可靠地计量,符合以公允价值计量的两个条件,因此A公司和B公司均应当以换出资产的公允价值为基础,确定换入资产的成本,并确认产生的损益。

A公司的账务处理如下。

A公司换入资产的增值税进项税额 =900 000×13% =117 000(元)

换出设备的增值税销项税额 =900 000×13% =117 000(元)

借:固定资产清理 1 050 000
　　累计折旧 450 000
　　贷:固定资产——设备 1 500 000
借:固定资产清理 15 000
　　贷:银行存款 15 000
借:固定资产——打印机 900 000
　　应交税费——应交增值税(进项税额) 117 000
　　资产处置损益 165 000

  贷：固定资产清理   1 065 000
    应交税费——应交增值税（销项税额）   117 000

B 公司的账务处理如下。

  根据增值税的有关规定，企业以库存商品换入其他资产，视同销售行为发生，应计算增值税销项税额，缴纳增值税。

  换出打印机的增值税销项税额 = 900 000 × 13% = 117 000（元）

  换入设备的增值税进项税额 = 900 000 × 13% = 117 000（元）

  借：固定资产——设备   900 000
    应交税费——应交增值税（进项税额）   117 000
   贷：主营业务收入   900 000
    应交税费——应交增值税（销项税额）   117 000
  借：主营业务成本   1 100 000
   贷：库存商品——打印机   1 100 000

非货币性资产交换在公允价值计量模式下涉及补价的会计处理原则。

  （1）支付补价的，以换出资产的公允价值，加上支付补价的公允价值和应支付的相关税费，作为换入资产的成本，换出资产的公允价值与其账面价值之间的差额计入当期损益。

  （2）收到补价的，以换出资产的公允价值，减去收到补价的公允价值，加上应支付的相关税费，作为换入资产的成本，换出资产的公允价值与其账面价值之间的差额计入当期损益。

  以下几种情况换出资产公允价值与其账面价值的差额，应当分别情况处理。

  （1）换出资产为存货的，应当视同销售处理，根据《企业会计准则第 14 号——收入》按其公允价值确认商品销售收入，同时结转商品销售成本。

  （2）换出资产为固定资产、无形资产的，换入资产公允价值和换出资产账面价值的差额，计入资产处置损溢。

  （3）换出资产为金融资产的，金融资产的确认、终止确认和计量适用《企业会计准则第 22 号——金融工具确认和计量》和《企业会计准则第 23 号——金融资产转移》。

【例 8-2】甲公司与乙公司经协商，甲公司以其拥有的用于经营出租的一幢公寓楼与乙公司持有的交易目的的股票投资交换。甲公司的公寓楼符合投资性房地产定义，但公司未采用公允价值模式计量。在交换日，该幢公寓楼的账面原价为 9 000 万元，已计提折旧 1 500 万元，未计提减值准备，在交换日的公允价值和计税价格均为 8 000 万元；乙公司持有的交易目的的股票投资账面价值为 6 000 万元，乙公司对该股票投资采用公允价值模式计量，在交换日的公允价值为 7 500 万元，由于甲公司急于处理该幢公寓楼，乙公司仅支付了 450 万元给甲公司。乙公司换入公寓楼后仍然继续用于经营出租，并拟采用公允价值计量模式，甲公司换入股票投资后也仍然用于交易。该项交易过程中暂不考虑相关税费。

分析：

该项资产交换涉及收付货币性资产，即补价 450 万元。

对甲公司而言，收到的补价 450 万元 ÷ 换出资产的公允价值 7 950（7 500+450）万元 =

5.7%＜25%，属于非货币性资产交换。

对乙公司而言，支付的补价450万元÷换入资产的公允价值8 000万元=5.6%＜25%，属于非货币性资产交换。股票投资和公寓楼的公允价值均能够可靠地计量，因此，甲、乙公司均应当以公允价值为基础确定换入资产的成本，并确认产生的损益。

甲公司的账务处理如下。

借：其他业务成本	75 000 000
投资性房地产累计折旧	15 000 000
贷：投资性房地产	90 000 000
借：交易性金融资产	75 000 000
银行存款	4 500 000
贷：其他业务收入	79 500 000

乙公司的账务处理如下。

借：投资性房地产	80 000 000
贷：交易性金融资产	60 000 000
银行存款	4 500 000
投资收益	15 500 000

（二）账面价值

账面价值计量时，应当以换出资产的账面价值和应支付的相关税费作为换入资产的成本，无论是否支出补价，均不确认损益。

非货币性资产交换在账面价值计量模式下涉及补价的计量原则。

（1）支付补价的，应当以换出资产的账面价值，加上支付补价的账面价值和应支付的相关税费，作为换入资产的初始计量金额，不确认损益。

（2）收到补价的，应当以换出资产的账面价值，减去收到补价的公允价值并加上应支付的相关税费，作为换入资产的初始计量金额，不确认损益。

【例8-3】丙公司拥有一台专有设备，该设备账面原价为450万元，已计提折旧330万元，丁公司拥有一项长期股权投资，账面价值为90万元，两项资产均未计提减值准备。丙公司决定以其专有设备交换丁公司的长期股权投资，该专有设备是生产某种产品必需的设备。由于专有设备系当时专门制造、性质特殊，其公允价值不能可靠计量；丁公司拥有的长期股权投资在活跃市场中没有报价，其公允价值也不能可靠计量。经双方商定，丁公司支付了20万元补价。假定交易不考虑相关税费。

分析：

该项资产交换涉及收付货币性资产，即补价20万元。对丙公司而言，收到的补价20万元÷换出资产账面价值120万元=16.7%＜25%。因此，该项交换属于非货币性资产交换，丁公司的情况也类似。由于两项资产的公允价值不能可靠计量，因此，丙、丁公司换入资产的成本均应当按照换出资产的账面价值确定。

丙公司的账务处理如下。

```
借：固定资产清理                    1 200 000
    累计折旧                        3 300 000
    贷：固定资产——专有设备             4 500 000
借：长期股权投资                    1 000 000
    银行存款                          200 000
    贷：固定资产清理                   1 200 000
```
丁公司的账务处理如下。
```
借：固定资产——专有设备             1 100 000
    贷：长期股权投资                    900 000
        银行存款                        200 000
```

8.2.2 商业实质

（一）判断条件

满足下列条件之一的非货币性资产交换视为具有商业实质。

（1）换入资产的未来现金流量在风险、时间和金额方面与换出资产显著不同，通常包括但不仅限于以下几种情形：

① 未来现金流量的风险、金额相同，时间不同；
② 未来现金流量的时间、金额相同，风险不同；
③ 未来现金流量的风险、时间相同，金额不同。

（2）换入资产与换出资产的预计未来现金流量现值不同，且其差额与换入资产和换出资产的公允价值相比是重大的。

（二）交换涉及的资产类别与商业实质的关系

不同类别非货币性资产交换一般具有商业实质。

（三）关联方之间资产交换与商业实质的关系

在确定非货币性资产交换是否具有商业实质时，企业应当关注交易各方之间是否存在关联方关系。关联方关系的存在可能导致发生的非货币性资产交换不具有商业实质。

8.2.3 涉及多项非货币性资产交换的处理

（1）按照与单项资产类似的处理原则确定换入资产的成本总额。

（2）按照比例分摊到各个单项资产。分配方法如表8-1所示。

表8-1　　　　　　　　　　各单项资产成本分配

项目	公允价值计量（换入资产公允价值能够合理确定）	账面价值计量（换入资产公允价值不能够合理确定）
每项换入资产成本的确定	每项换入资产成本 = 该项资产的公允价值 ÷ 换入资产公允价值总额 × 换入资产的成本总额	每项换入资产成本 = 该项资产的原账面价值 ÷ 换入资产公允价值总额 × 换入资产的成本总额

【例8-4】 甲公司和乙公司均为增值税一般纳税人，适用的增值税税率均为13%。2×19年8月，为适应业务发展的需要，经协商，甲公司决定以生产经营过程中使用的厂房、设备

以及库存商品换入乙公司生产经营过程中使用的办公楼、小汽车、客运汽车。甲公司厂房的账面原价为1 500万元，在交换日的累计折旧为300万元、公允价值为1 000万元；设备的账面原价为600万元，在交换日的累计折旧为480万元、公允价值为100万元；库存商品的账面余额为300万元，交换日的市场价格为350万元，市场价格等于计税价格。乙公司办公楼的账面原价为2 000万元，在交换日的累计折旧为1 000万元、公允价值为1 100万元；小汽车的账面原价为300万元，在交换日的累计折旧为190万元、公允价值为160万元；客运汽车的账面原价为300万元，在交换日的累计折旧为180万元、公允价值为150万元。乙公司另外向甲公司支付银行存款40万元，暂不考虑增值税的影响。

假定甲公司和乙公司都没有为换出资产计提减值准备；甲公司换入的乙公司办公楼、小汽车、客运汽车均作为固定资产使用和管理；乙公司换入的甲公司厂房、设备作为固定资产使用和管理，换入的库存商品作为原材料使用和管理。

分析：

本例涉及收付货币性资产，40÷（1 000+100+350）=2.76%＜25%

可以认定这一涉及多项资产的交换行为属于非货币性资产交换。各单项换入资产和换出资产的公允价值均能可靠计量，因此，甲、乙公司均应当以公允价值为基础确定换入资产的总成本，确认产生的相关损益。

甲公司的账务处理如下。

（1）计算换入资产、换出资产公允价值总额。

换出资产公允价值总额=1 000+100+350=1 450（万元）

换入资产公允价值总额=1 100+160+150=1 410（万元）

（2）计算换入资产总成本。

换入资产总成本＝换出资产公允价值－补价＋应支付的相关税费＝1 450-40 +0 = 1 410（万元）

（3）计算确定换入各项资产的公允价值占换入资产公允价值总额的比例。

办公楼公允价值占换入资产公允价值总额的比例=1 100÷1 410=78.01%

小汽车公允价值占换入资产公允价值总额的比例=160÷1 410=11.35%

客运汽车公允价值占换入资产公允价值总额的比例=150÷1 410=10.64%

（4）计算确定换入各项资产的成本。

办公楼的成本=1 410×78.01%＝1 099.94（万元）

小汽车的成本=1 410×11.35%=160.04（万元）

客运汽车的成本=1 410×10.64%=150.02（万元）

（5）会计分录如下。

借：固定资产清理	13 200 000
累计折旧	7 800 000
贷：固定资产——厂房	15 000 000
——设备	6 000 000

借：固定资产——办公楼	10 999 400	
——小汽车	1 600 400	
——客运汽车	1 500 200	
银行存款	400 000	
资产处置损益	2 200 000	
贷：固定资产清理		13 200 000
主营业务收入		3 500 000
借：主营业务成本	3 000 000	
贷：库存商品		3 000 000

乙公司的账务处理如下。

（1）计算换入资产、换出资产公允价值总额。

换入资产公允价值总额＝1 000+100+350=1 450（万元）

换出资产公允价值总额＝1 100+160+150=1 410（万元）

（2）确定换入资产总成本。

换入资产总成本＝换出资产公允价值＋支付的补价－可抵扣的增值税进项税额＝1 410+40-0=1 450（万元）

（3）计算确定换入各项资产的公允价值占换入资产公允价值总额的比例。

厂房公允价值占换入资产公允价值总额的比例＝1 000÷1 450=69%

设备公允价值占换入资产公允价值总额的比例＝100÷1 450=6.9%

库存商品公允价值占换入资产公允价值总额的比例＝350÷1 450=24.1%

（4）计算确定换入各项资产的成本。

厂房的成本＝1 450×69%＝1 000.5（万元）

设备的成本＝1 450×6.9%=100.05（万元）

库存商品的成本＝1 450×24.1%=349.45（万元）

（5）会计分录如下。

借：固定资产清理	12 300 000	
累计折旧	13 700 000	
贷：固定资产——办公楼		20 000 000
——小汽车		3 000 000
——客运汽车		3 000 000
借：固定资产——厂房	10 005 000	
——设备	1 000 500	
原材料	3 494 500	
贷：固定资产清理		12 300 000
银行存款		400 000
资产处置损益		1 800 000

8.3 披露

企业应当在附注中披露与非货币性资产交换有关的下列信息。

（1）非货币性资产交换是否具有商业实质及其原因。

（2）换入资产、换出资产的类别。

（3）换入资产初始计量金额的确定方式。

（4）换入资产、换出资产的公允价值以及换出资产的账面价值。

（5）非货币性资产交换确认的损益。

第9章
资产减值

《企业会计准则第8号——资产减值》包括"总则""可能发生减值资产的认定""资产可收回金额的计量""资产减值损失的确定""资产组的认定及减值处理""商誉减值的处理""披露"等内容。

其中"总则"部分，明确了资产减值准则的制定原则和适用范围以及不适用范围；"披露"部分，规定了企业应当在财务报表附注中披露的资产减值的相关信息内容。

9.1 资产减值概述

9.1.1 资产减值相关概念

资产减值是指资产的可收回金额低于其账面价值。其中"资产"除了特别规定外，包括单项资产和资产组。

9.1.2 资产减值范围

《企业会计准则第8号——资产减值》具体准则，主要规范了以下资产的减值：

（1）对子公司、联营企业和合营企业的长期股权投资；

（2）采用成本模式进行后续计量的投资性房地产；

（3）固定资产；

（4）生产性生物资产；

（5）无形资产；

（6）商誉；

（7）探明石油天然气矿区权益和井及相关设施等。

下列各项资产减值适用其他相关会计准则：

（1）存货；

（2）采用公允价值模式计量的投资性房地产；

（3）消耗性生物资产；

（4）建造合同形成的资产；

（5）递延所得税资产；

（6）融资租赁中出租人未担保余值；

（7）《企业会计准则第22号——金融工具确认和计量》规范的金融资产；

（8）未探明石油天然气矿区权益。

9.2 可能发生减值资产的认定

9.2.1 资产减值情形的判定

原则：公允价值下降；未来现金流量现值下降。

资产存在减值迹象是资产是否需要进行减值测试的必要前提，但是，以下资产除外。

（1）商誉和使用寿命不确定的无形资产。无论是否存在减值迹象，企业至少应当于每年年度终了进行减值测试。

（2）对于尚未达到可使用状态的无形资产，由于其价值通常具有较大的不确定性，也应当于每年年末进行减值测试。

9.2.2 可收回金额的确定

（一）资产可收回金额估计的基本方法

（1）计算确定资产的公允价值减去处置费用后的净额。

（2）计算确定资产未来现金流量的现值。

（3）企业应比较资产的公允价值减去处置费用后的净额与资产未来现金流量的现值，取其较高者作为资产的可收回金额。

资产的公允价值减去处置费用后的净额与资产预计未来现金流量的现值，只要有一项超过资产的账面价值，就表明资产没有发生减值，不需再估计另一项金额。

（二）资产的公允价值减去处置费用后的净额的估计

首先，应当根据公平交易中资产的销售协议价格减去可直接归属于该资产处置费用的金额确定资产的公允价值减去处置费用后的净额。

其次，在资产不存在销售协议但存在活跃市场的情况下，应当根据该资产的市场价格减去处置费用后的金额确定。

最后，在既不存在资产销售协议又不存在资产活跃市场的情况下，可以参考同行业类似资产的最近交易价格或者结果进行估计。

企业按照上述要求仍然无法可靠估计资产的公允价值减去处置费用后的净额的，应当以该资产预计未来现金流量的现值作为其可收回金额。

（三）预计资产未来现金流量的现值的考虑因素

（1）资产的预计未来现金流量。详细内容见第三节。

（2）资产的使用寿命。资产使用寿命的预计与固定资产、无形资产准则等规定的使用寿命预计方法相同。

（3）折现率。在资产减值测试中，计算资产未来现金流量现值时所采用的折现率应当是反映当前市场货币时间价值和资产特定风险的税前利率。该折现率是企业在购置或者投资资产时所要求的必要报酬率。

9.3 资产预计未来现金流量

9.3.1 预计资产未来现金流量的方法

（1）传统法。使用单一的未来每期预计现金流量和单一的折现率计算资产未来现金流量的现值。

（2）期望现金流量法。资产未来现金流量应当根据每期现金流量期望值进行预计，每期现金流量期望值按照各种可能情况下的现金流量与其发生概率加权计算。

【例9-1】企业某固定资产剩余使用年限为3年，企业预计未来3年里在正常的情况下，该资产每年可为企业产生的净现金流量分别为100万元、50万元、10万元。该现金流量通常即为最有可能产生的现金流量，企业应以该现金流量的预计数为基础计算资产的现值。

但在实务中，有时影响资产未来现金流量的因素较多，情况较为复杂，带有很大的不确定性，为此，使用单一的现金流量可能并不会如实反映资产创造现金流量的实际情况，这样，企业应当采用期望现金流量法预计资产未来现金流量。

【例9-2】沿用【例9-1】，假定利用该固定资产生产的产品受市场行情波动影响大，企业预计未来3年每年的现金流量情况如表9-1所示。

表9-1　　　　　各年现金流量概率分布及发生情况

单位：万元

年份	产品行情好 （30%的可能性）	产品行情一般 （60%的可能性）	产品行情差 （10%的可能性）
第1年	150	100	50
第2年	80	50	20
第3年	20	10	0

在这种情况下，采用期望现金流量法比传统法更为合理。在期望现金流量法下，资产未来现金流量应当根据每期现金流量期望值进行预计，每期现金流量期望值按照各种可能情况下的现金流量与其发生概率加权计算。按照表9-1提供的情况，企业应当计算资产每年的预计未来现金流量，计算如下。

第1年的预计现金流量（期望现金流量）：

$150 \times 30\% + 100 \times 60\% + 50 \times 10\% = 110$（万元）

第2年的预计现金流量（期望现金流量）：

$80 \times 30\% + 50 \times 60\% + 20 \times 10\% = 56$（万元）

第3年的预计现金流量（期望现金流量）：

$20 \times 30\% + 10 \times 60\% + 0 \times 10\% = 12$（万元）

9.3.2 预计未来现金流量现值的计算

资产未来现金流量的现值，应当根据该资产预计的未来现金流量和折现率在资产剩余使用寿命内予以折现后的金额确定。计算公式如下：

资产预计未来现金流量的现值＝Σ[第t年预计资产未来现金流量÷(1+折现率)^t]

【例9-3】某运输公司20×0年末对一艘远洋运输船只进行减值测试。该船舶原值为30 000万元，累计折旧为14 000万元，20×0年末账面价值为16 000万元，预计尚可使用8年。假定该船舶的公允价值减去处置费用后的净额难以确定，该公司通过计算其未来现金流量的现值确定可收回金额。

公司在考虑了与该船舶资产有关的货币时间价值和特定风险因素后，确定10%为该资产的最低必要报酬率，并将其作为计算未来现金流量现值时使用的折现率。

公司根据有关部门提供的该船舶历史营运记录、船舶性能状况和未来每年运量发展趋势，预计未来每年营运收入和相关人工费用、燃料费用、安全费用、港口码头费用以及日常维护费用等支出，在此基础上估计该船舶从20×1至20×8年每年预计未来现金流量分别为：2 500万元、2 460万元、2 380万元、2 360万元、2 390万元、2 470万元、2 500万元和2 510万元。

根据上述预计未来现金流量和折现率，公司计算船舶预计未来现金流量的现值为13 038万元，计算过程如表9-2所示。

表9-2　　　　　　　　船舶预计未来现金流量及折现计算过程

年度	预计未来现金流量 （万元）	现值系数 （折现率为10%）*	预计未来现金流量的现值 （万元）
20×1	2 500	0.909 1	2 273
20×2	2 460	0.826 4	2 033
20×3	2 380	0.751 3	1 788
20×4	2 360	0.683 0	1 612
20×5	2 390	0.620 9	1 484
20×6	2 470	0.564 5	1 394
20×7	2 500	0.513 2	1 283
20×8	2 510	0.466 5	1 171
合计			13 038

注：*可根据公式计算或者直接查复利现值系数表取得。

由于船舶的账面价值为16 000万元，可收回金额为13 038万元，其账面价值高于可收回金额2 962（16 000-13 038）万元。公司20×0年年末应将账面价值高于可收回金额的差额确认为当期资产减值损失，并计提相应的资产减值准备。

9.4　资产减值损失的确定及处理

9.4.1　资产减值损失的确定原则

可收回金额的计量结果表明，资产的可收回金额低于其账面价值的，应当将资产的账面价值减记至可收回金额，减记的金额确认为资产减值损失，计入当期损益，同时计提相应的资产减值准备。

资产减值损失确认后，减值资产的折旧或者摊销费用应当在未来期间做相应调整，以使该资产在剩余使用寿命内，系统地分摊调整后的资产账面价值（扣除预计净残值）。

按照《企业会计准则第 8 号——资产减值》具体准则，资产减值损失一经确认，在以后会计期间不得转回。以前期间计提的资产减值准备，在资产处置、出售、对外投资、以非货币性资产交换方式换出、在债务重组中抵偿债务等时，才可予以转出。

9.4.2 资产减值损失确认的账务处理

为了正确核算企业确认的资产减值损失和计提的资产减值准备，企业应当设置"资产减值损失"科目，按照资产类别进行明细核算，反映各类资产在当期确认的资产减值损失金额；同时，应当根据不同的资产类别，分别设置"固定资产减值准备""在建工程减值准备""投资性房地产减值准备""无形资产减值准备""商誉减值准备""长期股权投资减值准备""生产性生物资产减值准备"等科目。

当企业确定资产发生了减值时，应当根据所确认的资产减值金额，借记"资产减值损失"科目，贷记"固定资产减值准备""在建工程减值准备""投资性房地产减值准备""无形资产减值准备""商誉减值准备""长期股权投资减值准备""生产性生物资产减值准备"等科目。在期末，企业应当将"资产减值损失"科目余额转入"本年利润"科目，结转后该科目应当没有余额。各资产减值准备科目累积每期计提的资产减值准备，直至相关资产被处置时才予以转出。

9.5 资产组的认定及减值处理

9.5.1 资产组的概念

有迹象表明一项资产可能发生减值的，企业应当以单项资产为基础估计其可收回金额。企业难以对单项资产的可收回金额进行估计的，应当以该资产所属的资产组为基础确定资产组的可收回金额。

资产组是企业可以认定的最小资产组合，其产生的现金流入应当基本上独立于其他资产或者资产组。

资产组一经确定，各个会计期间应当保持一致，不得随意变更。如需变更，企业管理层应当证明该变更是合理的，并根据资产减值准则第二十七条的规定在附注中做相应说明。

9.5.2 资产组的认定

（1）认定资产组最关键因素是该资产组能否独立产生现金流入。企业的某一生产线、营业网点、业务部门等，如果能够独立于其他部门或者单位等创造收入、产生现金流入，或者其创造的收入和产生现金流入绝大部分独立于其他部门或者单位的，并且属于可认定的最小的资产组合的，通常应将该生产线、营业网点、业务部门等认定为一个资产组。

【例9-4】某矿业公司拥有一个煤矿，为与煤矿的生产和运输相配套，建有一条专用铁路。该铁路除非报废出售，其在持续使用中，难以脱离煤矿相关的其他资产而产生单独的现金流入，因此，企业难以对专用铁路的可收回金额进行单独估计，专用铁路和煤矿其他相关资产必须结合在一起，成为一个资产组，以估计该资产组的可收回金额。

【例9-5】甲企业生产某单一产品，并且只拥有A、B、C三家工厂（以下简称"A""B""C"）。三家工厂分别位于三个不同的国家，而三个国家又位于三个不同的洲。A生产一种组件，由B或者C进行组装，最终产品由B或者C销往世界各地，如B的产品可以在本地销售，也可以在C所在洲销售。

B和C的生产能力合在一起尚有剩余，并没有被完全利用。B和C生产能力的利用程度依赖于甲企业对于销售产品在两地之间的分配。以下分别认定与A、B、C有关的资产组。

假定A生产的产品（即组件）存在活跃市场，则A很可能可以认定为一个单独的资产组，原因是它生产的产品尽管主要用于B或者C，但是，由于该产品存在活跃市场，可以带来独立的现金流入，因此，通常应当认定为一个单独的资产组。在确定其未来现金流量的现值时，企业应当调整其财务预算或预测，将未来现金流量的预计建立在公平交易的前提下A所生产产品的未来价格最佳估计数，而不是其内部转移价格。

对于B和C而言，即使B和C组装的产品存在活跃市场，由于B和C的现金流入依赖于产品在两地之间的分配，B和C的未来现金流入不可能单独地确定。因此，B和C组合在一起是可以认定的、可产生基本上独立于其他资产或者资产组的现金流入的资产组合。B和C应当认定为一个资产组。

【例9-6】沿用【例9-5】，假定A生产的产品不存在活跃市场。

在这种情况下，由于A生产的产品不存在活跃市场，它的现金流入依赖于B或者C生产的最终产品的销售，因此，A很可能难以单独产生现金流入，其可收回金额很可能难以单独估计。

而对于B和C而言，其生产的产品虽然存在活跃市场，但是，B和C的现金流入依赖于产品在两个工厂之间的分配，B和C在产能和销售上的管理是统一的。因此，B和C也难以单独产生现金流入，因而也难以单独估计其可收回金额。

因此，只有A、B、C三个工厂组合在一起（即将甲企业作为一个整体）才很可能是一个可以认定的、能够基本上独立产生现金流入的最小的资产组合，从而将A、B、C的组合认定为一个资产组。

（2）企业对生产经营活动的管理或者监控方式，以及对资产使用或者处置的决策方式等，也是认定资产组应考虑的重要因素。

【例9-7】ABC服装企业有童装、西装、衬衫三个工厂，每个工厂在生产、销售、核算、考核和管理等方面都相对独立，在这种情况下，每个工厂通常应当认定为一个资产组。

9.5.3 资产组减值的会计处理

资产组减值测试的原理和单项资产是一致的,即企业需要预计资产组的可收回金额和计算资产组的账面价值,并将两者进行比较,如果资产组的可收回金额低于其账面价值,表明该资产组发生了减值,应当予以确认。

(一)资产组账面价值和可收回金额的确定基础

资产组账面价值的确定基础应当与其可收回金额的确定方式相一致,这样的比较才有意义,否则如果两者在不同的基础上进行估计和比较,就难以正确估算资产组的减值损失。

资产组的可收回金额,应当按照该资产组的公允价值减去处置费用后的净额与其预计未来现金流量的现值两者之中较高者确定。

(二)资产组减值的会计处理

根据减值测试的结果,资产组(包括资产组组合)的可收回金额如低于其账面价值,应当确认相应的减值损失。减值损失金额应当按照下列顺序进行分摊。

(1)抵减分摊至资产组中商誉的账面价值。

(2)根据资产组中除商誉之外的其他各项资产的账面价值所占比重,按比例抵减其他各项资产的账面价值。

以上资产账面价值的抵减,应当作为各单项资产(包括商誉)的减值损失处理,计入当期损益。抵减后的各资产的账面价值不得低于以下三者之中的最高者:该资产的公允价值减去处置费用后的净额(如可确定的)、该资产预计未来现金流量的现值(如可确定的)和零。因此而导致的未能分摊的减值损失金额,应当按照相关资产组中其他各项资产的账面价值所占比重进行分摊。

【例9-8】XYZ公司有一条甲生产线,该生产线生产光学器材,由A、B、C三部机器构成,成本分别为400 000元、600 000元、1 000 000元。使用年限为10年,净残值为0,以年限平均法计提折旧。各机器均无法单独产生现金流量,但整条生产线构成完整的产销单位,属于一个资产组。20×5年甲生产线所生产的光学产品有替代产品上市,到年底,导致公司光学产品的销路锐减40%,因此,对甲生产线进行减值测试。

20×5年12月31日,A、B、C三部机器的账面价值分别为200 000元、300 000元、500 000元。估计机器A的公允价值减去处置费用后的净额为150 000元,B、C机器都无法合理估计其公允价值减去处置费用后的净额以及未来现金流量的现值。

整条生产线预计尚可使用5年。经估计其未来5年的现金流量及其恰当的折现率后,得到该生产线预计未来现金流量的现值为600 000元。由于公司无法合理估计生产线的公允价值减去处置费用后的净额,公司以该生产线预计未来现金流量的现值为其可收回金额。

鉴于在20×5年12月31日该生产线的账面价值为1 000 000元,而其可收回金额为600 000元,生产线的账面价值高于其可收回金额,因此,该生产线已经发生了减值,因此,公司应当确认减值损失400 000元,并将该减值损失分摊到构成生产线的三部机器中。由于机器A的公允价值减去处置费用后的净额为150 000元,因此,机器A分摊了减值损失后的账面价值不应低于150 000元。具体分摊过程如表9-3所示。

表 9-3 资产组减值损失分摊过程

单位：元

项目	机器 A	机器 B	机器 C	整个生产线（资产组）
账面价值	200 000	300 000	500 000	1 000 000
可收回金额				600 000
减值损失				400 000
减值损失分摊比例	20%	30%	50%	
分摊减值损失	50 000*	120 000	200 000	370 000
分摊后账面价值	150 000	180 000	300 000	
尚未分摊的减值损失				30 000
二次分摊比例		37.50%	62.50%	
二次分摊减值损失		11 250	18 750	30 000
二次分摊后应确认减值损失总额		131 250	218 750	
二次分摊后账面价值	150 000	168 750	281 250	600 000

注：* 按照分摊比例，机器 A 应当分摊减值损失 80 000（400 000×20%）元，但由于机器 A 的公允价值减去处置费用后的净额为 150 000 元，因此，机器 A 最多只能确认减值损失 50 000（200 000-150 000）元，未能分摊的减值损失 30 000（80 000－50 000）元，应当在机器 B 和机器 C 之间进行再分摊。

根据上述计算和分摊结果，构成甲生产线的机器 A、机器 B 和机器 C 应当分别确认减值损失 50 000 元、131 250 元和 218 750 元，账务处理如下。

借：资产减值损失——机器 A　　　　　　　　　　　　　50 000
　　　　　　　　——机器 B　　　　　　　　　　　　　131 250
　　　　　　　　——机器 C　　　　　　　　　　　　　218 750
　贷：固定资产减值准备——机器 A　　　　　　　　　　50 000
　　　　　　　　　　——机器 B　　　　　　　　　　　131 250
　　　　　　　　　　——机器 C　　　　　　　　　　　218 750

（三）总部资产的资产减值

1. 总部资产定义

企业总部资产包括企业集团或其事业部的办公楼、电子数据处理设备等资产。总部资产的显著特征是难以脱离其他资产或者资产组产生独立的现金流入，而且其账面价值难以完全归属于某一资产组。

2. 资产减值的基本原则

有迹象表明某项总部资产可能发生减值的，企业应当计算确定该总部资产所归属的资产组或者资产组组合的可收回金额，然后将其与相应的账面价值相比较，据以判断是否需要确认资产减值损失。资产组组合，是指由若干个资产组组成的最小资产组组合，包括资产组或者资产组组合，以及按合理方法分摊的总部资产部分。

3. 总部资产减值测试

企业对某一资产组进行减值测试，应当先认定所有与该资产组相关的总部资产，再根据相关总部资产能否按照合理和一致的基础分摊至该资产组分别下列情况处理。

（1）对于相关总部资产能够按照合理和一致的基础分摊至该资产组的部分，应当将该部分总部资产的账面价值分摊至该资产组，再据以比较该资产组的账面价值（包括已分摊的总部资产的账面价值部分）和可收回金额，并按照资产减值准则第二十二条的规定处理。

（2）对于相关总部资产中有部分资产难以按照合理和一致的基础分摊至该资产组的，应当按照下列步骤处理。

首先，在不考虑相关总部资产的情况下，估计和比较资产组的账面价值和可收回金额，按照资产减值的基本原则进行处理。

其次，认定由若干个资产组组成的最小的资产组组合，该资产组组合应当包括所测试的资产组与可以按照合理和一致的基础将该部分总部资产的账面价值分摊其上的部分。

最后，比较所认定的资产组组合的账面价值（包括已分摊的总部资产的账面价值部分）和可收回金额，并按照资产减值的基本原则进行处理。

【例9-9】ABC高科技公司（以下简称"ABC公司"）拥有A、B和C三个资产组，在20×0年末，这三个资产组的账面价值分别为200万元、300万元和400万元，没有商誉。这三个资产组为三条生产线，预计剩余使用寿命分别为10年、20年和20年，采用直线法计提折旧。由于ABC公司的竞争对手通过技术创新推出了更高技术含量的产品，并且受到市场欢迎，所以对ABC公司产品产生了重大不利影响，为此，ABC公司于20×0年年末对各资产组进行了减值测试。

在对资产组进行减值测试时，首先应当认定与其相关的总部资产。ABC公司的经营管理活动由总部负责，总部资产包括一栋办公大楼和一个研发中心，其中办公大楼的账面价值为300万元，研发中心的账面价值为100万元。办公大楼的账面价值可以在合理和一致的基础上分摊至各资产组，但是，研发中心的账面价值难以在合理和一致的基础上分摊至各相关资产组。对于办公大楼的账面价值，企业根据各资产组的账面价值和剩余使用寿命加权平均计算的账面价值分摊比例进行分摊，如表9-4所示。

表9-4　　　　　　　　　各资产组账面价值分摊情况

金额单位：万元

项目	资产组A	资产组B	资产组C	合计
各资产组账面价值	200	300	400	900
各资产组剩余使用寿命	10年	20年	20年	
按使用寿命计算的权重	1	2	2	
加权计算后的账面价值	200	600	800	1 600
办公大楼分摊比例（各资产组加权计算后的账面价值÷各资产组加权平均计算后的账面价值合计）	12.5%	37.5%	50%	100%
办公大楼账面价值分摊到各资产组的金额	37.5	112.5	150	300
包括分摊的办公大楼账面价值部分的各资产组账面价值	237.5	412.5	550	1 200

ABC公司随后应当确定各资产组的可收回金额，并将其与账面价值（包括已分摊的办公

大楼的账面价值部分）相比较，以确定相应的减值损失。考虑到研发中心的账面价值难以按照合理和一致的基础分摊至资产组，因此，确定由A、B和C三个资产组组成最小资产组组合（即为ABC整个公司），通过计算该资产组组合的可收回金额，并将其与账面价值（包括已分摊的办公大楼账面价值和研发中心的账面价值）相比较，以确定相应的减值损失。假定各资产组和资产组组合的公允价值减去处置费用后的净额难以确定，公司根据它们的预计未来现金流量的现值来计算其可收回金额，计算现值所用的折现率为15%，计算过程如表9-5所示。

表9-5　　　　　　　　现金流量预测及折现计算过程

单位：万元

年份	资产组A		资产组B		资产组C		包括研发中心在内的最小资产组组合（ABC公司）	
	未来现金流量	现值	未来现金流量	现值	未来现金流量	现值	未来现金流量	现值
1	36	32	18	16	20	18	78	68
2	62	46	32	24	40	30	144	108
3	74	48	48	32	68	44	210	138
4	84	48	58	34	88	50	256	146
5	94	48	64	32	102	50	286	142
6	104	44	66	28	112	48	310	134
7	110	42	68	26	120	44	324	122
8	110	36	70	22	126	42	332	108
9	106	30	70	20	130	36	334	96
10	96	24	70	18	132	32	338	84
11			72	16	132	28	264	56
12			70	14	132	24	262	50
13			70	12	132	22	262	42
14			66	10	130	18	256	36
15			60	8	124	16	244	30
16			52	6	120	12	230	24
17			44	4	114	10	216	20
18			36	2	102	8	194	16
19			28	2	86	6	170	12
20			20	2	70	4	142	8
现值合计		398		328		542		1 440

根据上述资料，资产组A、B、C的可收回金额分别为398万元、328万元和542万元，相应的账面价值（包括分摊的办公大楼账面价值）分别为237.5万元、412.5万元和550万元，资产组B和C的可收回金额均低于其账面价值，应当分别确认84.5万元和8万元减值损失，并将该减值损失在办公大楼和资产组之间进行分摊。根据分摊结果，因资产组B发生减值84.5万元而导致办公大楼减值23.05（84.5×112.5÷412.5）万元，导致资产组B中所包括资产发生减值61.45（84.5×300÷412.5）万元；因资产组C发生减值8万元而导致办公大楼减值2（8×150÷550）万元，导致资产组C中所包括资产发生减值6（8×400÷550）万元。

经过上述减值测试后，资产组A、B、C和办公大楼的账面价值分别为200万元、238.55万元、394万元和274.95万元，研发中心的账面价值仍为100万元，由此包括研发中心在内的最小资产组组合（即ABC公司）的账面价值总额为1 207.50（200+238.55+394+274.95+100）万元，但其可收回金额为1 440万元，高于其账面价值，因此，公司不必再进一步确认减值损失（包括研发中心的减值损失）。

9.6 商誉减值的处理

9.6.1 资产减值的基本原则

企业合并所形成的商誉，至少应当在每年年度终了进行减值测试。

（1）商誉应当结合与其相关的资产组或者资产组组合进行减值测试。相关的资产组或者资产组组合应当是能够从企业合并的协同效应中受益的资产组或者资产组组合。

（2）企业进行资产减值测试，对于因企业合并形成的商誉的账面价值，应当自购买日起按照合理的方法分摊至相关的资产组；难以分摊至相关的资产组的，应当将其分摊至相关的资产组组合。在将商誉的账面价值分摊至相关的资产组或者资产组组合时，应当按照各资产组或者资产组组合的公允价值占相关资产组或者资产组组合公允价值总额的比例进行分摊。公允价值难以可靠计量的，按照各资产组或者资产组组合的账面价值占相关资产组或者资产组组合账面价值总额的比例进行分摊。

（3）企业因重组等原因改变了其报告结构，从而影响到已分摊商誉的一个或者若干个资产组或者资产组组合构成的，应当按照前述（2）中相似的分摊方法，将商誉重新分摊至受影响的资产组或者资产组组合。

9.6.2 商誉减值测试的方法与会计处理

商誉是在非同一控制下企业合并产生的，同一控制下的企业合并不会产生新的商誉。

在对包含商誉的相关资产组或者资产组组合进行减值测试时，如与商誉相关的资产组或者资产组组合存在减值迹象的，应当按照下列步骤处理（包括吸收合并和控股合并），如图9-1所示。

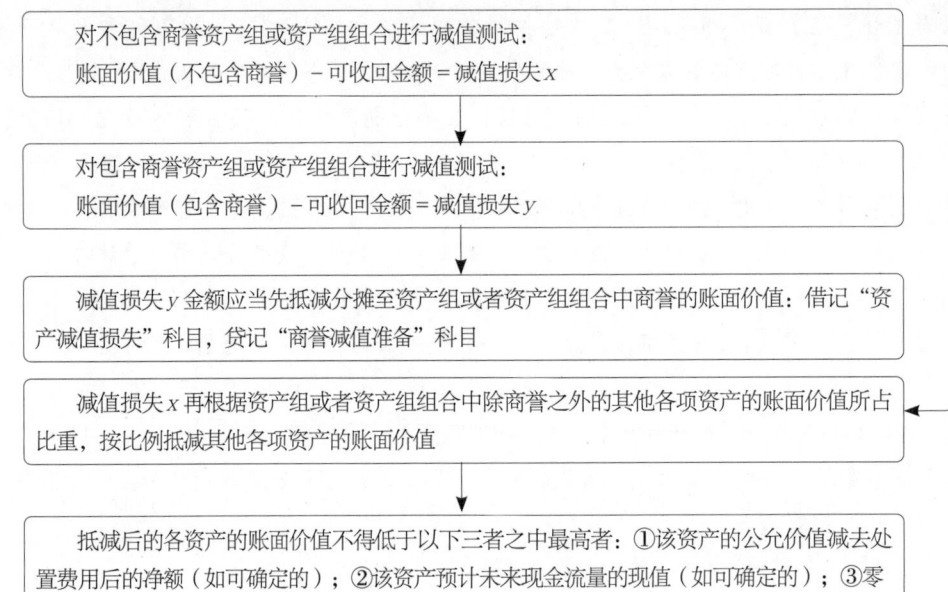

图9-1 包含商誉的资产组（组合）减值测试步骤

存在少数股东权益情况下的商誉减值测试。

对相关资产组（或者资产组组合，下同）进行减值测试时，应当调整资产组的账面价值，将归属于少数股东权益的商誉包括在内，然后根据调整后的资产组账面价值与其可收回金额（可收回金额的预计包括了少数股东在商誉中的权益价值部分）进行比较，以确定资产组（包括商誉）是否发生了减值。

上述资产组如已发生减值的，应当将该损失在可归属于母公司和少数股东权益之间按比例进行分摊，以确认归属于母公司的商誉减值损失。

【例9-10】甲企业在20×7年1月1日以1 600万元的价格收购了乙企业80％股权。在收购日，乙企业可辨认资产的公允价值为1 500万元，没有负债和或有负债。因此，甲企业在其合并财务报表中确认商誉400（1 600－1 500×80％）万元、乙企业可辨认净资产1 500万元和少数股东权益300（1 500×20％）万元。

假定乙企业的所有资产被认定为一个资产组。由于该资产组包括商誉，因此，它至少应当于每年年度终了进行减值测试。在20×7年末，甲企业确定该资产组的可收回金额为1 000万元，可辨认净资产的账面价值为1 350万元。由于乙企业作为一个单独的资产组的可收回金额1 000万元中，包括归属于少数股东权益在商誉价值中享有的部分。因此，出于减值测试的目的，在与资产组的可收回金额进行比较之前，必须对资产组的账面价值进行调整，使其包括归属于少数股东权益的商誉价值100[（1 600÷80％－1 500）×20％]万元。然后，再据以比较该资产组的账面价值和可收回金额，确定是否发生了减值。其测试过程如表9-6所示。

表 9-6　　　　　　　　　　　商誉减值测试过程

单位：万元

20×7 年末	商誉	可辨认资产	合计
账面价值	400	1 350	1 750
未确认归属于少数股东权益的商誉价值	100		100
调整后的账面价值	500	1 350	1 850
可收回金额			1 000
减值损失			850

以上计算出的减值损失 850 万元应当首先冲减商誉的账面价值，然后，再将剩余部分分摊至资产组中的其他资产。在本例中，850 万元减值损失中有 500 万元应当属于商誉减值损失，其中，由于确认的商誉仅限于甲企业持有乙企业 80% 股权部分，因此，甲企业只需要在合并财务报表中确认归属于本企业的商誉减值损失，即 500 万元商誉减值损失的 80%，即 400 万元。剩余的 350（850-500）万元减值损失应当冲减乙企业可辨认资产的账面价值，作为乙企业可辨认资产的减值损失。减值损失的分摊过程如表 9-7 所示。

表 9-7　　　　　　　　　　　商誉减值损失分摊过程

单位：万元

20×7 年末	商誉	可辨认资产	合计
账面价值	400	1 350	1 750
确认的减值损失	（400）	（350）	（750）
确认减值损失后的账面价值		1 000	1 000

9.7　披露

企业应当在附注中披露与资产减值有关的下列信息：

（一）当期确认的各项资产减值损失金额。

（二）计提的各项资产减值准备累计金额。

（三）提供分部报告信息的，应当披露每个报告分部当期确认的减值损失金额。

发生重大资产减值损失的，应当在附注中披露导致每项重大资产减值损失的原因和当期确认的重大资产减值损失的金额。

（一）发生重大减值损失的资产是单项资产的，应当披露该单项资产的性质。提供分部报告信息的，还应披露该项资产所属的主要报告分部。

（二）发生重大减值损失的资产是资产组（或者资产组组合，下同）的，应当披露：

1. 资产组的基本情况。

2. 资产组中所包括的各项资产于当期确认的减值损失金额。

3. 资产组的组成与前期相比发生变化的，应当披露变化的原因以及前期和当期资产组组成情况。

对于重大资产减值，应当在附注中披露资产（或资产组，下同）可收回金额的确定方法。

（一）可收回金额按资产的公允价值减去处置费用后的净额确定的，还应当披露公允价值减去处置费用后的净额的估计基础。

（二）可收回金额按资产预计未来现金流量的现值确定的，还应当披露估计其现值时所采用的折现率，以及该资产前期可收回金额也按照其预计未来现金流量的现值确定的情况下，前期所采用的折现率。

分摊到某资产组的商誉（或者使用寿命不确定的无形资产，下同）的账面价值占商誉账面价值总额的比例重大的，应当在附注中披露下列信息：

（一）分摊到该资产组的商誉的账面价值。

（二）该资产组可收回金额的确定方法。

1.可收回金额按照资产组公允价值减去处置费用后的净额确定的，还应当披露确定公允价值减去处置费用后的净额的方法。资产组的公允价值减去处置费用后的净额不是按照市场价格确定的，应当披露：

（1）企业管理层在确定公允价值减去处置费用后的净额时所采用的各关键假设及其依据。

（2）企业管理层在确定各关键假设相关的价值时，是否与企业历史经验或者外部信息来源相一致；如不一致，应当说明理由。

2.可收回金额按照资产组预计未来现金流量的现值确定的，应当披露：

（1）企业管理层预计未来现金流量的各关键假设及其依据。

（2）企业管理层在确定各关键假设相关的价值时，是否与企业历史经验或者外部信息来源相一致；如不一致，应当说明理由。

（3）估计现值时所采用的折现率。

商誉的全部或者部分账面价值分摊到多个资产组、且分摊到每个资产组的商誉的账面价值占商誉账面价值总额的比例不重大的，企业应当在附注中说明这一情况以及分摊到上述资产组的商誉合计金额。

商誉账面价值按照相同的关键假设分摊到上述多个资产组、且分摊的商誉合计金额占商誉账面价值总额的比例重大的，企业应当在附注中说明这一情况，并披露下列信息：

（一）分摊到上述资产组的商誉的账面价值合计。

（二）采用的关键假设及其依据。

（三）企业管理层在确定各关键假设相关的价值时，是否与企业历史经验或者外部信息来源相一致；如不一致，应当说明理由。

第 10 章
职工薪酬

《企业会计准则第 9 号——职工薪酬》包括"总则""短期薪酬""离职后福利""辞退福利""其他长期职工福利""披露"等内容。

"总则"部分，明确了职工薪酬准则的制定原则及相关概念和其他相关会计准则。

"短期薪酬""离职后福利""辞退福利""其他长期职工福利"部分，分别介绍了其包含的具体内容以及会计处理方法。

"披露"部分规定了企业应当在财务报表附注中披露的职工薪酬的相关信息内容。

10.1 职工薪酬概述

10.1.1 职工

职工，是指与企业订立劳动合同的所有人员，含全职、兼职和临时职工，也包括虽未与企业订立劳动合同但由企业正式任命的人员。未与企业订立劳动合同但由企业正式任命的人员，如董事会成员、监事会成员等。

10.1.2 职工薪酬概念及分类

职工薪酬，是指企业为获得职工提供的服务或解除劳动关系而给予的各种形式的报酬或补偿。企业提供给职工配偶、子女、受赡养人、已故员工遗属及其他受益人等的福利，也属于职工薪酬。

职工薪酬包括短期薪酬、离职后福利、辞退福利和其他长期职工福利。

10.1.3 其他相关会计准则

企业年金基金，适用《企业会计准则第 10 号——企业年金基金》。

以股份为基础的薪酬，适用《企业会计准则第 11 号——股份支付》。

10.2 短期薪酬的确认与计量

短期薪酬的确认与计量将分为货币性短期薪酬、带薪缺勤、短期利润分享计划和非货币性福利四个部分。

10.2.1 货币性短期薪酬

职工的工资、奖金、津贴和补贴，大部分的职工福利费，医疗保险费、工伤保险费和生育保险费等社会保险费，住房公积金、工会经费和职工教育经费一般属于货币性短期薪酬。

企业应当在职工为其提供服务的会计期间，将实际发生的短期薪酬确认为负债，并计入当期损益；企业发生的职工福利费，应当在实际发生时根据实际发生额计入当期损益或相关资产成本；企业为职工缴纳的医疗保险费、工伤保险费、生育保险费等社会保险费和住房公积金，以及按规定提取的工会经费和职工教育经费，应当在职工为其提供服务的会计期间，根据规定的计提基础和计提比例计算确定相应的职工薪酬金额，并确认相应负债，计入当期损益或相关资产成本。账务处理如下。

借：生产成本
　　制造费用
　　管理费用
　　销售费用
　　研发支出
　　在建工程等
　　贷：应付职工薪酬——工资
　　　　　　　　　　——职工福利、非货币性福利
　　　　　　　　　　——社会保险费
　　　　　　　　　　——住房公积金
　　　　　　　　　　——工会经费
　　　　　　　　　　——职工教育经费

【例10-1】20×9年6月，安吉公司当月应发工资2 000万元，其中：生产部门直接生产人员工资为1 000万元；生产部门管理人员工资为200万元；公司管理部门人员工资为360万元；公司专设产品销售机构人员工资为100万元；建造厂房人员工资为220万元；内部开发存货管理系统人员工资为120万元。

根据所在地政府规定，公司分别按照职工工资总额的10%、12%、2%和10.5%计提医疗保险费、养老保险费、失业保险费和住房公积金，缴纳给当地社会保险经办机构和住房公积金管理机构。公司内设医务室，根据20×8年实际发生的职工福利费情况，公司预计20×9年应承担的职工福利费义务金额为职工工资总额的2%，职工福利的受益对象为上述所有人员。公司分别按照职工工资总额的2%和8%计提工会经费和职工教育经费。假定公司存货管理系统已处于开发阶段，并符合《企业会计准则第6号——无形资产》资本化为无形资产的条件。

应计入生产成本的职工薪酬金额 = 1 000+1 000×（10%+12%+2%+10.5%+2%+2%+8%）=1 465（万元）

应计入制造费用的职工薪酬金额 = 200+200×（10%+12%+2%+10.5%+2%+2%+8%）=293（万元）

应计入管理费用的职工薪酬金额 = 360+360×（10%+12%+2%+10.5%+2%+2%+8%）=527.4（万元）

应计入销售费用的职工薪酬金额 = 100+100×（10%+12%+2%+10.5%+2%+2%+8%）=146.5（万元）

应计入在建工程成本的职工薪酬金额 =220+220×（10%+12%+2%+10.5%+2%+2%+8%）= 322.3（万元）

应计入无形资产成本的职工薪酬金额 =120+120×（10%+12%+2%+1.5%+2%+2%+8%）= 175.8（万元）

公司在分配工资、职工福利费、各种社会保险费、住房公积金、工会经费和职工教育经费等职工薪酬时，应做以下账务处理。

借：生产成本　　　　　　　　　　　　　　　　　　　　　14 650 000
　　制造费用　　　　　　　　　　　　　　　　　　　　　 2 930 000
　　管理费用　　　　　　　　　　　　　　　　　　　　　 5 274 000
　　销售费用　　　　　　　　　　　　　　　　　　　　　 1 465 000
　　在建工程　　　　　　　　　　　　　　　　　　　　　 3 223 000
　　研发支出——资本化支出　　　　　　　　　　　　　　 1 758 000
　　贷：应付职工薪酬——工资　　　　　　　　　　　　　20 000 000
　　　　　　　　　　——职工福利　　　　　　　　　　　　 400 000
　　　　　　　　　　——社会保险费　　　　　　　　　　　4 800 000
　　　　　　　　　　——住房公积金　　　　　　　　　　　2 100 000
　　　　　　　　　　——工会经费　　　　　　　　　　　　 400 000
　　　　　　　　　　——职工教育经费　　　　　　　　　　1 600 000

10.2.2　带薪缺勤

带薪缺勤分为累积带薪缺勤和非累积带薪缺勤两类。

（1）累积带薪缺勤，是指带薪缺勤权利可以结转下期的带薪缺勤，本期尚未用完的带薪缺勤权利可以在未来期间使用。

企业应当在职工提供了服务从而增加了其未来享有的带薪缺勤权利时，确认与累积带薪缺勤相关的职工薪酬，并以累积未行使权利而增加的预期支付金额计量。

（2）非累积带薪缺勤，是指带薪缺勤权利不能结转下期的带薪缺勤，本期尚未用完的带薪缺勤权利将予以取消，并且职工离开企业时也无权获得现金支付。

企业应当在职工实际发生缺勤的会计期间确认与非累积带薪缺勤相关的职工薪酬。

【例10-2】甲公司共有1 000名职工，该公司实行累积带薪缺勤制度。该制度规定，每个职工每年可享受5个工作日带薪病假，未使用的病假只能向后结转一个日历年度，超过一年未使用的权利作废，不能在职工离开公司时获得现金支付；职工休病假是以后进先出为基础的，即首先从当年可享受的权利中扣除，再从上年结转的带薪病假余额中扣除；职工离开公司时，公司对职工未使用的累积带薪病假不支付现金。

2×14年12月31日，每个职工当年平均未使用带薪病假为2天。根据过去的经验并预期该经验将继续适用，甲公司预计2×15年有950名职工将享受不超过5天的带薪病假，剩余50名职工每人将平均享受6.5天病假，假定这50名职工全部为总部各部门经理，该公司平均每名职工每个工作日工资为300元。

分析：

甲公司在 2×14 年 12 月 31 日应当预计由于职工累积未使用的带薪病假权利而导致的预期支付的追加金额，即相当于 75（50×1.5）天的病假工资 22 500（75×300）元，并做以下账务处理。

借：管理费用 22 500
　　贷：应付职工薪酬——累积带薪缺勤 22 500

假定 2×15 年 12 月 31 日，上述 50 名部门经理中有 40 名享受了 6.5 天病假，并随同正常工资以银行存款支付。另有 10 名只享受了 5 天病假，由于该公司的带薪缺勤制度规定，未使用的权利只能结转一年，超过一年未使用的权利将作废。2×15 年年末，甲公司应做以下账务处理。

借：应付职工薪酬——累积带薪缺勤 18 000
　　贷：银行存款 （40×1.5×300） 18 000
借：应付职工薪酬——累积带薪缺勤 4 500
　　贷：管理费用 （10×1.5×300） 4 500
　　　　　　　　　　（冲回未使用）

假设该公司的带薪缺勤制度规定，职工累积未使用的带薪缺勤权利可以无限期结转，且可以于职工离开企业时以现金支付。甲公司 1 000 名职工中，50 名为总部各部门经理，100 名为总部各部门职员，800 名为直接生产工人，50 名工人正在建造一幢自用办公楼。

分析：

甲公司在 2×14 年 12 月 31 日应当预计由于职工累积未使用的带薪病假权利而导致的全部金额，即相当于 2 000（1 000×2）天的病假工资 60（2 000×300）万元，并做以下账务处理。

借：管理费用 90 000
　　生产成本 480 000
　　在建工程 30 000
　　贷：应付职工薪酬——累积带薪缺勤 600 000

10.2.3　短期利润分享计划

短期利润分享计划是指因职工提供服务而与职工达成的基于利润或其他经营成果提供薪酬的协议。长期利润分享计划属于其他长期职工福利。短期利润分享计划账务处理如下。

借：管理费用等
　　贷：应付职工薪酬——短期利润分享计划（根据短期利润分享计划确定的金额）

【例 10-3】丙公司有一项利润分享计划，要求丙公司将其至 2×15 年 12 月 31 日止会计年度的税前利润的指定比例支付给在 2×15 年 7 月 1 日至 2×16 年 6 月 30 日为丙公司提供服务的职工。该奖金于 2×16 年 6 月 30 日支付。2×15 年 12 月 31 日止财务年度的税前利润为 1 000 万元人民币。2×15 年 12 月 31 日至 2×16 年 6 月 30 日期间没有职工离职，则当年的利润共享支付总额为税前利润的3%。丙公司估计职工离职将使支付额降低至税前利润的2.5%（其中，直接参加生产的职工享有1%，总部管理人员享有1.5%），不考虑个人所得税影响。

分析：

尽管支付额是按照截止到2×15年12月31日会计年度的税前利润的3%计量，但是业绩却是基于职工在2×15年7月1日至2×16年6月30日期间提供的服务。因此，丙公司在2×15年12月31日应按照税前利润的50%的2.5%确认负债和成本及费用，金额为125 000（10 000 000×50%×2.5%）元。余下的利润分享金额，连同针对估计金额与实际支付金额之间的差额做出的调整额，在2×16年予以确认。

2×15年12月31日的账务处理如下。

借：生产成本　　　　　　　　　　　　　　　　　　　　　50 000
　　管理费用　　　　　　　　　　　　　　　　　　　　　75 000
　　贷：应付职工薪酬——短期利润分享计划　　　　　　　125 000

2×16年6月30日，丙公司的职工离职使其支付的利润分享金额为2×15年度税前利润的2.8%（直接参加生产的职工享有1.1%，总部管理人员享有1.7%），在2×16年确认余下的利润分享金额，连同针对估计金额与实际支付金额之间的差额做出的调整额合计为155 000（10 000 000×2.8%-125 000）元。其中，计入生产成本的利润分享计划金额为60 000（10 000 000×1.1%-50 000）元。计入管理费用的利润分享计划金额为95 000（10 000 000×1.7%-75 000）元。

2×16年6月30日的账务处理如下。

借：生产成本　　　　　　　　　　　　　　　　　　　　　60 000
　　管理费用　　　　　　　　　　　　　　　　　　　　　95 000
　　贷：应付职工薪酬——短期利润分享计划　　　　　　　155 000

10.2.4　非货币性福利

企业向职工提供非货币性福利的，应当按照公允价值计量。公允价值不能可靠取得的，可以采用成本计量。企业向职工提供的非货币性福利，应当分别情况处理。

（一）以自产产品或外购商品发放给职工作为福利

1. 以自产产品发放给职工作为福利

（1）决定发放非货币性福利时，会计处理如下。

借：生产成本
　　管理费用
　　在建工程
　　研发支出等
　　贷：应付职工薪酬——非货币性福利

（2）将自产产品实际发放时，会计处理如下。

借：应付职工薪酬——非货币性福利
　　贷：主营业务收入
　　　　应交税费——应交增值税（销项税额）

借：主营业务成本
　　贷：库存商品

2. 以外购商品发放给职工作为福利

（1）购入时，会计处理如下。

借：库存商品等
　　应交税费——应交增值税（进项税额）
　　贷：银行存款

（2）决定发放非货币性福利时，会计处理如下。

借：生产成本
　　管理费用
　　在建工程
　　研发支出等
　　贷：应付职工薪酬——非货币性福利

（3）将外购商品实际发放时，会计处理如下。

借：应付职工薪酬——非货币性福利
　　贷：库存商品等
　　　　应交税费——应交增值税（进项税额转出）

（二）将拥有的房屋等资产无偿提供给职工使用或租赁住房等资产供职工无偿使用

1. 将企业拥有的房屋等资产无偿提供给职工使用，根据受益对象处理

借：管理费用等
　　贷：应付职工薪酬——非货币性福利

借：应付职工薪酬——非货币性福利
　　贷：累计折旧

2. 将租赁住房等资产供职工无偿使用，根据受益对象处理

借：管理费用等
　　贷：应付职工薪酬——非货币性福利

借：应付职工薪酬——非货币性福利
　　贷：其他应付款

（三）向职工提供企业支付了补贴的商品或服务（以提供包含补贴的住房为例）

（1）如果出售住房的合同或协议中规定了职工在购得住房后至少应当提供服务的年限，且如果职工提前离开则应退回部分差价，企业应当将该项差额作为长期待摊费用处理，并在合同或协议规定的服务年限内平均摊销，根据受益对象分别计入相关资产成本或当期损益（不考虑相关税费）。

①购入住房时，会计处理如下。

借：固定资产
  贷：银行存款等

②出售住房时，会计处理如下。

借：银行存款等
  长期待摊费用
  贷：固定资产

③摊销长期待摊费用时，会计处理如下。

借：管理费用等
  贷：应付职工薪酬——非货币性福利
借：应付职工薪酬——非货币性福利
  贷：长期待摊费用

（2）如果出售住房的合同或协议中未规定职工在购得住房后必须服务的年限，企业应当将该项差额直接计入出售住房当期相关资产成本或当期损益。

10.3 离职后福利的确认与计量

离职后福利，是指企业为获得职工提供的服务而在职工退休或与企业解除劳动关系后，提供的各种形式的报酬和福利，短期薪酬和辞退福利除外。离职后福利包括退休福利（如养老金和一次性的退休支付）及其他离职后福利（如离职后人寿保险和离职后医疗保障）。

10.3.1 设定提存计划

设定提存计划，是指企业向一个独立主体（通常是基金）支付固定提存金，如果该基金不能拥有足够资产以支付与当期和以前期间职工服务相关的所有职工福利，企业不再负有进一步支付提存金的法定义务和推定义务。

计提的养老保险、失业保险等，借记"管理费用"等科目，贷记"应付职工薪酬"科目，在计提后短期内应支付给相关基金机构，支付时冲减负债，借记"应付职工薪酬"科目，贷记"银行存款"科目。如果是在一年后支付，则考虑折现。

【例10-4】甲企业为管理人员设立了一项企业年金：每月该企业按照每个管理人员工资的5%向独立于甲企业的年金基金缴存企业年金，年金基金将其计入该管理人员个人账户并负责资金的运营。该管理人员退休时可以一次性获得其个人账户的累积额，包括企业历年来的缴存额以及相应的投资收益。企业除了按照约定向年金基金缴存之外不再负责其他义务，既不享有缴存资金产生的收益，也不承担投资风险。因此，该福利计划为设定提存计划。2×15年，按照计划安排，该企业向年金基金缴存的金额为1 000万元。账务处理如下。

借：管理费用   10 000 000
  贷：应付职工薪酬   10 000 000
借：应付职工薪酬   10 000 000
  贷：银行存款   10 000 000

10.3.2 设定受益计划

（一）核算步骤

（1）确定设立受益义务现值和当期服务成本。

（2）确定设定受益计划净负债或净资产。

（3）确定应当计入当期损益的金额。

（4）确定应当计入其他综合收益的金额。

（二）设定受益计划的账务处理

企业应当根据预期累计福利单位法确定的公式将设定受益计划产生的福利义务归属于职工提供服务的期间，并计入当期损益或相关资产成本。

借：管理费用等（现值）
　　未确认融资费用（利息）
　　贷：应付职工薪酬（本期增加的义务）

期末：

借：财务费用
　　贷：未确认融资费用

（三）设定受益计划折现率的规定

企业应当对所有设定受益计划义务予以折现，包括预期在职工提供服务的年度报告期间结束后的十二个月内支付的义务。折现时所采用的折现率应当根据资产负债表日与设定受益计划义务期限和币种相匹配的国债或活跃市场上的高质量公司债券的市场收益率确定。

（四）职工薪酬成本组成

报告期末，企业应当将设定受益计划产生的职工薪酬成本确认为下列组成部分。

（1）服务成本，包括当期服务成本、过去服务成本和结算利得或损失。其中：当期服务成本，是指职工当期提供服务所导致的设定受益计划义务现值的增加额；过去服务成本，是指设定受益计划修改所导致的与以前期间职工服务相关的设定受益计划义务现值的增加或减少。

（2）设定受益计划净负债或净资产的利息净额，包括计划资产的利息收益、设定受益计划义务的利息费用以及资产上限影响的利息。

（3）重新计量设定受益计划净负债或净资产所产生的变动。

除非其他会计准则要求或允许职工福利成本计入资产成本，上述第（1）项和第（2）项应计入当期损益；第（3）项应计入其他综合收益，并且在后续会计期间不允许转回至损益，但企业可以在权益范围内转移这些在其他综合收益中确认的金额。

（五）计入其他综合收益的计量

重新计量设定受益计划净负债或净资产所产生的变动包括下列部分。

（1）精算利得或损失，即由于精算假设和经验调整导致之前所计量的设定受益计划义务现值的增加或减少。

（2）计划资产回报，扣除包括在设定受益计划净负债或净资产的利息净额中的金额。

（3）资产上限影响的变动，扣除包括在设定受益计划净负债或净资产的利息净额中的金额。

（六）设定受益计划结算利得或损失的计量

企业应当在设定受益计划结算时，确认一项结算利得或损失。

设定受益计划结算，是指企业为了消除设定受益计划所产生的部分或所有未来义务进行的交易，而不是根据计划条款和所包含的精算假设向职工支付福利。设定受益计划结算利得或损失是下列两项的差额。

（1）在结算日确定的设定受益计划义务现值。

（2）结算价格，包括转移的计划资产的公允价值和企业直接发生的与结算相关的支付。

设定受益计划产生的职工薪酬成本、费用计入当期损益或资产成本，处理如图10-1所示。

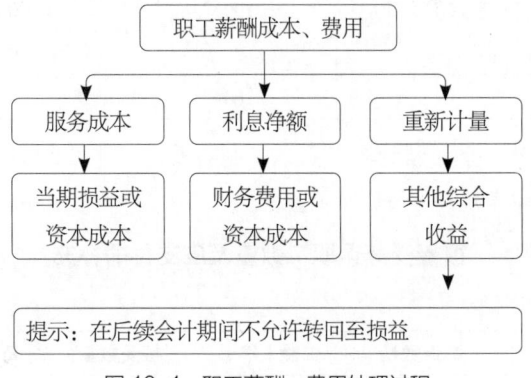

图 10-1 职工薪酬、费用处理过程

10.4 辞退福利的确认与计量

辞退福利，是指企业在职工劳动合同到期之前解除与职工的劳动关系，或者为鼓励职工自愿接受裁减而给予职工的补偿。

企业向职工提供辞退福利的，应当在下列两者孰早日确认辞退福利产生的职工薪酬负债，并计入当期损益（一律计入管理费用）。

（1）企业不能单方面撤回因解除劳动关系计划或裁减建议所提供的辞退福利时。

（2）企业确认与涉及支付辞退福利的重组相关的成本或费用时。

辞退福利账务处理如下。

借：管理费用（补偿额）
　　贷：应付职工薪酬（补偿额）

【例10-5】甲公司为一家空调制造企业，2×15年9月，为了能够在下一年度顺利实施转产，甲公司管理层制定了一项辞退计划。计划规定：自2×16年1月1日起，企业将以职工自愿方式，辞退其柜式空调生产车间的职工。辞退计划的详细内容，包括拟辞退的职工所在部门、数量、各级别职工能够获得的补偿以及计划大体实施的时间等均已与职工沟通，并达成一致意见，辞退计划已于当年12月10日经董事会正式批准，辞退计划将于下一个年度内实施完毕。该项辞退计划的详细内容如表10-1所示。

表 10-1　　　　　　　　　　辞退计划详细内容表

单位：万元

所属部门	职位	辞退数量	工龄（年）	每人补偿
空调车间	车间主任副主任	10	1~10	10
			10~20	20
			20~30	30
	高级技工	50	1~10	8
			10~20	18
			20~30	28
	一般技工	100	1~10	5
			10~20	15
			20~30	25
合计		160		

2×15 年 12 月 31 日，企业预计各级别职工拟接受辞退职工数量的最佳估计数（最可能发生数）及其应支付的补偿如表 10-2 所示。

表 10-2　　　　　　　　拟接受辞退职工数量及应支付的补充

单位：万元

所属部门	职位	辞退数量	工龄（年）	接受数量	每人补偿额	补偿金额
空调车间	车间主任副主任	10	1~10	5	10	50
			10~20	2	20	40
			20~30	1	30	30
	高级技工	50	1~10	20	8	160
			10~20	10	18	180
			20~30	5	28	140
	一般技工	100	1~10	50	5	250
			10~20	20	15	300
			20~30	10	25	250
合计		160		123		1 400

按照《企业会计准则第 13 号——或有事项》有关计算最佳估计数的方法，预计接受辞退的职工数量可以根据最可能发生的数量确定。根据表 10-5，愿意接受辞退职工的最可能数量为 123 名，预计补偿，总额为 1 400 万元，则企业在 2×15 年（辞退计划是 2×15 年 12 月 10 日由董事会批准）应作如下账务处理：

借：管理费用　　　　　　　　　　　　　　　　　　　　　　14 000 000
　　贷：应付职工薪酬——辞退福利　　　　　　　　　　　　　14 000 000

10.5 其他长期职工福利的确认与计量

其他长期职工福利,是指除短期薪酬、离职后福利和辞退福利以外的其他所有职工福利。其他长期职工福利包括以下几项(假设预计在职工提供相关服务的年度报告期末以后12个月内不会全部结算):长期带薪缺勤,如其他长期服务福利、长期残疾福利、长期利润分享计划和长期奖金计划,以及递延酬劳等。

10.5.1 其他长期职工福利中设定提存计划

企业向职工提供的其他长期职工福利,符合设定提存计划条件的,应当按照设定提存计划的有关规定进行会计处理。符合设定受益计划条件的,企业应当按照设定受益计划的有关规定,确认和计量其他长期职工福利净负债或净资产。

其他长期职工福利主要包括长期带薪缺勤(如提前1年以上内退)、长期残疾福利、长期利润分享计划等。

【例10-6】 内退计划的会计处理。

翠花是甲公司的一名员工,在2×14年1月1日内部退休(50岁),将于2018年12月31日正式退休(55岁)。假设在每年年末应支付翠花内退工资和福利5万元,并假定折现率为6%。则甲公司会计处理如下(以万元为单位)。

(1) 2×14年1月1日。

由于翠花内退,后面5年不为甲公司创造价值,但甲公司承诺支付25万元。按照资产负债观,内退日应将未来5年薪酬现值确认为负债。

应付职工薪酬现值 = $5÷(1+6\%)+5÷(1+6\%)^2+5÷(1+6\%)^3+5÷(1+6\%)^4+5÷(1+6\%)^5$ = 4.72+4.45+4.20+3.96+3.74=21.07(万元)

借:管理费用 21.07
　　未确认融资费用 3.93
　　贷:应付职工薪酬 25

在2×14年1月末资产负债表中,应列示应付职工薪酬21.07万元,因为应付职工薪酬期末摊余成本=应付职工薪酬账面余额-未确认融资费用=25-3.93=21.07(万元)。

(2) 2×14年12月31日。

从2×14年开始,应确认利息费用,见表10-3。

表10-3　　　　　　　　　　利息费用计算过程

单位:万元

日期	支付的职工薪酬	利息费用(6%)	归还本金	应付职工薪酬摊余成本(本金)
2×14年1月1日				21.07
2×14年12月31日	5(本+息)	1.26	3.74	17.33
2×15年12月31日	5(本+息)	1.04	3.96	13.37

续表

日期	支付的职工薪酬	利息费用（6%）	归还本金	应付职工薪酬摊余成本（本金）
2×16年12月31日	5（本+息）	0.8	4.2	9.17
2×17年12月31日	5（本+息）	0.55	4.45	4.72
2×18年12月31日	5（本+息）	0.28	4.72	0

根据表10-3，2×14年12月31日确认利息费用。

借：财务费用 1.26
　　贷：未确认融资费用 1.26

2×14年12月31日支付内退工资和福利。

借：应付职工薪酬 5
　　贷：银行存款 5

（3）2×15年12月31日。

2×15年12月31日确认利息费用。

借：财务费用 1.04
　　贷：未确认融资费用 1.04

2×15年12月31日支付内退工资和福利。

借：应付职工薪酬 5
　　贷：银行存款 5

其余略。

10.5.2　其他长期职工福利中设定受益计划

在报告期末，企业应当将其他长期职工福利产生的职工薪酬成本确认为下列组成部分。

（1）服务成本。

（2）其他长期职工福利净负债或净资产的利息净额。

（3）重新计量其他长期职工福利净负债或净资产所产生的变动。

为简化相关会计处理，上述项目的总净额应计入当期损益或相关资产成本。

【例10-7】2×14年年初甲企业为其管理人员设定了一项递延奖金计划：将当年利润的5%提成作为奖金，但要两年后即2×15年年末才向仍然在职的员工分发。假设2×14年利润为1亿元，且该计划条款中明确规定：员工必须在这两年内持续为企业服务，如果提前离开将拿不到奖金。具体会计处理如下。

步骤一：根据预期累计福利单位法，采用无偏且一致的精算假设对有关人员统计变量和财务变量等做出估计，计量设定受益计划所产生的义务，并按照同期同币种的国债收益率将设定受益计划所产生的义务予以折现，以确定设定受益计划义务的现值和当期服务成本。

假设不考虑死亡率和离职率等因素，2×14年初预计两年后企业为此计划的现金流支出为500万元，按照预期累计福利单位法归属于2×14年的福利为250（500÷2）万元，选取同期同币种的国债收益率（5%）作为折现率进行折现，则2×14年的当期服务成本为

2 380 952 [2 500 000÷（1+5%）]元。假定2×14年末折现率变为3%，则2×14年的设定受益义务现值即设定受益计划负债为2 427 184 [2 500 000÷（1+3%）]元。

步骤二：核实设定受益计划有无计划资产，假设在本例中，该项设定受益计划没有计划资产，2×14年末的设定受益计划净负债即设定受益计划负债为2 427 184元。

步骤三：确定应当计入当期损益的金额，如步骤一所示，本例中发生利润从而导致负债的当年，即2×14年当期服务成本为2 380 952元。由于期初负债为0，2×14年末，设定受益计划净负债的利息费用为0。

步骤四：确定重新计量设定受益计划净负债或净资产所产生的变动，包括精算所得或损失、计划资产回报和资产上限影响的变动三个部分，计入当期损益。由于假设本例中没有计划资产，因此重新计量设定受益计划净负债和净资产所产生的变动仅包括精算利得或损失。

由步骤一可知，2×14年末的精算损失为46 232元。

2×14年末，上述递延奖金计划的会计处理为：

借：管理费用——当期服务成本　　　　　　　　　　2 380 952
　　　　——精算损失　　　　　　　　　　　　　　　46 232
　　贷：应付职工薪酬——递延奖金计划　　　　　　　2 427 184

同理，2×15年末，假设折现率仍为3%，甲企业当期服务成本为250万元，设定受益计划净负债的利息费用=2 427 184×3%=72 816（元）。则甲企业2×15年末的会计处理为：

借：管理费用　　　　　　　　　　　　　　　　　　2 500 000
　　财务费用　　　　　　　　　　　　　　　　　　　72 816
　　贷：应付职工薪酬——递延奖金计划　　　　　　　2 572 816

实际支付该项递延奖金时，会计处理为：

借：应付职工薪酬——递延奖金计划　　　　　　　　5 000 000
　　贷：银行存款　　　　　　　　　　　　　　　　　5 000 000

10.6　披露

企业应当在附注中披露与职工薪酬有关的下列信息。

（1）应当支付给职工的工资、奖金、津贴和补贴及其期末应付未付金额。

（2）应当为职工缴纳的医疗保险费、养老保险费、失业保险费、工伤保险费和生育保险费等社会保险费及其期末应付未付金额。

（3）应当为职工缴存的住房公积金及其期末应付未付金额。

（4）为职工提供的非货币性福利及其计算依据。

（5）应当支付的因解除劳动关系给予的补偿，及其期末应付未付金额。

（6）其他职工薪酬。

企业应当披露所设立或参与的设定提存计划的性质、计算缴费金额的公式或依据，当期缴费金额以及期末应付未付金额。

企业应当披露与设定受益计划的相关信息。

企业应当披露支付的因解除劳动关系所提供辞退福利及其期末应付未付金额、其他长期职工福利的性质、金额及其计算依据。

第11章
企业年金基金

中华人民共和国国务院印发的《国务院关于印发完善城镇社会保障体系试点方案的通知》（国发〔2000〕42号）中将补充养老保险统一称为企业年金。企业年金不仅是一种企业福利、激励制度，也是一种社会制度，对调动企业职工的劳动积极性，增强企业的凝聚力和竞争力，完善国家多层次养老保障体系，改善和提高企业职工退休后的养老待遇水平，适应人口老龄化的需要，推动金融市场发展，促进社会和谐发展等具有积极的促进作用。

11.1 企业年金基金概述

11.1.1 企业年金与企业年金基金

企业年金，是指企业及其职工在依法参加基本养老保险的基础上，自愿建立的补充养老保险制度，是社会保障体系的重要组成部分，与基本养老保险、个人储蓄性养老金一起构成"多支柱"养老保障体系。企业年金采取自愿原则，国家给予税收政策支持，实行完全积累制，采用个人账户管理和市场化运营，其费用由企业和职工个人共同缴纳。

企业年金基金由两部分组成：一是企业和职工依照企业年金计划规定的缴费，即企业年金基金本金；二是企业年金基金投资运营而形成的收益。

11.1.2 企业年金基金管理各方当事人

企业年金基金管理各方当事人包括委托人、受托人、账户管理人、托管人、投资管理人和中介服务机构等。受托人、托管人和投资管理人根据各自的职责，设置相应的会计科目和账户，对企业年金基金交易或事项进行会计处理。

11.1.3 企业年金基金会计准则及其应用指南

《企业会计准则第10号——企业年金基金》（以下简称"企业年金基金准则"）及其应用指南，明确了企业年金作为独立的会计主体，规范了企业年金基金的确认、计量和报告，以真实反映企业年金基金的财务状况、投资运营情况、净资产变动情况，及时揭示企业年金基金的管理风险等信息。

企业年金基金准则着重解决了企业年金基金缴费（供款）、企业年金基金投资运营、企业年金基金收入、企业年金基金费用、企业年金待遇给付等环节的账务处理，以及企业年金基金财务报表编报等问题。

11.2 企业年金基金缴费

11.2.1 企业年金基金缴费及其流程

企业年金基金由企业缴费、职工个人缴费和企业年金基金投资运营而形成的收益组成。企业可以根据自身的经济效益情况和目标,在国家统一规定的范围内,自主决定企业缴费的具体比例,并按照企业年金计划约定的参保范围、企业年金种类和缴费方式,定期进行缴费。对企业来说,企业按照企业年金计划进行的缴费,属于企业职工薪酬范围,其确认、计量及报告适用《企业会计准则第9号——职工薪酬》。企业年金基金缴费流程如图11-1所示。

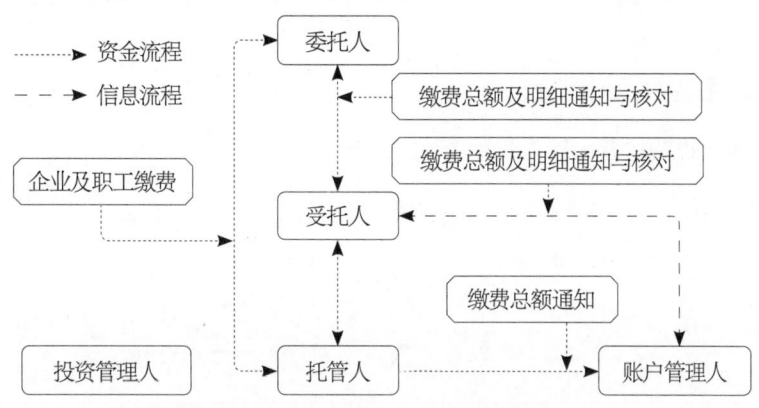

图11-1 企业年金基金缴费流程

11.2.2 企业年金基金收到缴费的账务处理

为了核算企业年金基金缴费等业务,企业年金基金应当设置"企业年金基金""银行存款"等科目。"企业年金基金"科目核算企业年金基金资产的来源和运用,应按个人账户结余、企业账户结余、净收益、个人账户转入、个人账户转出,以及支付受益人待遇等设置相应明细科目,本科目期末贷方余额,反映企业年金基金净值。

收到企业及职工个人缴费时,按实际收到的金额,借记"银行存款"科目,贷记"企业年金基金——个人账户结余""企业年金基金——企业账户结余"科目。

【例11-1】20×9年1月5日,某企业年金基金收到缴费350万元,其中企业缴费200万元、职工个人缴费150万元,存入企业年金账户,实收金额与提供的缴费总额账单核对无误。按该企业年金计划约定,企业200万元缴费中,归属个人账户金额为110万元,另外90万元的权益归属条件尚未实现。

该企业年金基金账务处理如下。

借:银行存款 3 500 000
　　贷:企业年金基金——个人账户结余(个人缴费) 1 500 000
　　　　　　　　　　——个人账户结余(企业缴费) 1 100 000
　　　　　　　　　　——企业账户结余(企业缴费) 900 000

企业年金基金收到缴费后,如需账户管理人核对后确认,可先通过"其他应付款——企业年金基金供款"科目核算,确认后再转入"企业年金基金"科目。

11.3 企业年金基金投资运营

11.3.1 企业年金基金投资运营原则和范围

企业年金基金投资运营应当遵循谨慎、分散风险的原则，充分考虑企业年金基金财产的安全性和流动性，实行专业化管理，严格按照国家相关规定进行投资运营。

根据现行制度的规定，企业年金基金投资运营应当选择具有良好流动性的金融产品，其投资范围，限于银行存款、国债和其他具有良好流动性的金融产品，包括短期债券回购、信用等级在投资级以上的金融债和企业债、可转换债券、投资性保险产品、证券投资基金、股票等。

11.3.2 企业年金基金投资运营流程

企业年金基金投资运营一般流程如图 11-2 所示。

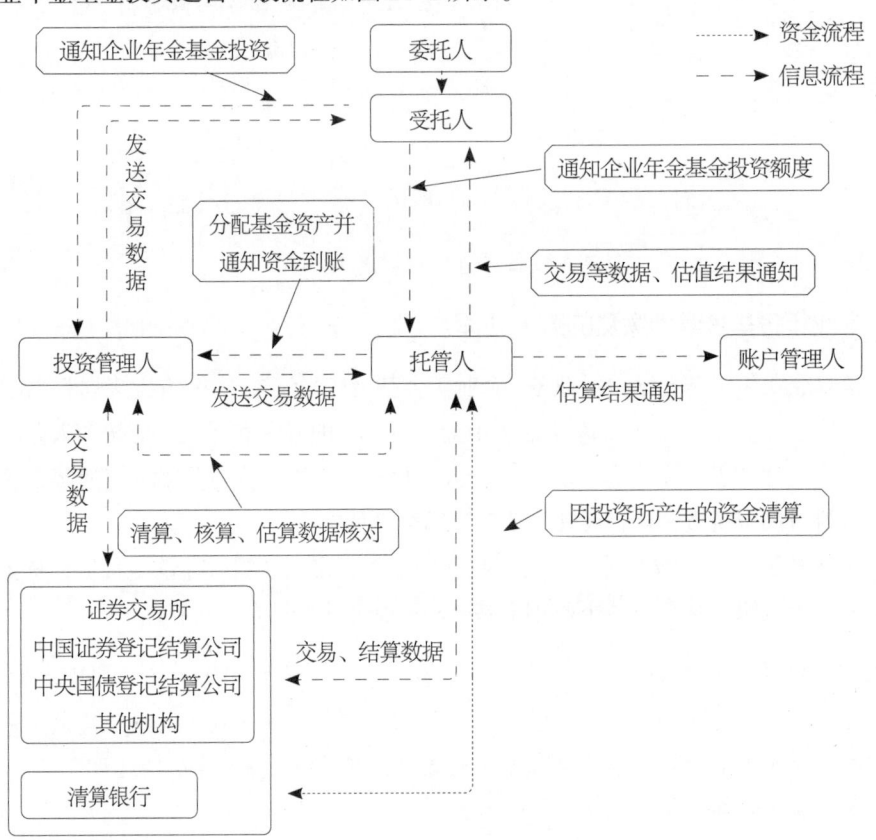

图 11-2 企业年金基金投资运营流程

11.3.3 企业年金基金投资运营的账务处理

企业年金基金准则规定，企业年金基金在投资运营中，根据国家规定的投资范围取得的国债、信用等级在投资级以上的金融债等具有良好流动性的金融产品，其初始取得和后续估值应当以公允价值计量。

企业年金基金投资运营的会计核算一般需要设置"交易性金融资产""公允价值变动收

益""证券清算款""结算备付金""交易保证金""投资收益""交易费用""应收利息""应收股利""应收红利""本期收益"等科目。

（一）初始取得投资时的账务处理

企业年金基金初始取得投资的交易日，以支付的价款（不含支付的价款中所包含的、已到付息期但尚未领取的利息或已宣告但尚未发放的现金股利、基金红利）计入投资的成本，借记"交易性金融资产——成本"，按发生的交易费用及相关税费直接计入当期损益，借记"交易费用"科目，按支付的价款中所包含的、已到付息期但尚未领取的利息或已宣告但尚未发放的现金股利、红利，借记"应收利息""应收股利"或"应收红利"科目，贷记"证券清算款""银行存款"等科目。

资金交收日，按实际清算的金额，借记"证券清算款"科目，贷记"结算备付金""银行存款"等科目。

【例11-2】 20×9年4月1日，某企业年金基金通过证券交易所以每股10.3元的价格购入A公司股票10万股（其中每股含已经宣告但尚未发放的现金股利0.3元），成交金额为103万元，另发生券商佣金、印花税等2万元。

该企业年金基金账务处理如下。

（1）交易日（T日，即4月1日）与证券登记结算机构清算应付证券款时。

借：交易性金融资产——成本（A股票） 1 000 000
　　应收股利——A股票 30 000
　　交易费用 20 000
　　贷：证券清算款 1 050 000

（2）资金交收（T+1日，即4月2日）与证券登记结算机构交收资金时。

借：证券清算款 1 050 000
　　贷：结算备付金 1 050 000

（二）投资持有期间及估值日的账务处理

1. 投资持有期间的账务处理

企业年金基金投资持有期间，被投资单位宣告发放的现金股利，或资产负债表日按债券票面利率计算的利息收入，应确认为投资收益，借记"应收股利""应收利息"或"应收红利"科目，贷记"投资收益"科目。期末，将"投资收益"科目余额转入"本期收益"科目。

【例11-3】 沿用【例11-2】，20×9年4月5日，企业年金基金收到购买A股票时已宣告的现金股利，该上市公司发放A股票的现金股利每股0.3元，合计3万元。

该企业年金基金账务处理如下。

借：结算备付金 30 000
　　贷：应收股利——A股票 30 000

2. 估值日的账务处理

根据企业年金基金准则的规定，企业年金基金的投资应当按日估值，或至少按周进行估值。也就是说，每个工作日结束时，或者每周四或周五工作日结束时估值。

估值日对投资进行估值时,应当以估值日的公允价值计量。公允价值与上一估值日公允价值的差额,计入当期损益,并以此调整原账面价值。借记或贷记"交易性金融资产公允价值变动"科目,贷记或借记"公允价值变动损益"科目。

【例11-4】沿用【例11-3】,20×9年4月12日,企业年金基金持有的A股票证券交易所收盘价为每股11元。

在估值日和资产负债表日,企业年金基金持有的上市流通的债券、基金、股票等交易性金融资产,以其估值日在证券交易所挂牌的市价(平均价或收盘价)估值;估值日无交易的以最近交易日的市价估值。

估值日公允价值与上一估值日公允价值的差额=(11-10)×10×10 000=100 000(元)

该企业年金基金账务处理如下。

借:交易性金融资产——公允价值变动(A股票)　　　100 000
　　贷:公允价值变动损益　　　　　　　　　　　　　　100 000

(三)投资处置的账务处理

企业年金基金投资处置时,应在交易日按照卖出投资所取得的价款与其账面价值(买入价)的差额,确定为投资损益。

出售债券、基金、股票等证券时,应按出售成交日确认投资处置收益。卖出股票成交日,按应收金额,借记"证券清算款"科目,按买入时原账面价值(初始买价),贷记"交易性金融资产——成本"科目,按出售股票成交价总额与原账面价值(初始买价)的差额,作为投资处置收益金额,贷记或借记"投资收益"科目。同时,将原计入该投资的公允价值变动转出,借记或贷记"公允价值变动损益"科目,贷记或借记"投资收益"科目。

因债券、基金、股票的交易比较频繁,出售债券、基金、股票等证券时,其投资成本应一并结转。出售证券成本的计算方法可采用加权平均法、移动加权平均法、先进先出法等,成本计算方法一经确定,不得随意变更。

【例11-5】沿用【例11-4】,20×9年5月30日,该企业年金基金出售A股票5万股,每股市价为13元,成交总额为65万元,另发生券商佣金、印花税等1 800元。

本例中,成交总额扣减佣金、印花税等为应收证券清算款,共计金额648 200 (650 000-1 800)元。

该企业年金基金账务处理如下。

(1)交易日(T日,即5月30日)与证券登记结算机构清算应收证券款时。

借:证券清算款　　　　　　　　　　　　　　　　　648 200
　　交易费用　　　　　　　　　　　　　　　　　　　1 800
　　贷:交易性金融资产——成本(A股票)　　　　　　　500 000
　　　　　　　　　　　——公允价值变动(A股票)　　　50 000
　　　　投资收益　　　　　　　　　　　　　　　　　100 000
借:公允价值变动损益　　　　　　　　　　　　　　　50 000

　　　　贷：投资收益　　　　　　　　　　　　　　　　　　　　　　　50 000
（2）资金交收日（T+1 日，即 5 月 31 日）与证券登记结算机构交收资金时。
　　借：结算备付金　　　　　　　　　　　　　　　　　　　　　　　648 200
　　　　贷：证券清算款　　　　　　　　　　　　　　　　　　　　　　648 200

11.4　企业年金基金收入

11.4.1　企业年金基金收入的构成

　　企业年金基金收入，是指企业年金基金在投资营运中所形成的经济利益的流入。企业年金基金收入能够带来企业年金基金资产的增加，也可能使企业年金基金负债减少，或二者兼而有之。企业年金基金应每日或每周计算、确认基金收入，并进行账务处理。

　　企业年金基金收入由以下项目构成：（1）存款利息收入；（2）买入返售证券收入；（3）公允价值变动收益；（4）投资处置收益；（5）风险准备金补亏等其他收入。

11.4.2　企业年金基金收入的账务处理

　　企业年金基金收入项目中，公允价值变动收益、投资收益有关内容及其账务处理已在前文"企业年金基金投资运营"中进行了介绍。下面主要介绍存款利息收入、买入返售证券收入、其他收入账务处理有关内容。

（一）存款利息收入的账务处理

　　存款利息收入包括活期存款、定期存款、结算备付金、交易保证金等利息收入。企业年金基金应按日或至少按周确认存款利息收入，借记"应收利息"科目，贷记"存款利息收入"科目，并按存款本金和适用利率计提的金额入账。

　　【例 11-6】20×9 年 9 月 1 日，某企业年金基金在商业银行的存款本金为 1 500 000 元，假设一年按 365 天计算，银行存款年利率为 1.98%，每季末结息，该企业年金基金逐日估值。

　　每日银行存款应计利息＝存款本金×年利率÷365＝1 500 000×1.98%÷365＝81.37(元)
该企业年金基金账务处理如下：

（1）每日计提存款利息时。
　　借：应收利息　　　　　　　　　　　　　　　　　　　　　　　　81.37
　　　　贷：存款利息收入　　　　　　　　　　　　　　　　　　　　　81.37
（2）每季收到存款利息时（假设每季收息 7 425 元）。
　　借：银行存款　　　　　　　　　　　　　　　　　　　　　　　　7 425
　　　　贷：应收利息　　　　　　　　　　　　　　　　　　　　　　　7 425

（二）买入返售证券收入的账务处理

　　买入返售证券业务，是指企业年金基金与其他企业以合同或协议的方式，按一定价格买入证券，到期日再按合同规定的价格将该批证券返售给其他企业，以获取利息收入的证券业务。

　　企业年金基金应设置"买入返售证券""买入返售证券收入"等科目，对买入返售证券业务进行账务处理。买入证券付款时,按实际支付的款项,借记"买入返售证券——××证券"科目,贷记"结算备付金"科目。计提利息时,借记"应收利息"科目,贷记"买入返售证券收入"科目。买入返售证券到期时,按实际收到的金额,借记"结算备付金"科目;按买入时的价款,贷记"买入返售证券"科目;按已计未收利息,贷记"应收利息"科目;按本期应计利息,贷记"买入返售证券收入"科目。期末将"买入返售证券收入"科目余额转入"本期收益"科目。

(三)其他收入的账务处理

其他收入,是指除上述收入以外的收入,如风险准备金补亏。企业年金基金取得投资管理风险准备金用于补亏时,应当按照实际收到金额计入其他收入。

【例11-7】20×9年1月10日,某企业年金基金估值时确认当日亏损25万元。按规定,将企业年金基金投资管理风险准备金25.73万元用于补亏。已知:该企业年金基金按日估值;投资管理人提取的风险准备金结余60万元。

该企业年金基金账务处理如下(以万元为单位)。

借:银行存款　　　　　　　　　　　　　　　　　　　25
　　贷:其他收入——风险准备金补亏　　　　　　　　　　25

11.5 企业年金基金费用

11.5.1 企业年金基金费用的构成

企业年金基金费用,是指企业年金基金在投资营运等日常活动中所发生的经济利益的流出。企业年金基金费用可能表现为企业年金基金资产的减少,或企业年金基金负债的增加,或二者兼而有之。企业年金基金每日或每周确认、计算基金费用,并进行相应的账务处理。

企业年金基金费用由以下项目构成:(1)交易费用;(2)受托人管理费;(3)托管人管理费;(4)投资管理人管理费;(5)卖出回购证券支出;(6)其他费用。

11.5.2 企业年金基金费用的账务处理

(一)交易费用

交易费用,是指企业年金基金在投资运营中发生的手续费、佣金以及相关税费,包括支付给代理机构、咨询机构、券商的手续费和佣金以及相关税费等其他必要支出。企业年金基金应设置"交易费用"科目,按照实际发生的金额,借记"交易费用"科目,贷记"证券清算款""银行存款"等科目。

(二)受托人管理费、托管人管理费和投资管理人管理费

受托人管理费、托管人管理费和投资管理人管理费,是指根据企业年金计划或合同文件规定的比例提取的相应管理费。根据《企业年金基金管理办法》的规定,受托人、托管人提取的管理费均不得高于企业年金基金净值的0.2%,投资管理人提取的管理费不得高于企业年

金基金净值的 1.2%。企业年金基金应当设置"受托人管理费""托管人管理费""投资管理人管理费""应付受托人管理费""应付托管人管理费""应付投资管理人管理费"等科目，对发生的上述管理费，分别进行账务处理。

企业年金基金计提相关费用时，应当按照应付的实际金额，借记"受托人管理费""托管人管理费""投资管理人管理费"科目，同时确认为负债，贷记"应付受托人管理费""应付托管人管理费""应付投资管理人管理费"科目。支付相关管理费用时，借记"受托人管理费""托管人管理费""投资管理人管理费"科目，贷记"银行存款"等科目。期末，将"受托人管理费""托管人管理费""投资管理人管理费"科目的借方余额全部转入"本期收益"科目。

【例 11-8】20×9 年 4 月 1 日，某企业年金基金市值为 10 000 000 元。受托管理合同和托管合同中约定：受托人管理费和托管人管理费年费率均为基金净值（市值）的 0.2%；假设一年按 365 天计算，按日估值。

当日应计提的受托人管理费＝基金净值 × 年费率 ÷ 当年天数
＝ 10 000 000×0.2% ÷365
＝ 54.79（元）

当日应计提的托管人管理费＝基金净值 × 年费率 ÷ 当年天数
＝ 10 000 000×0.2% ÷365
＝ 54.79（元）

该企业年金基金账务处理如下。

借：受托人管理费——××受托人　　　　　　　　　　　　54.79
　　贷：应付受托人管理费　　　　　　　　　　　　　　　　　54.79
借：托管人管理费——××托管人　　　　　　　　　　　　54.79
　　贷：应付托管人管理费　　　　　　　　　　　　　　　　　54.79

（三）卖出回购证券支出

卖出回购证券业务，是指企业年金基金与其他企业以合同或协议的方式，按照一定价格卖出证券，到期日再按合同约定的价格买回该批证券，以获得一定时期内资金的使用权的证券业务。

根据企业年金基金准则及其应用指南的规定，企业年金基金应在融资期限内，按照卖出回购证券价款和协议约定的利率每日或每周确认、计算卖出回购证券支出。企业年金基金应设置"卖出回购证券支出""卖出回购证券款"等科目，对卖出回购证券业务进行账务处理。

卖出证券收到款时，按实际收到价款，借记"结算备付金"科目，同时确认一笔负债，贷记"卖出回购证券款——××证券"科目。证券持有期内计提利息时，按计提的金额，借记"卖出回购证券支出"科目，贷记"应付利息"科目。到期回购时，按卖出证券时实际收款金额，借记"卖出回购证券款——××证券"科目，按应计提未到期的卖出回购证券利息，借记"应付利息"科目，按借贷方差额，借记"卖出回购证券支出"科目，按实际支付的款项，贷记"结算备付金"科目。期末将"卖出证券支出"科目余额转入"本年收益"科目。

（四）其他费用

其他费用，是指除上述（一）、（二）、（三）以外的其他各项费用，包括注册登记费、上市年费、信息披露费、审计费用、律师费用等。

根据现行法律法规的规定，基金管理各方当事人因未履行义务导致的费用支出或资产的损失以及处理与基金运作无关的事项发生的费用不得列入企业年金基金费用。

企业年金基金应当设置"其他费用"等科目，按费用种类设置明细科目，对发生的其他费用进行账务处理。

发生其他费用时，应按实际发生的金额，借记"其他费用"科目，贷记"银行存款"等科目。如发生的其他费用金额较大，如大于基金净值十万分之一，也可以采用待摊或预提的方法，待摊或预提计入基金损益，但一经采用，不得随意变更，且年末一般无余额。采用待摊方法的，发生时，借记"长期待摊费用"科目，贷记"银行存款"科目；摊销时，借记"其他费用"科目，贷记"长期待摊费用"科目。采用预提方法的，预提时，借记"其他费用"科目，贷记"其他应付款——预提××费用"科目；支付费用时，借记"其他应付款——预提××费用"科目，贷记"银行存款"科目。

期末，应将"其他费用"科目的借方余额全部转入"本期收益"科目。

【例11-9】 20×9年1月1日，某企业年金基金市值为3.5亿元，该日发生信息披露费3 000元。假设按日估值。

该企业年金基金账务处理如下。

借：其他费用　　　　　　　　　　　　　　　　　　　　　　　　　3 000
　　贷：银行存款　　　　　　　　　　　　　　　　　　　　　　　　　　3 000

11.6 企业年金待遇给付及企业年金基金净资产

11.6.1 企业年金待遇给付及其账务处理

企业年金待遇，是指企业年金计划受益人符合退休年龄等法定条件时，应当享受的企业年金养老待遇。企业年金计划受益人，是指参加企业年金计划并享有受益权的职工及其继承人。企业年金养老待遇支付水平受到缴费金额、缴费时间、投资运营收益情况等因素影响。企业年金待遇给付方式，由企业年金计划约定，分次或一次支付。

企业年金待遇给付运营流程如图11-3所示。

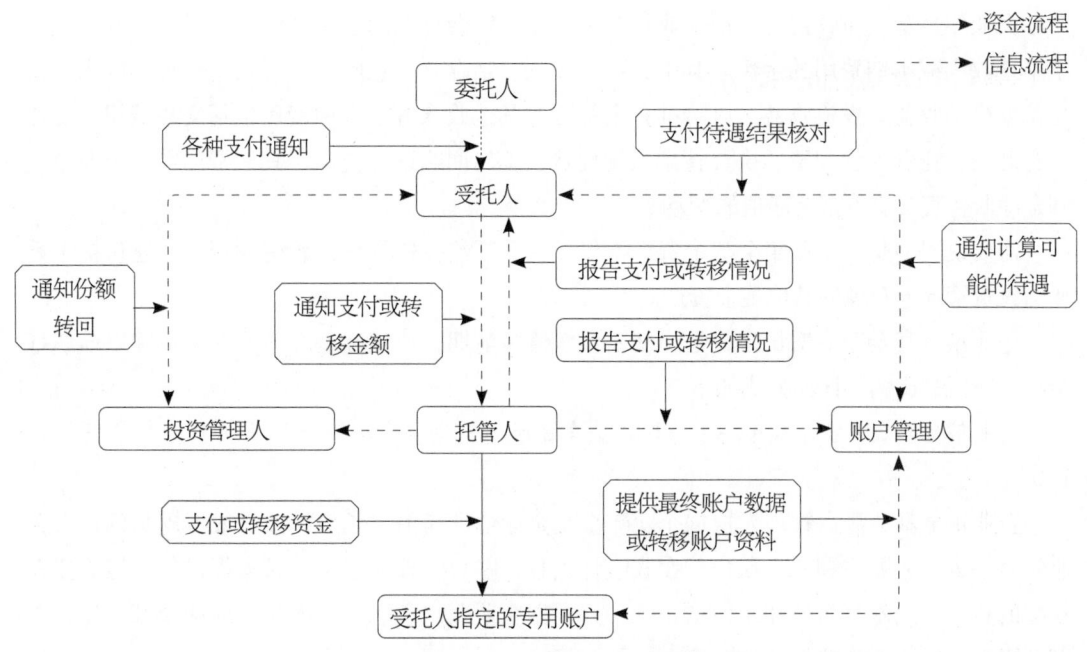

图 11-3 企业年金待遇给付运营流程

企业年金基金应设置"企业年金基金——支付受益人待遇""应付受益人待遇"等科目，按受益人设置明细科目进行账务处理。给付企业年金待遇时，按应付金额，借记"企业年金基金——支付受益人待遇"科目，贷记"应付受益人待遇"科目；支付款项时，借记"应付受益人待遇"科目，贷记"银行存款"科目。

此外，根据企业年金基金准则的规定，因职工调离企业而发生的个人账户转出金额，相应减少基金净资产。因职工调入企业而发生的个人账户转入金额，相应增加基金净资产。企业年金基金应设置"企业年金基金——个人账户转入""企业年金基金——个人账户转出"等科目，按受益人设置明细科目进行账务处理。

【例 11-10】20×9 年 11 月 5 日，某企业年金基金根据企业年金计划和委托人指令，支付退休人员企业年金待遇，金额共计 70 000 元。该企业年金基金账务处理如下。

（1）计算、确认给付企业年金待遇时。

借：企业年金基金——支付受益人待遇　　　　　　　　　　70 000
　　贷：应付受益人待遇　　　　　　　　　　　　　　　　　　70 000

（2）支付受益人待遇时。

借：应付受益人待遇　　　　　　　　　　　　　　　　　　70 000
　　贷：银行存款　　　　　　　　　　　　　　　　　　　　　70 000

11.6.2　企业年金基金净资产、净收益及其账务处理

企业年金基金净资产，又称年金基金净值，是指企业年金基金受益人在企业年金基金财产中享有的经济利益，其金额等于企业年金基金资产减去基金负债后的余额，计算公式如下：

企业年金基金净资产＝期初净资产＋本期净收益＋收取企业缴费＋收取职工个人缴费＋个人账户转入－支付受益人待遇－个人账户转出

企业年金基金净收益，是指企业年金基金在一定会计期间已实现的经营成果，其金额等于本期收入减本期费用的余额。其中，本期收入包括存款利息收入、买入返售证券收入、公允价值变动收益、投资收益、风险准备金补亏等其他收入等。本期费用包括交易费用、受托人管理费、托管人管理费、投资管理人管理费、卖出回购证券支出、其他费用等。企业年金基金净收益直接影响基金净值的变动。

需要说明的是，企业年金基金资产不仅包括委托给投资管理人管理的资产，还包括未委托给投资管理人管理的其他现金资产。

企业年金基金净值增长率，是当期基金净值与前期企业年金基金净值的差额除以前期基金财产净值的比例。计算公式如下：

企业年金基金净值增长率＝（当期基金净资产－前期基金净资产）÷前期基金净资产×100%

企业年金基金账户管理人根据企业年金基金净值和净值增长率，按日或按周足额计入企业年金基金企业账户和个人账户。在收益计入日，账户管理人根据托管人提供的、经受托人复核的企业年金基金净值和净值增长率，并根据企业账户和职工个人账户前期余额，计算本期各账户应记计入的投资运营收益。

其计算公式如下：

个人账户本期余额＝个人账户前期余额×（1＋企业年金基金净值增长率）

企业账户本期余额＝企业账户前期余额×（1＋企业年金基金净值增长率）

根据企业年金基金准则的规定，资产负债表日，应当将当期企业年金基金各项收入和费用结转至净资产，并根据企业年金计划按期将运营收益分配计入企业和职工个人账户。

企业年金基金应设置"本期收益"等科目。"本期收益"科目核算本期实现的基金净收益（或净亏损）。期末，结转企业年金基金净收益时，将"存款利息收入""买入返售证券收入""公允价值变动收益""投资收益""其他收入"等科目的余额转入"本期收益"科目贷方；将"交易费用""受托人管理费""托管人管理费""投资管理人管理费""卖出回购证券支出""其他费用"等科目的余额转入"本期收益"科目借方。"本期收益"科目余额，即为企业年金基金净收益（或净亏损）。净收益转入企业年金基金时，借记"本期收益"科目，贷记"企业年金基金——净收益"科目；如为净亏损，做相反分录。将净收益按企业年金计划约定的比例转入个人和企业账户时，借记"企业年金基金——净收益"科目，贷记"企业年金基金——个人账户结余""企业年金基金——企业账户结余"科目。

11.7 企业年金基金财务报表

11.7.1 企业年金基金财务报表编报主体

根据《企业年金基金管理办法》的规定，受托人负责编制企业年金基金管理和财务会计报告。现行相关法规规定，受托人应当在年度结束后60日向委托人和监管机构提交经会计师事务所审计的企业年金基金管理和财务会计年度报告。

此外，为了保证企业年金基金财务报表的真实和完整，托管人、投资管理人还要定期向受托人提供相关信息。

11.7.2　企业年金基金财务报表构成

企业年金基金财务报表，是指企业年金基金对外提供的反映基金某一特定日期财务状况和一定会计期间的经营成果，净资产变动情况的书面文件。企业年金基金财务报表包括以下内容。

（一）资产负债表

资产负债表，是指反映企业年金基金在某一特定日期的财务状况，应当按资产、负债和净资产分类列示。资产类项目至少应当列示下列信息：（1）货币资金；（2）应收证券清算款；（3）应收利息；（4）买入返售证券；（5）其他应收款；（6）债券投资；（7）基金投资；（8）股票投资；（9）其他投资；（10）其他资产。负债类项目至少应当列示下列信息：（1）应付证券清算款；（2）应付受益人待遇；（3）应付受托人管理费；（4）应付托管人管理费；（5）应付投资管理人管理费；（6）应交税金；（7）卖出回购证券款；（8）应付利息；（9）应付佣金；（10）其他应付款。净资产类项目列示企业年金基金净值。

（二）净资产变动表

净资产变动表，是指反映企业年金基金在一定会计期间的净资产增减变动情况的财务报表。净资产变动表应当列示下列信息：（1）期初净资产；（2）本期净资产增加数；（3）本期净资产减少数；（4）期末净资产。其中，本期净资产增加数包括本期收入、收取企业缴费、收取职工个人缴费、个人账户转入。本期收入由存款利息收入、买入返售证券收入、公允价值变动收益、投资处置收益、风险准备金补亏等其他收入构成。本期净资产减少数，包括本期费用、支付受益人待遇、个人账户转出。其中，本期费用由交易费用、受托人管理费用、托管人管理费用、投资管理人管理费、卖出回购证券支出、其他费用构成。

（三）附注

附注是指对资产负债表、净资产变动表中列示项目的文字描述或明细资料，以及对未能在报表中列示的其他业务和事项进行的说明。

第12章 股份支付

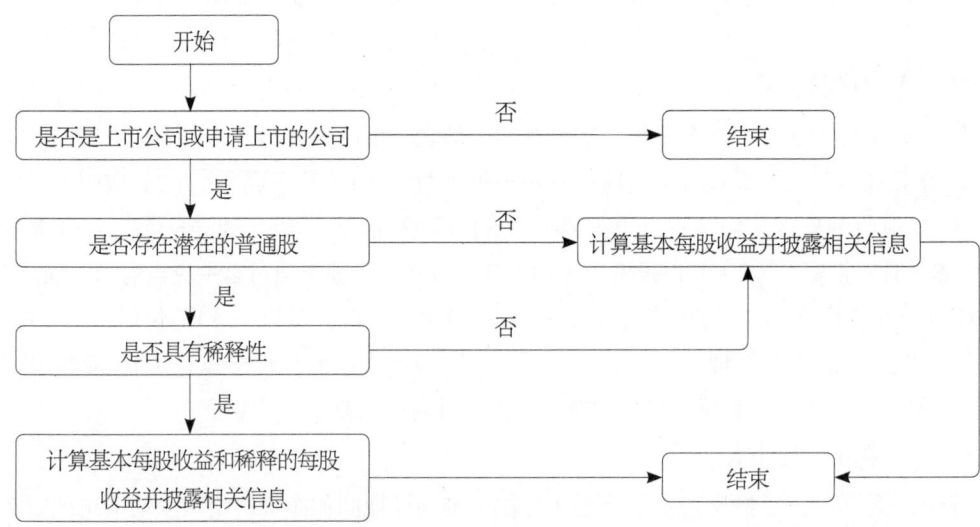

股份支付，是"以股份为基础的支付"的简称，是指企业为获取职工和其他方提供服务而授予权益工具或者承担以权益工具为基础确定的负债的交易。新企业会计准则对以权益结算和以现金结算两类股份支付，分别规范了会计处理方式，并引入公允价值计量。

12.1 股份支付概述

12.1.1 股份支付的分类

股份支付分为以权益结算的股份支付和以现金结算的股份支付。以权益结算的股份支付，是指企业为获取服务以股份或其他权益工具作为对价进行结算的交易。以现金结算的股份支付，是指企业为获取服务承担以股份或其他权益工具为基础计算确定的交付现金或其他资产义务的交易。《企业会计准则第11号——股份支付》（以下简称"股份支付准则"）所指的权益工具是企业自身权益工具。

12.1.2 股份支付的适用范围

企业可以通过股票期权等权益工具对职工实行激励，已完成股权分置改革的上市公司，允许建立股权激励机制。企业授予职工股票期权、认股权证等衍生工具或其他权益工具以换取职工提供的服务，从而实现对职工的激励或补偿，实质上属于职工薪酬的组成部分。

12.1.3 股份支付的特征

股份支付具有以下特征：一是股份支付是企业与职工或其他方之间发生的交易；二是股份支付是以获取职工或其他方服务为目的的交易；三是股份支付交易的对价或其定价与企业自身权益工具未来的价值密切相关。对价的特殊性可以说是股份支付的显著特征。股份支付交易环节如图 12-1 所示。

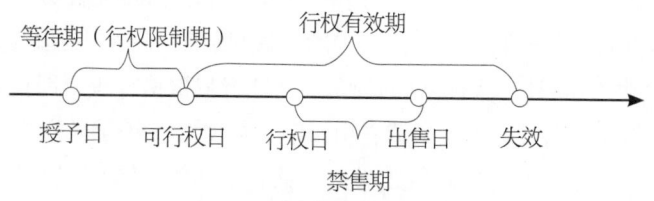

图 12-1　股份支付交易环节示意

12.1.4 相关概念

（1）等待期是指可行权条件得到满足的期间。

（2）授予日是指股份支付协议获得批准的日期。

（3）可行权日是指可行权条件得到满足，职工或其他方具有从企业取得权益工具或现金权利的日期。

12.1.5 不适用该准则的情形

（1）企业合并中发行权益工具取得其他企业净资产的交易，适用《企业会计准则第 20 号——企业合并》。

（2）以权益工具作为对价取得其他金融工具等交易，适用《企业会计准则第 22 号——金融工具确认和计量》。

12.2 可行权条件

12.2.1 可行权条件的分类

可行权条件包括服务期限条件和业绩条件。在满足这些条件之前，职工无法获得股份。

服务期限条件是指职工完成规定服务期限才可行权的条件。

业绩条件是指企业达到特定业绩目标的条件，具体包括市场条件和非市场条件。

市场条件是指行权价格、可行权条件以及行权可能性与权益工具的市场价

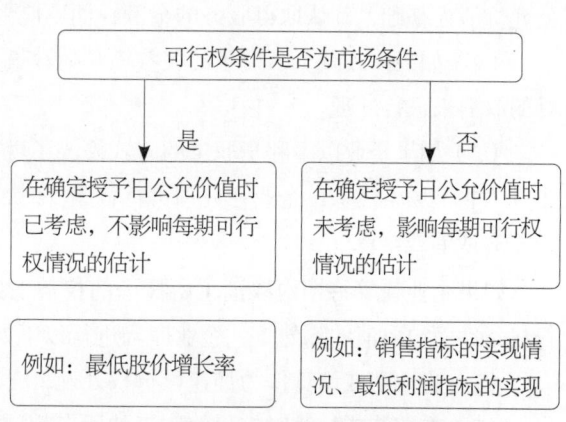

图 12-2　市场条件与非市场条件处理的比较

格相关的业绩条件。非市场条件是指除市场条件之外的其他业绩条件。企业在确定权益工具在授予日的公允价值时，应考虑市场条件的影响，而不考虑非市场条件的影响。

市场条件与非市场条件处理的比较如图12-2所示。

12.2.2　可行权条件的修改

通常情况下，股份支付协议生效后，不应对其条款和条件随意修改。但在某些情况下，可能需要修改授予权益工具的股份支付协议中的条款和条件。此外，为取得更佳的激励效果，有关法规也允许企业依据股份支付协议的规定，调整行权价格或股票期权数量，但应当由董事会作出决议并经股东大会审议批准，或者由股东大会授权董事会决定。

在会计核算上，无论已授予的权益工具的条款和条件如何修改，甚至取消权益工具的授予或结算该权益工具，企业都应至少确认按照所授予的权益工具在授予日的公允价值来计量获取的相应服务，除非因不能满足权益工具的可行权条件（除市场条件外）而无法行权。

1. 条款和条件的有利修改

企业应当分别以下情况，确认导致股份支付公允价值总额升高以及其他对职工有利的修改的影响。

（1）如果修改增加了所授予的权益工具的公允价值，企业应按照权益工具公允价值的增加相应地确认取得服务的增加。权益工具公允价值的增加，是指修改前后的权益工具在修改日的公允价值之间的差额。

（2）如果修改增加了所授予的权益工具的数量，企业应将增加的权益工具的公允价值相应地确认取得服务的增加。

（3）如果企业按照有利于职工的方式修改可行权条件，如缩短等待期、变更或取消业绩条件（非市场条件），企业在处理可行权条件时，应当考虑修改后的可行权条件。

2. 条款和条件的不利修改

如果企业以减少股份支付公允价值总额的方式或其他不利于职工的方式修改条款和条件，企业仍应继续对取得的服务进行会计处理，如同该变更从未发生，除非企业取消了部分或全部已授予的权益工具。具体包括以下几种情况。

（1）如果修改减少了授予的权益工具的公允价值，企业应当继续以权益工具在授予日的公允价值为基础，确认取得服务的金额，而不应考虑权益工具公允价值的减少。

（2）如果修改减少了授予的权益工具的数量，企业应当将减少部分作为已授予的权益工具的取消来进行处理。

（3）如果企业以不利于职工的方式修改了可行权条件，如延长等待期、增加或变更业绩条件（非市场条件），企业在处理可行权条件时，不应考虑修改后的可行权条件。

3. 取消或结算

如果企业在等待期内取消了所授予的权益工具或结算了所授予的权益工具（因未满足可行权条件而被取消的除外），企业应当进行以下处理。

（1）将取消或结算作为加速可行权处理，立即确认原本应在剩余等待期内确认的金额。

（2）在取消或结算时支付给职工的所有款项均应作为权益的回购处理，回购支付的金额高于该权益工具在回购日公允价值的部分，计入当期费用。

（3）如果向职工授予新的权益工具，并在新权益工具授予日认定所授予的新权益工具是用于替代被取消的权益工具的，企业应以与处理原权益工具条款和条件修改相同的方式，对所授予的替代权益工具进行处理。

企业如果回购其职工已可行权的权益工具，应当借记所有者权益，回购支付的金额高于该权益工具在回购日公允价值的部分，计入当期费用。

12.3 股份支付的确认和计量原则

12.3.1 权益结算的股份支付的确认和计量原则

权益结算的股份支付分别按照下列情况处理。

1. 换取职工服务的股份支付的确认和计量原则

对于换取职工服务的股份支付，企业应当以股份支付所授予的权益工具的公允价值计量。企业应在等待期内的每个资产负债表日，以对可行权权益工具数量的最佳估计为基础，按照权益工具在授予日的公允价值，将当期取得的服务计入相关资产成本或当期费用，同时计入资本公积中的其他资本公积。

对于授予后立即可行权的换取职工提供服务的权益结算的股份支付，应在授予日按照权益工具的公允价值，将取得的服务计入相关资产成本或当期费用，同时计入资本公积中的股本溢价。

2. 换取其他方服务的股份支付的确认和计量原则

对于换取其他方服务的股份支付，企业应当以股份支付所换取的服务的公允价值计量。企业应当按照其他方服务在取得日的公允价值，将取得的服务计入相关资产成本或费用。

如果其他方服务的公允价值不能可靠计量，但权益工具的公允价值能够可靠计量，企业应当按照权益工具在服务取得日的公允价值，将取得的服务计入相关资产成本或费用。

3. 权益工具公允价值无法可靠确定时的处理

在极少数情况下，授予权益性工具的公允价值无法可靠计量，企业应在获取服务的时点、后续的每个资产负债表日和结算日，以内在价值计量该权益工具，内在价值的变动应计入当期损益。同时，企业应以最终可行权或实际行权的权益工具数量为基础，确认取得服务的金额。内在价值是指交易双方有权认购或取得的股份的公允价值，与其按照股份支付协议应当支付的价格间的差额。

企业对上述以内在价值计量的已授予权益工具进行结算，应当遵循以下要求：

（1）结算发生在等待期内的，企业应当将结算作为加速可行权处理，即立即确认本应于剩余等待期内确认的服务金额；

（2）结算时支付的款项应当作为回购该工具处理，即减少所有者权益，结算支付的款项高于该权益工具在回购日内在价值的部分，计入当期损益。

12.3.2 现金结算的股份支付的确认和计量原则

企业应当在等待期内的每个资产负债表日，以对可行权情况的最佳估计为基础，按照企业承担负债的公允价值，将当期取得的服务计入相关资产成本或当期费用，同时计入负债，并在结算前的每个资产负债表日和结算日对负债的公允价值重新计算，将其变动计入损益。

对于授予后立即可行权的现金结算的股份支付，企业应当在授予日按照企业承担负债的公允价值计入相关资产成本或费用，同时计入负债，并在结算前的每个资产负债表日和结算日对负债的公允价值重新计量，将其变动计入损益。

12.3.3 权益工具公允价值的确认原则

股份支付中权益工具的公允价值的确定，应当以市场价格为基础。一些股份和股票期权并没有一个活跃的交易市场，在这种情况下，应当考虑估值技术。通常情况下，企业应当按照《企业会计准则第 22 号——金融工具确认和计量》的有关规定确定权益工具的公允价值，并根据股份支付协议的条款的条件进行调整。

12.4 股份支付的会计处理

12.4.1 股份支付会计处理程序

（一）授予日

除了立即可行权的股份支付外，无论是权益结算的股份支付还是现金结算的股份支付，企业在授予日均不做会计处理。

（二）等待期内每个资产负债表日

企业应当在等待期内的每个资产负债表日，将取得职工或其他方提供的服务计入成本费用，同时确认所有者权益或负债，计入成本费用的金额应当按照权益工具的公允价值计量。对于附有市场条件的股份支付，只要职工满足了其他所有非市场条件，企业就应当确认已取得的服务。

根据上述权益工具的公允价值和预计可行权的权益工具数量，计算截至当期累计应确认的成本费用金额，再减去前期累计已确认金额，作为当期应确认的成本费用金额。

（三）可行权日之后

（1）对于权益结算的股份支付，在可行权日之后不再对已确认的成本费用和所有者权益总额进行调整。企业应在行权日根据行权情况，确认股本和股本溢价，同时结转等待期内确认的资本公积（其他资本公积）。

（2）对于现金结算的股份支付，企业在可行权日之后不再确认成本费用，负债（应付职工薪酬）公允价值的变动应当计入当期损益（公允价值变动损益）。

（四）回购股份进行职工期权激励

企业以回购股份形式奖励本企业职工的，属于权益结算的股份支付，应当进行以下处理。

1. 回购股份

企业回购股份时,应当按照回购股份的全部支出作为库存股处理,同时进行备查登记。

2. 确认成本费用

按照股份支付准则对职工权益结算股份支付的规定,企业应当在等待期内每个资产负债表日按照权益工具在授予日的公允价值,将取得的职工服务计入成本费用,同时增加资本公积(其他资本公积)。

3. 职工行权

企业应于职工行权购买本企业股份收到价款时,转销交付职工的库存股成本和等待期内资本公积(其他资本公积)累计金额,同时,按照其差额调整资本公积(股本溢价)。

12.4.2 股份支付的具体会计处理

1. 以权益结算的股份支付

(1)授予后立即可行权的换取职工服务的以权益结算的股份支付,应当在授予日按照权益工具的公允价值计入相关成本或费用,相应增加资本公积。

(2)完成等待期内的服务或达到规定业绩条件才可行权的换取职工服务的以权益结算的股份支付,在等待期内的每个资产负债表日,应当以对可行权权益工具数量的最佳估计为基础,按照权益工具授予日的公允价值,将当期取得的服务计入相关成本或费用和资本公积。在资产负债表日,后续信息表明可行权权益工具的数量与以前估计不同的,应当进行调整,并在可行权日调整至实际可行权的权益工具数量。

①附服务年限条件的权益结算股份支付。

【例12-1】A公司为一上市公司。2×19年1月1日,公司向其200名管理人员每人授予100股股票期权,这些职员从2×19年1月1日起在该公司连续服务3年,即可以5元每股购买100股A公司股票,从而获益。公司估计该期权在授予日的公允价值为18元。

第一年有20名职员离开A公司,A公司估计3年中离开的职员的比例将达到20%;第二年又有10名职员离开A公司,A公司将估计的职员离开比例修正为15%;第三年又有15名职员离开。

(1)费用和资本公积计算过程如表12-1所示。

表12-1　　　　　　　　　费用和资本公积计算过程1

单位:元

年份	计算过程	当期费用	累计费用
2×19	200×100×(1−20%)×18×1/3	96 000	96 000
2×20	200×100×(1−15%)×18×2/3−96 000	108 000	204 000
2×21	(200−20−10−5)×100×18−204 000	75 000	279 000

（2）账务处理如下。

① 2×19年1月1日。

授予日不做账务处理。

② 2×19年12月31日。

借：管理费用 96 000
　　贷：资本公积——其他资本公积 96 000

③ 2×20年12月31日。

借：管理费用 108 000
　　贷：资本公积——其他资本公积 108 000

④ 2×21年12月31日。

借：管理费用 75 000
　　贷：资本公积——其他资本公积 75 000

⑤ 假设全部155名职员都在2×22年12月31日行权，A公司股份面值为1元。

借：银行存款 77 500
　　资本公积——其他资本公积 279 000
　　贷：股本 15 500
　　　　资本公积——股本溢价 341 000

②附非市场性业绩条件的权益结算股份支付。

【例12-2】2×19年1月1日，A公司为其100名管理人员每人授予100份股票期权：第一年年末的可行权条件为公司净利润增长率达到20%；第二年年末的可行权条件为公司净利润两年平均增长15%；第三年年末的可行权条件为公司净利润三年平均增长10%。每份期权在2×19年1月1日的公允价值为24元。

2×19年12月31日，企业净利润增长了18%，同时有8名管理人员离开，公司预计2×20年将以同样速度增长，因此预计将于2×20年12月31日可行权。另外，公司预计2×20年12月31日又将有8名管理人员离开公司。

2×20年12月31日，公司净利润仅增长了10%，因此无法达到可行权状态。另外，实际有10名管理人员离开，预计第三年将有12名管理人员离开公司。

2×21年12月31日，公司净利润增长了8%，三年平均增长率为12%，因此达到可行权状态。当年有8名管理人员离开。

分析：

按照股份支付准则，本例中的可行权条件是一项非市场业绩条件。

第一年年末，虽然没能实现净利润增长20%的要求，但公司预计下年将以同样速度增长，因此能实现两年平均年增长15%的要求。所以公司将其预计等待期调整为两年。由于有8名管理人员离开，公司同时调整了期满（两年）后预计可行权期权的数量为84（100-8-8）份。

第二年年末，虽然两年实现15%增长的目标再次落空，但公司仍然估计能够在第三年取得较理想的业绩，从而实现三年平均增长10%的目标。所以公司将其预计等待期调整为三年。

由于第二年有 10 名管理人员离开，高于预计数字，因此公司相应调增了第三年预计离开的人数，剩余 70（100-8-10-12）人。

第三年年末，目标实现，实际离开人数为 8 人。公司根据实际情况确定累计费用，并据此确认和调整了第三年费用。

费用和资本公积计算过程如表 12-2 所示。

表 12-2　　　　　　　　　　费用和资本公积计算过程 2

单位：元

年份	计算	当期费用	累计费用
2×19	（100-8-8）×100×24×1/2	100 800	100 800
2×20	（100-8-10-12）×100×24×2/3-100 800	11 200	112 000
2×21	（100-8-10-8）×100×24-112 000	65 600	177 600

2. 以现金结算的股份支付

【例 12-3】 现金结算的股份支付。

2×19 年 11 月，B 公司董事会批准了一项股份支付协议。协议规定，2×19 年 1 月 1 日，公司为其 200 名中层以上管理人员每人授予 100 份现金股票增值权，这些管理人员必须在该公司连续服务三年，即可自 2×21 年 12 月 31 日起根据股价的增长幅度可以行权获得现金。该股票增值权应在 2×23 年 12 月 31 日之前行使完毕。B 公司估计，该股票增值权在负债结算之前每一个资产负债表日以及结算日的公允价值和可行权后的每份股票增值权现金支出额如表 12-3 所示。

表 12-3　　　　　　　　　　股票、增值权现金支出额情况

单位：元

年份	公允价值	支付现金
2×19	14	
2×20	15	
2×21	18	16
2×22	21	20
2×23		25

第一年有 20 名管理人员离开 B 公司，B 公司估计三年中还将有 15 名管理人员离开；第二年又有 10 名管理人员离开 B 公司，B 公司估计还将有 10 名管理人员离开；第三年又有 15 名管理人员离开。第三年年末，假定有 70 人行使股份增值权取得了现金。第四年年末，有 50 人行使了股份增值权。第五年年末，剩余 35 人也行使了股份增值权。

费用和应付职工薪酬计算过程见表 12-4。

表 12-4　　　　　　　　　　股份支付金额确定过程

单位：元

年份	负债计算过程	支付现金	当期费用
2×19	（200–35）×100×14×1/3		77 000
2×20	（200–40）×100×15×2/3		83 000
2×21	（200–45–70）×100×18	70×100×16=112 000	105 000
2×22	（200–45–70–50）×100×21	50×100×20=100 000	20 500
2×23	73 500–73 500	35×100×25=87 500	14 000
总额		299 500	299 500

会计处理如下。

（1）2×19年1月1日授予日不做处理。

（2）2×19年12月31日。

借：管理费用　　　　　　　　　　　　　　　　　　　　　77 000
　　贷：应付职工薪酬——股份支付　　　　　　　　　　　77 000

（3）2×20年12月31日。

借：管理费用　　　　　　　　　　　　　　　　　　　　　83 000
　　贷：应付职工薪酬——股份支付　　　　　　　　　　　83 000

（4）2×21年12月31日。

借：管理费用　　　　　　　　　　　　　　　　　　　　　105 000
　　贷：应付职工薪酬——股份支付　　　　　　　　　　　105 000

借：应付职工薪酬——股份支付　　　　　　　　　　　　　112 000
　　贷：银行存款　　　　　　　　　　　　　　　　　　　112 000

（5）2×22年12月31日。

借：公允价值变动损益　　　　　　　　　　　　　　　　　20 500
　　贷：应付职工薪酬——股份支付　　　　　　　　　　　20 500

借：应付职工薪酬——股份支付　　　　　　　　　　　　　100 000
　　贷：银行存款　　　　　　　　　　　　　　　　　　　100 000

（6）2×23年12月31日。

借：公允价值变动损益　　　　　　　　　　　　　　　　　14 000
　　贷：应付职工薪酬——股份支付　　　　　　　　　　　14 000

借：应付职工薪酬——股份支付　　　　　　　　　　　　　87 500
　　贷：银行存款　　　　　　　　　　　　　　　　　　　87 500

3. 回购股票进行职工期权激励

企业可回购本公司股份奖励给本公司职工，用于收购的资金应当从公司的税后利润中支付。这属于权益结算的股份支付，应当进行以下处理。

（1）按照《中华人民共和国公司法》，预留未分配利润企业实行职工期权激励所需资金，应控制在当期可供投资者分配的利润数额之内。预留回购股份的全部支出应当通过备查簿入账，借记"利润分配——未分配利润"科目，贷记"资本公积"科目。

（2）回购股份。

企业实际回购股份时，应当按照回购股份的全部支出，借记"库存股"科目，同时贷记"银行存款"科目。

（3）确认成本费用。

按照股份支付准则关于权益结算股份支付换取职工服务的规定，企业应当在等待期内每个资产负债表日，将取得的职工或其他方提供的服务计入成本费用，同时增加资本公积。

（4）职工行权。

职工在行权日应按照期权激励办法规定的价格，行使购买企业股份的权利。

企业应按职工行权时购买本企业股票收到的价款，借记"银行存款"等科目，同时转销等待期内在其他资本公积中累计确认的金额，借记"资本公积——其他资本公积"科目，按回购的库存股成本，贷记"库存股"科目，按照上述借贷方差额，贷记"资本公积——股本溢价"科目。

【例12-4】2×19年1月1日，甲公司向50名高管人员每人授予2万份股票期权，这些人员从被授予股票期权之日起连续服务满2年，即可按每股6元的价格购买甲公司2万股普通股股票（每股面值1元）。该期权在授予日的公允价值为每股12元。2×20年10月20日，甲公司从二级市场以每股15元的价格回购本公司普通股股票100万股，拟用于高管人员股权激励。在等待期内，甲公司没有高管人员离职。2×20年12月31日，高管人员全部行权，当日甲公司普通股市场价格为每股16元。2×20年12月31日，甲公司因高管人员行权应确认的股本溢价为（　　）万元。

A.200　　　　　B.300　　　　　C.500　　　　　D.1 700

【答案】B

【解析】行权时收到的款项=50×2×6=600（万元），冲减的"资本公积——其他资本公积"=50×2×12=1 200（万元），冲减的库存股=100×15=1500（万元），行权应确认的股本溢价=600+1 200-1 500=300（万元）。

12.5　披露

根据《企业会计准则第11号——股份支付》具体准则，企业对股份支付要按照以下要求进行信息披露。

（1）企业应当在附注中披露与股份支付有关的下列信息。

① 当期授予、行权和失效的各项权益工具总额。

② 期末发行在外的股份期权或其他权益工具行权价格的范围和合同剩余期限。

③ 当期行权的股份期权或其他权益工具以其行权日价格计算的加权平均价格。

④权益工具公允价值的确定方法。

企业对性质相似的股份支付信息可以合并披露。

（2）企业应当在附注中披露股份支付交易对当期财务状况和经营成果的影响，至少包括下列信息。

①当期因以权益结算的股份支付而确认的费用总额。

②当期因以现金结算的股份支付而确认的费用总额。

③当期以股份支付换取的职工服务总额及其他方服务总额。

第13章
债务重组

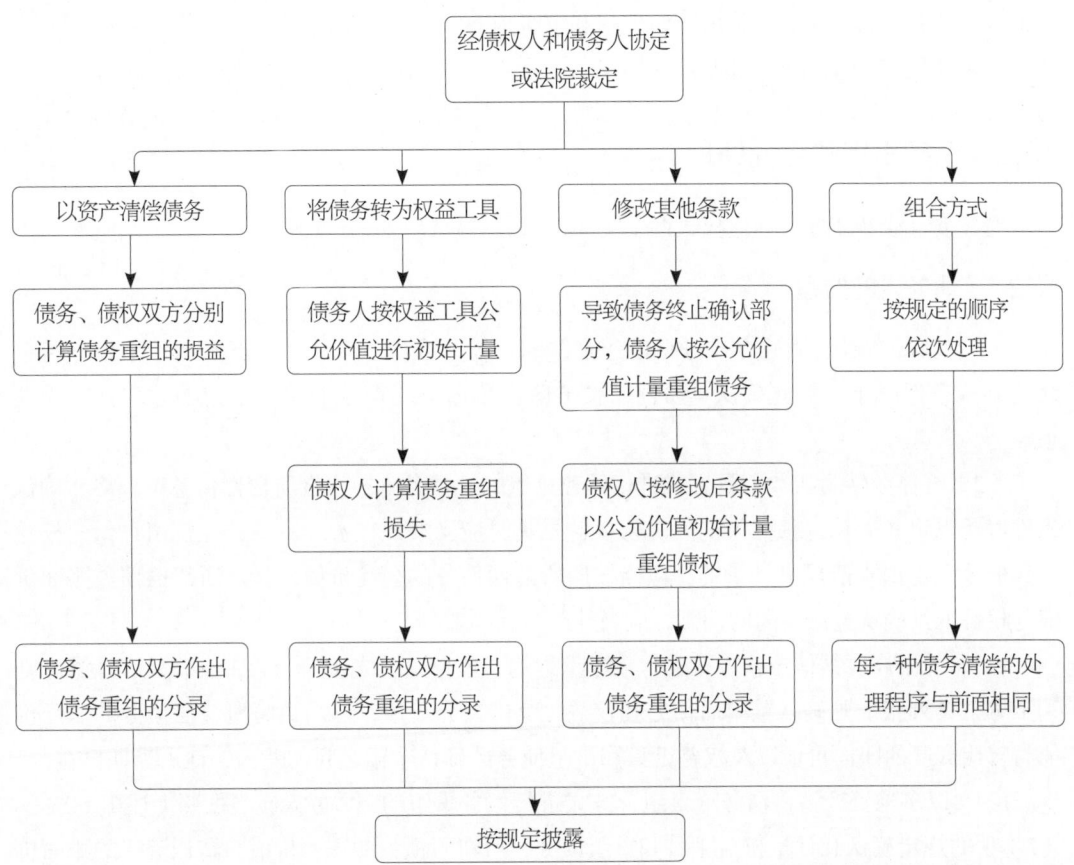

在市场经济条件下,竞争日趋激烈,企业为此需要不断地根据环境的变化调整经营策略,防范和控制经营及财务风险。但有时,由于各种因素(包括内部和外部)的影响,企业可能出现一些暂时性或严重的财务困难,致使资金周转不灵,难以按期偿还债务。在此情况下,作为债权人,一种方式是可以通过法律程序,要求债务人破产,以清偿债务;另一种方式是通过互相协商,通过债务重组的方式,债权人做出某些让步,使债务人减轻负担,渡过难关。

13.1 债务重组基础

13.1.1 债务重组的概念

债务重组,是指在不改变交易对手方的情况下,经债权人和债务人协定或法院裁定,就清偿债务的时间、金额或方式等重新达成协议的交易。

13.1.2 债务重组的方式

债务重组的方式主要包括以下几方面。

（1）债务人以资产清偿债务。

（2）债务人将债务转为权益工具。

（3）除（1）和（2）以外，采用调整债务本金、改变债务利息、变更还款期限等方式修改债权和债务的其他条款，形成重组债权和重组债务。

（4）以上一种以上方式的组合等。

13.2 债务重组的会计处理

债务重组涉及债务人和债权人两个主体，双方分别进行账务处理。

13.2.1 债务人的处理

（1）以资产清偿债务方式进行债务重组的，债务人应当在相关资产和所清偿债务符合终止确认条件时予以终止确认，所清偿债务账面价值与资产账面价值之间的差额计入当期损益。

（2）将债务转为权益工具方式进行债务重组的，债务人应当在所清偿债务符合终止确认条件时予以终止确认。债务人初始确认权益工具时应当按照权益工具的公允价值计量，权益工具的公允价值不能可靠计量的，应当按照所清偿债务的公允价值计量。所清偿债务账面价值与权益工具确认金额之间的差额，应当计入当期损益。

（3）采用修改其他条款方式进行债务重组的，债务人首先按照金融工具确认和计量准则和金融工具列报准则确认重组后债务和权益工具的公允价值，然后再将所清偿债务的账面价值与转让资产的账面价值以及权益工具和重组债务的确认金额之间的差额，计入当期损益。

（4）以多项资产清偿债务或者组合方式进行债务重组的，债务人应当按照上述第（2）、（3）项的规定确认和计量权益工具和重组债务，所清偿债务的账面价值与转让资产的账面价值以及权益工具和重组债务的确认金额之和的差额，应当计入当期损益。

13.2.2 债权人的处理

（1）以资产清偿债务或者将债务转为权益工具方式进行债务重组的，债权人应当在相关资产符合其定义和确认条件时予以确认。放弃债权的公允价值与账面价值之间的差额，应当计入当期损益。

（2）将债务转为权益工具方式进行债务重组导致债权人将债权转为对联营企业或合营企业的权益性投资的，债权人应当按照《企业会计准则第12号——债务重组》第六条的规定计量其初始投资成本。放弃债权的公允价值与账面价值之间的差额，应当计入当期损益。

（3）以修改其他债务条件进行债务重组的，首先，债权人按照金融工具确认和计量准则确认受让的金融资产和重组债权；其次，将放弃债权的公允价值扣除受让金融资产和重组债权后的净额，按照受让的金融资产以外的各项资产的公允价值比例进行分配，据以确定各项资产的成本；最后，放弃债权的公允价值与账面价值之间的差额计入当期损益。

（4）以多项资产清偿债务或者组合方式进行债务重组的，债权人应当首先按照《企业会计准则第22号——金融工具确认和计量》的规定确认和计量受让的金融资产和重组债权，然后按照受让的金融资产以外的各项资产的公允价值比例，对放弃债权的公允价值扣除受让金融资产和重组债权确认金额后的净额进行分配，并以此为基础按照《企业会计准则第12号——债务重组》第六条的规定分别确定各项资产的成本。放弃债权的公允价值与账面价值之间的差额，应当计入当期损益。

13.3 债务重组会计处理具体应用

13.3.1 以资产清偿债务

【例13-1】以非金融资产清偿债务的会计处理。

2×20年6月18日，甲公司向乙公司销售商品一批，应收乙公司款项的入账金额为95万元。甲公司将该应收款项分类为以摊余成本计量的金融资产。乙公司将该应付账款分类为以摊余成本计量的金融负债。2×20年10月18日，双方签订债务重组合同，乙公司以一项作为无形资产核算的非专利技术偿还该欠款。该无形资产的账面余额为100万元，累计摊销额为10万元，已计提减值准备2万元。10月22日，双方办理完成该无形资产转让手续，甲公司支付评估费用4万元。当日，甲公司应收款项的公允价值为87万元，已计提坏账准备7万元，乙公司应付款项的账面价值仍为95万元。假设不考虑相关税费。

（1）债权人的会计处理。

2×20年10月22日，债权人甲公司取得该无形资产的成本为债权公允价值87万元与评估费用4万元的合计91万元。甲公司的账务处理如下。

借：无形资产　　　　　　　　　　　　　　　　910 000
　　坏账准备　　　　　　　　　　　　　　　　 70 000
　　投资收益　　　　　　　　　　　　　　　　 10 000
　　贷：应收账款　　　　　　　　　　　　　　　　　 950 000
　　　　银行存款　　　　　　　　　　　　　　　　　 40 000

（2）债务人的会计处理。

乙公司10月22日的账务处理如下。

借：应付账款　　　　　　　　　　　　　　　　950 000
　　累计摊销　　　　　　　　　　　　　　　　100 000
　　无形资产减值准备　　　　　　　　　　　　 20 000
　　贷：无形资产　　　　　　　　　　　　　　　　 1 000 000
　　　　其他收益——债务重组收益　　　　　　　　　 70 000

承【例13-1】，假设甲公司管理层决议，受让该非专利技术后将在半年内将其出售，当日无形资产的公允价值为87万元，预计未来出售该非专利技术时将发生1万元的出售费用，该非专利技术满足持有待售资产确认条件。

分析：10月22日，甲公司对该非专利技术进行初始确认时，按照无形资产入账91万元与公允价值减出售费用87-1＝86（万元）孰低计量。债权人甲公司的账务处理如下。

借：持有待售资产——无形资产　　　　　　　　　　　860 000
　　坏账准备　　　　　　　　　　　　　　　　　　　 70 000
　　资产减值损失　　　　　　　　　　　　　　　　　 60 000
　　贷：应收账款　　　　　　　　　　　　　　　　　950 000
　　　　银行存款　　　　　　　　　　　　　　　　　 40 000

13.3.2　债务转为权益工具

【例13-2】 债务人将债务转为权益工具的债务重组的会计处理。

2×19年2月10日，甲公司从乙公司购买一批材料，约定6个月后甲公司应结清款项100万元（假定无重大融资成分）。乙公司将该应收款项分类为以公允价值计量且其变动计入当期损益的金融资产；甲公司将该应付款项分类为以摊余成本计量的金融负债。

2×19年8月12日，甲公司因无法支付货款与乙公司协商进行债务重组，双方商定乙公司将该债权转为对甲公司的股权投资。10月20日，乙公司办结了对甲公司的增资手续，甲公司和乙公司分别支付手续费等相关费用1.5万元和1.2万元。债转股后甲公司总股本为100万元，乙公司持有的抵债股权占甲公司总股本的25%，对甲公司具有重大影响，甲公司股权公允价值不能可靠计量。甲公司应付款项的账面价值仍为100万元。

2×19年6月30日，应收款项和应付款项的公允价值均为85万元。
2×19年8月12日，应收款项和应付款项的公允价值均为76万元。
2×19年10月20日，应收款项和应付款项的公允价值仍为76万元。
假定不考虑其他相关税费。

（一）债权人的会计处理
乙公司的账务处理如下。
（1）6月30日。
借：公允价值变动损益　　　　　　　　　　　　　　150 000
　　贷：交易性金融资产——公允价值变动　　　　　150 000
（2）8月12日。
借：公允价值变动损益　　　　　　　　　　　　　　 90 000
　　贷：交易性金融资产——公允价值变动　　　　　 90 000
（3）10月20日，乙公司对甲公司长期股权投资的成本为应收款项公允价值（76万元）与相关税费（1.2万元）的合计77.2万元。
借：长期股权投资——甲公司　　　　　　　　　　　772 000
　　交易性金融资产——公允价值变动　　　　　　　240 000
　　贷：交易性金融资产——成本　　　　　　　　1 000 000
　　　　银行存款　　　　　　　　　　　　　　　　 12 000

（二）债务人的会计处理
10月20日，由于甲公司股权的公允价值不能可靠计量，初始确认权益工具公允价值时应当按照所清偿债务的公允价值76万元计量,并扣除因发行权益工具支出的相关税费1.5万元。甲公司的账务处理如下。

```
借：应付账款                            1 000 000
    贷：实收资本                              250 000
        资本公积——资本溢价                    495 000
        银行存款                               15 000
        投资收益                              240 000
```

13.3.3 修改其他债务条件

债务重组采用修改其他条款方式进行的,如果修改其他条款导致债务终止确认,债务人应当按照公允价值计量重组债务,终止确认的债务账面价值与重组债务确认金额之间的差额,记入"投资收益"科目。

如果修改其他条款未导致债务终止确认,或者仅导致部分债务终止确认,对于未终止确认的部分债务,债务人应当根据其分类,继续以摊余成本、以公允价值计量且其变动计入当期损益或其他适当方法进行后续计量。对于以摊余成本计量的债务,债务人应当根据重新议定合同的现金流量变化情况,重新计算该重组债务的账面价值,并将相关利得或损失记入"投资收益"科目。重新计算的该重组债务的账面价值,应当根据将重新议定或修改的合同现金流量按债务的原实际利率或按《企业会计准则第24号——套期会计》第二十三条规定的重新计算的实际利率(如适用)折现的现值确定。对于修改或重新议定合同所产生的成本或费用,债务人应当调整修改后的重组债务的账面价值,并在修改后重组债务的剩余期限内摊销。

债务重组采用以修改其他条款方式进行的,如果修改其他条款导致全部债权终止确认,债权人应当按照修改后的条款以公允价值初始计量重组债权,重组债权的确认金额与债权终止确认日账面价值之间的差额,记入"投资收益"科目。

如果修改其他条款未导致债权终止确认,债权人应当根据其分类,继续以摊余成本、以公允价值计量且其变动计入其他综合收益,或者以公允价值计量且其变动计入当期损益进行后续计量。对于以摊余成本计量的债权,债权人应当根据重新议定合同的现金流量变化情况,重新计算该重组债权的账面余额,并将相关利得或损失记入"投资收益"科目。重新计算的该重组债权的账面余额,应当根据将重新议定或修改的合同现金流量按债权原实际利率折现的现值确定,购买或源生的已发生信用减值的重组债权,应按经信用调整的实际利率折现。对于修改或重新议定合同所产生的成本或费用,债权人应当调整修改后的重组债权的账面价值,并在修改后重组债权的剩余期限内摊销。

【例13-3】修改其他条款的会计处理。

甲公司2×18年12月31日应收乙公司票据的账面余额为65 400元,其中,5 400元为累计未付的利息,票面年利率4%。由于乙公司连年亏损,资金周转困难,不能偿付应于2×18年12月31日前支付的应付票据。

经双方协商,于2×19年1月5日进行债务重组。甲公司同意将债务本金减至50 000元;免去债务人所欠的全部利息;将利率从4%降低到2%(等于实际利率),并将债务到期日延至2×20年12月31日(延长2年),利息按年支付。该项债务重组协议从协议签订日起开始实施。甲、乙公司已将应收、应付票据转入应收、应付账款。

甲公司已为该项应收款项计提了5 000元坏账准备。

分析：

（1）债务人乙公司的账务处理如下。

a.债务重组日的会计分录。

借：应付账款	65 400	
贷：应付账款——债务重组		50 000
投资收益		15 400

b.20×8年12月31日支付利息。

借：财务费用	1 000	
贷：银行存款		1 000

c.20×9年12月31日偿还本金和最后一年利息。

借：应付账款——债务重组	50 000	
财务费用	1 000	
贷：银行存款		51 000

（2）债权人甲公司的账务处理如下。

a.债务重组日的会计分录。

借：应收账款——债务重组	50 000	
投资收益	10 400	
坏账准备	5 000	
贷：应收账款		65 400

b.20×8年12月31日收到利息。

借：银行存款	1 000	
贷：财务费用		1 000

c.20×9年12月31日收到本金和最后一年利息。

借：银行存款	51 000	
贷：财务费用		1 000
应收账款——债务重组		50 000

13.4　披露

债权人应当在附注中披露与债务重组有关的下列信息。

（1）根据债务重组方式，分组披露债权账面价值和债务重组相关损益。

（2）债务重组导致的对联营企业或合营企业的权益性投资增加额，以及该投资占联营企业或合营企业股份总额的比例。

债务人应当在附注中披露与债务重组有关的下列信息。

（1）根据债务重组方式，分组披露债务账面价值和债务重组相关损益。

（2）债务重组导致的股本等所有者权益的增加额。

第 14 章
或有事项

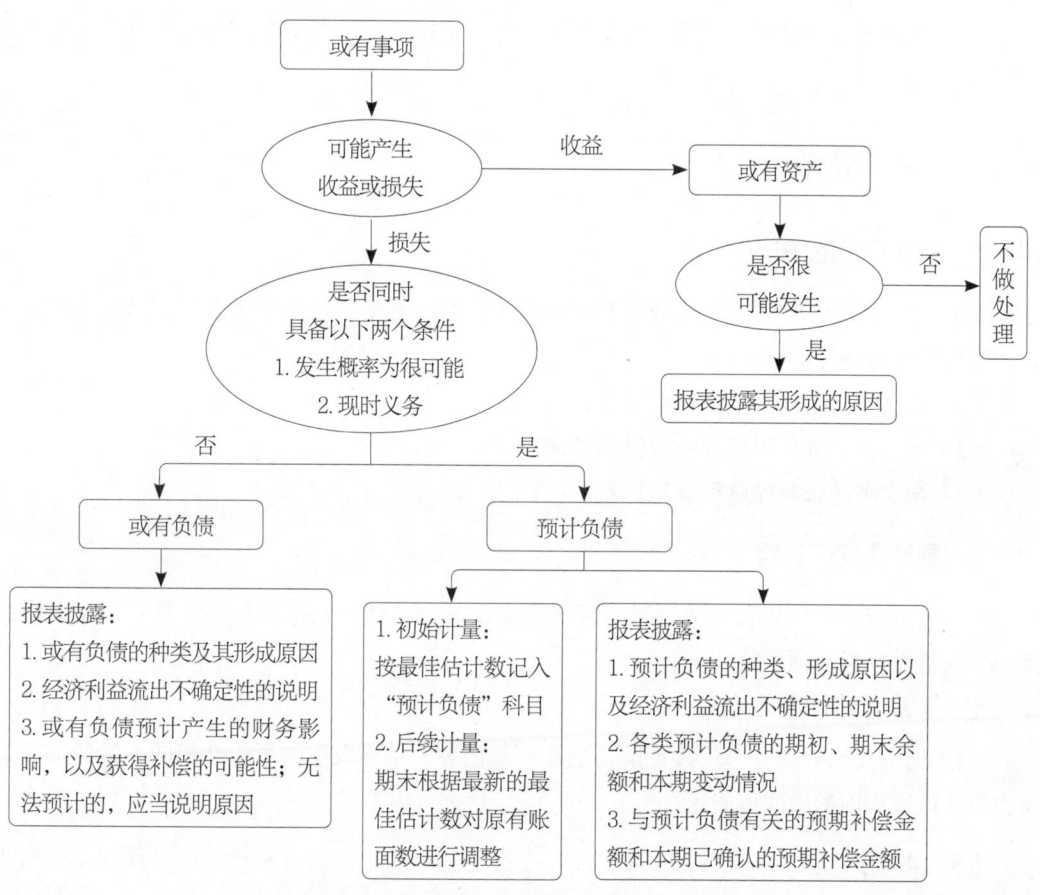

近年来,随着市场经济的不断发展和现代企业制度的建立,企业所面临的如未决诉讼、未决仲裁、票据贴现、债务担保等或有事项越来越多,《企业会计准则第13号——或有事项》的实施为加强对这些或有事项进行适当的会计处理提供了保障。

14.1 或有事项概述

14.1.1 或有事项的定义

或有事项,是指过去的交易或者事项形成的,其结果须由某些未来事项的发生或不发生才能决定的不确定事项。

14.1.2 或有事项的基本特征

（1）由过去交易或事项形成，是指或有事项的现存状况是过去交易或事项引起的客观存在。

（2）结果具有不确定性，是指或有事项的结果是否发生具有不确定性，或者或有事项的结果预计将会发生，但发生的具体时间或金额具有不确定性。

（3）由未来事项决定，是指或有事项的结果只能由未来不确定事项的发生或不发生才能决定。

14.2 确认和计量

14.2.1 预计负债的确认

《企业会计准则第 13 号——或有事项》规定，与或有事项相关的义务同时满足下列条件的，应当确认为预计负债：

（1）该义务是企业承担的现时义务；

（2）履行该义务很可能导致经济利益流出企业；

（3）该义务的金额能够可靠地计量。

14.2.2 预计负债的计量

预计负债应当按照履行相关现时义务所需支出的最佳估计数进行初始计量。企业不应当就未来经营亏损确认预计负债。

（一）最佳估计数的确定

（1）所需支出存在一个连续范围，且该范围内各种结果发生的可能性相同，最佳估计数应当按照该范围内的中间值确定。

【例 14-1】2×19 年 12 月 27 日，甲企业因合同违约而涉及一桩诉讼案。根据企业的法律顾问判断，最终的判决很可能对甲企业不利。2×19 年 12 月 31 日，甲企业尚未接到法院的判决，因诉讼须承担的赔偿金额也无法准确地确定。不过，据专业人士估计，赔偿金额可能是 80~100 万元的某一金额，而且这个区间内每个金额的可能性都大致相同。

此例中，甲企业应在 2×19 年 12 月 31 日的资产负债表中确认一项负债，金额为 90 [（80+100）÷2] 万元。

（2）在其他情况下，最佳估计数应当分别下列情况处理。

①或有事项涉及单个项目的，按照最可能发生金额确定。

②或有事项涉及多个项目的，按照各种可能结果及相关概率计算确定。

【例 14-2】2×19 年 10 月 2 日，乙股份有限公司涉及一起诉讼案。2×19 年 12 月 31 日，乙股份有限公司尚未接到法院的判决。在咨询了公司的法律顾问后，公司认为胜诉的可能性为 40%，败诉的可能性为 60%。如果败诉，需要赔偿 2 000 000 元。此时，乙股份有限公司在资产负债表中确认的负债金额应为最可能发生的金额，即 2 000 000 元。

（二）确定最佳估计数考虑因素

企业在确定最佳估计数时，应当综合考虑与或有事项有关的风险、不确定性和货币时间价值等因素。

货币时间价值影响重大的，应当通过对相关未来现金流出进行折现后确定最佳估计数。

（三）补偿金额的确定

企业清偿预计负债所需支出全部或部分预期由第三方补偿的，补偿金额只有在基本确定能够收到时才能作为资产单独确认。确认的补偿金额不应当超过预计负债的账面价值。

【例14-3】2×19年12月31日，乙股份有限公司因或有事项而确认了一笔金额为1 000 000元的负债；同时，公司因该或有事项，基本确定可从甲股份有限公司获得400 000元的赔偿。

本例中，乙股份有限公司应分别确认一项金额为1 000 000元的预计负债和一项金额为400 000元的预计资产，而不能只确认一项金额为600 000（1 000 000-400 000）元的预计负债。同时，公司所确认的补偿金额400 000元不能超过所确认的负债的账面价值1 000 000元。

（四）亏损合同

待执行合同变成亏损合同的，该亏损合同产生的义务满足预计负债确认条件的，应当确认为预计负债。

【例14-4】某公司2×18年1月采用经营租赁方式租入生产线生产产品，租赁期为3年，生产的产品预计每年均可获利。2×19年12月，市政规划要求公司迁址，加之宏观政策调整，该公司决定停产上述产品，原经营租赁合同为不可撤销合同，还要持续1年，生产线无法转租给其他单位。此时，该公司执行原经营租赁合同发生的费用很可能超过预期获得的经济利益，该租赁合同变为亏损合同，该公司应当在2×19年12月31日根据未来期间（2×20年）应支付的租金确认预计负债。

（五）重组义务确认为预计负债

企业承担的重组义务满足预计负债确认条件的，应当确认预计负债。同时存在下列情况时，表明企业承担了重组义务：

（1）有详细、正式的重组计划；
（2）该重组计划已对外公告。

14.2.3 对预计负债账面价值的复核

企业应当在资产负债表日对预计负债的账面价值进行复核。有确凿证据表明该账面价值不能真实反映当前最佳估计数的，应当按照当前最佳估计数对该账面价值进行调整。

14.2.4 或有负债和或有资产

《企业会计准则第13号——或有事项》规定，企业不应当确认或有负债和或有资产。

或有负债，是指过去的交易或者事项形成的潜在义务，其存在须通过未来不确定事项的发生或不发生予以证实；或过去的交易或者事项形成的现时义务，履行该义务不是很可能导致经济利益流出企业或该义务的金额不能可靠计量。

或有资产，是指过去的交易或者事项形成的潜在资产，其存在须通过未来不确定事项的发生或不发生予以证实。

14.3 披露

企业应当在附注中披露与或有事项有关的下列信息。

（1）预计负债。

① 预计负债的种类、形成原因以及经济利益流出不确定性的说明。

② 各类预计负债的期初、期末余额和本期变动情况。

③ 与预计负债有关的预期补偿金额和本期已确认的预期补偿金额。

（2）或有负债（不包括极小可能导致经济利益流出企业的或有负债）。

① 或有负债的种类及其形成原因，包括已贴现商业承兑汇票、未决诉讼、未决仲裁、对外提供担保等形成的或有负债。

② 经济利益流出不确定性的说明。

③ 或有负债预计产生的财务影响，以及获得补偿的可能性；无法预计的，应当说明原因。

（3）企业通常不应当披露或有资产。但或有资产很可能会给企业带来经济利益的，应当披露其形成的原因、预计产生的财务影响等。

在涉及未决诉讼、未决仲裁的情况下，披露全部或部分信息预期对企业造成重大不利影响的，企业无须披露这些信息，但应当披露该未决诉讼、未决仲裁的性质，以及没有披露这些信息的事实和原因。

第 15 章 收入

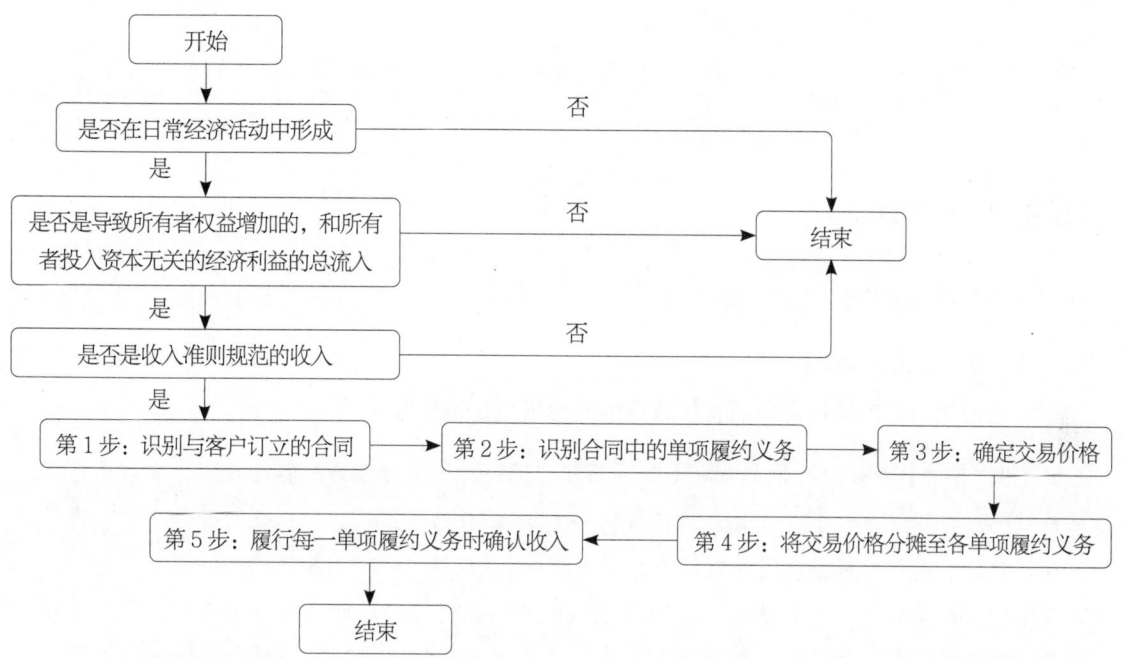

中华人民共和国财政部（以下简称"财政部"）修订发布了《企业会计准则第 14 号——收入》（以下简称"收入准则"），这是我国企业会计准则体系修订完善、保持与国际财务报告准则持续趋同的重要成果。新收入准则的发布，改变了收入确认的理念，开启了收入确认新篇章。收入准则的此次修订强调以合同为基础，以控制权的转移为原则判断收入确认的时点，同时明确了多重交易安排的合同和特定交易（或事项）的会计处理，具有重大的意义和影响。

15.1 收入概述

15.1.1 收入的定义

收入，是指企业在日常活动中形成的、会导致所有者权益增加的、与所有者投入资本无关的经济利益的总流入。

15.1.2 收入确认的判断标准与流程

1. 收入确认的标准

企业应当在履行了合同中的履约义务，即在客户取得相关商品控制权时确认收入。取得相关商品控制权，是指能够主导该商品的使用并从中获得几乎全部的经济利益。

2. 收入确认的基本流程

收入确认的基本流程如图 15-1 所示。

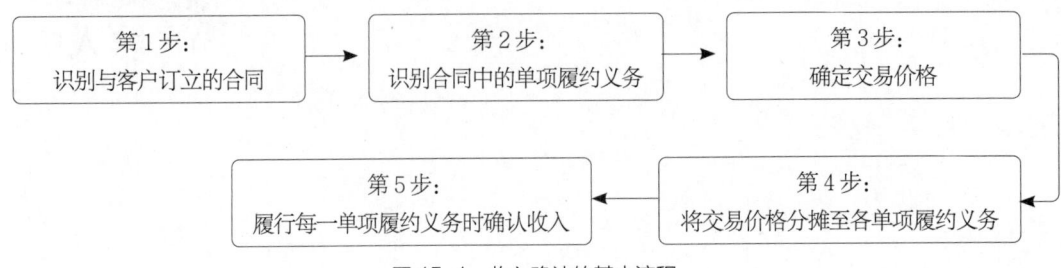

图 15-1 收入确认的基本流程

15.2 收入的确认

15.2.1 识别与客户订立的合同

（一）合同的识别

1. 企业因向客户转让商品而有权取得的对价很可能不能收回

【例 15-1】甲房地产开发公司（以下简称"甲公司"）与乙公司签订合同，向其销售一栋建筑物，合同价款为 100 万元。该建筑物的成本为 60 万元，乙公司在合同开始日即取得了该建筑物的控制权。根据合同约定，乙公司在合同开始日支付了 5% 的保证金，即 5 万元，并就剩余 95% 的价款与甲公司签订了不附追索权的长期融资协议，如果乙公司违约，甲公司可重新拥有该建筑物，即使收回的建筑物不能涵盖所欠款项的总额，甲公司也不能向乙公司索取进一步的赔偿。

乙公司计划在该建筑物内开设一家餐馆，并以该餐馆的收益偿还甲公司的欠款。但是，在该建筑物所在的地区，餐饮行业面临激烈的竞争，且乙公司缺乏餐饮行业的经营经验。

本例中，乙公司计划以该餐馆产生的收益偿还甲公司的欠款，除此之外并无其他的经济来源，乙公司也未对该笔欠款设定任何担保。如果乙公司违约，则甲公司可重新拥有该建筑物，但是，根据合同约定，即使收回的建筑物不能涵盖所欠款项的总额，甲公司也不能向乙公司索取进一步的赔偿。因此，甲公司对乙公司还款的能力和意图存在疑虑，认为该合同不满足合同价款很可能收回的条件。甲公司应当将收到的 5 万元确认为一项负债。

2. 企业向客户提供价格折让的，应当在估计交易价格时进行考虑

【例 15-2】A 公司向国外 B 公司销售一批商品，合同标价为 100 万元。在此之前，A 公司从未向 B 公司所在国家的其他客户进行过销售，B 公司所在国家正在经历严重的经济困难。A 公司预计不能从 B 公司收回全部的对价金额，而仅能收回 60 万元。尽管如此，A 公司预计 B 公司所在国家的经济情况将在未来 2~3 年内好转，且 A 公司与 B 公司之间建立的良好关系将有助于其在该国家拓展其他潜在客户。

本例中，根据 B 公司所在国家的经济情况以及 A 公司的销售战略，A 公司认为其将向 B 公司提供价格折让，A 公司能够接受 B 公司支付低于合同对价的金额，即 60 万元，且估计很可能收回该对价。A公司认为，该合同满足"有权取得的对价很可能收回"的条件；该公司按照收入准则的规定确定交易价格时，应当考虑其向B公司提供的价格折让的影响。因此，A公司确定的交易价格不是合同标价100万元，而是60万元。

3. 合同的持续评估

企业与客户之间的合同，在合同开始日即满足收入确认的前提条件的，企业在后续期间无须对其进行重新评估，除非有迹象表明相关事实和情况发生重大变化。

【例15-3】 甲公司与乙公司签订合同，将一项专利技术授权给乙公司使用，并按其使用情况收取特许权使用费。甲公司评估认为，该合同在合同开始日满足收入准则第五条规定的五项条件。该专利技术在合同开始日即授权给乙公司使用。在合同开始日后的第一年内，乙公司每季度向甲公司提供该专利技术的使用情况报告，并在约定的期间内支付特许权使用费。在合同开始日后的第二年内，乙公司继续使用该专利技术，但是，乙公司的财务状况下滑，融资能力下降，可用资金不足，因此，乙公司仅按合同支付了当年第一季度的特许权使用费，而后三个季度仅按象征性金额付款。在合同开始日后的第三年内，乙公司继续使用甲公司的专利技术。但是，甲公司得知，乙公司已经完全丧失了融资能力，且流失了大部分客户，因此，乙公司的付款能力进一步恶化，信用风险显著升高。

本例中，该合同在合同开始日满足收入准则第五条规定的五项条件，因此，甲公司在乙公司使用该专利技术的行为发生时，按照约定的特许权使用费确认收入。合同开始后的第二年，由于乙公司的信用风险升高，甲公司在确认收入的同时，按照《企业会计准则第22号——金融工具确认和计量》的要求对乙公司的应收款项进行减值测试。合同开始日后的第三年，由于乙公司的财务状况恶化，信用风险显著升高，甲公司对该合同进行了重新评估，认为不再满足"企业因向客户转让商品而有权取得的对价很可能收回"这一条件，因此，甲公司不再确认特许权使用费收入，同时，按照《企业会计准则第22号——金融工具确认和计量》对现有应收款项是否发生减值继续进行评估。

4. 合同存续期间的确定

【例15-4】 A公司与客户签订合同，每月为客户提供一次保洁服务，合同期限为3年。

情形一：3年内，合同各方均有权在每月末无理由要求终止合同，只需提前5个工作日通知对方，无须向对方支付任何违约金。

情形二：3年内，客户有权在每月末要求提前终止合同，且无须向A公司支付任何违约金。

情形三：3年内，客户有权在每月末要求提前终止合同，但是客户如果在合同开始日之后的12个月内要求终止合同，必须向A公司支付一定金额的违约金。

本例中，对于情形一，尽管合同约定的服务期为3年，但是在已提供服务的期间之外，该合同对于合同双方均未产生具有法律约束力的权利和义务，因此该合同应被视为逐月订立的合同。对于情形二，该合同应视为逐月订立的合同，同时，客户拥有续约选择权，A公司应当判断提供给客户的该续约选择权是否构成重大权利，从而是否应作为单项履约义务进行会计处理。对于情形三，A公司需要判断合同约定的违约金是否足够重大，以至于使该合同在合同开始日之后的12个月内对合同双方都产生了具有法律约束力的权利和义务，如果是，则该合同的存续期间为12个月；否则，与情形二相同，该合同应视为逐月订立的合同。

（二）合同变更

1. 合同变更部分作为单独合同

合同变更增加了可明确区分的商品及合同价款，且新增合同价款反映了新增商品单独售价的，应当将该合同变更部分作为一份单独的合同进行会计处理。此类合同变更不影响原合同的会计处理。

【例15-5】甲公司承诺向某客户销售120件产品，每件产品售价为100元。该批产品彼此之间可明确区分，且将于未来6个月内陆续转让给该客户。甲公司将其中的60件产品转让给该客户后，双方对合同进行了变更，甲公司承诺向该客户额外销售30件相同的产品，这30件产品与原合同中的产品可明确区分，其售价为每件95元（假定该价格反映了合同变更时该产品的单独售价）。上述价格均不包含增值税。

本例中，由于新增的30件产品是可明确区分的，且新增的合同价款反映了新增产品的单独售价，因此，该合同变更实际上构成了一份单独的、在未来销售30件产品的新合同，该新合同并不影响对原合同的会计处理。甲公司应当对原合同中的120件产品按每件产品100元的价格确认收入，对新合同中的30件产品按每件产品95元的价格确认收入。

2. 合同变更作为原合同终止及新合同订立

合同变更不属于作为单独合同的情形，且在合同变更日已转让的商品或已提供的服务（以下简称"已转让的商品"）与未转让的商品或未提供的服务（以下简称"未转让的商品"）之间可明确区分的，应当视为原合同终止，同时，将原合同未履约部分与合同变更部分合并为新合同进行会计处理。

【例15-6】沿用【例15-5】，甲公司新增销售的30件产品售价为每件80元（假定该价格不能反映合同变更时该产品的单独售价）。同时，由于客户发现甲公司已转让的60件产品存在瑕疵，要求甲公司对已转让的产品提供每件15元的销售折让以弥补损失。经协商，双方同意将价格折让在销售新增的30件产品的合同价款中进行抵减，折让金额为900元。上述价格均不包含增值税。

本例中，由于900元的折让金额与已经转让的60件产品有关，因此应当将其作为已销售的60件产品的销售价格的抵减，在该折让发生时冲减当期销售收入。对于合同变更新增的30件产品，由于其售价不能反映该产品在合同变更时的单独售价，因此，该合同变更不能作为单独合同进行会计处理。由于尚未转让给客户的产品（包括原合同中尚未交付的60件产品以及新增的30件产品）与已转让的产品是可明确区分的，因此，甲公司应当将该合同变更作为原合同终止，同时，将原合同的未履约部分与合同变更合并为新合同进行会计处理。该新合同中，剩余产品为90件，其对价为8 400元，即原合同下尚未确认收入的客户已承诺对价6 000（100×60）元与合同变更部分的对价2 400（80×30）元之和，新合同中的90件产品每件产品应确认的收入为93.33（8 400÷90）元。

折让金额900元冲减当期销售收入。

剩余产品单价 =（100×60+30×80）÷90=93.33（元/件）

3. 合同变更部分作为原合同的组成部分

合同变更不属于作为单独合同的情形，且在合同变更日已转让的商品与未转让的商品之间不可明确区分的，应当将该合同变更部分作为原合同的组成部分进行会计处理，在合同变更日重新计算履约进度，并调整当期收入和相应成本等。

【例15-7】 2×18年1月15日，乙建筑公司（以下简称"乙公司"）和客户签订了一项总金额为1 000万元的固定造价合同，在客户自有土地上建造一幢办公楼，预计合同总成本为700万元。假定该建造服务属于在某一时段内履行的履约义务，并根据累计发生的合同成本占合同预计总成本的比例确定履约进度。

截至2×18年末，乙公司累计已发生成本420万元，履约进度为60%（420÷700）。因此，乙公司在2×18年确认收入600（1 000×60%）万元。

2×19年初，合同双方同意更改该办公楼屋顶的设计，合同价格和预计总成本因此而分别增加200万元和120万元。

在本例中，由于合同变更后拟提供的剩余服务与在合同变更日或之前已提供的服务不可明确区分（即该合同仍为单项履约义务），因此，乙公司应当将合同变更作为原合同的组成部分进行会计处理。合同变更后的交易价格为1 200（1 000+200）万元，乙公司重新估计的履约进度为51.2%[420÷（700+120）]，乙公司在合同变更日应额外确认收入14.4（51.2%×1 200-600）万元。

15.2.2 识别合同中的单项履约义务

1. 可明确区分的商品

企业向客户承诺的商品同时满足下列两项条件的，应当作为可明确区分的商品。

（1）客户能够从该商品本身或从该商品与其他易于获得资源一起使用中受益，即该商品本身能够明确区分。

（2）企业向客户转让该商品的承诺与合同中其他承诺可单独区分，即转让该商品的承诺在合同中是可明确区分的。

【例15-8】丙公司与客户签订合同，向客户销售一台其生产的可直接使用的医疗设备，并且在未来3年内向该客户提供用于该设备的专用耗材。该耗材只有丙公司能够生产，因此客户只能从丙公司购买该耗材。该耗材既可与设备一起销售，也可单独对外销售。

本例中，丙公司在合同中对客户的承诺包括销售设备和专用耗材，虽然客户同时购买了设备和专用耗材，但是由于耗材可以单独出售，客户可以从将设备与单独购买的耗材一起使用中获益，表明设备和专用耗材能够明确区分；此外，丙公司未对设备和耗材提供重大的整合服务以将两者形成组合产出，设备和耗材并未对彼此做出重大修改或定制，也不具有高度关联性（这是因为，尽管没有耗材，设备无法使用，耗材也只有用于设备才有用，但是丙公司能够单独履行其在合同中的每一项承诺，也就是说，即使客户没有购买任何耗材，丙公司也可以履行其转让设备的承诺；即使客户单独购买设备，丙公司也可以履行其提供耗材的承诺），表明设备和耗材在合同中彼此之间可明确区分。因此，该项合同包含两项履约义务，即销售设备和提供专用耗材。

2. 企业向客户转让商品的承诺与合同中的其他承诺不可单独区分

【例15-9】乙公司与客户签订合同，向客户出售一台其生产的设备并提供安装服务。该设备可以不经任何定制或改装而直接使用，不需要复杂安装，除乙公司外，市场上还有其他供应商也能提供此项安装服务。

本例中，客户可以使用该设备或将其以高于残值的价格转售，能够从该设备与市场上其他供应商提供的此项安装服务一起使用中获益，也可从安装服务与客户已经获得的其他资源（如设备）一起使用中获益，表明该设备和安装服务能够明确区分。此外，在该合同中，乙公司对客户的承诺是交付设备之后再提供安装服务，而非两者的组合产出，该设备仅需简单安装即可使用，乙公司并未对设备和安装提供重大整合服务，安装服务没有对该设备做出重大修改或定制，虽然客户只有获得设备的控制权之后才能从安装服务中获益，但是乙公司履行其向客户转让设备的承诺能够独立于其提供安装服务的承诺，因此安装服务并不会对设备产生重大影响。该设备与安装服务彼此之间不会产生重大的影响，也不具有高度关联性，表明两者在合同中彼此之间可明确区分。因此，该项合同包含两项履约义务，即销售设备和提供安装服务。

假定其他条件不变，但是按照合同规定只能由乙公司向客户提供安装服务。在这种情况下，合同限制并没有改变相关商品本身的特征，也没有改变乙公司对客户的承诺。虽然根据合同约定，客户只能选择由乙公司提供安装服务，但是设备和安装服务本身仍然符合可明确区分的条件，仍然是两项履约义务。

此外，如果乙公司提供的安装服务很复杂，该安装服务可能对其销售的设备进行定制化的重大修改，即使市场上有其他的供应商也可以提供此项安装服务，乙公司也不能将该安装服务作为单项履约义务，而是应当将设备和安装服务合并作为单项履约义务。

3. 一系列实质相同且转让模式相同的、可明确区分的商品

当企业向客户连续转让某项承诺的商品时，如果这些商品属于实质相同且转让模式相同的一系列商品，企业应当将这一系列商品作为单项履约义务。其中，转让模式相同，是指每一项可明确区分的商品均满足收入准则第十一条规定的在某一时段内履行履约义务的条件，且采用相同方法确定其履约进度。

【例15-10】企业与客户签订为期一年的保洁服务合同，承诺每天为客户提供保洁服务。

本例中，企业每天所提供的服务都是可明确区分且实质相同的，并且，根据控制权转移的判断标准，每天的服务都属于在某一时段内履行的履约义务。因此，企业应当将每天提供的保洁服务合并在一起作为单项履约义务进行会计处理。

15.2.3 确定交易价格

1. 确定可变对价最佳估计数

（1）如果企业拥有大量具有类似特征的合同，企业据此估计合同可能产生多个结果时，按照期望值估计可变对价金额通常是恰当的。

【例15-11】甲公司生产和销售电视机。2×18年3月,甲公司向零售商乙公司销售1 000台电视机,每台价格为3 000元,合同价款合计300万元。甲公司向乙公司提供价格保护,同意在未来6个月内,如果同款电视机售价下降,则按照合同价格与最低售价之间的差额向乙公司支付差价。甲公司根据以往执行类似合同的经验,预计各种结果发生的概率,如表15-1所示。

表15-1   各种结果发生的概率

未来6个月内的降价金额(元/台)	概率
0	40%
200	30%
500	20%
1 000	10%

上述价格均不包含增值税。

本例中,甲公司认为期望值能够更好地预测其有权获取的对价金额。假定不考虑收入准则有关将可变对价计入交易价格的限制要求,在该方法下,甲公司估计交易价格为每台2 740(3 000×40%+2 800×30%+2 500×20%+2 000×10%)元。

(2)最可能发生金额是一系列可能发生的对价金额中最可能发生的单一金额。当合同仅有两个可能结果时,按照最可能发生金额估计可变对价金额可能是恰当的。

【例15-12】沿用【例15-11】,甲公司对合同结果的估计如下:工程按时完工的概率为90%,工程延期的概率为10%。

本例中,由于该合同涉及两种可能结果,甲公司认为按照最可能发生金额能够更好地预测其有权获取的对价金额。因此,甲公司估计的交易价格为100万元,即为最可能发生的单一金额。

(3)当存在多个不确定性事项均会影响可变对价金额时,企业可以采用不同的方法对其进行估计。

【例15-13】甲公司与乙公司签订固定造价合同,在乙公司的厂区内为其建造一栋办公楼,合同价款为500万元。根据合同约定,该项工程的完工日期为2×18年3月31日,如果甲公司能够在该日期之前完工,则每提前一天,合同价款将增加2万元;相反,如果甲公司未能按期完工,则每推迟一天,合同价款将会减少2万元。此外,合同约定,该项工程完工之后将参与省级优质工程奖的评选,如果能够获奖,乙公司将额外奖励甲公司20万元。

本例中,产生可变对价的事项有两项:一是是否按期完工,二是能否获得省级优质工程奖。甲公司可以采用不同的方法对其进行估计:对于前者,甲公司按照期望值进行估计;对于后者,甲公司按照最有可能的金额进行估计。

2. 计入交易价格的可变对价金额的限制

企业按照期望值或最可能发生金额确定可变对价金额之后,计入交易价格的可变对价金额还应该满足限制条件,即包含可变对价的交易价格,应当不超过在相关不确定性消除时,累计已确认的收入极可能不会发生重大转回的金额。

需要说明的是,将可变对价计入交易价格的限制条件不适用于企业向客户授予知识产权许可并约定按客户实际销售或使用情况收取特许权使用费的情况。

【例15-14】2×18年12月1日,甲公司与其分销商乙公司签订合同,向乙公司销售1 000件产品,每件产品的售价为100元,合同总价为10万元,乙公司当日取得这些产品的控制权。乙公司通常在取得产品后的90天内将其对外售出,且乙公司在这些产品售出后才向甲公司支付货款。上述价格均不包含增值税。该合同中虽然约定了销售价格,但是基于甲公司过往的实务经验,为了维护与乙公司的客户关系,甲公司预计会向乙公司提供价格折扣,以便乙公司能够以更加优惠的价格向最终客户销售这些产品,从而促进该产品的整体销量。因此,甲公司认为该合同的对价是可变的。

甲公司已销售该产品及类似产品多年,积累了丰富的经验,可观察的历史数据表明,甲公司以往销售此类产品时会给予客户大约20%的折扣。同时,根据当前市场信息分析,20%的降价幅度足以促进该产品的销量增长,从而提高其周转率。甲公司多年来向客户提供的折扣从未超过20%。

本例中,甲公司按照期望值估计可变对价的金额,因为该方法能够更好地预测其有权获得的对价金额。甲公司估计的交易价格为80 000[100×(1-20%)×1 000]元。同时,甲公司还需考虑有关将可变对价计入交易价格的限制要求,以确定能否将估计的可变对价金额80 000元计入交易价格。根据其销售此类产品的历史经验、所取得的当前市场信息以及对当前市场的估计,甲公司预计,尽管存在某些不确定性,但是该产品的价格将可在短期内确定。因此,甲公司认为,在不确定性消除(即,折扣的总金额最终确定)时,已确认的累计收入金额80 000元极可能不会发生重大转回。因此,甲公司应当于2×18年12月1日将产品控制权转移给乙公司时,确认收入80 000元。

3. 合同中存在重大融资成分

合同中存在重大融资成分的,企业应当按照假定客户在取得商品控制权时即以现金支付的应付金额确定交易价格。该交易价格与合同对价之间的差额,应当在合同期间内采用实际利率法摊销。

合同开始日,企业预计客户取得商品控制权与客户支付价款间隔不超过一年的,可以不考虑合同中存在的重大融资成分。

【例15-15】2×18年1月1日,甲公司与乙公司签订合同,向其销售一批产品。合同约定,该批产品将于2年后交货。合同中包含两种可供选择的付款方式,即乙公司可以在2年后交付产品时支付449.44万元,或者在合同签订时支付400万元。乙公司选择在合同签订时支付货款。该批产品的控制权在交货时转移。甲公司于2×18年1月1日收到乙公司支付的货款。上述价格均不包含增值税,且假定不考虑相关税费影响。

本例中,按照上述两种付款方式计算的内含利率为6%。考虑到乙公司付款时间和产品交付时间之间的间隔以及现行市场利率水平,甲公司认为该合同包含重大融资成分,在确定交易价格时,应当对合同承诺的对价金额进行调整,以反映该重大融资成分的影响。假定该融资费用不符合借款费用资本化的要求。甲公司的账务处理如下。

(1) 2×18年1月1日收到货款。

借：银行存款 4 000 000
    未确认融资费用 494 400
  贷：合同负债 4 494 400

(2) 2×18年12月31日确认融资成分的影响。

借：财务费用 (4 000 000×6%) 240 000
  贷：未确认融资费用 240 000

(3) 2×19年12月31日交付产品。

借：财务费用 [(4 000 000+240 000)×6%] 254 400
  贷：未确认融资费用 254 400
借：合同负债 4 494 400
  贷：主营业务收入 4 494 400

4. 非现金对价

客户支付非现金对价的，企业应当按照非现金对价在合同开始日的公允价值确定交易价格。非现金对价的公允价值不能合理估计的，企业应当参照其承诺向客户转让商品的单独售价间接确定交易价格。非现金对价在合同开始日的公允价值因对价形式以外的原因而发生变动的，应当作为可变对价进行会计处理。

【例15-16】甲企业为客户生产一台专用设备。双方约定，如果甲企业能够在30天内交货，则可以额外获得100股客户的股票作为奖励。合同开始日，该股票的价格为每股5元；由于缺乏执行类似合同的经验，当日，甲企业估计，该100股股票的公允价值计入交易价格将不满足累计已确认的收入极可能不会发生重大转回的限制条件。合同开始日之后的第25天，甲企业将该设备交付给客户，从而获得了100股股票，该股票在此时的价格为每股6元。假定甲企业将该股票作为以公允价值计量且其变动计入当期损益的金融资产。

本例中，合同开始日，该股票的价格为每股5元，由于缺乏执行类似合同的经验，当日，甲企业估计，该100股股票的公允价值计入交易价格将不满足累计已确认的收入极可能不会发生重大转回的限制条件，因此，甲企业不应将该100股股票的公允价值500元计入交易价格。合同开始日之后的第25天，甲企业获得了100股股票，该股票在此时的价格为每股6元。甲企业应当将股票（非现金对价）的公允价值因对价形式以外的原因而发生的变动，即500 (5×100) 元确认为收入，因对价形式原因而发生的变动，即100 (600-500) 元计入公允价值变动损益。

5. 应付客户对价

企业应付客户（或向客户购买本企业商品的第三方）对价的，应当将该应付对价冲减交易价格，并在确认相关收入与支付（或承诺支付）客户对价二者孰晚的时点冲减当期收入，但应付客户对价是为了向客户取得其他可明确区分商品的除外。

企业应付客户对价是为了向客户取得其他可明确区分商品的，应当采用与本企业其他采购相一致的方式确认所购买的商品。企业应付客户对价超过向客户取得可明确区分商品公允价值的,超过金额应当冲减交易价格。向客户取得的可明确区分商品公允价值不能合理估计的,企业应当将应付客户对价全额冲减交易价格。

15.2.4 将交易价格分摊至各单项履约义务

1. 分摊的一般原则

合同中包含两项或多项履约义务的,企业应当在合同开始日,按照各单项履约义务所承诺商品的单独售价的相对比例,将交易价格分摊至各单项履约义务。

【例15-17】20×7年3月1日,甲公司与客户签订合同,向其销售A、B两项商品,A商品的单独售价为6 000元,B商品的单独售价为24 000元,合同价款为25 000元。合同约定,A商品于合同开始日交付,B商品在一个月之后交付,只有当两项商品全部交付之后,甲公司才有权收取25 000元的合同对价。假定A商品和B商品分别构成单项履约义务,其控制权在交付时转移给客户。上述价格均不包含增值税,且假定不考虑相关税费影响。

本例中,分摊至A商品的合同价款为5 000[6 000÷(6 000+24 000)×25 000]元,分摊至B商品的合同价款为20 000[24 000÷(6 000+24 000)×25 000]元。

甲公司的账务处理如下。

(1)交付A商品时。

借:合同资产　　　　　　　　　　　　　　　　　　5 000
　　贷:主营业务收入　　　　　　　　　　　　　　　　5 000

(2)交付B商品时。

借:应收账款　　　　　　　　　　　　　　　　　　25 000
　　贷:合同资产　　　　　　　　　　　　　　　　　　5 000
　　　　主营业务收入　　　　　　　　　　　　　　　　20 000

2. 分摊合同折扣

合同折扣,是指合同中各单项履约义务所承诺商品的单独售价之和高于合同交易价格的金额。

对于合同折扣,企业应当在各单项履约义务之间按比例分摊。有确凿证据表明合同折扣仅与合同中一项或多项(而非全部)履约义务相关的,企业应当将该合同折扣分摊至相关一项或多项履约义务。

【例15-18】甲公司与客户签订合同,向其销售A、B、C三种产品,合同总价款为120万元,这三种产品构成3个单项履约义务。甲公司经常单独出售A产品,其可直接观察的单独售价为50万元;B产品和C产品的单独售价不可直接观察,甲公司采用市场调整法估计B产品的单独售价为25万元,采用成本加成法估计C产品的单独售价为75万元。甲公司经常以50万元的价格单独销售A产品,并且经常将B产品和C产品组合在一起以70万元的价格销售。假定上述价格均不包含增值税。

本例中,这三种产品的单独售价合计为150万元,而该合同的价格为120万元,因此该合同的折扣为30万元，由于甲公司经常将B产品和C产品组合在一起以70万元的价格销售，该价格与其单独售价的差额为30万元，与该合同的折扣一致，而A产品单独销售的价格与其单独售价一致，证明该合同的折扣仅应归属于B产品和C产品。因此，在该合同下，分摊至A产品的交易价格为50万元，分摊至B产品和C产品的交易价格合计为70万元，甲公司应当进一步按照B产品和C产品的单独售价的相对比例将该价格在二者之间进行分摊。

因此，各产品分摊的交易价格分别为：

A产品交易价格=50万元

B产品交易价格=25－（25÷100×30）=17.5（万元）

C产品交易价格=75－（75÷100×30）=52.5（万元）

3. 分摊可变对价

合同中包含可变对价的，该可变对价可能与整个合同相关，也可能仅与合同中的某一特定组成部分有关，后者包括两种情形：一是可变对价可能与合同中的一项或多项（而非全部）履约义务有关；二是可变对价可能与企业向客户转让的构成单项履约义务的一系列可明确区分商品中的一项或多项（而非全部）商品有关。企业应当将可变对价及可变对价的后续变动额全部分摊至与之相关的某项履约义务，或者构成单项履约义务的一系列可明确区分商品中的某项商品。

【例15-19】 甲公司与乙公司签订合同，将其拥有的两项专利技术X和Y授权给乙公司使用。假定两项授权均构成单项履约义务，且都属于在某一时点履行的履约义务。合同约定，授权使用X的价格为80万元，授权使用Y的价格为乙公司使用该专利技术所生产的产品销售额的3%。X和Y的单独售价分别为80万元和100万元。甲公司估计其就授权使用Y而有权收取的特许权使用费为100万元。假定上述价格均不包含增值税。

本例中，该合同中包含固定对价和可变对价，其中，授权使用X的价格为固定对价，且与其单独售价一致，授权使用Y的价格为乙公司使用该专利技术所生产的产品销售额的3%，属于可变对价，该可变对价全部与授权使用Y能够收取的对价有关，且甲公司估计基于实际销售情况收取的特许权使用费的金额接近Y的单独售价。因此，甲公司将可变对价部分的特许权使用费金额全部由Y承担符合交易价格的分摊目标。

4. 交易价格的后续变动

合同开始日之后，由于相关不确定性的消除或环境的其他变化等原因，交易价格可能会发生变化，从而导致企业因向客户转让商品而预期有权收取的对价金额发生变化。交易价格发生后续变动的，企业应当按照在合同开始日所采用的基础将该后续变动金额分摊至合同中的履约义务。企业不得因合同开始日之后单独售价的变动而重新分摊交易价格。

【例15-20】 2×18年9月1日，甲公司与乙公司签订合同，向其销售A产品和B产品。A产品和B产品均为可明确区分且两种产品单独售价相同，也均属于在某一时点履行的履约义务。合同约定A产品和B产品分别于2×18年11月1日和2×19年3月31日交付给乙公司。合同约定的对价包括1 000元的固定对价和估计金额为200元的可变对价。假定甲公司将200元的可变对价计入交易价格，满足收入准则有关将可变对价金额计入交易价格的限制条件。因此，该合同的交易价格为 1 200 元。上述价格均不包含增值税。

2×18 年 12 月 1 日，双方对合同范围进行了变更，乙公司向甲公司额外采购 C 产品，合同价格增加 300 元，C 产品与 A、B 两种产品可明确区分，但该增加的价格不反映 C 产品的单独售价。C 产品的单独售价与 A 产品和 B 产品相同。C 产品将于 2×19 年 6 月 30 日交付给乙公司。

2×18 年 12 月 31 日，甲公司预计有权收取的可变对价的估计金额由 200 元变更为 240 元，该金额符合将可变对价金额计入交易价格的限制条件。因此，合同的交易价格增加了 40 元，且甲公司认为该增加额与合同变更前已承诺的可变对价相关。

假定上述三种产品的控制权均随产品交付而转移给乙公司。

本例中，在合同开始日，该合同包含两项履约义务，甲公司应当将估计的交易价格分摊至这两项履约义务。由于两种产品的单独售价相同，且可变对价不符合分摊至其中一项履约义务的条件，因此，甲公司将交易价格 1 200 元平均分摊至 A 产品和 B 产品，即 A 产品和 B 产品各自分摊的交易价格均为 600 元。

2×18 年 11 月 1 日，当 A 产品交付给乙公司时，甲公司相应确认收入 600 元。

2×18 年 12 月 1 日，双方进行了合同变更。该合同变更属于收入准则第八条规定的第（二）种情形，因此该合同变更应当作为原合同终止，并将原合同的未履约部分与合同变更部分合并为新合同进行会计处理。在该新合同下，合同的交易价格为 900（600+300）元，由于 B 产品和 C 产品的单独售价相同，分摊至 B 产品和 C 产品的交易价格的金额均为 450 元。

2×18 年 12 月 31 日，甲公司重新估计可变对价，增加了交易价格 40 元。由于该增加额与合同变更前已承诺的可变对价相关，因此应首先将该增加额分摊给 A 产品和 B 产品，之后再将分摊给 B 产品的部分在 B 产品和 C 产品形成的新合同中进行二次分摊。在本例中，由于 A、B 和 C 产品的单独售价相同，在将 40 元的可变对价后续变动分摊至 A 产品和 B 产品时，各自分摊的金额为 20 元。由于甲公司已经转让了 A 产品，在交易价格发生变动的当期即应将分摊至 A 产品的 20 元确认为收入。之后，甲公司将分摊至 B 产品的 20 元平均分摊至 B 产品和 C 产品，即各自分摊的金额为 10 元，经过上述分摊后，B 产品和 C 产品的交易价格金额均为 460（450+10）元。因此，甲公司分别在 B 产品和 C 产品控制权转移时确认收入 460 元。

15.2.5　履行每一单项履约义务时确认收入

（一）在某一时段内履行履约义务

在某一时段内履行履约义务的条件。满足下列条件之一的，属于在某一时段内履行履约义务，相关收入应当在该履约义务履行的期间内确认。

① 客户在企业履约的同时即取得并消耗企业履约所带来的经济利益。

② 客户能够控制企业履约过程中在建的商品。

③ 企业履约过程中所产出的商品具有不可替代用途，且该企业在整个合同期间内有权就累计至今已完成的履约部分收取款项。

1. 产出法确定履约进度

产出法主要是根据已转移给客户的商品对于客户的价值确定履约进度的方法，主要包括按照实际测量的完工进度、评估已实现的结果、已达到的里程碑、时间进度、已完工或交付的产品等确定履约进度。

【例15-21】甲公司与客户签订合同,为该客户拥有的一条铁路更换100根铁轨,合同价格为10万元(不含税价)。截至2×18年12月31日,甲公司共更换铁轨60根,剩余部分预计在2×19年3月31日之前完成。该合同仅包含一项履约义务,且该履约义务满足在某一时段内履行的条件。假定不考虑其他情况。

本例中,甲公司提供的更换铁轨的服务属于在某一时段内履行的履约义务,甲公司按照已完成的工作量确定履约进度。因此,截至2×18年12月31日,该合同的履约进度为60%(60÷100),甲公司应确认的收入为6(10×60%)万元。

2. 投入法确定履约进度

投入法主要是根据企业履行履约义务的投入确定履约进度,主要包括以投入的材料数量、花费的人工工时或机器工时、发生的成本和时间进度等投入指标确定履约进度。

企业在采用投入法确定履约进度时,可能需要对已发生的成本进行适当调整的情形有:①已发生的成本并未反映企业履行其履约义务的进度;②已发生的成本与企业履行其履约义务的进度不成比例。

【例15-22】20×8年10月,甲公司与客户签订合同,为客户装修一栋办公楼并安装一部电梯,合同总金额为100万元。甲公司预计的合同总成本为80万元,其中包括电梯的采购成本30万元。

20×8年12月,甲公司将电梯运达施工现场并经过客户验收,客户已取得对电梯的控制权,但是根据装修进度,预计20×9年2月才会安装该电梯。截至20×8年12月,甲公司累计发生成本40万元,其中包括支付给电梯供应商的采购成本30万元以及因采购电梯发生的运输和人工等相关成本5万元。

假定该装修服务(包括安装电梯)构成单项履约义务,并属于在某一时段内履行的履约义务,甲公司是主要责任人,但不参与电梯的设计和制造;甲公司采用投入法确定履约进度。上述金额均不含增值税。

分析:

若计算履约进度时考虑电梯成本,则已发生的成本和履约进度不成比例,所以计算履约进度时应将电梯成本扣除。

履约进度=(40-30)÷(80-30)=20%

20×8年12月应确认的收入=(100-30)×20%+30=44(万元)

已售商品成本=(80-30)×20%+30=40(万元)

(二)在某一时点履行履约义务

当一项履约义务不属于在某一时段内履行的履约义务时,应当属于在某一时点履行的履约义务。对于在某一时点履行的履约义务,企业应当在客户取得相关商品控制权时点确认收入。在判断客户是否已取得商品控制权时,企业应当考虑下列迹象。

(1)企业就该商品享有现时收款权利,即客户就该商品负有现时付款义务。

(2) 企业已将该商品的法定所有权转移给客户，即客户已拥有该商品的法定所有权。

(3) 企业已将该商品实物转移给客户，即客户已实物占有该商品。

(4) 企业已将该商品所有权上的主要风险和报酬转移给客户，即客户已取得该商品所有权上的主要风险和报酬。

(5) 客户已接受该商品。

(6) 其他表明客户已取得商品控制权的迹象。

【例15-23】甲公司委托乙公司销售W商品1 000件，W商品已经发出，每件成本为70元。合同约定乙公司应按每件100元对外销售，甲公司按不含增值税的销售价格的10%向乙公司支付手续费。除非这些商品在乙公司存放期间内由于乙公司的责任发生毁损或丢失，否则在W商品对外销售之前，乙公司没有义务向甲公司支付货款。乙公司不承担包销责任，没有售出的W商品须退回给甲公司，同时，甲公司也有权要求收回W商品或将其销售给其他客户。乙公司对外实际销售1 000件，开出的增值税专用发票上注明的销售价格为100 000元，增值税税额为13 000元，款项已经收到，乙公司立即向甲公司开具代销清单并支付货款。甲公司收到乙公司开具的代销清单时，向乙公司开具一张相同金额的增值税专用发票。假定甲公司发出W商品时纳税义务尚未发生，手续费增值税税率为6%，不考虑其他因素。

甲公司的账务处理如下。

(1) 发出商品。

借：发出商品——乙公司　　　　　　　　　　　　　　　70 000
　　贷：库存商品——W商品　　　　　　　　　　　　　　　　70 000

(2) 收到代销清单，同时发生增值税纳税义务。

借：应收账款——乙公司　　　　　　　　　　　　　　113 000
　　贷：主营业务收入——W商品　　　　　　　　　　　　　100 000
　　　　应交税费——应交增值税（销项税额）　　　　　　　13 000
借：主营业务成本——W商品　　　　　　　　　　　　　70 000
　　贷：发出商品——乙公司　　　　　　　　　　　　　　　70 000
借：销售费用——代销手续费　　　　　　　　　　　　　10 000
　　应交税费——应交增值税（进项税额）　　　　　　　　600
　　贷：应收账款——乙公司　　　　　　　　　　　　　　10 600

(3) 收到乙公司支付的货款。

借：银行存款　　　　　　　　　　　　　　　　　　　102 400
　　贷：应收账款——乙公司　　　　　　　　　　　　　　102 400

乙公司的账务处理如下。

(1) 收到商品。

借：受托代销商品——甲公司　　　　　　　　　　　　100 000
　　贷：受托代销商品款——甲公司　　　　　　　　　　　100 000

(2) 对外销售。

借：银行存款	113 000
贷：受托代销商品——甲公司	100 000
应交税费——应交增值税（销项税额）	13 000

(3) 收到增值税专用发票。

借：受托代销商品款——甲公司	100 000
应交税费——应交增值税（进项税额）	13 000
贷：应付账款——甲公司	113 000

(4) 支付货款并计算代销手续费。

借：应付账款——甲公司	113 000
贷：银行存款	102 400
其他业务收入——代销手续费	10 000
应交税费——应交增值税（销项税额）	600

15.3 合同成本

15.3.1 合同履约成本

企业为履行合同发生的成本，不属于其他企业会计准则规范范围且同时满足下列条件的，应当作为合同履约成本确认为一项资产：（1）该成本与一份当前或预期取得的合同直接相关，包括直接人工、直接材料、制造费用（或类似费用）、明确由客户承担的成本以及仅因该合同而发生的其他成本；（2）该成本增加了企业未来用于履行履约义务的资源；（3）该成本预期能够收回。

【例15-24】 甲公司与乙公司签订合同，为其信息中心提供管理服务，合同期限为5年。在向乙公司提供服务之前，甲公司设计并搭建了一个信息技术平台供其内部使用，该信息技术平台由相关的硬件和软件组成。甲公司需要提供设计方案，将该信息技术平台与乙公司现有的信息系统对接，并进行相关测试。该平台并不会转让给乙公司，但是将用于向乙公司提供服务。甲公司为该平台的设计、购买硬件和软件以及信息中心的测试发生了成本。除此之外，甲公司专门指派两名员工，负责向乙公司提供服务。

本例中，甲公司为履行合同发生的上述成本中，购买硬件和软件的成本应当分别按照固定资产和无形资产进行会计处理；设计服务成本和信息中心的测试成本不属于其他企业会计准则的规范范围，但是这些成本与履行该合同直接相关，并且增加了甲公司未来用于履行履约义务（即提供管理服务）的资源，如果甲公司预期该成本可通过未来提供服务收取的对价收回，则甲公司应当将这些成本确认为一项资产。甲公司向两名负责该项目的员工支付的工资费用，虽然与向乙公司提供服务有关，但是由于其并未增加甲公司未来用于履行履约义务的资源，因此，应当于发生时计入当期损益。

15.3.2 合同取得成本

企业为取得合同发生的增量成本预期能够收回的，应当作为合同取得成本确认为一项资产；但是，该资产摊销期限不超过一年的，可以在发生时计入当期损益。

增量成本，是指企业不取得合同就不会发生的成本。

企业为取得合同发生的、除预期能够收回的增量成本之外的其他支出（如无论是否取得合同均会发生的差旅费等），应当在发生时计入当期损益，但是，明确由客户承担的除外。

【例 15-25】甲公司是一家咨询公司，其通过竞标赢得一个新客户，为取得和该客户的合同，甲公司发生下列支出：聘请外部律师进行尽职调查的支出为 15 000 元，因投标发生的差旅费为 10 000 元，销售人员佣金为 5 000 元。甲公司预期这些支出未来能够收回。此外，甲公司根据其年度销售目标、整体盈利情况及个人业绩等，向销售部门经理支付年度奖金 10 000 元。

本例中，甲公司向销售人员支付的佣金属于为取得合同发生的增量成本，应当将其作为合同取得成本确认为一项资产。甲公司聘请外部律师进行尽职调查发生的支出，以及为投标发生的差旅费，无论是否取得合同都会发生，不属于增量成本，因此，应当于发生时直接计入当期损益。甲公司向销售部门经理支付的年度奖金也不是为取得合同发生的增量成本，这是因为该奖金发放与否以及发放金额还取决于其他因素（包括公司的盈利情况和个人业绩），其并不能直接归属于可识别的合同成本。

15.3.3 与合同成本有关的资产的摊销

对于确认为资产的合同履约成本和合同取得成本，企业应当采用与该资产相关的商品收入确认相同的基础（即，在履约义务履行的时点或按照履约义务的履约进度）进行摊销，计入当期损益。

15.3.4 与合同成本有关的资产的减值

合同履约成本和合同取得成本的账面价值高于下列两项的差额的，超出部分应当计提减值准备，并确认为资产减值损失：（1）企业因转让与该资产相关的商品预期能够取得的剩余对价；（2）为转让该相关商品估计将要发生的成本。

以前期间减值的因素之后发生变化，使得前款（1）减（2）的差额高于该资产账面价值的，应当转回原已计提的资产减值准备，并计入当期损益，但转回后的资产账面价值不应超过假定不计提减值准备情况下该资产在转回日的账面价值。

15.4 关于特定交易的会计处理

15.4.1 附有销售退回条款的销售

企业应当在客户取得相关商品控制权时，按照因向客户转让商品而预期有权收取的对价金额（即，不包含预期因销售退回将退还的金额）确认收入，按照预期因销售退回将退还的金额确认负债；同时，按照预期将退回商品转让时的账面价值，扣除收回该商品预计发生的成本（包括退回商品的价值减损）后的余额，确认一项资产，按照所转让商品转让时的账面价值，扣除上述资产成本的净额结转成本。每一资产负债表日，企业应当重新估计未来销售退回情况，并对上述资产和负债进行重新计量。如有变化，应当作为会计估计变更进行会计处理。

在客户要求退货时，如果企业有权向客户收取一定金额的退货费，则企业在估计预期有权收取的对价金额时，应当将该退货费包括在内。

15.4.2 附有质量保证条款的销售

企业应当评估附有的质量保证款是否在向客户保证所销售商品符合既定标准之外提供了一项单独的服务。企业提供额外服务的，应当作为单项履约义务，按照收入准则规定进行会计处理；否则，质量保证责任应当按照《企业会计准则第13号——或有事项》规定进行会计处理。

15.4.3 主要责任人和代理人

当企业向客户销售商品涉及其他方参与时，企业应当确定其自身在该交易中的身份是主要责任人还是代理人。主要责任人应当按照已收或应收对价总额确认收入；代理人应当按照预期有权收取的佣金或手续费的金额确认收入。

当存在第三方参与企业向客户提供商品时，企业向客户转让特定商品之前能够控制该商品的，应当作为主要责任人。企业作为主要责任人的情形包括以下几个方面。

（1）企业自该第三方取得商品或其他资产控制权后，再转让给客户。

（2）企业能够主导第三方代表本企业向客户提供服务。

（3）企业自第三方取得商品控制权后，通过提供重大的服务将该商品与其他商品整合成合同约定的某组合产出转让给客户。

企业在判断其是主要责任人还是代理人时，应当以该企业在特定商品转让给客户之前是否能够控制该商品为原则。

15.4.4 附有客户额外购买选择权的销售

企业应当评估附有的客户额外购买选择权是否向客户提供了一项重大权利。该选择权向客户提供了重大权利的，应当作为单项履约义务。在这种情况下，客户在该合同下支付的价款实际上购买了两项单独的商品：一是客户在该合同下原本购买的商品；二是客户可以免费或者以折扣价格购买额外商品。企业应当将交易价格在这两项商品之间进行分摊，其中，分摊至后者的交易价格与未来的商品相关，因此，企业应当在客户未来行使该选择权取得相关商品的控制权时，或者在该选择权失效时确认为收入。在考虑授予客户的该项权利是否重大时，应根据其金额和性质综合判断。

当企业向客户提供了额外购买选择权，但客户在行使该选择权购买商品的价格反映了该商品的单独售价时，即使客户只能通过与企业订立特定合同才能获得该选择权，该选择权也不应被视为企业向该客户提供了一项重大权利。

15.4.5 授予知识产权许可

（1）授予知识产权许可是否构成单项履约义务。

企业向客户授予知识产权许可时，可能也会同时销售商品，这些承诺可能在合同中明确约定，也可能隐含于企业已公开宣布的政策、特定声明或者企业以往的习惯做法中。授予客户的知识产权许可不构成单项履约义务的，企业应当将该知识产权许可和所售商品一起作为单项履约义务进行会计处理。

（2）授予知识产权许可属于在某一时段履行的履约义务。

授予客户的知识产权许可构成单项履约义务的，企业应当根据该履约义务的性质，进一步确定其是在某一时段内履行还是在某一时点履行。企业向客户授予的知识产权许可，同时满足下列三项条件的，应当作为在某一时段内履行的履约义务确认相关收入；否则，应当作为在某一时点履行的履约义务确认相关收入。

① 合同要求或客户能够合理预期企业将从事对该项知识产权有重大影响的活动。

② 该活动对客户将产生有利或不利影响。

③ 该活动不会导致向客户转让某项商品。

（3）授予知识产权许可属于在某一时点履行的履约义务。

授予知识产权许可不属于在某一时段内履行的履约义务的，应当作为在某一时点履行的履约义务，在履行该履约义务时确认收入。在客户能够使用某项知识产权许可并开始从中获利之前，企业不能对此类知识产权许可确认收入。

（4）基于销售或使用情况的特许权使用费。

企业向客户授予知识产权许可，并约定按客户实际销售或使用情况收取特许权使用费的，应当在客户后续销售或使用行为实际发生与企业履行相关履约义务二者孰晚的时点确认收入。

15.4.6 售后回购

（1）企业因存在与客户的远期安排而负有回购义务或企业享有回购权利的。

企业应根据下列情况分别进行相应的会计处理：一是回购价格低于原售价的，应视为租赁交易，按照《企业会计准则第21号——租赁》的相关规定进行会计处理。二是回购价格不低于原售价的，应当视为融资交易，在收到客户款项时确认金融负债，而不是终止确认该资产，并将该款项和回购价格的差额在回购期间内确认为利息费用等。

（2）企业应客户要求回购商品的。

企业应当在合同开始日评估客户是否具有行使该要求权的重大经济动因，客户具有行使该要求权重大经济动因的，企业应当将售后回购作为租赁交易或融资交易，按照上述情形（1）进行会计处理；否则，企业应当将其作为附有销售退回条款的销售交易进行会计处理。在判断客户是否具有行使该要求权的重大经济动因时，企业应当综合考虑各种相关因素，包括回购价格与预计回购时市场价格之间的比较，以及权利的到期日等。

15.4.7 客户未行使的权利

企业向客户预收销售商品款项的，应当首先将该款项确认为负债，待履行了相关履约义务时再转为收入。当企业预收款项无须退回，且客户可能会放弃其全部或部分合同权利时，企业预期将有权获得与客户所放弃的合同权利相关的金额的，应当按照客户行使合同权利的模式按比例将上述金额确认为收入；否则，企业只有在客户要求其履行剩余履约义务的可能性极低时，才能将上述负债的相关余额转为收入。企业在确定其是否预期将有权获得与客户所放弃的合同权利相关的金额时，应当考虑将估计的可变对价计入交易价格的限制要求。

15.4.8 无须退回的初始费

企业在合同开始(或接近合同开始)日向客户收取的无须退回的初始费应当计入交易价格。企业应当评估该初始费是否与向客户转让已承诺的商品相关。该初始费与向客户转让已承诺的商品相关，并且该商品构成单项履约义务的，企业应当在转让该商品时，按照分摊至该商品的交易价格确认收入；该初始费与向客户转让已承诺的商品相关，但该商品不构成单项履约义务的，企业应当在包含该商品的单项履约义务履行时，按照分摊至该单项履约义务的交易价格确认收入；该初始费与向客户转让已承诺的商品不相关的，该初始费应当作为未来将转让商品的预收款，在未来转让该商品时确认为收入。

企业收取了无须退回的初始费且为履行合同应开展初始活动，但这些活动本身并没有向客户转让已承诺的商品的，该初始费与未来将转让的已承诺商品相关，应当在未来转让该商品时确认为收入，企业在确定履约进度时不应考虑这些初始活动；企业为该初始活动发生的支出应当按照本章合同成本部分的要求确认为一项资产或计入当期损益。

第 16 章
政府补助

《企业会计准则第 16 号——政府补助》（以下简称"政府补助准则"）规范了政府补助的确认、计量、列示和相关信息的披露。企业应当根据政府补助的定义和特征对来源于政府的经济资源进行判断，并按照准则的要求对政府补助进行相应的会计处理和列报。

政府向企业提供经济支持，以鼓励或扶持特定行业、地区或领域的发展，是政府进行宏观调控的重要手段，也是国际上通行的做法。对企业而言，并不是所有来源于政府的经济资源都属于准则规范的政府补助，除政府补助外，还可能是政府对企业的资本性投入或者政府购买服务所支付的对价。准则要求企业首先根据交易或者事项的实质对来源于政府的经济资源所归属的类型做出判断，对于符合政府补助的定义和特征的，再按照准则的要求进行确认、计量、列示与披露。

16.1 政府补助概述

16.1.1 政府补助的定义

《企业会计准则第 16 号——政府补助》具体准则规定，政府补助是指企业从政府无偿取得货币性资产或非货币性资产。政府补助主要形式包括政府对企业的无偿拨款、税收返还、财政贴息，以及无偿给予非货币性资产等。通常情况下，直接减征、免征、增加计税抵扣额、抵免部分税额等不涉及资产直接转移的经济资源，不适用政府补助准则。需要说明的是，增值税出口退税不属于政府补助。

16.1.2 政府补助的特征

根据《企业会计准则第 16 号——政府补助》的规定，政府补助具有下列特征。

（1）政府补助是来源于政府的经济资源。这里的政府主要是指行政事业单位及类似机构。对于企业收到的来源于其他方的补助，有确凿证据表明政府是补助的实际拨付者，其他方只起到代收代付作用的，该项补助也属于来源于政府的经济资源。

（2）政府补助是无偿的。即企业取得来源于政府的经济资源，不需要向政府交付商品或服务等对价。无偿性是政府补助的基本特征，这一特征将政府补助与政府以投资者身份向企业投入资本、政府购买服务等政府与企业之间的互惠性交易区别开来。

【例 16-1】 2×17 年 2 月，甲企业与所在城市的开发区人民政府签订了项目合作投资协议，实施"退城进园"技改搬迁。根据协议，甲企业在开发区内投资约 4 亿元建设电子信息设备生产基地。生产基地占地面积 400 亩（1 亩 ≈ 666.67 平方米），该宗项目用地按开发区工业用地基准地价挂牌出让，甲企业摘牌并按挂牌出让价格缴纳土地出让金 4 800 万元。

甲企业自开工之日起须在 18 个月内完成搬迁工作，从原址搬迁至开发区，同时将甲企业位于城区繁华地段的原址用地（200 亩，按照所在地段工业用地基准地价评估为 1 亿元）移交给开发区政府收储，开发区政府将向甲企业支付补偿资金 1 亿元。

本例中，为实施"退城进园"技改搬迁，甲企业将其位于城区繁华地段的原址用地移交给开发区政府收储，开发区政府为此向甲企业支付补偿资金 1 亿元。由于开发区政府对甲企业的搬迁补偿是基于甲企业原址用地的公允价值确定的，实质是政府按照相应资产的市场价格向企业购买资产，企业从政府取得的经济资源是企业让渡其资产的对价，双方的交易是互惠性交易，不符合政府补助无偿性的特点。因此，甲企业收到的 1 亿元搬迁补偿资金不作为政府补助处理，而应作为处置非流动资产的收入。

【例 16-2】乙企业是一家生产和销售重型机械的企业。为推动科技创新，乙企业所在地政府于 2×17 年 8 月向乙企业拨付了 3 000 万元资金，要求乙企业将这笔资金用于技术改造项目研究，研究成果归乙企业享有。

本例中，乙企业的日常经营活动是生产和销售重型机械，其从政府取得了 3 000 万元资金用于研发支出，且研究成果归其享有。因此，这项财政拨款具有无偿性的特征，乙企业收到的 3 000 万元资金应当按照政府补助准则的规定进行会计处理。

16.1.3 政府补助的分类

根据《企业会计准则第 16 号——政府补助》规定，政府补助应当划分为与资产相关的政府补助和与收益相关的政府补助。

与资产相关的政府补助，是指企业取得的、用于购建或以其他方式形成长期资产的政府补助。通常情况下，相关补助文件会要求企业将补助资金用于取得长期资产，长期资产将在较长的期间内给企业带来经济利益，因此相应的政府补助的受益期也较长。与收益相关的政府补助，是指除与资产相关的政府补助之外的政府补助。

16.2 政府补助的确认和计量

关于政府补助的确认条件，《企业会计准则第 16 号——政府补助》具体准则规定，政府补助同时满足下列条件的，才能予以确认：一是企业能够满足政府补助所附条件；二是企业能够收到政府补助。

关于政府补助的计量属性，《企业会计准则第 16 号——政府补助》具体准则规定，政府补助为货币性资产的，应当按照收到或应收的金额计量。政府补助为非货币性资产的，应当按照公允价值计量；公允价值不能可靠取得的，按照名义金额计量。

政府补助有两种会计处理方法：总额法和净额法。总额法是在确认政府补助时，将其全额一次或分次确认为收益，而不是作为相关资产账面价值或者成本费用等的扣减。净额法是将政府补助确认为对相关资产账面价值或者所补偿成本费用等的扣减。

16.2.1 与资产相关的政府补助

实务中,企业通常先收到补助资金,再按照政府要求将补助资金用于购建固定资产或无形资产等长期资产。企业在取得与资产相关的政府补助时,应当选择采用总额法或净额法进行会计处理。

总额法下,企业在取得与资产相关的政府补助时应当按照补助资金的金额借记"银行存款"等科目,贷记"递延收益"科目;然后在相关资产使用寿命内按合理、系统的方法分期计入损益。如果企业先取得与资产相关的政府补助,再确认所购建的长期资产,总额法下应当在开始对相关资产计提折旧或进行摊销时按照合理、系统的方法将递延收益分期计入当期收益;如果相关长期资产投入使用后企业再取得与资产相关的政府补助,总额法下应当在相关资产的剩余使用寿命内按照合理、系统的方法将递延收益分期计入当期收益。

净额法下,企业在取得政府补助时应当按照补助资金的金额冲减相关资产的账面价值。如果企业先取得与资产相关的政府补助,再确认所购建的长期资产,净额法下应当将取得的政府补助先确认为递延收益,在相关资产达到预定可使用状态或预定用途时将递延收益冲减资产账面价值;如果相关长期资产投入使用后企业再取得与资产相关的政府补助,净额法下应当在取得补助时冲减相关资产的账面价值,并按照冲减后的账面价值和相关资产的剩余使用寿命计提折旧或进行摊销。

实务中存在政府无偿给予企业长期非货币性资产的情况,如无偿给予土地使用权、天然起源的天然林等。企业取得的政府补助为非货币性资产的,应当按照公允价值计量;公允价值不能可靠取得的,按照名义金额(1元)计量。

【例16-3】按照国家有关政策,企业购置环保设备可以申请补贴以补偿其环保支出。丁企业于2×18年1月向政府有关部门提交了210万元的补助申请,作为对其购置环保设备的补贴。2×18年3月15日,丁企业收到了政府补贴款210万元。2×18年4月20日,丁企业购入不需安装的环保设备一台,实际成本为480万元,使用寿命为10年,采用直线法计提折旧(不考虑净残值)。2×26年4月,丁企业的这台设备发生毁损而报废。本例中不考虑相关税费等其他因素。

丁企业的账务处理如下:

方法一:丁企业选择总额法对此类补助进行会计处理。

(1)2×18年3月15日实际收到财政拨款,确认递延收益。

借:银行存款 2 100 000
　　贷:递延收益 2 100 000

(2)2×18年4月20日购入设备。

借:固定资产 4 800 000
　　贷:银行存款 4 800 000

(3)自2×18年5月起每个资产负债表日(月末)计提折旧,同时分摊递延收益。

①计提折旧(假设该设备用于污染物排放测试,折旧费用计入制造费用)。

借:制造费用	40 000	
贷:累计折旧		40 000

②分摊递延收益。

借:递延收益	17 500	
贷:其他收益		17 500

(4) 2×26 年 4 月设备毁损,同时转销递延收益余额。

借:固定资产清理	960 000	
累计折旧	3 840 000	
贷:固定资产		4 800 000
借:递延收益	420 000	
贷:固定资产清理		420 000
借:营业外支出	540 000	
贷:固定资产清理		540 000

方法二:丁企业选择净额法对此类补助进行会计处理。

(1) 2×18 年 3 月 15 日实际收到财政拨款,确认递延收益。

借:银行存款	2 100 000	
贷:递延收益		2 100 000

(2) 2×18 年 4 月 20 日购入设备。

借:固定资产	4 800 000	
贷:银行存款		4 800 000
借:递延收益	2 100 000	
贷:固定资产		2 100 000

(3) 自 2×18 年 5 月起每个资产负债表日(月末)计提折旧。

借:制造费用	22 500	
贷:累计折旧		22 500

(4) 2×26 年 4 月设备毁损。

借:固定资产清理	540 000	
累计折旧	2 160 000	
贷:固定资产		2 700 000
借:营业外支出	540 000	
贷:固定资产清理		540 000

16.2.2 与收益相关的政府补助

《企业会计准则第 16 号——政府补助》具体准则规定,与收益相关的政府补助,应当分情况按照以下规定进行会计处理:一是用于补偿企业以后期间的相关成本费用或损失的,确认为递延收益,并在确认相关成本费用或损失的期间,计入当期损益或冲减相关成本;二是用于补偿企业已发生的相关成本费用或损失的,直接计入当期损益或冲减相关成本。

（1）与收益相关的政府补助如果用于补偿企业以后期间的相关成本费用或损失，企业在取得时应当先判断企业能否满足政府补助所附条件。

【例16-4】 甲企业于2×17年3月15日与其所在地地方政府签订合作协议，根据协议约定，当地政府将向甲企业提供1 000万元奖励资金，用于企业的人才激励和人才引进奖励，甲企业必须按年向当地政府报送详细的资金使用计划并按规定用途使用资金。协议同时还约定，甲企业自获得奖励起10年内注册地址不得迁离本地区，否则政府有权追回奖励资金。甲企业于2×17年4月10日收到1 000万元补助资金，分别在2×17年12月、2×18年12月、2×19年12月使用了400万元、300万元和300万元，用于发放给总裁级高管年度奖金。本例中不考虑相关税费等其他因素。

本例中，甲企业应当在取得政府补助时先判断是否满足政府补助的确认条件。如果客观情况表明甲企业在未来10年内离开该地区的可能性很小，如通过成本效益分析认为甲企业迁离该地区的成本远高于收益，则甲企业在收到补助资金时应当记入"递延收益"科目，实际按规定用途使用补助资金时，再计入当期损益。

假设甲企业选择净额法对此类补助进行会计处理，其账务处理如下。

（1）2×17年4月10日甲企业实际收到补助资金。

借：银行存款 10 000 000
　　贷：递延收益 10 000 000

（2）2×17年12月、2×18年12月、2×19年12月甲企业将补助资金用于发放高管奖金时相应结转递延收益。

① 2×17年12月。

借：递延收益 4 000 000
　　贷：管理费用 4 000 000

② 2×18年12月。

借：递延收益 3 000 000
　　贷：管理费用 3 000 000

③ 2×19年12月。

借：递延收益 3 000 000
　　贷：管理费用 3 000 000

如果本例中甲企业选择按总额法对此类政府补助进行会计处理，则应当在确认相关管理费用的期间，借记"递延收益"科目，贷记"其他收益"科目。

如果甲企业在取得补助资金时暂时无法确定能否满足政府补助所附条件（即10年内注册地址不得迁离本地区），则应当将收到的补助资金先记入"其他应付款"科目，待客观情况表明其能够满足政府补助所附条件后再转入"递延收益"科目。

（2）用于补偿企业已发生的相关成本费用或损失的，直接计入当期损益或冲减相关成本。这类补助通常与企业已经发生的行为有关，是对企业已发生的成本费用或损失的补偿，或是对企业过去行为的奖励。

【例16-5】乙企业销售其自主开发的软件。按照国家有关规定，该企业的这种产品适用增值税即征即退政策，按13%的税率征收增值税后，对其增值税实际税负超过3%的部分，实行即征即退。乙企业2×18年8月在进行纳税申报时，对归属于7月的增值税即征即退提交退税申请，经主管税务机关审核后的退税额为10万元。

本例中，软件企业即征即退增值税与企业日常销售密切相关，属于与企业的日常活动相关的政府补助。乙企业2×18年8月申请退税并确定了增值税退税额，账务处理如下。

借：其他应收款　　　　　　　　　　　　　　　　　　　　100 000
　　贷：其他收益　　　　　　　　　　　　　　　　　　　　　　　100 000

【例16-6】丙企业2×17年11月遭受重大自然灾害，并于2×17年12月20日收到政府补助资金200万元用于弥补其遭受自然灾害的损失。

2×17年12月20日，丙企业实际收到补助资金并对此类补助选择按总额法进行会计处理，其账务处理如下。

借：银行存款　　　　　　　　　　　　　　　　　　　　　2 000 000
　　贷：营业外收入　　　　　　　　　　　　　　　　　　　　　2 000 000

【例16-7】丁企业是集芳烃技术研发、生产于一体的高新技术企业。芳烃的原料是石脑油。石脑油按成品油项目在生产环节征消费税。根据国家有关规定，对使用燃料油、石脑油生产乙烯芳烃的企业购进并用于生产乙烯、芳烃类化工产品的石脑油、燃料油，按实际耗用数量退还所含消费税。假设丁企业石脑油单价为5 333元/吨（其中，消费税为2 105元/吨）。2×17年7月，丁企业将115吨石脑油投入生产，石脑油转换率为1.15：1（即1.15吨石脑油可生产1吨乙烯芳烃），共生产乙烯芳烃100吨。丁企业根据当期产量及所购原料供应商的消费税证明，向税务机关申请退还相应的消费税。

本例中，丁企业当期应退消费税为242 075（100×1.15×2 105）元。丁企业在期末结转存货成本和主营业务成本之前，对该政府补助的账务处理如下。

借：其他应收款　　　　　　　　　　　　　　　　　　　　242 075
　　贷：生产成本　　　　　　　　　　　　　　　　　　　　　　242 075

16.2.3　政府补助的退回

《企业会计准则第16号——政府补助》具体准则规定，已确认的政府补助需要退回的，应当在需要退回的当期分情况按照以下规定进行会计处理：（1）初始确认时冲减相关资产账面价值的，调整资产账面价值；（2）存在相关递延收益的，冲减相关递延收益账面余额，超出部分计入当期损益；（3）属于其他情况的，直接计入当期损益。

此外，对于属于前期差错的政府补助退回，应当按照《企业会计准则第28号——会计政策、会计估计变更和差错更正》作为前期差错更正进行追溯调整。

【例16-8】沿用【例16-3】，假设2×19年5月，因客观环境改变丁企业不再符合申请补助的条件，有关部门要求丁企业全额退回补助款。丁企业于当月退回了补助款210万元。丁企业的账务处理如下。

方法一：丁企业选择总额法对此类补助进行会计处理。

丁企业应当结转尚未分配的递延收益，并将超出部分计入当期损益。因为本例中该项补助与日常活动相关，所以这部分退回的补助冲减退回当期的其他收益。

2×19年5月丁企业退回补助款时，会计处理如下。

借：递延收益　　　　　　　　　　　　　　　　　1 890 000
　　其他收益　　　　　　　　　　　　　　　　　　 210 000
　　贷：银行存款　　　　　　　　　　　　　　　　2 100 000

方法二：丁企业选择净额法对此类补助进行会计处理。

丁企业计算应补提的折旧，将这部分费用计入当期损益，相应调整固定资产的账面价值。

2×19年5月丁企业退回补助款时，会计处理如下。

借：固定资产　　　　　　　　　　　　　　　　　1 890 000
　　制造费用　　　　　　　　　　　　　　　　　　 210 000
　　贷：银行存款　　　　　　　　　　　　　　　　2 100 000

16.3　政府补助的列报

16.3.1　列报项目

企业应当在利润表中的"营业利润"项目之上单独列报"其他收益"项目，计入其他收益的政府补助在该项目中反映。冲减相关成本费用的政府补助，在相关成本费用项目中反映。与企业日常经营活动无关的政府补助，在利润表的营业外收支项目中反映。

16.3.2　披露信息

企业应当在附注中单独披露与政府补助有关的下列信息：政府补助的种类、金额和列报项目；计入当期损益的政府补助金额；本期退回的政府补助金额及原因。其中，列报项目不仅包括总额法下计入其他收益、营业外收入、递延收益等项目，还包括净额法下冲减的资产和成本费用等项目。

16.4　衔接规定

《企业会计准则第16号——政府补助》具体准则规定，2006年2月15日财政部印发的《财政部关于印发〈企业会计准则第1号——存货〉等38项具体准则的通知》（财会〔2006〕3号）中的《企业会计准则第16号——政府补助》同时废止。企业对2017年1月1日存在的政府补助采用未来适用法处理，对2017年1月1日至准则施行日新增的政府补助根据准则进行调整。财政部此前发布的有关政府补助会计处理规定与准则不一致的，以准则为准。

2017年1月1日存在的政府补助主要指当日仍存在尚未分摊计入损益的与政府补助有关的递延收益。因采用未来适用法，企业不需调整2016年12月31日有关科目的期末余额，在编制2017年年报时也不需调整可比期间的比较数据。2017年1月1日至准则施行日新增的政府补助，主要指在这一期间内新取得的政府补助。企业对 2017 年 1 月 1 日存在的和 2017 年 1 月 1 日至准则施行日新增的政府补助应当视同从 2017 年 1 月 1 日起按照准则进行会计处理，以确保在 2017 年度对政府补助业务采用的会计处理方法保持一致。

【例 16-9】丁企业于 2017 年 1 月 1 日存在尚未摊销的递延收益（与资产相关的政府补助）50 万元，该项递延收益对应的固定资产原值是 400 万元。根据收入准则的衔接规定，丁企业在准则施行后有两种处理方法：一是继续采用总额法，在这种方法下无须调整固定资产原值和递延收益，但需要根据准则对递延收益应当记入"其他收益"科目还是"营业外收入"科目进行判断，如果判断应当记入"其他收益"科目，则将 2017 年 1 月 1 日以来摊销的递延收益从"营业外收入"科目中转出记入"其他收益"科目。二是选择采用净额法，将递延收益在 2017 年 1 月 1 日的余额冲减相关固定资产原值（原值调整为 350 万元），并以调整后的固定资产账面价值为基础计提折旧，同时调整自 2017 年 1 月 1 日起因摊销该项递延收益而记入"营业外收入"科目的金额以及相关资产计提的折旧费用。需要强调的是，因采用未来适用法，企业不需调整 2016 年 12 月 31 日有关资产负债的期末余额，在编制 2017 年年报时也不需调整可比期间的比较数据。

第 17 章
借款费用

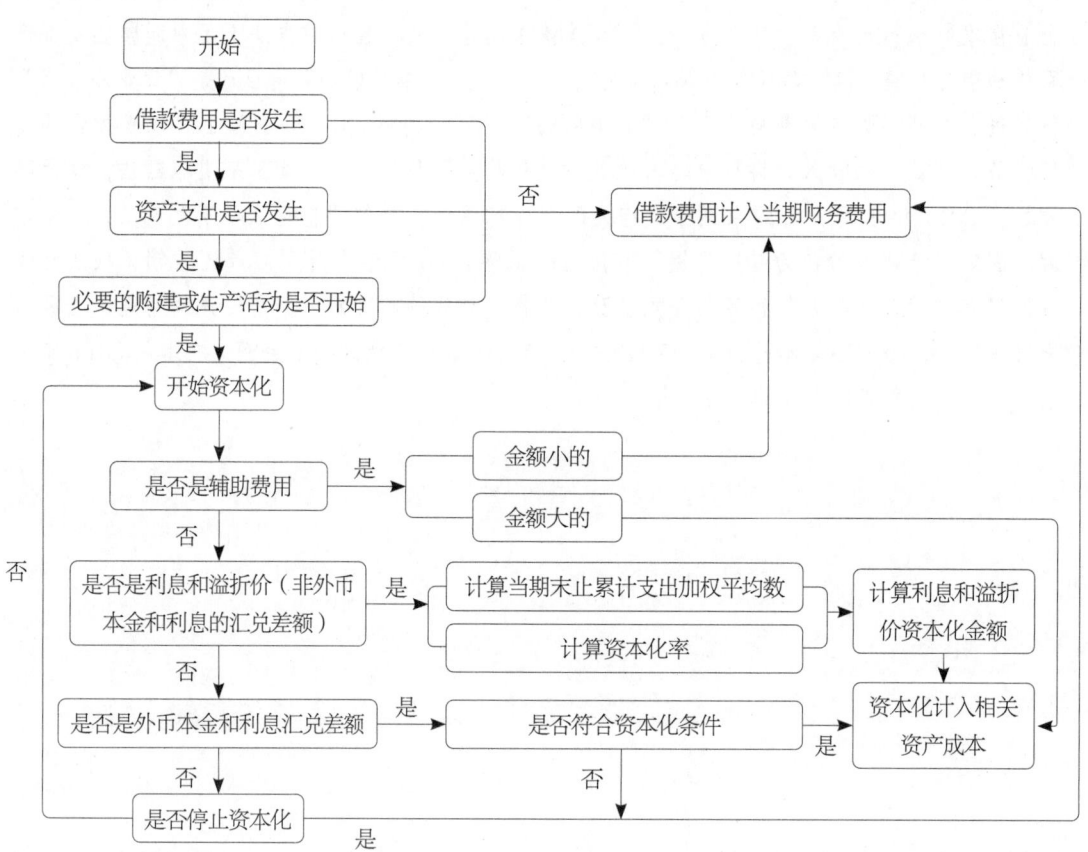

17.1 借款费用的定义及范畴

17.1.1 定义

根据《企业会计准则第 17 号——借款费用》（以下简称"借款费用准则"）具体准则，借款费用是指企业因借款而发生的利息及其他相关成本。借款费用包括借款利息、折价或者溢价的摊销、辅助费用以及因外币借款而发生的汇兑差额等。

17.1.2 范畴

《企业会计准则讲解》对借款费用准则中规定的借款费用核算内容做了具体解释。

（1）因借款而发生的利息，包括企业向银行或者其他金融机构等借入资金发生的利息、发行公司债券发生的利息，以及为购建或者生产符合资本化条件的资产而发生的带息债务所承担的利息等。

（2）因借款而发生的折价或者溢价主要是指发行债券等所发生的折价或者溢价，发行债券中的折价或者溢价，其实质是对债券票面利息的调整（即将债券票面利率调整为实际利率），属于借款费用的范畴。

（3）因外币借款而发生的汇兑差额，是指由于汇率变动对外币借款本金及其利息的记账本位币金额所产生的影响金额。

（4）因借款而发生的辅助费用，是指企业在借款过程中发生的如手续费、佣金等费用，由于这些费用是因安排借款而发生的，也属于借入资金所付出的代价，是借款费用的构成部分。

借款费用准则着重解决了借款费用的确认和计量，尤其是借款费用资本化条件的确认以及借款费用资本化金额的计量问题。

17.2 借款费用的确认和计量

17.2.1 借款费用确认的基本原则

按照《企业会计准则第 17 号——借款费用》具体准则的规定，企业发生的借款费用，可直接归属于符合资本化条件的资产的购建或者生产的，应当予以资本化，计入相关资产成本；其他借款费用，应当在发生时根据其发生额确认为费用，计入当期损益。

（一）借款费用资本化的条件

根据《企业会计准则第 17 号——借款费用》具体准则，借款费用同时满足下列条件的，才能开始资本化。

（1）资产支出已经发生，资产支出包括为购建或者生产符合资本化条件的资产而以支付现金、转移非现金资产或者承担带息债务形式发生的支出。

①支付现金，是指用货币资金支付符合资本化条件的资产的购建或者生产支出。

【例 17-1】某企业用现金或者银行存款购买为建造或者生产符合资本化条件的资产所需用材料，支付有关职工薪酬，向工程承包商支付工程进度款等，这些支出均属于资产支出。

②转移非现金资产，是指企业将自己的非现金资产直接用于符合资本化条件的资产的购建或者生产。

【例 17-2】某企业将自己生产的产品，包括自己生产的水泥、钢材等，用于符合资本化条件的资产的建造或者生产，企业同时还将自己生产的产品向其他企业换取用于符合资本化条件的资产的建造或者生产所需用工程物资的，这些产品成本均属于资产支出。

③承担带息债务，是指企业为了购建或者生产符合资本化条件的资产所需用物资等而承担的带息应付款项（如带息应付票据）。

【例 17-3】某企业因建设长期工程所需，于 20×7 年 3 月 1 日购入一批工程用物资，开出一张 10 万元的带息银行承兑汇票，期限为 6 个月，票面年利率为 6%。对于该事项，企业尽管没有为工程建设的目的直接支付现金，但承担了带息债务，所以应当将 10 万元的购买工程用物资款作为资产支出，自 3 月 1 日开出承兑汇票开始即表明资产支出已经发生。

（2）借款费用已经发生。

企业已经发生了因购建或者生产符合资本化条件的资产而专门借入款项的借款费用或者所占用的一般借款的借款费用。

【例17-4】某企业于20×7年1月1日为建造一幢建设期为2年的厂房从银行专门借入款项9 000万元，当日开始计息。在20×7年1月1日即应当认为借款费用已经发生。

（3）为使资产达到预定可使用或者可销售状态所必要的购建或者生产活动已经开始。

符合资本化条件的资产的实体建造或者生产工作已经开始，如主体设备的安装、厂房的实际开工建造等。它不包括仅仅持有资产但没有发生为改变资产形态而进行的实质上的建造或者生产活动。

【例17-5】某企业为了建设写字楼购置了建筑用地，但是尚未开工兴建房屋，有关房屋实体建造活动也没有开始，在这种情况下即使企业为了购置建筑用地已经发生了支出，也不应当将其认为为使资产达到预定可使用状态所必要的购建活动已经开始。

企业只有在上述三个条件同时满足的情况下，有关借款费用才可开始资本化，只要其中一个条件没有满足，借款费用就不能开始资本化。

（二）符合借款费用资本化条件的资产

（1）基本适用情况。根据《企业会计准则讲解》的解释，符合资本化条件的资产是指需要经过相当长时间的购建或者生产活动才能达到预定可使用或者可销售状态的固定资产、投资性房地产和存货等资产。建造合同成本、确认为无形资产的开发支出等在符合条件的情况下，也可以认定为符合资本化条件的资产。

（2）《企业会计准则第17号——借款费用》解释中对符合借款费用资本化条件的存货进行了解释。根据本准则规定，符合借款费用资本化条件的存货包括房地产开发企业开发的用于出售的房地产开发产品、机械制造企业制造的用于对外出售的大型机械设备等。这些存货需经过相当长时间的建造或者生产活动，才能达到预定可使用或者可销售状态。

【例17-6】ABC公司于20×7年1月1日起，用银行借款开工建设一幢简易厂房，厂房于当月25日完工，达到预定可使用状态。

在本例中，尽管公司借款用于固定资产的购建，但是由于该固定资产建造时间较短，不属于需要经过相当长时间的购建才能达到预定可使用状态的资产，因此，所发生的相关借款费用不应予以资本化计入在建工程成本，而应当根据发生额计入当期财务费用。

在实务中，如果由于人为或者故意等非正常因素导致资产的购建或者生产时间相当长的，该资产不属于符合资本化条件的资产。

【例17-7】甲企业向银行借入资金分别用于生产A产品和B产品，其中，A产品的生产时间较短，为15天；B产品属于大型发电设备，生产时间较长，为1年零3个月。

为生产存货而借入的借款费用在符合资本化条件的情况下应当予以资本化，但本例中，由于A产品的生产时间较短，不符合需要经过相当长时间的生产才能达到预定可销售状态的资产，因此，为A产品的生产而借入资金所发生的借款费用不应计入A产品的生产成本，而应当计入当期财务费用。反之，B产品的生产时间比较长，属于需要经过相当长时间的生产才能达到预定可销售状态的资产，因此，符合资本化的条件，有关借款费用可以资本化，计入B产品的成本。

17.2.2 借款费用资本化的计量

《企业会计准则第17号——借款费用》具体准则规定，在资本化期间内，每一会计期间的利息（包括折价或溢价的摊销）资本化金额，应当按照下列规定确定。

（1）为购建或者生产符合资本化条件的资产而借入专门借款的，应当以专门借款当期实际发生的利息费用，减去将尚未动用的借款资金存入银行取得的利息收入或进行暂时性投资取得的投资收益后的金额确定。

（2）为购建或者生产符合资本化条件的资产而占用了一般借款的，企业应当根据累计资产支出超过专门借款部分的资产支出加权平均数乘以所占用一般借款的资本化率，计算确定一般借款应予资本化的利息金额。资本化率应当根据一般借款加权平均利率计算确定。

一般借款加权平均利率的计算公式如下：

一般借款加权平均利率＝所占用一般借款当期实际发生的利息之和÷所占用一般借款本金加权平均数

【例17-8】某公司于20×7年1月1日动工兴建一幢办公楼，工期为1年，工程采用出包方式，分别于20×7年1月1日、7月1日和10月1日支付工程进度款1 500万元、3 000万元和1 000万元。办公楼于20×7年12月31日完工，达到预定可使用状态。公司为建造办公楼发生了两笔专门借款，分别为：

（1）20×7年1月1日专门借款2 000万元，借款期限为3年，年利率为8%，利息按年支付；

（2）20×7年7月1日专门借款2 000万元，借款期限为5年，年利率为10%，利息按年支付。

闲置专门借款资金500万元均用于固定收益债券短期投资，假定该短期投资月收益率为0.5%。公司为建造办公楼的支出总额5 500（1 500+3 000+1 000）万元超过了专门借款总额4 000（2 000+2 000）万元，占用了一般借款1 500万元。

假定所占用一般借款有两笔，分别为：

（1）向A银行长期借款2 000万元，期限为20×6年12月1日至20×9年12月1日，年利率为6%，按年支付利息；

（2）发行公司债券10 000万元，于20×6年1月1日发行，期限为5年，年利率为8%，按年支付利息。

根据上述资料，计算公司建造办公楼应予资本化的利息费用金额。

（1）计算专门借款利息费用资本化金额。专门借款利息资本化金额＝专门借款当期实际发生的利息费用－将闲置借款金额短期投资取得的投资收益。为简化计算，假定全年按360天计算。据此，专门借款利息费用的资本化金额为：

$2\,000 \times 8\% + 2\,000 \times 10\% \times 180 \div 360 - 500 \times 0.5\% \times 6 = 245$（万元）

（2）计算一般借款利息费用资本化金额。一般借款利息费用资本化金额＝累计资产支出超过专门借款部分的资产支出加权平均数×所占用一般借款的资本化率。其中：累计资产支出超过专门借款部分的资产支出加权平均数=（4 500-4 000）×180÷360+1 000×90÷360=500（万元）。

一般借款资本化率=（2 000×6%+10 000×8%）÷（2 000+10 000）=7.67%。一般借款利息费用资本化金额=500×7.67%=38.35（万元）。

（3）计算建造办公楼应予资本化的利息费用金额。该公司建造办公楼应予资本化的利息费用金额为283.35万元，即专门借款利息费用资本化金额245万元和一般借款利息费用资本化金额38.35万元之和。

（3）借款存在折价或者溢价的，应当按照实际利率法确定每一会计期间应摊销的折价或者溢价金额，调整每期利息金额。

【例17-9】A公司于2×16年1月1日折价发行了面值为1 250万元公司债券，发行价格为1 000万元，票面年利率为4.72%，每年年末支付利息59（1 250×4.72%）万元，当期一次还本。据此，计算该公司债券实际利率r。

由于$1\,000=59\times(1+r)^{-1}+59\times(1+r)^{-2}+59\times(1+r)^{-3}+59\times(1+r)^{-4}+(59+1\,250)\times(1+r)^{-5}$，由此计算得出$r=10\%$。

A公司债券摊余成本计算情况如表17-1所示。

表17-1　　　　　　　　　　A公司债券摊余成本计算情况

单位：万元

年份	年份期初公司债券余额（a）	实际利息费用（b）（按10%计算）	每年支付现金（c）	期末公司债券摊余成本（d=a+b-c）
2×16年	1 000	100	59	1 041
2×17年	1 041	104	59	1 086
2×18年	1 086	109	59	1 136
2×19年	1 136	113	59	1 190
2×20年	1 190	119	1 250+59	0

假定A公司发行公司债券募集的资金专门用于建造一条生产线，生产线从2×16年1月1日开始建设，于2×18年底完工，达到预定可使用状态。A公司在2×16年至2×18年间每年应予资本化的利息费用为100万元、104万元和109万元，2×19年和2×20年发生的113万元和119万元利息费用应当计入当期损益，不应再资本化。除公司债券外，其他借款也应当按照上述实际利率法确定每期利息费用。如果按照名义（合同）利率和实际利率计算的每期利息费用相差不大，可以按照名义利率计算确定每期借款利息。

【例17-10】ABC公司于20×7年1月1日正式动工兴建一幢办公楼，工期预计为1年零6个月，工程采用出包方式，分别于20×7年1月1日、20×7年7月1日和20×8年1

月 1 日支付工程进度款。

公司为建造办公楼于 20×7 年 1 月 1 日专门借款 2 000 万元，借款期限为 3 年，年利率为 6%。另外在 20×7 年 7 月 1 日又专门借款 4 000 万元，借款期限为 5 年，年利率为 7%。借款利息按年支付。（名义利率与实际利率相同）

闲置借款资金均用于固定收益债券短期投资，该短期投资月收益率为 0.5%。

办公楼于 20×8 年 6 月 30 日完工，达到预定可使用状态。

公司为建造该办公楼的支出金额如表 17-2 所示。

表 17-2　　　　　　　　　建造办公楼的资金支出情况

单位：万元

日期	每期资产支出金额	累计资产支出金额	闲置借款资金用于短期投资金额
20×7 年 1 月 1 日	1 500	1 500	500
20×7 年 7 月 1 日	2 500	4 000	2 000
20×8 年 1 月 1 日	1 500	5 500	500
总计	5 500		3 000

由于 ABC 公司使用了专门借款建造办公楼，而且办公楼建造支出没有超过专门借款金额，因此公司 20×7 年、20×8 年为建造办公楼应予资本化的利息金额计算如下。

（1）确定借款费用资本化期间为 20×7 年 1 月 1 日至 20×8 年 6 月 30 日。

（2）计算在资本化期间内专门借款实际发生的利息金额。

20×7 年专门借款发生的利息金额 =2 000×6%+4 000×7%×6÷12=260（万元）

20×8 年 1 月 1 日—6 月 30 日

专门借款发生的利息金额 =2 000×6%×6÷12+4 000×7%×6÷12=200（万元）

（3）计算在资本化期间内利用闲置的专门借款资金进行短期投资的收益。

20×7 年短期投资收益 =500×0.5%×6+2 000×0.5%×6=75（万元）

20×8 年 1 月 1 日—6 月 30 日短期投资收益 =500×0.5%×6=15（万元）

（4）由于在资本化期间内，专门借款利息费用的资本化金额应当以其实际发生的利息费用减去将闲置的借款资金进行短期投资取得的投资收益后的金额确定，因此：

公司 20×7 年的利息资本化金额 =260-75=185（万元）

公司 20×8 年的利息资本化金额 =200-15=185（万元）

有关账务处理如下。

20×7 年 12 月 31 日。

借：在建工程　　　　　　　　　　　　　　　　　　　　　1 850 000

　　应收利息（或银行存款）　　　　　　　　　　　　　　　750 000

　　贷：应付利息　　　　　　　　　　　　　　　　　　　　2 600 000

2×18 年 6 月 30 日。

借：在建工程　　　　　　　　　　　　　　　　　　　　　1 850 000

应收利息（或银行存款）	150 000
贷：应付利息	2 000 000

（4）在资本化期间内，每一会计期间的利息资本化金额，不应当超过当期相关借款实际发生的利息金额。

（5）在资本化期间内，外币专门借款本金及利息的汇兑差额，应当予以资本化，计入符合资本化条件的资产的成本。

【例17-11】甲公司于20×1年1月1日，为建造某工程项目专门以面值发行美元公司债券1 000万元，年利率为8%，期限为3年，假定不考虑与发行债券有关的辅助费用、未支出专门借款的利息收入或投资收益。合同约定，每年1月1日支付当年利息，到期还本。

工程于20×1年1月1日开始实体建造，于20×2年6月30日完工，达到预定可使用状态，期间发生的资产支出如下：

20×1年1月1日，支出200万美元；

20×1年7月1日，支出500万美元；

20×2年1月1日，支出300万美元。

公司的记账本位币为人民币，外币业务采用外币业务发生时当日的市场汇率折算。相关汇率如下：

20×1年1月1日，市场汇率为1美元=7.70元人民币；

20×1年12月31日，市场汇率为1美元=7.75元人民币；

20×2年1月1日，市场汇率为1美元=7.77元人民币；

20×2年6月30日，市场汇率为1美元=7.80元人民币。

本例中，公司计算外币借款汇兑差额资本化金额如下。

（1）计算20×1年12月31日时汇兑差额资本化金额。

①债券应付利息=1 000×8%×7.75=80×7.75=620（万元）

账务处理为：

借：在建工程	6 200 000
贷：应付利息	6 200 000

②外币债券本金及利息汇兑差额=1 000×(7.75-7.70)+1 000×8%×(7.75-7.75)=50（万元）

③账务处理为：

借：在建工程	500 000
贷：应付债券	500 000

（2）20×2年1月1日实际支付利息时，应当支付80万美元，折算成人民币为621.60万元。该金额与原账面金额620万元之间的差额1.60万元应当继续予以资本化，计入在建工程成本。账务处理为：

借：应付利息	6 200 000
在建工程	16 000
贷：银行存款	6 216 000

（3）计算20×2年6月30日时的汇兑差额资本化金额。

①债券应付利息=1 000×8%×1÷2×7.80=40×7.80=312（万元）

账务处理为：

借：在建工程　　　　　　　　　　　　　　　　　　　　　3 120 000
　　贷：应付利息　　　　　　　　　　　　　　　　　　　　3 120 000

②外币债券本金及利息汇兑差额=1 000×(7.80-7.75)+1 000×8%×1/2×(7.80-7.80)=50（万元）

③账务处理为：

借：在建工程　　　　　　　　　　　　　　　　　　　　　500 000
　　贷：应付债券　　　　　　　　　　　　　　　　　　　　500 000

（6）专门借款发生的辅助费用，在所购建或者生产的符合资本化条件的资产达到预定可使用或者可销售状态之前发生的，应当在发生时根据其发生额予以资本化，计入符合资本化条件的资产的成本；在所购建或者生产的符合资本化条件的资产达到预定可使用或者可销售状态之后发生的，应当在发生时根据其发生额确认为费用，计入当期损益。

（7）符合资本化条件的资产在购建或者生产过程中发生非正常中断，且中断时间连续超过3个月的，应当暂停借款费用的资本化。在中断期间发生的借款费用应当确认为费用，计入当期损益，直至资产的购建或者生产活动重新开始。

【例17-12】 某企业于20×7年1月1日利用专门借款开工兴建一幢办公楼，支出已经发生，因此借款费用从当日起开始资本化。工程预计于20×8年3月完工。

20×7年5月15日，由于工程施工发生了安全事故，导致工程中断，直到9月10日才复工。

该中断就属于非正常中断，因此，上述专门借款在5月15日至9月10日所发生的借款费用不应资本化，而应作为财务费用计入当期损益。

17.2.3　借款费用资本化的停止

根据《企业会计准则第17号——借款费用》具体准则解释，购建或者生产符合资本化条件的资产达到预定可使用或者可销售状态时，借款费用应当停止资本化。同时借款费用准则还规定了购建或者生产符合资本化条件的资产达到预定可使用或者可销售的状态。具体分为以下几个方面。

（1）符合资本化条件的资产的实体建造（包括安装）或者生产工作已经全部完成或者实质上已经完成。

（2）所购建或者生产的符合资本化条件的资产与设计要求、合同规定或者生产要求相符或者基本相符，即使有极个别与设计、合同或者生产要求不相符的地方，也不影响其正常使用或者销售。

（3）继续发生在所购建或生产的符合资本化条件的资产上的支出金额很少或者几乎不再发生。

（4）购建或者生产的符合资本化条件的资产的各部分分别完工，且每部分在其他部分继续建造过程中可供使用或者可对外销售，且为使该部分资产达到预定可使用或可销售状态所必要的购建或者生产活动实质上已经完成的,应当停止与该部分资产相关的借款费用的资本化。

【例17-13】某企业利用借入资金建造由若干幢厂房组成的生产车间,每幢厂房完工时间不一样,但每幢厂房在其他厂房继续建造期间均可单独使用。

在这种情况下,当其中的一幢厂房完工并达到预定可使用状态时,企业应当停止该幢厂房相关借款费用的资本化。

【例17-14】ABC公司借入一笔款项,于20×7年2月1日采用出包方式开工兴建一幢办公楼。20×8年10月10日工程全部完工,达到合同要求。10月30日工程验收合格,11月15日办理工程竣工结算,11月20日完成全部资产移交手续,12月1日办公楼正式投入使用。

在本例中,ABC公司应当将20×8年10月10日确定为工程达到预定可使用状态的时点,作为借款费用停止资本化的时点。后续的工程验收日、竣工结算日、资产移交日和投入使用日均不应作为借款费用停止资本化的时点,否则会导致资产价值和利润的高估。

17.3 披露

根据《企业会计准则第17号——借款费用》具体准则,企业应当在附注中披露与借款费用有关的下列信息。

(1)当期资本化的借款费用金额。
(2)当期用于计算确定借款费用资本化金额的资本化率。

第18章
所得税

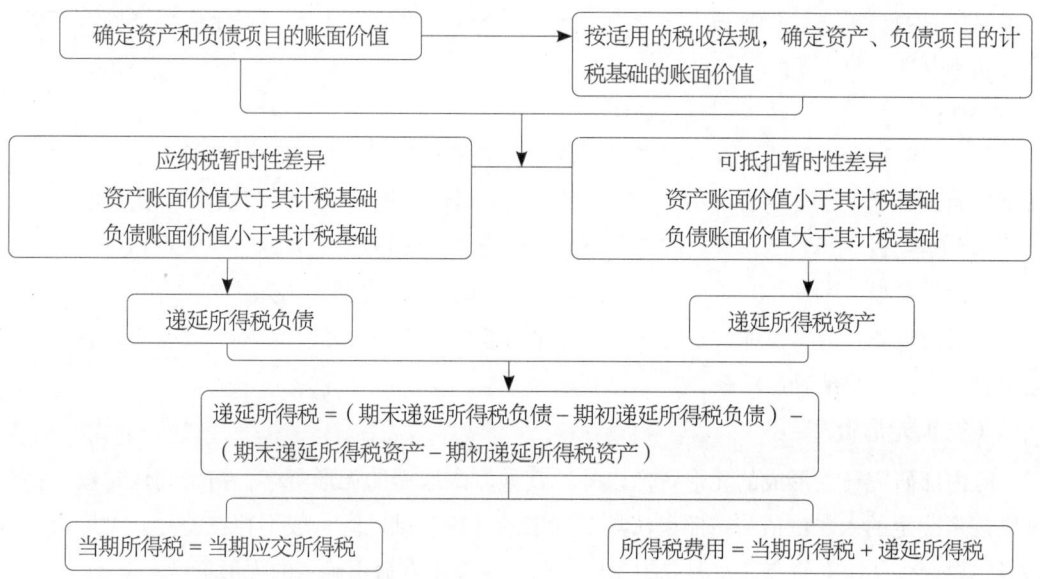

18.1 资产、负债的计税基础

18.1.1 资产的计税基础

资产的计税基础,是指企业收回资产账面价值过程中,计算应纳税所得额时按照税法规定可以自应税经济利益中抵扣的金额,即某一项资产在未来期间计税时按照税法规定可以税前扣除的金额。

《企业会计准则讲解》对资产负债表中部分资产项目计税基础的确定介绍如下。

(一)固定资产

以各种方式取得的固定资产,其取得时的账面价值一般等于计税基础。固定资产在持有期间进行后续计量时,由于会计与税法规定的不同,可能造成固定资产的账面价值与计税基础的差异。

(1)折旧方法、折旧年限的差异。会计准则规定,企业应当根据与固定资产有关的经济利益的预期实现方式合理选择折旧方法,而税法中除某些按照规定可以加速折旧的情况外,基本上可以税前扣除的是按照年限平均法计提的折旧;另外,税法还就每一类固定资产的最低折旧年限作出了规定,而会计准则规定折旧年限是由企业根据固定资产的性质和使用情况合理确定的。

(2)因计提固定资产减值准备产生的差异。持有固定资产的期间内,在对固定资产计提了减值准备以后，因税法规定企业计提的资产减值准备在发生实质性损失前不允许税前扣除，也会造成固定资产的账面价值与计税基础的差异。

【例 18-1】 A 企业于 20×6 年 12 月 20 日取得的某项固定资产，原价为 750 万元，使用年限为 10 年，会计上采用年限平均法计提折旧，净残值为零。税法规定该类（由于技术进步、产品更新换代较快的）固定资产采用加速折旧法计提的折旧可予税前扣除，该企业在计税时采用双倍余额递减法计提折旧，净残值为零。20×8 年 12 月 31 日，企业估计该项固定资产的可收回金额为 550 万元。

分析：

20×8 年 12 月 31 日，该项固定资产的账面余额 =750-750÷10×2=600（万元），该账面余额大于其可收回金额 550 万元，两者之间的差额应计提 50 万元的固定资产减值准备。

20×8 年 12 月 31 日，该项固定资产的账面价值 =750-750÷10×2-50=550（万元）；

其计税基础 =750-750×2/10-（750-750×2/10）×2/10=480（万元）。

该项固定资产的账面价值 550 万元与其计税基础 480 万元之间的 70 万元差额，将于未来期间计入企业的应纳税所得额。

（二）无形资产

除内部研究开发形成的无形资产以外，其他方式取得的无形资产，初始确认时按照会计准则规定确定的入账价值与按照税法规定确定的计税基础之间一般不存在差异。无形资产的差异主要产生于内部研究开发形成的无形资产以及使用寿命不确定的无形资产。

（1）内部研究开发形成的无形资产，其成本为开发阶段符合资本化条件以后至达到预定用途前发生的支出，除此之外，研究开发过程中发生的其他支出应予费用化计入损益；税法规定，自行开发的无形资产，以开发过程中该资产符合资本化条件后至达到预定用途前发生的支出为计税基础。

【例 18-2】 A 企业当期为开发新技术发生研究开发支出 2 000 万元，其中研究阶段支出为 400 万元，开发阶段符合资本化条件前发生的支出为 400 万元，符合资本化条件后至达到预定用途前发生的支出为 1 200 万元。税法规定，企业为开发新技术、新产品、新工艺发生的研究开发费用，未形成无形资产计入当期损益的，按照研究开发费用的 50% 加计扣除；形成无形资产的，按照无形资产成本的 150% 摊销。假定开发形成的无形资产在当期期末已达到预定用途（尚未开始摊销）。

A 企业当期发生的研究开发支出中，按照会计准则规定应予费用化的金额为 800 万元，形成无形资产的成本为 1 200 万元，即期末无形资产的账面价值为 1 200 万元。

A 企业当期发生的 2 000 万元研究开发支出，按照税法规定可在当期税前扣除的金额为 1 200 万元。所形成无形资产在未来期间可予税前扣除的金额为 1 800 万元，其计税基础为 1 800 万元，形成暂时性差异 600 万元。

（2）无形资产在后续计量时，会计与税法的差异主要产生于是否需要摊销及无形资产减值准备的提取。

【例18-3】乙企业于20×7年1月1日取得某项无形资产,取得成本为1 500万元,取得该项无形资产后,根据各方面情况判断,乙企业无法合理预计其使用期限,将其作为使用寿命不确定的无形资产。20×7年12月31日,对该项无形资产进行减值测试,表明其未发生减值。企业在计税时,对该项无形资产按照10年的期限采用直线法摊销,摊销金额允许税前扣除。

分析:

会计上将该项无形资产作为使用寿命不确定的无形资产,因未发生减值,其在20×7年12月31日的账面价值为取得成本1 500万元。

该项无形资产在20×7年12月31日的计税基础为1 350(1 500 -150)万元。

该项无形资产的账面价值1 500万元与其计税基础1 350万元之间的差额150万元将计入未来期间企业的应纳税所得额。

(三)以公允价值计量且其变动计入当期损益的金融资产

按照会计准则的规定,以公允价值计量且其变动计入当期损益的金融资产于某一会计期末的账面价值为其公允价值。税法规定,企业以公允价值计量的金融资产、金融负债以及投资性房地产等,持有期间公允价值的变动不计入应纳税所得额,在实际处置或结算时,处置取得的价款扣除其历史成本后的差额应计入处置或结算期间的应纳税所得额。按照该规定,以公允价值计量的金融资产在持有期间市价的波动在计税时不予考虑,有关金融资产在某一会计期末的计税基础为其取得成本,从而造成在公允价值变动的情况下,对以公允价值计量的金融资产账面价值与计税基础之间的差异。

企业持有的可供出售金融资产计税基础的确定,与以公允价值计量且其变动计入当期损益的金融资产类似,可比照处理。

【例18-4】20×7年10月20日,甲公司自公开市场取得一项权益性投资,支付价款2 000万元,将其作为交易性金融资产核算。20×7年12月31日,该投资的市价为2 200万元。

分析:

该项交易性金融资产的期末市价为2 200万元,其按照会计准则规定进行核算的、在20×7年资产负债表日的账面价值为2 200万元。

因税法规定以公允价值计量的金融资产在持有期间公允价值的变动不计入应纳税所得额,其在20×7年资产负债表日的计税基础应维持原取得成本不变,为2 000万元。

该交易性金融资产的账面价值2 200万元与其计税基础2 000万元之间产生了200万元的暂时性差异,该暂时性差异在未来期间转回时会增加未来期间的应纳税所得额。

(四)其他资产

因会计准则规定与税法规定不同,企业持有的其他资产,可能造成其账面价值与计税基础之间存在差异。

(1)投资性房地产。企业持有的投资性房地产进行后续计量时,会计准则规定可以采用两种模式:一种是成本模式,采用该种模式计量的投资性房地产,其账面价值与计税基础的确定与固定资产、无形资产相同;另一种是在符合规定条件的情况下,可以采用公允价值模式对投资性房地产进行后续计量。对于采用公允价值模式进行后续计量的投资性房地产，其计税基础的确定类似于固定资产或无形资产计税基础的确定。

【例 18-5】A 公司于 20×7 年 1 月 1 日将其某自用房屋用于对外出租，该房屋的成本为 750 万元，预计使用年限为 20 年。转为投资性房地产之前，已使用 4 年，企业按照年限平均法计提折旧，预计净残值为零。转为投资性房地产核算后，预计能够持续可靠取得该投资性房地产的公允价值，A 公司采用公允价值模式对该投资性房地产进行后续计量。假定税法规定的折旧方法、折旧年限及净残值与会计规定相同。同时，税法规定资产在持有期间公允价值的变动不计入应纳税所得额，待处置时一并计算确定应计入应纳税所得额的金额。该项投资性房地产在 20×7 年 12 月 31 日的公允价值为 900 万元。

分析：

该投资性房地产在 20×7 年 12 月 31 日的账面价值为其公允价值 900 万元，其计税基础为取得成本扣除按照税法规定允许税前扣除的折旧额后的金额，即其计税基础 =750-750÷20×5=562.5（万元）。

该项投资性房地产的账面价值 900 万元与其计税基础 562.5 万元之间产生了 337.5 万元的暂时性差异，会增加企业在未来期间的应纳税所得额。

（2）其他计提了资产减值准备的各项资产。有关资产计提了减值准备后，其账面价值会随之下降，而税法规定资产在发生实质性损失之前，不允许税前扣除，即其计税基础不会因减值准备的提取而变化，造成在计提资产减值准备以后，资产的账面价值与计税基础之间的差异。

【例 18-6】A 公司 20×7 年购入原材料成本为 5 000 万元，因部分生产线停工，当年未领用任何原材料，20×7 年资产负债表日估计该原材料的可变现净值为 4 000 万元。假定该原材料在 20×7 年的期初余额为零。

分析：

该项原材料因期末可变现净值低于成本，应计提的存货跌价准备 =5 000-4 000=1 000（万元）。计提该存货跌价准备后，该项原材料的账面价值为 4 000 万元。

该项原材料的计税基础不会因存货跌价准备的提取而发生变化，其计税基础为 5 000 万元不变。

该存货的账面价值 4 000 万元与其计税基础 5 000 万元之间产生了 1 000 万元的暂时性差异，该差异会减少企业在未来期间的应纳税所得额。

18.1.2 负债的计税基础

负债的计税基础，是指负债的账面价值减去未来期间计算应纳税所得额时按照税法规定可予抵扣的金额。计算公式如下：

负债的计税基础 = 账面价值 − 未来期间按照税法规定可予税前扣除的金额

《企业会计准则讲解》对资产负债表中部分负债项目计税基础的确定介绍如下。

(一)企业因销售商品提供售后服务等原因确认的预计负债

按照会计准则的规定,企业对于预计提供售后服务将发生的支出在满足有关确认条件时,销售当期即应确认为费用,同时确认预计负债。如果税法规定,与销售产品相关的支出应于发生时税前扣除。因该类事项产生的预计负债在期末的计税基础为其账面价值与未来期间可税前扣除的金额之间的差额,即为零。

其他交易或事项中确认的预计负债,应按照税法规定的计税原则确定其计税基础。某些情况下,因有些事项确认的预计负债,税法规定其支出无论是否实际发生均不允许税前扣除,即未来期间按照税法规定可予抵扣的金额为零,账面价值等于计税基础。

【例18-7】甲企业2×20年因销售产品承诺提供3年的保修服务,在当年度利润表中确认了500万元的销售费用,同时确认为预计负债,当年度未发生任何保修支出。假定按照税法规定,与产品售后服务相关的费用在实际发生时允许税前扣除。

分析:

该项预计负债在甲企业2×20年12月31日资产负债表中的账面价值为500万元。

该项预计负债的计税基础=账面价值-未来期间计算应纳税所得额时按照税法规定可予抵扣的金额=500万元-500万元=0

该项负债的账面价值500万元与其计税基础0之间的暂时性差异可以理解为:未来期间企业实际发生500万元的经济利益流出用以履行产品保修义务时,税法规定允许税前扣除,即减少未来实际发生期间的应纳税所得额。

(二)应付职工薪酬

根据会计准则的规定,企业为获得职工提供的服务给予的各种形式的报酬以及其他相关支出均应作为企业的成本费用,在未支付之前确认为负债。税法中对于合理的职工薪酬基本允许税前扣除,但税法中如果规定了税前扣除标准的,按照会计准则规定计入成本费用支出的金额超过规定标准部分,应进行纳税调整。因超过部分在发生当期不允许税前扣除,在以后期间也不允许税前扣除,即该部分差额对未来期间计税不产生影响,所产生应付职工薪酬的账面价值等于计税基础。

【例18-8】甲企业20×7年12月计入成本费用的职工工资总额为4 000万元,至20×7年12月31日尚未支付。按照适用税法规定,当期计入成本费用的4 000万元工资支出中,可予税前扣除的合理部分为3 000万元。

分析:

该项应付职工薪酬负债于20×7年12月31日的账面价值为4 000万元。

该项应付职工薪酬负债于20×7年12月31日的计税基础=账面价值-未来期间计算应纳税所得额时按照税法规定可予抵扣的金额=4 000-0=4 000(万元)。

该项负债的账面价值4 000万元与其计税基础4 000万元相同,不形成暂时性差异。

(三)其他负债

其他负债,如企业应交的罚款和滞纳金等,在尚未支付之前按照会计规定确认为费用,同时作为负债反映。税法规定，罚款和滞纳金不能税前扣除，即该部分费用无论是在发生当期还是在以后期间均不允许税前扣除，其计税基础为账面价值减去未来期间计税时可予税前扣除的金额（零）之间的差额，即计税基础等于账面价值。

其他交易或事项产生的负债，其计税基础的确定应当遵从适用税法的相关规定。

【例18-9】 A公司20×7年12月因违反当地有关环保法规的规定，接到环保部门的处罚通知，要求其支付罚款500万元。税法规定，企业因违反国家有关法律法规支付的罚款和滞纳金，计算应纳税所得额时不允许税前扣除。至20×7年12月31日，该项罚款尚未支付。

分析：

应支付罚款产生的负债账面价值为500万元。

该项负债的计税基础 = 账面价值 − 未来期间计算应纳税所得额时按照税法规定可予抵扣的金额 =500−0 =500（万元）。

该项负债的账面价值500万元与其计税基础500万元相同，不形成暂时性差异。

18.2 暂时性差异

18.2.1 暂时性差异的概念

暂时性差异是指资产或负债的账面价值与其计税基础之间的差额。未作为资产和负债确认的项目，按照税法规定可以确定其计税基础的，该计税基础与其账面价值之间的差额也属于暂时性差异。

18.2.2 应纳税暂时性差异和可抵扣暂时性差异

按照暂时性差异对未来期间应税金额的影响，分为应纳税暂时性差异和可抵扣暂时性差异。应纳税暂时性差异是指，在确定未来收回资产或清偿负债期间的应纳税所得额时，将导致产生应税金额的暂时性差异。可抵扣暂时性差异是指，在确定未来收回资产或清偿负债期间的应纳税所得额时，将导致产生可抵扣金额的暂时性差异。

18.3 递延所得税负债及递延所得税资产

企业在计算确定了应纳税暂时性差异与可抵扣暂时性差异后，应当按照《企业会计准则第18号——所得税》规定的原则确认相关的递延所得税负债以及递延所得税资产。

18.3.1 递延所得税负债的确认和计量

（一）递延所得税负债的确认

根据《企业会计准则第18号——所得税》具体准则第十一条的规定，除下列交易中产生的递延所得税负债以外，企业应当确认所有应纳税暂时性差异产生的递延所得税负债。

（1）商誉的初始确认。

（2）同时具有下列特征的交易中产生的资产或负债的初始确认：

①该项交易不是企业合并；
②交易发生时既不影响会计利润也不影响应纳税所得额（或可抵扣亏损）。

根据会计准则的规定，企业对与子公司、联营企业及合营企业投资相关的应纳税暂时性差异，应当确认相应的递延所得税负债。但是，同时满足下列条件的除外：

（1）投资企业能够控制暂时性差异转回的时间；
（2）该暂时性差异在可预见的未来很可能不会转回。

【例 18-10】 A 企业于 20×7 年 12 月 6 日购入某项设备，取得成本为 500 万元，会计上采用年限平均法计提折旧，使用年限为 10 年，净残值为零，因该设备常年处于强震动状态，计税时按双倍余额递减法计提折旧，使用年限及净残值与会计规定相同。A 企业适用的所得税税率为 25%。假定该企业不存在其他会计与税收处理的差异。

分析：

20×8 年资产负债表日，该项固定资产按照会计规定计提的折旧额为 50 万元，计税时允许扣除的折旧额为 100 万元，则该固定资产的账面价值 450 万元与其计税基础 400 万元的差额构成应纳税暂时性差异，企业应确认相关的递延所得税负债。

（二）递延所得税负债的计量

根据《企业会计准则第 18 号——所得税》具体准则的规定，资产负债表日，对于递延所得税负债，应当根据适用税法规定，按照预期收回该资产或清偿该负债期间的适用税率计量。适用税率发生变化的，应对已确认的递延所得税负债进行重新计量，除直接在所有者权益中确认的交易或者事项产生的递延所得税负债以外，应当将其影响数计入变化当期的所得税费用。即递延所得税负债应以相关应纳税暂时性差异转回期间按照税法规定适用的所得税税率计量。无论应纳税暂时性差异的转回期间如何，相关的递延所得税负债不要求折现。

18.3.2 递延所得税资产的确认和计量

（一）递延所得税资产的确认

《企业会计准则第 18 号——所得税》具体准则规定了不确认递延所得税资产的情形，企业应当以很可能取得用来抵扣可抵扣暂时性差异的应纳税所得额为限，确认由可抵扣暂时性差异产生的递延所得税资产。但是，同时具有下列特征的交易中因资产或负债的初始确认所产生的递延所得税资产不予确认：

（1）该项交易不是企业合并；
（2）交易发生时既不影响会计利润也不影响应纳税所得额（或可抵扣亏损）。

资产负债表日，有确凿证据表明未来期间很可能获得足够的应纳税所得额用来抵扣可抵扣暂时性差异的，应当确认以前期间未确认的递延所得税资产。

根据会计准则的规定，企业对与子公司、联营企业及合营企业投资相关的可抵扣暂时性差异，同时满足下列条件的，应当确认相应的递延所得税资产：

（1）暂时性差异在可预见的未来很可能转回；
（2）未来很可能获得用来抵扣可抵扣暂时性差异的应纳税所得。

(二)递延所得税资产的计量

同递延所得税负债的计量原则相一致,确认递延所得税资产时,应当以预期收回该资产期间的适用所得税税率为基础计算确定。无论相关的可抵扣暂时性差异转回期间如何,递延所得税资产均不要求折现。企业在确认了递延所得税资产以后,资产负债表日,应当对递延所得税资产的账面价值进行复核。如果未来期间很可能无法取得足够的应纳税所得额用以利用可抵扣暂时性差异带来的利益,应当减记递延所得税资产的账面价值。减记的递延所得税资产,除原确认时计入所有者权益的,其减记金额亦应计入所有者权益外,其他的情况均应增加所得税费用。

18.4 所得税费用

所得税费用由两部分内容构成:一是按照税法规定计算的当期所得税费用(当期应交所得税),二是按照上述规定计算的递延所得税费用,但不包括直接计入所有者权益项目的交易和事项以及企业合并的所得税影响。所得税费用计算公式如下:

所得税费用(或收益)= 当期所得税 + 递延所得税费用(-递延所得税收益)

第一,当期所得税。

当期所得税是指企业按照税法规定计算确定的针对当期发生的交易和事项,应缴纳给税务部门的所得税金额,即应交所得税。

第二,递延所得税。

递延所得税的计算公式如下:

递延所得税 =(递延所得税负债的期末余额 - 递延所得税负债的期初余额)-(递延所得税资产的期末余额 - 递延所得税资产的期初余额)

第三,所得税费用。

所得税费用的计算公式如下:

利润表中的所得税费用 = 当期所得税 + 递延所得税

【例18-11】 A公司20×7年度利润表中利润总额为3 000万元,该公司适用的所得税税率为25%。递延所得税资产及递延所得税负债无期初余额。与所得税核算有关的情况如下。

20×7年发生的有关交易和事项中,会计处理与税收处理存在差别的有以下方面。

(1) 20×7年1月开始计提折旧的一项固定资产,成本为1 500万元,使用年限为10年,净残值为0,会计处理按双倍余额递减法计提折旧,税收处理按直线法计提折旧。假定税法规定的使用年限及净残值与会计规定相同。

(2) 向关联企业捐赠现金500万元。假定按税法规定,企业向关联方的捐赠不允许税前扣除。

(3) 当期取得作为交易性金融资产核算的股票投资成本为800万元,20×7年12月31日的公允价值为1 200万元。税法规定,以公允价值计量的金融资产持有期间市价变动不计入应纳税所得额。

(4) 违反环保法规定应支付罚款250万元。

（5）期末对持有的存货计提了75万元的存货跌价准备。

分析：

（1）20×7年度当期应交所得税。

应纳税所得额 =3 000+150+500−400+250+75=3 575（万元）

应交所得税 =3 575×25%=893.75（万元）

（2）20×7年度递延所得税。

递延所得税资产 =225×25%=56.25（万元）

递延所得税负债 =400×25%=100（万元）

递延所得税 =100−56.25=43.75（万元）

（3）利润表中应确认的所得税费用。

所得税费用 =893.75+43.75=937.50（万元），账务处理如下。

借：所得税费用	9 375 000
递延所得税资产	562 500
贷：应交税费——应交所得税	8 937 500
递延所得税负债	1 000 000

18.5 所得税的列报

根据《企业会计准则第18号——所得税》具体准则的规定，递延所得税资产和递延所得税负债应当分别作为非流动资产和非流动负债在资产负债表中列示，所得税费用应当在利润表中单独列示。除此之外，企业应当在附注中披露与所得税有关的下列信息。

（1）所得税费用（收益）的主要组成部分。

（2）所得税费用（收益）与会计利润关系的说明。

（3）未确认递延所得税资产的可抵扣暂时性差异、可抵扣亏损的金额（如果存在到期日，还应披露到期日）。

（4）对每一类暂时性差异和可抵扣亏损，在列报期间确认的递延所得税资产或递延所得税负债的金额，确认递延所得税资产的依据。

（5）未确认递延所得税负债的，与对子公司、联营企业及合营企业投资相关的暂时性差异金额。

第19章 外币折算

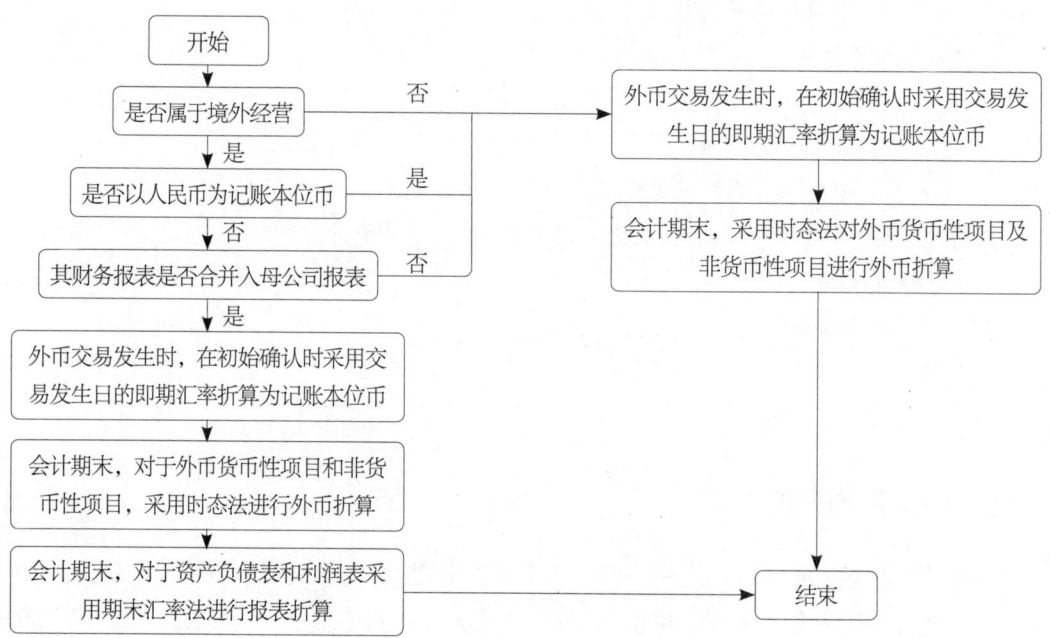

19.1 记账本位币

19.1.1 记账本位币的定义

记账本位币,是指企业经营所处的主要经济环境中的货币。

企业通常应选择人民币作为记账本位币。业务收支以人民币以外的货币为主的企业,可以选定其中一种货币作为记账本位币。但是,编报的财务报表应当折算为人民币。

19.1.2 记账本位币的确定

企业选定记账本位币时,应当考虑下列因素:

(1)该货币主要影响商品和劳务的销售价格,通常以该货币进行商品和劳务的计价和结算;

(2)该货币主要影响商品和劳务所需人工、材料和其他费用,通常以该货币进行上述费用的计价和结算;

(3)融资活动获得的货币以及保存从经营活动中收取款项所使用的货币。

【例19-1】 国内A外商投资企业(以下简称"A企业")超过80%的营业收入来自向各国的出口,其商品销售价格一般以美元结算,主要受美元的影响,因此,从影响商品和劳务销售价格的角度看，A 企业应选择美元作为记账本位币。

如果 A 企业除厂房设施、25% 的人工成本在国内以人民币采购，生产所需原材料、机器设备及 75% 以上的人工成本都来自美国投资者以美元在国际市场的采购，则可进一步确定 A 企业的记账本位币是美元。

如果 A 企业的人工成本、原材料及相应的厂房设施、机器设备等 95% 以上在国内采购并以人民币计价，则难以确定 A 企业的记账本位币，需要考虑第三项因素。如果 A 企业取得的美元营业收入在汇回国内时可随时换成人民币存款，且 A 企业对所有以美元结算的资金往来的外币风险都进行了套期保值，则 A 企业应当选定人民币为其记账本位币。

19.1.3 境外经营记账本位币的确定

（一）境外经营的定义

境外经营，是指企业在境外的子公司、合营企业、联营企业、分支机构。

在境内的子公司、合营企业、联营企业、分支机构，采用不同于企业记账本位币的，也视同境外经营。

（二）确定境外经营记账本位币考虑的因素

企业选定境外经营的记账本位币时，还应当考虑下列因素：

（1）境外经营对其所从事的活动是否拥有很强的自主性；
（2）境外经营活动中与企业的交易是否在境外经营活动中占有较大比重；
（3）境外经营活动产生的现金流量是否直接影响企业的现金流量、是否可以随时汇回；
（4）境外经营活动产生的现金流量是否足以偿还其现有债务和可预期的债务。

【例 19-2】国内 B 公司以人民币作为记账本位币，该公司在欧洲设有一家子公司 P 公司，P 公司在欧洲的经营活动拥有完全的自主权：自主决定其经营政策、销售方式、进货来源等，B 公司与 P 公司除投资与被投资关系外，基本不发生业务往来，P 公司的产品主要在欧洲市场销售，其一切费用开支等均由 P 公司在当地自行解决。

由于 P 公司主要收、支现金的环境在欧洲，且 P 公司对其自身经营活动拥有很强的自主性，P 公司与 B 公司之间除了投资与被投资关系外，基本无其他业务，因此，P 公司应当选择欧元作为其记账本位币。

19.1.4 记账本位币的变更

企业记账本位币一经确定，不得随意变更，除非企业经营所处的主要经济环境发生重大变化。企业因经营所处的主要经济环境发生重大变化，确需变更记账本位币的，应当采用变更当日的即期汇率将所有项目折算为变更后的记账本位币。

19.2 外币交易的会计处理

19.2.1 即期汇率和即期汇率近似汇率

外币交易应当在初始确认时,采用交易发生日的即期汇率将外币金额折算为记账本位币金额;也可以采用按照系统合理的方法确定的、与交易发生日即期汇率近似的汇率折算。

即期汇率,通常是指当日中国人民银行公布的人民币外汇牌价的中间价。企业发生的外币兑换业务或涉及外币兑换的交易事项,应当以交易实际采用的汇率,即银行买入价或卖出价折算。

即期汇率近似汇率是"按照系统合理的方法确定的、与交易发生日即期汇率近似的汇率",通常是指当期平均汇率或加权平均汇率等。通常情况下,企业应当采用即期汇率进行折算。汇率波动不大的,也可以采用按照系统合理的方法确定的、与交易发生日即期汇率近似的汇率折算,但前后各期应当采用相同的方法确定当期的近似汇率。

19.2.2 汇兑差额的会计处理

《企业会计准则第19号——外币折算》具体准则规定,企业在资产负债表日,应当按照下列规定对外币货币性项目和外币非货币性项目进行处理。

(1)外币货币性项目,采用资产负债表日即期汇率折算。因资产负债表日即期汇率与初始确认时或者前一资产负债表日即期汇率不同而产生的汇兑差额,计入当期损益。

(2)以历史成本计量的外币非货币性项目,仍采用交易发生日的即期汇率折算,不改变其记账本位币金额。

①对于以历史成本计量的外币非货币性项目,除其外币价值发生变动外,已在交易发生日按当日即期汇率折算,资产负债表日不应改变原记账本位币金额,不产生汇兑差额。

②对于外币价值发生变动的外币非货币性项目:其价值变动计入当期损益的,相应的汇率变动的影响应当计入当期损益;其价值变动计入所有者权益的,相应的汇率变动的影响应当计入所有者权益,如交易性金融资产(债券)等。

【例19-3】国内甲公司的记账本位币为人民币。20×7年12月2日以30 000港元购入乙公司H股10 000股作为交易性金融资产,当日汇率为1港元=1.2元人民币,款项已付。20×7年12月31日,由于市价变动,当月购入的乙公司H股变为35 000港元,当日汇率为1港元=1元人民币。20×7年12月2日,该公司对上述交易应做以下处理。

借:交易性金融资产　　　　　　　　　　　　　　(30 000×1.2)36 000
　　贷:银行存款　　　　　　　　　　　　　　　　(30 000×1.2)36 000

由于该项交易性金融资产是从境外市场购入、以外币计价,在资产负债表日,不仅应考虑其港币市价的变动,还应一并考虑汇率变动的影响,上述交易性金融资产以资产负债表日的人民币35 000(35 000×1)元入账,与原账面价值36 000(30 000×1.2)元的差额为1 000元人民币,计入公允价值变动损益。相应的会计分录为:

借:公允价值变动损益　　　　　　　　　　　　　　　　　　　1 000
　　贷:交易性金融资产　　　　　　　　　　　　　　　　　　　1 000

1 000元人民币包含甲公司所购H股公允价值变动以及人民币与港币之间汇率变动的双重影响。

（3）外币投入资本不产生汇兑差额。

外币投入资本属于外币非货币性项目，企业收到投资者以外币投入的资本，采用交易日即期汇率折算，不再采用合同约定汇率折算，外币投入资本与相应的货币性项目的记账本位币金额之间不产生外币资本折算差额。

【例19-4】 甲股份有限公司的记账本位币为人民币，对外币交易采用交易日的即期汇率折算。根据其与外商签订的投资合同，外商将分两次投入外币资本，投资合同约定的汇率是1美元=8.00元人民币。20×6年7月1日，甲股份有限公司第一次收到外商投入资本300 000美元，当日即期汇率为1美元=7.8元人民币；20×7年2月3日，第二次收到外商投入资本300 000美元，当日即期汇率为1美元=7.6元人民币。相关会计分录如下。

（1）20×6年7月1日，第一次收到外币资本时。

借：银行存款——美元　　　　　　　　　　　　（300 000×7.8）2 340 000
　　贷：股本　　　　　　　　　　　　　　　　　　　　　　　　　2 340 000

（2）20×7年2月3日，第二次收到外币资本时。

借：银行存款——美元　　　　　　　　　　　　（300 000×7.6）2 280 000
　　贷：股本　　　　　　　　　　　　　　　　　　　　　　　　　2 280 000

（4）实质上构成对境外经营净投资的外币货币性项目企业编制合并财务报表涉及境外经营的，如有实质上构成对境外经营净投资的外币货币性项目，因汇率变动而产生的汇兑差额，应列入所有者权益项目的"外币报表折算差额"项目；处置境外经营时，计入处置当期损益。

19.3　外币财务报表的折算

19.3.1　境外经营财务报表的折算原则

企业对境外经营的财务报表进行折算时，应当遵循下列规定。

（1）资产负债表中的资产和负债项目，采用资产负债表日的即期汇率折算，所有者权益项目除"未分配利润"项目外，其他项目采用发生时的即期汇率折算。

（2）利润表中的收入和费用项目，采用交易发生日的即期汇率折算；也可以采用按照系统合理的方法确定的、与交易发生日即期汇率近似的汇率折算。

按照上述（1）、（2）折算产生的外币财务报表折算差额，在资产负债表中所有者权益项目下单独列示。

19.3.2　处置境外经营时外币报表折算差额核算

企业在处置境外经营时，应当将资产负债表中所有者权益项目下列示的、与该境外经营相关的外币财务报表折算差额，自所有者权益项目转入处置当期损益；部分处置境外经营的，应当按处置的比例计算处置部分的外币财务报表折算差额，转入处置当期损益。

第 20 章
企业合并

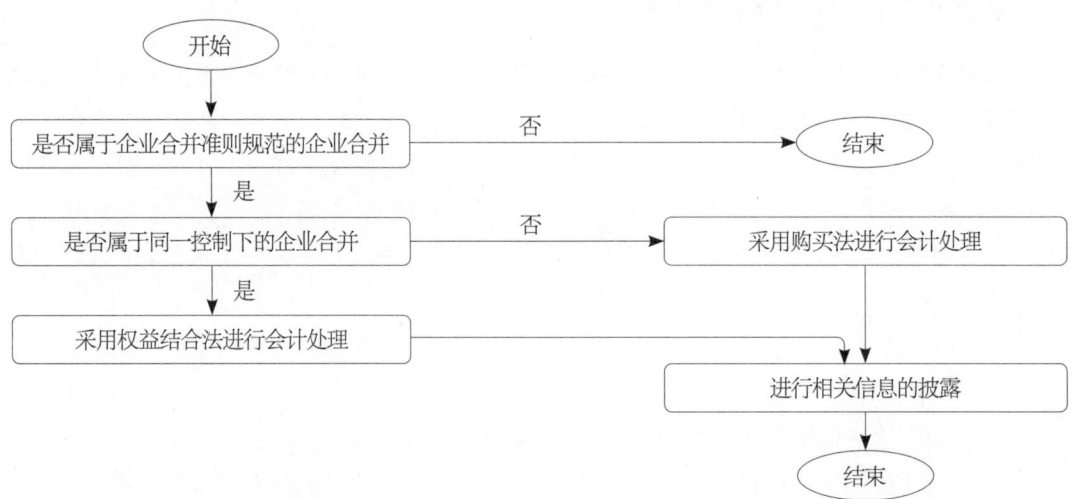

20.1 企业合并概述

20.1.1 企业合并的界定

《企业会计准则第 20 号——企业合并》（以下简称"企业合并准则"）具体准则对企业合并的定义如下：企业合并，是指将两个或者两个以上单独的企业合并形成一个报告主体的交易或事项。

本章不涉及下列企业合并。

（1）两方或者两方以上形成合营企业的企业合并。

（2）仅通过合同而不是所有权份额将两个或者两个以上单独的企业合并形成一个报告主体的企业合并。

20.1.2 企业合并的方式

（一）控股合并

合并方（或购买方）在企业合并中取得对被合并方（或被购买方）的控制权，被合并方（或被购买方）在合并后仍保持其独立的法人资格并继续经营，合并方（或购买方）确认企业合并形成的对被合并方（或被购买方）的投资。

（二）吸收合并

合并方（或购买方）通过企业合并取得被合并方（或被购买方）的全部净资产，合并后注销被合并方（或被购买方）的法人资格，被合并方（或被购买方）原持有的资产、负债，在合并后成为合并方（或购买方）的资产、负债。

（三）新设合并

参与合并的各方在合并后法人资格均被注销，重新注册成立一家新的企业。

20.1.3 企业合并类型的划分

我国的企业合并准则中将企业合并按照一定的标准划分为两大基本类型——同一控制下的企业合并与非同一控制下的企业合并。

（一）同一控制下的企业合并

同一控制下的企业合并，是指参与合并的企业在合并前后均受同一方或相同的多方最终控制且该控制并非暂时性的。

（1）能够对参与合并各方在合并前后均实施最终控制的一方通常是指企业集团的母公司。同一控制下的企业合并一般发生于企业集团内部，如集团内母子公司之间、子公司之间等。

（2）能够对参与合并的企业在合并前后均实施最终控制的相同多方，是指根据合同或协议的约定，拥有最终决定参与合并企业的财务和经营政策，并从中获取利益的投资者群体。

（3）实施控制的时间性要求，是指参与合并各方在合并前后较长时间内为最终控制方所控制。具体是指在企业合并之前（即合并日之前），参与合并各方在最终控制方的控制时间一般在1年以上（含1年），企业合并后所形成的报告主体在最终控制方的控制时间也应达到1年以上（含1年）。

（4）企业之间的合并是否属于同一控制下的企业合并，应综合构成企业合并交易的各方面情况，按照实质重于形式的原则进行判断。通常情况下，同一控制下的企业合并是指发生在同一企业集团内部企业之间的合并。同受国家控制的企业之间发生的合并，不应仅仅因为参与合并各方在合并前后均受国家控制而将其作为同一控制下的企业合并。

（二）非同一控制下的企业合并

非同一控制下的企业合并，是指参与合并各方在合并前后不受同一方或相同的多方最终控制的合并交易，即除属于同一控制下企业合并的情况以外的企业合并。

20.1.4 合并日或购买日的确定

《企业会计准则第20号——企业合并》应用指南中列出，企业应当在合并日或购买日确认因企业合并取得的资产、负债。合并日或购买日是指合并方或购买方实际取得对被合并方或被购买方控制权的日期，即被合并方或被购买方的净资产或生产经营决策的控制权转移给合并方或购买方的日期。同时满足下列条件的，通常可认为实现了控制权的转移。

（1）企业合并合同或协议已获股东大会等通过。

（2）企业合并事项需要经过国家有关主管部门审批的，已获得批准。

（3）参与合并各方已办理了必要的财产权转移手续。

（4）合并方或购买方已支付了合并价款的大部分（一般应超过50%），并且有能力、有计划支付剩余款项。

（5）合并方或购买方实际上已经控制了被合并方或被购买方的财务和经营政策，并享有相应的利益、承担相应的风险。

20.2 同一控制下的企业合并

20.2.1 同一控制下企业合并的定义

参与合并的企业在合并前后均受同一方或相同的多方最终控制且该控制并非暂时性的，为同一控制下的企业合并。同一控制下的企业合并，在合并日取得对其他参与合并企业控制权的一方为合并方，参与合并的其他企业为被合并方。

20.2.2 同一控制下企业合并的处理原则

同一控制下企业合并应遵循以下原则进行处理。

（1）合并方在企业合并中取得的资产和负债，应当按照被合并方在合并日的账面价值计量。合并方取得的净资产账面价值与支付的合并对价账面价值（或发行股份面值总额）的差额，应当调整资本公积；资本公积不足冲减的，调整留存收益。

（2）同一控制下的企业合并中，被合并方采用的会计政策与合并方不一致的，合并方在合并日应当按照本企业会计政策对被合并方的财务报表相关项目进行调整，在此基础上按照企业合并准则规定确认。

（3）合并方为进行企业合并发生的各项直接相关费用，包括为进行企业合并而支付的审计费用、评估费用、法律服务费用等，应当于发生时计入当期损益。为企业合并发行的债券或承担其他债务支付的手续费、佣金等，应当计入所发行债券及其他债务的初始计量金额。企业合并中发行权益性证券发生的手续费、佣金等费用，应当抵减权益性证券溢价收入，溢价收入不足冲减的，冲减留存收益。

（4）企业合并形成母子公司关系的，母公司应当编制合并日的合并资产负债表、合并利润表和合并现金流量表。

【例20-1】A、B公司分别为P公司控制下的两家子公司。A公司于20×7年3月10日自母公司P处取得B公司100%的股权，合并后B公司仍维持其独立法人资格继续经营。为进行该项企业合并，A公司发行了1 500万股本公司普通股（每股面值为1元）作为对价。假定A、B公司采用的会计政策相同。合并日，A、B公司的所有者权益构成如表20-1所示。

表20-1　　　　　　　　　　A、B公司所有者权益构成

单位：万元

A公司		B公司	
项目	金额	项目	金额
股本	9 000	股本	1 500
资本公积	2 500	资本公积	500
盈余公积	2 000	盈余公积	1 000

续表

A公司		B公司	
项目	金额	项目	金额
未分配利润	5 000	未分配利润	2 000
合计	18 500	合计	5 000

A公司在合并日应进行的账务处理为：
借：长期股权投资　　　　　　　　　　　　　　　　　　50 000 000
　　贷：股本　　　　　　　　　　　　　　　　　　　　15 000 000
　　　　资本公积　　　　　　　　　　　　　　　　　　35 000 000

A公司在合并日编制合并资产负债表时，对于企业合并前B公司实现的留存收益中归属于合并方的部分（3 000万元）应自资本公积（资本溢价或股本溢价）转入留存收益。本例中A公司在确认对B公司的长期股权投资以后，其资本公积的账面余额为6 000万元，假定其中资本溢价或股本溢价的金额为4 500万元。在合并工作底稿中，应编制以下调整分录。
借：资本公积　　　　　　　　　　　　　　　　　　　　30 000 000
　　贷：盈余公积　　　　　　　　　　　　　　　　　　10 000 000
　　　　未分配利润　　　　　　　　　　　　　　　　　20 000 000

20.3 非同一控制下的企业合并

20.3.1 非同一控制下企业合并的定义

参与合并的各方在合并前后不受同一方或相同的多方最终控制的，为非同一控制下的企业合并。非同一控制下的企业合并，在购买日取得对其他参与合并企业控制权的一方为购买方，参与合并的其他企业为被购买方。

20.3.2 非同一控制下企业合并的处理原则

（一）合并成本的确定

购买方应当区别下列情况确定合并成本。

（1）一次交换交易实现的企业合并，合并成本为购买方在购买日为取得对被购买方的控制权而付出的资产、发生或承担的负债以及发行的权益性证券的公允价值。

（2）通过多次交换交易分步实现的企业合并，合并成本为每一单项交易成本之和。

（3）购买方为进行企业合并发生的各项直接相关费用也应当计入企业合并成本。

（4）在合并合同或协议中对可能影响合并成本的未来事项作出约定的，购买日如果估计未来事项很可能发生并且对合并成本的影响金额能够可靠计量的，购买方应当将其计入合并成本。

（二）非同一控制下企业合并的会计处理

（1）购买方在购买日对作为企业合并对价付出的资产、发生或承担的负债应当按照公允价值计量，公允价值与其账面价值的差额，计入当期损益。

（2）购买方在购买日应当对合并成本进行分配，确认所取得的被购买方各项可辨认资产、负债及或有负债。

①购买方对合并成本大于合并中取得的被购买方可辨认净资产公允价值份额的差额，应当确认为商誉。

②购买方对合并成本小于合并中取得的被购买方可辨认净资产公允价值份额的差额，应当按照下列规定处理：

a. 对取得的被购买方各项可辨认资产、负债及或有负债的公允价值以及合并成本的计量进行复核；

b. 经复核后合并成本仍小于合并中取得的被购买方可辨认净资产公允价值份额的，其差额应当计入当期损益。

（3）被购买方可辨认净资产公允价值，是指合并中取得的被购买方可辨认资产的公允价值减去负债及或有负债公允价值后的余额。被购买方各项可辨认资产、负债及或有负债，符合下列条件的，应当单独予以确认。

①合并中取得的被购买方除无形资产以外的其他各项资产（不仅限于被购买方原已确认的资产），其所带来的经济利益很可能流入企业且公允价值能够可靠地计量的，应当单独予以确认并按照公允价值计量。

②合并中取得的被购买方除或有负债以外的其他各项负债，履行有关的义务很可能导致经济利益流出企业且公允价值能够可靠地计量的，应当单独予以确认并按照公允价值计量。

③合并中取得的被购买方或有负债，其公允价值能够可靠地计量的，应当单独确认为负债并按照公允价值计量。或有负债在初始确认后，应当按照下列两者孰高进行后续计量：

a. 按照《企业会计准则第 13 号——或有事项》应予确认的金额；

b. 初始确认金额减去按照《企业会计准则第 14 号——收入》的原则确认的累计摊销额后的余额。

（4）企业合并形成母子公司关系的，母公司应当设置备查簿，记录企业合并中取得的子公司各项可辨认资产、负债及或有负债等在购买日的公允价值。编制合并财务报表时，应当以购买日确定的各项可辨认资产、负债及或有负债的公允价值为基础对子公司的财务报表进行调整。

（5）企业合并发生当期的期末，因合并中取得的各项可辨认资产、负债及或有负债的公允价值或企业合并成本只能暂时确定的，购买方应当以所确定的暂时价值为基础对企业合并进行确认和计量。

（6）企业合并形成母子公司关系的，母公司应当编制购买日的合并资产负债表，因企业合并取得的被购买方各项可辨认资产、负债及或有负债应当以公允价值列示。母公司的合并成本与取得的子公司可辨认净资产公允价值份额的差额，以按照企业合并准则规定处理的结果列示。

【例 20-2】A 公司于 20×6 年以 5 000 万元取得 B 公司 10% 的股份，取得投资时 B 公司净资产的公允价值为 45 000 万元。假定该项投资不存在活跃市场,公允价值无法可靠计量。因未以任何方式参与 B 公司的生产经营决策,A 公司对持有的该投资采用成本法核算。20×7 年,A 公司另支付 25 000 万元取得 B 公司 50% 的股份,能够对 B 公司实施控制。购买日 B 公司可辨认净资产公允价值为 47 500 万元。B 公司自 20×6 年 A 公司取得投资后至 20×7 年购买进一步股份前实现的留存收益为 1 500 万元,未进行利润分配。

(1)购买日 A 公司首先应确认取得的对 B 公司的投资。

借:长期股权投资　　　　　　　　　　　　　　250 000 000
　　贷:银行存款等　　　　　　　　　　　　　　250 000 000

(2)计算达到企业合并时点应确认的商誉。

原持有 10% 股份应确认的商誉 = 5 000 - 45 000×10% = 500(万元)

进一步取得 50% 股份应确认的商誉 = 25 000 - 47 500×50% = 1 250(万元)

合并财务报表中应确认的商誉 = 500 + 1 250 = 1 750(万元)

(3)资产增值的处理。

原持有 10% 股份在购买日对应的可辨认净资产公允价值 = 47 500×10% = 4 750(万元)

原取得投资时应享有被投资单位净资产公允价值的份额 = 45 000×10% = 4 500(万元)

两者之间差额 250 万元在合并财务报表中属于被投资单位在投资以后实现留存收益的部分 150(1 500×10%)万元,调整合并财务报表中的盈余公积和未分配利润,剩余部分(100 万元)调整资本公积。

20.4 不同合并方式下的会计处理

20.4.1 控股合并的会计处理

在控股合并方式下,不论是同一控制下的企业合并还是非同一控制下的企业合并,在合并方(或购买方)的个别财务报表中,均体现为母公司(合并方或购买方)对子公司(被合并方或被购买方)的长期股权投资。

(1)企业合并形成长期股权投资的初始投资成本。

①同一控制下的控股合并,合并方在合并中形成的长期股权投资,应当以合并日取得被合并方账面所有者权益的份额作为其初始投资成本。合并方确认的初始投资成本与其付出合并对价账面价值的差额,应当调整资本公积;资本公积不足的,调整盈余公积和未分配利润。

②非同一控制下的企业合并,购买方应以付出的资产、发生或承担的负债以及发行的权益性证券的公允价值加上为企业合并发生的各项直接相关费用之和,作为合并中形成的长期股权投资的初始投资成本。

(2)合并日或购买日的确定。合并日是指合并方实际取得对被合并方控制权的日期。购买日,是指购买方实际取得对被购买方控制权的日期。

(3)合并日或购买日编制合并财务报表。合并方或购买方可以编制合并日或购买日的合并财务报表,为合并当期期末及以后期间编制合并财务报表提供基础。

①同一控制下的控股合并，本质上是两个独立的企业或业务的整合，合并后主体视同在以前期间一直存在，母公司一般应编制合并日的合并财务报表，包括合并资产负债表、合并利润表及合并现金流量表。

②非同一控制下的控股合并，本质上属于一次或多次完成的交易。被购买方在合并前实现的净利润已经包含在企业合并成本中，母公司在购买日可以编制合并资产负债表，不编制合并利润表和合并现金流量表。购买日的合并资产负债表反映购买方自购买日起能够控制的经济资源，其中对于被购买方有关资产、负债应当按照合并中确定的公允价值列示，合并成本大于合并中取得的各项可辨认资产、负债公允价值份额的差额，确认为合并资产负债表中的商誉。企业合并成本小于合并中取得的各项可辨认资产、负债公允价值份额的差额，在合并资产负债表中调整盈余公积和未分配利润。

20.4.2 吸收合并和新设合并的会计处理

在吸收合并和新设合并方式下，属于同一控制下的企业合并，合并方在合并日对合并中取得的被合并方资产、负债应按其原账面价值计量，支付的合并对价账面价值与取得净资产账面价值之间的差额，调整资本公积和留存收益。对于被合并方在合并前实现的留存收益中属于合并方的部分，应视情况进行调整，自资本公积转入留存收益。属于非同一控制下的企业合并，购买方在购买日对合并中取得的各项可辨认资产、负债应按其公允价值计量，合并成本与合并中取得的可辨认净资产公允价值的差额，按照前述关于非同一控制下控股合并的相关规定处理。

第 21 章
租赁

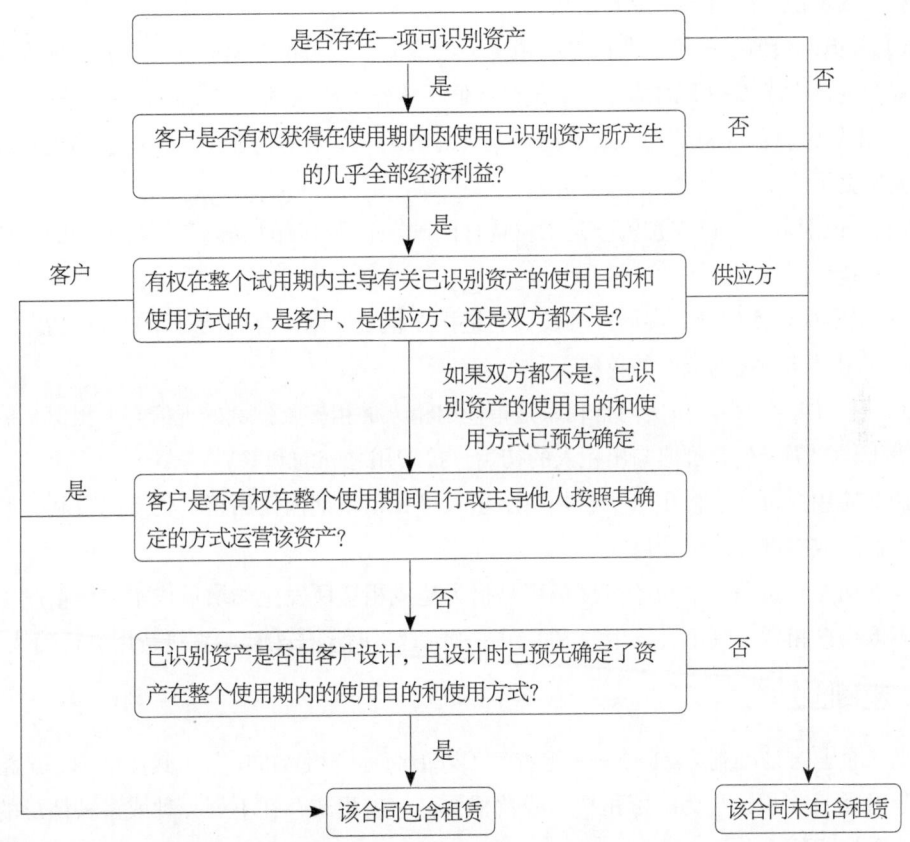

根据《企业会计准则第 21 号——租赁》具体准则对租赁的定义，租赁，是指在一定期间内，出租人将资产的使用权让与承租人以获取对价的合同。

21.1 租赁概述

根据财政部会计司编写的《企业会计准则应用指南》，租赁的主要特征是转让已识别资产的使用权，而不是转移资产的所有权，并且这种转移是有偿的，取得使用权以支付租赁合同对价为代价，从而使租赁有别于资产购置和服务性合同。

21.1.1 与租赁相关的定义

（1）租赁期。租赁期是指承租人有权使用租赁资产且不可撤销的期间。若承租人有续租选择权，且在租赁开始日就能合理确定将行使该选择权的，租赁期还应当包含续租期。

（2）租赁开始日。租赁开始日是指租赁合同签署日与租赁各方就主要租赁条款作出承诺日中的较早者。

（3）租赁期开始日。租赁期开始日是指出租人提供租赁资产使其可供承租人使用的起始日期。在租赁开始日，承租人和出租人应当将租赁认定为融资租赁或经营租赁，并确定在租赁期开始日应确认的金额。

（4）担保余值。担保余值是指与出租人无关的一方向出租人提供担保，保证在租赁结束时租赁资产的价值至少为某指定的金额。

（5）未担保余值。未担保余值是指租赁资产余值中，出租人无法保证能够实现或仅由与出租人有关的一方予以担保的部分。未担保余值不能作为应收融资租赁款的一部分。

（6）租赁付款额。租赁付款额是指承租人向出租人支付的与在租赁期内使用租赁资产的权利相关的款项。

（7）已识别资产。已识别资产是指租赁合同确定时用于确认包含租赁标的物的一项合同是否属于租赁合同的资产。

（8）实质性替换权利。实质性替换权利是指在租赁期内，合同已对标的资产指定，供应方拥有改变租赁期内标的资产的权利。

（9）租赁内含利率。租赁内含利率是指使出租人的租赁收款额的现值与未担保余值的现值之和等于租赁资产公允价值与出租人的初始直接费用之和的利率。

（10）使用权资产。使用权资产是指承租人可在租赁期内使用租赁资产的权利。使用权资产应当按照成本进行初始计量。

（11）初始直接费用。初始直接费用是指为达成租赁所发生的增量成本。增量成本是指若企业不取得该租赁，则不会发生的成本，在实际计量时不作为初始直接费用进行确认。

21.1.2 租赁的分类

根据《企业会计准则第21号——租赁》（以下简称"租赁准则"）具体准则，出租人应当在租赁开始日将租赁分为融资租赁和经营租赁。一项租赁存在下列一种或多种情形的，通常分类为融资租赁。

（1）在租赁期届满时，租赁资产的所有权转移给承租人。通常该权利在租赁协议中已经约定，或者根据其他条件在租赁开始日就可以合理地判断。

（2）承租人有购买租赁资产的选择权且在租赁开始日就可以合理确定承租人将行使该选择权。

（3）租赁资产的所有权虽然不转移，但租赁期占租赁资产使用寿命的大部分。如果租赁资产是旧资产，在租赁前已使用年限超过资产自全新时起算可使用年限的75%以上时，不能使用这条标准确定租赁的分类。

（4）在租赁开始日，租赁收款额的现值几乎相当于租赁资产的公允价值。其中"几乎相当于"，通常在90%（含90%）以上。

（5）租赁资产性质特殊，如果不做较大改造，只有承租人才能使用。这条标准是指租赁资产是由出租人根据承租人对资产型号、规格等方面的特殊要求专门购买或建造的，具有专购、专用性质。这种情况下，该项租赁也应当认定为融资租赁。

一般来讲，凡不属于融资租赁的租赁都属于经营租赁。

21.2 承租人的会计处理

21.2.1 承租人对租赁资产初始确认的会计处理

根据租赁准则，在租赁期开始日，承租人应当对租赁确认使用权资产和租赁负债。应用短期租赁和低价值租赁简化处理的除外。

根据《企业会计准则应用指南》，承租人在计算租赁付款额的现值时，应当采用租赁内含利率作为折现率；无法确定租赁内含利率的，应当采用承租人增量借款利率作为折现率。并按照租赁付款额的现值与租赁付款额之间的差额确认租赁期间未确认融资费用。

【例21-1】2×19年1月1日，承租人甲公司与出租人乙签订了一份为期10年的房屋租赁协议，并拥有5年的续租选择权。每年的租赁付款额为人民币1 000 000元，于每年年末支付。在租赁期开始日，甲公司评估后认为，在10年的租赁期结束后不能合理确定承租人是否行使续租选择权，因此将租赁期确定为10年。甲公司无法确定租赁内含利率，需用增量借款利率作为折现率来计算租赁付款额的现值。

甲公司现有的借款包括以下方面。

（1）一笔为期6个月的银行短期借款，金额为800 000元，借款期限为2×18年10月1日至2×19年3月31日，年利率为4.0%，每季末支付利息，到期时一次性偿还本金，无任何抵押。

（2）一笔为期15年的债券，金额为500 000元，发行日为2×17年1月1日，到期日为2×31年12月31日，票面年利率为9.0%，每年末支付利息，到期时一次性偿还本金，无任何抵押。

情形一：甲公司发行的债券有公开市场。当甲公司发行的债券有公开市场时，通常考虑该债券的市场价格及市场利率，因为其反映了甲公司的现有信用状况以及债券投资者所要求的现时回报率。甲公司结合其自身情况判断后认为，以自己发行的15年期债券利率作为估计增量借款利率的起点最为恰当。甲公司在15年期债券利率的基础上，执行了以下步骤，以确定该租赁的增量借款利率。

第一步，确定15年期债券的市场利率。甲公司根据该债券的市场价格和剩余13年的还款情况（即，每年年末根据票面利率支付利息、到期一次性偿还本金），计算该债券的市场利率。

第二步，调整借款金额的不同。15年期债券的金额为500 000元，租赁付款总额为1 000 000元。甲公司根据估计日市场情况考虑上述借款金额的不同是否影响借款利率并相应进行调整。

第三步，调整本息偿付方式的不同。该租赁是每年支付固定付款的租赁，而15年期债券是每年末付息并到期一次性偿还本金。甲公司应考虑该事项对借款利率的影响并进行相应调整。

第四步，调整借款期间的不同。该租赁的租赁期为10年，而15年期债券的剩余期间为

13年。甲公司应考虑该事项对借款利率的影响并进行相应调整。

第五步，调整抵押情况的不同。在确定增量借款利率时，租赁合同视为以租赁资产作为抵押而获得借款，而15年期债券无任何抵押。甲公司应考虑该事项对借款利率的影响并做相应调整。

情形二：甲公司发行的债券没有公开市场但甲公司存在可观察的信用评级时，可考虑以与其信用评级相同的企业所发行的公开交易的债券利率为基础，确定上述第一步的参考利率。

当甲公司发行的债券没有公开市场且甲公司没有可观察的信用评级时，在市场利率水平和甲公司信用状况在债券发行日至增量借款利率估计日期间没有发生重大变化的情况下，可考虑以该15年期债券发行时的实际利率为基础，作为估计增量借款利率的起点。确定参考利率后，将其调整为增量借款利率的步骤与情形一基本相同。

情形三：甲公司没有任何借款。当甲公司没有任何借款时，可考虑通过银行询价的方式获取同期借款利率，并进行适当调整后确定其增量借款利率；或者，可考虑利用第三方评级机构获取其信用评级，参考情形一的步骤确定其增量借款利率。

（一）租赁负债的初始计量

租赁负债应当按照租赁期开始日尚未支付的租赁付款额的现值进行初始计量。是否应纳入租赁负债的相关付款项目是计量租赁负债的关键。

实际会计处理中租赁付款额包含以下部分金额：

（1）固定付款额及实质固定付款额，存在租赁激励的，扣除租赁激励相关金额；

（2）取决于指数或比率的可变租赁付款额，该款项在初始计量时根据租赁期开始日的指数或比率确定；

（3）购买选择权的行权价格，前提是承租人合理确定将行使该选择权；

（4）行使终止租赁选择权需支付的款项，前提是租赁期反映出的承租人将行使终止租赁选择权；

（5）根据承租人提供的担保余值预计应支付的款项。

（二）使用权资产的初始计量

使用权资产应当按照成本进行初始计量。该成本包括：

（1）租赁负债的初始计量金额；

（2）在租赁期开始日或之前支付的租赁付款额，存在租赁激励的，扣除已享受的租赁激励相关金额；

（3）承租人发生的初始直接费用；

（4）承租人为拆卸及移除租赁资产、复原租赁资产所在场地或将租赁资产恢复至租赁条款约定状态预计将发生的成本。

【例21-2】承租人甲公司就某生产线与出租人乙公司签订了一项租赁合同。合同约定本次租赁生产线的租赁时间为2×19年1月1日至2×21年12月31日，共计3年，并且甲公司就该项租赁资产有3年的续租选择权。相关信息如下：（1）每年的不含税税金为1 000 000元，如行使续租选择权，续租期间每年租金为800 000元，租金于每年年末支付；（2）为取得该项租赁合同所发生的初始直接费用为10 000元；（3）乙公司补偿承租方佣金5 000元；（4）在租赁期开始日，甲公司经评估决定在初始租赁期满后不行使续租权；（5）租赁期内甲公司确定租赁内含利率为8%；（6）该生产线为全新设备，估计使用年限为5年，租入后用作生产车间生产设备；（7）该生产线在2×20年1月1日的公允价值为2 300 000元；（8）2×20年和2×21年两年，甲公司每年按该生产线所生产的产品——微波炉的年销售收入的1%向乙公司支付经营分享收入。

不考虑相关税费影响。请分析甲公司的会计处理。

承租人甲公司的会计处理如下。

第一步，计算租赁期开始日的租赁付款额现值。

在租赁期开始日，即2×19年1月1日，将剩余3年租赁期内每年度租金按照8%的租赁内含利率进行折现，计算可得：

租赁负债＝3年内租赁付款额现值＝1 000 000×（P/A，3，8%）＝2 577 100（元）

未确认融资费用＝3年内租赁付款额－3年内租赁付款额现值＝3 000 000－2 577 100＝422 900（元）

  借：使用权资产   2 577 100
    租赁负债——未确认融资费用   422 900
    贷：租赁负债——租赁付款额   3 000 000

第二步，将为取得租赁合同发生的初始直接费用计入使用权资产的初始成本。

  借：使用权资产   100 000
    贷：银行存款   100 000

第三步，将已收的租赁激励相关金额从使用权资产的初始直接成本中扣除。

  借：银行存款   5 000
    贷：使用权资产   5 000

经上述计算，可知甲公司取得的该项租赁标的的初始直接成本为2 582 100（2 577 100+10 000－5 000）元。

21.2.2 承租人对使用权资产的后续计量

在租赁期开始日之后，应对使用权资产进行后续计量，即使用权资产的折旧处理以及使用权资产减值的会计处理。

（一）使用权资产折旧的计提

承租人应当参照《企业会计准则第4号——固定资产》有关折旧规定，对使用权资产计提折旧。

承租人能够合理确定租赁期届满时取得租赁资产所有权的，应当在租赁资产剩余使用寿命内计提折旧。无法合理确定租赁期届满时是否能够取得租赁资产所有权的，应当在租赁期与租赁资产剩余使用寿命两者孰短的期间内计提折旧。

1. 折旧政策

对于融资租入资产，计提租赁资产折旧时，承租人应采用与自有应折旧资产一致的折旧政策。通常承租人采用直线法计提折旧，其他折旧政策能够更好地反映使用权资产有关经济利益预期实现方式的，应采用其他的折旧政策。

如果承租人或与其有关的第三方对租赁资产余值提供了担保，则应计折旧总额为租赁期开始日固定资产的入账价值扣除担保余值后的余额；如果承租人或与其有关的第三方未对租赁资产余值提供担保，应计折旧总额为租赁期开始日固定资产的入账价值。

2. 折旧期间

确定租赁资产的折旧期间应视租赁合同的规定而论。如果能够合理确定租赁期届满时承租人将会取得租赁资产所有权，即可认为承租人拥有该项资产的全部使用寿命，因此应以租赁期开始日租赁资产的寿命作为折旧期间；如果无法合理确定租赁期届满后承租人是否能够取得租赁资产的所有权，应以租赁期与租赁资产寿命两者中较短者作为折旧期间。

【例21-3】沿用【例21-2】，甲公司计提租赁资产折旧的会计处理。

第一步，融资租入固定资产折旧的计算（见表21-1）。

第二步，账务处理。

2×19年1月1日，计提本月折旧71 725（860 700÷12）元。

借：制造费用——折旧费　　　　　　　　　　　　　　　71 725
　　贷：累计折旧　　　　　　　　　　　　　　　　　　　　　71 725

2×19年2月—2×21年12月的会计分录，同上。

表21-1　　　　融资租入固定资产折旧计算过程（年限平均法）

2×19年1月1日　　　　　　　　　　　　　　　　　　　　　　　金额单位：元

日期	固定资产原价	折旧率*	当年折旧费	累计折旧	固定资产净值
2×19年1月1日	2 582 100				2 582 100
2×19年12月31日		33.33%	860 700	860 700	1 721 400
2×20年12月31日		33.33%	860 700	1 721 400	860 700
2×21年12月31日		33.34%	860 700	2 582 100	0
合计	2 582 100	100.00%	2 582 100		

注：*根据合同规定，由于甲公司无法合理确定在租赁期届满时是否能够取得租赁资产的所有权，因此，应当在租赁期与租赁资产尚可使用年限两者中的较短的期间内计提折旧。本例中租赁期为3年，短于租赁资产尚可使用年限5年，因此应按3年计提折旧。

（二）使用权资产减值的会计处理

承租人应当按照固定资产准则有关资产减值的规定，确定使用权资产是否发生减值，并对已识别的减值损失进行会计处理，借记"资产减值损失"科目，贷记"使用权资产减值准备"科目。按照租赁准则计提的减值损失，一经计提，不得在日后期间转回。并按照减值后的使用权资产账面价值调整每期计提的折旧金额。

21.2.3　承租人对租赁负债的后续计量

租赁负债后续计量的原则：

（1）确认租赁负债的利息时，增加租赁负债的账面金额；

（2）支付租赁付款额时，减少租赁负债的账面金额；

（3）因重估或租赁变更等原因导致租赁付款额发生变动时，重新计量租赁负债的账面价值。

承租人应当按照固定的周期性利率计算租赁负债在租赁期内各期间的利息费用，并计入当期损益。

【例21-4】 甲公司与乙公司签订一项租赁合同，该合同约定将乙公司的一间商铺出租给甲公司使用，合同期限为7年。商铺每年租金为450 000元，于每年年末支付。甲公司租赁内含利率为5.04%。

分析可知，在租赁期开始日，甲公司按照租赁协议约定的每年租金的现值确认的租赁负债为2 600 000元。第一年年末，支付租赁付款额450 000元，其中，131 040（2 600 000×5.04%）元是当年的利息，318 960（450 000-131 040）元是本金，即租赁负债减少318 960元。甲公司的账务处理为：

借：租赁负债——租赁付款额　　　　　　　　　　　　　　　　450 000
　　贷：银行存款　　　　　　　　　　　　　　　　　　　　　　450 000
借：财务费用　　　　　　　　　　　　　　　　　　　　　　　　131 040
　　贷：租赁负债——未确认融资费用　　　　　　　　　　　　　131 040

以后各年度租赁负债摊销情况如表21-2所示。

表21-2　　　　　　　　　　租赁负债摊销计算过程

单位：元

年度	租赁负债年初余额 ①	利息 ②=①×5.04%	租赁付款额 ③	租赁付款额年末余额 ④=①+②-③
1	2 600 000	131 040	450 000	2 281 040
2	2 281 040	114 964.42	450 000	1 946 004.42
3	1 946 004.42	98 078.62	450 000	1 594 083.04
4	1 594 083.04	80 341.79	450 000	1 224 424.83
5	1 224 424.83	61 711.01	450 000	836 135.84
6	836 135.84	42 141.25	450 000	428 277.09
7	428 277.09	21 722.91	450 000	—

21.2.4　租赁变更的会计处理

租赁变更，是指原合同条款之外的租赁范围、租赁对价、租赁期限的变更，包括增加或终止一项或多项租赁资产的使用权，延长或缩短合同规定的租赁期等。租赁变更导致租赁范围缩小或租赁期缩短的，承租人应当相应调减使用权资产的账面价值，并将部分终止或完全终止租赁的相关利得或损失计入当期损益。租赁发生变更且同时符合下列条件的，承租人应当将该租赁变更作为一项单独租赁进行会计处理：

（1）该租赁变更通过增加一项或多项租赁资产的使用权而扩大了租赁范围；

（2）增加的对价与租赁范围扩大部分的单独价格按该合同情况调整后的金额相当。

租赁变更未作为一项单独租赁进行会计处理的，在租赁变更生效日，承租人应当按照租赁准则第九条至第十二条的规定分摊变更后合同的对价，按照租赁准则第十五条的规定重新确定租赁期，并按照变更后租赁付款额和修订后的折现率计算的现值重新计量租赁负债。

【例21—5】甲公司与乙公司就一处办公场所签订了一项为期10年的租赁合同。年租赁付款额为50 000元，租金于每年年末支付。在租赁期开始日，甲公司的租赁内含利率为6%，相应的租赁负债和使用权资产的初始确认额均为368 000 [50 000×（P/A，6%，10）]元。在第6年年初，甲公司和乙公司经协商决定对原租赁合同进行变更，自第6年年初起，缩减出租面积，出租办公场所面积为原来的一半，之后乙公司每年支付给甲公司的租金（自第6至10年）调整为30 000元。承租人在第6年年初的租赁内含利率无法确定，增量借款利率为5%。

分析：

在租赁变更生效日（即第6年年初），甲公司基于以下情况对租赁负债进行重新计量：

①剩余租赁期为5年；

②年付款额为30 000元；

③采用修订后的折现率5%进行折现。据此，计算得出租赁变更后的租赁负债为129 885 [30 000×（P/A，5%，5）]元。

甲公司应基于原使用权资产部分终止的比例（即原租赁期开始日确认的使用权资产的一半），来确定使用权资产账面价值的调整数值。在租赁变更之前，原使用权资产的账面价值为184 000（368 000×5/10）元，50%的账面价值为92 000元；原租赁负债的账面价值为210 620元 [50 000×（P/A，6%，5）]元，50%的账面价值为105 310元。因此，在租赁变更生效日（第6年年初），甲公司终止确认50%的原使用权资产和原租赁负债，并将租赁负债减少额与使用权资产减少额之间的差额13 310（105 310-92 000）元作为利得计入当期损益。其中，租赁负债的减少额（105 310元）包括：租赁付款的减少额125 000（50 000×50%×5）元，以及未确认融资费用的减少额19 690（125 000-105 310）元。甲公司终止确认50%的原使用权资产和原租赁负债的账务处理如下。

  借：租赁负债   125 000

    贷：租赁负债——未确认融资费用   19 690

      使用权资产   92 000

      资产处置损益   13 310

对甲公司的租赁负债105 310元与变更后重新计量的租赁负债129 885元之间的差额24 575元，调整使用权资产账面价值。

  借：使用权资产   24 575

    租赁负债——未确认融资费用   425

    贷：租赁负债——租赁付款额   25 000

21.2.5 租赁期届满时的会计处理

租赁期届满时，承租人通常对租赁资产的处理有三种情况：返还、优惠续租和留购。

（1）返还租赁资产。

租赁期届满，承租人向出租人返还租赁资产时，通常借记"租赁负债——应付融资租赁款""累计折旧"科目，贷记"使用权资产"科目。

（2）优惠续租租赁资产。

如果承租人行使优惠续租选择权，则应视同该项租赁一直存在而做相应的账务处理。

如果租赁期届满时没有续租，根据租赁协议规定须向出租人支付违约金时，借记"营业外支出"科目，贷记"银行存款"等科目。

（3）留购租赁资产。

在承租人享有优惠购买选择权的情况下，支付购买价款时，借记"长期应付款——应付融资租赁款"科目，贷记"银行存款"等科目；同时，将固定资产从"融资租入固定资产"明细科目转入有关明细科目。

【例21-6】沿用【例21-2】，甲公司租期届满时的会计处理。

2×21年12月31日，将该生产线返还乙公司。

借：累计折旧　　　　　　　　　　　　　　　　　　　　　　2 582 100
　　贷：使用权资产　　　　　　　　　　　　　　　　　　　　2 582 100

21.3 出租人的会计处理

21.3.1 出租人对融资租赁的会计处理

（一）初始计量

租赁期开始日，出租人应当对融资租赁确认应收融资租赁款，并以租赁投资净额作为应收融资租赁款的入账价值，同时终止确认融资租赁资产。

租赁投资净额为未担保余值和租赁开始日后出租人尚未收到的租赁收款额按照租赁内含利率计算的现值之和。

【例21-7】2×19年12月31日，甲公司与乙公司就出租一台生产机器达成一项租赁协议。相关信息如下。

（1）租赁标的物：生产性设备一台。

（2）租赁期开始日：2×20年1月1日。

（3）租赁期：6年。

（4）租金：每年年末支付给乙公司租金170 000元。每年年末限期内付款的奖励租金为20 000元。

（5）租赁期开始日该资产公允价值为690 000元，账面价值为600 000元。

（6）初始直接费用为手续费30 000元，已用银行存款支付。

(7) 承租人于租赁期结束后具有购买选择权。购买价格为 30 000 元。2×25 年 12 月 31 日该资产的公允价值为 90 000 元。

(8) 约定可变租赁付款额为甲公司使用该生产设备所产生的收入的 5%。

(9) 担保余值与未担保余值均为 0 元。

(10) 该资产为全新资产，预计使用寿命为 7 年。

出租人的相关会计处理如下。

第一步，判断租赁类型。

优惠购买价格 30 000 元低于租赁期结束日的该项资产公允价值 90 000 元，因此在租赁期开始日可以确定甲公司会在租赁结束时行使该项购买选择权。租赁期间占该资产使用寿命的比例超过 75%。因此，可以将本次租赁分类为融资租赁。

第二步，确定租赁收款额。

(1) 承租人的固定付款额为考虑扣除租赁奖励金额后的数值，为 900 000 [(170 000-20 000)×6]元。

(2) 承租人行使购买选择权的行权价格。

承租人于租赁期结束后具有购买选择权。购买价格为 30 000 元。优惠购买价格 30 000 元低于租赁期结束日的该项资产公允价值 90 000 元，因此在租赁期开始日可以确定甲公司会在租赁结束时行使该项购买选择权。行权价格为 30 000 元。

(3) 由承租人向出租人提供的担保余值为 0 元。

综上所述，租赁收款额为 930 000（900 000+30 000）元。

第三步，确定租赁投资总额。

租赁投资总额 = 出租人应收租赁收款额 + 未担保余值 = 930 000+0=930 000（元）

第四步，确定租赁投资净额的金额和未实现融资收益。

租赁投资净额 = 租赁资产在租赁期开始日公允价值 + 出租人初始直接费用 = 690 000+30 000=720 000（元）

未实现融资收益 = 租赁投资总额 - 租赁投资净额 = 930 000-720 000=210 000（元）

第五步，计算租赁内含利率。

根据租赁内含利率的定义，租赁内含利率是指在租赁开始日，使租赁投资总额的现值等于租赁资产公允价值与出租人的初始直接费用之和的折现率。

因此有 150 000×(P/A,R,6)+30 000×(P/F,R,6)=720 000，可知租赁内含利率为 7.66%。

第六步，进行账务处理。

2×20 年 1 月 1 日。

借：应收融资租赁款——租赁收款额	930 000
贷：银行存款	30 000
融资租赁资产	600 000
资产处置损益	90 000
应收融资租赁款——未实现融资收益	210 000

（二）出租人对融资租赁租赁期内的利息收入的会计处理

出租人应当按照固定的周期性利率计算并于账务上确认租赁期内各个期间内的利息收入。

【例21-8】沿用【例21-7】。计算租赁期间内各期的利息收入，计算过程如表21-3所示。

表21-3　　　　　　　　　租赁期内各期间利息收入计算过程

单位：元

日期	租金	利息收入	租赁投资净额余额
①	②	③ = 期初④ × 7.66%	期末④ = 期初④ − ② + ③
2×20年1月1日			720 000
2×20年12月31日	150 000	55 152	625 152
2×21年12月31日	150 000	47 886.64	523 038.64
2×22年12月31日	150 000	40 064.76	413 103.40
2×23年12月31日	150 000	31 643.72	294 747.12
2×24年12月31日	150 000	22 577.63	167 324.75
2×25年12月31日	150 000	12 675.25*	20 000
2×25年12月31日	30 000		
合计	930 000	210 000	

注：*12 675.25=150 000+30 000−167 324.75。

会计处理如下。

（1）2×20年12月31日收到第一笔租金。

借：银行存款	150 000
贷：应收融资租赁款——租赁收款额	150 000
借：应收融资租赁款——未实现融资收益	55 152
贷：融资收入	55 152

（2）2×21年12月31日收到第二笔租金。

借：银行存款	150 000
贷：应收融资租赁款——租赁收款额	150 000
借：应收融资租赁款——未实现融资收益	47 886.64
贷：融资收入	47 886.64

后续年份会计处理同上。

【例21-9】沿用【例21-8】。假设2×21年和2×22年，甲公司使用该生产线生产产品实现的收入分别为2 000 000元和3 000 000元。依据租赁协议约定，乙公司可以按照约定向甲公司收取的可变租金分别为100 000元和150 000元。

乙公司会计处理如下。

（1）2×21年12月31日。

借：银行存款	100 000
贷：租赁收入	100 000

(2) 2×22年12月31日。

借：银行存款　　　　　　　　　　　　　　　　　　　150 000
　　贷：租赁收入　　　　　　　　　　　　　　　　　　　150 000

【例21-10】沿用【例21-8】。租赁期结束，甲公司按照协议约定行使购买权。
相关会计处理如下。

借：银行存款　　　　　　　　　　　　　　　　　　　30 000
　　贷：应收融资租赁款——租赁收款额　　　　　　　　30 000

（三）出租人对融资租赁变更的会计处理

依据新租赁准则规定，融资租赁行为发生租赁变更时，应在同时满足以下条件的情况下，出租人将本次租赁变更事项作为一项单独的租赁进行会计处理：

（1）该变更通过增加一项或多项租赁资产的使用权而扩大了租赁范围或者延长了租赁期限；

（2）增加的对价与租赁范围扩大部分或租赁期限延长部分的单独价格应当按照合同情况调整后的金额相当。

【例21-11】承租人甲就某机器设备与出租人乙签订了一项为期5年的租赁合同。合同规定，每年末承租人向出租人支付租金20 000元，租赁期开始日，出租资产公允价值为75 816元。按照公式20 000×(P/A, r, 5) = 75 816，计算得出租赁内含利率为10%，租赁收款额为100 000元，未确认融资收益为24 184元。在第二年年初，承租人和出租人同意对原租赁合同进行修改，租赁期缩短，租赁期结束日为第三年年末。每年支付租金时点不变，租金总额从100 000元变更为70 000元。未更改前的租赁构成融资租赁。假设本例中不涉及未担保余值、担保余值、终止租赁罚款等。

分析：

本例中，如果原租赁期限设定为3年，在租赁开始日，租赁类别被分类为经营租赁，那么，在租赁变更生效日，即第二年年初，出租人将租赁投资净额余额63 398（75 816+75 816×10% -20 000）元作为该套机器设备的入账价值，并从第二年年初开始，作为一项新的经营租赁（2年租期，每年年末收取租金25 000元）进行会计处理。

第二年年初会计分录如下。

借：固定资产　　　　　　　　　　　　　　　　　　　63 398
　　应收融资租赁款——未确认融资收益　（24 184-75 816×10%）16 602
　　贷：应收融资租赁款——租赁收款额　　（100 000-20 000）80 000

如果一项租赁合同被确认为一项融资租赁，在发生租赁变更时并未作为一项单独租赁行为进行会计处理，且满足假如变更在租赁开始日生效，该租赁会被分类为融资租赁的，出租人应当按照《企业会计准则第22号——金融工具确认和计量》（2017）第四十二条关于修改或重新议定合同的规定进行会计处理。即，修改或重新议定租赁合同，未导致应收融资租赁款终止确认，但导致未来现金流量发生变化的，应当重新计算该应收融资租赁款。对于在进行融资租赁变更时所产生的成本费用，应当相应调整应收融资租赁款的账面价值，并在剩余的修改后的租赁期间内按照直线法摊销。

【例 21-12】承租人甲就某机器设备与出租人乙签订了一项为期 5 年的租赁合同。合同规定，每年年末承租人向出租人支付租金 20 000 元。租赁期开始日该项租赁资产的公允价值为 75 816 元，租赁内含利率为 10%。在第二年年初，承租人和出租人因为设备适用性等原因同意对原租赁进行修改，从第二年开始，每年支付租金金额变为 19 000 元，租金总额从 100 000 元变更为 96 000 元。该项租赁构成融资租赁。

分析：

如果此租赁变更行为发生在租赁开始日，并在该日期生效，租赁类别仍被分类为融资租赁，那么，在租赁变更生效日——第二年年初，按 10% 原租赁内含利率重新计算的租赁投资净额为 60 228 [19 000×（P/A，10%，4）] 元，与原租赁投资净额账面余额 63 398 元的差额 3 170 元（其中"应收融资租赁款——租赁收款额"减少 4 000 元，"应收融资租赁款——未确认融资收益"减少 830 元）计入当期损益。

第二年年初会计分录如下。

借：租赁收入   3 170
  应收融资租赁款——未确认融资收益   830
 贷：应收融资租赁款——租赁收款额   4 000

21.3.2 出租人对经营租赁的会计处理

1. 租赁期开始日对租金的会计处理

出租人应当采用直线法或者其他系统合理的方法在租赁期内将经营租赁的租赁收款额确认为租金收入。

出租人每期收到租金时，应当按照收到的租金金额，借记"银行存款"科目，贷记"应收经营租赁款"科目。同时，每期确认租赁收入时，借记"应收账款"科目，贷记"租赁收入"科目。

2. 出租人对经营租赁中未实现融资收益的会计处理

在租赁期开始日，将应收融资租赁款、未担保余值之和与其现值的差额确认为未实现融资收益，在将来收到租金的各期内确认为租赁收入。出租人发生的初始直接费用，应包括在应收融资租赁款的初始计量中，并减少租赁期内确认的收益金额。

未实现融资收益应当在租赁期内各个期间进行分配，确认为各期的租赁收入。分配时，出租人应当采用实际利率法计算当期应当确认的租赁收入。

3. 出租人提供免租期时的会计处理

在出租人提供了免租期的情况下，应将租金总额在整个租赁期内进行分摊，免租期内应确认租金费用；在出租人承担了承租人的某些费用的情况下，应将该费用从租金总额中扣除，将租金余额在租赁期内进行分摊。

4. 出租人对初始直接费用的会计处理

与经营租赁资产相关的初始直接费用应当采用资本化的方式计入经营租赁资产的成本。

5. 出租人对经营租赁资产减值和折旧的会计处理

对于经营租赁的固定资产，出租人应当采用一贯采用的对该类资产的折旧政策进行固定资产折旧的计提。对于在经营租赁有关资产期间，租赁资产有迹象发生了减值的，应当对已识别的资产减值损失进行会计处理。即，借记"资产减值损失"科目，贷记"经营租赁资产减值准备"科目。

6. 出租人对经营租赁中可变租赁付款额的会计处理

出租人取得的与指数或者比率挂钩的、与经营租赁资产相关的可变租赁付款额，应当在租赁期开始日计入租赁收款额。除此之外的款项，应于发生之时计入当期损益。

21.3.3 租赁期届满时出租人的会计处理

1. 租赁期届满时，承租人将租赁资产交还出租人

租赁期届满，承租人交还租赁资产时，可能出现以下几种情况。

（1）对资产余值全部担保的。

出租人在将租赁分类为融资租赁时，收到承租人交还的租赁资产时，应当借记"融资租赁资产"科目，贷记"长期应收款——应收融资租赁款"科目。如果收回租赁资产的价值低于担保余值，则应向承租人收取价值损失补偿金，借记"其他应收款"科目，贷记"营业外收入"科目。

（2）对资产余值部分担保的。

出租人收到承租人交还的租赁资产时，借记"融资租赁资产"科目，贷记"长期应收款——应收融资租赁款""未担保余值"等科目。如果收回租赁资产的价值扣除未担保余值后的余额低于担保余值，则应向承租人收取价值损失补偿金，借记"其他应收款"科目，贷记"营业外收入"科目。

（3）对资产余值全部未担保的。

出租人收到承租人交还的租赁资产时，借记"融资租赁资产"科目，贷记"未担保余值"科目。

2. 优惠续租租赁资产

（1）如果承租人行使优惠续租选择权，则出租人应视同该项租赁一直存在而做相应的账务处理，如继续分配未实现融资收益等。

（2）如果租赁期届满时承租人没有续租，根据租赁合同规定应向承租人收取违约金，并将其确认为营业外收入。同时，将收回的租赁资产按上述规定进行处理。

3. 留购租赁资产

租赁期届满时，依据租赁协议，承租人在协议期结束时拥有购买选择权的，承租人可以选择行使优惠购买选择权。此时，出租人应按实际收到的承租人支付的购买租赁资产的价款进行账务处理。借记"银行存款"等科目，贷记"长期应收款——应收融资租赁款"科目。

21.4 特殊租赁业务的会计处理

21.4.1 生产商或经销商出租人的融资租赁会计处理

生产商或经销商在销售商品过程中,依据不同客户的需求,可以将销售商品当作租赁资产进行租赁,以满足客户需求。如果生产商或经销商将对客户出租的该项资产划分为融资租赁,生产商或经销商出租人在租赁期开始日的会计处理应当为,按照租赁资产公允价值与租赁收款额按市场利率折现的现值两者孰低确认收入,并且按照租赁资产账面价值扣除未担保余值的现值后的余额结转销售成本,收入和销售成本的差额作为销售损益进行处理。

生产商或经销商出租人取得融资租赁所发生的成本不属于初始直接费用,不计入租赁投资净额。

【例 21-13】甲公司是一家设备生产商,其长期客户乙公司提出以租赁的形式与甲公司签订协议,以使用甲公司新开发出的一台生产性设备。在经过协商后,甲公司与乙公司签订了一份租赁合同,向乙公司出租其所生产的设备一台,合同主要条款如下:

(1)租赁资产:新型生产设备一台;

(2)租赁期:2×19年1月1日至2×21年12月31日,共3年;

(3)租金支付时间:自2×19年起每年年末支付年租金 2 000 000 元;

(4)租赁合同规定的利率:6%(年利率),与市场利率相同;

(5)该设备于 2×19 年 1 月 1 日的公允价值为 5 000 000 元,账面价值为 2 500 000 元;

(6)乙公司为取得该项租赁合同发生的相关成本为 5 000 元;

(7)甲公司将该设备于 2×19 年 1 月 1 日交付乙公司,预计使用寿命为 8 年,无残值;租赁期届满时,乙公司可以 100 元购买该设备,预计租赁到期日该设备的公允价值不低于 1 500 000 元,乙公司对此金额提供担保;租赁期内该设备的保险、维修等费用均由乙公司自行承担。假设不考虑其他因素和各项税费影响。

分析:

第一步,判断租赁类型。本例中租赁期满乙公司可以远低于租赁到期日租赁资产公允价值的金额购买租赁资产,甲公司在租赁期开始日可以通过迹象分析认为在租赁期结束后,合理确定乙公司将行使购买选择权,综合考虑其他因素,与该项租赁资产所有权有关的几乎所有风险和报酬已实质转移给乙公司,因此甲公司将本次的租赁行为认定为融资租赁。

第二步,计算租赁期开始日,本次出租设备的甲公司计算租赁收款额,按照市场利率折现的现值确定租赁收入金额。

租赁收款额=租金×期数+行使购买选择权的购买价格=2 000 000×3+100=6 000 100(元)

租赁收款额按照市场利率折现的现值=2 000 000×(P/A,6%,3)+100×(P/F,6%,3)=5 346 083.96(元)

按照租赁资产公允价值与租赁收款额按市场利率折现的现值两者孰低的原则,确认收入为 5 000 000 元。

第三步，计算租赁资产账面价值扣除未担保余值的现值后的余额，确定销售成本金额。
销售成本＝账面价值－未担保余值的现值＝2 500 000-0＝2 500 000（元）

第四步，进行账务处理。

2×19年1月1日（租赁期开始日）。

借：应收融资租赁款——租赁收款额　　　　　　　　　　　　5 346 083.96
　　贷：主营业务收入　　　　　　　　　　　　　　　　　　5 000 000
　　　　应收融资租赁款——未实现融资收益　　　　　　　　　346 083.96
借：主营业务成本　　　　　　　　　　　　　　　　　　　　2 500 000
　　贷：库存商品　　　　　　　　　　　　　　　　　　　　2 500 000
借：销售费用　　　　　　　　　　　　　　　　　　　　　　5 000
　　贷：银行存款　　　　　　　　　　　　　　　　　　　　5 000

由于甲公司在确定租赁收入和租赁投资净额（即应收融资租赁款）时，是基于租赁资产的公允价值的，因此，甲公司需要根据租赁收款额、未担保余值和租赁资产公允价值重新计算租赁内含利率。即，2 000 000×(P/A, r, 3)+100×(P/F, r, 3)＝5 000 000（元），r＝9.693 1%，计算租赁期内各期分摊的融资收益，如表21-4所示。

表21-4　　　　　　　　　　租赁期融资收益计算过程

单位：元

日期	租赁收款	确认的租赁收入	应收租赁款减少额	应收租赁款净额
	①	②＝期初④×9.693 1%	③＝①－②	期末④＝期初④－③
2×19年1月1日				5 000 000
2×19年12月31日	2 000 000	484 655	1 515 345	3 484 655
2×20年12月31日	2 000 000	337 771	1 662 229	1 822 426
2×21年12月31日	2 000 000	177 674*	1 822 326**	100
2×21年12月31日	100		100	
合计	6 000 100	1 000 100	5 000 000	

注：做尾数调整，*177 674=2 000 000-1 822 326，**1 822 326=1 822 426-100。

2×19年12月31日会计处理如下。

借：应收融资租赁款——未实现融资收益　　　　　　　　　　484 655
　　贷：租赁收入　　　　　　　　　　　　　　　　　　　　484 655
借：银行存款　　　　　　　　　　　　　　　　　　　　　　2 000 000
　　贷：应收融资租赁款——租赁收款额　　　　　　　　　　2 000 000

2×20年12月31日会计处理如下。

借：应收融资租赁款——未实现融资收益　　　　　　　　　　337 771
　　贷：租赁收入　　　　　　　　　　　　　　　　　　　　337 771
借：银行存款　　　　　　　　　　　　　　　　　　　　　　2 000 000
　　贷：应收融资租赁款——租赁收款额　　　　　　　　　　2 000 000

2×21年12月31日会计处理如下。

借：应收融资租赁款——未实现融资收益	177 674	
贷：租赁收入		177 674
借：银行存款	2 000 000	
贷：应收融资租赁款——租赁收款额		2 000 000

21.4.2 售后租回业务的会计处理

若卖方兼承租人将资产转让给其他企业（买方兼出租人），并在出售后的未来某一天将出售资产从买方兼出租人租回，则卖方兼承租人和买方兼出租人均应按照售后租回交易的规定进行会计处理。

如果企业该项交易符合企业会计准则中的《企业会计准则第14号——收入》（2017）的规定，经评估确定企业的该项售后租回交易中的资产转让涉及收入确认问题，则在进行售后租回会计处理时应当按照收入准则确认收入。在实际会计处理时，售后租回业务可以分为以下两类分别进行会计处理。

1. 售后租回交易中的资产转让属于销售

卖方兼承租人应当按原资产账面价值中与租回获得的使用权有关的部分，计量售后租回所形成的使用权资产，并仅就转让至买方兼出租人的权利确认相关利得或损失。买方兼出租人根据其他适用的企业会计准则条款对资产购买进行会计处理，并依据租赁准则对售后租回资产的出租行为进行会计处理。

2. 售后租回交易中的资产转让不属于销售

卖方兼承租人应当继续保留该项资产的所有权，在会计上不终止确认所转让的资产。对于所租回的标的物资产应当按照企业实际收到的现金作为金融负债列示，并按照《企业会计准则第22号——金融工具确认和计量》（2017）进行会计处理。买方兼出租人不确认被转让资产，而应当将支付的现金作为金融资产，并按照《企业会计准则第22号——金融工具确认和计量》（2017）进行会计处理。

（1）售后租回交易中的资产转让不属于销售。

【例21-14】甲公司（卖方兼承租人）拥有一栋建筑物，经协商，甲公司以货币资金30 000 000元的价格向乙公司（买方兼出租人）出售。该建筑物在签订合同之前的账面原值是30 000 000元，累计折旧是27 500 000元。与此同时，甲公司与乙公司签订了合同，取得了该建筑物20年的使用权（全部剩余使用年限为40年），年租金为1 000 000元，于每年年末支付，租赁期满时，甲公司将以100元购买该建筑物。根据交易的条款和条件，甲公司转让建筑物不满足《企业会计准则第14号——收入》（2017）中关于销售成立的条件。假设不考虑初始直接费用和各项税费的影响。该建筑物在销售当日的公允价值为36 000 000元。

分析：

在租赁期开始日，甲公司对该交易的会计处理如下。

借：货币资金	30 000 000	
贷：长期应付款		30 000 000

在租赁期开始日，乙公司对该交易的会计处理如下。

借：长期应收款　　　　　　　　　　　　　　　　　　　　　30 000 000
　　贷：货币资金　　　　　　　　　　　　　　　　　　　　　　　30 000 000

（2）售后租回交易中的资产转让属于销售。

【例21-15】甲公司（卖方兼承租人）以货币资金4 000 000元的价格向乙公司（买方兼出租人）出售一栋建筑物，交易前该建筑物的账面原值是24 000 000元，已计提折旧4 000 000元。与此同时，甲公司与乙公司签订了合同，取得了该建筑物18年的使用权（全部剩余使用年限为40年），年租金为2 400 000元，于每年年末支付。根据交易的条款和条件，甲公司转让建筑物符合《企业会计准则第14号——收入》（2017）中关于销售成立的条件。假设不考虑初始直接费用和各项税费的影响。该建筑物在销售当日的公允价值为36 000 000元。

分析：

由于该建筑物的销售对价并非该建筑物的实际公允价值，甲公司和乙公司在进行账务处理时应当分别进行调整，按照公允价值计量销售收益和租赁应收款。超额售价4 000 000（40 000 000-36 000 000）元作为乙公司向甲公司提供的额外融资进行确认。

甲、乙公司均确定租赁内含年利率为4.5%。年付款额现值为29 183 980元（年付款额为2 400 000元，共18期，接每年4.5%进行折现），其中4 000 000元与额外融资相关，25 183 980元与租赁相关（分别对应年付款额328 948元和2 071 052元），具体计算过程如下。

年付款额现值＝2 400 000×(P/A,4.5% ,18)＝29 183 980.328$^{(*)}$（元）

$^{(*)}$为方便计算，以后计算中按保留整数结果运算。

对外融资年付款额＝4 000 000÷29 183 980×2 400 000=328 948（元）

租赁相关年付款额＝2 400 000-328 948＝2 071 052(元)

（1）在租赁期开始日，甲公司对交易的会计处理如下。

第一步，按与租回获得的使用权部分占建筑物的原账面金额的比例计算售后租回所形成的使用权资产。

使用权资产＝(24 000 000-4 000 000)×(25 183 980÷36 000 000)=13 991 100(元)

第二步，计算与转让至乙公司的权利相关的利得。

出售该建筑物的全部利得＝36 000 000-20 000 000=16 000 000（元）

①与该建筑物使用权相关利得＝16 000 000×(25 183 980÷36 000 000)=11 192 880（元）

②与转让至乙公司的权利相关的利得＝16 000 000-①＝16 000 000-11 192 880=4 807 120（元）

第三步，做会计分录如下。

①与对外融资相关。

借：货币资金　　　　　　　　　　　　　　　　　　　　　　　4 000 000

贷：长期应付款	4 000 000

②与租赁相关。

借：货币资金	36 000 000
使用权资产	13 991 100
固定资产——建筑物（累计折旧）	4 000 000
租赁负债——未确认融费用	12 094 956
贷：固定资产——建筑物（原值）	24 000 000
租赁负债——租赁付款额　（2 071 052×18）	37 278 936
资产处置损益	4 807 120

甲公司支付的年付款额2 400 000元中2 071 052元作为租赁付款额处理；328 948元作为以下两项进行会计处理。

①结算金融负债4 000 000元而支付的款项。

②利息费用。以第一年年末为例。

借：租赁负债——租赁付款额	2 071 052
长期应付款　　　　　（328 948-180 000）	148 948
利息费用　　（25 183 980×4.5%＋400 000×4.5%）	1 313 279
贷：租赁负债——未确认融资费用	1 133 279
银行存款	2 400 000

（2）综合考虑租期占该建筑物剩余使用年限的比例等因素，乙公司将该建筑物的租赁分类为经营租赁。在租赁期开始日，乙公司对该交易的会计处理如下。

借：固定资产——建筑物	36 000 000
长期应收款	4 000 000
贷：货币资金	40 000 000

（3）租赁期开始日之后，乙公司将从甲公司年收款额2 400 000元中的2 071 052元作为租赁收款额进行会计处理。从甲公司年收款额中的其余328 948元作为以下两项进行会计处理。

①结算金融资产4 000 000元而收到的款项。

②利息收入。以第一年年末为例。

借：银行存款	2 400 000
贷：租赁收入	2 071 052
利息收入	180 000
长期应收款	148 948

21.5 租赁的列报和披露

21.5.1 承租人的列报和披露

（一）承租人的列报

根据租赁准则，承租人应当在资产负债表中，将与融资租赁相关的长期应付款减去未确认融资费用的差额，分为非流动负债和一年内到期的非流动负债列示。

承租人应当在资产负债表中单独列示使用权资产和租赁负债。其中，租赁负债通常分别非流动负债和一年内到期的非流动负债列示。

在利润表中，承租人应当分别列示租赁负债的利息费用与使用权资产的折旧费用。

在现金流量表中，偿还租赁负债本金和利息所支付的现金应当计入"筹资活动现金流出"项目；支付的按租赁准则第三十二条简化处理的短期租赁付款额和低价值资产租赁付款额以及未纳入租赁负债计量的可变租赁付款额应当计入"经营活动现金流出"项目。

（二）承租人的披露

承租人应当在附注中披露与租赁有关的下列信息：

（1）各类使用权资产的期初余额、本期增加额、期末余额以及累计折旧额和减值金额；

（2）租赁负债的利息费用；

（3）计入当期损益的按租赁准则第三十二条简化处理的短期租赁费用和低价值资产租赁费用，承租人应用租赁准则第三十二条对短期租赁和低价值资产租赁进行简化处理的，应当披露这一事实；

（4）未纳入租赁负债计量的可变租赁付款额；

（5）转租使用权资产取得的收入；

（6）与租赁相关的总现金流出；

（7）售后租回交易产生的相关损益；

（8）其他按照《企业会计准则第37号——金融工具列报》应当披露的有关租赁负债的信息。

承租人在进行上述信息披露时，应当采用列表的形式进行披露。若承租人认为采用其他的形式能够更加便于说明所披露信息，则可以采用其他形式进行租赁事项的披露。

承租人应根据理解财务报表的需要，披露有关租赁活动的其他定性和定量信息。此类信息包括：

①租赁活动的性质，如对租赁活动基本情况的描述；

②未纳入租赁负债计量的未来潜在现金流出；

③租赁导致的限制或承诺；

④售后租回交易除上文披露信息第⑦项之外的其他信息；

⑤其他相关信息。

21.5.2 出租人的列报和披露

根据租赁准则，出租人应当根据出租资产的性质，在资产负债表中列示经营租赁资产或者融资租赁资产。

（一）出租人应当在附注中披露与融资租赁有关信息

（1）销售损益、租赁投资净额的融资收益以及与未纳入租赁投资净额的可变租赁付款额相关的收入；出租人应当以列表形式披露上述信息，其他形式更为适当的除外。

（2）资产负债表日后连续五个会计年度每年将收到的未折现租赁收款额，以及剩余年度将收到的未折现租赁收款额总额；不足五个会计年度的，披露资产负债表日后连续每年将收到的未折现租赁收款额。

出租人应当对上述款项进行到期分析，并对融资租赁投资净额账面金额的重大变动提供定性和定量说明。

（3）未折现租赁收款额与租赁投资净额的调节表。其包括对于租赁收款额相关的未实现融资收益、未担保余值的现值等事项的说明。

（二）出租人应当在附注中披露与经营租赁有关信息

（1）租赁收入，并单独披露与未计入租赁收款额的可变租赁付款额相关的收入。

（2）将经营租赁固定资产与出租人持有自用的固定资产分开，并按经营租赁固定资产的类别提供《企业会计准则第4号——固定资产》要求披露的信息。

（3）资产负债表日后连续五个会计年度每年将收到的未折现租赁收款额，以及剩余年度将收到的未折现租赁收款额总额。

出租人应根据理解财务报表的需要，披露有关租赁活动的其他定性和定量信息。此类信息包括：

①租赁活动的性质，如对租赁活动基本情况的描述；

②对其在租赁资产中保留的权利进行风险管理的情况；

③其他相关信息。

第 22 章
金融工具确认和计量

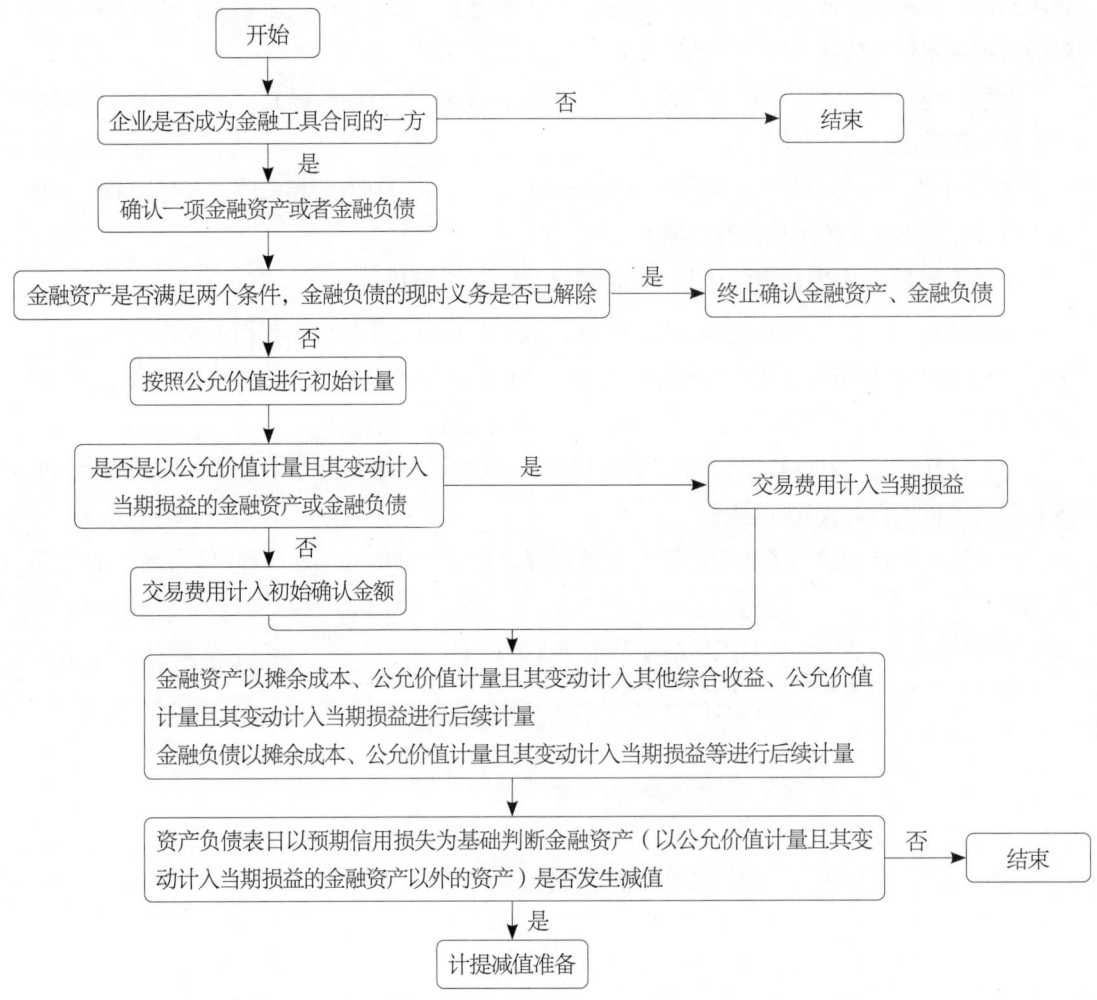

22.1 金融工具概述

《企业会计准则第 22 号——金融工具确认和计量》（以下简称"金融工具确认和计量准则"）具体准则将金融工具定义为：形成一方的金融资产并形成其他方的金融负债或权益工具的合同。

（一）金融资产

金融资产，是指企业持有的现金、其他方的权益工具以及符合下列条件之一的资产。

（1）从其他方收取现金或其他金融资产的合同权利。

（2）在潜在有利条件下，与其他方交换金融资产或金融负债的合同权利。

（3）将来须用或可用企业自身权益工具进行结算的非衍生工具合同，且企业根据该合同将收到可变数量的自身权益工具。

（4）将来须用或可用企业自身权益工具进行结算的衍生工具合同，但以固定数量的自身权益工具交换固定金额的现金或其他金融资产的衍生工具合同除外。其中，企业自身权益工具不包括应当按照《企业会计准则第37号——金融工具列报》分类为权益工具的可回售工具或发行方仅在清算时才有义务向另一方按比例交付其净资产的金融工具，也不包括本身就要求在未来收取或交付企业自身权益工具的合同。

（二）金融负债

金融负债，是指企业符合下列条件之一的负债。

（1）向其他方交付现金或其他金融资产的合同义务。

（2）在潜在不利条件下，与其他方交换金融资产或金融负债的合同义务。

（3）将来须用或可用企业自身权益工具进行结算的非衍生工具合同，且企业根据该合同将交付可变数量的自身权益工具。

（4）将来须用或可用企业自身权益工具进行结算的衍生工具合同，但以固定数量的自身权益工具交换固定金额的现金或其他金融资产的衍生工具合同除外。企业对全部现有同类别非衍生自身权益工具的持有方同比例发行配股权、期权或认股权证，使之有权按比例以固定金额的任何货币换取固定数量的该企业自身权益工具的，该类配股权、期权或认股权证应当分类为权益工具。其中，企业自身权益工具不包括应当按照《企业会计准则第37号——金融工具列报》分类为权益工具的可回售工具或发行方仅在清算时才有义务向另一方按比例交付其净资产的金融工具，也不包括本身就要求在未来收取或交付企业自身权益工具的合同。

（三）衍生工具

衍生工具，是指属于金融工具确认和计量准则范围并同时具备下列特征的金融工具或其他合同。

（1）其价值随特定利率、金融工具价格、商品价格、汇率、价格指数、费率指数、信用等级、信用指数或其他变量的变动而变动，变量为非金融变量的，该变量不应与合同的任何一方存在特定关系。

衍生工具的价值变动取决于标的变量的变化。例如，甲国内金融企业与乙境外金融企业签订了一份1年期利率互换合约，每半年末甲企业向乙企业支付美元固定利息、从乙企业收取以6个月伦敦银行同业拆放利率（London InterBank Offered Rate，LIBOR）计算确定的浮动利息，合约名义金额为1亿美元。合约签订时，其公允价值为0。假定合约签订半年后，浮动利率（6个月美元LIBOR）与合约签订时不同，甲企业将根据未来可收取的浮动利息现值扣除将支付的固定利息现值确定该合约的公允价值。这里的合约的公允价值因浮动利率的变化而改变。

（2）不要求初始净投资，或者与对市场因素变化预期有类似反应的其他合同相比，要求较少的初始净投资。

企业从事衍生工具交易不要求初始净投资，通常指签订某项衍生工具合同时不需要支付现金。例如，某企业与其他企业签订一项将来买入债券的远期合同，就不需要在签订合同时支付将来购买债券所需的现金。但是，不要求初始净投资，并不排除企业按照约定的交易惯例或规则相应缴纳一笔保证金，如企业进行期货交易时要求缴纳一定的保证金。缴纳保证金不构成一项企业解除负债的现时支付，因为保证金仅具有"保证"性质。

在某些情况下，企业从事衍生工具交易也会遇到要求进行现金支付的情况，但该现金支付只是相对很少的初始净投资。例如，从市场上购入备兑认股权证，就需要先支付一笔款项。但相对于行权时购入相应股份所需支付的款项，此项支付往往是很小的。又如，企业进行货币互换时，通常需要在合同签订时支付某种货币计价的一笔款项，但同时也会收到以另一种货币计价的"等值"的一笔款项，无论是从该企业的角度，还是从其对手（合同的另一方）的角度看，初始净投资均为零。

（3）在未来某一日期结算。衍生工具在未来某一日期结算，表明衍生工具结算需要经历一段特定期间。衍生工具通常在未来某一特定日期结算，也可能在未来多个日期结算。例如，利率互换可能涉及合同到期前多个结算日期。另外，有些期权可能由于是价外期权而到期不行权，也是在未来日期结算的一种方式。

（四）贷款承诺

《企业会计准则第 22 号——金融工具确认和计量》具体准则规定，贷款承诺，是指按照预先规定的条款和条件提供信用的确定性承诺，本准则适用于下列贷款承诺。

（1）企业指定为以公允价值计量且其变动计入当期损益的金融负债的贷款承诺。如果按照以往惯例，企业在贷款承诺产生后不久即出售其所产生资产，则同一类别的所有贷款承诺均应当适用本准则。

（2）能够以现金或者通过交付或发行其他金融工具净额结算的贷款承诺。此类贷款承诺属于衍生工具。企业不得仅仅因为相关贷款将分期拨付（如按工程进度分期拨付的按揭建造贷款）而将该贷款承诺视为以净额结算。

（3）以低于市场利率贷款的贷款承诺。

22.2 金融工具的分类

金融工具的分类原则如图 22-1 所示。

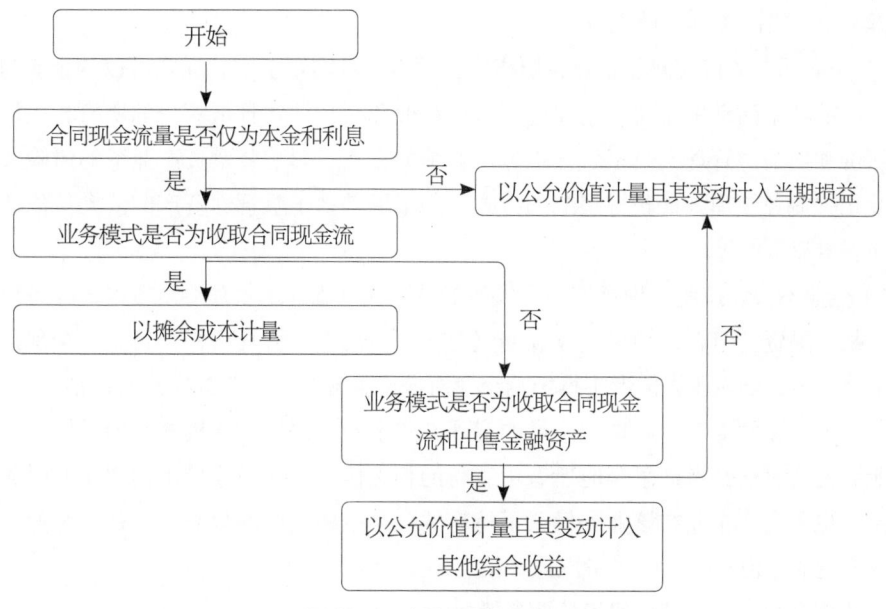

图 22-1 金融工具的分类原则

22.2.1 金融资产的分类

企业应当根据其管理金融资产的业务模式和金融资产的合同现金流量特征，将金融资产划分为以下三类。

（1）以摊余成本计量的金融资产。

（2）以公允价值计量且其变动计入其他综合收益的金融资产。

（3）以公允价值计量且其变动计入当期损益的金融资产。

（一）关于企业管理金融资产的业务模式

1. 业务模式评估

企业管理金融资产的业务模式，是指企业如何管理其金融资产以产生现金流量。业务模式决定企业所管理金融资产现金流量的来源是收取合同现金流量、出售金融资产还是两者兼有。

企业确定其管理金融资产的业务模式时，应当注意以下方面。

（1）企业应当在金融资产组合的层次上确定管理金融资产的业务模式，而不必按照单个金融资产逐项确定业务模式。金融资产组合的层次应当反映企业管理该金融资产的层次。有些情况下，企业可能将金融资产组合分拆为更小的组合，以合理反映企业管理该金融资产的层次。例如，企业购买一个抵押贷款组合，以收取合同现金流量为目标管理该组合中的一部分贷款，以出售为目标管理该组合中的其他贷款。

（2）一个企业可能会采用多个业务模式管理其金融资产。例如，企业持有一组以收取合同现金流量为目标的投资组合，同时还持有另一组既以收取合同现金流量为目标又以出售该金融资产为目标的投资组合。

（3）企业应当以企业关键管理人员决定的对金融资产进行管理的特定业务目标为基础，确定管理金融资产的业务模式。其中，"关键管理人员"是指《企业会计准则第 36 号——关联方披露》中定义的关键管理人员。

（4）企业的业务模式并非企业自愿指定，而是一种客观事实，通常可以从企业为实现其目标而开展的特定活动中反映。企业应当考虑在业务模式评估日可获得的所有相关证据，包括企业评价和向关键管理人员报告金融资产业绩的方式、影响金融资产业绩的风险及其管理方式以及相关业务管理人员获得报酬的方式（如报酬是基于所管理资产的公允价值还是所收取的合同现金流量）等。

（5）企业不得以按照合理预期不会发生的情形为基础确定管理金融资产的业务模式。例如，对于某金融资产组合，如果企业预期仅会在压力情形下将其出售，且企业合理预期该压力情形不会发生，则该压力情形不得影响企业对该类金融资产的业务模式的评估。

此外，如果金融资产实际现金流量的实现方式不同于评估业务模式时的预期，只要企业在评估业务模式时已经考虑了当时所有可获得的相关信息，这一差异不构成企业财务报表的前期差错，也不改变企业在该业务模式下持有的剩余金融资产的分类。但是，企业在评估新的金融资产的业务模式时，应当考虑这些信息。

2. 以收取合同现金流量为目标的业务模式

在以收取合同现金流量为目标的业务模式下，企业管理金融资产旨在通过在金融资产存续期内收取合同付款来实现现金流量，而不是通过持有并出售金融资产产生整体回报。

在以收取合同现金流量为目标的业务模式下，金融资产的信用质量影响着企业收取合同现金流量的能力。为减少因信用恶化所导致的潜在信用损失而进行的风险管理活动与以收取合同现金流量为目标的业务模式并不矛盾。因此，即使企业在金融资产的信用风险增加时为减少信用损失而将其出售，金融资产的业务模式仍然可能是以收取合同现金流量为目标的业务模式。

如果企业在金融资产到期日前出售金融资产，即使与信用风险管理活动无关，在出售只是偶然发生（即使价值重大），或者单独及汇总出售的价值非常小（即使频繁发生）的情况下，金融资产的业务模式仍然可能是以收取合同现金流量为目标。如果企业能够解释出售的原因并且证明出售并不反映业务模式的改变，出售频率或者出售价值在特定时期内增加不一定与以收取合同现金流量为目标的业务模式相矛盾。此外，如果出售发生在金融资产临近到期时，且出售所得接近待收取的剩余合同现金流量，金融资产的业务模式仍然可能是以收取合同现金流量为目标。

【例22-1】甲企业购买了一个贷款组合，且该组合中包含已发生信用减值的贷款。如果贷款不能按时偿付，甲企业将通过各种方式尽可能实现合同现金流量，如通过邮件、电话或其他方法与借款人联系催收。同时，甲企业签订了一项利率互换合同，将贷款组合的利率由浮动利率转换为固定利率。

本例中，甲企业管理该贷款组合的业务模式是以收取合同现金流量为目标。即使甲企业预期无法收取全部合同现金流量（部分贷款已发生信用减值），但并不影响其业务模式。此外，该公司签订利率互换合同也不影响贷款组合的业务模式。

3. 以收取合同现金流量和出售金融资产为目标的业务模式

在同时以收取合同现金流量和出售金融资产为目标的业务模式下，企业的关键管理人员认为收取合同现金流量和出售金融资产对于实现其管理目标而言都是不可或缺的。例如，企业的目标是管理日常流动性需求同时维持特定的收益率，或将金融资产的存续期与相关负债的存续期进行匹配。

与以收取合同现金流量为目标的业务模式相比，此业务模式涉及的出售通常频率更高、价值更大。因为出售金融资产是此业务模式的目标之一，在该业务模式下不存在出售金融资产的频率或者价值的明确界限。

【例 22-2】 甲银行持有金融资产组合以满足其每日流动性需求。甲银行为了降低其管理流动性需求的成本，高度关注该金融资产组合的回报，包括收取的合同现金流量和出售金融资产的利得或损失。

本例中，甲银行管理该金融资产组合的业务模式以收取合同现金流量和出售金融资产为目标。

4. 其他业务模式

如果企业管理金融资产的业务模式，不是以收取合同现金流量为目标，也不是以收取合同现金流量和出售金融资产为目标，则该企业管理金融资产的业务模式是其他业务模式。例如，企业持有金融资产的目的是交易性的或者基于金融资产的公允价值作出决策并对其进行管理。在这种情况下，企业管理金融资产的目标是通过出售金融资产以实现现金流量。即使企业在持有金融资产的过程中会收取合同现金流量，企业管理金融资产的业务模式也不是以收取合同现金流量和出售金融资产为目标，因为收取合同现金流量对实现该业务模式目标来说只是附带性质的活动。

（二）关于金融资产的合同现金流量特征

金融资产的合同现金流量特征，是指金融工具合同约定的、反映相关金融资产经济特征的现金流量属性。企业分类为以摊余成本计量的金融资产和以公允价值计量且其变动计入其他综合收益的金融资产，其合同现金流量特征应当与基本借贷安排相一致，即相关金融资产在特定日期产生的合同现金流量仅为对本金和以未偿付本金金额为基础的利息的支付(以下简称"本金加利息的合同现金流量特征")。无论金融资产的法律形式是否为一项贷款，都可能是一项基本借贷安排。

本金是指金融资产在初始确认时的公允价值，本金金额可能因提前还款等原因在金融资产的存续期内发生变动；利息包括对货币时间价值、与特定时期未偿付本金金额相关的信用风险，以及其他基本借贷风险、成本和利润的对价。其中，货币时间价值是利息要素中仅因为时间流逝而提供对价的部分，不包括为所持有金融资产的其他风险或成本提供的对价，但货币时间价值要素有时可能存在修正。在货币时间价值要素存在修正的情况下，企业应当对相关修正进行评估，以确定其是否满足上述合同现金流量特征的要求。此外，金融资产包含可能导致其合同现金流量的时间分布或金额发生变更的合同条款(如包含提前还款特征)的，企业应当对相关条款进行评估(如评估提前还款特征的公允价值是否非常小)，以确定其是否满足上述合同现金流量特征的要求。

(三) 金融资产的具体分类

1. 以摊余成本计量的金融资产

金融资产同时符合下列条件的,应当分类为以摊余成本计量的金融资产。

(1) 企业管理该金融资产的业务模式是以收取合同现金流量为目标。

(2) 该金融资产的合同条款规定,在特定日期产生的现金流量,仅为对本金和以未偿付本金金额为基础的利息的支付。

例如,银行向企业客户发放的固定利率贷款,在没有其他特殊安排的情况下,贷款通常可能符合本金加利息的合同现金流量特征。如果银行管理该贷款的业务模式是以收取合同现金流量为目标,则该贷款可以分类为以摊余成本计量的金融资产。再如,普通债券的合同现金流量是到期收回本金及按约定利率在合同期间按时收取固定或浮动利息。在没有其他特殊安排的情况下,普通债券通常可能符合本金加利息的合同现金流量特征。如果企业管理该债券的业务模式是以收取合同现金流量为目标,则该债券可以分类为以摊余成本计量的金融资产。又如,企业正常商业往来形成的具有一定信用期限的应收账款,如果企业拟根据应收账款的合同现金流量收取现金,且不打算提前处置应收账款,则该应收账款可以分类为以摊余成本计量的金融资产。

2. 以公允价值计量且其变动计入其他综合收益的金融资产

金融资产同时符合下列条件的,应当分类为以公允价值计量且其变动计入其他综合收益的金融资产。

(1) 企业管理该金融资产的业务模式既以收取合同现金流量为目标又以出售该金融资产为目标。

(2) 该金融资产的合同条款规定,在特定日期产生的现金流量,仅为对本金和以未偿付本金金额为基础的利息的支付。

【例 22-3】甲企业在销售中通常会给予客户一定期间的信用期。为了盘活存量资产,提高资金使用效率,甲企业与银行签订应收账款无追索权保理总协议,银行向甲企业一次性授信 10 亿元人民币,甲企业可以在需要时随时向银行出售应收账款。历史上甲企业频繁向银行出售应收账款,且出售金额重大,上述出售满足金融资产终止确认的规定。

本例中,应收账款的业务模式符合"既以收取合同现金流量为目标又以出售该金融资产为目标",且该应收账款符合本金加利息的合同现金流量特征,因此应当分类为以公允价值计量且其变动计入其他综合收益的金融资产。

3. 以公允价值计量且其变动计入当期损益的金融资产

企业分类为以摊余成本计量的金融资产和以公允价值计量且其变动计入其他综合收益的金融资产之外的金融资产,应当分类为以公允价值计量且其变动计入当期损益的金融资产。例如,企业常见的下列投资产品通常应当分类为以公允价值计量且其变动计入当期损益的金融资产。

(1) 股票。股票的合同现金流量源自收取被投资企业未来股利分配以及其清算时获得剩余收益的权利。由于股利及获得剩余收益的权利均不符合金融工具确认和计量准则关于本金和利息的定义，因此股票不符合本金加利息的合同现金流量特征。在不考虑金融工具确认和计量准则第十九条特殊规定的情况下，企业持有的股票应当分类为以公允价值计量且其变动计入当期损益的金融资产。

（2）基金。常见的股票型基金、债券型基金、货币基金或混合基金，通常投资于动态管理的资产组合，投资者从该类投资中所取得的现金流量既包括投资期间基础资产产生的合同现金流量，也包括处置基础资产的现金流量。基金一般情况下不符合本金加利息的合同现金流量特征。企业持有的基金通常应当分类为以公允价值计量且其变动计入当期损益的金融资产。

（3）可转换债券。可转换债券除按一般债权类投资的特性到期收回本金、获取约定利息或收益外，还嵌入了一项转股权。通过嵌入衍生工具，企业获得的收益在基本借贷安排的基础上，会产生基于其他因素变动的不确定性。根据金融工具确认和计量准则规定，企业持有的可转换债券不再将转股权单独分拆，而是将可转换债券作为一个整体进行评估，由于可转换债券不符合本金加利息的合同现金流量特征，企业持有的可转换债券投资应当分类为以公允价值计量且其变动计入当期损益的金融资产。

此外，在初始确认时，如果能够消除或显著减少会计错配，企业可以将金融资产指定为以公允价值计量且其变动计入当期损益的金融资产。该指定一经作出，不得撤销。

22.2.2 金融负债的分类

（一）以摊余成本计量

除下列各项外，企业应当将金融负债分类为以摊余成本计量的金融负债。

（1）以公允价值计量且其变动计入当期损益的金融负债，包括交易性金融负债（含属于金融负债的衍生工具）和指定为以公允价值计量且其变动计入当期损益的金融负债。

（2）不符合终止确认条件的金融资产转移或继续涉入被转移金融资产所形成的金融负债。对此类金融负债，企业应当按照《企业会计准则第23号——金融资产转移》相关规定进行计量。

（3）不属于（1）或（2）情形的财务担保合同，以及不属于以公允价值计量且其变动计入当期损益的金融负债、以低于市场利率贷款的贷款承诺。

在非同一控制下的企业合并中，企业作为购买方确认的或有对价形成金融负债的，该金融负债应当按照以公允价值计量且其变动计入当期损益进行会计处理。

（二）公允价值选择权

在初始确认时，为了提供更相关的会计信息，企业可以将一项金融资产、一项金融负债或者一组金融工具(金融资产、金融负债或者金融资产及负债)指定为以公允价值计量且其变动计入当期损益，但该指定应当满足下列条件之一。

该指定能够消除或显著减少会计错配。例如，有些金融资产被分类为以公允价值计量且其变动计入当期损益，但与之直接相关的金融负债却分类为以摊余成本计量，从而导致会计错配。如果将以上金融负债直接指定为以公允价值计量且其变动计入当期损益，那么这种会计错配就能够消除。

根据正式书面文件载明的企业风险管理或投资策略，企业以公允价值为基础对金融负债组合或金融资产和金融负债组合进行管理和业绩评价，并在内部以此为基础向关键管理人员报告。以公允价值为基础进行管理的金融资产组合，由于其按照规定已经被分类为以公允价值计量且其变动计入损益的金融资产，因此，不再将公允价值选择权应用于此类金融资产。此项条件强调的是企业日常管理和评价业绩的方式，而不是关注金融工具组合中各组成部分的性质。

企业将一项金融资产、一项金融负债或者一组金融工具（金融资产、金融负债或者金融资产及负债）指定为以公允价值计量且其变动计入当期损益的，一经作出不得撤销。即使造成会计错配的金融工具被终止确认，也不得撤销这一指定。在非同一控制下的企业合并中，企业作为购买方确认的或有对价形成金融负债的，该金融负债应当按照以公允价值计量且其变动计入当期损益进行会计处理。

22.3 嵌入衍生工具

22.3.1 嵌入衍生工具的定义

衍生工具通常是独立存在的，但也可能嵌入非衍生金融工具或其他合同（主合同），这种衍生工具称为嵌入衍生工具。嵌入衍生工具与主合同构成混合合同（如企业持有的可转换公司债券）。嵌入衍生工具对混合合同的现金流量产生影响的方式，应当与单独存在的衍生工具类似，且该混合合同的全部或部分现金流量随特定利率、汇率、金融工具价格、商品价格、价格指数、费率指数、信用等级、信用指数或其他变量变动而变动，变量为非金融变量的，该变量不应与合同的任何一方存在特定关系。

（1）主合同通常包括租赁合同、保险合同、服务合同、特许权合同、债务工具合同、合营合同等。

（2）在混合合同中，嵌入衍生工具通常以具体合同条款体现。例如，甲公司签订了按一般物价指数调整租金的3年期租赁合同。根据该合同，第1年的租金先约定，从第2年开始，租金按前1年的一般物价指数调整。此例中，主合同是租赁合同，嵌入衍生工具体现为一般物价指数调整条款。以下为常见的、可体现嵌入衍生工具的合同条款：可转换公司债券中嵌入的股份转换选择权条款、与权益工具挂钩的本金或利息支付条款、与商品或其他非金融项目挂钩的本金或利息支付条款、看涨期权条款、看跌期权条款、提前还款权条款、信用违约支付条款等。

（3）衍生工具如果附属于一项金融工具但根据合同规定可以独立于该金融工具进行转让，或者具有与该金融工具不同的交易对手方，则该衍生工具不是嵌入衍生工具，应当作为一项单独存在的衍生工具处理。例如，某贷款合同可能附有一项相关的利率互换。如该互换能够单独转让，那么该互换是一项独立存在的衍生工具，而不是嵌入衍生工具，即使该互换与主合同（贷款合同）的交易对手（借款人）是同一方。同样，如果某工具是衍生工具与其他非衍生工具"合成"或"拼成"的,那么其中的衍生工具也不能视为嵌入衍生工具,而应作为单独存在的衍生工具处理。例如,某公司有一项5年期浮动利率债务工具投资和一项5年期支付浮动利率、收取固定利率的利率互换合同,两者放在一起创造了一项"合成"的5年期固定利率债务工具投资。在这种情况下,"合成"工具中的利率互换不应作为嵌入衍生工具处理。

22.3.2 混合合同

(一)混合合同包含的主合同属于准则规范的资产

《企业会计准则第22号——金融工具确认和计量》具体准则规定,混合合同包含的主合同属于本准则规范的资产的,企业不应从该混合合同中分拆嵌入衍生工具,而应当将该混合合同作为一个整体适用本准则关于金融资产分类的相关规定。

(二)混合合同包含的主合同不属于准则规范的资产

混合合同包含的主合同不属于本准则规范的资产,且同时符合下列条件的,企业应当从混合合同中分拆嵌入衍生工具,将其作为单独存在的衍生工具处理。

(1)嵌入衍生工具的经济特征和风险与主合同的经济特征和风险不紧密相关。
(2)与嵌入衍生工具具有相同条款的单独工具符合衍生工具的定义。
(3)该混合合同不是以公允价值计量且其变动计入当期损益进行会计处理。

【例22-4】 甲公司发行了一项可回售可转换优先股。该优先股条款约定,若甲公司5年内未能成功上市,则投资者有权在第5年年末将该优先股按照约定的收益率回售给甲公司。此外,投资者可以随时将该优先股转换成甲公司的普通股,初始转股价格固定,但当甲公司后续发行新股的价格低于初始转股价格时,投资者有权要求将初始转股价格下调,且下调后不再转回。此例中,股份转换权属于嵌入衍生工具,与主债务合同不紧密相关。如果混合合同整体没有指定为以公允价值计量且其变动计入当期损益的金融负债,则应将该股份转换权分拆为单独的衍生工具核算。

当企业在成为混合合同的一方时,即应评价嵌入衍生工具是否应分拆出来作为单独的衍生工具处理。随后,除非混合合同条款的变化将对原混合合同现金流量产生重大影响,否则企业不应对是否分拆重新进行评估。混合合同条款的变化导致原混合合同现金流量发生重大改变的,应重新评估嵌入衍生工具是否应分拆。企业在确定现金流量调整是否重大时,应当分析判断与嵌入衍生工具、主合同或两者相关的预计未来现金流量发生改变的程度,以及相对于合同以前预计现金流量是否有重大的改变。但是,在同一控制和非同一控制下的企业合并以及合营企业成立中,企业在并购日或成立日可能需要重新评估购入的合同中嵌入衍生工具是否需要分拆。

嵌入衍生工具从混合合同中分拆的,企业应当按照适用的会计准则规定,对混合合同的主合同进行会计处理。企业无法根据嵌入衍生工具的条款和条件对嵌入衍生工具的公允价值进行可靠计量的,该嵌入衍生工具的公允价值应当根据混合合同公允价值和主合同公允价值之间的差额确定。使用了上述方法后,该嵌入衍生工具在取得日或后续资产负债表日的公允价值仍然无法单独计量的，企业应当将该混合合同整体指定为以公允价值计量且其变动计入当期损益的金融工具。

（三）混合合同包含一项或多项嵌入衍生工具，且其主合同不属于准则规范的资产

当企业成为混合合同的一方，而主合同不属于本准则规范的资产且包含一项或多项嵌入衍生工具时，本准则要求企业识别所有此类嵌入衍生工具、评估其是否需要与主合同分拆、并且对于需与主合同分拆的嵌入衍生工具，应以公允价值进行初始确认和后续计量。与整项金融工具均以公允价值计量且其变动计入当期损益相比，上述要求可能更为复杂或导致可靠性更差。为此，本准则允许企业将整项混合合同指定为以公允价值计量且其变动计入当期损益的金融工具。但下列情况除外。

（1）嵌入衍生工具不会对混合合同的现金流量产生重大改变。

（2）在初次确定类似的混合合同是否需要分拆时，几乎不需分析就能明确其包含的嵌入衍生工具不应分拆。如嵌入贷款的提前还款权，允许持有人以接近摊余成本的金额提前偿还贷款，该提前还款权不需要分拆。

此外，企业无法根据嵌入衍生工具的条款和条件对嵌入衍生工具的公允价值进行可靠计量的，该嵌入衍生工具的公允价值应当根据混合合同公允价值和主合同公允价值之间的差额确定。使用了上述方法后，该嵌入衍生工具在取得日或后续资产负债表日的公允价值仍然无法单独计量的，企业应当将该混合合同整体指定为以公允价值计量且其变动计入当期损益的金融工具。

22.4 金融工具的重分类

（一）金融资产重分类的原则

企业改变其管理金融资产的业务模式时，应当按照金融工具确认和计量准则的规定对所有受影响的相关金融资产进行重分类。企业对所有金融负债均不得进行重分类。

企业对金融资产进行重分类，应当自重分类日起采用未来适用法进行相关会计处理，不得对以前已经确认的利得、损失（包括减值损失或利得）或利息进行追溯调整。重分类日，是指导致企业对金融资产进行重分类的业务模式发生变更后的首个报告期间的第一天。例如：甲上市公司决定于 2×17 年 3 月 22 日改变其管理某金融资产的业务模式，则重分类日为 2×17 年 4 月 1 日（即下一个季度会计期间的期初）；乙上市公司决定于 2×17 年 10 月 15 日改变其管理某金融资产的业务模式，则重分类日为 2×18 年 1 月 1 日。

企业管理金融资产业务模式的变更是一种极其少见的情形。该变更源自外部或内部的变化，必须由企业的高级管理层进行决策，且其必须对企业的经营非常重要，并能够向外部各方证实。因此，只有当企业开始或终止某项对其经营影响重大的活动时（如当企业收购、处置或终止某一业务线时），其管理金融资产的业务模式才会发生变更。例如，某银行决定终止其零售抵押贷款业务，该业务线不再接受新业务，并且该银行正在积极寻求出售其抵押贷款组合，则该银行管理其零售抵押贷款的业务模式发生了变更。需要注意的是，企业业务模式的变更必须在重分类日之前生效。例如，银行决定于 2×17 年 10 月 15 日终止其零售抵押

贷款业务，并在 2×18 年 1 月 1 日对所有受影响的金融资产进行重分类。在 2×17 年 10 月 15 日之后，其不应开展新的零售抵押贷款业务，或另外从事与之前零售抵押贷款业务模式相同的活动。

【例 22-5】甲公司持有拟在短期内出售的某商业贷款组合。甲公司近期收购了一家资产管理公司（乙公司），乙公司持有贷款的业务模式是以收取合同现金流量为目标。甲公司决定，对该商业贷款组合的持有不再以出售为目标，而是将该组合与资产管理公司持有的其他贷款一起管理，以收取合同现金流量为目标，则甲公司管理该商业贷款组合的业务模式发生了变更。

以下情形不属于业务模式变更。

（1）企业持有特定金融资产的意图改变。企业即使在市场状况发生重大变化的情况下改变对特定资产的持有意图，也不属于业务模式变更。

（2）金融资产特定市场暂时性消失从而暂时影响金融资产出售。

（3）金融资产在企业具有不同业务模式的各部门之间转移。

需要注意的是，如果企业管理金融资产的业务模式没有发生变更，而金融资产的条款发生变更但未导致终止确认的，不允许重分类。如果金融资产条款发生变更导致金融资产终止确认的，不涉及重分类问题，企业应当终止确认原金融资产，同时按照变更后的条款确认一项新金融资产。

（二）金融资产重分类的会计处理

（1）企业将一项以摊余成本计量的金融资产重分类为以公允价值计量且其变动计入当期损益的金融资产的，应当按照该资产在重分类日的公允价值进行计量。原账面价值与公允价值之间的差额计入当期损益。

企业将一项以摊余成本计量的金融资产重分类为以公允价值计量且其变动计入其他综合收益的金融资产的，应当按照该金融资产在重分类日的公允价值进行计量。原账面价值与公允价值之间的差额计入其他综合收益。该金融资产重分类不影响其实际利率和预期信用损失的计量。

【例 22-6】2×16 年 10 月 15 日，甲银行以公允价值 500 000 元购入一项债券投资，并按规定将其分类为以摊余成本计量的金融资产，该债券的账面余额为 500 000 元。2×17 年 10 月 15 日，甲银行变更了其管理债券投资组合的业务模式，其变更符合重分类的要求，因此，甲银行于 2×18 年 1 月 1 日将该债券从以摊余成本计量的金融资产重分类为以公允价值计量且其变动计入当期损益的金融资产。2×18 年 1 月 1 日，该债券的公允价值为 490 000 元，已确认的减值准备为 6 000 元。假设不考虑该债券的利息收入。

甲银行的会计处理如下。

借：交易性金融资产	490 000
债权投资减值准备	6 000
公允价值变动损益	4 000
贷：债权投资	500 000

（2）企业将一项以公允价值计量且其变动计入其他综合收益的金融资产重分类为以摊余成本计量的金融资产的，应当将之前计入其他综合收益的累计利得或损失转出，调整该金融资产在重分类日的公允价值，并以调整后的金额作为新的账面价值，即视同该金融资产一直以摊余成本计量。该金融资产重分类不影响其实际利率和预期信用损失的计量。

企业将一项以公允价值计量且其变动计入其他综合收益的金融资产重分类为以公允价值计量且其变动计入当期损益的金融资产的，应当继续以公允价值计量该金融资产。同时，企业应当将之前计入其他综合收益的累计利得或损失从其他综合收益转入当期损益。

【例22-7】2×16年9月15日，甲银行以公允价值500 000元购入一项债券投资，并按规定将其分类为以公允价值计量且其变动计入其他综合收益的金融资产，该债券的账面余额为500 000元。2×17年10月15日，甲银行变更了其管理债券投资组合的业务模式，其变更符合重分类的要求，因此，甲银行于2×18年1月1日将该债券从以公允价值计量且其变动计入其他综合收益的金融资产重分类为以摊余成本计量的金融资产。2×18年1月1日，该债券的公允价值为490 000元，已确认的减值准备为6 000元。假设不考虑利息收入。

甲银行的会计处理如下。

借：债权投资　　　　　　　　　　　　　　　　　　　　　500 000
　　其他债权投资——公允价值变动　　　　　　　　　　　　10 000
　　其他综合收益——信用减值准备　　　　　　　　　　　　 6 000
　贷：其他债权投资——成本　　　　　　　　　　　　　　　500 000
　　　其他综合收益——其他债权投资公允价值变动　　　　　10 000
　　　债权投资减值准备　　　　　　　　　　　　　　　　　 6 000

（3）企业将一项以公允价值计量且其变动计入当期损益的金融资产重分类为以摊余成本计量的金融资产的，应当以其在重分类日的公允价值作为新的账面余额。

企业将一项以公允价值计量且其变动计入当期损益的金融资产重分类为以公允价值计量且其变动计入其他综合收益的金融资产的，应当继续以公允价值计量该金融资产。

按照上述第（3）项规定对金融资产重分类进行处理的，企业应当根据该金融资产在重分类日的公允价值确定其实际利率。同时，企业应当自重分类日起对该金融资产适用金融工具确认和计量准则关于金融资产减值的相关规定，并将重分类日视为初始确认日。

22.5　金融工具计量

22.5.1　初始计量

（一）初始确认的原则

《企业会计准则第22号——金融工具确认和计量》具体准则规定，企业初始确认金融资产或金融负债，应当按照公允价值计量。对于以公允价值计量且其变动计入当期损益的金融资产和金融负债，相关交易费用应当直接计入当期损益；对于其他类别的金融资产或金融负债，相关交易费用应当计入初始确认金额。但是，企业初始确认的应收账款未包含《企业会计准则第 14 号——收入》所定义的重大融资成分或根据《企业会计准则第 14 号——收入》规定不考虑不超过一年的合同中的融资成分的，应当按照该准则定义的交易价格进行初始计量。

交易费用，是指可直接归属于购买、发行或处置金融工具的增量费用。增量费用是指企业没有发生购买、发行或处置相关金融工具的情形就不会发生的费用，包括支付给代理机构、咨询公司、券商、证券交易所、政府有关部门等的手续费、佣金、相关税费以及其他必要支出，不包括债券溢价、折价、融资费用、内部管理成本和持有成本等与交易不直接相关的费用。

（二）公允价值计量

企业应当根据《企业会计准则第 39 号——公允价值计量》的规定，确定金融资产和金融负债在初始确认时的公允价值。公允价值通常为相关金融资产或金融负债的交易价格。金融资产或金融负债公允价值与交易价格存在差异的，企业应当区别下列情况进行处理。

（1）在初始确认时，金融资产或金融负债的公允价值依据相同资产或负债在活跃市场上的报价或者以仅使用可观察市场数据的估值技术确定的，企业应当将该公允价值与交易价格之间的差额确认为一项利得或损失。

（2）在初始确认时，金融资产或金融负债的公允价值以其他方式确定的，企业应当将该公允价值与交易价格之间的差额递延。初始确认后，企业应当根据某一因素在相应会计期间的变动程度将该递延差额确认为相应会计期间的利得或损失。该因素应当仅限于市场参与者对该金融工具定价时将予考虑的因素，包括时间等。

企业取得金融资产所支付的价款中包含的已宣告但尚未发放的利息或现金股利，应当单独确认为应收项目处理。

22.5.2 后续计量

（一）后续计量的基本原则

金融资产的后续计量与金融资产的分类密切相关。企业应当对不同类别的金融资产，分别以摊余成本、以公允价值计量且其变动计入其他综合收益或以公允价值计量且其变动计入当期损益进行后续计量。

需要注意的是，企业在对金融资产进行后续计量时，如果一项金融工具以前被确认为一项金融资产并以公允价值计量，而现在它的公允价值低于零，企业应将其确认为一项负债。但对于主合同为资产的混合合同，即使整体公允价值可能低于零，企业应当始终将混合合同整体作为一项金融资产进行分类和计量。

（二）摊余成本与实际利率法

1. 摊余成本

金融资产或金融负债的摊余成本，应当以该金融资产或金融负债的初始确认金额经下列调整后的结果确定。

（1）扣除已偿还的本金。

（2）加上或减去采用实际利率法将该初始确认金额与到期日金额之间的差额进行摊销形成的累计摊销额。

(3)扣除累计计提的损失准备(仅适用于金融资产)。

2. 实际利率法

实际利率法,是指计算金融资产或金融负债的摊余成本以及将利息收入或利息费用分摊计入各会计期间的方法。

实际利率,是指将金融资产或金融负债在预计存续期的估计未来现金流量,折现为该金融资产账面余额或该金融负债摊余成本所使用的利率。在确定实际利率时,应当在考虑金融资产或金融负债所有合同条款(如提前还款、展期、看涨期权或其他类似期权等)的基础上估计预期现金流量,但不应当考虑预期信用损失。

经信用调整的实际利率,是指将购入或源生的已发生信用减值的金融资产在预计存续期的估计未来现金流量,折现为该金融资产摊余成本的利率。在确定经信用调整的实际利率时,应当在考虑金融资产的所有合同条款(如提前还款、展期、看涨期权或其他类似期权等)以及初始预期信用损失的基础上估计预期现金流量。

企业通常能够可靠估计金融工具(或一组类似金融工具)的现金流量和预计存续期。在极少数情况下,金融工具(或一组金融工具)的估计未来现金流量或预计存续期无法可靠估计的,企业在计算确定其实际利率(或经信用调整的实际利率)时,应当基于该金融工具在整个合同期内的合同现金流量。

合同各方之间支付或收取的、属于实际利率或经信用调整的实际利率组成部分的各项费用、交易费用及溢价或折价等,应当在确定实际利率或经信用调整的实际利率时予以考虑。

【例22-8】2×13年1月1日,甲公司支付价款1 000万元(含交易费用)从上海证券交易所购入乙公司同日发行的5年期公司债券12 500份,债券票面价值总额为1 250万元,票面年利率为4.72%,于年末支付本年度债券利息(即每年利息为59万元),本金在债券到期时一次性偿还。合同约定,该债券的发行方在遇到特定情况时可以将债券赎回,且不需要为提前赎回支付额外款项。甲公司在购买该债券时,预计发行方不会提前赎回。甲公司根据其管理该债券的业务模式和该债券的合同现金流量特征,将该债券分类为以摊余成本计量的金融资产。

假定不考虑所得税、减值损失等因素,计算该债券的实际利率 r。

$59\times(1+r)^{-1}+59\times(1+r)^{-2}+59\times(1+r)^{-3}+59\times(1+r)^{-4}+(59+1\,250)\times(1+r)^{-5}=1\,000$

采用插值法,计算得出 $r=10\%$。

情形1:

根据表22-1中的数据,甲公司的有关账务处理如下。

表22-1　　　　　　　　甲公司会计处理情况表

单位:万元

年度	期初摊余成本 (A)	实际利息收入 (B=A×10%)	现金流入 (C)	期末摊余成本 (D=A+B-C)
2×13年	1 000	100	59	1 041

续表

年度	期初摊余成本 （A）	实际利息收入 （B=A×10%）	现金流入 （C）	期末摊余成本 （D=A+B-C）
2×14年	1 041	104	59	1 086
2×15年	1 086	109	59	1 136
2×16年	1 136	114	59	1 191
2×17年	1 191	118*	1 309	0

注：* 做尾数调整，1 250 +59－1 191 =118（万元）。

(1) 2×13年1月1日，购入乙公司债券。

借：债权投资——成本　　　　　　　　　　　　　　12 500 000
　　贷：银行存款　　　　　　　　　　　　　　　　　10 000 000
　　　　债权投资——利息调整　　　　　　　　　　　 2 500 000

(2) 2×13年12月31日，确认乙公司债券实际利息收入、收到债券利息。

借：应收利息　　　　　　　　　　　　　　　　　　　 590 000
　　债权投资——利息调整　　　　　　　　　　　　　 410 000
　　贷：投资收益　　　　　　　　　　　　　　　　　 1 000 000
借：银行存款　　　　　　　　　　　　　　　　　　　 590 000
　　贷：应收利息　　　　　　　　　　　　　　　　　　 590 000

(3) 2×14年12月31日，确认乙公司债券实际利息收入、收到债券利息。

借：应收利息　　　　　　　　　　　　　　　　　　　 590 000
　　债权投资——利息调整　　　　　　　　　　　　　 450 000
　　贷：投资收益　　　　　　　　　　　　　　　　　 1 040 000
借：银行存款　　　　　　　　　　　　　　　　　　　 590 000
　　贷：应收利息　　　　　　　　　　　　　　　　　　 590 000

(4) 2×15年12月31日，确认乙公司债券实际利息收入、收到债券利息。

借：应收利息　　　　　　　　　　　　　　　　　　　 590 000
　　债权投资——利息调整　　　　　　　　　　　　　 500 000
　　贷：投资收益　　　　　　　　　　　　　　　　　 1 090 000
借：银行存款　　　　　　　　　　　　　　　　　　　 590 000
　　贷：应收利息　　　　　　　　　　　　　　　　　　 590 000

(5) 2×16年12月31日，确认乙公司债券实际利息收入、收到债券利息。

借：应收利息　　　　　　　　　　　　　　　　　　　 590 000
　　债权投资——利息调整　　　　　　　　　　　　　 550 000
　　贷：投资收益　　　　　　　　　　　　　　　　　 1 140 000
借：银行存款　　　　　　　　　　　　　　　　　　　 590 000
　　贷：应收利息　　　　　　　　　　　　　　　　　　 590 000

(6) 2×17年12月31日,确认乙公司债券实际利息收入、收到债券利息和本金。

借:应收利息　　　　　　　　　　　　　　　　　　　590 000
　　债权投资——利息调整　　　　　　　　　　　　　590 000
　　　贷:投资收益　　　　　　　　　　　　　　　　　　　　1 180 000
借:银行存款　　　　　　　　　　　　　　　　　　　590 000
　　　贷:应收利息　　　　　　　　　　　　　　　　　　　　590 000
借:银行存款　　　　　　　　　　　　　　　　　　12 500 000
　　　贷:债权投资——成本　　　　　　　　　　　　　　　12 500 000

情形2:

假定在2×15年1月1日,甲公司预计本金的一半(即625万元)将会在该年末收回,而其余的一半本金将于2×17年末付清。则甲公司应当调整2×15年初的摊余成本,计入当期损益;调整时采用最初确定的实际利率。据此,调整表22-1中相关数据后如表22-2所示。

表22-2　　　　　　　甲公司调整后会计处理情况表

单位:万元

年度	期初摊余成本 (A)	实际利息收入 (B=A×10%)	现金流入 (C)	期末摊余成本 (D=A+B-C)
2×13年	1 000	100	59	1 041
2×14年	1 041	104	59	1 086
2×15年	1 139*	114	684	569
2×16年	569	57	30**	596
2×17年	596	59***	655	0

注:*(625+59)×(1+10%)$^{-1}$+30×(1+10%)$^{-2}$+(625+30)×(1+10%)$^{-3}$=1139(万元)(四舍五入)。

**625×4.72%=30(万元)(四舍五入)。

***625+30-596=59(万元)(尾数调整)。

根据上述调整,甲公司的账务处理如下。

(1) 2×15年1月1日,调整期初账面余额。

借:债权投资——利息调整　　　　　　　　　　　　530 000
　　　贷:投资收益　　　　　　　　　　　　　　　　　　　　530 000

(2) 2×15年12月31日,确认实际利息、收回本金等。

借:应收利息　　　　　　　　　　　　　　　　　　　590 000
　　债权投资——利息调整　　　　　　　　　　　　　550 000
　　　贷:投资收益　　　　　　　　　　　　　　　　　　　　1 140 000
借:银行存款　　　　　　　　　　　　　　　　　　　590 000
　　　贷:应收利息　　　　　　　　　　　　　　　　　　　　590 000

借：银行存款 6 250 000
　　贷：债权投资——成本 6 250 000

（3）2×16年12月31日，确认实际利息等。

借：应收利息 300 000
　　债权投资——利息调整 270 000
　　贷：投资收益 570 000

借：银行存款 300 000
　　贷：应收利息 300 000

（4）2×17年12月31日，确认实际利息、收回本金等。

借：应收利息 300 000
　　债权投资——利息调整 290 000
　　贷：投资收益 590 000

借：银行存款 300 000
　　贷：应收利息 300 000

借：银行存款 6 250 000
　　贷：债权投资——成本 6 250 000

情形3：

假定甲公司购买的乙公司债券不是分次付息，而是到期一次还本付息，且利息不以复利计算。此时，甲公司所购买乙公司债券的实际利率 r 计算如下。

$(59+59+59+59+59+1\ 250)\times(1+r)^{-5}=1\ 000$

由此计算得出 $r=9.05\%$。

据此，调整表22-1中相关数据后如表22-3所示。

表22-3　　　　　　甲公司购买债券会计处理情况表

单位：万元

年度	期初摊余成本 （A）	实际利息收入 （B=A×10%）	现金流入 （C）	期末摊余成本 （D=A+B-C）
2×13年	1 000	90.50	0	1 090.50
2×14年	1 090.50	98.69	0	1 189.19
2×15年	1 189.19	107.62	0	1 296.81
2×16年	1 296.81	117.36	0	1 414.17
2×17年	1 414.17	130.83*	1 545	0

注：* 做尾数调整，1 250+295-1 414.17=130.83（万元）。

根据表22-3中的数据，甲公司的有关账务处理如下。

（1）2×13年1月1日，购入乙公司债券。

借：债权投资——成本 12 500 000
　　贷：银行存款 10 000 000

　　　　债权投资——利息调整　　　　　　　　　　　　　　　　2 500 000

（2）2×13年12月31日，确认乙公司债券实际利息收入。

借：债权投资——应计利息　　　　　　　　　　　　　　　590 000
　　　　　　　——利息调整　　　　　　　　　　　　　　315 000
　　贷：投资收益　　　　　　　　　　　　　　　　　　　905 000

（3）2×14年12月31日，确认乙公司债券实际利息收入。

借：债权投资——应计利息　　　　　　　　　　　　　　　590 000
　　　　　　　——利息调整　　　　　　　　　　　　　　396 900
　　贷：投资收益　　　　　　　　　　　　　　　　　　　986 900

（4）2×15年12月31日，确认乙公司债券实际利息收入。

借：债权投资——应计利息　　　　　　　　　　　　　　　590 000
　　　　　　　——利息调整　　　　　　　　　　　　　　486 200
　　贷：投资收益　　　　　　　　　　　　　　　　　　1 076 200

（5）2×16年12月31日，确认乙公司债券实际利息收入。

借：债权投资——应计利息　　　　　　　　　　　　　　　590 000
　　　　　　　——利息调整　　　　　　　　　　　　　　583 600
　　贷：投资收益　　　　　　　　　　　　　　　　　　1 173 600

（6）2×17年12月31日，确认乙公司债券实际利息收入、收回债券本金和票面利息。

借：债权投资——应计利息　　　　　　　　　　　　　　　590 000
　　　　　　　——利息调整　　　　　　　　　　　　　　718 300
　　贷：投资收益　　　　　　　　　　　　　　　　　　1 308 300
借：银行存款　　　　　　　　　　　　　　　　　　　　15 450 000
　　贷：债权投资——成本　　　　　　　　　　　　　　12 500 000
　　　　　　　　——应计利息　　　　　　　　　　　　　2 950 000

（三）以公允价值进行后续计量的金融资产

（1）对于以公允价值进行后续计量的金融资产，其公允价值变动形成的利得或损失，除与套期会计有关外，应当按照下列规定处理。

①以公允价值计量且其变动计入当期损益的金融资产的利得或损失，应当计入当期损益。

②按照金融工具确认和计量准则第十八条分类为以公允价值计量且其变动计入其他综合收益的金融资产所产生的利得或损失，除减值损失或利得和汇兑损益外，均应当计入其他综合收益，直至该金融资产终止确认或被重分类。但是，采用实际利率法计算的该金融资产的利息应当计入当期损益。该类金融资产计入各期损益的金额应当与视同其一直按摊余成本计量而计入各期损益的金额相等。

该类金融资产终止确认时，之前计入其他综合收益的累计利得或损失应当从其他综合收益中转出，计入当期损益。

③对于指定为以公允价值计量且其变动计入其他综合收益的非交易性权益工具投资，除

了获得的股利（属于投资成本收回部分的除外）计入当期损益外，其他相关的利得和损失（包括汇兑损益）均应计入其他综合收益，且后续不得转入当期损益。当其终止确认时，之前计入其他综合收益的累计利得或损失应当从其他综合收益中转出，计入留存收益。

（2）企业只有在同时符合下列条件时，才能确认股利收入并计入当期损益：

①企业收取股利的权利已经确立；

②与股利相关的经济利益很可能流入企业；

③股利的金额能够可靠计量。

【例22-9】2×13年1月1日，甲公司支付价款1 000万元（含交易费用）从上海证券交易所购入乙公司同日发行的5年期公司债券12 500份，债券票面价值总额为1 250万元，票面年利率为4.72%，于年末支付本年度债券利息（即每年利息为59万元），本金在债券到期时一次性偿还。合同约定，该债券的发行方在遇到特定情况时可以将债券赎回，且不需要为提前赎回支付额外款项。甲公司在购买该债券时，预计发行方不会提前赎回。甲公司根据其管理该债券的业务模式和该债券的合同现金流量特征，将该债券分类为以公允价值计量且其变动计入其他综合收益的金融资产。

其他资料如下。

（1）2×13年12月31日，乙公司债券的公允价值为1 200万元（不含利息）。

（2）2×14年12月31日，乙公司债券的公允价值为1 300万元（不含利息）。

（3）2×15年12月31日，乙公司债券的公允价值为1 250万元（不含利息）。

（4）2×16年12月31日，乙公司债券的公允价值为1 200万元（不含利息）。

（5）2×17年1月20日，通过上海证券交易所出售了乙公司债券12 500份，取得价款1 260万元。

假定不考虑所得税、减值等因素，计算该债券的实际利率r。

$59 \times (1+r)^{-1} + 59 \times (1+r)^{-2} + 59 \times (1+r)^{-3} + 59 \times (1+r)^{-4} + (59+1\ 250) \times (1+r)^{-5} = 1\ 000$

采用插值法，计算得出$r=10\%$。

相关数据如表22-4所示。

表22-4　　　　　　　　　公允价值变动累计金额计算表

单位：万元

日期	现金流入（A）	实际利息收入（B=期初$D \times 10\%$）	已收回的本金（$C=A-B$）	摊余成本余额（D=期初$D-C$）	公允价值（E）	公允价值变动额（$F=E-D-$期初G）	公允价值变动累计金额（$G=$期初$G+F$）
2×13年1月1日				1 000	1 000	0	0
2×13年12月31日	59	100	-41	1 041	1 200	159	159

续表

日期	现金流入（A）	实际利息收入（B=期初D×10%）	已收回的本金（C=A-B）	摊余成本余额（D=期初D-C）	公允价值（E）	公允价值变动额（F=E-D-期初G）	公允价值变动累计金额（G=期初G+F）
2×14年12月31日	59	104	-45	1 086	1 300	55	214
2×15年12月31日	59	109	-50	1 136	1 250	-100	114
2×16年12月31日	59	113$^{(*)}$	-54	1 190	1 200	-104	10

注：(*) 59+|-54|=113

甲公司的有关账务处理如下。

(1) 2×13年1月1日，购入乙公司债券。

借：其他债权投资——成本　　　　　　　　　　　　　　12 500 000
　　　贷：银行存款　　　　　　　　　　　　　　　　　　10 000 000
　　　　　其他债权投资——利息调整　　　　　　　　　　 2 500 000

(2) 2×13年12月31日，确认乙公司债券实际利息收入、公允价值变动，收到债券利息。

借：应收利息　　　　　　　　　　　　　　　　　　　　　590 000
　　其他债权投资——利息调整　　　　　　　　　　　　　410 000
　　　贷：投资收益　　　　　　　　　　　　　　　　　　1 000 000
借：银行存款　　　　　　　　　　　　　　　　　　　　　590 000
　　　贷：应收利息　　　　　　　　　　　　　　　　　　　590 000
借：其他债权投资——公允价值变动　　　　　　　　　　1 590 000
　　　贷：其他综合收益——其他债权投资公允价值变动　　1 590 000

(3) 2×14年12月31日，确认乙公司债券实际利息收入、公允价值变动，收到债券利息。

借：应收利息　　　　　　　　　　　　　　　　　　　　　590 000
　　其他债权投资——利息调整　　　　　　　　　　　　　450 000
　　　贷：投资收益　　　　　　　　　　　　　　　　　　1 040 000
借：银行存款　　　　　　　　　　　　　　　　　　　　　590 000
　　　贷：应收利息　　　　　　　　　　　　　　　　　　　590 000
借：其他债权投资——公允价值变动　　　　　　　　　　　550 000
　　　贷：其他综合收益——其他债权投资公允价值变动　　　550 000

(4) 2×15年12月31日，确认乙公司债券实际利息收入、公允价值变动，收到债券利息。

借:应收利息 590 000
    其他债权投资——利息调整 500 000
    贷:投资收益 1 090 000
借:银行存款 590 000
    贷:应收利息 590 000
借:其他综合收益——其他债权投资公允价值变动 1 000 000
    贷:其他债权投资——公允价值变动 1 000 000

(5) 2×16年12月31日,确认乙公司债券实际利息收入、公允价值变动,收到债券利息。

借:应收利息 590 000
    其他债权投资——利息调整 540 000
    贷:投资收益 1 130 000
借:银行存款 590 000
    贷:应收利息 590 000
借:其他综合收益——其他债权投资公允价值变动 1 040 000
    贷:其他债权投资——公允价值变动 1 040 000

(6) 2×17年1月20日,确认出售乙公司债券实现的损益。

借:银行存款 12 600 000
    其他综合收益——其他债权投资公允价值变动 100 000
    其他债权投资——利息调整 600 000
    贷:其他债权投资——成本 12 500 000
        ——公允价值变动 100 000
        投资收益 700 000

【例22-10】 2×16年1月1日,甲公司从二级市场购入丙公司债券,支付价款合计1 020 000元(含已到付息期但尚未领取的利息20 000元),另发生交易费用20 000元。该债券面值为1 000 000元,剩余期限为2年,票面年利率为4%,每半年末付息一次,其合同现金流量特征满足仅为对本金和以未偿付本金金额为基础的利息的支付。甲公司根据其管理该债券的业务模式和该债券的合同现金流量特征,将该债券分类为以公允价值计量且其变动计入当期损益的金融资产。其他资料如下:

(1) 2×16年1月5日,收到丙公司债券2×15年下半年利息20 000元。
(2) 2×16年6月30日,丙公司债券的公允价值为1 150 000元(不含利息)。
(3) 2×16年7月5日,收到丙公司债券2×16年上半年利息。
(4) 2×16年12月31日,丙公司债券的公允价值为1 100 000元(不含利息)。
(5) 2×17年1月5日,收到丙公司债券2×16年下半年利息。
(6) 2×17年6月20日,通过二级市场出售丙公司债券,取得价款1 180 000元(含一季度利息10 000元)。

假定不考虑其他因素，甲公司的账务处理如下。

（1）2×16年1月1日，从二级市场购入丙公司债券。

借：交易性金融资产——成本　　　　　　　　　　　　　　　　1 000 000
　　应收利息　　　　　　　　　　　　　　　　　　　　　　　　20 000
　　投资收益　　　　　　　　　　　　　　　　　　　　　　　　20 000
　　贷：银行存款　　　　　　　　　　　　　　　　　　　　　　1 040 000

（2）2×16年1月5日，收到丙公司债券2×15年下半年利息20 000元。

借：银行存款　　　　　　　　　　　　　　　　　　　　　　　　20 000
　　贷：应收利息　　　　　　　　　　　　　　　　　　　　　　20 000

（3）2×16年6月30日，确认丙公司债券公允价值变动和投资收益。

借：交易性金融资产——公允价值变动　　　　　　　　　　　　　150 000
　　贷：公允价值变动损益　　　　　　　　　　　　　　　　　　150 000
借：应收利息　　　　　　　　　　　　　　　　　　　　　　　　20 000
　　贷：投资收益　　　　　　　　　　　　　　　　　　　　　　20 000

（4）2×16年7月5日，收到丙公司债券2×16年上半年利息。

借：银行存款　　　　　　　　　　　　　　　　　　　　　　　　20 000
　　贷：应收利息　　　　　　　　　　　　　　　　　　　　　　20 000

（5）2×16年12月31日，确认丙公司债券公允价值变动和投资收益。

借：公允价值变动损益　　　　　　　　　　　　　　　　　　　　50 000
　　贷：交易性金融资产——公允价值变动　　　　　　　　　　　50 000
借：应收利息　　　　　　　　　　　　　　　　　　　　　　　　20 000
　　贷：投资收益　　　　　　　　　　　　　　　　　　　　　　20 000

（6）2×17年1月5日，收到丙公司债券2×16年下半年利息。

借：银行存款　　　　　　　　　　　　　　　　　　　　　　　　20 000
　　贷：应收利息　　　　　　　　　　　　　　　　　　　　　　20 000

（7）2×17年6月20日，通过二级市场出售丙公司债券。

借：银行存款　　　　　　　　　　　　　　　　　　　　　　　　1 180 000
　　贷：交易性金融资产——成本　　　　　　　　　　　　　　　1 000 000
　　　　　　　　　　——公允价值变动　　　　　　　　　　　　100 000
　　　　投资收益　　　　　　　　　　　　　　　　　　　　　　80 000

【例22-11】 2×18年5月6日，甲公司支付价款1 016万元（含交易费用1万元和已宣告发放现金股利15万元），购入乙公司发行的股票200万股，占乙公司有表决权股份的0.5%。甲公司将其指定为以公允价值计量且其变动计入其他综合收益的非交易性权益工具投资。其他资料如下。

（1）2×18年5月10日，甲公司收到乙公司发放的现金股利15万元。

（2）2×18年6月30日，该股票市价为每股5.2元。

（3）2×18年12月31日，甲公司仍持有该股票；当日，该股票市价为每股5元。

（4）2×19年5月9日，乙公司宣告发放股利4 000万元。
（5）2×19年5月13日，甲公司收到乙公司发放的现金股利。
（6）2×19年5月20日，甲公司由于某特殊原因，以每股4.9元的价格将股票全部转让。
假定不考虑其他因素，甲公司的账务处理如下。

（1）2×18年5月6日，购入股票。

借：应收股利	150 000
其他权益工具投资——成本	10 010 000
贷：银行存款	10 160 000

（2）2×18年5月10日，收到现金股利。

借：银行存款	150 000
贷：应收股利	150 000

（3）2×18年6月30日，确认股票价格变动。

借：其他权益工具投资——公允价值变动	390 000
贷：其他综合收益——其他权益工具投资公允价值变动	390 000

（4）2×18年12月31日，确认股票价格变动。

借：其他综合收益——其他权益工具投资公允价值变动	400 000
贷：其他权益工具投资——公允价值变动	400 000

（5）2×19年5月9日，确认应收现金股利。

借：应收股利	200 000
贷：投资收益	200 000

（6）2×19年5月13日，收到现金股利。

借：银行存款	200 000
贷：应收股利	200 000

（7）2×19年5月20日，出售股票。

借：盈余公积——法定盈余公积	1 000
利润分配——未分配利润	9 000
贷：其他综合收益——其他权益工具投资公允价值变动	10 000
借：银行存款	9 800 000
其他权益工具投资——公允价值变动	10 000
盈余公积——法定盈余公积	20 000
利润分配——未分配利润	180 000
贷：其他权益工具投资——成本	10 010 000

如果甲公司根据其管理乙公司股票的业务模式和乙公司股票的合同现金流量特征，将乙公司股票分类为以公允价值计量且其变动计入当期损益的金融资产，且2×18年12月31日乙公司股票市价为每股4.8元，其他资料不变，则甲公司应做以下账务处理。

（1）2×18年5月6日，购入股票。

借：应收股利	150 000

交易性金融资产——成本	10 000 000	
投资收益	10 000	
贷：银行存款		10 160 000

（2）2×18年5月10日，收到现金股利。

借：银行存款　　　　　　　　　　　　　　　　　　150 000
　　贷：应收股利　　　　　　　　　　　　　　　　　　150 000

（3）2×18年6月30日，确认股票价格变动。

借：交易性金融资产——公允价值变动　　　　　　　400 000
　　贷：公允价值变动损益　　　　　　　　　　　　　　400 000

（4）2×18年12月31日，确认股票价格变动。

借：公允价值变动损益　　　　　　　　　　　　　　800 000
　　贷：交易性金融资产——公允价值变动　　　　　　　800 000

注：公允价值变动=200×（4.8-5.2）=-80（万元）

（5）2×19年5月9日，确认应收现金股利。

借：应收股利　　　　　　　　　　　　　　　　　　200 000
　　贷：投资收益　　　　　　　　　　　　　　　　　　200 000

（6）2×19年5月13日，收到现金股利。

借：银行存款　　　　　　　　　　　　　　　　　　200 000
　　贷：应收股利　　　　　　　　　　　　　　　　　　200 000

（7）2×19年5月20日，出售股票。

借：银行存款　　　　　　　　　　　　　　　　　　9 800 000
　　交易性金融资产——公允价值变动　　　　　　　　400 000
　　贷：交易性金融资产——成本　　　　　　　　　　10 000 000
　　　　投资收益　　　　　　　　　　　　　　　　　　200 000

（四）金融负债的后续计量

1. 金融负债后续计量原则

企业应当按照以下原则对金融负债进行后续计量。

（1）以公允价值计量且其变动计入当期损益的金融负债，应当按照公允价值进行后续计量。

（2）金融资产转移不符合终止确认条件或继续涉入被转移金融资产所形成的金融负债。对此类金融负债，企业应当按照《企业会计准则第23号——金融资产转移》相关规定进行计量。

（3）不属于指定为以公允价值计量且其变动计入当期损益的金融负债的财务担保合同或没有指定为以公允价值计量且其变动计入当期损益并将以低于市场利率贷款的贷款承诺，企业作为此类金融负债发行方的，应当在初始确认后按照依据金融工具确认和计量准则第八章所确定的损失准备金额以及初始确认金额扣除依据《企业会计准则第14号——收入》相关规定所确定的累计摊销额后的余额孰高进行计量。

（4）上述金融负债以外的金融负债，应当按摊余成本进行后续计量。

2. 金融负债后续计量的会计处理

（1）对于以公允价值进行后续计量的金融负债，其公允价值变动形成利得或损失，除与套期会计有关外，应当计入当期损益。

【例22-12】2×18年7月1日，甲公司经批准在全国银行间债券市场公开发行10亿元人民币短期融资券，期限为1年，票面年利率为5.58%，每张面值为100元，到期一次还本付息。所募集资金主要用于公司购买生产经营所需的原材料及配套件等。公司将该短期融资券指定为以公允价值计量且其变动计入当期损益的金融负债。假定不考虑发行短期融资券相关的交易费用以及企业自身信用风险变动。

2×18年12月31日，该短期融资券市场价格为每张120元（不含利息）；2×19年6月30日，该短期融资券到期兑付完成。

据此，甲公司账务处理如下（以万元为单位）。

（1）2×18年7月1日，发行短期融资券。

借：银行存款　　　　　　　　　　　　　　　100 000
　　贷：交易性金融负债　　　　　　　　　　　　　100 000

（2）2×18年12月31日，年末确认公允价值变动和利息费用。

借：公允价值变动损益　　　　　　　　　　　　20 000
　　贷：交易性金融负债　　　　　　　　　　　　　20 000
借：财务费用　　　　　　　　　　　　　　　　2 790
　　贷：应付利息　　　　　　　　　　　　　　　　2 790

（3）2×19年6月30日，短期融资券到期。

借：财务费用　　　　　　　　　　　　　　　　2 790
　　贷：应付利息　　　　　　　　　　　　　　　　2 790
借：交易性金融负债　　　　　　　　　　　　120 000
　　应付利息　　　　　　　　　　　　　　　　5 580
　　贷：银行存款　　　　　　　　　　　　　　　105 580
　　　　公允价值变动损益　　　　　　　　　　　20 000

（2）以摊余成本计量且不属于任何套期关系一部分的金融负债所产生的利得或损失，应当在终止确认时计入当期损益或在按照实际利率法摊销时计入相关期间损益。

企业与交易对手方修改或重新议定合同，未导致金融负债终止确认，但导致合同现金流量发生变化的，应当重新计算该金融负债的账面价值，并将相关利得或损失计入当期损益。重新计算的该金融负债的账面价值，应当根据将重新议定或修改的合同现金流量按金融负债的原实际利率或按《企业会计准则第24号——套期会计》第二十三条规定的重新计算的实际利率（如适用）折现的现值确定。对于修改或重新议定合同所产生的所有成本或费用，企业应当调整修改后的金融负债账面价值，并在修改后金融负债的剩余期限内进行摊销。

【例22-13】甲公司发行公司债券为建造专用生产线筹集资金。有关资料如下。

（1）2×13年12月31日，委托证券公司以7 755万元的价格发行3年期分期付息公司债券。该债券面值为8 000万元,票面年利率为4.5%,实际年利率为5.64%,每年付息一次,到期后按面值偿还。假定不考虑发行公司债券相关的交易费用。

(2)生产线建造工程采用出包方式,于2×14年1月1日开始动工,发行债券所得款项当日全部支付给建造承包商,2×15年12月31日所建造生产线达到预定可使用状态。

(3)假定各年度利息的实际支付日期均为下年度的1月10日;2×17年1月10日支付2×16年度利息,一并偿付面值。

(4)所有款项均以银行存款支付。

据此,甲公司计算得出该债券在各年末的摊余成本、应付利息金额、当年应予资本化或费用化的利息金额、利息调整的本年摊销和年末余额。有关结果如表22-5所示。

表22-5 各年末"利息调整"本年摊销额计算表

金额单位:万元

时间		2×13年12月31日	2×14年12月31日	2×15年12月31日	2×16年12月31日
年末摊余成本	面值	8 000	8 000	8 000	8 000
	利息调整	−245	−167.62	−85.87	0
	合计	7 755	7 832.38	7 914.13	8 000
当年应予资本化或费用化的利息金额			437.38	441.75	445.87
年末应付利息金额			360	360	360
"利息调整"本年摊销额			77.38	81.75	85.87

相关账务处理如下。

(1)2×13年12月31日,发行债券。

借:银行存款 77 550 000
　　应付债券——利息调整 2 450 000
　　贷:应付债券——面值 80 000 000

(2)2×14年12月31日,确认和结转利息。

借:在建工程 4 373 800
　　贷:应付利息 3 600 000
　　　　应付债券——利息调整 773 800

(3)2×15年1月10日,支付利息。

借:应付利息 3 600 000
　　贷:银行存款 3 600 000

(4)2×15年12月31日,确认和结转利息。

借:在建工程 4 417 500
　　贷:应付利息 3 600 000
　　　　应付债券——利息调整 817 500

(5) 2×16年1月10日，支付利息。

借：应付利息　　　　　　　　　　　　　　　　　　　　　　3 600 000
　　贷：银行存款　　　　　　　　　　　　　　　　　　　　　　3 600 000

(6) 2×16年12月31日，确认和结转利息。

借：财务费用　　　　　　　　　　　　　　　　　　　　　　4 458 700
　　贷：应付利息　　　　　　　　　　　　　　　　　　　　　　3 600 000
　　　　应付债券——利息调整　　　　　　　　　　　　　　　　　858 700

(7) 2×17年1月10日，债券到期兑付。

借：应付利息　　　　　　　　　　　　　　　　　　　　　　3 600 000
　　应付债券——面值　　　　　　　　　　　　　　　　　　80 000 000
　　贷：银行存款　　　　　　　　　　　　　　　　　　　　　83 600 000

22.6　金融工具的减值

金融工具减值的会计处理流程如图22-2所示。

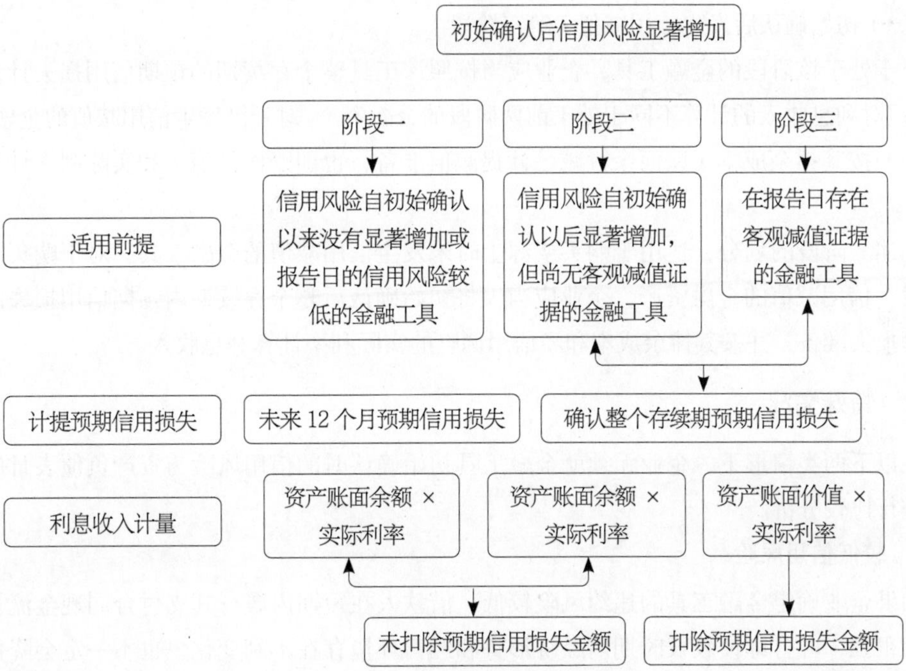

图22-2　金融工具减值的会计处理流程

22.6.1　金融工具减值概述

企业应当以预期信用损失为基础，对下列项目进行减值会计处理并确认损失准备。

(1) 以摊余成本计量和以公允价值计量且其变动计入其他综合收益的金融资产。

(2) 租赁应收款。

(3) 合同资产。合同资产是指《企业会计准则第14号——收入》定义的合同资产。

(4) 企业发行的分类为以公允价值计量且其变动计入当期损益的金融负债以外的贷款承

诺和适用金融工具确认和计量准则第二十一条（三）规定的财务担保合同。

损失准备，是指针对按照以摊余成本计量的金融资产、租赁应收款和合同资产的预期信用损失计提的准备，以公允价值计量且其变动计入其他综合收益的金融资产的累计减值金额以及针对贷款承诺和财务担保合同的预期信用损失计提的准备。

22.6.2 金融资产信用减值的客观信息

一般情况下，企业应当在每个资产负债表日评估相关金融工具的信用风险自初始确认后是否已显著增加，可以将金融工具发生信用减值的过程分为三个阶段，对于不同阶段的金融工具的减值有不同的会计处理方法。

（1）信用风险自初始确认后未显著增加（第一阶段）。

对于处于该阶段的金融工具，企业应当按照未来12个月的预期信用损失计量损失准备，并按其账面余额(即未扣除减值准备)和实际利率计算利息收入(若该工具为金融资产，下同)。

（2）信用风险自初始确认后已显著增加但尚未发生信用减值（第二阶段）。

对于处于该阶段的金融工具，企业应当按照该工具整个存续期的预期信用损失计量损失准备，并按其账面余额和实际利率计算利息收入。

（3）初始确认后发生信用减值（第三阶段）。

对于处于该阶段的金融工具，企业应当按照该工具整个存续期的预期信用损失计量损失准备，但对利息收入的计算不同于处于前两阶段的金融资产。对于已发生信用减值的金融资产，企业应当按其摊余成本（账面余额减已计提减值准备，也即账面价值）和实际利率计算利息收入。

上述三阶段的划分，适用于购买或源生时未发生信用减值的金融工具。对于购买或源生时已发生信用减值的金融资产，企业应当仅将初始确认后整个存续期内预期信用损失的变动确认为损失准备，并按其摊余成本和经信用调整的实际利率计算利息收入。

22.6.3 特殊情况

在以下两类情形下，企业无须就金融工具初始确认时的信用风险与资产负债表日的信用风险进行比较分析。

1. 较低信用风险

如果企业确定金融工具的违约风险较低，借款人在短期内履行其支付合同现金流量义务的能力很强，并且即使较长时期内经济形势和经营环境存在不利变化，也不一定会降低借款人履行其支付合同现金流量义务的能力，那么该金融工具可被视为具有较低的信用风险。对于在资产负债表日具有较低信用风险的金融工具，企业可以不用与其初始确认时的信用风险进行比较，而直接做出该工具的信用风险自初始确认后未显著增加的假定(企业对这种简化处理有选择权)。

2. 应收款项、租赁应收款和合同资产

企业对于收入准则所规定的、不含重大融资成分(包括根据该准则不考虑不超过一年的合同中融资成分的情况)的应收款项和合同资产，应当始终按照整个存续期内预期信用损失的金额计量其损失准备(企业对这种简化处理没有选择权)。

除此之外，该准则还允许企业做出会计政策选择，对包含重大融资成分的应收款项、合同资产和租赁应收款(可分别对应收款项、合同资产、应收租赁款做出不同的会计政策选择)，始终按照相当于整个存续期内预期信用损失的金额计量其损失准备。

22.6.4 预期信用损失

（一）预期信用损失的定义与计量

预期信用损失，是指以发生违约的风险为权重的金融工具信用损失的加权平均值。

1. 不同金融工具预期信用损失的计量

不同金融工具的预期信用损失有不同的计量基础。

（1）对于金融资产，信用损失应为下列两者差额的现值：①企业依照合同应收取的合同现金流量；②企业预期能收到的现金流量。

（2）对于租赁应收款，信用损失的计算方法与金融资产相同，其用于确定预期信用损失的现金流量，应当与其按照《企业会计准则第21号——租赁》计量租赁应收款的现金流量口径保持一致。

（3）对于未提用的贷款承诺，信用损失应为下列两者差额的现值：①如果贷款承诺的持有人提用相应贷款，企业应收的合同现金流量；②如果持有人提用相应贷款，企业预期收取的现金流量。企业对贷款承诺预期信用损失的估计，应当基于对该贷款承诺提用情况的预期。

（4）对于财务担保合同，只有当债务人按照所担保的金融工具合同条款发生违约事件时，企业才需要进行赔付。因此，财务担保合同的信用损失是企业就合同持有人发生的信用损失向其做出赔付的预期付款额，减去企业预期向该合同持有人、债务人或其他方收取的金额的差额的现值。

（5）对于购买或源生时未发生信用减值但在后续资产负债表日已发生信用减值的金融资产，企业在计量其预期信用损失时，应当基于该金融资产的账面余额与按该金融资产原实际利率折现的预计未来现金流量的现值之间的差额。

企业应当以概率加权平均为基础对预期信用损失进行计量。企业对预期信用损失的计量应当反映发生信用损失的各种可能性，但不必识别所有可能的情形。在计量预期信用损失时，企业需考虑的最长期限为企业面临信用风险的最长合同期限(包括考虑续约选择权)，而不是更长期间，即使该期间与业务实践相一致。

2. 预期信用损失计量示例

以下示例说明了企业计量预期信用损失的一些具体方法。为简便，这些示例可能只说明了预期信用损失计量中的某个或某几个方面。实务中，企业不能简单仿照这些示例进行判断或计算。

【例22-14】 甲银行发放了一笔1 000 000元的10年期分期还本贷款。考虑到对具有相似信用风险的其他金融工具的预期、借款人的信用风险以及未来12个月的经济形势前景，甲银行估计初始确认时，该贷款在后续12个月内的违约概率为0.5%。此外，为确定自初始确认后信用风险是否已显著增加，甲银行还认定未来12个月的违约概率变动，合理近似于整个存续期的违约概率变动。

分析：

在初始确认后首个资产负债表日（在该贷款最终还款到期日之前），甲银行预计未来12个月的违约概率无变化，因此认为自初始确认后信用风险并无显著增加。甲银行预计，如果该贷款违约，将会损失账面余额的25%（即违约损失率为25%）。

甲银行按照未来12个月的违约概率0.5%计量未来12个月的预期信用损失，并据此相应确认损失准备。因此，在该资产负债表日，12个月内的预期信用损失为1 250（1 000 000 × 0.5% × 25%）元。

【例22-15】甲银行发放一笔5年期贷款，按合同面值到期一次偿还本金。合同面值为1 000万元，年利率为5%，按年付息。本例假定实际利率为5%。第一个会计期间（简称"第一期"）期末，由于自初始确认后信用风险无显著增加，甲银行按12个月内预期信用损失确认损失准备，损失准备余额为20万元。

在第二期期末，甲银行确定该贷款自初始确认后的信用风险已显著增加，因此对该笔贷款确认整个存续期内的预期信用损失，损失准备余额为30万元。

在第三期期末，由于借款人出现重大财务困难，甲银行修改了该笔贷款的合同条款和现金流量，将该笔贷款的合同期限延长了1年。因此在修改日（第三期期末），该笔贷款的剩余期限为3年。本次修改并未导致甲银行终止确认该贷款。

由于进行了上述修改，甲银行根据该贷款的初始实际利率5%，重新计算修改后的合同现金流量的现值，将其作为该金融资产的账面余额，并将重新计算的账面余额与修改前的账面余额之间的差额确认为合同变更利得或损失。在本例中假定，甲银行确认了修改损失80万元，账面余额降为920万元。

在考虑修改后的合同现金流量的基础上，甲银行评估了是否应继续对该贷款按整个存续期内预期信用损失计量损失准备，并重新计算了损失准备。甲银行将当前信用风险（基于修改后的现金流量）与初始确认时的信用风险（基于初始未修改的现金流量）进行比较，认为信用风险已显著增加，因此继续按整个存续期内的预期信用损失计量损失准备。在资产负债表日，该贷款按照整个存续期内的预期信用损失计量的损失准备余额为100万元。

甲银行对于上述合同现金流量修改的相关计算如表22-6所示。

表22-6　　　　　　　合同现金流量修改的相关计算

单位：万元

期间	期初账面余额（A）	减值损失/利得（B）	修改损失/利得（C）	利息收入（D=A×5%）	现金流量（E）	期末账面余额（F=A+C+D−E）	损失准备（G）	期末摊余成本（H=F−G）
1	1 000	(20)		50	50	1 000	20	980
2	1 000	(10)		50	50	1 000	30	970
3	1 000	(70)	(80)	50	50	920	100	820

注：括号内的金额代表损失。

在后续资产负债表日，甲银行按照金融工具确认和计量准则第五十六条规定，将该贷款初始确认时的信用风险(基于初始未修改的现金流量)与资产负债表日的信用风险(基于修改后的现金流量)进行比较,以评估信用风险是否显著增加。

修改贷款合同再过两个期间之后(第五期),与修改日的预期相比,借款人的实际业绩明显好于其经营计划。而且,借款人所属行业的前景好于此前预测。通过对使用以合理成本即可获得的、合理且有依据的信息进行评估,甲银行发现该贷款的整体信用风险和在整个存续期内的违约风险率下降,因此甲银行在第五期期末调整了借款人的内部信用评级。

考虑到这一进展,甲银行对该贷款信用状况进行了重新评估,并确定该贷款的信用风险已经下降,与初始确认时的信用风险相比已无显著增加。因此,甲银行重新按12个月内预期信用损失计量该贷款的损失准备。

【例22-16】甲公司是一家制造业企业,其经营地域单一且固定。2×17年,甲公司应收账款合计3亿元。考虑到客户群由众多小客户构成,甲公司根据代表偿付能力的客户共同风险特征对应收账款进行分类。上述应收账款不包含重大融资成分。甲公司对上述应收账款始终按整个存续期内的预期信用损失计量损失准备。

甲公司使用逾期天数与违约损失率对照表确定该应收账款组合的预期信用损失。对照表以此类应收账款预计存续期的历史违约损失率为基础,并根据前瞻性估计予以调整。在每个资产负债表日,甲公司都将分析前瞻性估计的变动,并据此对历史违约损失率进行调整。公司预测下一年的经济形势将恶化。

甲公司的逾期天数与违约损失率对照表估计如表22-7所示。

表22-7　　　　　甲公司的逾期天数与违约损失率对照

	未逾期	逾期1~30日	逾期31~60日	逾期61~90日	逾期>90日
违约损失率	0.3%	1.6%	3.6%	6.6%	10.6%

来自众多小客户的应收账款合计30 000 000元,根据逾期天数违约损失率计算其预期信用损失,如表22-8所示。

表22-8　　　　　　　预期信用损失情况

单位:元

	账面余额(A)	违约损失率(B)	按整个存续期内预期信用损失确认的损失准备(账面余额×整个存续期预期信用损失率)($C=A \times B$)
未逾期	15 000 000	0.3%	45 000
逾期1~30日	7 500 000	1.6%	120 000
逾期31~60日	4 000 000	3.6%	144 000
逾期61~90日	2 500 000	6.6%	165 000
逾期>90日	1 000 000	10.6%	106 000
合计	30 000 000		580 000

(二)预期信用损失计量期限

在计量预期信用损失时,企业需考虑的最长期限为企业面临信用风险的最长合同期限(包括考虑续约选择权），而不是更长期间，即使该期间与业务实践相一致。

如果金融工具同时包含贷款和未提用的承诺，且企业根据合同规定要求还款或取消未提用承诺的能力并未将企业面临信用损失的期间限定在合同通知期内的，企业对于此类金融工具（仅限于此类金融工具）确认预期信用损失的期间，应当为其面临信用风险且无法用信用风险管理措施予以缓释的期间，即使该期间超过了最长合同期限。

（三）金融工具减值的账务处理

1. 减值准备的计提和转回

企业应当在资产负债表日计算金融工具（或金融工具组合）预期信用损失。如果该预期信用损失大于该工具（或组合）当前减值准备的账面金额，企业应当将其差额确认为减值损失，借记"信用减值损失"科目，根据金融工具的种类，贷记"贷款损失准备""债权投资减值准备""坏账准备""合同资产减值准备""租赁应收款减值准备""预计负债"（用于贷款承诺及财务担保合同）或"其他综合收益"（用于以公允价值计量且其变动计入其他综合收益的债权类资产，企业可以设置二级科目"其他综合收益——信用减值准备"核算此类工具的减值准备）等科目（上述贷记科目，以下统称"贷款损失准备"等科目）；如果资产负债表日计算的预期信用损失小于该工具（或组合）当前减值准备的账面金额（如从按照整个存续期预期信用损失计量损失准备转为按照未来12个月预期信用损失计量损失准备时，可能出现这一情况），则应当将差额确认为减值利得，做相反的会计分录。

2. 已发生信用损失金融资产的核销

企业实际发生信用损失，认定相关金融资产无法收回，经批准予以核销的，应当根据批准的核销金额，借记"贷款损失准备"等科目，贷记相应的资产科目，如"贷款""应收账款""合同资产"等科目。若核销金额大于已计提的损失准备，还应按其差额借记"信用减值损失"科目。

3. 账务处理示例

【例22-17】甲银行对其发放的贷款以摊余成本计量。2×17年12月31日，甲银行向乙公司发放一笔5年期信用贷款。贷款本金为5 000万元，年利率为4%，每年12月31日付息，2×22年12月31日还本。假设不考虑交易费用，该贷款的实际利率为4%。

2×18年12月31日，乙公司按约支付利息。甲银行评估认为该贷款信用风险自初始确认以来未显著增加，并计算出其未来12个月预期信用损失为80万元。

2×19年12月31日，乙公司按约支付利息。甲银行评估认为该贷款信用风险自初始确认以来已经显著增加，并计算出剩余存续期预期信用损失为300万元。

2×20年6月30日，甲银行了解到乙公司面临重大财务困难，认定该贷款已发生减值。同日，甲银行计算出剩余存续期预期信用损失为800万元。

2×20年12月31日，乙公司未按约支付利息。甲银行计算出剩余存续期预期信用损失为1 200万元。

2×21年6月30日，甲银行计算出剩余存续期预期信用损失为1 600万元，并以3 500万元将该贷款所有风险和报酬转让给丙资产管理公司。

根据所掌握情况，丙资产管理公司将该贷款认定为已发生信用减值的金融资产，并预计该贷款的未来现金流量如表22-9所示。

表22-9　　　　　　　　　　贷款的未来现金流量

单位：元

日期	金额
2×22年12月31日	20 000 000
2×23年6月30日	18 500 000

根据以上数据，丙资产管理公司计算该贷款经信用调整的实际利率为5.635 2%。丙资产管理公司以摊余成本计量该贷款，其账面价值摊余过程如表22-10所示。

表22-10　　　　　　　　　贷款的账面价值摊余过程

单位：元

日期	计提利息期限（年）	应计利息	还款	摊余成本
2×21年6月30日				35 000 000
2×21年12月31日	0.5	972 649		35 972 649
2×22年12月31日	1	2 027 138	−20 000 000	17 999 787
2×23年6月30日	0.5	500 213	−18 500 000	

2×21年12月31日，丙资产管理公司对该贷款回收金额和回收时间的预期未发生改变（即预期信用损失变动为0）。

2×22年12月31日，丙资产管理公司实际收到乙公司还款2 000万元，对该贷款后续回收金额和回收时间的预期未发生改变。

2×23年6月30日，丙资产管理公司实际收到乙公司还款1 900万元，贷款合同终止。

根据上述资料，相关账务处理如下（不考虑税费影响）。

（1）甲银行。

① 2×17年12月31日，发放贷款。

借：贷款　　　　　　　　　　　　　　　　　　　　　　　50 000 000
　　贷：吸收存款　　　　　　　　　　　　　　　　　　　　50 000 000

② 2×18年12月31日，确认利息收入和收到的利息。

利息收入＝账面余额×实际利率＝5 000×4%＝200（万元）

借：应收利息　　　　　　　　　　　　　　　　　　　　　2 000 000
　　贷：利息收入　　　　　　　　　　　　　　　　　　　　2 000 000

借：吸收存款　　　　　　　　　　　　　　　　　　　　　2 000 000
　　贷：应收利息　　　　　　　　　　　　　　　　　　　　2 000 000

计提减值准备。

借：信用减值损失　　　　　　　　　　　　　　　　　　　　800 000
　　贷：贷款损失准备　　　　　　　　　　　　　　　　　　　800 000

③ 2×19年12月31日，确认利息收入和收到的利息。

  借：应收利息   2 000 000

    贷：利息收入   2 000 000

  借：吸收存款   2 000 000

    贷：应收利息   2 000 000

  补提减值准备。

  借：信用减值损失   2 200 000

    贷：贷款损失准备   2 200 000

④ 2×20年6月30日，确认实际减值前利息收入。

利息收入 = 账面余额 × 实际利率 = 50 000 000×[（1+4%）$^{0.5}$ −1] = 990 195（元）

  借：应收利息   990 195

    贷：利息收入   990 195

  补提减值准备。

  借：信用减值损失   5 000 000

    贷：贷款损失准备   5 000 000

⑤ 2×20年12月31日，确认实际减值后利息收入。

利息收入 = 摊余成本 × 实际利率 =（50 000 000+990 195−8 000 000）×[（1+4%）$^{0.5}$ −1] = 851 374（元）

  借：应收利息   851 374

    贷：利息收入   851 374

  补提减值准备。

  借：信用减值损失   4 000 000

    贷：贷款损失准备   4 000 000

⑥ 2×21年6月30日，确认利息收入。

利息收入 = 摊余成本 × 实际利率 =（50 000 000+990 195+851 374−12 000 000）×[（1+4%）$^{0.5}$ −1]=789 019（元）

  借：应收利息   789 019

    贷：利息收入   789 019

  补提减值准备。

  借：信用减值损失   4 000 000

    贷：贷款损失准备   4 000 000

  终止确认贷款。

  借：存放中央银行款项   35 000 000

    贷款损失准备   16 000 000

    贷款处置损益   1 630 588

    贷：贷款   50 000 000

      应收利息   2 630 588

（2）丙资产管理公司。

① 2×21年6月30日，确认购入贷款。

借：债权投资——本金 35 000 000
　　贷：银行存款 35 000 000

② 2×21年12月31日，确认利息收入。

借：债权投资——应计利息 972 649
　　贷：利息收入 972 649

③ 2×22年12月31日，确认利息收入。

借：债权投资——应计利息 2 027 138
　　贷：利息收入 2 027 138

确认收到的还款。

借：银行存款 20 000 000
　　贷：债权投资——本金 17 000 213
　　　　　　　　——应计利息 2 999 787

④ 2×23年6月30日，确认利息收入。

借：债权投资——应计利息 500 213
　　贷：利息收入 500 213

确认收到的还款，终止确认贷款。

借：银行存款 19 000 000
　　贷：债权投资——本金 17 999 787
　　　　　　　　——应计利息 500 213
　　　　信用减值损失——利得 500 000

22.6.5 信用损失

（一）信用损失的定义

信用损失，是指企业按照原实际利率折现的、根据合同应收的所有合同现金流量与预期收取的所有现金流量之间的差额，即全部现金短缺的现值。其中，对于企业购买或源生的已发生信用减值的金融资产，应按照该金融资产经信用调整的实际利率折现。由于预期信用损失考虑付款的金额和时间分布，因此即使企业预计可以全额收款但收款时间晚于合同规定的到期期限，也会产生信用损失。

在估计现金流量时，企业应当考虑金融工具在整个预计存续期的所有合同条款（如提前还款、展期、看涨期权或其他类似期权等）。企业所考虑的现金流量应当包括出售所持担保品获得的现金流量，以及属于合同条款组成部分的其他信用增级所产生的现金流量。

企业通常能够可靠估计金融工具的预计存续期。在极少数情况下，金融工具预计存续期无法可靠估计的，企业在计算确定预期信用损失时，应当基于该金融工具的剩余合同期间。

（二）信用损失的确认方法

对于适用《企业会计准则第22号——金融工具确认和计量》有关金融工具减值规定的各

类金融工具，企业应当按照下列方法确定其信用损失。

（1）对于金融资产，信用损失应为企业应收取的合同现金流量与预期收取的现金流量之间差额的现值。

（2）对于租赁应收款项，信用损失应为企业应收取的合同现金流量与预期收取的现金流量之间差额的现值。其中，用于确定预期信用损失的现金流量，应与按照《企业会计准则第21号——租赁》用于计量租赁应收款项的现金流量保持一致。

（3）对于未提用的贷款承诺，信用损失应为在贷款承诺持有人提用相应贷款的情况下，企业应收取的合同现金流量与预期收取的现金流量之间差额的现值。企业对贷款承诺预期信用损失的估计，应当与其对该贷款承诺提用情况的预期保持一致。

（4）对于财务担保合同，信用损失应为企业就该合同持有人发生的信用损失向其做出赔付的预计付款额，减去企业预期向该合同持有人、债务人或任何其他方收取的金额之间差额的现值。

（5）对于资产负债表日已发生信用减值但并非购买或源生已发生信用减值的金融资产，信用损失应为该金融资产账面余额与按原实际利率折现的估计未来现金流量的现值之间的差额。

22.6.6 损失准备确认方法

（一）已发生信用减值的金融资产

《企业会计准则第22号——金融工具确认和计量》具体准则规定，对于购买或源生的已发生信用减值的金融资产，企业应当在资产负债表日仅将自初始确认后整个存续期内预期信用损失的累计变动确认为损失准备。在每个资产负债表日，企业应当将整个存续期内预期信用损失的变动金额作为减值损失或利得计入当期损益。即使该资产负债表日确定的整个存续期内预期信用损失小于初始确认时估计现金流量所反映的预期信用损失的金额，企业也应当将预期信用损失的有利变动确认为减值利得。

（二）特殊项目的损失准备

对于下列各项目，企业应当始终按照相当于整个存续期内预期信用损失的金额计量其损失准备。

（1）由《企业会计准则第14号——收入》规范的交易形成的应收款项或合同资产，且符合下列条件之一。

①该项目未包含《企业会计准则第14号——收入》所定义的重大融资成分，或企业根据《企业会计准则第14号——收入》规定不考虑不超过一年的合同中的融资成分。

②该项目包含《企业会计准则第14号——收入》所定义的重大融资成分，同时企业做出会计政策选择，按照相当于整个存续期内预期信用损失的金额计量损失准备。企业应当将该会计政策选择适用于所有此类应收款项和合同资产，但可对应收款项类和合同资产类分别做出会计政策选择。

（2）由《企业会计准则第21号——租赁》规范的交易形成的租赁应收款，同时企业做出会计政策选择，按照相当于整个存续期内预期信用损失的金额计量损失准备。企业应当将该会计政策选择适用于所有租赁应收款，但可对应收融资租赁款和应收经营租赁款分别做出会计政策选择。

针对上述特殊项目时，企业可对应收款项、合同资产和租赁应收款分别选择减值会计政策。

（三）除（一）和（二）以外的情形

除了按照上述（一）和（二）的相关规定计量金融工具损失准备的情形以外，企业应当在每个资产负债表日评估相关金融工具的信用风险自初始确认后是否已显著增加，并按照下列情形分别计量其损失准备、确认预期信用损失及其变动。

（1）如果该金融工具的信用风险自初始确认后已显著增加，企业应当按照相当于该金融工具整个存续期内预期信用损失的金额计量其损失准备。无论企业评估信用损失的基础是单项金融工具还是金融工具组合，由此形成的损失准备的增加或转回金额，应当作为减值损失或利得计入当期损益。

（2）如果该金融工具的信用风险自初始确认后并未显著增加，企业应当按照相当于该金融工具未来12个月内预期信用损失的金额计量其损失准备，无论企业评估信用损失的基础是单项金融工具还是金融工具组合，由此形成的损失准备的增加或转回金额，应当作为减值损失或利得计入当期损益。未来12个月内预期信用损失，是指因资产负债表日后12个月内（若金融工具的预计存续期少于12个月，则为预计存续期）可能发生的金融工具违约事件而导致的预期信用损失，是整个存续期预期信用损失的一部分。

企业在进行相关评估时，应当考虑所有合理且有依据的信息，包括前瞻性信息。为确保自金融工具初始确认后信用风险显著增加即确认整个存续期预期信用损失，企业在一些情况下应当以组合为基础考虑评估信用风险是否显著增加。整个存续期预期信用损失，是指因金融工具整个预计存续期内所有可能发生的违约事件而导致的预期信用损失。

22.6.7 判断事项

（一）违约风险

企业在评估金融工具的信用风险自初始确认后是否已显著增加时，应当考虑金融工具预计存续期内发生违约风险的变化，而不是预期信用损失金额的变化。企业应当通过比较金融工具在资产负债表日发生违约的风险与在初始确认日发生违约的风险，以确定金融工具预计存续期内发生违约风险的变化情况。

在为确定是否发生违约风险而对违约进行界定时，企业所采用的界定标准，应当与其内部针对相关金融工具的信用风险管理目标保持一致，并考虑财务限制条款等其他定性指标。

企业在评估金融工具的信用风险自初始确认后是否已显著增加时，应当考虑违约风险的相对变化，而非违约风险变动的绝对值。在同一后续资产负债表日，对于违约风险变动的绝对值相同的两项金融资产，初始确认时违约风险较低的金融工具比初始确认时违约风险较高的金融工具的信用风险变化更为显著。

（二）逾期信息与前瞻性信息

企业通常应当在金融工具逾期前确认该工具整个存续期预期信用损失。企业在确定信用风险自初始确认后是否显著增加时，企业无须付出不必要的额外成本或努力即可获得合理且有依据的前瞻性信息的，不得仅依赖逾期信息来确定信用风险自初始确认后是否显著增加；企业必须付出不必要的额外成本或努力才可获得合理且有依据的逾期信息以外的单独或汇总的前瞻性信息的，可以采用逾期信息来确定信用风险自初始确认后是否显著增加。

无论企业采用何种方式评估信用风险是否显著增加，通常情况下，如果逾期超过 30 日，则表明金融工具的信用风险已经显著增加。除非企业在无须付出不必要的额外成本或努力的情况下即可获得合理且有依据的信息，证明即使逾期超过 30 日，信用风险自初始确认后仍未显著增加。如果企业在合同付款逾期超过 30 日前已确定信用风险显著增加，则应当按照整个存续期的预期信用损失确认损失准备。

如果交易对手方未按合同规定时间支付约定的款项，则表明该金融资产发生逾期。

（三）较低信用风险

企业确定金融工具在资产负债表日只具有较低的信用风险的，可以假设该金融工具的信用风险自初始确认后并未显著增加。

如果金融工具的违约风险较低，借款人在短期内履行其合同现金流量义务的能力很强，并且即便较长时期内经济形势和经营环境存在不利变化但未必一定降低借款人履行其合同现金流量义务的能力，该金融工具被视为具有较低的信用风险。

（四）合同变化

企业与交易对手方修改或重新议定合同，未导致金融资产终止确认，但导致合同现金流量发生变化的，企业在评估相关金融工具的信用风险是否已经显著增加时，应当将基于变更后的合同条款在资产负债表日发生违约的风险与基于原合同条款在初始确认时发生违约的风险进行比较。

22.6.8 其他规定

（一）以公允价值计量且其变动计入其他综合收益的金融资产

《企业会计准则第 22 号——金融工具确认和计量》具体准则规定，对于以公允价值计量且其变动计入其他综合收益的金融资产，企业应当在其他综合收益中确认其损失准备，并将减值损失或利得计入当期损益，且不应减少该金融资产在资产负债表中列示的账面价值。

（二）损失准备转回

企业在前一会计期间已经按照相当于金融工具整个存续期内预期信用损失的金额计量了损失准备，但在当期资产负债表日，该金融工具已不再属于自初始确认后信用风险显著增加的情形的，企业应当在当期资产负债表日按照相当于未来 12 个月内预期信用损失的金额计量该金融工具的损失准备，由此形成的损失准备的转回金额应当作为减值利得计入当期损益。

（三）贷款承诺和财务担保合同

对于贷款承诺和财务担保合同，企业在应用金融工具减值规定时，应当将本企业成为做出不可撤销承诺的一方之日作为初始确认日。

22.7 利得和损失

22.7.1 以公允价值计量的金融工具

《企业会计准则第 22 号——金融工具确认和计量》具体准则规定，企业应当将以公允价值计量的金融资产或金融负债的利得或损失计入当期损益，除非该金融资产或金融负债属于下列情形之一。

（1）属于《企业会计准则第 24 号——套期会计》规定的套期关系的一部分。

（2）是一项对非交易性权益工具的投资，且企业已按照本准则第十九条规定将其指定为以公允价值计量且其变动计入其他综合收益的金融资产。

（3）是一项被指定为以公允价值计量且其变动计入当期损益的金融负债，且按照本准则第六十八条规定，该负债由企业自身信用风险变动引起的其公允价值变动应当计入其他综合收益。

（4）是一项按照本准则规定分类为以公允价值计量且其变动计入其他综合收益的金融资产，且企业根据本准则第七十一条规定，其减值损失或利得和汇兑损益之外的公允价值变动计入其他综合收益。

22.7.2 以摊余成本计量的金融工具

《企业会计准则第 22 号——金融工具确认和计量》具体准则规定，以摊余成本计量且不属于任何套期关系的一部分的金融资产所产生的利得或损失，应当在终止确认、按照本准则规定重分类、按照实际利率法摊销或按照本准则规定确认减值时，计入当期损益。如果企业将以摊余成本计量的金融资产重分类为其他类别，应当根据本准则第三十条规定处理其利得或损失。

以摊余成本计量且不属于任何套期关系的一部分的金融负债所产生的利得或损失，应当在终止确认时计入当期损益或在按照实际利率法摊销时计入相关期间损益。

22.7.3 其他规定

（一）以公允价值计量且其变动计入当期损益的金融负债

《企业会计准则第 22 号——金融工具确认和计量》具体准则规定，企业根据本准则规定将金融负债指定为以公允价值计量且其变动计入当期损益的金融负债的，该金融负债所产生的利得或损失应当按照下列规定进行处理：

（1）由企业自身信用风险变动引起的该金融负债公允价值的变动金额，应当计入其他综合收益；

（2）该金融负债的其他公允价值变动计入当期损益。

按照上述第一条规定对该金融负债的自身信用风险变动的影响进行处理会造成或扩大损益中的会计错配的，企业应当将该金融负债的全部利得或损失（包括企业自身信用风险变动的影响金额）计入当期损益。

该金融负债终止确认时，之前计入其他综合收益的累计利得或损失应当从其他综合收益中转出，计入留存收益。

（二）以公允价值计量且其变动计入其他综合收益的非交易性权益工具

《企业会计准则第22号——金融工具确认和计量》具体准则规定，企业根据本准则第十九条规定将非交易性权益工具投资指定为以公允价值计量且其变动计入其他综合收益的金融资产的，当该金融资产终止确认时，之前计入其他综合收益的累计利得或损失应当从其他综合收益中转出，计入留存收益。

（三）财务担保合同和不可撤销贷款承诺

《企业会计准则第22号——金融工具确认和计量》具体准则规定，指定为以公允价值计量且其变动计入当期损益的金融负债的财务担保合同和不可撤销贷款承诺所产生的全部利得或损失，应当计入当期损益。

（四）以公允价值计量且其变动计入其他综合收益的金融资产

《企业会计准则第22号——金融工具确认和计量》具体准则规定，按照本准则第十八条分类为以公允价值计量且其变动计入其他综合收益的金融资产所产生的所有利得或损失，除减值损失或利得和汇兑损益之外，均应当计入其他综合收益，直至该金融资产终止确认或被重分类。但是，采用实际利率法计算的该金融资产的利息应当计入当期损益。该金融资产计入各期损益的金额应当与视同其一直按摊余成本计量而计入各期损益的金额相等。

该金融资产终止确认时，之前计入其他综合收益的累计利得或损失应当从其他综合收益中转出，计入当期损益。

第 23 章
金融资产转移

《企业会计准则第 23 号——金融资产转移》（以下简称"金融资产转移准则"）明确了金融资产转移的认定以及金融资产转移是否导致金融资产终止确认的判断原则，规范了金融资产转移和终止确认的相关会计处理。

企业应当在收取金融资产现金流量的合同权利终止时终止确认该金融资产。如果该合同权利尚未终止，则只有在金融资产已转移，且该转移满足终止确认条件的规定时才能终止确认。因此，准则规定的金融资产转移仅包含两种情形。

（1）企业将收取金融资产现金流量的合同权利转移给其他方。

（2）企业保留了收取金融资产现金流量的合同权利，但承担了将收取的该现金流量支付给一个或多个最终收款方的合同义务，且同时满足金融资产转移准则第六条第（二）项的三个条件。

对于符合金融资产转移准则规定的金融资产转移的两种情形，企业可根据金融资产转移准则的规定进一步进行风险报酬以及控制的判断；对于除此之外的情形，企业应当继续确认该金融资产。

23.1 金融资产转移与终止确认

金融资产终止确认，是指企业将之前确认的金融资产从其资产负债表中予以转出。金融资产满足下列条件之一的，应当终止确认。

（1）收取该金融资产现金流量的合同权利终止。

（2）该金融资产已转移，且该转移满足金融资产转移准则关于终止确认的规定。

在第一个条件下，企业收取金融资产现金流量的合同权利终止，如因合同到期而使合同权利终止，金融资产不能再为企业带来经济利益，应当终止确认该金融资产。在第二个条件下，企业收取一项金融资产现金流量的合同权利并未终止，但若企业转移了该项金融资产，同时该转移满足金融资产转移准则关于终止确认的规定，在这种情况下，企业也应当终止确认被转移的金融资产。

23.2 金融资产终止确认的判断流程

《企业会计准则第 23 号——金融资产转移》具体准则关于终止确认的相关规定适用于所有金融资产的终止确认。根据准则的规定，企业在判断金融资产是否应当终止确认以及在多大程度上终止确认时，应当遵循以下步骤。

（一）确定适用金融资产终止确认规定的报告主体层面

企业（转出方）对金融资产转入方具有控制权的，除在该企业个别财务报表基础上应用金融资产转移准则外，在编制合并财务报表时，还应当按照《企业会计准则第33号——合并财务报表》的规定合并所有纳入合并范围的子公司（含结构化主体），并在合并财务报表层面应用金融资产转移准则。

（二）确定金融资产是部分还是整体适用终止确认原则

金融资产转移准则中的"金融资产"既可能指一项金融资产或其部分，也可能指一组类似金融资产或其部分。一组类似金融资产通常指金融资产的合同现金流量在金额和时间分布上相似并且具有相似的风险特征，如合同条款类似、到期期限接近的一组住房抵押贷款等。

当且仅当金融资产（或一组金融资产，下同）的一部分满足下列三个条件之一时，终止确认的相关规定适用于该金融资产部分，否则，适用于该金融资产整体。

（1）该金融资产部分仅包括金融资产所产生的特定可辨认现金流量。如企业就某债务工具与转入方签订一项利息剥离合同，合同规定转入方拥有获得该债务工具利息现金流量的权利，但无权获得该债务工具本金现金流量，则终止确认的规定适用于该债务工具的利息现金流量。

（2）该金融资产部分仅包括与该金融资产所产生的全部现金流量完全成比例的现金流量部分。如企业就某债务工具与转入方签订转让合同，合同规定转入方拥有获得该债务工具全部现金流量90%份额的权利，则终止确认的规定适用于这些现金流量的90%。如果转入方不止一个，只要转出方所转移的份额与金融资产的现金流量完全成比例即可，不要求每一转入方均持有成比例的现金流量份额。

（3）该金融资产部分仅包括与该金融资产所产生的特定可辨认现金流量完全成比例的现金流量部分。如企业就某债务工具与转入方签订转让合同，合同规定转入方拥有获得该债务工具利息现金流量90%份额的权利，则终止确认的规定适用于该债务工具利息现金流量90%部分。如果转入方不止一个，只要转出方所转移的份额与金融资产的特定可辨认现金流量完全成比例即可，不要求每一转入方均持有成比例的现金流量份额。

（三）确定收取金融资产现金流量的合同权利是否终止

企业在确定适用金融资产终止确认规定的报告主体层面（合并财务报表层面或个别财务报表层面）以及对象（金融资产整体或部分）后，即可开始判断是否对金融资产进行终止确认。金融资产转移准则规定，收取金融资产现金流量的合同权利已经终止的，企业应当终止确认该金融资产。如一项应收账款的债务人在约定期限内支付了全部款项，或者在期权合同到期时期权持有人未行使期权权利，导致收取金融资产现金流量的合同权利终止，企业应终止确认金融资产。

若收取金融资产的现金流量的合同权利没有终止，企业应当判断是否转移了金融资产，并根据以下有关金融资产转移的相关判断标准确定是否应当终止确认被转移金融资产。

（四）判断企业是否已转移金融资产

企业在判断是否已转移金融资产时，应分以下两种情形做进一步的判断。

（1）企业将收取金融资产现金流量的合同权利转移给其他方。

企业将收取金融资产现金流量的合同权利转移给其他方，表明该项金融资产发生了转移，通常表现为金融资产的合法出售或者金融资产现金流量权利的合法转移。

（2）企业保留了收取金融资产现金流量的合同权利，但承担了将收取的该现金流量支付给一个或多个最终收款方的合同义务。

这种金融资产转移的情形通常被称为"过手安排"。在某些金融资产转移交易中，转出方在出售金融资产后，会继续作为收款服务方或收款代理人等收取金融资产的现金流量，再转交给转入方或最终收款方。这种金融资产转移情形常见于资产证券化业务。根据金融资产转移准则规定，当企业保留了收取金融资产现金流量的合同权利，但承担了将收取的该现金流量支付给一个或多个最终收款方的合同义务时，当且仅当同时符合以下三个条件时，转出方才能按照金融资产转移的情形进行后续分析及处理，否则，被转移金融资产应予以继续确认。

①企业（转出方）只有从该金融资产收到对等的现金流量时，才有义务将其支付给最终收款方。

②转让合同规定禁止企业（转出方）出售或抵押该金融资产，但企业可以将其作为向最终收款方支付现金流量义务的保证。

③企业（转出方）有义务将代表最终收款方收取的所有现金流量及时划转给最终收款方，且无重大延误。企业无权将该现金流量进行再投资。但是，如果企业在收款日和最终收款方要求的划转日之间的短暂结算期内将代为收取的现金流量进行现金或现金等价物投资，并且按照合同约定将此类投资的收益支付给最终收款方，则视同满足本条件。

（五）分析所转移金融资产的风险和报酬转移情况

企业转移收取现金流量的合同权利或者通过符合条件的过手安排方式转移金融资产的，应根据金融资产转移准则规定进一步对被转移金融资产进行风险和报酬转移分析，以判断是否应终止确认被转移金融资产。

企业在判断金融资产转移是否导致金融资产终止确认时，应当评估其在多大程度上保留了金融资产所有权上的风险和报酬，即比较其在转移前后所承担的、该金融资产未来净现金流量金额及其时间分布变动的风险，并分别以下情形进行处理。

（1）企业转移了金融资产所有权上几乎所有风险和报酬的，应当终止确认该金融资产，并将转移中产生或保留的权利和义务单独确认为资产或负债。

金融资产转移后，企业承担的金融资产未来净现金流量现值变动的风险与转移前金融资产未来净现金流量现值变动的风险相比不再显著的，表明该企业已经转移了金融资产所有权上几乎所有风险和报酬。

需要注意的是，金融资产转移后企业承担的未来净现金流量现值变动的风险占转移前变动风险的比例，并不等同于企业保留的现金流量金额占全部现金流量的比例。

关于这里所指的"几乎所有风险和报酬",企业应当根据金融资产的具体特征作出判断。需要考虑的风险类型通常包括利率风险、信用风险、外汇风险、逾期未付风险、提前偿付风险(或报酬)、权益价格风险等。

在通常情况下,通过分析金融资产转移协议中的条款,企业就可以比较容易地确定是否转移或保留了金融资产所有权上几乎所有的风险和报酬,而不需要通过计算确定。以下情形表明企业已将金融资产所有权上几乎所有的风险和报酬转移给了转入方。

①企业无条件出售金融资产。企业出售金融资产时,如果根据与购买方之间的协议约定,在任何时候(包括所出售金融资产的现金流量逾期未收回时)购买方均不能够向企业进行追偿,企业也不承担任何未来损失,此时,企业可以认定几乎所有的风险和报酬已经转移,应当终止确认该金融资产。

②企业出售金融资产,同时约定按回购日该金融资产的公允价值回购。企业通过与购买方签订协议,按一定价格向购买方出售了一项金融资产,同时约定到期日企业再将该金融资产购回,回购价为到期日该金融资产的公允价值。此时,该项金融资产如果发生公允价值变动,其公允价值变动由购买方承担,因此可以认定企业已经转移了该项金融资产所有权上几乎所有的风险和报酬,应当终止确认该金融资产。同样,企业在金融资产转移以后只保留了优先按照回购日公允价值回购该金融资产的权利的,也应当终止确认所转移的金融资产。

③企业出售金融资产,同时与转入方签订看跌或看涨期权合约,且该看跌或看涨期权为深度价外期权(即到期日之前不大可能变为价内期权),此时可以认定企业已经转移了该项金融资产所有权上几乎所有的风险和报酬,应当终止确认该金融资产。

企业需要通过计算判断是否转移或保留了金融资产所有权上几乎所有风险和报酬的,在计算金融资产未来现金流量净现值时,应考虑所有合理、可能的现金流量变动,采用适当的市场利率作为折现率,并采用概率加权平均方法。

(2)企业保留了金融资产所有权上几乎所有风险和报酬的,应当继续确认该金融资产。

《企业会计准则第23号——金融资产转移》具体准则规定,企业保留了金融资产所有权上几乎所有风险和报酬的,不应当终止确认该金融资产。

与企业转移了金融资产所有权上几乎所有风险和报酬的判断方法相似,企业在判断是否保留了金融资产所有权上几乎所有的风险和报酬时,应当比较其在转移前后面临的该金融资产未来净现金流量金额及其时间分布变动的风险。企业承担的风险没有因金融资产转移发生显著改变的,表明企业仍保留了金融资产所有权上几乎所有的风险和报酬。

以下情形通常表明企业保留了金融资产所有权上几乎所有的风险和报酬。

①企业出售金融资产并与转入方签订回购协议,协议规定企业将按照固定价格或是按照原售价加上合理的资金成本向转入方回购原被转移金融资产,或者与售出的金融资产相同或实质上相同的金融资产。例如,采用买断式回购、质押式回购交易卖出债券等。

②企业融出证券或进行证券出借。例如,证券公司将自身持有的证券借给客户,合同约定借出期限和出借费率,到期客户需归还相同数量的同种证券,并向证券公司支付出借费用。证券公司保留了融出证券所有权上几乎所有的风险和报酬。因此,证券公司应当继续确认融出的证券。

③企业出售金融资产并附有将市场风险敞口转回给企业的总回报互换。在附总回报互换的金融资产出售中,企业出售了一项金融资产,并与转入方达成一项总回报互换协议,如转入方将该资产实际产生的现金流量支付给企业以换取固定付款额或浮动利率付款额,该项资产公允价值的所有增减变动由企业(转出方)承担,从而使企业保留了该金融资产所有权上几乎所有的风险和报酬。在这种情况下,企业应当继续确认所出售的金融资产。

④企业出售短期应收款项或信贷资产,并且全额补偿转入方可能因被转移金融资产发生的信用损失。企业将短期应收款项或信贷资产整体出售,符合金融资产转移的条件。但由于企业出售金融资产时做出承诺,当已转移的金融资产将来发生信用损失时,由企业(出售方)进行全额补偿。在这种情况下,企业保留了该金融资产所有权上几乎所有的风险和报酬,因此不应当终止确认所出售的金融资产。这种情形经常出现在资产证券化实务中。例如,企业通过持有次级权益或承诺对特定现金流量担保,实现了对证券化资产的信用增级。如果通过这种信用增级,企业保留了被转移资产所有权上几乎所有的风险和报酬,那么企业就不应当终止确认该金融资产。

⑤企业出售金融资产,同时与转入方签订看跌或看涨期权合约,且该看跌期权或看涨期权为一项价内期权。例如,企业出售某金融资产但同时持有深度价内的看涨期权(即到期日之前不大可能变为价外期权),或者企业出售金融资产而转入方有权通过同时签订的深度价内看跌期权在以后将该金融资产回售给企业。在这两种情况下,由于企业都保留了该项金融资产所有权上几乎所有的风险和报酬,因此不应当终止确认该金融资产。

⑥采用附追索权方式出售金融资产。企业出售金融资产时,如果根据与购买方之间的协议约定,在所出售金融资产的现金流量无法收回时,购买方能够向企业进行追偿,企业也应承担未来损失。此时,可以认定企业保留了该金融资产所有权上几乎所有的风险和报酬,不应当终止确认该金融资产。

(3)企业既没有转移也没有保留金融资产所有权上几乎所有的风险和报酬的,应当判断其是否保留了对金融资产的控制,根据是否保留了控制分别进行处理。

实务中,可通过分析金融资产转移协议中的条款和现金流量实际分布情况(如将超额服务费等纳入考虑),计算确定金融资产转移前后所承担的未来现金流量现值变动情况,且实践中存在多种可行的计算方法,以下举例说明两种常用的方法。企业可以根据具体情况选用合适的计算方法并在附注中进行说明,计算方法一经确定,不得随意变更。

【例23-1】甲银行持有一组类似的可提前偿还的固定利率贷款,2×18年1月1日该组贷款的本金和摊余成本均为1亿元人民币,合同利率和实际利率均为10%,剩余偿还期限为2年。经协商,甲银行拟将该组贷款转移给某信托机构(以下简称"转入方")进行证券化。有关资料如下。

2×18年1月1日,甲银行与转入方签订协议,将该组贷款转移给转入方,并办理有关手续。甲银行收到款项9 115万元人民币,同时保留以下权利:(1)收取本金1 000万元人民币以及这部分本金按10%的利率所计算确定利息的权利;(2)收取以9 000万元人民币为本金,以0.5%为利率所计算确定利息(超额利差账户)的权利。转入方取得收取该组贷款本金中的 9 000 万元人民币以及这部分本金按 9.5% 的利率收取利息的权利。根据双方签订的协议,如果债务人提前偿付该组贷款,则偿付金额按 1:9 的比例在甲银行和转入方之间进行分配;但是,如该组贷款发生违约,则违约金额从甲银行拥有的 1 000 万元人民币贷款本金中扣除,直到扣完为止。

分析:

该交易不满足金融资产转移准则第四条判断将终止确认的规定适用于金融资产部分的条件,因此应对金融资产整体适用相关规定。假设该交易可以被认定为金融资产转移,为了判断甲银行保留的该组贷款所有权上的风险和报酬的程度,甲银行对该组贷款的未来现金流量设定了 4 种不同的假设情景进行分析,估计每种情景下的现金流量金额和发生概率,并采用 8.5% 的折现率进行折现,如表 23-1 所示。

表 23-1　　　　　　　　4 种情形下的现金流量金额和发生概率

单位:万元

假设情景		合计	转入方	甲银行
情形1:所有贷款被立刻提前偿还且没有违约,发生概率为20%	2×18年1月1日未折现的预计现金流量	10 000	9 000	1 000
	现金流量净现值合计	10 000	9 000	1 000
情形2:所有贷款在1年后被提前偿还且没有违约,发生概率为30%	2×18年1月1日未折现的预计现金流量			
	2×19年1月1日未折现的预计现金流量	11 000	9 855	1 145
	现金流量净现值合计	10 138	9 083	1 055
情形3:所有贷款在2年后到期日被偿还且没有违约,发生概率为30%	2×18年1月1日未折现的预计现金流量			
	2×19年1月1日未折现的预计现金流量	1 000	855	145
	2×20年1月1日未折现的预计现金流量	11 000	9 855	1 145
	现金流量净现值合计	10 265	9 159	1 106
情形4:所有贷款在1年后违约,处置后收回现金 10 741 万元,发生概率为20%	2×18年1月1日未折现的预计现金流量			
	2×19年1月1日未折现的预计现金流量	10 741	9 855	886
	现金流量净现值合计	9 900	9 083	817

甲银行采用现值变动的标准差来衡量风险和报酬的变动程度,计算得出转移前甲银行面临该组贷款的现金流量变动总额,即未来现金流量现值变动敞口,如表 23-2 所示。用现值变动概率加权合计 18 600 的平方根衡量转移前甲银行承担的该组贷款的风险敞口约为 136 万元。

表 23-2　　　　　　　　　　甲银行未来现金流量现值变动敞口

单位：万元

假设情景	未来现金流量现值	发生概率	概率加权	现值变动	现值变动概率加权
	①	②	③=①×②(*)	④=①-∑③	⑤=④²×②(**)
情形 1	10 000	20%	2 000	−101	2 040
情形 2	10 138	30%	3 041	37	410
情形 3	10 265	30%	3 080	164	8 069
情形 4	9 900	20%	1 980	−201	8 080
合计		100%	10 101		18 600

注：（*）与（**）保留整数

甲银行采用相同的方法计算得出转移后甲银行面临该组贷款的未来现金流量现值变动敞口，如表 23-3 所示。用现值变动概率加权合计 10 839 的平方根衡量转移后甲银行承担的该组贷款的风险敞口约为 104 万元。

表 23-3　　　　　　　　转移后甲银行未来现金流量现值变动敞口

单位：万元

假设情景	未来现金流量现值	发生概率	概率加权	现值变动	现值变动概率加权
	①	②	③=①×②(*)	④=①-∑③	⑤=④²×②(**)
情形 1	1 000	20%	200	−12	29
情形 2	1 055	30%	317	43	555
情形 3	1 106	30%	332	94	2 651
情形 4	817	20%	163	−195	7 605
合计		100%	1 012		10 839

注：（*）与（**）保留整数

结论：

比较转移前后甲银行承担的该组贷款的风险敞口的变动情况（104÷136=76%），甲银行认为其既没有转移也没有保留该组贷款所有权上几乎所有风险和报酬，应当通过进一步判断其是否保留了对金融资产的控制来确定是否应终止确认该组贷款。

（六）分析企业是否保留了控制

若企业既没有转移也没有保留金融资产所有权上几乎所有的风险和报酬，应当判断企业是否保留了对该金融资产的控制。如果没有保留对该金融资产的控制的，应当终止确认该金融资产。

此处所述的"控制"概念，与《企业会计准则第 33 号——合并财务报表》中的"控制"概念相比，在适用场景和判断条件上都有所不同。《企业会计准则第 33 号——合并财务报表》

中的控制是指投资方拥有对被投资方的权力,通过参与被投资方的相关活动而享有可变回报,并且有能力运用对被投资方的权力影响其回报金额。按照《企业会计准则第 23 号——金融资产转移》具体准则规定,企业在判断是否保留了对被转移金融资产的控制时,应当重点关注转入方出售被转移金融资产的实际能力。如果转入方有实际能力单方面决定将转入的金融资产整体出售给与其不相关的第三方,且没有额外条件对此项出售加以限制,则表明企业作为转出方未保留对被转移金融资产的控制;在除此之外的其他情况下,则应视为企业保留了对金融资产的控制。

企业既没有转移也没有保留金融资产所有权上几乎所有的风险和报酬,且未放弃对该金融资产控制的,应当按照其继续涉入被转移金融资产的程度确认有关金融资产,并相应确认有关负债。在这种情况下确认的有关金融资产和有关负债反映了企业所承担的被转移金融资产价值变动风险或报酬的程度。导致转出方对被转移金融资产形成继续涉入的常见方式有具有追索权、享有继续服务权、签订回购协议、签发或持有期权或提供担保等。

如果企业对金融资产的继续涉入仅限于金融资产的一部分,如企业持有回购一部分被转移金融资产的看涨期权,或者企业保留了某项剩余权益但并未导致企业保留所有权上几乎所有的风险和报酬,且企业保留了控制权,则企业应当按照转移日因继续涉入而继续确认部分和不再确认部分的相对公允价值,在两者之间分配金融资产的原账面价值,并按其继续涉入被转移金融资产的部分确认有关金融资产,并相应确认有关负债。

23.3 金融资产转移的确认和计量

23.3.1 满足终止确认条件的金融资产转移

对于满足终止确认条件的金融资产转移,企业应当按照被转移的金融资产是金融资产的整体还是金融资产的一部分,分别按照以下方式进行会计处理。

(一)金融资产整体转移的会计处理

金融资产整体转移满足终止确认条件的,应当将下列两项金额的差额计入当期损益。

(1)被转移金融资产在终止确认日的账面价值。

(2)因转移金融资产而收到的对价,与原直接计入其他综合收益的公允价值变动累计额(涉及转移的金融资产为根据《企业会计准则第 22 号——金融工具确认和计量》第十八条分类为以公允价值计量且其变动计入其他综合收益的金融资产的情形)之和。

具体计算公式如下:

金融资产整体转移形成的损益 = 因转移收到的对价 − 所转移金融资产账面价值 +/− 原直接计入其他综合收益的公允价值变动累计利得(或损失)

因转移收到的对价 = 因转移交易实际收到的价款 + 新获得金融资产的公允价值 + 因转移获得的服务资产的公允价值 − 新承担金融负债的公允价值 − 因转移承担的服务负债的公允价值

【例 23-2】2×18 年 1 月 20 日,甲银行与乙资产管理公司签订协议,甲银行将 100 笔贷款打包出售给乙资产管理公司。该组贷款总金额为8 000万元人民币，原已计提减值准备1 200万元人民币，双方协议转让价为6 000万元人民币，转让后甲银行不再保留任何权利和义务。2×18年2月20日，甲银行收到该批贷款的出售款项。

分析：

本例中，由于甲银行将贷款转让后不再保留任何权利和义务，因此可以判断，贷款所有权上的风险和报酬已经全部转移给乙资产管理公司，甲银行应当终止确认该组贷款。甲银行应做以下账务处理。

借：存放中央银行款项　　　　　　　　　　　　　　　　60 000 000
　　贷款损失准备　　　　　　　　　　　　　　　　　　12 000 000
　　贷款处置损益*　　　　　　　　　　　　　　　　　　 8 000 000
　　贷：贷款　　　　　　　　　　　　　　　　　　　　　　　　80 000 000

注：*本例中，甲银行使用"贷款处置损益"科目核算转让贷款实现的损益。实务中，如果此类业务发生不频繁，企业也可在"投资收益"科目核算此类损益。

对于按照《企业会计准则第22号——金融工具确认和计量》第十八条分类为以公允价值计量且其变动计入其他综合收益的金融资产（债务工具投资）整体转移满足终止确认条件的，企业在计量该项转移形成的损益时，应当将原计入其他综合收益的公允价值变动累计利得或损失转出（注意不适用于根据金融工具确认和计量准则第十九条指定为以公允价值计量且其变动计入其他综合收益的非交易性权益工具投资）。

【例23-3】2×20年1月1日，甲公司将持有的乙公司发行的10年期公司债券出售给丙公司，经协商出售价格为311万元人民币，2×19年12月31日该债券公允价值为310万元人民币。该债券于2×19年1月1日发行，甲公司持有该债券时将其分类为以公允价值计量且其变动计入其他综合收益的金融资产，面值（取得成本）为300万元人民币。

本例中，假设甲公司和丙公司在出售协议中约定，出售后乙公司债券发生的所有损失均由丙公司自行承担，甲公司已将债券所有权上的几乎所有风险和报酬转移给丙公司，因此，应当终止确认该金融资产。

根据上述资料，首先，应确定出售日该笔债券的账面价值。由于资产负债表日（即2×19年12月31日）该债券的公允价值为310万元人民币，而且该债券属于以公允价值计量且其变动计入其他综合收益的金融资产，因此出售日该债券账面价值为310万元人民币。

其次，应确定已计入其他综合收益的公允价值累计变动额。2×19年12月31日甲公司计入其他综合收益的利得为10（310-300）万元人民币。

最后，确定甲公司出售该债券形成的损益。按照金融资产整体转移形成的损益的计算公式计算，出售该债券形成的收益为11（311-310+10）万元人民币（包含因终止确认而从其他综合收益中转出至当期损益的10万元人民币）。

甲公司出售乙公司债券业务应做以下账务处理。

借：银行存款　　　　　　　　　　　　　　　　　　　　3 110 000
　　贷：其他债权投资　　　　　　　　　　　　　　　　　　　　3 100 000
　　　　投资收益　　　　　　　　　　　　　　　　　　　　　　　10 000

同时，将原计入其他综合收益的公允价值变动转出。

借：其他综合收益——公允价值变动　　　　　　　　　　100 000
　　贷：投资收益　　　　　　　　　　　　　　　　　　　　　100 000

因金融资产转移获得了新金融资产或服务资产，或承担了新金融负债或服务负债的，应当在转移日按照公允价值确认该新金融资产或服务资产、金融负债或服务负债，并将该新金融资产和服务资产扣除新金融负债及服务负债后的净额作为对价的组成部分。新获得的金融资产或新承担的金融负债，通常包括看涨期权、看跌期权、担保负债、远期合同、互换等。

【例23-4】沿用【例23-3】，甲公司将债券出售给丙公司时。同时签订了一项看涨期权合约，期权行权日为2×20年12月31日，行权价为400万元人民币，期权的公允价值为1万元人民币，且假定该看涨期权为深度价外期权。其他条件不变。

分析：

本例中，转出方持有的看涨期权属于深度价外期权，即预计该期权在行权日之前不太可能变为价内期权。所以，在转让日，可以判定债券所有权上的几乎所有风险和报酬已经转移给丙公司，甲公司应当终止确认该债券。但同时，由于签订了看涨期权合约，获得了一项新的资产，应当按照在转让日的公允价值（1万元人民币）确认该期权。

甲公司出售乙公司债券业务应做以下账务处理。

借：银行存款　　　　　　　　　　　　　　　　　　　3 110 000
　　衍生工具　　　　　　　　　　　　　　　　　　　　　10 000
　　贷：其他债权投资　　　　　　　　　　　　　　　　　3 100 000
　　　　投资收益　　　　　　　　　　　　　　　　　　　　20 000

同时，将原计入其他综合收益的公允价值变动转出。

借：其他综合收益——公允价值变动　　　　　　　　　　100 000
　　贷：投资收益　　　　　　　　　　　　　　　　　　　　　100 000

（二）金融资产部分转移的会计处理

企业转移了金融资产的一部分，且被转移部分满足终止确认条件的，应当将转移前金融资产整体的账面价值，在终止确认部分和继续确认部分（在此种情形下，所保留的服务资产应当视同继续确认金融资产的一部分）之间，按照转移日各自的相对公允价值进行分摊，并将下列两项金额的差额计入当期损益。

（1）终止确认部分在终止确认日的账面价值。

（2）终止确认部分收到的对价（包括获得的所有新资产减去承担的所有新负债），与原计入其他综合收益的公允价值变动累计额中对应终止确认部分的金额（涉及部分转移的金融资产为分类为以公允价值计量且其变动计入其他综合收益的金融资产的情形）之和。

企业在确定继续确认部分的公允价值时，应当遵循下列规定：（1）企业出售过与继续确认部分类似的金融资产，或继续确认部分存在其他市场交易的，近期实际交易价格可作为其公允价值的最佳估计。（2）继续确认部分没有报价或近期没有市场交易的，其公允价值的最佳估计为转移前金融资产整体的公允价值扣除终止确认部分的对价后的差额。在计量终止确认部分和继续确认部分的公允价值时,除适用上述规定外,企业还应适用《企业会计准则第39号——公允价值计量》相关规定。

23.3.2 继续确认被转移金融资产

企业保留了被转移金融资产所有权上几乎所有的风险和报酬的,表明企业所转移的金融资产不满足终止确认的条件,企业不应当将其从企业的资产负债表中转出。此时,企业应当继续确认所转移的金融资产整体,因资产转移而收到的对价,应当在收到时确认为一项金融负债。需要注意的是,该金融负债与被转移金融资产应当分别确认和计量,不得相互抵销。在后续会计期间,企业应当继续确认该金融资产产生的收入或利得以及该金融负债产生的费用或损失。

【例23-5】2×19年4月1日,甲公司将其持有的一笔国债出售给丙公司,售价为20万元。同时,甲公司与丙公司签订了一项回购协议,3个月后由甲公司将该笔国债购回,回购价为20.175万元。2×19年7月1日,甲公司将该笔国债购回,款项以银行存款支付。不考虑其他因素,甲公司应做以下账务处理。

(1)判断应否终止确认。

由于此项出售属于附回购协议的金融资产出售,到期后甲公司应按固定价格将该笔国债购回,因此可以判断,甲公司保留了该笔国债几乎所有的风险和报酬,不应终止确认,该笔国债应按转移前的计量方法继续进行后续计量。

(2)2×19年4月1日,甲公司出售该笔国债时。

借:银行存款 200 000
  贷:卖出回购金融资产款 200 000

(3)2×19年6月30日,甲公司应按根据未来回购价款计算的该卖出回购金融资产款的实际利率计算并确认有关利息费用,计算得出该卖出回购金融资产的实际利率为3.5%。

卖出回购国债的利息费用=200 000×3.5%×3÷12=1 750(元)

借:利息支出 1 750
  贷:卖出回购金融资产款 1 750

(4)2×19年7月1日,甲公司回购时。

借:卖出回购金融资产款 201 750
  贷:银行存款 201 750

该笔国债与该笔卖出回购金融资产款在资产负债表上不应抵销;该笔国债确认的收益,与该笔卖出回购金融资产款产生的利息支出在利润表中不应抵销。

23.3.3 继续涉入被转移金融资产

企业既没有转移也没有保留金融资产所有权上几乎所有风险和报酬,且保留了对该金融资产控制的,应当按照其继续涉入被转移金融资产的程度继续确认该被转移金融资产,并相应确认相关负债。企业所确认的被转移的金融资产和相关负债,应当反映企业所保留的权利和承担的义务。

企业应当对因继续涉入被转移金融资产形成的有关资产确认相关收益，对继续涉入形成的有关负债确认相关费用。按继续涉入程度继续确认的被转移金融资产应根据所转移金融资产的原性质及其分类，继续列报于资产负债表中的贷款、应收款项等。相关负债应当根据被转移的资产是按公允价值计量还是按摊余成本计量予以计量，使得被转移资产和相关负债的账面价值：（1）被转移的金融资产以摊余成本计量的，等于企业保留的权利和义务的摊余成本；（2）被转移金融资产以公允价值计量的，等于企业保留的权利和义务按独立基础计量的公允价值。如果所转移的金融资产以摊余成本计量，确认的相关负债不得指定为以公允价值计量且其变动计入当期损益。

（一）通过对被转移金融资产提供担保方式继续涉入被转移金融资产

企业通过对被转移金融资产提供担保方式继续涉入的，应当在转移日按照金融资产的账面价值和担保金额两者之中的较低者，按继续涉入的程度继续确认被转移资产，同时按照担保金额和担保合同的公允价值之和确认相关负债。这里的担保金额，是指企业所收到的对价中，将可能被要求偿还的最高金额。担保合同的公允价值，通常是指提供担保而收取的费用。

（二）因持有看涨期权或签出看跌期权而继续涉入以摊余成本计量的被转移金融资产

企业因持有看涨期权或签出看跌期权而继续涉入被转移金融资产，且该金融资产以摊余成本计量的，应当按照其可能回购的被转移金融资产的金额继续确认被转移金融资产，在转移日按照收到的对价确认相关负债。

后续期间，被转移金融资产在期权到期日的摊余成本和相关负债初始确认金额之间的差额，应当采用实际利率法摊销，计入当期损益；同时，调整相关负债的账面价值。相关期权行权的，应当在行权时，将相关负债的账面价值与行权价格之间的差额计入当期损益。

（三）因持有看涨期权而继续涉入以公允价值计量的被转移金融资产

企业因持有看涨期权而继续涉入以公允价值计量的被转移金融资产的，应当继续按照公允价值计量被转移金融资产，同时按照下列规定计量相关负债。

（1）该期权是价内或平价期权的，应当按照期权的行权价格扣除期权的时间价值后的金额，计量相关负债。

（2）该期权是价外期权的，应当按照被转移金融资产的公允价值扣除期权的时间价值后的金额，计量相关负债。

（四）因签出看跌期权而继续涉入以公允价值计量的被转移金融资产

企业因签出看跌期权而继续涉入以公允价值计量的被转移金融资产的，应当按照该金融资产的公允价值和该期权行权价格两者的较低者，计量继续涉入形成的资产；同时，按照该期权的行权价格与时间价值之和，计量相关负债。

（五）因同时持有看涨期权和签出看跌期权而继续涉入以公允价值计量的被转移金融资产

企业因同时持有看涨期权和签出看跌期权（即上下限期权）而继续涉入以公允价值计量的被转移金融资产的，应当继续按照公允价值计量被转移金融资产，同时按照下列规定计量相关负债。

（1）该看涨期权是价内或平价期权的，应当按照看涨期权的行权价格和看跌期权的公允价值之和，扣除看涨期权的时间价值后的金额，计量相关负债。

（2）该看涨期权是价外期权的，应当按照被转移金融资产的公允价值和看跌期权的公允价值之和，扣除看涨期权的时间价值后的金额，计量相关负债。

（六）对金融资产的继续涉入仅限于金融资产一部分

对金融资产的继续涉入仅限于金融资产一部分的，企业应当根据《企业会计准则第23号——金融资产转移》具体准则第十六条的规定，按照转移日因继续涉入而继续确认部分和不再确认部分的相对公允价值，在两者之间分配金融资产的账面价值，并将下列两项金额的差额计入当期损益。

（1）分配至不再确认部分的账面金额（以转移日计量的为准）。

（2）不再确认部分所收到的对价。

如果涉及转移的金融资产为根据《企业会计准则第22号——金融工具确认和计量》第十八条分类为以公允价值计量且其变动计入其他综合收益的金融资产的，不再确认部分的金额对应的原计入其他综合收益的公允价值变动累计额应当计入当期损益。

23.3.4 向转入方提供非现金担保物

企业向金融资产转入方提供了非现金担保物（如债务工具或权益工具投资等）的，企业（转出方）和转入方应当按照下列规定处理。

（1）转入方按照合同或惯例有权出售该担保物或将其再作为担保物的，企业（转出方）应当将该非现金担保物在资产负债表中重新分类，并单独列报。

（2）转入方已将该担保物出售的，应确认出售担保物收到的款项；同时转入方应当就归还担保物义务，按照公允价值确认一项负债。

（3）除企业（转出方）因违约丧失赎回担保物权利外，企业应当继续将担保物确认为一项资产；转入方不得将该担保物确认为资产。

（4）企业（转出方）因违约丧失赎回担保物权利的，应当终止确认该担保物；转入方应当将该担保物确认为一项资产，并以公允价值计量。若转出方因违约丧失赎回担保物权利前，转入方已出售该担保物，则转入方应当终止确认归还担保物的义务。

第 24 章
套期会计

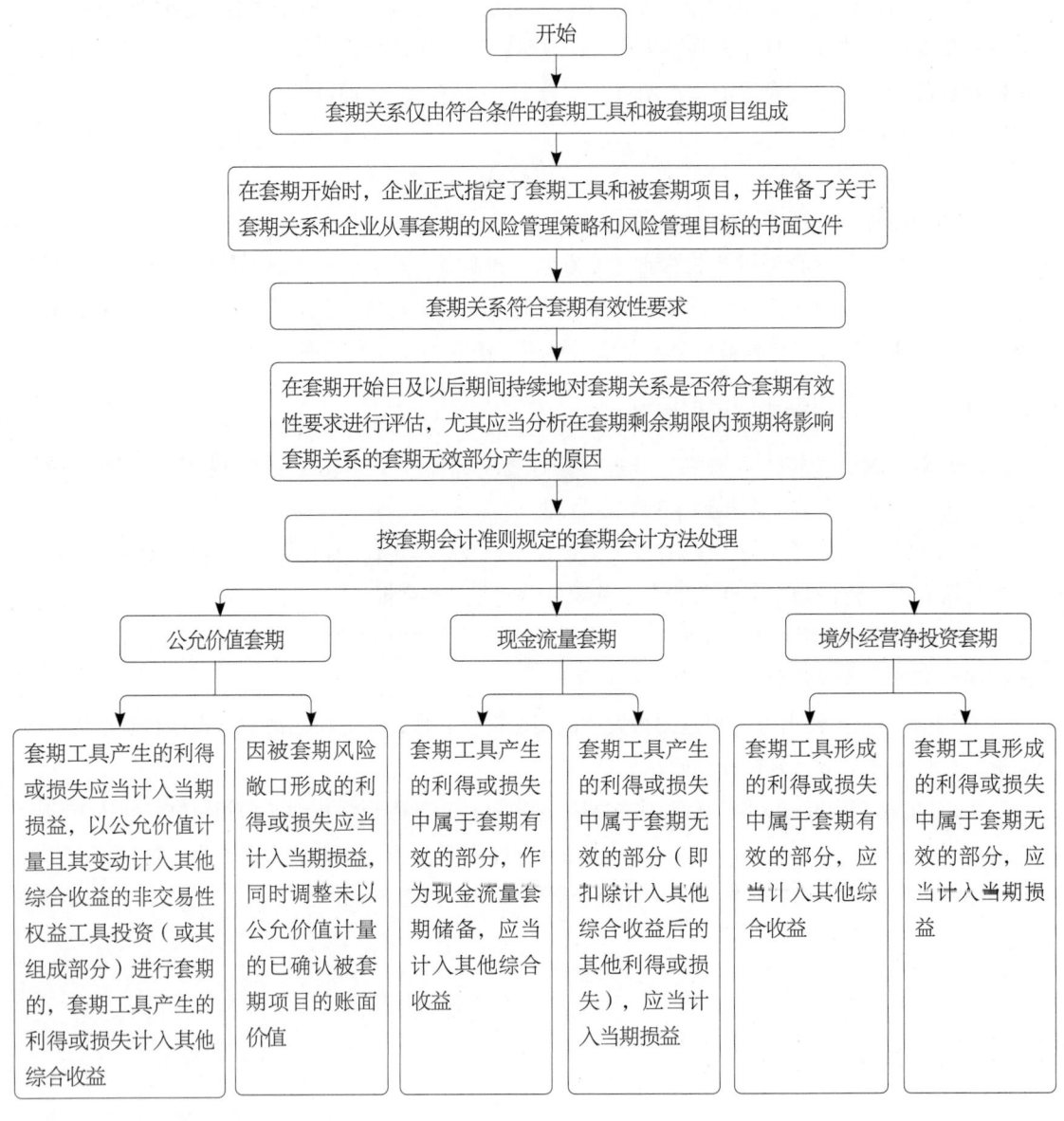

24.1 套期会计概述

24.1.1 套期的定义

《企业会计准则第 24 号——套期会计》（以下简称"套期会计准则"）具体准则将套期定义为：企业为管理外汇风险、利率风险、价格风险、信用风险等特定风险引起的风险敞口，指定金融工具为套期工具，以使套期工具的公允价值或现金流量变动，预期抵销被套期项目全部或部分公允价值或现金流量变动的风险管理活动。

24.1.2 套期的分类

在套期会计中，套期分为公允价值套期、现金流量套期和境外经营净投资套期。

（一）公允价值套期

公允价值套期，是指对已确认资产或负债、尚未确认的确定承诺，或上述项目组成部分的公允价值变动风险敞口进行的套期。该公允价值变动源于特定风险，且将影响企业的损益或其他综合收益。其中，影响其他综合收益的情形，仅限于企业对指定为以公允价值计量且其变动计入其他综合收益的非交易性权益工具投资的公允价值变动风险敞口进行的套期。

【例24-1】公允价值套期的例子。

（1）某企业签订一项以固定利率换浮动利率的利率互换合约，对其承担的固定利率负债的利率风险引起的公允价值变动风险敞口进行套期。

（2）某石油公司签订一项6个月后以固定价格购买原油的合同（尚未确认的确定承诺），为规避原油价格风险，该公司签订一项未来卖出原油的期货合约，对该确定承诺的价格风险引起的公允价值变动风险敞口进行套期。

（二）现金流量套期

现金流量套期，是指对现金流量变动风险敞口进行的套期。该现金流量变动源于与已确认资产或负债、极可能发生的预期交易，或与上述项目组成部分有关的特定风险，且将影响企业的损益。

【例24-2】现金流量套期的例子。

（1）某企业签订一项以浮动利率换固定利率的利率互换合约，对其承担的浮动利率债务的利率风险引起的现金流量变动风险敞口进行套期。

（2）某橡胶制品公司签订一项未来买入橡胶的远期合同，对3个月后预期极可能发生的与购买橡胶相关的价格风险引起的现金流量变动风险敞口进行套期。

（三）境外经营净投资套期

境外经营净投资套期，是指对境外经营净投资外汇风险敞口进行的套期。境外经营净投资套期中的被套期风险是指境外经营的记账本位币与母公司的记账本位币之间的折算差额。此外，企业对确定承诺的外汇风险进行套期的，按照套期会计准则的规定，可以将其作为现金流量套期或公允价值套期处理。

24.1.3 套期会计方法

套期会计方法，是指企业将套期工具和被套期项目产生的利得或损失在相同会计期间计入当期损益（或其他综合收益）以反映风险管理活动影响的方法。这有助于处理被套期项目和套期工具在确认和计量方面存在的差异，并在企业财务报告中如实反映企业进行风险管理活动的影响。

24.2 套期工具

24.2.1 套期工具的定义与范围

套期工具,是指企业为进行套期而指定的、其公允价值或现金流量变动预期可抵销被套期项目的公允价值或现金流量变动的金融工具,包括以下几方面。

(1)以公允价值计量且其变动计入当期损益的衍生工具,但签出期权除外。企业只有在对购入期权(包括嵌入在混合合同中的购入期权)进行套期时,签出期权才可以作为套期工具。嵌入在混合合同中但未分拆的衍生工具不能作为单独的套期工具。

(2)以公允价值计量且其变动计入当期损益的非衍生金融资产或非衍生金融负债,但指定为以公允价值计量且其变动计入当期损益且其自身信用风险变动引起的公允价值变动计入其他综合收益的金融负债除外。

(3)对于外汇风险套期,企业可以将非衍生金融资产(选择以公允价值计量且其变动计入其他综合收益的非交易性权益工具投资除外)或非衍生金融负债的外汇风险成分指定为套期工具。

24.2.2 指定套期工具

《企业会计准则第24号——套期会计》具体准则规定,在确立套期关系时,企业应当将符合条件的金融工具整体指定为套期工具,但下列情形除外。

(1)对于期权,企业可以将期权的内在价值和时间价值分开,只将期权的内在价值变动指定为套期工具。

(2)对于远期合同,企业可以将远期合同的远期要素和即期要素分开,只将即期要素的价值变动指定为套期工具。

(3)对于金融工具,企业可以将金融工具的外汇基差单独分拆,只将排除外汇基差后的金融工具指定为套期工具。

企业可以将套期工具的一定比例指定为套期工具,但不可以将套期工具剩余期限内某一时段的公允价值变动部分指定为套期工具。

企业可以将两项或两项以上金融工具(或其一定比例)的组合指定为套期工具(包括组合内的金融工具形成风险头寸相互抵销的情形)。

对于一项由签出期权和购入期权组成的期权(如利率上下限期权),或对于两项或两项以上金融工具(或其一定比例)的组合,其在指定日实质上相当于一项净签出期权的,不能将其指定为套期工具。只有在对购入期权(包括嵌入在混合合同中的购入期权)进行套期时,净签出期权才可以作为套期工具。

使用单一套期工具对多种风险进行套期企业通常将单项套期工具指定为对一种风险进行套期。但是,如果套期工具与被套期项目的不同风险敞口之间有具体对应关系,则一项套期工具可以被指定为对一种以上的风险进行套期。

【例24-3】甲公司的记账本位币是人民币,其承担了一项5年期浮动利率的美元债务。

为规避该金融负债的外汇风险和利率风险，甲公司与某金融机构签订一项交叉货币利率互换合同（互换合同的条款与金融负债的条款相匹配），并将该互换合同指定为套期工具。根据该互换合同，甲公司将定期收取以美元浮动利率计算确定的利息，同时支付以人民币固定利率计算确定的利息。

本例中，一项互换合同被指定为同时对金融负债的外汇风险和利率风险进行套期的套期工具。

24.3 被套期项目

24.3.1 符合条件的被套期项目

被套期项目，是指使企业面临公允价值或现金流量变动风险，且被指定为被套期对象的、能够可靠计量的项目。

企业可以将下列单个项目、项目组合或其组成部分指定为被套期项目。

（1）已确认资产或负债。

（2）尚未确认的确定承诺。其中，确定承诺，是指在未来某特定日期或期间，以约定价格交换特定数量资源、具有法律约束力的协议；尚未确认，是指尚未在资产负债表中确认。

（3）极可能发生的预期交易。预期交易，是指尚未承诺但预期会发生的交易。评估预期交易发生的可能性不能仅依靠企业管理人员的意图，而应当基于可观察的事实和相关因素。企业应当明确区分预期交易与确定承诺。

（4）境外经营净投资。境外经营净投资，是指企业在境外经营净资产中的权益份额。境外经营可以是企业在境外的子公司、合营安排、联营企业或分支机构。在境内的子公司、合营安排、联营企业或分支机构，采用不同于企业记账本位币的，也视同境外经营。

24.3.2 项目组成部分作为被套期项目的规定和要求

项目组成部分是指小于项目整体公允价值或现金流量变动的部分，企业只能将下列项目组成部分或其组合指定为被套期项目。

（1）项目整体公允价值或现金流量变动中仅由某一个或多个特定风险引起的公允价值或现金流量变动部分（风险成分）。

根据在特定市场环境下的评估，该风险成分应当能够单独识别并可靠计量。风险成分也包括被套期项目公允价值或现金流量的变动仅高于或仅低于特定价格或其他变量的部分。

【例24-4】甲公司与乙公司订立了一项以合同指定公式进行定价的长期天然气供应合同，该公式主要参考商品价格（如柴油）和其他因素（如运输费）对长期天然气进行定价。为了管理长期天然气供应合同涉及的长期天然气价格风险，甲公司利用柴油远期合同对该供应合同定价中的柴油价格风险进行套期。由于该供应合同的条款和条件对柴油组成部分做出了明确规定，因而柴油价格风险引起的公允价值变动部分属于合同明确的风险成分。

根据长期天然气供应合同定价公式，该风险成分能够单独识别；同时，市场上存在可交易的柴油远期合同，该风险成分能够可靠计量。因此，甲公司的长期天然气供应合同定价中的柴油价格风险引起的公允价值变动部分可以作为符合条件的风险成分，被指定为被套期项目。

（2）一项或多项选定的合同现金流量。

【例24-5】企业有一笔期限为10年、年利率为8%、按年付息的长期银行借款，企业出于风险管理需要，对该笔借款所产生的前5年应支付利息进行套期。按照套期会计准则规定，一项或多项选定的合同现金流量可以被指定为被套期项目。

（3）项目名义金额的组成部分。

项目名义金额的组成部分包括项目整体的一定比例部分（如一项贷款的合同现金流量的50%部分）和项目整体的某一层级部分。其中，项目整体的某一层级部分可以从已设定但开放式的总体中指定一个层级，也可以从已设定的名义金额中指定一个层级。

【例24-6】下列各项均属于项目整体的某一层级部分。

①货币性交易量的一部分。例如，甲公司2×19年1月实现首笔20万美元的出口销售之后，下一笔金额为20万美元的出口销售所产生的现金流量，可以作为指定的被套期项目。

②实物数量的一部分。例如，甲公司储藏在某地的500万立方米的底层天然气，可以作为指定的被套期项目。

③实物或其他交易量的一部分。例如，甲炼化公司2×19年6月购入的前1 000桶石油，乙发电企业2×17年6月售出的前100兆瓦·时的电力等，均可以作为指定的被套期项目。

④被套期项目的名义金额的某一层。例如，金额为1亿元的确定承诺的最后8 000万元部分；金额为1亿元的固定利率债券的底层2 000万元部分；可按公允价值提前偿付的总金额为1亿元（设定的名义金额为1亿元）的固定利率债务的顶层3 000万元部分。

24.3.3 汇总风险敞口作为被套期项目的规定和要求

企业可以将符合被套期项目条件的风险敞口与衍生工具组合形成的汇总风险敞口指定为被套期项目。在指定此类被套期项目时，企业应当评估该汇总风险敞口是否是由风险敞口与衍生工具相结合，从而产生了不同于该风险敞口的另一个风险敞口，并将其作为针对某项（或几项）特定风险的一个风险敞口进行管理。

企业基于汇总风险敞口指定被套期项目时，应当在评估套期有效性和计量套期无效部分时考虑构成该汇总风险敞口的所有项目的综合影响。但是，构成该汇总风险敞口的项目仍须单独进行会计处理，具体要求如下。

（1）作为汇总风险敞口组成部分的衍生工具应当单独确认为以公允价值计量的资产或负债；

（2）如果在构成汇总风险敞口的各项目之间指定套期关系，则衍生工具作为汇总风险敞口组成部分的方式应当与该衍生工具在此汇总风险敞口层面上被指定为套期工具的方式保持一致。

24.3.4 被套期项目的组合

（1）当企业出于风险管理目的对一组项目进行组合管理，且组合中的每一个项目（包括其组成部分）单独都属于符合条件的被套期项目时，可以将该项目组合指定为被套期项目。

（2）一组风险相互抵销的项目形成风险净敞口，一组风险不存在相互抵销的项目形成风险总敞口。只有当企业出于风险管理目的以净额为基础进行套期时，风险净敞口才符合运用套期会计的条件。

（3）当企业将形成风险净敞口的一组项目指定为被套期项目时，应当将构成该净敞口的所有项目的项目组合整体指定为被套期项目，不应当将不明确的净敞口抽象金额指定为被套期项目。

（4）在现金流量套期中，企业仅可以将外汇风险净敞口指定为被套期项目，并且应当在套期指定中明确预期交易预计影响损益的报告期间，以及预期交易的性质和数量。

24.4 套期关系评估与套期会计

24.4.1 运用套期会计的条件

公允价值套期、现金流量套期或境外经营净投资套期同时满足下列条件的，才能运用套期会计准则规定的套期会计方法进行处理。

（1）套期关系仅由符合条件的套期工具和被套期项目组成。

（2）在套期开始时，企业正式指定了套期工具和被套期项目，并准备了关于套期关系和企业从事套期的风险管理策略和风险管理目标的书面文件。该文件至少载明了套期工具、被套期项目、被套期风险的性质以及套期有效性评估方法（包括套期无效部分产生的原因分析以及套期比率确定方法）等内容。

【例 24-7】甲公司制定了管理债务融资利率风险敞口的策略，该策略规定甲公司将维持 20%~40% 的固定利率债务。甲公司根据市场利率水平决定如何执行该风险管理策略，即其固定利率债务风险敞口将锁定在 20%~40% 的某一位置。在市场利率较低时，与利率较高时相比，甲公司将选择维持更大比例的固定利率债务。在这种情况下，甲公司风险管理策略本身保持不变，但是根据市场利率变化对风险管理策略的执行发生了改变，即风险管理目标发生了变化（被套期的利率敞口发生变化）。

（3）套期关系符合套期有效性要求。套期有效性，是指套期工具的公允价值或现金流量变动能够抵销被套期风险引起的被套期项目公允价值或现金流量变动的程度。套期工具的公允价值或现金流量变动大于或小于被套期项目的公允价值或现金流量变动的部分为套期无效部分。

套期同时满足下列条件的，企业应当认定套期关系符合套期有效性要求。

①被套期项目和套期工具之间存在经济关系。该经济关系使得套期工具和被套期项目的价值因面临相同的被套期风险而发生方向相反的变动。

②被套期项目和套期工具经济关系产生的价值变动中，信用风险的影响不占主导地位。

③套期关系的套期比率应当等于企业实际套期的被套期项目数量与对其进行套期的套期工具实际数量之比,但不应当反映被套期项目和套期工具相对权重的失衡,这种失衡会导致套期无效,并可能产生与套期会计目标不一致的会计结果。

24.4.2 套期关系再平衡

(1)适用条件。套期关系由于套期比率的原因而不再符合套期有效性要求,但指定该套期关系的风险管理目标没有改变的,企业应当进行套期关系再平衡。

(2)定义。对已经存在的套期关系中被套期项目或套期工具的数量进行调整,以使套期比率重新符合套期有效性要求。基于其他目的对被套期项目或套期工具所指定的数量进行变动,不构成套期会计准则所称的套期关系再平衡。

(3)调整套期比率使得企业可以应对由于基础变量或风险变量而引起的套期工具和被套期项目之间关系的变动。当套期工具和被套期项目之间关系发生的变动能通过调整套期比率得以弥补时,再平衡将可以使得套期关系得到延续。

【例24-8】甲公司运用参考外币B的外币衍生工具对外币A的风险敞口进行套期,而外币A和外币B之间的汇率是挂钩的(即其汇率由中央银行或其他监管机构设定或者保持在某一区间)。如果外币A与外币B的汇率发生了变动(即设定了一个新区间或汇率),则再平衡套期关系以反映新汇率,可确保套期关系在新情况下的套期比率继续满足套期有效性的要求。但是,如果外币衍生工具发生违约,则更改套期比率并不能确保套期关系能够继续满足套期有效性的要求。

24.4.3 套期关系的终止

企业不得撤销指定并终止一项继续满足套期风险管理目标并在再平衡之后继续符合套期会计条件的套期关系。但是,如果套期关系不再满足套期风险管理目标或在再平衡之后不符合套期会计条件等情形的,则企业必须终止套期关系。当只有部分套期关系不再满足运用套期会计的标准时,套期关系将部分终止,其余部分将继续适用套期会计。

企业发生下列情形之一的,应当终止运用套期会计(包括部分终止运用套期会计和整体终止运用套期会计)。

(1)因风险管理目标发生变化,导致套期关系不再满足风险管理目标。

(2)套期工具已到期、被出售、合同终止或已行使。

(3)被套期项目与套期工具之间不再存在经济关系,或者被套期项目和套期工具经济关系产生的价值变动中,信用风险的影响开始占主导地位。

(4)套期关系不再满足套期会计准则所规定的运用套期会计方法的其他条件。在适用套期关系再平衡的情况下,企业应当首先考虑套期关系再平衡,然后评估套期关系是否满足套期会计准则所规定的运用套期会计方法的条件。

24.5 套期保值的确认与计量

24.5.1 公允价值套期

（一）会计处理原则

公允价值套期满足运用套期会计方法条件的，应当按照下列规定处理。

（1）套期工具产生的利得或损失应当计入当期损益。如果套期工具是对选择以公允价值计量且其变动计入其他综合收益的非交易性权益工具投资（或其组成部分）进行套期的，套期工具产生的利得或损失应当计入其他综合收益。

（2）被套期项目因被套期风险敞口形成的利得或损失应当计入当期损益，同时调整未以公允价值计量的已确认被套期项目的账面价值。被套期项目为按照《企业会计准则第22号——金融工具确认和计量》第十八条分类为以公允价值计量且其变动计入其他综合收益的金融资产（或其组成部分）的，其因被套期风险敞口形成的利得或损失应当计入当期损益，其账面价值已经按公允价值计量，不需要调整；被套期项目为企业选择以公允价值计量且其变动计入其他综合收益的非交易性权益工具投资（或其组成部分）的，其因被套期风险敞口形成的利得或损失应当计入其他综合收益，其账面价值已经按公允价值计量，不需要调整。

被套期项目为尚未确认的确定承诺（或其组成部分）的，其在套期关系指定后因被套期风险引起的公允价值累计变动额应当确认为一项资产或负债，相关的利得或损失应当计入各相关期间损益。当履行确定承诺而取得资产或承担负债时，应当调整该资产或负债的初始确认金额，以包括已确认的被套期项目的公允价值累计变动额。

（二）会计处理举例

【**例24-9**】2×20年1月1日，甲公司为规避所持有铜存货公允价值变动风险，与某金融机构签订了一项铜期货合同，并将其指定为对2×20年前两个月铜存货的商品价格变化引起的公允价值变动风险的套期工具。铜期货合同的标的资产与被套期项目铜存货在数量、质次和产地方面相同。假设不考虑期货市场中每日无负债结算制度的影响。

2×20年1月1日，铜期货合同的公允价值为0，被套期项目（铜存货）的账面价值和成本均为1 000 000元，公允价值为1 100 000元。2×20年1月31日，铜期货合同公允价值上涨了25 000元，铜存货的公允价值下降了25 000元。2×20年2月28日，铜期货合同公允价值下降了15 000元，铜存货的公允价值上升了15 000元。当日，甲公司将铜存货以1 090 000元的价格出售，并将铜期货合同结算。

甲公司通过分析发现，铜存货与铜期货合同存在经济关系，且经济关系产生的价值变动中信用风险不占主导地位，套期比率也反映了套期的实际数量，符合套期有效性要求。

假定不考虑商品销售相关的增值税及其他因素，甲公司的账务处理如下。

（1）2×20年1月1日，指定铜存货为被套期项目。

借：被套期项目——库存商品（铜）　　　　　　　　　　　1 000 000
　　贷：库存商品——铜　　　　　　　　　　　　　　　　　　1 000 000

2×20年1月1日，被指定为套期工具的铜期货合同的公允价值为0，不做账务处理。

（2）2×20年1月31日，确认套期工具和被套期项目公允价值变动。

借：套期工具——铜期货合同　　　　　　　　　　　　　　　25 000
　　　贷：套期损益　　　　　　　　　　　　　　　　　　　　　25 000
借：套期损益　　　　　　　　　　　　　　　　　　　　　　　25 000
　　　贷：被套期项目——库存商品（铜）　　　　　　　　　　　25 000

（3）2×20年2月28日，确认套期工具和被套期项目公允价值变动。

借：套期损益　　　　　　　　　　　　　　　　　　　　　　　15 000
　　　贷：套期工具——铜期货合同　　　　　　　　　　　　　　15 000
借：被套期项目——库存商品（铜）　　　　　　　　　　　　　15 000
　　　贷：套期损益　　　　　　　　　　　　　　　　　　　　　15 000

确认铜存货销售收入。

借：应收账款或银行存款　　　　　　　　　　　　　　　　　1 090 000
　　　贷：主营业务收入　　　　　　　　　　　　　　　　　　1 090 000

结转铜存货销售成本。

借：主营业务成本　　　　　　　　　　　　　　　　　　　　990 000
　　　贷：被套期项目——库存商品（铜）　　　　　　　　　　990 000

结算铜期货合同。

借：银行存款　　　　　　　　　　　　　　　　　　　　　　10 000
　　　贷：套期工具——铜期货合同　　　　　　　　　　　　　10 000

注：由于甲公司采用套期进行风险管理，规避了铜存货公允价值变动风险，因此其铜存货公允价值下降没有对预期毛利100 000（1 100 000-1 000 000）元产生不利影响。同时，甲公司运用公允价值套期将套期工具与被套期项目的公允价值变动损益计入相同会计期间，消除了因公司风险管理活动可能导致的损益波动。

24.5.2　现金流量套期

（一）基本规定

现金流量套期满足运用套期会计方法条件的，应当按照下列规定处理。

（1）套期工具产生的利得或损失中属于套期有效的部分，作为现金流量套期储备，应当计入其他综合收益。现金流量套期储备的金额，应当按照下列两项的绝对额中较低者确定：

①套期工具自套期开始的累计利得或损失；

②被套期项目自套期开始的预计未来现金流量现值的累计变动额。

每期计入其他综合收益的现金流量套期储备的金额应当为当期现金流量套期储备的变动额。

（2）套期工具产生的利得或损失中属于套期无效的部分（即扣除计入其他综合收益后的其他利得或损失），应当计入当期损益。

（二）现金流量套期储备的后续处理

现金流量套期储备的金额，应当按照下列规定处理。

（1）被套期项目为预期交易，且该预期交易使企业随后确认一项非金融资产或非金融负债的，或者非金融资产或非金融负债的预期交易形成一项适用于公允价值套期会计的确定承诺时，企业应当将原在其他综合收益中确认的现金流量套期储备金额转出，计入该资产或负债的初始确认金额。

（2）对于不属于上述第（1）条涉及的现金流量套期，企业应当在被套期的预期现金流量影响损益的相同期间，将原在其他综合收益中确认的现金流量套期储备金额转出，计入当期损益。

（3）如果在其他综合收益中确认的现金流量套期储备金额是一项损失，且该损失全部或部分预计在未来会计期间不能弥补的，企业应当在预计不能弥补时，将预计不能弥补的部分从其他综合收益中转出，计入当期损益。

（三）终止运用套期会计的会计处理

当企业对现金流量套期终止运用套期会计时，在其他综合收益中确认的累计现金流量套期储备金额，应当按照下列规定进行处理。

（1）被套期的未来现金流量预期仍然会发生的，累计现金流量套期储备的金额应当予以保留，并按照前述现金流量套期储备的后续处理规定进行会计处理。

（2）被套期的未来现金流量预期不再发生的，累计现金流量套期储备的金额应当从其他综合收益中转出，计入当期损益。被套期的未来现金流量预期不再极可能发生但可能预期仍然会发生，在预期仍然会发生的情况下，累计现金流量套期储备的金额应当予以保留，并按照套期会计准则第二十五条的规定进行会计处理。

（四）会计处理举例

【例24-10】2×20年1月1日，甲公司预期在2×20年2月28日销售一批商品，数量为100吨，预期售价为1 100 000元。为规避该预期销售中与商品价格有关的现金流量变动风险，甲公司于2×20年1月1日与某金融机构签订了一项商品期货合同，且将其指定为对该预期商品销售的套期工具。商品期货合同的标的资产与被套期预期销售商品在数量、质次、价格变动和产地等方面相同，并且商品期货合同的结算日和预期商品销售日均为2×20年2月28日。

2×20年1月1日，商品期货合同的公允价值为0。2×20年1月31日，商品期货合同的公允价值上涨了25 000元，预期销售价格下降了25 000元。2×20年2月28日，商品期货合同的公允价值上涨了10 000元，商品销售价格下降了10 000元。当日，甲公司将商品出售，并结算了商品期货合同。

甲公司分析认为该套期符合套期有效性的条件。假定不考虑商品销售相关的增值税及其他因素，且不考虑期货市场每日无负债结算制度的影响。

甲公司的账务处理如下。

(1) 2×20年1月1日，甲公司不做账务处理，但需编制指定文档。

(2) 2×20年1月31日，确认现金流量套期储备。

借：套期工具——商品期货合同 25 000
　　贷：其他综合收益——套期储备 25 000

(3) 2×20年2月28日，确认现金流量套期储备。

借：套期工具——商品期货合同 10 000
　　贷：其他综合收益——套期储备 10 000

套期工具自套期开始的累计利得或损失与被套期项目自套期开始的预计未来现金流量现值的累计变动额一致，因此将套期工具公允价值变动全部作为现金流量套期储备计入其他综合收益。

确认商品的销售收入。

借：应收账款或银行存款 1 065 000
　　贷：主营业务收入 1 065 000

结算商品期货合同。

借：银行存款 35 000
　　贷：套期工具——商品期货合同 35 000

将现金流量套期储备金额转出，调整主营业务收入。

借：其他综合收益——套期储备 35 000
　　贷：主营业务收入 35 000

24.5.3　境外经营净投资套期

（一）会计处理原则

《企业会计准则第24号——套期会计》具体准则规定，对境外经营净投资的套期，包括对作为净投资的一部分进行会计处理的货币性项目的套期，应当按照类似于现金流量套期会计的规定处理。

(1) 套期工具形成的利得或损失中属于套期有效的部分，应当计入其他综合收益。

全部或部分处置境外经营时，上述计入其他综合收益的套期工具利得或损失应当相应转出，计入当期损益。

(2) 套期工具形成的利得或损失中属于套期无效的部分，应当计入当期损益。

（二）会计处理举例

【例24-11】2×19年10月1日，甲公司（记账本位币为人民币）在其境外子公司有一项境外经营净投资外币（FC）5 000万元。为规避境外经营净投资外汇风险，甲公司与某境外金融机构签订了一项外汇远期合同，约定于2×20年4月1日卖出FC 5 000万元。其他有关资料如表24-1所示。

表 24-1　　　　　　　　　　　　　相关资料

单位：人民币元

日期	即期汇率（FC/人民币）	远期汇率（FC/人民币）	远期合同的公允价值
2×19年10月1日	1.71	1.70	0
2×20年12月31日	1.64	1.63	3 430 000
2×20年3月31日	1.60	不适用	5 000 000

假定不考虑远期合同的远期要素。甲公司的上述套期满足运用套期会计方法的所有条件。甲公司的账务处理如下。

（1）2×19年10月1日，外汇远期合同的公允价值为0，不做账务处理。

（2）2×20年12月31日，确认外汇远期合同的公允价值变动。

借：套期工具——外汇远期合同　　　　　　　　　　　3 430 000
　　贷：其他综合收益——外币报表折算差额　　　　　　　　3 430 000

确认对子公司净投资的汇兑损益。

借：其他综合收益——外币报表折算差额　　　　　　　3 500 000
　　贷：长期股权投资　　　　　　　　　　　　　　　　　　3 500 000

（3）2×20年3月31日，确认外汇远期合同的公允价值变动。

借：套期工具——外汇远期合同　　　　　　　　　　　1 570 000
　　贷：其他综合收益——外币报表折算差额　　　　　　　　1 570 000

确认对子公司净投资的汇兑损益。

借：其他综合收益——外币报表折算差额　　　　　　　2 000 000
　　贷：长期股权投资　　　　　　　　　　　　　　　　　　2 000 000

结算外汇远期合同。

借：银行存款　　　　　　　　　　　　　　　　　　　5 000 000
　　贷：套期工具——外汇远期合同　　　　　　　　　　　　5 000 000

注：境外经营净投资中套期工具形成的利得在其他综合收益中列示，直至子公司被处置。

24.5.4 一组项目套期

（一）一组项目套期的会计处理

1. 风险净敞口套期的会计处理

对于被套期项目为风险净敞口的套期，被套期风险影响利润表不同列示项目的，企业应当将相关套期利得或损失单独列示，不应当影响利润表中与被套期项目相关的损益列示项目（如营业收入或营业成本）金额。

如果销售收入产生的期间早于费用发生的期间，则销售收入仍应当按照即期汇率计量。相关的套期利得或损失应当单独列示，从而在损益中反映出净头寸套期的影响，并相应调整现金流量套期储备。

如果被套期的费用将影响以后期间的损益（如该费用将分期摊销），则之前对费用确认的套期利得或损失应在以后期间重分类至损益，且在利润表中与包含被套期费用的项目区分开单独列示。

企业通过利率互换合同对固定利率债务工具的利率风险进行套期。企业的套期目标旨在将固定利率现金流量转换成浮动利率现金流量。在对净头寸（如一项固定利率资产和一项固定利率负债构成的净头寸）进行套期时，套期工具的应计净利息应当单独列示，以避免将单个套期工具产生的利得或损失净额以相互抵销的总额形式在不同的报表项目中分别列示（即，不得将单项利率互换合同产生的净利息收入列示为利息收入总额和利息支出总额）。

2. 会计处理举例

【例24-12】2×19年1月1日，甲公司预期2×19年12月31日将有一项1 000万美元的现金销售和一项1 200万美元的固定资产现金采购，上述交易极有可能发生。甲公司的记账本位币为人民币。

2×19年1月1日，甲公司签订了一项1年期外汇远期合同对上述200万美元的外汇净头寸进行套期，甲公司1年后将按1美元=6.5元人民币的汇率购入200万美元。上述固定资产将采用直线法在5年内计提折旧。

2×19年1月1日及2×19年12月31日美元的即期汇率分别为1美元=6.5元人民币及1美元=6.4元人民币。2×19年1月1日，外汇远期合同的公允价值为0。2×19年12月31日，外汇远期合同的公允价值为亏损20万元人民币。

预期销售现金流入和预期采购现金流出如期于2×19年12月31日发生，外汇远期合同也于2×19年12月31日结算。假设不考虑外汇远期合同的远期要素。

甲公司相关账务处理如下。

（1）2×19年1月1日，外汇远期合同公允价值为0，无须进行账务处理。

（2）2×19年12月31日，确认套期工具公允价值变动。

借：其他综合收益——套期储备　　　　　　　　　　　　　200 000
　　贷：套期工具——外汇远期合同　　　　　　　　　　　　200 000

结算外汇远期合同。

借：套期工具——外汇远期合同　　　　　　　　　　　　　200 000
　　贷：银行存款　　　　　　　　　　　　　　　　　　　　200 000

将套期工具的累计损失中对应预期销售的部分1 000 000[10 000 000×（6.5-6.4）]元人民币利得从其他综合收益中转出，并将其计入净敞口套期损益。

借：其他综合收益——套期储备　　　　　　　　　　　　1 000 000
　　贷：净敞口套期损益　　　　　　　　　　　　　　　　1 000 000
借：应收账款或银行存款　　　　　　　　　　　　　　　64 000 000
　　贷：主营业务收入　　　　　　　　　　　　　　　　 64 000 000

将套期工具的累计损失中对应预期采购的部分-1 200 000[12 000 000×（6.4-6.5）]元人民币从其他综合收益中转出，并将其计入固定资产的初始确认金额。

借：固定资产	78 000 000	
贷：银行存款		76 800 000
其他综合收益——套期储备		1 200 000

后续第2年至第6年，固定资产采购价格（不含套期调整）每年计提折旧，折旧额＝76 800 000÷5＝15 360 000（元人民币）。

借：制造费用——折旧费用	15 360 000	
贷：累计折旧		15 360 000

将套期调整在固定资产折旧期间进行摊销，摊销额＝1 200 000÷5＝240 000（元人民币），并将其计入净敞口套期损益。

借：净敞口套期损益	240 000	
贷：累计折旧		240 000

注：由于本例涉及净敞口套期，因此与被套期项目相关的利润表列示项目（即营业收入和营业成本）不会因采用套期会计而受到影响。

（二）其他一组项目套期的会计处理

对于被套期项目为一组项目的公允价值套期，企业在套期关系存续期间，应当针对被套期项目组合中各组成项目，分别确认公允价值变动所引起的相关利得或损失，按照套期会计准则的相关规定进行相应处理，计入当期损益或其他综合收益，涉及调整被套期各组成项目账面价值的，应当对各项资产和负债的账面价值做相应调整。

对于被套期项目为一组项目的现金流量套期，企业在将其他综合收益中确认的相关现金流量套期储备转出时，应当按照系统、合理的方法将转出金额在被套期各组成项目中分摊，并按照套期会计准则相关规定进行相应处理。

24.6　关于信用风险敞口的公允价值选择权

24.6.1　指定为公允价值计量的条件

企业使用以公允价值计量且其变动计入当期损益的信用衍生工具管理金融工具（或其组成部分）的信用风险敞口时，可以在该金融工具（或其组成部分）初始确认时、后续计量中或尚未确认时，将其指定为以公允价值计量且其变动计入当期损益的金融工具，并同时作出书面记录，但应当同时满足下列条件：

（1）金融工具信用风险敞口的主体（如借款人或贷款承诺持有人）与信用衍生工具涉及的主体相一致；

（2）金融工具的偿付级次与根据信用衍生工具条款须交付的工具的偿付级次相一致。

24.6.2　相关会计处理

金融工具（或其组成部分）被指定为以公允价值计量且其变动计入当期损益的，企业应当在指定时将其账面价值（如有）与其公允价值之间的差额计入当期损益。如该金融工具是按照《企业会计准则第22号——金融工具确认和计量》第十八条分类为以公允价值计量且其变动计入其他综合收益的金融资产的，企业应当将之前计入其他综合收益的累计利得或损失转出，计入当期损益。

在选择运用针对信用风险敞口（全部或部分）的公允价值选择权之后，同时满足下列条件的，企业应当对金融工具（或其一定比例）终止以公允价值计量且其变动计入当期损益：

（1）套期会计准则规定的条件不再适用，例如信用衍生工具或金融工具（或其一定比例）已到期、被出售、合同终止或已行使，或企业的风险管理目标发生变化，不再通过信用衍生工具进行风险管理。

（2）金融工具（或其一定比例）按照《企业会计准则第22号——金融工具确认和计量》的规定，仍然不满足以公允价值计量且其变动计入当期损益的金融工具的条件。

当企业对金融工具（或其一定比例）终止以公允价值计量且其变动计入当期损益时，该金融工具（或其一定比例）在终止时的公允价值应当作为其新的账面价值。同时，企业应当采用与该金融工具被指定为以公允价值计量且其变动计入当期损益之前相同的方法进行计量。

第 25 章
原保险合同

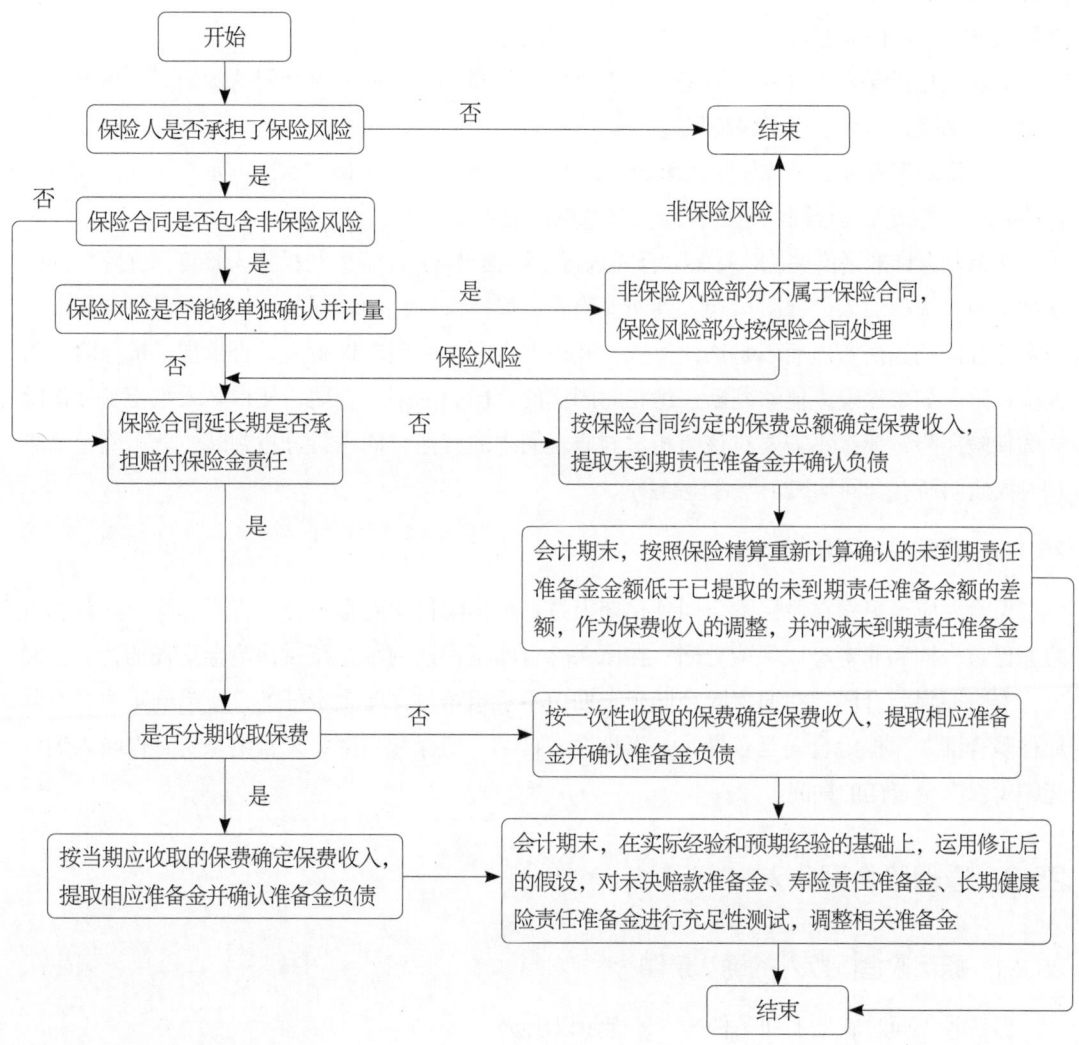

25.1 原保险合同概述

25.1.1 保险合同的定义

保险合同,是指保险人与投保人约定保险权利义务关系,并承担源于被保险人保险风险的协议。保险合同分为原保险合同和再保险合同。

分析保险合同的定义可以发现,承担被保险人的保险风险是保险合同的本质特征,是保险合同区别于其他合同的关键。保险人承担的保险风险是被保险人已经存在的风险,其表现形式有多种。

有时，保险人与投保人签订的合同可能具有保险合同的法律形式，但是保险人并没有承担被保险人的保险风险，在这种情况下，双方签订的合同就不属于保险合同。

25.1.2 原保险合同的定义

原保险合同，是指保险人向投保人收取保费，对约定的可能发生的事故因其发生所造成的财产损失承担赔偿保险金责任，或者当被保险人死亡、伤残、疾病或者达到约定的年龄、期限时承担给付保险金责任的保险合同。

保险人与投保人签订的合同是否属于原保险合同，应当在单项合同的基础上，根据合同条款判断保险人是否承担了保险风险。

发生保险事故可能导致保险人承担赔付保险金责任的，应当确定保险人承担了保险风险。保险事故，是指保险合同约定的保险责任范围内的事故。

《企业会计准则讲解》对原保险合同进行了详细讲解：保险人与投保人签订原保险合同，承担了源于被保险人的保险风险。判断保险人与投保人签订的合同是否属于原保险合同，应当关注合同的经济实质而不是法律形式，并根据合同条款判断保险人是否承担了被保险人的保险风险。如果保险人能够判断一组相对同质的合同中的某项合同，使保险人承担了被保险人的保险风险，那么不需要对该组相对同质合同中的其他合同进行分析判断，就可确定该组相对同质的所有合同均属于原保险合同。

25.1.3 原保险合同的分类

保险人应当根据在原保险合同延长期内是否承担赔付保险金责任，将原保险合同分为寿险原保险合同和非寿险原保险合同。在原保险合同延长期内承担赔付保险金责任的，应当确定为寿险原保险合同；在原保险合同延长期内不承担赔付保险金责任的，应当确定为非寿险原保险合同。原保险合同延长期，是指投保人自上一期保费到期日未缴纳保费，保险人仍承担赔付保险金责任的期间。

25.2 原保险合同收入

25.2.1 原保险合同收入的确认条件

保费收入同时满足下列条件的，才能予以确认。

（一）原保险合同成立并承担相应保险责任

原保险合同成立，是指原保险合同已经签订；承担相应保险责任，是指保险人在原保险合同生效时开始承担约定的保险责任。保险人和投保人在签订原保险合同时，通常会约定一个保险责任起讫时间。

（二）与原保险合同相关的经济利益很可能流入

与原保险合同相关的经济利益很可能流入，是指与原保险合同相关的保费收回的可能性大于不能收回的可能性，即保费收回的可能性超过50%。

(三) 与原保险合同相关的收入能够可靠地计量

保险人签发的原保险合同,保费金额通常已经确定,这表明保费收入金额能够可靠计量。对于非寿险原保险合同和寿险原保险合同,保险人承担的保险风险性质不同,保费计量依据的假设不同,保费收入的计量方法也各不相同。

25.2.2 原保险合同收入的计量

保险人应当按照下列规定计算确定保费收入金额。

(1) 对于非寿险原保险合同,应当根据原保险合同约定的保费总额确定。

【例 25-1】2×19 年 1 月 1 日,甲公司与王某签订一份家庭财产保险合同,保险金额为 1 000 000 元,保险期间为 1 年,保费为 1 000 元。合同规定,甲公司自 2 月 1 日 0 时起开始承担保险责任。合同签订当日,甲公司收到王某缴纳的全部保费并存入银行。甲公司的账务处理如下。

(1) 1 月 1 日收到保费 1 000 元。

借:银行存款　　　　　　　　　　　　　　　　　　　　　1 000
　　贷:预收保费　　　　　　　　　　　　　　　　　　　　　　　1 000

(2) 2 月 1 日确认原保费收入 1 000 元。

借:预收保费　　　　　　　　　　　　　　　　　　　　　1 000
　　贷:保费收入　　　　　　　　　　　　　　　　　　　　　　　1 000

(2) 对于寿险原保险合同:分期收取保费的,应当根据当期应收取的保费确定;一次性收取保费的,应当根据一次性应收取的保费确定。

【例 25-2】2×19 年 12 月 31 日,乙公司与李某签订一份定期寿险合同,保险金额为 1 000 000 元,保险期间为 2×20 年 1 月 1 日 0 时至 2×29 年 12 月 31 日 24 时;保费总额为 60 000 元,分 5 期于前 5 年每年 1 月 1 日等额收取。合同生效当日,乙公司收到李某缴纳的第一期保费 12 000 (60 000÷5) 元,乙公司的账务处理如下。

借:银行存款　　　　　　　　　　　　　　　　　　　　　12 000
　　贷:保费收入　　　　　　　　　　　　　　　　　　　　　　　12 000

以后各年收取保费的账务处理同上。

25.2.3 原保险合同提前解除

原保险合同提前解除的,保险人应当按照原保险合同约定计算确定应退还投保人的金额,作为退保费,计入当期损益。《企业会计准则讲解》对原保险合同准则的上述规定进行了补充说明:原保险合同提前解除时,保险人应当分别不同的原保险合同进行处理。

(一) 非寿险原保险合同

对于非寿险原保险合同,投保人在保险责任开始后要求提前解除原保险合同的,保险人可以收取自保险责任开始之日起至合同解除之日止期间的保险费,剩余的应当退还投保人的保险费即为退保费。投保人在保险责任开始前要求提前解除原保险合同的,投保人应当向保险人支付手续费，保险人应当退还保险费。保险人在这种情况下退还的保险费不是退保费，而是预收保费。同时，保险人在确认非寿险原保险合同保费收入的当期，通过确认未到期责任准备金，以将保费收入调整为已赚取的保费收入。在非寿险原保险合同提前解除时，尚未赚取的保费收入已经不可能再赚取。因此，保险人应当在非寿险原保险合同提前解除时，转销相关的尚未赚取的保费收入，即转销相关未到期责任准备金余额。

对于非寿险原保险合同确认的未决赔款准备金，其确认的前提条件是发生非寿险保险事故。在发生非寿险保险事故的情况下，理性的投保人是不可能要求解除合同的，因此，一般也就不存在转销相关的未决赔款准备金余额。

【例25-3】2×19年10月8日，甲公司收到丙公司通知，要求提前解除投保的企业财产保险合同。甲公司按约定计算应退还丙公司保费6 000元，并于当日以银行存款转账支付。假定甲公司已为丙公司财产保险合同确认未到期责任准备金5 000元。甲公司的账务处理如下。

借：保费收入　　　　　　　　　　　　　　　　　　　　6 000
　　贷：银行存款　　　　　　　　　　　　　　　　　　6 000
借：未到期责任准备金　　　　　　　　　　　　　　　　5 000
　　贷：提取未到期责任准备金　　　　　　　　　　　　5 000

（二）寿险原保险合同

对于寿险原保险合同，投保人在保险责任开始后提前解除原保险合同的，如果在犹豫期内，保险人应当在扣除手续费后退还保险费，退还的保险费作为退保费，应直接冲减保费收入。如果过了犹豫期，保险人应当按照合同约定退还保险单的现金价值，保险人退还的保险单的现金价值即为退保费，应计入退保金。同时，保险人在确认寿险原保险合同保费收入的当期，已经将未来应承担的赔付保险金责任确认为寿险责任准备金、长期健康险责任准备金。

25.3 原保险合同准备金

25.3.1 原保险合同准备金的内容

《企业会计准则第25号——原保险合同》具体准则规定，原保险合同准备金包括以下方面。

（1）未到期责任准备金，是指保险人为尚未终止的非寿险保险责任提取的准备金。保险人应当在确认非寿险保费收入的当期，按照保险精算确定的金额，提取未到期责任准备金，作为当期保费收入的调整，并确认未到期责任准备金负债。保险人应当在资产负债表日，按照保险精算重新计算确定的未到期责任准备金金额与已提取的未到期责任准备金余额的差额，调整未到期责任准备金余额。

【例25-4】2×19年11月1日，甲公司确认丁公司投保的A财产保险合同保费收入48 000元；11月31日，甲公司保险精算部门计算确定A财产保险合同未到期责任准备金额为44 000元；12月31日，甲公司保险精算部门计算确定A财产保险合同未到期责任准备金金额为40 000元。甲公司的账务处理如下。

（1）11月1日确认原保费收入48 000元。

借：银行存款　　　　　　　　　　　　　　　　　　　　　　　　48 000
　　贷：保费收入　　　　　　　　　　　　　　　　　　　　　　　　48 000

（2）11月31日确认未到期责任准备金44 000元。

借：提取未到期责任准备金　　　　　　　　　　　　　　　　　　　44 000
　　贷：未到期责任准备金　　　　　　　　　　　　　　　　　　　　44 000

（3）12月31日调减未到期责任准备金4 000（44 000-40 000）元。

借：未到期责任准备金　　　　　　　　　　　　　　　　　　　　　 4 000
　　贷：提取未到期责任准备金　　　　　　　　　　　　　　　　　　 4 000

（2）未决赔款准备金，是指保险人为非寿险保险事故已发生尚未结案的赔案提取的准备金。保险人应当在非寿险保险事故发生的当期，按照保险精算确定的金额，提取未决赔款准备金，并确认未决赔款准备金负债。

未决赔款准备金包括已发生已报案未决赔款准备金、已发生未报案未决赔款准备金和理赔费用准备金。已发生已报案未决赔款准备金，是指保险人为非寿险保险事故已发生并已向保险人提出索赔、尚未结案的赔案提取的准备金。已发生未报案未决赔款准备金，是指保险人为非寿险保险事故已发生、尚未向保险人提出索赔的赔案提取的准备金。理赔费用准备金，是指保险人为非寿险保险事故已发生尚未结案的赔案可能发生的律师费、诉讼费、损失检验费、相关理赔人员薪酬等费用提取的准备金。

【例25-5】2×19年5月31日，甲公司保险精算部门计算确定的某类财产保险合同未决赔款准备金金额为100 000元，其中，已发生已报案未决赔款准备金为60 000元，已发生未报案未决赔款准备金为20 000元，理赔费用准备金为20 000元。甲公司的账务处理如下。

借：提取保险责任准备金　　　　　　　　　　　　　　　　　　　100 000
　　贷：保险责任准备金　　　　　　　　　　　　　　　　　　　　100 000

（3）寿险责任准备金，是指保险人为尚未终止的人寿保险责任提取的准备金。

通常情况下，对于定期寿险、终身寿险、两全保险、年金保险等原保险合同，保险人应当在确认保费收入的当期，根据保险精算部门确定的寿险责任准备金确认寿险责任准备金负债。

【例25-6】2×19年12月31日，乙公司保险精算部门计算确定的某团体终身寿险合同寿险责任准备金金额为120 000元。乙公司的账务处理如下。

借：提取保险责任准备金　　　　　　　　　　　　　　　　　　　120 000
　　贷：保险责任准备金　　　　　　　　　　　　　　　　　　　　120 000

（4）长期健康险责任准备金，是指保险人为尚未终止的长期健康保险责任提取的准备金。对于长期健康保险等原保险合同，保险人应当在确认保费收入的当期，根据保险精算部门确定的长期健康险责任准备金确认长期健康险责任准备金负债。

25.3.2 保险责任准备金充足性测试

保险人至少应当于每年年度终了，对未决赔款准备金、寿险责任准备金、长期健康险责任准备金进行充足性测试。

保险人按照保险精算重新计算确定的相关准备金金额超过充足性测试日已提取的相关准备金余额的，应当按照其差额补提相关准备金；保险人按照保险精算重新计算确定的相关准备金金额小于充足性测试日已提取的相关准备金余额的，不调整相关准备金。

【例25-7】2×19年12月31日，甲公司保险精算部门计算确定的某财产保险合同未决赔款准备金金额为160 000元，前期已确认的相关未决赔款准备金金额为110 000元。甲公司的账务处理如下。

甲公司补提未决赔款准备金50 000（160 000-110 000）元。

借：提取保险责任准备金　　　　　　　　　　　　　　50 000
　　贷：保险责任准备金　　　　　　　　　　　　　　　　　50 000

25.4 原保险合同成本

25.4.1 原保险合同成本的定义

原保险合同成本，是指原保险合同发生的、会导致所有者权益减少的、与向所有者分配利润无关的经济利益的总流出。

原保险合同成本主要包括发生的手续费或佣金支出、赔付成本，以及提取的未决赔款准备金、寿险责任准备金、长期健康险责任准备金等。

赔付成本包括保险人支付的赔款、给付，以及在理赔过程中发生的律师费、诉讼费、损失检验费、相关理赔人员薪酬等理赔费用。

25.4.2 计入当期损益的情形

（1）保险人在取得原保险合同过程中发生的手续费、佣金，应当在发生时计入当期损益。

（2）保险人按照保险精算确定提取的未决赔款准备金、寿险责任准备金、长期健康险责任准备金，计入当期损益。

（3）保险人按照充足性测试补提的未决赔款准备金、寿险责任准备金、长期健康险责任准备金，计入当期损益。

25.4.3 损余物资

保险人承担赔偿保险金责任取得的损余物资，应当按照同类或类似资产的市场价格计算确定的金额确认为资产，并冲减当期赔付成本。

处置损余物资时，保险人应当按照收到的金额与相关损余物资账面价值的差额，调整当期赔付成本。

25.4.4 代位追偿款

保险人承担赔付保险金责任应收取的代位追偿款，同时满足下列条件的，应当确认为应收代位追偿款，并冲减当期赔付成本。

（1）与该代位追偿款有关的经济利益很可能流入。

（2）该代位追偿款的金额能够可靠地计量。

收到应收代位追偿款时，保险人应当按照收到的金额与相关应收代位追偿款账面价值的差额，调整当期赔付成本。

25.5 列报

25.5.1 资产负债表列示项目

保险人应当在资产负债表中单独列示与原保险合同有关的下列项目：

（1）未到期责任准备金；

（2）未决赔款准备金；

（3）寿险责任准备金；

（4）长期健康险责任准备金。

25.5.2 利润表列示项目

保险人应当在利润表中单独列示与原保险合同有关的下列项目：

（1）保费收入；

（2）退保费；

（3）提取未到期责任准备金；

（4）已赚保费；

（5）手续费支出；

（6）赔付成本；

（7）提取未决赔款准备金；

（8）提取寿险责任准备金；

（9）提取长期健康险责任准备金。

25.5.3 附注中披露项目

保险人应当在附注中披露与原保险合同有关的下列信息：

（1）代位追偿款的有关情况；

（2）损余物资的有关情况；

（3）各项准备金的增减变动情况；

（4）提取各项准备金及进行准备金充足性测试的主要精算假设和方法。

第 26 章 再保险合同

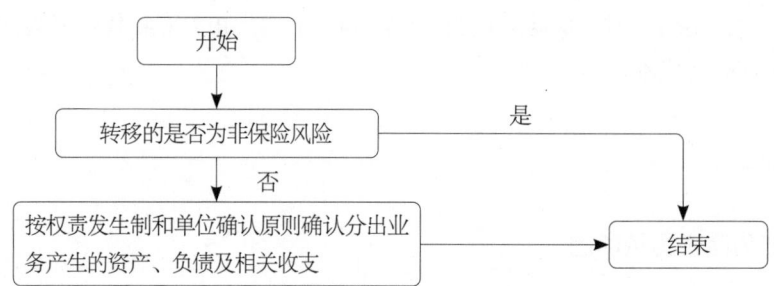

26.1 再保险合同概述

26.1.1 再保险合同的定义及特征

再保险合同,是指一个保险人(再保险分出人)分出一定的保费给另一个保险人(再保险接受人),再保险接受人对再保险分出人由原保险合同所引起的赔付成本及其他相关费用进行补偿的保险合同。

原保险合同和再保险合同有一定区别,再保险合同具有以下特征。

(1)再保险合同是保险人与保险人之间签订的合同,一方为再保险分出人,另一方为再保险接受人。

(2)再保险合同是补偿性合同。再保险合同不具有直接对原保险合同标的进行赔偿或给付的性质,而是以补偿再保险分出人对原保险合同所承担的保险责任为目的。

(3)再保险合同独立于原保险合同,这主要体现在再保险合同与原保险合同在法律上没有任何承继关系。

26.1.2 再保险合同基本业务

再保险合同业务包括分出业务和分入业务。

再保险分出业务涉及分出保费、摊回分保手续费、摊回赔付成本等基本业务。同原保险转嫁风险需要支付保费相同,再保险分出人转嫁保险风险责任也要向再保险接受人支付一定的保费,这种保费叫作分保费或再保险费;同时,由于再保险分出人在销售原保险保单以及维护和管理保险业务过程中发生了一定的费用,再保险分出人需要向再保险接受人摊回一部分费用予以补偿,这种由再保险接受人支付给再保险分出人的费用称为分保手续费。当被保险人发生保险责任范围内的保险事故时,再保险分出人按原保险合同约定负责向保险受益人提供赔偿或给付,再将应由再保险接受人承担的份额摊回,此为摊回赔付成本。

与再保险分出业务相对应,再保险分入业务涉及收取分保费、支付分保手续费、支付分保赔付款等基本业务。

26.2 分出业务的会计处理

26.2.1 基本规定

再保险分出人不应当将再保险合同形成的资产与有关原保险合同形成的负债相互抵销；再保险分出人不应当将再保险合同形成的收入或费用与有关原保险合同形成的费用或收入相互抵销。

26.2.2 应收分保准备金

再保险分出人应当在确认原保险合同保费收入的当期，按照相关再保险合同的约定，计算确定分出保费和应向再保险接受人摊回的分保费用，计入当期损益。原保险合同为非寿险原保险合同的，再保险分出人还应当按照相关再保险合同的约定，计算确认相关的应收分保未到期责任准备金资产，并冲减提取未到期责任准备金。再保险分出人应当在确定支付赔付款项金额或实际发生理赔费用而冲减原保险合同相应准备金余额的当期，冲减相应的应收分保准备金余额；同时，按照相关再保险合同的约定，计算确定应向再保险接受人摊回的赔付成本，计入当期损益。

分出保费、摊回分保费用、摊回赔付成本的计算方法因再保险合同种类的不同而不同，具体计量金额一般由保险人业务部门根据再保险合同约定计算确定。

26.2.3 分出保费及摊回款项

再保险分出人应当在原保险合同提前解除的当期，按照相关再保险合同的约定，计算确定分出保费、摊回分保费用的调整金额，计入当期损益；同时，转销相关应收分保准备金余额。

对于超额赔款再保险等非比例再保险合同，再保险分出人应当根据再保险合同的约定，计算确定分出保费，计入当期损益。

再保险分出人调整分出保费时，应当将调整金额计入当期损益。

26.2.4 赔付成本

再保险分出人应当在因取得和处置损余物资、确认和收到应收代位追偿款等而调整原保险合同赔付成本的当期，按照相关再保险合同的约定，计算确定摊回赔付成本的调整金额，计入当期损益。再保险分出人应当在能够计算确定应向再保险接受人摊回的赔付成本时，将该项应摊回的赔付成本计入当期损益。

摊回准备金和摊回赔付成本的区别在于：摊回准备金是预计由再保险接受人补偿的金额；摊回赔付成本是由再保险接受人实际补偿的金额。因此，在确认摊回赔付成本的同时应冲减相应的摊回准备金。

26.2.5 存入分保保证金

再保险分出人应当在发出分保业务账单时，将账单标明的扣存本期分保保证金确认为存入分保保证金；同时，按照账单标明的返还上期扣存分保保证金转销相关存入分保保证金。

再保险分出人应当根据相关再保险合同的约定，按期计算存入分保保证金利息，计入当期损益。

26.2.6 纯益手续费

《企业会计准则第 26 号——再保险合同》具体准则规定，再保险分出人应当根据相关再保险合同的约定，在能够计算确定应向再保险接受人收取的纯益手续费时，将该项纯益手续费作为摊回分保费用，计入当期损益。

26.3 分入业务的会计处理

26.3.1 分保费收入的确认

分保费收入同时满足下列条件的，才能予以确认：
（1）再保险合同成立并承担相应保险责任；
（2）与再保险合同相关的经济利益很可能流入；
（3）与再保险合同相关的收入能够可靠地计量。

26.3.2 分保费用

再保险接受人应当在确认分保费收入的当期，根据相关再保险合同的约定，计算确定分保费用，计入当期损益。

再保险接受人应当根据相关再保险合同的约定，在能够计算确定应向再保险分出人支付的纯益手续费时，将该项纯益手续费作为分保费用，计入当期损益。

再保险接受人应当在收到分保业务账单时，按照账单标明的金额对相关分保费收入、分保费用进行调整，调整金额计入当期损益。

再保险接受人提取分保未到期责任准备金、分保未决赔款准备金、分保寿险责任准备金、分保长期健康险责任准备金，以及进行相关分保准备金充足性测试，比照《企业会计准则第 25 号——原保险合同》的相关规定处理。

【例 26-1】2×18 年 12 月 22 日，丙保险股份有限公司（以下简称"丙公司"）与 I 保险股份有限公司（以下简称"I 公司"）签订一份成数再保险合同，接受 I 公司分出的原保险业务。合同约定的分保比例为 40%，分保手续费率为 35%。合同起期日为 2×19 年 1 月 1 日，保险责任期间为 1 年。丙公司经验、技术等方面比较成熟，采用预估方法确认每期的分保费收入。假定丙公司预估 2×19 年第一季度各月与 I 公司再保险合同项下的分保费收入金额为：1 月 680 万元，2 月 730 万元，3 月 600 万元。丙公司于 5 月 20 日收到 I 公司发来的第一季度的分保业务账单，账单标明的分保费为 2 100 万元，分保手续费为 735 万元。丙公司相关账务处理如下（以万元为单位）。

（1）2×19 年 1 月。

借：应收分保账款——I 公司　　　　　　　　　　　　　680
　　贷：保费收入　　　　　　　　　　　　　　　　　　　680
借：分保费用　　　　　　　　　　　　　　　　　　　　238
　　贷：应付分保账款——I 公司　　　　　　　　　　　　238

(2) 2×19年2月。

借：应收分保账款——I公司　　　　　　　　　　　　730
　　贷：保费收入　　　　　　　　　　　　　　　　　　　730
借：分保费用　　　　　　　　　　　　　　　　　　　255.5
　　贷：应付分保账款——I公司　　　　　　　　　　　　255.5

(3) 2×19年3月。

借：应收分保账款——I公司　　　　　　　　　　　　600
　　贷：保费收入　　　　　　　　　　　　　　　　　　　600
借：分保费用　　　　　　　　　　　　　　　　　　　210
　　贷：应付分保账款——I公司　　　　　　　　　　　　210

(4) 2×19年4月预估确认分保费收入和分保费用的会计分录略。

(5) 2×19年5月20日，收到账单时调整第一季度确认的分保费收入和分保费用。

分保费收入调整金额＝2 100－(680+730+600)＝90（万元）

分保手续费调整金额＝735－(238+255.5+210)＝31.5（万元）

借：应收分保账款——I公司　　　　　　　　　　　　90
　　贷：保费收入　　　　　　　　　　　　　　　　　　　90
借：分保费用　　　　　　　　　　　　　　　　　　　31.5
　　贷：应付分保账款——I公司　　　　　　　　　　　　31.5

此例中，若丙公司不具备对分保费收入进行预估确认的条件，则丙公司应在2×19年5月20日收到分保业务账单时直接做以下账务处理。

借：应收分保账款——I公司　　　　　　　　　　　　2 100
　　贷：保费收入　　　　　　　　　　　　　　　　　　　2 100
借：分保费用　　　　　　　　　　　　　　　　　　　735
　　贷：应付分保账款——I公司　　　　　　　　　　　　735

26.3.3　分保赔付成本

再保险接受人应当在收到分保业务账单的当期，按照账单标明的分保赔付款项金额，作为分保赔付成本，计入当期损益；同时，冲减相应的分保准备金余额。

【例26-2】 沿用【例26-1】，丙公司于2×19年5月20日收到I公司发来的第一季度分保业务账单中标明的分保赔款金额为900万元，丙公司已提取的相应分保未决赔款准备金为800万元。丙公司相关账务处理如下（以万元为单位）。

借：分保赔付支出　　　　　　　　　　　　　　　　900
　　贷：应付分保账款——I公司　　　　　　　　　　　　900
借：未决赔款准备金　　　　　　　　　　　　　　　800
　　贷：提取未决赔款准备金　　　　　　　　　　　　　800

26.3.4 存出分保保证金

再保险接受人应当在收到分保业务账单时,将账单标明的扣存本期分保保证金确认为存出分保保证金;同时,按照账单标明的返还上期扣存分保保证金转销相关存出分保保证金。

再保险接受人应当根据相关再保险合同的约定,按期计算存出分保保证金利息,计入当期损益。

26.4 列报

26.4.1 在财务报表中列报事项

(一)在资产负债表中列报项目

保险人应当在资产负债表中单独列示与再保险合同有关的下列项目:

(1)应收分保账款;

(2)应收分保未到期责任准备金;

(3)应收分保未决赔款准备金;

(4)应收分保寿险责任准备金;

(5)应收分保长期健康险责任准备金;

(6)应付分保账款。

(二)在利润表中列报项目

保险人应当在利润表中单独列示与再保险合同有关的下列项目:

(1)分保费收入;

(2)分出保费;

(3)摊回分保费用;

(4)分保费用;

(5)摊回赔付成本;

(6)分保赔付成本;

(7)摊回未决赔款准备金;

(8)摊回寿险责任准备金;

(9)摊回长期健康险责任准备金。

26.4.2 在附注中披露事项

保险人应当在附注中披露与再保险合同有关的下列信息:

(1)分入业务各项分保准备金的增减变动情况;

(2)分入业务提取各项分保准备金及进行分保准备金充足性测试的主要精算假设和方法。

第 27 章
石油天然气开采

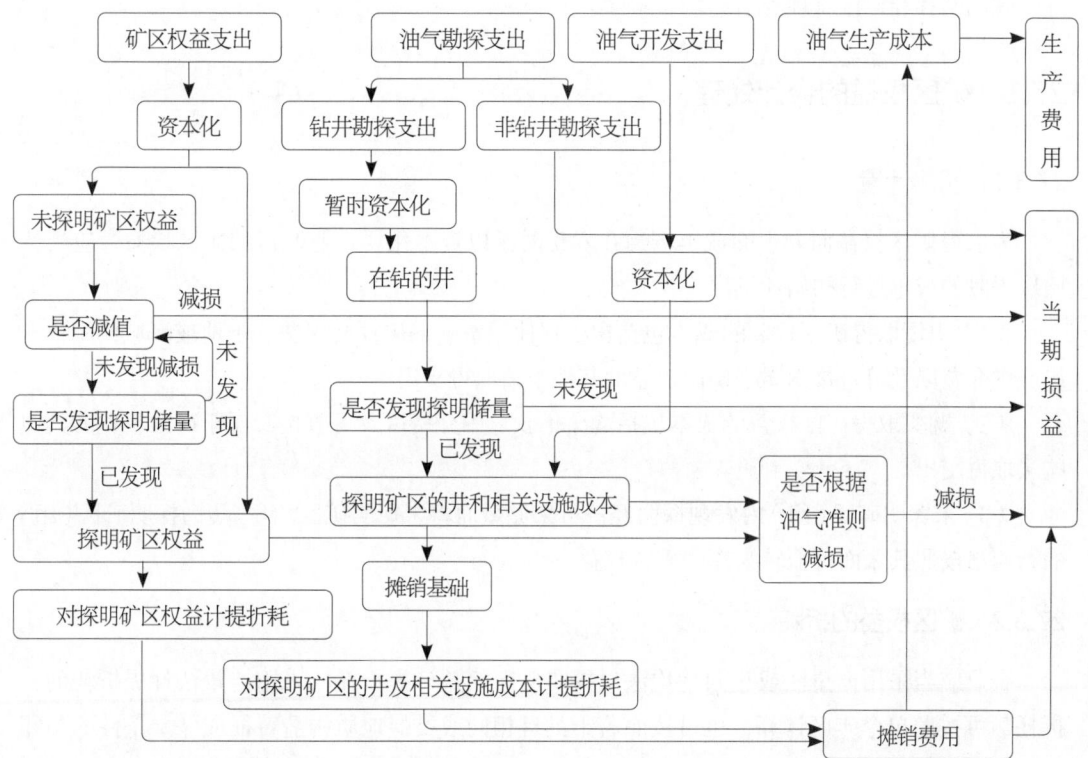

27.1 石油天然气核算范围

根据《企业会计准则第 27 号——石油天然气开采》(以下简称"油气准则"),油气开采活动包括矿区权益的取得以及油气的勘探、开发和生产等阶段。油气开采活动以外的油气储存、集输、加工和销售等业务的会计处理,适用其他相关会计准则。

27.2 相关定义解释

根据油气准则的解释,石油天然气开采(以下简称"油气开采")的会计核算是以矿区为基础的。

(1)矿区。矿区是指企业进行油气开采活动所划分的区域或独立的开发单元。矿区的划分是计提油气资产折耗、进行减值测试等的基础。

(2)矿区权益。矿区权益是指企业取得的在矿区内勘探、开发和生产油气的权利。矿区权益分为探明矿区权益和未探明矿区权益。

(3)油气勘探及勘探支出。油气勘探是指为了识别勘探区域或探明油气储量而进行的地质调查、地球物理勘探、钻探活动以及其他相关活动。油气勘探支出包括钻井勘探支出和非钻井勘探支出。

（4）油气开发。油气开发是指为了取得探明矿区中的油气而建造或更新井及相关设施的活动。

（5）油气生产。油气生产是指将油气从油气藏提取到地表以及在矿区内收集、拉运、处理、现场储存和矿区管理等活动。

27.3 矿区权益的会计处理

27.3.1 初始计量

为取得矿区权益而发生的成本应当在发生时予以资本化。企业取得的矿区权益，应当按照取得时的成本进行初始计量。

（1）申请取得矿区权益的成本包括探矿权使用费、采矿权使用费、土地或海域使用权支出、中介费以及可直接归属于矿区权益的其他申请取得支出。

（2）购买取得矿区权益的成本包括购买价款、中介费以及可直接归属于矿区权益的其他购买取得支出。

（3）未探明矿区（组）内发现探明经济可采储量而将未探明矿区（组）转为探明矿区（组）的，应当按照其账面价值转为探明矿区权益。

27.3.2 矿区权益的折耗

企业应当采用产量法或年限平均法对探明矿区权益计提折耗。采用产量法计提折耗的，折耗额可按照单个矿区计算，也可按照若干具有相同或类似地质构造特征或储层条件的相邻矿区所组成的矿区组计算。计算公式如下：

探明矿区权益折耗额 = 探明矿区权益账面价值 × 探明矿区权益折耗率

探明矿区权益折耗率 = 探明矿区当期产量 ÷（探明矿区期末探明经济可采储量 + 探明矿区当期产量）

27.3.3 矿区权益的减值

企业对于矿区权益的减值，应当分别不同情况确认减值损失。

（1）探明矿区权益的减值，按照《企业会计准则第8号——资产减值》处理。

（2）对于未探明矿区权益，应当至少每年进行一次减值测试。单个矿区取得成本较大的，应当以单个矿区为基础进行减值测试，并确定未探明矿区权益减值金额。单个矿区取得成本较小且与其他相邻矿区具有相同或类似地质构造特征或储层条件的，可按照若干具有相同或类似地质构造特征或储层条件的相邻矿区所组成的矿区组进行减值测试。

未探明矿区权益公允价值低于账面价值的差额，应当确认为减值损失，计入当期损益。未探明矿区权益减值损失一经确认，不得转回。

27.3.4 矿区权益的处置

(一) 矿区权益的转让

1. 基本原则

企业转让矿区权益的,应当按照下列规定进行处理。

(1) 转让全部探明矿区权益的,将转让所得与矿区权益账面价值的差额计入当期损益。转让部分探明矿区权益的,按照转让权益和保留权益的公允价值比例,计算确定已转让部分矿区权益账面价值,转让所得与已转让矿区权益账面价值的差额计入当期损益。

(2) 转让单独计提减值准备的全部未探明矿区权益的,转让所得与未探明矿区权益账面价值的差额,计入当期损益。转让单独计提减值准备的部分未探明矿区权益的,如果转让所得大于矿区权益账面价值,将其差额计入当期损益;如果转让所得小于矿区权益账面价值,以转让所得冲减矿区权益账面价值,不确认损益。

(3) 转让以矿区组为基础计提减值准备的未探明矿区权益的:如果转让所得大于矿区权益账面原值,将其差额计入当期损益;如果转让所得小于矿区权益账面原值,以转让所得冲减矿区权益账面原值,不确认损益。转让该矿区组最后一个未探明矿区的剩余矿区权益时,转让所得与未探明矿区权益账面价值的差额,计入当期损益。

2. 转让的具体会计处理

(1) 探明矿区权益的转让。

①转让全部探明矿区权益。

【例27-1】X石油公司(以下简称"X公司")转让了其拥有的矿区A,账面原值为1 000万元,已计提减值准备200万元,目前账面价值为800万元,转让所得为900万元。

X公司应当将转让所得大于矿区权益账面价值的差额确认为收益。相关账务处理如下(以万元为单位)。

借:油气资产减值准备	200
银行存款	900
贷:油气资产——矿区权益	1 000
营业外收入	100

如果转让所得为700万元,X公司应当将转让所得小于矿区权益账面价值的差额确认为损失。相关账务处理如下(以万元为单位)。

借:油气资产减值准备	200
银行存款	700
营业外支出	100
贷:油气资产——矿区权益	1 000

②转让部分探明矿区权益。

【例27-2】X石油公司(以下简称"X公司")转让了其拥有的矿区B中的20km^2,转让部分的公允价值为400万元,转让所得为500万元。整个矿区B的面积为50km^2,账面原值为

1 000万元，已计提减值准备200万元，目前账面价值为800万元，公允价值为900万元。

X公司转让部分矿区权益，且剩余矿区权益成本的收回不存在较大不确定性，因此应按照转让权益和保留权益的公允价值比例，计算确定已转让部分矿区权益账面价值。

转让部分账面价值＝400÷900×800＝356（万元）

转让部分减值准备＝400－356＝44（万元）

相关账务处理如下（以万元为单位）。

借：油气资产减值准备　　　　　　　　　　　　　　　　　44
　　银行存款　　　　　　　　　　　　　　　　　　　　　500
　　贷：油气资产——矿区权益　　　　　　　　　　　　　356
　　　　营业外收入　　　　　　　　　　　　　　　　　　188

如果转让所得为300万元，相关会计处理如下（以万元为单位）。

借：油气资产减值准备　　　　　　　　　　　　　　　　　44
　　银行存款　　　　　　　　　　　　　　　　　　　　　300
　　营业外支出　　　　　　　　　　　　　　　　　　　　12
　　贷：油气资产——矿区权益　　　　　　　　　　　　　356

（2）未探明矿区权益的转让。

①转让全部未探明矿区权益，且该矿区权益单独计提减值准备。

【例27-3】X石油公司（以下简称"X公司"）转让未探明矿区权益C，其账面原值为1 000万元，已计提减值准备200万元，目前账面价值为800万元，转让所得为900万元。

X公司转让全部未探明矿区权益C，应当将转让所得大于矿区权益账面价值的差额确认为收益。相关账务处理如下（以万元为单位）。

借：油气资产减值准备　　　　　　　　　　　　　　　　200
　　银行存款　　　　　　　　　　　　　　　　　　　　900
　　贷：油气资产——矿区权益　　　　　　　　　　　1 000
　　　　营业外收入　　　　　　　　　　　　　　　　　100

如果转让所得为700万元，X公司应当将转让所得小于矿区权益账面价值的差额确认为损失。相关账务处理如下（以万元为单位）。

借：油气资产减值准备　　　　　　　　　　　　　　　　200
　　银行存款　　　　　　　　　　　　　　　　　　　　700
　　营业外支出　　　　　　　　　　　　　　　　　　　100
　　贷：油气资产——矿区权益　　　　　　　　　　　1 000

②转让全部未探明矿区权益，且该矿区权益以矿区组为基础计提减值准备。

【例27-4】X石油公司（以下简称"X公司"）拥有的未探明矿区D1和D2在进行减值测试时构成一个矿区组。其中D1矿区权益账面原值为1 000万元，D2矿区权益账面原值为2 000万元，矿区组已计提减值准备600万元，目前矿区组账面价值为2 400万元。现X公司转让矿区D1，转让所得为1 100万元。

转让所得大于未探明 D1 矿区权益的账面原值，X 公司应将其差额确认为收益。相关账务处理如下（以万元为单位）。

借：银行存款　　　　　　　　　　　　　　　　　　　1 100
　　贷：油气资产——矿区权益　　　　　　　　　　　　　　1 000
　　　　营业外收入　　　　　　　　　　　　　　　　　　　　100

如果转让所得为 900 万元，转让所得小于未探明 D1 矿区权益的账面原值，X 公司应将转让所得冲减矿区组权益的账面价值。相关账务处理如下（以万元为单位）。

借：银行存款　　　　　　　　　　　　　　　　　　　　900
　　贷：油气资产——矿区权益　　　　　　　　　　　　　　　900

③转让部分未探明矿区权益，且该矿区权益单独计提减值准备。

【例 27-5】X 石油公司（以下简称"X 公司"）拥有的未探明矿区 E，面积为 50km^2，其账面原值为 1 000 万元，已计提减值准备 200 万元，目前账面价值为 800 万元。

（1）X 公司转让矿区 E 中的 20km^2，转让所得为 200 万元。

因转让所得小于矿区 E 的账面价值（800 万元），故 X 公司应将转让所得冲减被转让矿区权益账面价值。相关账务处理如下（以万元为单位）。

借：银行存款　　　　　　　　　　　　　　　　　　　　200
　　贷：油气资产——矿区权益　　　　　　　　　　　　　　　200

（2）X 公司再次转让矿区 E 中的 10km^2，转让所得为 500 万元。

因转让所得小于其账面价值（600 万元），故 X 公司应将转让所得冲减被转让矿区权益账面价值。相关账务处理如下（以万元为单位）。

借：银行存款　　　　　　　　　　　　　　　　　　　　500
　　贷：油气资产——矿区权益　　　　　　　　　　　　　　　500

（3）如果 X 公司转让矿区 E 剩下的 20km^2，转让所得为 400 万元。

X 公司转让部分矿区 E 的所得大于该未探明矿区权益的账面价值（100 万元），应将其差额计入收益。相关账务处理如下（以万元为单位）。

借：油气资产减值准备　　　　　　　　　　　　　　　　200
　　银行存款　　　　　　　　　　　　　　　　　　　　400
　　贷：油气资产——矿区权益　　　　　　　　　　　　　　　300
　　　　营业外收入　　　　　　　　　　　　　　　　　　　300

（4）如果 X 公司转让矿区 E 剩余 20km^2，转让所得为 50 万元。

X 公司转让矿区 E 的所得小于该未探明矿区权益的账面价值（100 万元），应继续将转让所得冲减被转让矿区权益账面价值，冲减至 0 为止。账务处理如下（以万元为单位）。

借：银行存款　　　　　　　　　　　　　　　　　　　　　50
　　贷：油气资产——矿区权益　　　　　　　　　　　　　　　　50

根据油气准则规定，X 公司期末应对矿区 E 权益的剩余账面价值全额计提减值准备。计算减值损失为 50（1 000-200-200-500-50）万元。账务处理如下（以万元为单位）。

借:减值损失 50
　　贷:油气资产减值准备 50

④转让部分未探明矿区权益,且该矿区权益以矿区组为基础计提减值准备。

【例27-6】 X石油公司(以下简称"X公司")拥有的未探明矿区F1和F2在进行减值测试时构成一个矿区组。其中矿区F1账面原值为1 000万元,矿区F2账面原值为2 000万元,矿区组已经计提减值准备600万元,矿区组账面价值为2 400万元。2×19年4月和10月分别转让矿区F1的一部分,10月将整个矿区F1转让完毕。

(1)4月,转让所得为500万元。

转让所得小于矿区F1的账面原值,X公司应将转让所得冲减矿区组的账面价值。相关账务处理如下(以万元为单位)。

借:银行存款 500
　　贷:油气资产——矿区权益 500

(2)10月,如果转让所得为600万元。

累计转让所得已经大于矿区F1的账面原值,X公司应将其差额计入收益(以万元为单位)。

借:银行存款 600
　　贷:油气资产——矿区权益 500
　　　　营业外收入 100

(3)10月,如果转让所得为400万元。

累计转让所得小于矿区F1的账面原值,X公司应将转让所得继续冲减矿区组的账面价值。相关账务处理如下(以万元为单位)。

借:银行存款 400
　　贷:油气资产——矿区权益 400

(二)矿区权益的转销

根据油气准则具体准则的规定,未探明矿区因最终未能发现探明经济可采储量而放弃的,应当按照放弃时的账面价值转销未探明矿区权益并计入当期损益。因未完成义务工作量等因素导致发生的放弃成本,计入当期损益。

27.4 油气勘探的会计处理

27.4.1 基本原则

(1)钻井勘探支出在完井后,确定该井发现了探明经济可采储量的,应当将钻探该井的支出结转为井及相关设施成本。

①确定该井未发现探明经济可采储量的,应当将钻探该井的支出扣除净残值后计入当期损益。

②确定部分井段发现了探明经济可采储量的,应当将发现探明经济可采储量的有效井段的钻井勘探支出结转为井及相关设施成本,无效井段钻井勘探累计支出转入当期损益。

③未能确定该探井是否发现探明经济可采储量的，应当在完井后一年内将钻探该井的支出予以暂时资本化。

（2）在完井一年时仍未能确定该探井是否发现探明经济可采储量，同时满足下列条件的，应当将钻探该井的资本化支出继续暂时资本化，否则应当计入当期损益：

①该井已发现足够数量的储量，但要确定其是否属于探明经济可采储量，还需要实施进一步的勘探活动；

②进一步的勘探活动已在实施中或已有明确计划并即将实施。

钻井勘探支出已费用化的探井又发现了探明经济可采储量的，已费用化的钻井勘探支出不做调整，重新钻探和完井发生的支出应当予以资本化。

（3）非钻井勘探支出于发生时计入当期损益。

27.4.2 会计处理

钻井勘探支出的资本化方法，国际同行业有成果法和全部成本法两种。

按照成果法，只有发现了探明经济可采储量的钻井勘探支出才能资本化，结转为井及相关设施成本；否则计入当期损益。全部成本法要求全部钻井勘探支出均应资本化。

我国企业会计准则的规定类似"成果法"。其中，"已有明确计划"，是指企业管理层已通过了该计划并已开始组织实施，如已拨付资金、已制定出明确的时间表或已将相关计划任务落实给相关部门和人员。

油气准则的规定类似成果法的做法。根据油气准则，钻井勘探支出在完井后，应分别以下情况处理：

（1）确定该井发现了探明经济可采储量的，应将钻探该井的支出结转为井及相关设施成本；

（2）确定未发现探明经济可采储量的，应将钻探该井的支出扣除净残值后计入当期损益；

（3）完井当时无法确定是否发现探明经济可采储量的，应暂时资本化，但暂时资本化时间不应超过1年；

（4）完井1年后仍无法确定是否发现了探明经济可采储量的，应将暂时资本化的支出全部计入当期损益。除非同时满足以下条件：

①该井已发现足够数量的储量，但要确定是否属于探明经济可采储量，还需实施进一步的勘探活动；

②进一步的勘探活动已在实施中或已有明确计划并即将实施。其中，"已有明确计划"是指企业已在其额你不管理活动中通过了该计划的实施，例如已拨付资金、已制定出明确的时间表或实施计划并对所涉及人员进行了转达。

（5）直接归属于发现了探明经济可采储量的有效井段的钻井勘探支出结转为井及相关设施；无效井段支出计入当期损益。

27.5　油气开发的会计处理

油气开发，是指为了取得探明矿区中的油气而建造或更新井及相关设施的活动。开发支出是发生于为了获得探明储量和建造或更新用于采集、处理和现场储存油气的设施而发生的支出，包括开采探明储量的开发井的成本和生产设施的支出，这些生产设施如矿区输油管、分离器、处理器、加热器、储罐、提高采收率系统和附近的天然气加工设施。

（1）对油气开发活动所发生的支出要按照油气准则具体准则规定的处理程序和方法进行处理。油气开发活动所发生的支出应当根据其用途分别予以资本化，作为油气开发形成的井及相关设施的成本。

（2）在探明矿区内，钻井至现有已探明层位的支出，作为油气开发支出；为获取新增探明经济可采储量而继续钻至未探明层位的支出，作为钻井勘探支出，按照油气准则第十三条和第十四条处理。

27.6　油气生产的会计处理

27.6.1　定义及核算范围

油气的生产成本包括相关矿区权益折耗、井及相关设施折耗、辅助设备及设施折旧以及操作费用等。操作费用包括油气生产和矿区管理过程中发生的直接和间接费用。

27.6.2　井及相关设施的折耗计提

企业应当采用产量法或年限平均法对井及相关设施计提折耗。井及相关设施包括确定发现了探明经济可采储量的探井和开采活动中形成的井，以及与开采活动直接相关的各种设施。采用产量法计提折耗的，折耗额可按照单个矿区计算，也可按照若干具有相同或类似地质构造特征或储层条件的相邻矿区所组成的矿区组计算。计算公式如下：

矿区井及相关设施折耗额 = 期末矿区井及相关设施账面价值 × 矿区井及相关设施折耗率

矿区井及相关设施折耗率 = 矿区当期产量 ÷（矿区期末探明已开发经济可采储量 + 矿区当期产量）

探明已开发经济可采储量，包括矿区的开发井网钻探和配套设施建设完成后已全面投入开采的探明经济可采储量，以及在提高采收率技术所需的设施已建成并已投产后相应增加的可采储量。

27.7　弃置义务

企业确认井及相关设施的成本时，应当根据《中华人民共和国环境保护法》和矿区所在地法律法规的要求、与利益相关方达成的协议，预计矿区废弃时应当承担的弃置义务。弃置义务应当以矿区为基础进行预计，通常涉及井及相关设施的弃置、拆移、填埋、清理、恢复生态环境等。

对于符合《企业会计准则第 13 号——或有事项》中预计负债确认条件的弃置义务，应确认为预计负债，同时计入井及相关设施成本。

企业应在油气资产的使用寿命内的每一资产负债表日对弃置义务和预计负债进行复核。如必要，企业应对其进行调整，使之反映当前最合理的估计。

对于确认为预计负债的弃置支出，在对该井及相关设施进行减值测试时，企业应以减去预计处置支出后的净额为基础进行测试。

不符合《企业会计准则第 13 号——或有事项》中预计负债确认条件的弃置费用，应在实际发生时作为清理费用处理。

27.8 披露

油气准则对与石油天然气开采活动有关的信息披露做出了规定，要求下列信息应在财务报表附注中予以披露。

（1）拥有国内和国外的油气储量年初、年末数据。

（2）当期在国内和国外发生的矿区权益的取得、油气勘探和油气开发各项支出的总额。

（3）探明矿区权益、井及相关设施的账面原值，累计折耗和减值准备累计金额及其计提方法；与油气开采活动相关的辅助设备及设施的账面原价，累计折旧和减值准备累计金额及其计提方法。

第28章
会计政策、会计估计变更和差错更正

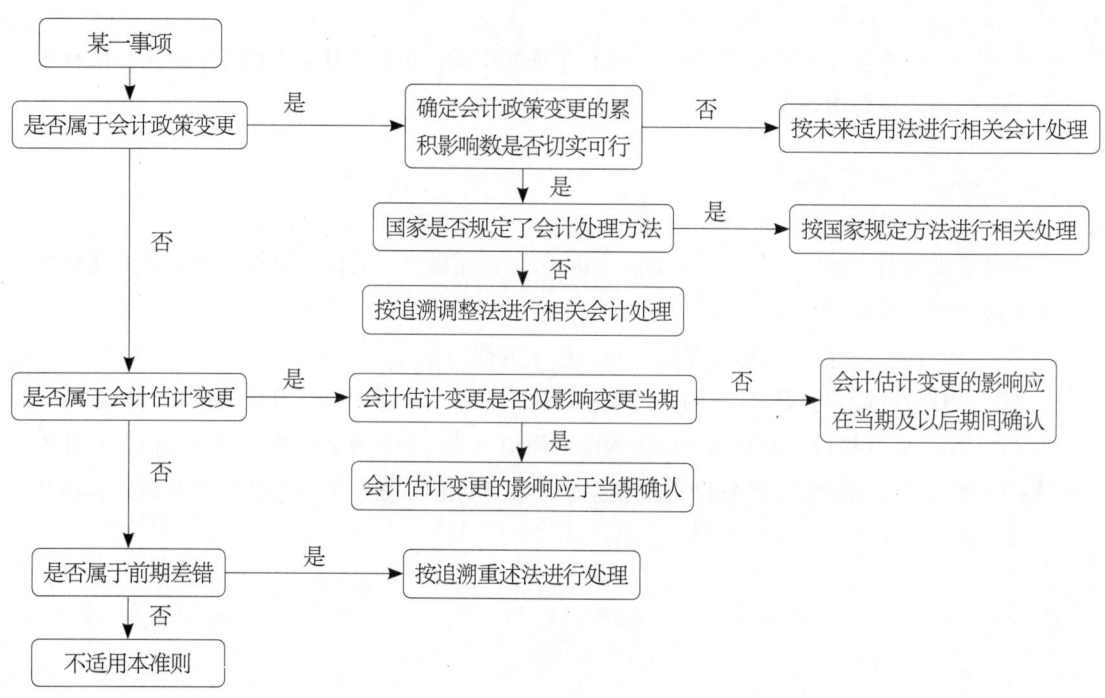

28.1 会计政策及其变更

28.1.1 会计政策概述

会计政策,是指企业在会计确认、计量和报告中所采用的原则、基础和会计处理方法。

原则,是指按照企业会计准则规定的、适合于企业会计核算所采用的具体会计原则。基础,是指为了将会计原则应用于交易或者事项而采用的基础,主要是计量基础(即计量属性),包括历史成本、重置成本、可变现净值、现值和公允价值等。

企业应当披露重要的会计政策,不具有重要性的会计政策可以不予披露。判断会计政策是否重要,应当考虑与会计政策相关项目的性质和金额。企业应当披露的重要会计政策包括以下方面。

(1)发出存货成本的计量,是指企业确定发出存货成本所采用的会计处理。

(2)长期股权投资的后续计量,是指企业取得长期股权投资后的会计处理。

(3)投资性房地产的后续计量,是指企业在资产负债表日对投资性房地产进行后续计量所采用的会计处理。

(4)固定资产的初始计量,是指对取得的固定资产初始成本的计量。

(5)生物资产的初始计量,是指对取得的生物资产初始成本的计量。

（6）无形资产的确认，是指对无形项目的支出是否确认为无形资产。

（7）非货币性资产交换的计量，是指非货币性资产交换事项中对换入资产成本的计量。

（8）收入的确认，是指收入确认所采用的会计原则。

（9）合同收入与费用的确认，是指确认建造合同的收入和费用所采用的会计处理方法。例如，企业确认建造合同的合同收入和合同费用采用完工百分比法。

（10）借款费用的处理，是指借款费用的会计处理方法，即是采用资本化还是采用费用化。

（11）合并政策，是指编制合并财务报表所采纳的原则。

28.1.2 会计政策变更

会计政策变更，是指企业对相同的交易或者事项由原来采用的会计政策改用另一会计政策的行为。为保证会计信息的可比性使财务报表使用者在比较企业一个以上会计期间的财务报表时，能够正确判断企业的财务状况、经营成果和现金流量的趋势，一般情况下，企业采用的会计政策，在每一会计期间和前后各期应当保持一致，不得随意变更。否则势必会削弱会计信息的可比性。但是，在下述两种情形下，企业可以变更会计政策：

（1）法律、行政法规或者国家统一的会计制度等要求变更；

（2）会计政策变更能够提供更可靠、更相关的会计信息。

下列两种情况不属于会计政策变更：

（1）本期发生的交易或者事项与以前相比具有本质差别而采用新的会计政策；

（2）对初次发生的或不重要的交易或者事项采用新的会计政策。对初次发生的某类交易或事项采用适当的会计政策，并未改变原有的会计政策。

28.1.3 会计政策变更的会计处理

发生会计政策变更时，有两种会计处理方法，即追溯调整法和未来适用法，两种方法适用于不同情形。

（一）追溯调整法

追溯调整法，是指对某项交易或事项变更会计政策，视同该项交易或事项初次发生时即采用变更后的会计政策，并以此对财务报表相关项目进行调整的方法。采用追溯调整法时，对于比较财务报表期间的会计政策变更，应调整各期间净损益各项目和财务报表其他相关项目，视同该政策在比较财务报表期间上一直采用。

追溯调整法通常由以下步骤构成：

第一步，计算会计政策变更的累积影响数；

第二步，编制相关项目的调整分录；

第三步，调整列报前期最早期初财务报表相关项目及其金额；

第四步，附注说明。

其中，会计政策变更累积影响数，是指按照变更后的会计政策对以前各期追溯计算的列报前期最早期初留存收益应有金额与现有金额之间的差额。会计政策变更的累积影响数可以分解为以下两个金额之间的差额：（1）在变更会计政策当期，按变更后的会计政策对以前各期追溯计算,所得到列报前期最早期初留存收益金额;(2)在变更会计政策当期,列报前期最早期初留存收益金额。上述留存收益金额,包括盈余公积和未分配利润等项目,不考虑由于损益的变化而应当补分的利润或股利。

在财务报表只提供列报项目上一个可比会计期间比较数据的情况下,上述第(2)项,在变更会计政策当期,列报前期最早期初留存收益金额,即为上期资产负债表所反映的期初留存收益,可以从上年资产负债表项目中获得;需要计算确定的是第(1)项,即按变更后的会计政策对以前各期追溯计算,所得到的上期期初留存收益金额。

累积影响数通常可以通过以下各步计算获得:

第一步,根据新会计政策重新计算受影响的前期交易或事项;

第二步,计算两种会计政策下的差异;

第三步,计算差异的所得税影响金额;

第四步,确定前期中的每一期的税后差异;

第五步,计算会计政策变更的累积影响数。

需要注意的是,对以前年度损益进行追溯调整或追溯重述的,应当重新计算各列报期间的每股收益。

【例28-1】甲公司2×18年、2×19年分别以3 600 000元和1 200 000元的价格从股票市场购入A、B两支以交易为目的的股票(假设不考虑购入股票发生的交易费用),市价一直高于购入成本。公司采用成本与市价孰低法对购入股票进行计量。公司从2×20年起对其以交易为目的购入的股票由成本与市价孰低计量改为公允价值计量,公司保存的会计资料比较齐备,可以通过会计资料追溯计算。假设所得税税率为25%,公司按净利润的10%提取法定盈余公积,按净利润的5%提取任意盈余公积。公司发行股票份额为4 500万股。两种方法计量的交易性金融资产账面价值如表28-1所示。

表28-1　　　　　　　　　交易性金融资产账面价值

单位:元

股票	成本与市价孰低	2×18年年末公允价值	2×19年年末公允价值
A股票	3 600 000	4 200 000	4 200 000
B股票	1 200 000	—	1 300 000

分析:

(1)计算改变交易性金融资产计量方法后的累积影响数,如表28-2所示。

表28-2　　　改变交易性金融资产计量方法后的累积影响数

单位:元

时间	公允价值	成本与市价孰低	税前差异	所得税影响	税后差异
2×18年年末	4 200 000	3 600 000	600 000	150 000	450 000
2×19年年末	1 300 000	1 200 000	100 000	25 000	75 000
合计	5 500 000	4 800 000	700 000	175 000	525 000

甲公司 2×20 年 12 月 31 日的比较财务报表列报前期最早期初为 2×19 年 1 月 1 日。

甲公司在 2×18 年年末按公允价值计量的账面价值为 4 200 000 元，按成本与市价孰低计量的账面价值为 3 600 000 元，两者的所得税影响合计为 150 000 元，两者差异的税后净影响额为 450 000 元，即为该公司 2×19 年年初由成本与市价孰低改为公允价值的累积影响数。

甲公司在 2×19 年年末按公允价值计量的账面价值为 5 500 000 元，按成本与市价孰低计量的账面价值为 4 800 000 元，两者的所得税影响合计为 175 000 元，两者差异的税后净影响额为 525 000 元，其中，450 000 元是调整 2×19 年累积影响数，75 000 元是调整 2×19 年当期金额。

甲公司按照公允价值重新计量 2×19 年年末 B 股票账面价值，其结果为公允价值变动收益少计了 100 000 元，所得税费用少计了 25 000 元，净利润少计了 75 000 元。

（2）编制有关项目的调整分录。

对 2×18 年有关事项的调整分录。

①对 2×18 年有关事项的调整分录。

借：交易性金融资产——公允价值变动　　　　　　　525 000
　　贷：利润分配——未分配利润　　　　　　　　　　　450 000
　　　　递延所得税负债　　　　　　　　　　　　　　　75 000

②调整利润分配。

按照净利润的 10% 提取法定盈余公积，按照净利润的 5% 提取任意盈余公积，共计提取盈余公积 450 000×15%=67 500（元）。

借：利润分配——未分配利润　　　　　　　　　　　67 500
　　贷：盈余公积　　　　　　　　　　　　　　　　　67 500

对 2×19 年有关事项的调整分录。

①调整交易性金融资产。

借：交易性金融资产——公允价值变动　　　　　　　100 000
　　贷：利润分配——未分配利润　　　　　　　　　　　75 000
　　　　递延所得税负债　　　　　　　　　　　　　　　25 000

②调整利润分配。

按照净利润的 10% 提取法定盈余公积，按照净利润的 5% 提取任意盈余公积，共计提取盈余公积 75 000×15%=11 250（元）。

借：利润分配——未分配利润　　　　　　　　　　　11 250
　　贷：盈余公积　　　　　　　　　　　　　　　　　11 250

（3）财务报表调整和重述（财务报表略）。

甲公司在列报 2×20 年财务报表时，应调整 2×20 年资产负债表有关项目的年初余额、利润表有关项目的上年金额及所有者权益变动表有关项目的上年金额和本年金额。

①资产负债表项目的调整。

调增交易性金融资产年初余额 700 000 元；调增递延所得税负债年初余额 175 000 元；调增盈余公积年初余额 78 750 元；调增未分配利润年初余额 446 250 元。

②利润表项目的调整。

调增公允价值变动收益上年金额100 000元；调增所得税费用上年金额25 000元；调增净利润上年金额75 000元；调增基本每股收益上年金额0.001 7元。

③所有者权益变动表项目的调整。

调增会计政策变更项目中盈余公积上年金额67 500元；调增未分配利润上年年初金额382 500元；调增所有者权益合计上年年初金额450 000元。

调增会计政策变更项目中盈余公积本年金额11 250元；调增未分配利润本年金额63 750元；调增所有者权益合计本年金额75 000元。

（二）未来适用法

未来适用法，是指将变更后的会计政策应用于变更日及以后发生的交易或者事项，或者在会计估计变更当期和未来期间确认会计估计变更影响数的方法。

在未来适用法下，不需要计算会计政策变更产生的累积影响数，也无须重编以前年度的财务报表。企业会计账簿记录及财务报表上反映的金额，变更之日仍保留原有的金额，不因会计政策变更而改变以前年度的既定结果，并在现有金额的基础上再按新的会计政策进行核算。

（三）会计政策变更的会计处理方法的选择

对于会计政策变更，企业应当根据具体情况，分别采用不同的会计处理方法。

（1）法律、行政法规或者国家统一的会计制度等要求变更的情况下，企业应当分别以下情况进行处理：①国家发布相关的会计处理办法，则按照国家发布的相关会计处理规定进行处理；②国家没有发布相关的会计处理办法，则采用追溯调整法进行会计处理。

（2）会计政策变更能够提供更可靠、更相关的会计信息的情况下，企业应当采用追溯调整法进行会计处理，将会计政策变更累积影响数调整列报前期最早期初留存收益，其他相关项目的期初余额和列报前期披露的其他比较数据也应当一并调整。

（3）确定会计政策变更对列报前期影响数不切实可行的，应当从可追溯调整的最早期间期初开始应用变更后的会计政策；在当期期初确定会计政策变更对以前各期累积影响数不切实可行的，应当采用未来适用法处理。

28.1.4　会计政策变更的披露

企业应当在附注中披露与会计政策变更有关的下列信息。

（1）会计政策变更的性质、内容和原因。

（2）当期和各个列报前期财务报表中受影响的项目名称和调整金额。

（3）无法进行追溯调整的，说明该事实和原因以及开始应用变更后的会计政策的时点、具体应用情况。

28.2 会计估计及其变更

28.2.1 会计估计与会计估计变更

会计估计,是指企业对结果不确定的交易或者事项以最近可利用的信息为基础所作的判断。

会计估计变更,是指由于资产和负债的当前状况及预期经济利益和义务发生了变化,从而对资产或负债的账面价值或者资产的定期消耗金额进行调整。

会计估计变更的情形包括以下两点。

第一,赖以进行估计的基础发生了变化。例如,企业的某项无形资产摊销年限原定为10年,以后发生的情况表明,该资产的受益年限已不足10年,相应调减摊销年限。

第二,取得了新的信息、积累了更多的经验。例如,企业原根据当时能够得到的信息,对应收账款每年按其余额的5%计提坏账准备。现在掌握了新的信息,判定不能收回的应收账款比例已达15%,企业改按15%的比例计提坏账准备。

28.2.2 会计政策变更与会计估计变更的划分

企业应当正确划分会计政策变更与会计估计变更,并按照不同的方法进行相关会计处理。企业应当以变更事项的会计确认、计量基础和列报项目是否发生变更作为判断该变更是会计政策变更,还是会计估计变更的划分基础。

第一,以会计确认是否发生变更作为判断基础。《企业会计准则——基本准则》规定了资产、负债、所有者权益、收入、费用和利润等6项会计要素的确认标准,是会计处理的首要环节。一般地,对会计确认的指定或选择是会计政策,其相应的变更是会计政策变更。

第二,以计量基础是否发生变更作为判断基础。《企业会计准则——基本准则》规定了历史成本、重置成本、可变现净值、现值和公允价值等5项会计计量属性,是会计处理的计量基础。一般地,对计量基础的判定或选择是会计政策,其相应的变更是会计政策变更。

第三,以列报项目是否发生变更作为判断基础。《企业会计准则第30号——财务报表列报》规定了财务报表项目应采用的列报原则。一般地,对列报项目的指定或选择是会计政策,其相应的变更是会计政策变更。

第四,根据会计确认、计量基础和列报项目所选择的、为取得与资产负债表项目有关的金额或数值(如预计使用寿命、净残值等)所采用的处理方法,不是会计政策,而是会计估计,其相应的变更是会计估计变更。

企业可以采用以下具体方法划分会计政策变更与会计估计变更:分析并判断该事项是否涉及会计确认、计量基础选择或列报项目的变更,当至少涉及上述一项划分基础变更时,该事项是会计政策变更;不涉及上述划分基础变更时,该事项可以判断为会计估计变更。例如,企业在前期将购建固定资产相关的一般借款利息计入当期损益,当期根据企业会计准则的规定,将其予以资本化,企业因此将对该事项进行变更。该事项的计量基础未发生变更,即都是以历史成本作为计量基础;该事项的会计确认发生变更,即前期将借款费用确认为一项费用,而当期将其确认为一项资产;同时,会计确认的变更导致该事项在资产负债表和利润表相关项目的列报也发生变更。该事项涉及会计确认和列报的变更,所以属于会计政策变更。

28.2.3 会计估计变更的会计处理

企业对会计估计变更应当采用未来适用法处理，即在会计估计变更当期及以后期间采用新的会计估计不改变以前期间的会计估计，也不调整以前期间的报告结果。

第一，会计估计变更仅影响变更当期的，其影响数应当在变更当期予以确认。例如，企业原按应收账款余额的5%提取坏账准备，由于企业不能收回应收账款的比例已达10%，则企业改按应收账款余额的10%提取坏账准备。这类会计估计的变更，只影响变更当期，因此，应于变更当期确认。

第二，既影响变更当期又影响未来期间的，其影响数应当在变更当期和未来期间予以确认。例如，企业的某项可计提折旧的固定资产，其有效使用年限或预计净残值的估计发生的变更，常常影响变更当期及资产以后使用年限内各个期间的折旧费用，这类会计估计的变更，应于变更当期及以后各期确认。

会计估计变更的影响数计入变更当期与前期相同的项目。为了保证不同期间的财务报表具有可比性，如果以前期间的会计估计变更的影响数计入企业日常经营活动损益，则以后期间也应计入日常经营活动损益；如果以前期间的会计估计变更的影响数计入特殊项目，则以后期间也应计入特殊项目。

第三，企业应当正确划分会计政策变更和会计估计变更，并按不同的方法进行相关会计处理。企业通过判断会计政策变更和会计估计变更划分基础仍然难以对某项变更进行区分的，应当将其作为会计估计变更处理。

28.2.4 会计估计变更的披露

企业应当在附注中披露与会计估计变更有关的下列信息：

（1）会计估计变更的内容和原因。

（2）会计估计变更对当期和未来期间的影响数。

（3）会计估计变更的影响数不能确定的，披露这一事实和原因。

28.3 前期差错及其更正

28.3.1 前期差错概述

前期差错，是指由于没有运用或错误运用下列两种信息，而对前期财务报表造成省略或错报：（1）编报前期财务报表时预期能够取得并加以考虑的可靠信息；（2）前期财务报告批准报出时能够取得的可靠信息。前期差错通常包括计算错误、应用会计政策错误、疏忽或曲解事实以及舞弊产生的影响以及存货、固定资产盘盈等。

《企业会计准则讲解》指出，没有运用或错误运用上述两种信息而形成前期差错的情形主要有：

（1）计算以及账户分类错误；

（2）采用法律、行政法规或者国家统一的会计制度等不允许的会计政策；

（3）对事实的疏忽或曲解，以及舞弊。

需要注意的是，就会计估计的性质来说，它是个近似值，随着更多信息的获得，估计可能需要进行修正，但是会计估计变更不属于前期差错更正。

28.3.2 前期差错更正的会计处理

企业应当采用追溯重述法更正重要的前期差错，但确定前期差错累积影响数不切实可行的除外。追溯重述法，是指在发现前期差错时，视同该项前期差错从未发生过，从而对财务报表相关项目进行更正的方法。

如果财务报表项目的遗漏或错误表述可能影响财务报表使用者根据财务报表所作出的经济决策，则该项目的遗漏或错误是重要的。重要的前期差错，是指足以影响财务报表使用者对企业财务状况、经营成果和现金流量作出正确判断的会计差错。不重要的前期差错，是指不足以影响财务报表使用者对企业财务状况、经营成果和现金流量作出正确判断的会计差错。

前期差错的重要性取决于在相关环境下对遗漏或错误表述的规模和性质的判断。前期差错所影响的财务报表项目的金额或性质，是判断该前期差错是否具有重要性的决定性因素。一般来说，前期差错所影响的财务报表项目的金额越大、性质越严重，其重要性水平越高。

（一）不重要的前期差错的会计处理

对于不重要的前期差错，企业不需调整财务报表相关项目的期初数，但应调整发现当期与前期相同的相关项目。属于影响损益的，应直接计入本期与上期相同的净损益项目；属于不影响损益的，应调整本期与前期相同的相关项目。

（二）重要的前期差错的会计处理

对于重要的前期差错，企业应当在其发现当期的财务报表中，调整前期比较数据。具体地说，企业应当在重要的前期差错发现当期的财务报表中，通过下述处理对其进行追溯更正：

（1）追溯重述差错发生期间列报的前期比较金额；

（2）如果前期差错发生在列报的最早前期之前，则追溯重述列报的最早前期的资产、负债和所有者权益相关项目的期初余额。

对于发生的重要的前期差错，如影响损益，应将其对损益的影响数调整发现当期的期初留存收益，财务报表其他相关项目的期初数也应一并调整；如不影响损益，应调整财务报表相关项目的期初数。

在编制比较财务报表时，对于比较财务报表期间的重要的前期差错，应调整各对应期间的净损益和其他相关项目，视同该差错在产生的当期已经更正；对于比较财务报表期间以前的重要的前期差错，应调整比较财务报表最早期间的期初留存收益，财务报表其他相关项目的数字也应一并调整。

【例28-2】B公司在2×19年发现，2×18年公司漏记一项固定资产的折旧费用120 000元，所得税申报表中未扣除该项费用。假设2×18年适用所得税税率为25%，无其他纳税调整事项。该公司按净利润的10%、5%分别提取法定盈余公积和任意盈余公积。公司发行的股票份额为1 500 000股。假定税法允许调整应交所得税。

（1）分析前期差错的影响数。

2×18年少计折旧费用120 000元；多计所得税费用30 000（120 000×25%）元；多计净利润90 000元；多计应交税费30 000（120 000×25%）元；多提法定盈余公积和任意盈余公积分别为9 000（90 000×10%）元和4 500（90 000×5%）元。

（2）编制有关项目的调整分录。

①补提折旧。

借：以前年度损益调整　　　　　　　　　　　　　　　　120 000
　　贷：累计折旧　　　　　　　　　　　　　　　　　　　120 000

②调整应交所得税。

借：应交税费——应交所得税　　　　　　　　　　　　　30 000
　　贷：以前年度损益调整　　　　　　　　　　　　　　　30 000

③将"以前年度损益调整"科目余额转入未分配利润。

借：利润分配——未分配利润　　　　　　　　　　　　　90 000
　　贷：以前年度损益调整　　　　　　　　　　　　　　　90 000

④调整利润分配有关数字。

借：盈余公积　　　　　　　　　　　　　　　　　　　　13 500
　　贷：利润分配——未分配利润　　　　　　　　　　　　13 500

（3）财务报表调整和重述（财务报表略）。

B公司在列报2×19年财务报表时，应调整2×19年资产负债表有关项目的年初余额、利润表有关项目及所有者权益变动表的上年金额。

①资产负债表项目的调整。

调增累计折旧120 000元；调减应交税费30 000元；调减盈余公积13 500元；调减未分配利润76 500元。

②利润表项目的调整。

调增营业成本上年金额120 000元；调减所得税费用上年金额30 000元；调减净利润上年金额90 000元；调减基本每股收益上年金额0.06元。

③所有者权益变动表项目的调整。

调减前期差错更正项目中盈余公积上年金额13 500元；调减未分配利润上年金额76 500元；调减所有者权益合计上年金额90 000元。

28.3.3　前期差错更正的披露

企业应当在附注中披露与前期差错更正有关的下列信息。

（1）前期差错的性质。

（2）各个列报前期财务报表中受影响的项目名称和更正金额。

（3）无法进行追溯重述的，说明该事实和原因以及对前期差错开始进行更正的时点、具体更正情况。

在以后期间的财务报表中，不需要重复披露在以前期间的附注中已披露的前期差错更正的信息。

第 29 章
资产负债表日后事项

29.1 资产负债表日后事项概述

29.1.1 资产负债表日后事项的定义

资产负债表日后事项,是指资产负债表日至财务报告批准报出日之间发生的有利或不利事项。其中,资产负债表日是指会计年度末和会计中期期末。财务报告批准报出日是指董事会或类似机构批准财务报告报出的日期。有利或不利事项是指资产负债表日后事项肯定对企业财务状况和经营成果具有一定影响。

29.1.2 资产负债表日后事项涵盖的期间

资产负债表日后事项涵盖期间是自资产负债表日次日起至财务报告批准报出日止的一段时间。财务报告批准报出以后、实际报出之前又发生与资产负债表日后事项有关的事项,并由此影响财务报告对外公布日期的,应以董事会或类似机构再次批准财务报告对外公布的日期为截止日期。

29.1.3 资产负债表日后事项分类

资产负债表日后事项包括资产负债表日后调整事项和资产负债表日后非调整事项。资产负债表日后调整事项,是指对资产负债表日已经存在的情况提供了新的或进一步证据的事项。资产负债表日后非调整事项,是指表明资产负债表日后发生的情况的事项。

29.2 资产负债表日后调整事项

29.2.1 基本处理原则

企业发生的资产负债表日后调整事项,应当调整资产负债表日的财务报表。

企业发生的资产负债表日后调整事项,通常包括下列各项。

(1)资产负债表日后诉讼案件结案,法院判决证实了企业在资产负债表日已经存在现时义务,需要调整原先确认的与该诉讼案件相关的预计负债,或确认一项新负债。

(2)资产负债表日后取得确凿证据,表明某项资产在资产负债表日发生了减值或者需要调整该项资产原先确认的减值金额。

(3)资产负债表日后进一步确定了资产负债表日前购入资产的成本或售出资产的收入。

(4)资产负债表日后发现了财务报表舞弊或差错。

年度资产负债表日后发生的调整事项，应分别按以下情况进行处理。

（1）涉及损益的事项，通过"以前年度损益调整"科目核算。同时，涉及损益的调整事项，如果发生在资产负债表日所属年度所得税汇算清缴前的，应按《企业会计准则第29号——资产负债表日后事项》要求调整报告年度应纳税所得额、应纳所得税税额；发生在报告年度所得税汇算清缴后的，应按准则要求调整本年度应纳所得税税额。

（2）涉及利润分配调整的事项，直接在"利润分配——未分配利润"科目中核算。

（3）不涉及损益以及利润分配的事项，调整相关科目。

（4）同时应调整财务报表相关项目的数字，包括：（1）资产负债表日编制的财务报表相关项目的期末数或本年发生数；（2）当期编制的财务报表相关项目的期初数或上年数；（3）经过上述调整后，如果涉及报表附注内容的，还应当调整报表附注相关项目的数字。

【例29-1】甲公司因产品质量问题被消费者起诉。2×19年12月31日法院尚未判决，考虑到消费者胜诉要求甲公司赔偿的可能性较大，甲公司为此确认了500万元的预计负债。2×20年2月20日，在甲公司2×19年度财务报告对外报出之前，法院判决消费者胜诉，要求甲公司支付赔偿款900万元。

本例中，甲公司在2×19年12月31日确认了500万元的预计负债。2×20年2月20日法院判决结果为甲公司预计负债的存在提供了进一步的证据。此时，按照2×19年12月31日存在状况编制的财务报表所提供的信息已不能真实反映企业的实际情况，应据此对财务报表相关项目的数字进行调整。

29.2.2 具体会计处理

（1）资产负债表日后诉讼案件结案，法院判决证实了企业在资产负债表日已经存在现时义务，需要调整原先确认的与该诉讼案件相关的预计负债，或确认一项新负债。

【例29-2】甲公司因违约，于2×19年12月被乙公司告上法庭，乙公司要求甲公司赔偿80万元。2×19年12月31日法院尚未判决，甲公司按或有事项准则对该诉讼事项确认预计负债50万元。2×20年3月10日，经法院判决甲应赔偿60万元，甲、乙双方均服从判决。判决当日，甲向乙支付赔偿款60万元。甲、乙两公司2×19年所得税汇算清缴在2×20年4月10日完成（假定该项预计负债产生的损失不允许税前扣除）。

本例中，2×20年3月10日的判决证实了甲、乙两公司在资产负债表日（即2×19年12月31日）分别存在现时赔偿义务和获赔权利，因此两公司都应将"法院判决"这一事项作为调整事项进行处理。

甲公司的账务处理如下。

（1）2×20年3月10日，记录支付的赔款，并调整递延所得税资产。

借：以前年度损益调整　　　　　　　　　　　　　　　　100 000
　　贷：其他应付款　　　　　　　　　　　　　　　　　　　100 000
借：应交税费——应交所得税　　　　　　　　　　　　　25 000
　　贷：以前年度损益调整　　　　　　　　　　（100 000×25%）25 000

借：应交税费——应交所得税	125 000	
贷：以前年度损益调整		125 000
借：以前年度损益调整	125 000	
贷：递延所得税资产		125 000
借：预计负债	500 000	
贷：其他应付款		500 000
借：其他应付款	600 000	
贷：银行存款		600 000

2×19年年末因确认预计负债50万元时已确认相应的递延所得税资产，日后事项发生后递延所得税资产不复存在，故应冲销相应记录。

（2）将"以前年度损益调整"科目余额转入未分配利润。

借：利润分配——未分配利润	51 000	
贷：以前年度损益调整		51 000

（3）因净利润变动，调整盈余公积。

借：盈余公积	（51 000×10%）5 100	
贷：利润分配——未分配利润		5 100

（4）调整报告年度报表（略）。

乙企业的账务处理如下。

（1）2×20年3月10日，记录收到的赔款。

借：银行存款	600 000	
贷：以前年度损益调整		600 000
借：以前年度损益调整	（600 000×25%）150 000	
贷：应交税费——应交所得税		150 000

（2）将"以前年度损益调整"科目余额转入未分配利润。

借：以前年度损益调整	305 000	
贷：利润分配——未分配利润		305 000

（3）因净利润增加，补提盈余公积。

借：利润分配——未分配利润	30 500	
贷：盈余公积	（305 000×10%）30 500	

（4）调整报告年度报表（略）。

（2）资产负债表日后取得确凿证据，表明某项资产在资产负债表日发生了减值或者需要调整该项资产原先确认的减值金额。

【例29-3】2×19年4月甲公司销售给乙公司一批产品，货款为58 000元（含增值税），乙公司于5月收到所购物资并验收入库，按合同规定，乙公司应于收到所购物资后一个月内付款。乙公司由于财务状况不佳，到2×19年12月31日仍未付款。甲公司于12月31日编制2×19年度财务报表时，已为该项应收账款提取坏账准备2 900元，12月31日资产负债表上"应收账款"项目的金额为 76 000 元,其中 55 100 元为该项应收账款。甲公司于 2×20 年 2 月 2 日(所得税汇算清缴前)收到法院通知,乙公司已宣告破产清算,无力偿还所欠部分货款,甲公司预计可收回应收账款的 40%。

本例中,甲公司在收到法院通知后,首先可判断该事项属于资产负债表日后调整事项;然后应根据调整事项的处理原则进行处理。具体过程如下。

(1)补提坏账准备。

应补提的坏账准备 = 58 000×60% - 2 900 = 31 900(元)

借:以前年度损益调整　　　　　　　　　　　　　　　　　　31 900
　　贷:坏账准备　　　　　　　　　　　　　　　　　　　　　　31 900

(2)调整递延所得税资产。

借:递延所得税资产　　　　　　　　　　　　　　　　　　　　7 975
　　贷:以前年度损益调整　　　　　　　　　　　　(31 900×25%)7 975

(3)将"以前年度损益调整"科目的余额转入未利润分配。

借:利润分配——未分配利润　　　　　　　　　　　　　　　　23 925
　　贷:以前年度损益调整　　　　　　　　　　　　(31 900-7975)23 925

(4)调整利润分配有关数字。

借:盈余公积　　　　　　　　　　　　　　　　　　　　　　2 392.50
　　贷:利润分配——未分配利润　　　　　　　　(23 925×10%)2 392.50

(5)调整报告年度财务报表相关项目的数字。

①资产负债表项目的调整。

调减应收账款净值 31 900 元;调增递延所得税资产 7 975 元;调减盈余公积 2 392.50 元;调减未分配利润 21 532.50 元。

②利润表项目的调整。

调增管理费用 31 900 元;调减所得税费用 7 975 元。

③所有者权益变动表项目的调整。

调减净利润 23 925 元,调减盈余公积 2 392.50 元。

(6)调整 2×20 年 2 月资产负债表相关项目的年初数

甲公司在编制 2×20 年 1 月的资产负债表时,按照调整前 2×19 年 12 月 31 日的资产负债表的数字作为资产负债表的年初数,由于发生了资产负债表日后调整事项,甲公司除了调整 2×19 年度资产负债表相关项目的数字外,还应当调整 2×20 年 2 月及以后月资产负债表相关项目的年初数,其年初数按照 2×19 年 12 月 31 日调整后的数字填列。

(3)资产负债表日后进一步确定了资产负债表日前购入资产的成本或售出资产的收入。

这类调整事项包括:①若资产负债表日前购入的资产已经按暂估金额等入账,资产负债表日后获得证据,可进一步确定该资产的成本,则应该对已入账的资产成本进行调整。②企业在资产负债表日已根据收入确认条件确认资产销售收入,但资产负债表日后获得关于资产收入的进一步证据,此时也应调整财务报表相关项目的金额。

资产负债表所属期间或以前期间所售商品在资产负债表日后退回的,应作为资产负债表日后调整事项处理。发生于资产负债表日后至财务报告批准报出日之间的销售追回事项，会计处理分为以下两种情况。

①涉及报告年度所属期间的销售退回发生于报告年度所得税汇算清缴之前的，应调整报告年度利润表的收入、成本等，并相应调整报告年度的应纳税所得额以及报告年度应缴纳的所得税等。

【例29-4】 甲公司2×19年12月20日销售一批商品给丙企业，取得收入100 000元（不含税，增值税税率为13%）。甲公司发出商品后，按照正常情况已确认收入，并结转成本80 000元。此笔货款到年末尚未收到，甲公司按应收账款的4%计提了坏账准备4 520元。2×20年1月18日，由于产品质量问题，本批货物被退回。按税法规定，并经税务机关批准，在应收账款余额5%的范围内计提的坏账准备可以在税前扣除，本年度除应收丙企业账款计提的坏账准备外，无其他纳税调整事项。企业于2×20年2月28日完成2×19年所得税汇算清缴。

本例中，销售退回业务发生在资产负债表日后事项涵盖期间内，应属于资产负债表日后调整事项。

甲公司的账务处理如下。

（1）2×20年1月18日，调整销售收入。

借：以前年度损益调整　　　　　　　　　　　　　　　　　100 000
　　应交税费——应交增值税（销项税额）　　　　　　　　 13 000
　　贷：应收账款　　　　　　　　　　　　　　　　　　　　　　　113 000

（2）调整坏账准备余额。

借：坏账准备　　　　　　　　　　　　　　　　　　　　　　4 520
　　贷：以前年度损益调整　　　　　　　　　　　　　　　　　　　　4 520

（3）调整销售成本。

借：库存商品　　　　　　　　　　　　　　　　　　　　　　80 000
　　贷：以前年度损益调整　　　　　　　　　　　　　　　　　　　　80 000

（4）调整应缴纳的所得税。

借：应交税费——应交所得税　　　　　　　　　　　　　　3 587.5
　　贷：以前年度损益调整　　　　　　　　　　　　　　　　　　　 3 587.5

注：3 587.5＝（100 000－80 000－113 000×5%）×25%。

（5）调整已确认的递延所得税资产。

借：递延所得税负债　　　　　　　　　　　　　　　　　　282.5
　　贷：以前年度损益调整　　　　　　　　　　　　　　　　　　　　282.5

注：282.5＝（113 000×5%－4 520）×25%。

（6）将"以前年度损益调整"科目余额转入未分配利润。

借：利润分配——未分配利润　　　　　　　　　　　　　　11 610
　　贷：以前年度损益调整　　　　　　　　　　　　　　　　　　　　11 610

注：11 610 = 100 000-80 000-4 520-3 587.5-282.5。

（7）调整盈余公积。

借：盈余公积　　　　　　　　　　　　　　　　　　（11 610×10%）1 161
　　贷：利润分配——未分配利润　　　　　　　　　　　　　　　　　1 161

②资产负债表日后事项中涉及报告年度所属期间的销售退回发生于报告年度所得税汇算清缴之后，应调整报告年度财务报表的收入、成本等，但按照税法规定在此期间的销售退回所涉及的应交所得税，应作为本年度的纳税调整事项。

【例29-5】沿用【例29-4】，假定销售退回的时间改为2×20年3月5日（即报告期所得税汇算清缴后）。

甲公司的账务处理（1）到（5）同【例29-4】。

（6）将"以前年度损益调整"科目余额转入未分配利润。

借：利润分配——未分配利润　　　　　　　　　　　　　　　　　15 197.5
　　贷：以前年度损益调整　　　　　　　　　　　　　　　　　　　15 197.5

注：15 197.5 = 100 000-282.5-80 000-4 520。

（7）调整盈余公积。

借：盈余公积　　　　　　　　　　　　　　　　　　（15 197.5×10%）1 519.75
　　贷：利润分配——未分配利润　　　　　　　　　　　　　　　　1 519.75

（4）资产负债表日后发现了财务报表舞弊或差错。

企业在资产负债表日后发现报告期或以前期间存在的财务报表舞弊或差错，应当将其作为资产负债表日后调整事项，调整报告年度的年度财务报告或中期财务报告相关项目的数字。

29.3　资产负债表日后非调整事项

企业发生的资产负债表日后非调整事项，不应当调整资产负债表日的财务报表。但资产负债表日后事项准则要求在附注中披露"每项重要的资产负债表日后非调整事项的性质、内容，及其对财务状况和经营成果的影响"。

【例29-6】甲公司2×19年度财务报告于2×20年3月20日经董事会批准对外公布。2×20年2月27日，甲公司与银行签订了5 000万元的贷款合同，用于生产项目的技术改造，贷款期限自2×20年3月1日起至2×20年12月31日止。

本例中，甲公司向银行贷款的事项发生在2×20年度，且在公司2×19年度财务报告尚未批准对外公布的期间内，即该事项发生在资产负债表日后事项所涵盖的期间内。该事项在2×19年12月31日尚未发生，与资产负债表日存在的状况无关，不影响资产负债表日企业的财务报表数字。但是，该事项属于重要事项，会影响公司以后期间的财务状况和经营成果，因此，需要在附注中予以披露。

29.4 披露

企业应当在附注中披露与资产负债表日后事项有关的下列信息。

（1）财务报告的批准报出者和财务报告批准报出日。

（2）每项重要的资产负债表日后非调整事项的性质、内容，及其对财务状况和经营成果的影响。无法做出估计的，应当说明原因。

企业在资产负债表日后取得了影响资产负债表日存在情况的新的或进一步的证据，应当调整与之相关的披露信息。

第30章
财务报表列报

30.1 财务报表概览

30.1.1 财务报表的定义

财务报表是对企业财务状况、经营成果和现金流量的结构性表述。

30.1.2 财务报表的构成

财务报表至少应包括下列组成部分：
（1）资产负债表；
（2）利润表；
（3）现金流量表（相关内容在下一章节详细介绍）；
（4）所有者权益（或股东权益，下同）变动表；
（5）附注。

30.2 财务报表列报的基本要求

30.2.1 遵循各项会计准则进行确认和计量

企业应当根据实际发生的交易和事项，遵循《企业会计准则——基本准则》和其他各项具体准则的规定进行确认和计量，并在此基础上编制财务报表。

30.2.2 以持续经营为列报基础

企业应当以持续经营为基础编制财务报表。如果企业经营出现了非持续经营，企业应当采用其他基础编制财务报表。

30.2.3 以权责发生制为编制基础

除了现金流量表按照收付实现制原则编制外，企业应当按照权责发生制原则编制财务报表。

30.2.4 遵循重要性原则

重要性是指在合理预期下，财务报表某项目的省略或错报会影响使用者据此作出经济决策的，该项目具有重要性。企业在进行重要性判断时，应从项目的性质和金额大小两方面予以判断。如果某项目单个看不具有重要性，则可与其他项目合并列报；如具有重要性，则应当单独列报。

30.2.5 保证列报的一致性

财务报表项目的列报应当在各个会计期间保持一致，不得随意变更。当会计准则要求改变，或企业经营业务的性质发生重大变化后，变更财务报表项目的列报能够提供更可靠、更相关的会计信息时，财务报表项目的列报是可以改变的。

30.2.6 保持披露金额的准确

财务报表中的资产项目和负债项目的金额、收入项目和费用项目的金额、直接计入当期利润的利得项目和损失项目的金额不得相互抵销，但其他会计准则另有规定的除外。

以下三种情况不属于抵销，可以以净额列示：（1）资产计提的减值准备，资产项目按扣除减值准备后的净额列示。（2）非日常活动产生的损益应当以同一交易形成的收入扣减费用后的净额列示。（3）一组类似交易形成的利得和损失应当以净额列示，但具有重要性的除外。

30.2.7 遵循可比性原则

当期财务报表的列报，至少应当提供所有列报项目上一可比会计期间的比较数据，以及与理解当期财务报表相关的说明，但其他会计准则另有规定的除外。

当企业追溯应用会计政策或追溯重述，或者重新分类财务报表项目时，企业应当在一套完整的财务报表中列报最早可比期间期初的财务报表。

财务报表项目的列报发生变更的，应当对上期比较数据按照当期的列报要求进行调整，并在附注中披露调整的原因和性质，以及调整的各项目金额。对上期比较数据进行调整不切实可行的，应当在附注中披露不能调整的原因。

30.2.8 财务报表表首的列报要求

企业应当在财务报表的显著位置至少披露下列各项：
（1）编报企业的名称；
（2）资产负债表日或财务报表涵盖的会计期间；
（3）人民币金额单位；
（4）财务报表是合并财务报表的，应当予以标明。

30.2.9 报告期间

企业至少应当按年编制财务报表。年度财务报表涵盖的期间短于一年的，应当披露年度财务报表的涵盖期间、短于一年的原因以及报表数据不具可比性的事实。

30.3 资产负债表列报

30.3.1 资产负债表的定义

资产负债表是反映企业在某一特定日期的财务状况的财务报表。

30.3.2 资产负债表项目列报分类

（一）资产的流动性划分

资产满足下列条件之一的，应当归类为流动资产。

（1）预计在一个正常营业周期中变现、出售或耗用。

（2）主要为交易目的而持有。

（3）预计在资产负债表日起一年内（含一年，下同）变现。

（4）自资产负债表日起一年内，交换其他资产或清偿负债的能力不受限制的现金或现金等价物。

流动资产以外的资产应当归类为非流动资产，并应按其性质分类列示。

（二）负债的流动性划分

负债满足下列条件之一的，应当归类为流动负债。

（1）预计在一个正常营业周期中清偿。

（2）主要为交易目的而持有。

（3）自资产负债表日起一年内到期应予以清偿。

（4）企业无权自主地将清偿推迟至资产负债表日后一年以上。

流动负债以外的负债应当归类为非流动负债，并应按其性质分类列示。

企业对资产和负债进行流动性分类时，应当采用相同的正常营业周期。企业正常营业周期中的经营性负债项目即使在资产负债表日后超过一年才予清偿的，仍应划分为流动负债。

（三）特殊处理

1. 持有待售资产及负债处理

被划分为持有待售的非流动资产以及被划分为持有待售处置组中的资产，应当归类为流动资产。被划分为持有待售的非流动负债以及被划分为持有待售的处置组中的与转让资产相关的负债，应当归类为流动负债。

2. 可展期负债的处理

对于在资产负债表日起一年内到期的负债，企业有意图且有能力自主地将清偿义务展期至资产负债表日后一年以上的，应当归类为非流动负债；不能自主地将清偿义务展期的，即使在资产负债表日后、财务报告批准报出日前签订了重新安排清偿计划协议，该项负债仍应归类为流动负债。

3. 有清偿期限的负债处理

企业在资产负债表日或之前违反了长期借款协议，导致贷款人可随时要求清偿的负债，应当归类为流动负债。

贷款人在资产负债表日或之前同意提供在资产负债表日后一年以上的宽限期，企业能够在此期限内改正违约行为，且贷款人不能要求随时清偿的，该项负债应当归类为非流动负债。

其他长期负债存在类似情况的，比照上述第 1 点和第 2 点处理。

（四）单独列报项目

资产负债表中的资产类至少应当单独列示反映下列信息的项目：

(1)货币资金;(2)以公允价值计量且其变动计入当期损益的金融资产;(3)应收款项;(4)预付款项;(5)存货;(6)被划分为持有待售的非流动资产及被划分为持有待售的处置组中的资产;(7)其他债权投资、其他权益工具投资;(8)债权投资;(9)长期股权投资;(10)投资性房地产;(11)固定资产;(12)生物资产;(13)无形资产;(14)递延所得税资产。

资产负债表中的资产类至少应当包括流动资产和非流动资产的合计项目,按照企业的经营性质不切实可行的除外。

资产负债表中的负债类至少应当单独列示反映下列信息的项目:

(1)短期借款;(2)以公允价值计量且其变动计入当期损益的金融负债;(3)应付款项;(4)预收款项;(5)应付职工薪酬;(6)应交税费;(7)被划分为持有待售的处置组中的负债;(8)长期借款;(9)应付债券;(10)长期应付款;(11)预计负债;(12)递延所得税负债。

资产负债表中的负债类至少应当包括流动负债、非流动负债和负债的合计项目,按照企业的经营性质不切实可行的除外。

资产负债表中的所有者权益类至少应当单独列示反映下列信息的项目:

(1)实收资本(或股本,下同);(2)资本公积;(3)盈余公积;(4)未分配利润。

在合并资产负债表中,应当在所有者权益类单独列示少数股东权益。

另外,资产负债表中的所有者权益类应当包括所有者权益的合计项目;资产负债表应当列示资产总计项目,负债和所有者权益总计项目。

30.3.3 资产负债表列报格式

(一)一般企业资产负债表格式及列示

一般企业资产负债表格式及列示如表 30-1 所示。

表 30-1　　　　　　　　　　　资产负债表

会企 01 表

编制单位:　　　　　　　　　　　___年___月___日　　　　　　　　　　单位:元

资产	期末余额	上年年末余额	负债和所有者权益(或股东权益)	期末余额	上年年末余额
流动资产:			流动负债:		
货币资金			短期借款		
交易性金融资产			交易性金融负债		
衍生金融资产			衍生金融负债		
应收票据			应付票据		
应收账款			应付账款		
应收款项融资			预收款项		
预付款项			合同负债		
其他应收款			应付职工薪酬		
存货			应交税费		

续表

资产	期末余额	上年年末余额	负债和所有者权益（或股东权益）	期末余额	上年年末余额
合同资产			其他应付款		
持有待售资产			持有待售负债		
一年内到期的非流动资产			一年内到期的非流动负债		
其他流动资产			其他流动负债		
流动资产合计			流动负债合计		
非流动资产：			非流动负债：		
债权投资			长期借款		
其他债权投资			应付债券		
长期应收款			其中：优先股		
长期股权投资			永续债		
其他权益工具投资			租赁负债		
其他非流动金融资产			长期应付款		
投资性房地产			预计负债		
固定资产			递延收益		
在建工程			递延所得税负债		
生产性生物资产			其他非流动负债		
油气资产			非流动负债合计		
使用权资产			负债合计		
无形资产			所有者权益（或股东权益）：		
开发支出			实收资本（或股本）		
商誉			其他权益工具		
长期待摊费用			其中：优先股		
递延所得税资产			永续债		
其他非流动资产			资本公积		
非流动资产合计			减：库存股		
			其他综合收益		
			专项储备		
			盈余公积		
			未分配利润		
			所有者权益（或股东权益）合计		
资产总计			负债和所有者权益（或股东权益）总计		

（二）一般企业资产负债表项目的具体填列

1. 资产负债表各项目均需填列"期末余额"和"上年年末余额"两栏

资产负债表的"上年年末余额"栏内各项数字，应根据上年年末资产负债表的"期末余额"栏内所列数字填列。如果上年度资产负债表规定的各个项目的名称和数字与本年度不相一致，应按照本年度的规定对上年年末资产负债表各项目的名称和数字进行调整，填入本表"上年年末余额"栏。

资产负债表的"期末余额"栏的填列方法：根据总账科目余额填列；根据明细账科目余额计算填列；根据总账科目和明细账科目余额分析计算填列；根据有关科目余额减去其备抵科目余额后的净额填列；综合运用上述填列方法分析填列。

2. 资产项目的填列说明

（1）"货币资金"项目，反映企业库存现金、银行结算户存款、外埠存款、银行汇票存款、银行本票存款、信用卡存款、信用证保证金存款等的合计数。本项目应根据"库存现金""银行存款""其他货币资金"科目期末余额的合计数填列。

（2）"交易性金融资产"项目，反映资产负债表日企业分类为以公允价值计量且其变动计入当期损益的金融资产，以及企业持有的指定为以公允价值计量且其变动计入当期损益的金融资产的期末账面价值。本项目应根据"交易性金融资产"科目的相关明细科目期末余额分析填列。自资产负债表日起超过一年到期且预期持有超过一年的以公允价值计量且其变动计入当期损益的非流动金融资产的期末账面价值，在"其他非流动金融资产"项目反映。

（3）"衍生金融资产"项目，反映企业衍生金融工具业务，应根据"衍生工具""套期工具""被套期项目"等科目的期末借方余额分析计算填列。

（4）"应收票据"项目，反映资产负债表日以摊余成本计量的、企业因销售商品、提供服务等收到的商业汇票，包括银行承兑汇票和商业承兑汇票。本项目应根据"应收票据"科目的期末余额，减去"坏账准备"科目中相关坏账准备期末余额后的金额分析填列。

（5）"应收账款"项目，反映资产负债表日以摊余成本计量的、企业因销售商品、提供服务等经营活动应收取的款项。本项目应根据"应收账款"和"预收账款"借方余额合计填列，减去"坏账准备"科目中相关坏账准备期末余额后的金额分析填列。

（6）"应收款项融资"项目，反映资产负债表日以公允价值计量且其变动计入其他综合收益的应收票据和应收账款等。

（7）"预付款项"项目，反映企业按照购货合同规定预付给供应单位的款项等。本项目应根据"预付账款"和"应付账款"科目所属各明细科目的期末借方余额合计数，减去"坏账准备"科目中有关预付账款计提的坏账准备期末余额后的净额填列。如"预付账款"科目所属明细科目期末为贷方余额，应在资产负债表"应付账款"项目内填列。

（8）"其他应收款"项目，反映企业除应收票据、应收账款、预付账款等经营活动以外的其他各种应收、暂付的款项。本项目应根据"应收利息""应收股利"和"其他应收款"科目的期末余额合计数，减去"坏账准备"科目中相关坏账准备期末余额后的金额填列。其中的"应收利息"仅反映相关金融工具已到期可收取但于资产负债表日尚未收到的利息。基于实际利率法计提的金融工具的利息应包含在相应金融工具的账面余额中。

（9）"存货"项目，反映企业期末在库、在途和在加工中的各种存货的可变现净值或成本（成本与可变现净值孰低）。存货包括各种材料、商品、在产品、半成品、包装物、低值易耗品、发出商品等。本项目应根据"材料采购""原材料""库存商品""周转材料""委托加工物资""发出商品""生产成本""受托代销商品"等科目的期末余额合计数，减去

"受托代销商品款""存货跌价准备"科目期末余额后的净额填列。材料采用计划成本核算，以及库存商品采用计划成本核算或售价核算的企业，还应按加减材料成本差异、商品进销差价后的金额填列。

（10）"合同资产"项目，反映企业按照相关规定，根据本企业履行履约义务与客户付款之间的关系在资产负债表中列示的合同资产。"合同资产"项目应根据"合同资产"科目的相关明细科目期末余额分析填列，同一合同下的合同资产和合同负债应当以净额列示，其中净额为借方余额的，应当根据其流动性在"合同资产"或"其他非流动资产"项目中填列，已计提减值准备的，还应以减去"合同资产减值准备"科目中相关的期末余额后的金额填列；其中净额为贷方余额的，应当根据其流动性在"合同负债"或"其他非流动负债"项目中填列。

（11）"持有待售资产"项目，反映资产负债表日划分为持有待售类别的非流动资产及划分为持有待售类别的处置组中的流动资产和非流动资产的期末账面价值。本项目应根据"持有待售资产"科目的期末余额，减去"持有待售资产减值准备"科目的期末余额后的金额填列。

（12）"一年内到期的非流动资产"项目，反映企业预计自资产负债表日起一年内变现的非流动资产。本项目应根据有关科目的期末余额分析填列。对于按照相关会计准则采用折旧（或摊销、折耗）方法进行后续计量的固定资产、使用权资产、无形资产和长期待摊费用等非流动资产，折旧（或摊销、折耗）年限（或期限）只剩一年或不足一年的，或预计在一年内（含一年）进行折旧（或摊销、折耗）的部分，不得归类为流动资产，仍在各该非流动资产项目中填列，不转入"一年内到期的非流动资产"项目。

（13）"其他流动资产"项目，反映企业除以上流动资产项目外的其他流动资产，应根据有关账户的期末余额填列。

（14）"债权投资"项目，反映资产负债表日企业以摊余成本计量的长期债权投资的期末账面价值。本项目应根据"债权投资"科目的相关明细科目期末余额，减去"债权投资减值准备"科目中相关减值准备的期末余额后的金额分析填列。自资产负债表日起一年内到期的长期债权投资的期末账面价值，在"一年内到期的非流动资产"项目反映。企业购入的以摊余成本计量的一年内到期的债权投资的期末账面价值，在"其他流动资产"项目反映。

（15）"其他债权投资"项目，反映资产负债表日企业分类为以公允价值计量且其变动计入其他综合收益的长期债权投资的期末账面价值。本项目应根据"其他债权投资"科目的相关明细科目期末余额分析填列。自资产负债表日起一年内到期的长期债权投资的期末账面价值，在"一年内到期的非流动资产"项目反映。企业购入的以公允价值计量且其变动计入其他综合收益的债权投资的期末账面价值，在"其他流动资产"项目反映。

（16）"长期应收款"项目，反映企业租赁产生的应收款项和采用递延方式分期收款、实质上具有融资性质的销售商品和提供劳务等经营活动产生的应收款项。本项目应根据"长期应收款"科目的期末余额，减去相应的"未实现融资收益"科目和"坏账准备"科目所属相关明细科目期末余额后的金额填列。

（17）"长期股权投资"项目，反映投资方对被投资单位实施控制、重大影响的权益性投资，以及对其合营企业的权益性投资。本项目应根据"长期股权投资"科目的期末余额，减去"长期股权投资减值准备"科目的期末余额后的净额填列。

(18)"其他权益工具投资"项目,反映资产负债表日企业指定为以公允价值计量且其变动计入其他综合收益的非交易性权益工具投资的期末账面价值。本项目应根据"其他权益工具投资"科目的期末余额填列。

(19)"固定资产"项目,反映资产负债表日企业固定资产的期末账面价值和企业尚未清理完毕的固定资产清理净损益。本项目应根据"固定资产"科目的期末余额,减去"累计折旧"和"固定资产减值准备"科目的期末余额后的金额,以及"固定资产清理"科目的期末余额填列。

(20)"在建工程"项目,反映资产负债表日企业尚未达到预定可使用状态的在建工程的期末账面价值和企业为在建工程准备的各种物资的期末账面价值。本项目应根据"在建工程"科目的期末余额,减去"在建工程减值准备"科目的期末余额后的金额,以及"工程物资"科目的期末余额,减去"工程物资减值准备"科目的期末余额后的金额填列。

(21)"生产性生物资产"项目,反映企业为产出农产品、提供劳务或出租等目的而持有的生物资产,包括经济林、薪炭林、产畜和役畜等。它属于报表的资产类科目,应根据"生产性生物资产"科目的期末余额,减去"生产性生物资产累计折旧"科目的期末余额后的净额填列。

(22)"油气资源产"项目,它核算企业(石油天然气开采)持有的矿区权益和油气井及相关设施的原价。企业(石油天然气开采)可以单独设置"油气资产清理"科目,比照"固定资产清理"科目进行处理。企业(石油天然气开采)与油气开采活动相关的辅助设备及设施在"固定资产"科目核算。

(23)"使用权资产"项目,反映资产负债表日承租人企业持有的使用权资产的期末账面价值。本项目应根据"使用权资产"科目的期末余额,减去"使用权资产累计折旧"和"使用权资产减值准备"科目的期末余额后的金额填列。

(24)"无形资产"项目,反映企业持有的专利权、非专利技术、商标权、著作权、土地使用权等无形资产的成本减去累计摊销和减值准备后的净值。本项目应根据"无形资产"科目的期末余额,减去"累计摊销"和"无形资产减值准备"科目期末余额后的净额填列。

(25)"开发支出"项目,反映企业开发无形资产过程中能够资本化形成无形资产成本的支出部分。本项目应当根据"研发支出"科目中所属的"资本化支出"明细科目期末余额填列。

(26)"商誉"项目,是指企业合并过程中,购买方的合并成本大于合并中取得的被购买方可辨认净资产公允价值的差额。换个角度看,商誉是能在未来期间为企业带来超额利润的潜在经济价值。该项目根据"商誉"账户的余额减去"商誉减值准备"账户余额后的差额填列。

(27)"长期待摊费用"项目,反映企业已经发生但应由本期和以后各期负担的分摊期限在一年以上的各项费用。长期待摊费用中在一年内(含一年)摊销的部分,在资产负债表"一年内到期的非流动资产"项目填列。本项目应根据"长期待摊费用"科目的期末余额,减去将于一年内(含一年)摊销的数额后的金额分析填列。

(28)"递延所得税资产"项目,反映企业根据所得税准则确认的可抵扣暂时性差异产生的所得税资产。本项目应根据"递延所得税资产"科目的期末余额填列。

（29）"其他非流动资产"项目，反映企业除上述非流动资产以外的其他非流动资产。本项目应根据有关科目的期末余额填列。

3. 负债项目的填列说明

（1）"短期借款"项目，反映企业向银行或其他金融机构等借入的期限在一年以下（含一年）的各种借款。本项目应根据"短期借款"科目的期末余额填列。

（2）"交易性金融负债"项目，反映资产负债表日企业承担的交易性金融负债，以及企业持有的直接指定为以公允价值计量且其变动计入当期损益的金融负债的期末账面价值；本项目应根据"交易性金融负债"科目的相关明细科目期末余额填列。

（3）"衍生金融负债"项目，反映企业衍生金融工具业务，应根据"衍生工具""套期工具""被套期项目"等科目的期末贷方余额分析计算填列。

（4）"应付票据"项目，反映资产负债表日以摊余成本计量的、企业因购买材料、商品和接受服务等开出、承兑的商业汇票，包括银行承兑汇票和商业承兑汇票。本项目应根据"应付票据"科目的期末余额填列。

（5）"应付账款"项目，反映资产负债表日以摊余成本计量的、企业因购买材料、商品和接受服务等经营活动应支付的款项。本项目应根据"应付账款"和"预付账款"科目所属的相关明细科目的期末贷方余额合计数填列。

（6）"预收款项"项目，反映企业按照购货合同规定预收供应单位的款项。本项目应根据"预收账款"和"应收账款"科目所属各明细科目的期末贷方余额合计数填列。如"预收账款"科目所属明细科目期末为借方余额，应在资产负债表"应收账款"项目内填列。

（7）"合同负债"项目，反映企业按照《企业会计准则第14号——收入》（2017）的相关规定,根据本企业履行履约义务与客户付款之间的关系在资产负债表中列示的合同负债。"合同负债"项目应根据"合同负债"的相关明细科目期末余额分析填列。

（8）"应付职工薪酬"项目，反映企业为获得职工提供的服务或解除劳动关系而给予的各种形式的报酬或补偿。企业提供给职工配偶、子女、受赡养人、已故员工遗属及其他受益人等的福利，也属于职工薪酬。职工薪酬主要包括短期薪酬、离职后福利、辞退福利和其他长期职工福利。本项目应根据"应付职工薪酬"科目所属各明细科目的期末贷方余额分析填列。外商投资企业按规定从净利润中提取的职工奖励及福利基金，也在本项目列示。

（9）"应交税费"项目，反映企业按照税法规定计算应交的各种税费，包括增值税、消费税、城市维护建设税、教育费附加、企业所得税、资源税、土地增值税、房产税、城镇土地使用税、车船税、矿产资源补偿费等。企业代扣代缴的个人所得税，也通过本项目列示。企业所交的税金不需要预计应交数的，如印花税、耕地占用税等，不在本项目列示。本项目应根据"应交税费"科目的期末贷方余额填列，如"应交税费"科目期末为借方余额，应以"-"号填列。需要说明的是："应交税费"科目下的"应交增值税""未交增值税""待抵扣进项税额""待认证进项税额""增值税留抵税额"等明细科目期末借方余额应根据情况，在资产负债表中的"其他流动资产"或"其他非流动资产"项目列示；"应交税费——待转销项税额"等科目期末贷方余额应根据情况，在资产负债表中的"其他流动负债"或"其他非流动负债"项目列示；"应交税费"科目下的"未交增值税""简易计税""转让金融商品应交增值税""代扣代缴增值税"等科目期末贷方余额应在资产负债表中的"应交税费"项目列示。

（10）"其他应付款"项目，反映企业除应付票据、应付账款、预收账款、应付职工薪酬、应交税费等经营活动以外的其他各项应付、暂收的款项。本项目应根据"应付利息""应付股利""其他应付款"科目的期末余额合计数填列。其中，"应付利息"科目仅反映相关金融工具已到期应支付但于资产负债表日尚未支付的利息。基于实际利率法计提的金融工具的利息应包含在相应金融工具的账面余额中。

（11）"持有待售负债"项目，反映资产负债表日处置组中与划分为持有待售类别的资产直接相关的负债的期末账面价值。本项目应根据"持有待售负债"科目的期末余额填列。

（12）"一年内到期的非流动负债"项目，反映企业非流动负债中将于资产负债表日后一年内到期部分的金额，如将于一年内偿还的长期借款。本项目应根据有关科目的期末余额分析填列。

（13）"其他流动负债"项目，反映企业除以上流动负债项目外的其他流动负债，应根据有关账户的期末余额填列。

（14）"长期借款"项目，反映企业向银行或其他金融机构借入的期限在一年以上（不含一年）的各项借款。本项目应根据"长期借款"科目的期末余额，扣除"长期借款"科目所属的明细科目中将在资产负债表日起一年内到期且企业不能自主地将清偿义务展期的长期借款后的金额计算填列。

（15）"应付债券"项目，反映企业为筹集长期资金而发行的债券本金及应付的利息。本项目应根据"应付债券"科目的期末余额分析填列。对于资产负债表日企业发行的金融工具，分类为金融负债的，应在本项目填列，对于优先股和永续债还应在本项目下的"优先股"项目和"永续债"项目分别填列。

（16）"租赁负债"项目，反映资产负债表日承租人企业尚未支付的租赁付款额的期末账面价值。本项目应根据"租赁负债"科目的期末余额填列。自资产负债表日起一年内到期应予以清偿的租赁负债的期末账面价值，在"一年内到期的非流动负债"项目反映。

（17）"长期应付款"项目，反映资产负债表日企业除长期借款和应付债券以外的其他各种长期应付款项的期末账面价值。本项目应根据"长期应付款"科目的期末余额，减去相关的"未确认融资费用"科目的期末余额后的金额，以及"专项应付款"科目的期末余额填列。

（18）"预计负债"项目，反映企业根据或有事项等相关准则确认的各项预计负债，包括对外提供担保、未决诉讼、产品质量保证、重组义务以及固定资产和矿区权益弃置义务等产生的预计负债。本项目应根据"预计负债"科目的期末余额填列。企业按照相关规定，对贷款承诺等项目计提的损失准备，应当在本项目中填列。

（19）"递延收益"项目，反映尚待确认的收入或收益。本项目核算包括企业根据政府补助准则确认的应在以后期间计入当期损益的政府补助金额、售后租回形成融资租赁的售价与资产账面价值差额等其他递延性收入。本项目应根据"递延收益"科目的期末余额填列。本项目中摊销期限只剩一年或不足一年的，或预计在一年内（含一年）进行摊销的部分，不得归类为流动负债，仍在本项目中填列，不转入"一年内到期的非流动负债"项目。

（20）"递延所得税负债"项目，反映企业根据所得税准则确认的应纳税暂时性差异产生的所得税负债。本项目应根据"递延所得税负债"科目的期末余额填列。

（21）"其他非流动负债"项目，反映企业除以上非流动负债以外的其他非流动负债。本项目应根据有关科目期末余额，减去将于一年内（含一年）到期偿还数后的余额分析填列。非流动负债各项目中将于一年内（含一年）到期的非流动负债，应在"一年内到期的非流动负债"项目内反映。

4. 所有者权益项目的填列说明

（1）"实收资本（或股本）"项目，反映企业各投资者实际投入的资本（或股本）总额。本项目应根据"实收资本（或股本）"科目的期末余额填列。

（2）"其他权益工具"项目，反映资产负债表日企业发行在外的除普通股以外分类为权益工具的金融工具的期末账面价值，并下设"优先股"和"永续债"两个项目，分别反映企业发行的分类为权益工具的优先股和永续债的账面价值。

（3）"资本公积"项目，反映企业收到投资者出资超出其在注册资本或股本中所占的份额以及直接计入所有者权益的利得和损失等。本项目应根据"资本公积"科目的期末余额填列。

（4）"其他综合收益"项目，反映企业其他综合收益的期末余额。本项目应根据"其他综合收益"科目的期末余额填列。

（5）"专项储备"项目，反映高危行业企业按国家规定提取的安全生产费的期末账面价值。本项目应根据"专项储备"科目的期末余额填列。

（6）"盈余公积"项目，反映企业盈余公积的期末余额。本项目应根据"盈余公积"科目的期末余额填列。

（7）"未分配利润"项目，反映企业尚未分配的利润。本项目应根据"本年利润"科目和"利润分配"科目的余额计算填列。未弥补的亏损在本项目内以"-"号填列。

【例30-1】2×19年12月31日，甲公司的资产负债情况如下。

（1）"库存现金"科目余额为0.1万元，"银行存款"科目余额为100.9万元，"其他货币资金"科目余额为99万元。

（2）"应收票据"科目余额为1 300万元，"坏账准备"科目中有关应收票据计提的坏账准备余额为45万元。

（3）"发出商品"科目借方余额为800万元，"生产成本"科目借方余额为300万元，"原材料"科目借方余额为100万元，"委托加工物资"科目借方余额为200万元，"材料成本差异"科目贷方余额为25万元，"存货跌价准备"科目贷方余额为100万元，"受托代销商品"科目借方余额为400万元，"受托代销商品款"科目贷方余额为400万元。

（4）甲公司计划出售一项固定资产，该固定资产于2×19年12月31日被划分为持有待售固定资产，其账面价值为315万元，从划归为持有待售固定资产的下个月起停止计提折旧，不考虑其他因素。

（5）"固定资产"科目借方余额为4 000万元，"累计折旧"科目贷方余额为2 000万元，

"固定资产减值准备"科目贷方余额为500万元,"固定资产清理"科目借方余额为500万元。

(6)"无形资产"科目借方余额为800万元,"累计摊销"科目贷方余额为200万元,"无形资产减值准备"科目贷方余额为100万元。

(7)"短期借款"科目的余额如下:银行质押借款10万元,信用借款40万元。

(8)"应付票据"科目的余额如下:银行承兑汇票25万元,商业承兑汇票10万元。

(9)"应付职工薪酬"科目明细项目如下:工资、奖金、津贴和补贴70万元,社会保险费(含医疗保险、工伤保险)5万元,设定提存计划(含基本养老保险费)2.5万元,住房公积金2万元,工会经费和职工教育经费0.5万元。

(10)"长期借款"科目余额为155万元,其中自乙银行借入的5万元借款将于一年内到期,甲公司不具有自主展期清偿的权利。

(11)甲公司是由A公司于2×01年3月1日注册成立的有限责任公司,注册资本为人民币5 000万元,A公司以货币资金5 000万元人民币出资,占注册资本的100%,持有甲公司100%的权益。上述实收资本已于2×01年3月1日经相关会计师事务所出具的验资报告验证。该资本投入自2×01年至2×19年末未发生变动。

本例中,2×19年12月31日,甲公司资产负债表应填列如下。

(1)"货币资金"项目"期末余额"栏的列报金额=0.1+100.9+99=200(万元)。

(2)"应收票据"项目"期末余额"栏的列报金额=1 300-45=1 255(万元)。

(3)"存货"项目"期末余额"栏的列报金额=800+300+100+200-25-100+400-400=1 275(万元)。

(4)"持有待售资产"项目"期末余额"栏的列报金额为315万元。

(5)"固定资产"项目"期末余额"栏的列报金额=4 000-2 000-500+500=2 000(万元)。

(6)"无形资产"项目"期末余额"栏的列报金额=800-200-100=500(万元)。

(7)"短期借款"项目"期末余额"栏的列报金额=10+40=50(万元)。

(8)"应付票据"项目"期末余额"栏的列报金额=25+10=35(万元)。

(9)"应付职工薪酬"项目"期末余额"栏的列报金额=70+5+2.5+2+0.5=80(万元)。

(10)"长期借款"项目"期末余额"栏的列报金额=155-5=150(万元),"一年内到期的非流动负债"项目"期末余额"栏的列报金额为5万元。

(11)"实收资本(或股本)"项目"期末余额"栏的列报金额为5 000万元。

据此,甲公司编制的2×19年12月31日的资产负债表如表30-2所示。

表30-2　　　　　　　　　　　　　资产负债表

会企01表

编制单位:甲公司　　　　　　2×19年12月31日　　　　　　单位:元

资产	期末余额	上年年末余额	负债和所有者权益(或股东权益)	期末余额	上年年末余额
流动资产:			流动负债:		
货币资金	2 000 000		短期借款	500 000	
交易性金融资产			交易性金融负债		

续表

资产	期末余额	上年年末余额	负债和所有者权益（或股东权益）	期末余额	上年年末余额
衍生金融资产			衍生金融负债		
应收票据	12 550 000		应付票据	350 000	
应收账款			应付账款		
应收款项融资			预收款项		
预付款项			合同负债		
其他应收款			应付职工薪酬	800 000	
存货	12 750 000		应交税费		
合同资产			其他应付款		
持有待售资产	3 150 000		持有待售负债		
一年内到期的非流动资产			一年内到期的非流动负债	50 000	
其他流动资产			其他流动负债		
流动资产合计	30 450 000		流动负债合计	1 700 000	
非流动资产：			非流动负债：		
债权投资			长期借款	1 500 000	
其他债权投资			应付债券		
长期应收款			其中：优先股		
长期股权投资			永续债		
其他权益工具投资			租赁负债		
其他非流动金融资产			长期应付款		
投资性房地产			预计负债		
固定资产	20 000 000		递延收益		
在建工程			递延所得税负债		
生产性生物资产			其他非流动负债		
油气资产			非流动负债合计	1 500 000	
使用权资产			负债合计	3 200 000	
无形资产	5 000 000		所有者权益（或股东权益）：		
开发支出			实收资本（或股本）	50 000 000	
商誉			其他权益工具		
长期待摊费用			其中：优先股		
递延所得税资产			永续债		
其他非流动资产			资本公积		
非流动资产合计	25 000 000		减：库存股		
			其他综合收益		
			专项储备		
			盈余公积		

续表

资产	期末余额	上年年末余额	负债和所有者权益（或股东权益）	期末余额	上年年末余额
			未分配利润	2 250 000	
			所有者权益（或股东权益）合计	52 250 000	
资产总计	55 450 000		负债和所有者权益（或股东权益）总计	55 450 000	

30.4 利润表列报

30.4.1 利润表的定义及项目列报原则和具体适用

（一）利润表定义

利润表是反映企业在一定会计期间的经营成果的财务报表。

（二）费用列报方法

费用应当按照功能分类，分为从事经营业务发生的成本、管理费用、销售费用和财务费用等。

另外，企业可以在附注中披露费用按照性质分类的利润表补充资料。费用按其性质可分为耗用的原材料、职工薪酬费用、折旧费、摊销费等。

（三）综合收益的列报

综合收益是指企业在某一期间除与所有者以其所有者身份进行的交易之外的其他交易或事项所引起的所有者权益变动。综合收益总额项目反映净利润和其他综合收益扣除所得税影响后的净额相加后的合计金额。

其他综合收益，是指企业根据其他会计准则规定未在当期损益中确认的各项利得和损失。企业应当以扣除相关所得税影响后的净额在利润表上单独列示各项其他综合收益项目，并且分为下列两类列报。

1. 以后会计期间不能重分类进损益的其他综合收益项目

（1）重新计量设定受益计划净负债或净资产导致的变动。

（2）按照权益法核算的在被投资单位不能重分类进损益的其他综合收益变动中所享有的份额。

2. 以后会计期间在满足规定条件时将重分类进损益的其他综合收益项目

（1）按照权益法核算的在被投资单位可重分类进损益的其他综合收益变动中所享有的份额。

（2）分类为以公允价值计量且其变动计入其他综合收益的金融资产公允价值变动、分类为以公允价值计量且其变动计入其他综合收益的金融资产信用减值准备。

（3）现金流量套期工具产生的利得或损失中属于有效套期的部分。

(4) 外币财务报表折算差额。

(5) 根据相关会计准则规定的其他项目。

30.4.2 利润表列报总要求

利润表中费用应当按照功能分类，分为从事经营业务发生的成本、管理费用、销售费用和财务费用等。利润表至少应当单独列示反映下列信息的项目：（1）营业收入；（2）营业成本；（3）税金及附加；（4）管理费用；（5）销售费用；（6）财务费用；（7）投资收益；（8）公允价值变动损益；（9）资产减值损失；（10）非流动资产处置损益；（11）所得税费用；（12）净利润；（13）其他综合收益各项目分别扣除所得税影响后的净额；（14）综合收益总额。

在合并利润表中，企业应当在净利润项目之下单独列示归属于母公司的损益和归属于少数股东的损益，在综合收益总额项目之下单独列示归属于母公司所有者的综合收益总额和归属于少数股东的综合收益总额。

30.4.3 利润表项目列报

（一）一般企业利润表格式

一般企业利润表格式及列示如表30-3所示。

表 30-3　　　　　　　　　　　利润表

会企02表

编制单位：　　　　　　　　　　　＿＿＿＿年度　　　　　　　　　　　单位：元

项目	本年金额	上期金额
一、营业收入		
减：营业成本		
税金及附加		
销售费用		
管理费用		
研发费用		
财务费用		
其中：利息费用		
利息收入		
加：其他收益		
投资收益（损失以"－"号填列）		
其中：对联营企业和合营企业的投资收益		
以摊余成本计量的金融资产终止确认收益（损失以"－"号填列）		
净敞口套期收益（损失以"－"号填列）		
公允价值变动收益（损失以"－"号填列）		
信用减值损失		
资产减值损失		
资产处置收益（损失以"－"号填列）		

续表

项目	本年金额	上期金额
二、营业利润（亏损以"－"号填列）		
加：营业外收入		
减：营业外支出		
三、利润总额（亏损总额以"－"号填列）		
减：所得税费用		
四、净利润（净亏损以"－"号填列）		
（一）持续经营净利润（净亏损以"－"号填列）		
（二）终止经营净利润（净亏损以"－"号填列）		
五、其他综合收益的税后净额		
（一）不能重分类进损益的其他综合收益		
1. 重新计量设定受益计划变动额		
2. 权益法下不能转损益的其他综合收益		
3. 其他权益工具投资公允价值变动		
4. 企业自身信用风险公允价值变动		
……		
（二）将重分类进损益的其他综合收益		
1. 权益法下可转损益的其他综合收益		
2. 其他债权投资公允价值变动		
3. 金融资产重分类计入其他综合收益的金额		
4. 其他债权投资信用减值准备		
5. 现金流量套期储备		
6. 外币财务报表折算差额		
……		
六、综合收益总额		
七、每股收益：		
（一）基本每股收益		
（二）稀释每股收益		

（二）一般企业利润表的列报说明

利润表编制的原理是"收入－费用＝利润"这一会计平衡公式和收入与费用的配比原则。

1. 利润表项目的填列方法

利润表各项目均需填列"本期金额"和"上期金额"两栏。其中"上期金额"栏内各项数字，应根据上年该期利润表的"本期金额"栏内所列数字填列。"本期金额"栏内各期数字，除"基本每股收益"和"稀释每股收益"项目外，应当按照相关科目的发生额分析填列。

2. 利润表主要项目的填列说明

（1）"营业收入"项目，反映企业经营主要业务和其他业务所确认的收入总额。本项目应根据"主营业务收入"和"其他业务收入"科目的发生额分析填列。

（2）"营业成本"项目，反映企业经营主要业务和其他业务所发生的成本总额。本项目应根据"主营业务成本"和"其他业务成本"科目的发生额分析填列。

（3）"税金及附加"项目，反映企业经营业务应负担的消费税、城市维护建设税、教育费附加、资源税、土地增值税、房产税、车船税、城镇土地使用税、印花税等相关税费。本项目应根据"税金及附加"科目的发生额分析填列。

（4）"销售费用"项目，反映企业在销售商品过程中发生的包装费、广告费等费用和为销售本企业商品而专设的销售机构的职工薪酬、业务费等经营费用。本项目应根据"销售费用"科目的发生额分析填列。

（5）"管理费用"项目，反映企业为组织和管理生产经营发生的管理费用。本项目应根据"管理费用"科目的发生额分析填列。

（6）"研发费用"项目，反映企业进行研究与开发过程中发生的费用化支出以及计入管理费用的自行开发无形资产的摊销。本项目应根据"管理费用"科目下的"研究费用"明细科目的发生额以及"管理费用"科目下"无形资产摊销"明细科目的发生额分析填列。

（7）"财务费用"项目，反映企业为筹集生产经营所需资金等而发生的应予费用化的利息支出。本项目应根据"财务费用"科目的相关明细科目发生额分析填列。其中："利息费用"项目，反映企业为筹集生产经营所需资金等而发生的应予费用化的利息支出，本项目应根据"财务费用"科目的相关明细科目的发生额分析填列；"利息收入"项目，反映企业应冲减财务费用的利息收入，本项目应根据"财务费用"科目的相关明细科目的发生额分析填列。

（8）"其他收益"项目，反映计入其他收益的政府补助，以及其他与日常活动相关且计入其他收益的项目。本项目应根据"其他收益"科目的发生额分析填列。企业作为个人所得税的扣缴义务人，根据《中华人民共和国个人所得税法》收到的扣缴税款手续费，应作为其他与日常活动相关的收益在本项目中填列。

（9）"投资收益"项目，反映企业以各种方式对外投资所取得的收益。本项目应根据"投资收益"科目的发生额分析填列；如为投资损失，本项目以"-"号填列。

（10）"净敞口套期收益"项目，反映净敞口套期下被套期项目累计公允价值变动转入当期损益的金额或现金流量套期储备转入当期损益的金额。本项目应根据"净敞口套期损益"科目的发生额分析填列；如为套期损失，本项目以"-"号填列。

（11）"公允价值变动收益"项目，反映企业应当计入当期损益的资产或负债公允价值变动收益。本项目应根据"公允价值变动损益"科目的发生额分析填列；如为净损失，本项目以"-"号填列。

（12）"信用减值损失"项目，反映企业按照《企业会计准则第22号——金融工具确认和计量》（2017）的要求计提的各项金融工具信用减值准备所确认的信用损失。本项目应根据"信用减值损失"科目的发生额分析填列。

（13）"资产减值损失"项目，反映企业有关资产发生的减值损失。本项目应根据"资产减值损失"科目的发生额分析填列。

（14）"资产处置收益"项目，反映企业出售划分为持有待售的非流动资产（金融工具、长期股权投资和投资性房地产除外）或处置组（子公司和业务除外）时确认的处置利得或损失，以及处置未划分为持有待售的固定资产、在建工程、生产性生物资产及无形资产而产生的处置利得或损失。债务重组中因处置非流动资产（金融工具、长期股权投资和投资性房地产除外）产生的利得或损失和非货币性资产交换中换出非流动资产（金融工具、长期股权投资和投资性房地产除外）产生的利得或损失也包括在本项目内。本项目应根据"资产处置损益"科目的发生额分析填列；如为处置损失，本项目以"–"号填列。

（15）"营业利润"项目，反映企业实现的营业利润。如为亏损，本项目以"–"号填列。

（16）"营业外收入"项目，反映企业发生的除营业利润以外的收益，主要包括与企业日常活动无关的政府补助、盘盈利得、捐赠利得（企业接受股东或股东的子公司直接或间接的捐赠，经济实质属于股东对企业的资本性投入的除外）等。本项目应根据"营业外收入"科目的发生额分析填列。

（17）"营业外支出"项目，反映企业发生的除营业利润以外的支出，主要包括公益性捐赠支出、非常损失、盘亏损失、非流动资产毁损报废损失等。本项目应根据"营业外支出"科目的发生额分析填列。"非流动资产毁损报废损失"通常包括因自然灾害发生毁损、已丧失使用功能等原因而报废清理产生的损失。企业在不同交易中形成的非流动资产毁损报废利得和损失不得相互抵销，应分别在"营业外收入"项目和"营业外支出"项目进行填列。

（18）"利润总额"项目，反映企业实现的利润。如为亏损，本项目以"–"号填列。

（19）"所得税费用"项目，反映企业应从当期利润总额中扣除的所得税费用。本项目应根据"所得税费用"科目的发生额分析填列。

（20）"净利润"项目，反映企业实现的净利润。如为亏损，本项目以"–"号填列。

（21）"其他综合收益的税后净额"项目，反映企业根据企业会计准则规定未在损益中确认的各项利得和损失扣除所得税影响后的净额。

（22）"综合收益总额"项目，反映企业净利润与其他综合收益（税后净额）的合计金额。

（23）"每股收益"项目，包括基本每股收益和稀释每股收益两项指标，反映普通股或潜在普通股已公开交易的企业，以及正处在公开发行普通股或潜在普通股过程中的企业的每股收益信息。

（24）"（一）持续经营净利润"和"（二）终止经营净利润"项目，分别反映净利润中与持续经营相关的净利润和与终止经营相关的净利润；如为净亏损，以"–"号填列。这两个项目应按照《企业会计准则第42号——持有待售的非流动资产、处置组和终止经营》的相关规定分别列报。

（25）"重新计量设定受益计划变动额"项目，反映企业重新计量设定受益计划后净负债或者净资产的变动额。重新计量设定受益计划净负债或净资产所产生的变动包括下列部分：一是精算利得或损失，即由于精算假设和经验调整导致之前所计量的设定受益计划义务现值的增加或减少；二是计划资产回报，扣除包括在设定受益计划净负债或净资产的利息净额中的金额；三是资产上限影响的而变动，扣除包括在设定受益计划净负债或净资产的利息金额中的金额。对于重新计量设定受益计划净负债或者净资产所产生的变动应计入其他综合收益，其后续会计期间的会计处理问题，主要涉及《企业会计准则第9号——职工薪酬》等准则。本项目应根据"其他综合收益"科目下的相关明细科目的发生额分析填列。

（26）"权益法下不能转损益的其他综合收益"项目，主要包含"重新计量设定受益计划净负债或净资产导致的变动的税后净额"项目、"按照权益法核算的在被投资单位以后会计期间不能重分类进损益的其他综合收益中所享有份额的税后净额"项目，本项目应根据"其他综合收益"科目下的相关明细科目的发生额分析填列。

（27）"其他权益工具投资公允价值变动"项目，反映企业指定为以公允价值计量且其变动计入其他综合收益的非交易性权益工具投资发生的公允价值变动。本项目应根据"其他综合收益"科目的相关明细科目的发生额分析填列。

（28）"企业自身信用风险公允价值变动"项目，反映企业指定为以公允价值计量且其变动计入当期损益的金融负债，由企业自身信用风险变动引起的公允价值变动而计入其他综合收益的金额。本项目应根据"其他综合收益"科目的相关明细科目的发生额分析填列。

（29）"权益法下可转损益的其他综合收益"项目，反映的是金融资产与长期股权投资的互转时，涉及的其他综合收益需要转入投资收益（金融资产转同一控制下的长投例外）。能够转入损益的其他综合收益包括：①可供出售金融资产公允价值变动形成的利得和损失；②可供出售外币非货币性项目的汇兑差额形成的利得和损失；③权益法下因被投资单位其他综合收益确认的利得和损失（不含长期股权投资因被投资方重新计量设定受益计划净资产或者净负债导致的变动而确认的其他综合收益）；④存货或自用房地产转换为采用公允价值模式计量的投资性房地产形成的利得；⑤金融资产的重分类形成的利得和损失；⑥套期保值（现金流量套期和境外经营净投资套期）形成的利得或损失。该项目应根据"其他综合收益"科目下的相关明细科目的发生额分析填列。

（30）"其他债权投资公允价值变动"项目，反映企业分类为以公允价值计量且其变动计入其他综合收益的债权投资发生的公允价值变动。企业将一项以公允价值计量且其变动计入其他综合收益的金融资产重分类为以摊余成本计量的金融资产，或重分类为以公允价值计量且其变动计入当期损益的金融资产时，之前计入其他综合收益的累计利得或损失从其他综合收益中转出的金额作为本项目的减项。本项目应根据"其他综合收益"科目下的相关明细科目的发生额分析填列。

（31）"金融资产重分类计入其他综合收益的金额"项目，反映企业将一项以摊余成本计量的金融资产重分类为以公允价值计量且其变动计入其他综合收益的金融资产时，计入其他综合收益的原账面价值与公允价值之间的差额。本项目应根据"其他综合收益"科目下的相关明细科目的发生额分析填列。

（32）"其他债权投资信用减值准备"项目，反映企业按照《企业会计准则第 22 号——金融工具确认和计量》（财会〔2017〕7 号）第十八条分类为以公允价值计量且其变动计入其他综合收益的金融资产的损失准备。本项目应根据"其他综合收益"科目下的"信用减值准备"明细科目的发生额分析填列。

（33）"现金流量套期储备"项目，反映企业套期工具产生的利得或损失中属于套期有效的部分。本项目应根据"其他综合收益"科目下的"套期储备"明细科目的发生额分析填列。

（34）"外币财务报表折算差额"项目，反映企业在编制合并财务报表时，把国外子公司或分支机构以所在国家货币编制的财务报表折算成以记账本位币表达的财务报表时，由于报表项目采用不同汇率折算而形成的汇兑损益。该项目应根据"其他综合收益"科目下的相关明细科目的发生额分析填列。

【例30-2】乙公司为热电企业,其经营范围包括电、热的生产和销售;发电、输变电工程的技术咨询;电力设备及相关产品的采购、开发、生产和销售等。其2×19年度经营情况如下。

(1)"主营业务收入"科目发生额明细如下所示:电力销售收入合计8 000万元,热力销售收入合计1 400万元;"其他业务收入"科目发生额合计600万元。

(2)"主营业务成本"科目发生额合计7 500万元,"其他业务成本"科目发生额合计500万元。

(3)"税金及附加"科目的发生额明细如下所示:城市维护建设税合计50万元,教育费附加合计30万元,房产税合计400万元,城镇土地使用税合计20万元。

(4)"管理费用"科目发生额合计数为600万元。

(5)"财务费用"科目的发生额明细如下所示:银行长期借款利息费用合计400万元,银行短期借款利息费用合计90万元,银行存款利息收入合计8万元,银行手续费支出合计18万元。

(6)"投资收益"科目的发生额明细如下所示:按权益法核算的长期股权投资收益合计290万元,按成本法核算的长期股权投资收益合计200万元,处置长期股权投资发生的投资损失合计500万元。

(7)"资产减值损失"科目的发生额明细如下所示:存货减值损失合计85万元,固定资产减值损失合计189万元,无形资产减值损失合计26万元。

(8)"营业外收入"科目的发生额明细如下所示:接受无偿捐赠利得合计68万元,现金盘盈利得合计2万元。

(9)"营业外支出"科目的发生额明细如下所示:固定资产盘亏损失14万元,罚没支出合计10万元,捐赠支出合计4万元,其他支出合计2万元。

(10)乙公司2×19年度"所得税费用"科目的发生额合计36万元。

本例中,2×19年乙公司利润表应填列如下。

(1)"营业收入"项目"本期金额"栏的列报金额=8 000+1 400+600=10 000(万元)。

(2)"营业成本"项目"本期金额"栏的列报金额=7 500+500=8 000(万元)。

(3)"税金及附加"项目"本期金额"栏的列报金额=50+30+400+20=500(万元)。

(4)"管理费用"项目"本期金额"栏的列报金额为600万元。

(5)"财务费用"项目"本期金额"栏的列报金额=400+90-8+18=500(万元)。

(6)"投资收益"项目"本期金额"栏的列报金额=290+200-500=-10(万元)。

(7)"资产减值损失"项目"本期金额"栏的列报金额=85+189+26=300(万元)。

(8)"营业外收入"项目"本期金额"栏的列报金额=68+2=70(万元)。

(9)"营业外支出"项目"本期金额"栏的列报金额=14+10+4+2=30(万元)。

(10)"所得税费用"项目"本期金额"栏的列报金额为36万元。

据此，乙公司编制的2×19年度利润表如表30-4所示。

表 30-4　　　　　　　　　利润表

会企02表

编制单位：乙公司　　　　　　　2×19年　　　　　　　　　　　　单位：元

项　目	本期金额	上期金额
一、营业收入	100 000 000	
减：营业成本	80 000 000	
税金及附加	5 000 000	
销售费用		
管理费用	6 000 000	
研发费用		
财务费用	5 000 000	
其中：利息费用	5 080 000	
利息收入	80 000	
加：其他收益		
投资收益（损失以"-"号填列）	-100 000	
其中：对联营企业和合营企业的投资收益	2 900 000	
以摊余成本计量的金融资产终止确认收益（损失以"-"号填列）		
净敞口套期收益（损失以"-"号填列）		
公允价值变动收益（损失以"-"号填列）		
信用减值损失（损失以"-"号填列）		
资产减值损失（损失以"-"号填列）	-3 000 000	
资产处置收益（损失以"-"号填列）		
二、营业利润（亏损以"-"号填列）	900 000	
加：营业外收入	700 000	
减：营业外支出	300 000	
三、利润总额（亏损总额以"-"号填列）	1 300 000	
减：所得税费用	360 000	
四、净利润（净亏损以"-"号填列）	940 000	
（一）持续经营净利润（净亏损以"-"号填列）	940 000	
（二）终止经营净利润（净亏损以"-"号填列）		
五、其他综合收益的税后净额		
（一）不能重分类进损益的其他综合收益		
1.重新计量设定受益计划变动额		

续表

项　目	本期金额	上期金额
2. 权益法下不能转损益的其他综合收益		
3. 其他权益工具投资公允价值变动		
4. 企业自身信用风险公允价值变动		
……		
（二）将重分类进损益的其他综合收益		
1. 权益法下可转损益的其他综合收益		
2. 其他债权投资公允价值变动		
3. 金融资产重分类计入其他综合收益的金额		
4. 其他债权投资信用减值准备		
5. 现金流量套期储备		
6. 外币财务报表折算差额		
……		
六、综合收益总额	940 000	
七、每股收益：		
（一）基本每股收益		
（二）稀释每股收益		

30.5　所有者权益变动表列报

30.5.1　所有者权益变动表定义

所有者权益变动表应当反映构成所有者权益的各组成部分当期的增减变动情况。

30.5.2　所有者权益变动表列报的基本原则

（一）单独列报项目

所有者权益变动表至少应当单独列示反映下列信息的项目：

（1）综合收益总额，在合并所有者权益变动表中还应单独列示归属于母公司所有者的综合收益总额和归属于少数股东的综合收益总额；（2）会计政策变更和前期差错更正的累积影响金额；（3）所有者投入资本和向所有者分配利润等；（4）按照规定提取的盈余公积；（5）所有者权益各组成部分的期初和期末余额及其调整情况。

（二）以矩阵的形式列报

所有者权益变动表应当以矩阵的形式列示。

（三）列示所有者权益变动表的比较信息

所有者权益变动表就各项目再分为"本年金额"和"上年金额"两栏分别填列。

30.5.3 所有者权益变动表列报格式及说明

(一) 一般企业所有者权益变动表列报格式

一般企业所有者权益变动表格式及列示如表 30-5 所示。

表 30-5

所有者权益变动表

编制单位：_____ 年度_____

会企 03 表
单位：元

项目	本年金额											上年金额										
	实收资本（或股本）	其他权益工具			资本公积	减：库存股	其他综合收益	专项储备	盈余公积	未分配利润	所有者权益合计	实收资本（或股本）	其他权益工具			资本公积	减：库存股	其他综合收益	专项储备	盈余公积	未分配利润	所有者权益合计
		优先股	永续债	其他									优先股	永续债	其他							
一、上年年末余额																						
加：会计政策变更																						
前期差错更正																						
其他																						
二、本年年初余额																						
三、本年增减变动金额（减少以"-"号填列）																						
(一) 综合收益总额																						
(二) 所有者投入和减少资本																						
1. 所有者投入的普通股																						
2. 其他权益工具持有者投入资本																						

续表

项目	本年金额											上年金额										
	实收资本（或股本）	其他权益工具			资本公积	减:库存股	其他综合收益	专项储备	盈余公积	未分配利润	所有者权益合计	实收资本（或股本）	其他权益工具			资本公积	减:库存股	其他综合收益	专项储备	盈余公积	未分配利润	所有者权益合计
		优先股	永续债	其他									优先股	永续债	其他							
3. 股份支付计入所有者权益的金额																						
4. 其他																						
（三）利润分配																						
1. 提取盈余公积																						
2. 对所有者（或股东）的分配																						
3. 其他																						
（四）所有者权益内部结转																						
1. 资本公积转增资本（或股本）																						
2. 盈余公积转增资本（或股本）																						
3. 盈余公积弥补亏损																						
4. 设定受益计划变动额结转留存收益																						
5. 其他综合收益结转留存收益																						
6. 其他																						
四、本年年末余额																						

（二）一般企业所有者权益变动表列报说明

1. 所有者权益变动表项目的填列方法

所有者权益变动表各项目均需填列"本年金额"和"上年金额"两栏。

所有者权益变动表"上年金额"栏内各项数字，应根据上年度所有者权益变动表"本年金额"栏内所列数字填列。上年度所有者权益变动表规定的各个项目的名称和数字同本年度不一致的，应对上年度所有者权益变动表各项目的名称和数字按照本年度的规定进行调整，填入所有者权益变动表的"上年金额"栏。

所有者权益变动表"本年金额"栏内各项数字一般应根据相应项目的发生额分析填列。

企业的净利润及其分配情况作为所有者权益变动的组成部分，不需要单独编制利润分配表列示。

2. 所有者权益变动表的主要项目说明

（1）"上年年末余额"项目，反映企业上年资产负债表中实收资本（或股本）、其他权益工具、资本公积、库存股、其他综合收益、专项储备、盈余公积、未分配利润的年末余额。

（2）"会计政策变更""前期差错更正"项目，分别反映企业采用追溯调整法处理的会计政策变更的累积影响金额和采用追溯重述法处理的会计差错更正的累积影响金额。

（3）"本年增减变动金额"项目。

① "综合收益总额"项目，反映净利润和其他综合收益扣除所得税影响后的净额相加后的合计金额。

② "所有者投入和减少资本"项目，反映企业当年所有者投入的资本和减少的资本。

a. "所有者投入的普通股"项目，反映企业接受投资者投入形成的实收资本（或股本）和资本溢价或股本溢价。

b. "其他权益工具持有者投入资本"项目，反映企业发行的除普通股以外分类为权益工具的金融工具的持有者投入资本的金额。

c. "股份支付计入所有者权益的金额"项目，反映企业处于等待期中的权益结算的股份支付当年计入资本公积的金额。

③ "利润分配"项目，反映企业当年的利润分配金额。

④ "所有者权益内部结转"项目，反映企业构成所有者权益的组成部分之间当年的增减变动情况。

a. "资本公积转增资本（或股本）"项目，反映企业当年以资本公积转增资本或股本的金额。

b. "盈余公积转增资本（或股本）"项目，反映企业当年以盈余公积转增资本或股本的金额。

c. "盈余公积弥补亏损"项目，反映企业当年以盈余公积弥补亏损的金额。

d. "设定受益计划变动额结转留存收益"项目，反映企业因重新计量设定受益计划净负债或净资产所产生的变动计入其他综合收益，结转至留存收益的金额。

e. "其他综合收益结转留存收益"项目，主要反映：第一，企业指定为以公允价值计量且其变动计入其他综合收益的非交易性权益工具投资终止确认时,之前计入其他综合收益的累计利得或损失从其他综合收益中转入留存收益的金额;第二,企业指定为以公允价值计量且其变动计入当期损益的金融负债终止确认时,之前由企业自身信用风险变动引起而计入其他综合收益的累计利得或损失从其他综合收益中转入留存收益的金额等。

【例30-3】丁公司2×18年12月31日所有者权益各项目余额如下:股本为5 000 000元,盈余公积为100 000元,未分配利润为50 000元。2×19年,丁公司获得综合收益总额为280 000元(其中,净利润为200 000元),提取盈余公积20 000元,分配现金股利100 000元,丁公司2×19年度所有者权益变动表如表30-6所示。

所有者权益变动表

表30-6

编制单位：丁公司   2×19年度   会企04表

单位：元

项目	本年金额									上年金额								
	实收资本（或股本）	其他权益工具			资本公积	减：库存股	其他综合收益	专项储备	盈余公积	未分配利润	所有者权益合计	实收资本（或股本）	其他权益工具			资本公积	减：库存股	其他综合收益	专项储备	盈余公积	未分配利润	所有者权益合计
		优先股	永续债	其他									优先股	永续债	其他							
一、上年年末余额	5 000 000								100 000	50 000	5 150 000											
加：会计政策变更																						
前期差错更正																						
其他																						
二、本年年初余额	5 000 000								100 000	50 000	5 150 000											
三、本年增减变动金额（减少以"-"号填列）							80 000			200 000	280 000											
（一）综合收益总额																						
（二）所有者投入和减少资本																						
1. 所有者投入的普通股																						
2. 其他权益工具持有者投入资本																						
3. 股份支付计入所有者权益的金额																						
4. 其他																						
（三）利润分配										20 000	-20 000	0										
1. 提取盈余公积																						

续表

项目	本年金额										上年金额									
	实收资本（或股本）	其他权益工具			资本公积	减：库存股	其他综合收益	专项储备	盈余公积	未分配利润	所有者权益合计	实收资本（或股本）	其他权益工具			资本公积	减：库存股	其他综合收益	专项储备	盈余公积	未分配利润	所有者权益合计
		优先股	永续债	其他									优先股	永续债	其他							
2. 对所有者（或股东）的分配										-100 000	-100 000											
3. 其他																						
（四）所有者权益内部结转																						
1. 资本公积转增资本（或股本）																						
2. 盈余公积转增资本（或股本）																						
3. 盈余公积弥补亏损																						
4. 设定受益计划变动额结转留存收益																						
5. 其他综合收益结转留存收益																						
6. 其他																						
四、本年年末余额	5 000 000						80 000		120 000	130 000	5 330 000	5 000 000								100 000	50 000	5 150 000

30.6 附注

30.6.1 财务报表附注的定义

附注是对在资产负债表、利润表、现金流量表和所有者权益变动表等报表中列示项目的文字描述或明细资料,以及对未能在这些报表中列示项目的说明等。

30.6.2 附注应当披露的内容及顺序

企业应当按照规定披露附注信息,主要包括下列内容:企业的基本情况;财务报表的编制基础;遵循企业会计准则的声明;重要会计政策和会计估计;会计政策和会计估计变更以及差错更正的说明;报表重要项目的说明。

或有和承诺事项、资产负债表日后非调整事项、关联方关系及其交易等需要说明的事项;有助于财务报表使用者评价企业管理资本的目标、政策及程序的信息。

企业对报表重要项目的说明,应当按照资产负债表、利润表、现金流量表、所有者权益变动表及其项目列示的顺序,采用文字和数字描述相结合的方式进行披露。报表重要项目的明细金额合计,应当与报表项目金额相衔接。

30.6.3 一般企业财务报表附注格式

1. 货币资金

货币资金的披露格式如表 30-7 所示。

表 30-7　　　　　　　货币资金的披露格式

项目	原币	折算汇率	折合人民币
1. 现金			
2. 银行存款			
3. 其他货币资金			
合计			

2. 应收款项

(1) 应收账款按账龄结构披露的格式如表 30-8 所示。

表 30-8　　　　　　应收账款按账龄结构披露的格式

账龄结构	期末账面余额	年初账面余额
1 年以内(含 1 年)		
1 年至 2 年(含 2 年)		
2 年至 3 年(含 3 年)		
3 年以上		
合计		

注:有应收票据、预付账款、长期应收款、其他应收款的,比照应收账款进行披露。

（2）应收账款按客户类别披露的格式如表30-9所示。

表30-9　　　　　　　　　应收账款按客户类别披露的格式

客户类别	期末账面余额	年初账面余额
客户1		
……		
其他客户		
合计		

注：有应收票据、预付账款、长期应收款、其他应收款的，比照应收账款进行披露。

3. 存货

（1）存货需要披露确定发出存货成本采用的方法，其披露格式如表30-10所示。

表30-10　　　　　　　　　　　存货的披露格式1

存货种类	年初账面余额	本期增加额	本期减少额	期末账面余额
1. 原材料				
2. 在产品				
3. 库存商品				
4. 周转材料				
5. 消耗性生物资产				
……				
合计				

（2）说明消耗性生物资产的期末实物数量，并按下列格式披露金额信息，如表30-11所示。

表30-11　　　　　　　　　　　存货的披露格式2

项目	年初账面余额	本期增加额	本期减少额	期末账面余额
一、种植业				
1.				
……				
二、畜牧养殖业				
1.				
……				
三、林业				
1.				
……				
四、水产业				
1.				
……				
合计				

(3) 存货跌价准备的计提方法,其披露格式如表 30-12 所示。

表 30-12　　　　　　　　　存货的披露格式 3

存货种类	年初账面余额	本期计提额	本期减少额		期末账面余额
			转回	转销	
1. 原材料					
2. 在产品					
3. 库存商品					
4. 周转材料					
5. 消耗性生物资产					
6. 建造合同形成的资产					
……					
合计					

4. 其他流动资产

其他流动资产的披露格式如表 30-13 所示。

表 30-13　　　　　　　其他流动资产的披露格式

项目	期末账面价值	年初账面价值
1.		
……		
合计		

注：有长期待摊费用、其他非流动资产的,比照其他流动资产进行披露。

5. 金融资产

(1) 首次执行金融工具确认和计量准则、金融资产转移准则和套期会计准则的,应当用表格形式对每一类别的金融资产和金融负债披露下列信息：

①执行金融工具确认和计量准则之前存在的金融工具的原计量类别和账面价值；

②根据金融工具确认和计量准则确定的新计量类别和账面价值；

③资产负债表中之前被指定为以公允价值计量且其变动计入当期损益但不在做出这一指定的所有金融资产和金融负债的金额,并分别根据该准则规定做出重分类,以及企业选择在首次执行日进行重分类两种情况进行披露,并说明原因。

(2) 其他债权投资的披露格式如表 30-14 所示。

表 30-14　　　　　　　其他债权投资的披露格式

项目	期末公允价值	年初公允价值
1. 其他债权投资		
2. 其他债权投资减值准备		
3. 其他		
合计		

(3）债权投资的披露格式如表30-15所示。

表30-15　　　　　　　　　　债权投资的披露格式

项目	期末账面余额	年初账面余额
1.债权投资		
2.债权投资减值准备		
……		
合计		

6. 长期股权投资

（1）长期股权投资的披露格式如表30-16所示。

表30-16　　　　　　　　　长期股权投资的披露格式

被投资单位	期末账面余额	年初账面余额
1. 对合营企业的投资		
2. 对联营企业的投资		
合计		

（2）被投资单位由于所在国家或地区及其他方面的影响，其向投资企业转移资金的能力受到限制的，应当披露受限制的具体情况。

（3）应当披露当期及累计未确认的投资损失金额。

7. 投资性房地产

（1）企业采用成本模式进行后续计量的，应当披露下列信息，如表30-17所示。

表30-17　　　采用成本模式进行后续计量的投资性房地产的披露格式

项目	年初账面余额	本期增加额	本期减少额	期末账面余额
一、原价合计				
1. 房屋、建筑物				
2. 土地使用权				
二、累计折旧和累计摊销合计				
1. 房屋、建筑物				
2. 土地使用权				
三、投资性房地产减值准备累计金额合计				
1. 房屋、建筑物				
2. 土地使用权				
四、投资性房地产账面价值合计				
1. 房屋、建筑物				
2. 土地使用权				

（2）企业采用公允价值模式进行后续计量的，应当披露投资性房地产公允价值的确定依据及公允价值金额的增减变动情况。

（3）如有房地产转换的，应当说明房地产转换的原因及其影响。

(4)当期处置的投资性房地产及其对损益的影响。

8. 固定资产

(1)固定资产的披露格式如表30-18所示。

表30-18　　　　　　　　固定资产的披露格式

项目	年初账面余额	本期增加额	本期减少额	期末账面余额
一、原价合计				
其中：房屋、建筑物				
机器设备				
运输工具				
……				
二、累计折旧合计				
其中：房屋、建筑物				
机器设备				
运输工具				
……				
三、固定资产减值准备累计金额合计				
其中：房屋、建筑物				
机器设备				
运输工具				
……				
四、固定资产账面价值合计				
其中：房屋、建筑物				
机器设备				
运输工具				
……				

(2)企业确有准备处置固定资产的，应当说明准备处置的固定资产名称、账面价值、公允价值、预计处置费用和预计处置时间等。

9. 生产性生物资产和公益性生物资产

(1)说明各类生物资产的期末实物数量，并按下列格式披露金额信息，如表30-19所示。

表30-19　　生产性生物资产和公益性生物资产说明期末实物数量的披露格式

项目	年初账面价值	本期增加额	本期减少额	期末账面价值
一、种植业				
1.				
……				
二、畜牧养殖业				
1.				
……				

续表

项目	年初账面价值	本期增加额	本期减少额	期末账面价值
三、林业				
1.				
……				
四、水产业				
1.				
……				
合计				

如有天然起源的生物资产，还应披露该资产的类别、取得方式和数量等。

（2）应当披露各类生产性生物资产的预计使用寿命、预计净残值、折旧方法、累计折旧和减值准备累计金额。

（3）应当披露用于担保的生物资产的账面价值。

（4）应当披露与生物资产相关的风险情况与管理措施。

（5）应当披露与生物资产增减变动有关的下列信息：

①因购买而增加的生物资产；

②因自行培育而增加的生物资产；

③因出售而减少的生物资产；

④因盘亏或死亡、毁损而减少的生物资产；

⑤计提的折旧及计提的跌价准备或减值准备；

⑥其他变动。

10. 油气资产

（1）应当披露当期在国内和国外发生的取得矿区权益、油气勘探和油气开发各项支出的总额。

（2）油气资产的披露格式如表30-20所示。

表30-20　　　　　　　　　　油气资产的披露格式

项目	年初账面余额	本期增加额	本期减少额	期末账面余额
一、原价合计				
1. 探明矿区权益				
2. 未探明矿区权益				
3. 井及相关设施				
二、累计折耗合计				
1. 探明矿区权益				
2. 井及相关设施				
三、油气资产减值准备累计金额合计				
1. 探明矿区权益				
2. 未探明矿区权益				
3. 井及相关设施				

续表

项目	年初账面余额	本期增加额	本期减少额	期末账面余额
四、油气资产账面价值合计				
1．探明矿区权益				
2．未探明矿区权益				
3．井及相关设施				

11. 无形资产

（1）各类无形资产的披露格式如表30-21所示。

表30-21　　　　　　　　无形资产的披露格式

项目	年初账面余额	本期增加额	本期减少额	期末账面余额
一、原价合计				
1．				
……				
二、累计摊销额合计				
1．				
……				
三、无形资产减值准备累计金额合计				
1．				
……				
四、无形资产账面价值合计				
1．				
……				

（2）使用寿命有限的无形资产，应当披露其使用寿命的估计情况；使用寿命不确定的无形资产，应当披露其使用寿命不确定的判断依据。

（3）应当披露无形资产的摊销方法。

（4）应当披露用于担保的无形资产账面价值、当期摊销额等情况。

（5）应当披露计入当期损益和确认为无形资产的研究开发支出金额。

（6）应当披露当期确认为费用的研究开发支出总额。

12. 商誉

应当披露商誉的形成来源、账面价值的增减变动情况。

13. 递延所得税资产和递延所得税负债

（1）已确认递延所得税资产和递延所得税负债的披露格式如表30-22所示。

表30-22　　已确认递延所得税资产和递延所得税负债的披露格式

项目	期末账面余额	年初账面余额
一、递延所得税资产		
1．		

续表

项目	期末账面余额	年初账面余额
……		
合计		
二、递延所得税负债		
1.		
……		
合计		

（2）应当披露未确认递延所得税资产的可抵扣暂时性差异、可抵扣亏损等的金额（存在到期日的，还应披露到期日）。

14. 资产减值准备

资产减值准备的披露格式如表30-23所示。

表30-23　　　　　　　　资产减值准备的披露格式

| 项目 | 年初账面余额 | 本期计提额 | 本期减少额 | | 期末账面余额 |
			转回	转销	
一、坏账准备					
二、存货跌价准备					
三、其他债权投资减值准备					
四、债权投资减值准备					
五、长期股权投资减值准备					
六、投资性房地产减值准备					
七、固定资产减值准备					
八、工程物资减值准备					
九、在建工程减值准备					
十、生产性生物资产减值准备					
其中：成熟生产性生物资产减值准备					
十一、油气资产减值准备					
十二、无形资产减值准备					
十三、商誉减值准备					
十四、其他					
合计					

15. 所有权受到限制的资产

（1）应当披露资产所有权受到限制的原因。

（2）所有权受到限制的资产的披露格式如表30-24所示。

表 30-24　　　　　　　所有权受到限制的资产的披露格式

所有权受到限制的资产类别	年初账面价值	本期增加额	本期减少额	期末账面价值
一、用于担保的资产				
1.				
……				
二、其他原因造成所有权受到限制的资产				
1.				
……				
合计				

16. 职工薪酬

（1）应付职工薪酬的披露格式如表 30-25 所示。

表 30-25　　　　　　　应付职工薪酬的披露格式

项目	年初账面余额	本期增加额	本期支付额	期末账面余额
一、工资、奖金、津贴和补贴				
二、职工福利费				
三、社会保险费				
其中：1. 医疗保险费				
2. 工伤保险费				
3. 生育保险费				
4. 养老保险费				
5. 失业保险费				
四、住房公积金				
五、工会经费和职工教育经费				
六、非货币性福利				
七、因解除劳动关系给予的补偿				
八、其他				
其中：以现金结算的股份支持				
合计				

（2）短期薪酬的披露格式如表 30-26 所示。

表 30-26　　　　　　　短期薪酬的披露格式

项目	年初账面余额	本期增加额	本期支付额	期末账面余额
短期薪酬				
离职后福利				
－设定提存计划				
辞退福利				
合计				

应当披露企业本期为职工提供的各项非货币性福利形式、金额及其计算依据。

（3）离职后福利－设定提存计划的披露格式如表30-27所示。

表30-27　　　　　　　　离职后福利—设定提存计划的披露格式

项目	年初账面余额	本期增加额	本期支付额	期末账面余额
基本养老保险				
失业保险费				
合计				

（4）企业应当披露与设定受益计划有关的下列信息。

①设定受益计划的特征及与之相关的风险。

②设定受益计划在财务报表中确认的金额及其变动。

③设定受益计划对企业未来现金流量金额、时间和不确定性的影响。

④设定受益计划义务现值所依赖的重大精算假设及有关敏感性分析的结果。

（5）企业应当披露支付的因解除劳动关系所提供辞退福利及其期末应付未付金额。

（6）企业应当披露提供的其他长期职工福利的性质、金额及其计算依据。

17. 应交税费

应交税费的披露格式如表30-28所示。

表30-28　　　　　　　　　应交税费的披露格式

税费项目	期末账面余额	年初账面余额
1. 增值税		
……		
合计		

18. 其他流动负债

其他流动负债的披露格式如表30-29所示。

表30-29　　　　　　　　　其他流动负债的披露格式

项目	期末账面余额	年初账面余额
1.		
……		
合计		

注：有预计负债、其他非流动负债的，比照其他流动负债进行披露。

19. 短期借款和长期借款

（1）借款的披露格式如表30-30所示。

表 30-30　　　　　　　　　　　借款的披露格式

项目	短期借款		长期借款	
	期末账面余额	年初账面余额	期末账面余额	年初账面余额
信用借款				
抵押借款				
质押借款				
保证借款				
合计				

（2）对于期末逾期借款，应分别贷款单位、借款金额、逾期时间、年利率、逾期未偿还原因和预期还款期等进行披露。

20. 应付债券

应付债券的披露格式如表 30-31 所示。

表 30-31　　　　　　　　　　　应付债券的披露格式

项目	年初账面余额	本期增加额	本期减少额	期末账面余额
1.				
……				
合计				

21. 长期应付款

长期应付款的披露格式如表 30-32 所示。

表 30-32　　　　　　　　　　　长期应付款的披露格式

项目	期末账面价值	年初账面价值
1.		
……		
合计		

22. 营业收入

（1）营业收入的披露格式如表 30-33 所示。

表 30-33　　　　　　　　　　　营业收入的披露格式

项目	本期发生额	上期发生额
1. 主营业务收入		
2. 其他业务收入		
合计		

企业根据《企业会计准则第 14 号——收入》第十七条规定，因预计客户取得商品控制

权与客户支付价款间隔未超过一年而未考虑合同中存在的重大融资成分，或者根据该准则第二十八条规定，因合同取得成本的摊销期限未超过一年而将其在发生时计入当期损益的，应当披露该事实。

（2）披露当期预计损失的原因和金额，其格式如表 30-34 所示。

表 30-34　　　　建造合同当期预计损失的原因和金额的披露格式

合同项目		总金额	累计已发生成本	累计已确认毛利（亏损以"-"号表示）	已办理结算的价款金额
固定造价合同	1.				
	……				
	合计				
成本加成合同	1.				
	……				
	合计				

与合同相关的信息，应披露以下信息：

①本期确认收入相关的信息，包括与客户之间的合同产生的收入；

②与应收款项、合同资产和合同负债的账面价值相关的信息；

③与履约义务相关的信息；

④与分摊至剩余履约义务的交易价格相关的信息。

23. 公允价值变动收益

公允价值变动收益的披露格式如表 30-35 所示。

表 30-35　　　　公允价值变动收益的披露格式

产生公允价值变动收益的来源	本期发生额	上期发生额
1.		
……		
合计		

24. 投资收益

（1）投资收益的披露格式如表 30-36 所示。

表 30-36　　　　投资收益的披露格式

产生投资收益的来源	本期发生额	上期发生额
1.		
……		
合计		

（2）按照权益法核算的长期股权投资，应当披露直接以被投资单位的账面净损益计算确认投资损益的事实及原因。

25. 资产减值损失

资产减值损失的披露格式如表 30-37 所示。

表 30-37　　　　　　　　　资产减值损失的披露格式

项目	本期发生额	上期发生额
一、坏账损失		
二、存货跌价损失		
三、信用减值损失		
四、长期股权投资减值损失		
五、投资性房地产减值损失		
六、固定资产减值损失		
七、工程物资减值损失		
八、在建工程减值损失		
九、生产性生物资产减值损失		
十、油气资产减值损失		
十一、无形资产减值损失		
十二、商誉减值损失		
十三、其他		
合计		

26. 营业外收入

营业外收入的披露格式如表 30-38 所示。

表 30-38　　　　　　　　　营业外收入的披露格式

项目	本期发生额	上期发生额
1. 非流动资产处置利得合计		
其中：固定资产处置利得		
无形资产处置利得		
……		
合计		

27. 营业外支出

营业外支出的披露格式如表 30-39 所示。

表 30-39　　　　　　　　　营业外支出的披露格式

项目	本期发生额	上期发生额
1. 非流动资产处置损失合计		
其中：固定资产处置损失		

续表

项目	本期发生额	上期发生额
无形资产处置损失		
……		
合计		

28. 所得税费用

（1）应当披露所得税费用（收益）的组成，包括当期所得税、递延所得税。

（2）应当披露所得税费用（收益）与会计利润的关系。

29. 政府补助

企业应当披露取得政府补助的种类、金额和列报项目，计入当期损益的政府补助金额，本期退回的政府补助金额及原因。

30. 每股收益

企业应当在附注中披露与每股收益有关的下列信息。

（1）基本每股收益和稀释每股收益分子、分母的计算过程。

（2）列报期间不具有稀释性但以后期间很可能具有稀释性的潜在普通股。

（3）在资产负债表日至财务报告批准报出日之间，企业发行在外普通股或潜在普通股股数发生重大变化的情况。

31. 企业可以按照费用的性质分类披露，分为从事经营业务发生的成本、管理费用、销售费用和财务费用等

32. 非货币性资产交换

企业应当在附注中披露与非货币性资产交换有关的下列信息。

（1）非货币性资产交换是否具有商业实质及其原因。

（2）换入资产、换出资产的类别。

（3）换入资产初始计量金额的确定方式。

（4）换入资产、换出资产的公允价值及换出资产的账面价值。

（5）非货币性资产交换确认的损益。

33. 股份支付

企业应当在附注中披露与股份支付有关的下列信息。

（1）当期授予、行权和失效的各项权益工具总额。

（2）期末发行在外股份期权或其他权益工具行权价格的范围和合同剩余期限。

（3）当期行权的股份期权或其他权益工具以其行权日价格计算的加权平均价格。

（4）权益工具公允价值的确定方法。

企业对性质相似的股份支付信息可以合并披露。

（5）企业应当披露股份支付交易对当期财务状况和经营成果的影响。

①当期因以权益结算的股份支付而确认的费用总额。

②当期因以现金结算的股份支付而确认的费用总额。

③当期以股份支付换取的职工服务总额及其他方服务总额。

34. 债务重组

（1）债权人应当根据债务重组方式，分组披露债权账面价值和债务重组相关损益；债务重组导致的对联营企业或合营企业的权益性投资增加额，以及该投资占联营企业或合营企业股份总额的比例。

（2）债务人应当根据债务重组方式，分组披露债务账面价值和债务重组相关损益；债务重组导致的股本等所有者权益的增加额。

35. 借款费用

企业应当在附注中披露与借款费用有关的下列信息。

（1）当期资本化的借款费用金额。

（2）当期用于计算确定借款费用资本化金额的资本化率。

36. 外币折算

企业应当在附注中披露与外币折算有关的下列信息。

（1）企业及其境外经营选定的记账本位币及选定的原因，记账本位币发生变更的，说明变更理由。

（2）采用近似汇率的，近似汇率的确定方法。

（3）计入当期损益的汇兑差额。

（4）处置境外经营对外币财务报表折算差额的影响。

37. 企业合并

（1）企业合并发生当期的期末，合并方应当在附注中披露与同一控制下企业合并有关的下列信息：参与合并企业的基本情况；属于同一控制下企业合并的判断依据；合并日的确定依据；以支付现金、转让非现金资产以及承担债务作为合并对价的，所支付对价在合并日的账面价值；以发行权益性证券作为合并对价的，合并中发行权益性证券的数量及定价原则，以及参与合并各方交换有表决权股份的比例；被合并方的资产、负债在上一会计期间资产负债表日及合并日的账面价值；被合并方自合并当期期初至合并日的收入、净利润、现金流量等情况；合并合同或协议约定将承担被合并方或有负债的情况；被合并方采用的会计政策与合并方不一致所作调整情况的说明；合并后已处置或准备处置被合并方资产、负债的账面价值、处置价格等。

（2）企业合并发生当期的期末，购买方应当在附注中披露与非同一控制下企业合并有关的下列信息：参与合并企业的基本情况；购买日的确定依据；合并成本的构成及其账面价值、公允价值及公允价值的确定方法；被购买方各项可辨认资产、负债在上一会计期间资产负债表日及购买日的账面价值和公允价值；合并合同或协议约定将承担被购买方或有负债的情况；被购买方自购买日起至报告期期末的收入、净利润和现金流量等情况；商誉的金额及其确定方法；因合并成本小于合并中取得的被购买方可辨认净资产公允价值的份额计入当期损益的金额；合并后已处置或准备处置被购买方资产、负债的账面价值、处置价格等。

38. 租赁

（1）租赁出租人应当披露下列信息。

①与融资租赁有关的信息，包括销售损益、租赁投资净额的融资收益以及与未纳入租赁投资净额的可变租赁付款额相关的收入；资产负债表日后连续五个会计年度每年将收到的未折现租赁收款额，以及剩余年度将收到的未折现租赁收款额总额；未折现租赁收款额与租赁投资净额的调节表。

②与经营租赁有关的信息，包括租赁收入，并单独披露与未计入租赁收款额的可变租赁付款额相关的收入；将经营租赁固定资产与出租人持有自用的固定资产分开，并按经营租赁固定资产的类别提供《企业会计准则第4号——固定资产》要求披露的信息；资产负债表日后连续五个会计年度每年将收到的未折现租赁收款额，以及剩余年度将收到的未折现租赁收款额总额。

③有关租赁活动的其他定性和定量信息，包括租赁活动的性质，如对租赁活动基本情况的描述；对其在租赁资产中保留的权利进行风险管理的情况；其他相关信息。

与融资租赁有关的下列信息的披露格式如表30-40所示。

表30-40　　　　　　　　　　融资租赁的披露格式

剩余租赁期	最低租赁收款额
1年以内（含1年）	
1年以上2年以内（含2年）	
2年以上3年以内（含3年）	
3年以上	
合计	

经营租赁出租人各类租出资产的披露格式如表30-41所示。

表30-41　　　　　　　　　　经营租赁租出资产的披露格式

经营租赁租出资产类别	期末账面价值	年初账面价值
1. 机器设备		
2. 运输工具		
……		
合计		

（2）租赁承租人应当披露以下信息。

①各类使用权资产的期初余额、本期增加额、期末余额以及累计折旧额和减值金额；租赁负债的利息费用；计入当期损益的按《企业会计准则第21号——租赁》第三十二条简化处理的短期租赁费用和低价值资产租赁费用；未纳入租赁负债计量的可变租赁付款额；转租使用权资产取得的收入；与租赁相关的总现金流出；售后租回交易产生的相关损益；其他按照《企业会计准则第37号——金融工具列报》应当披露的有关租赁负债的信息。

对短期租赁和低价值资产租赁进行简化处理的，应当披露这一事实。

②有关租赁活动的其他定性和定量信息，包括租赁活动的性质，如对租赁活动基本情况

的描述；未纳入租赁负债计量的未来潜在现金流出；租赁导致的限制或承诺；其他相关信息。

以后年度将支付的最低租赁付款额的披露格式如表 30-42 所示。

表 30-42　　　　以后年度将支付的最低租赁付款额的披露格式

剩余租赁期	最低租赁付款额
1 年以内（含 1 年）	
1 年以上 2 年以内（含 2 年）	
2 年以上 3 年以内（含 3 年）	
3 年以上	
合计	

对于重大的经营租赁，经营租赁承租人应当披露下列信息，如表 30-43 所示。

表 30-43　　　　重大经营租赁的披露格式

剩余租赁期	最低租赁付款额
1 年以内（含 1 年）	
1 年以上 2 年以内（含 2 年）	
2 年以上 3 年以内（含 3 年）	
3 年以上	
合计	

39. 终止经营

终止经营的披露格式如表 30-44 所示。

表 30-44　　　　终止经营的披露格式

项目	本期发生额	上期发生额
一、终止经营收入		
减：终止经营费用		
二、终止经营利润总额		
减：终止经营所得税费用		
三、终止经营净利润		

40. 分部报告

（1）主要报告形式是业务分部的披露格式如表 30-45 所示。

表 30-45　　　　报告形式是业务分部的分部报告的披露格式

项目	××业务		××业务		……	其他		抵销		合计	
	本期	上期	本期	上期		本期	上期	本期	上期	本期	上期
一、营业收入											
其中：对外交易收入											
分部间交易收入											
二、营业费用											

续表

项目	××业务		××业务		……	其他		抵销		合计	
	本期	上期	本期	上期		本期	上期	本期	上期	本期	上期
三、营业利润（亏损）											
四、资产总额											
五、负债总额											
六、补充信息											
1．折旧和摊销费用											
2．资本化支出											
3．折旧和摊销以外的非现金费用											

注：主要报告形式是地区分部的，比照业务分部格式进行披露。

分部的日常活动是金融性质的，利息收入和利息费用应当作为分部收入和分部费用进行披露。

（2）在主要报告形式的基础上，对于次要报告形式，企业还应披露对外交易收入、分部资产总额，对主要客户的依赖程度，还要注意分部信息总额与企业信息总额的衔接以及比较信息。

41．费用按性质分类的补充资料

费用按照性质分类的利润表补充资料，可将费用分为耗用的原材料、职工薪酬费用、折旧费用、摊销费用等。具体的披露格式如表30-46所示。

表30-46　　　　　　　　费用按照性质分类的补充资料

项目	本期金额	上期金额
耗用的原材料		
产成品及在产品存货变动		
职工薪酬费用		
折旧费和摊销费用		
非流动资产减值损失		
支付的租金		
财务费用		
其他费用		
……		
合计		

42．其他综合收益

企业应当披露其他综合收益各项目的下列信息。

①其他综合收益各项目及其所得税影响。

②其他综合收益各项目原计入其他综合收益、当期转出计入当期损益的金额。

③其他综合收益各项目的期初和期末余额及其调节情况。

上述①和②的具体披露格式如表30-47所示，③的具体披露格式如表30-48所示。

表30-47　　　　　　其他综合收益各项目信息披露格式

项目	本期发生额			上期发生额		
资产	税前金额	所得税	税后净额	税前金额	所得税	税后净额
（一）以后不能重分类进损益的其他综合收益						
1. 重新计量设定受益计划净负债或净资产的变动						
2. 权益法下在被投资单位不能重分类进损益的其他综合收益中享有的份额						
……						
（二）以后将重分类进损益的其他综合收益						
1. 权益法下在被投资单位以后将重分类进损益的其他综合收益中享有的份额						
减：前期计入其他综合收益当期转入损益						
小计						
2. 其他债权投资公允价值变动损益						
减：前期计入其他综合收益当期转入损益						
小计						
3. 金融资产重分类计入其他综合收益						
减：前期计入其他综合收益当期转入损益						
小计						
4. 现金流经套期损益的有效部分						
减：前期计入其他综合收益当期转入损益						
转为被套期项目初始金额的调整额						
小计						
5. 外币财务报表折算差额						
减：前期计入其他综合收益当期转入损益						
小计						
……						
（三）其他综合收益合计						

表 30-48 　其他综合收益各项目的调节情况

项目	重新计量设定受益计划净负债或净资产的变动	权益法下在被投资者单位不能重分类进损益的其他综合收益中享有的份额	权益法下在被投资者单位以后将重分类进损益的其他综合收益中享有的份额	其他债权投资公允价值变动损益	金融资产重分类计入其他综合收益	现金流套期损益的有效部分	……	其他综合收益合计
一、上年年初余额								
二、上年增减变动金额（减少以"—"号填列）								
三、本年年初余额								
四、本年变动金额（减少以"—"号填列）								
五、本年年末余额								

43. 股利总额和每股股利金额在资产负债表日后、财务报告批准报出日前提议或宣布发放的股利总额和每股股利金额（或向投资者分配的利润总额）

44. 终止经营的收入、费用、利润总额、所得税费用和净利润，以及归属于母公司所有者的终止经营利润。企业披露的上述数据应当是针对终止经营在整个报告期间的经营成果

45. 或有和承诺事项、资产负债表日后非调整事项、关联方关系及其交易

（1）本企业的母公司有关信息披露格式如表30-49所示。

表30-49　　　　　　　企业母公司有关信息的披露格式

母公司名称	注册地	业务性质	注册资本

母公司不是本企业最终控制方的，说明最终控制方名称。

母公司和最终控制方均不对外提供财务报表的，说明母公司之上与其最相近的对外提供财务报表的母公司名称。

（2）母公司对本企业的持股比例和表决权比例的披露格式如表30-50所示。

表30-50　　　母公司对本企业的持股比例和表决权比例的披露格式

子公司名称	注册地	业务性质	注册资本	本企业合计持股比例	本企业合计享有的表决权比例
1.					
……					

（3）本企业的合营企业有关信息披露格式如表30-51所示。

表30-51　　　　　　　企业合营企业有关信息的披露格式

被投资单位名称	注册地	业务性质	注册资本	本企业持股比例	本企业在被投资单位表决权比例	期末资产总额	期末负债总额	本期营业收入总额	本期净利润
1.									
……									

注：有联营企业的，比照合营企业进行披露。

（4）本企业与关联方发生交易的，分别说明各关联方关系的性质、交易类型及交易要素。交易要素至少应当包括以下方面。

①交易的金额。

②未结算项目的金额、条款和条件，以及有关提供或取得担保的信息。

③未结算应收项目的坏账准备金额。

④定价政策。

46. 有助于财务报表使用者评价企业管理资本的目标、政策及程序的信息

企业应当基于可获得的信息充分披露以下内容。

（1）企业资本管理的目标、政策及程序的定性信息，包括：对企业资本管理的说明；受制于外部强制性资本要求的企业，应当披露这些要求的性质以及企业如何将这些要求纳入其资本管理；企业如何实现其资本管理的目标。

（2）资本结构的定量数据摘要，包括资本与所有者权益之间的调节关系等。

（3）自前一会计期间开始上述（1）和（2）中的所有变动。

（4）企业当期是否遵循了其受制的外部强制性资本要求；以及当企业未遵循外部强制性资本要求时，其未遵循的后果。

企业按照总体对上述信息披露不能提供有用信息时，还应当对每项受管制的资本要求单独披露上述信息。

第 31 章
现金流量表

现金流量表是财务报表的基本报表之一，所表达的是在一固定期间（通常是每月或每季）内，一家企业的现金（包含银行存款）的增减变动情形。

现金流量表主要是要反映出资产负债表中各个项目对现金流量的影响，并根据其用途划分为经营、投资及融资三个活动分类。现金流量表可用于分析一家企业在短期内有没有足够现金去应付开销。

31.1 现金流量表概述

31.1.1 现金流量表的内容

现金流量表，是指反映企业在一定会计期间现金和现金等价物流入和流出的报表。现金，是指企业库存现金以及可以随时用于支付的存款，包括库存现金、银行存款、其他货币资金，不能随时用于支取的存款不属于现金。现金等价物，是指企业持有的期限短、流动性强、易于转换为已知金额现金、价值变动风险很小的投资。

31.1.2 现金流量表内容与结构

（一）经营活动产生的现金流量

经营活动，是指企业投资活动和筹资活动以外的所有交易和事项。各类企业由于行业特点不同，对经营活动的认定存在一定差异。对于工商企业而言，经营活动主要包括销售商品、提供劳务、购买商品、接受劳务、支付税费等。对于商业银行而言，经营活动主要包括吸收存款、发放贷款、同业存放、同业拆借等。对于保险公司而言，经营活动主要包括原保险业务和再保险业务等。对于证券公司而言，经营活动主要包括自营证券、代理承销证券、代理兑付证券、代理买卖证券等。

（二）投资活动产生的现金流量

投资活动，是指企业长期资产的购建和不包括在现金等价物范围内的投资及其处置活动，包括取得和收回投资、购建和处置固定资产、购买和处置无形资产等。

（三）筹资活动产生的现金流量

筹资活动，是指导致企业资本及债务规模和构成发生变化的活动，包括发行股票或接受投入资本、分派现金股利、取得和偿还银行借款、发行和偿还公司债券等。此外，对于企业日常活动之外的、不经常发生的特殊项目，应当归并到相关类别中，并单独反映。

（四）汇率变动对现金及现金等价物的影响

编制现金流量表时，应当将企业外币现金流量以及境外子公司的现金流量折算成记账本位币,应当采用现金流量发生日的即期汇率或按照系统合理的方法确定的、与现金流量发生日即期汇率近似的汇率折算。汇率变动对现金的影响额应当作为调节项目,在现金流量表中单独列示。

(五)现金流量表补充资料

除现金流量表反映的信息外,企业还应在附注中披露将净利润调节为经营活动现金流量、不涉及现金收支的重大投资和筹资活动、现金及现金等价物净变动情况等信息。

31.1.3 现金流量表的编制方法及程序

企业可根据业务量的大小及复杂程度,选择采用工作底稿法、T型账户法,或直接根据有关科目的记录分析填列现金流量表。

31.2 一般企业现金流量表的编制

31.2.1 一般企业现金流量表格式

一般企业应按照现金流量表准则应用指南列示的现金流量表格式编制现金流量表。一般企业现金流量表格式如表31-1所示。

表 31-1　　　　　　　　　　　现金流量表

会企03表

编制单位：　　　　　　　　　　　___年___月　　　　　　　　　　　单位：元

项　目	本期金额	上期金额
一、经营活动产生的现金流量：		
销售商品、提供劳务收到的现金		
收到的税费返还		
收到其他与经营活动有关的现金		
经营活动现金流入小计		
购买商品、接受劳务支付的现金		
支付给职工以及为职工支付的现金		
支付的各项税费		
支付其他与经营活动有关的现金		
经营活动现金流出小计		
经营活动产生的现金流量净额		
二、投资活动产生的现金流量：		
收回投资收到的现金		
取得投资收益收到的现金		
处置固定资产、无形资产和其他长期资产收回的现金净额		
处置子公司及其他营业单位收到的现金净额		
收到其他与投资活动有关的现金		

项 目	本期金额	上期金额
投资活动现金流入小计		
购建固定资产、无形资产和其他长期资产支付的现金		
投资支付的现金		
取得子公司及其他营业单位支付的现金净额		
支付其他与投资活动有关的现金		
投资活动现金流出小计		
投资活动产生的现金流量净额		
三、筹资活动产生的现金流量：		
吸收投资收到的现金		
取得借款收到的现金		
收到其他与筹资活动有关的现金		
筹资活动现金流入小计		
偿还债务支付的现金		
分配股利、利润或偿付利息支付的现金		
支付其他与筹资活动有关的现金		
筹资活动现金流出小计		
筹资活动产生的现金流量净额		
四、汇率变动对现金及现金等价物的影响		
五、现金及现金等价物净增加额		
加：期初现金及现金等价物余额		
六、期末现金及现金等价物余额		

31.2.2 一般企业现金流量表项目编制

（一）经营活动产生的现金流量有关项目的编制

1. 销售商品、提供劳务收到的现金

本项目反映企业本年销售商品、提供劳务收到的现金，以及以前年度销售商品、提供劳务本年收到的现金（包括应向购买者收取的增值税销项税额）和本年预收的款项，减去本年销售本年退回商品和以前年度销售本年退回商品支付的现金。企业销售材料和代购代销业务收到的现金，也在本项目反映。

【例31-1】甲企业本期销售一批商品，开出的增值税专用发票上注明的销售价款为2 500 000元，增值税销项税额为325 000元，以银行存款收讫；应收票据期初余额为300 000元，期末余额为40 000元；应收账款期初余额为800 000元，期末余额为400 000元；年度内核销的坏账损失为5 000元。另外，本期因商品质量问题发生退货，支付银行存款50 000元，货款已通过银行转账支付。

本期销售商品、提供劳务收到的现金计算如下（以元为单位）：

本期销售商品收到的现金 2 825 000

加：本期收到前期的应收票据（300 000-40 000）260 000

本期收到前期的应收账款（800 000-400 000-5 000）395 000

减：本期因销售退回支付的现金 50 000

本期销售商品、提供劳务收到的现金 3 430 000

2. 收到的税费返还

本项目反映企业收到返还的所得税、增值税、消费税、关税和教育费附加等各种税费返还款。

【例31-2】甲企业前期出口商品一批，已缴纳增值税，按规定应退增值税 5 200 元，前期未退，本期以转账方式收讫；本期收到的教育费附加返还款为 33 000 元，款项已存入银行。

本期收到的税费返还计算如下（以元为单位）：

本期收到的出口退增值税 5 200

加：收到的退教育费附加返还额 33 000

本期收到的税费返还 38 200

3. 收到其他与经营活动有关的现金

本项目反映企业经营租赁收到的租金等其他与经营活动有关的现金流入，金额较大的应当单独列示。企业实际收到的政府补助，无论是与资产相关还是与收益相关，均在"收到其他与经营活动有关的现金"项目填列。

4. 购买商品、接受劳务支付的现金

本项目反映企业本年购买商品、接受劳务实际支付的现金（包括增值税进项税额），以及本年支付以前年度购买商品、接受劳务的未付款项和本年预付款项，减去本年发生的购货退回收到的现金。企业购买材料和代购代销业务支付的现金，也在本项目反映。

5. 支付给职工以及为职工支付的现金

本项目反映企业本年实际支付给职工的工资、各种津贴和补贴等职工薪酬（包括代扣代缴的职工个人所得税）。

6. 支付的各项税费

本项目反映企业本年发生并支付、以前各年发生本年支付以及预交的各项税费，包括所得税、增值税、消费税、印花税、房产税、土地增值税、车船使用税、教育费附加等。

7. 支付其他与经营活动有关的现金

本项目反映企业经营租赁支付的租金、差旅费、业务招待费、保险费、罚款支出等其他与经营活动有关的现金流出，金额较大的应当单独列示。

（二）投资活动产生的现金流量有关项目的编制

1. 收回投资收到的现金

本项目反映企业出售、转让或到期收回除现金等价物以外的对其他企业长期股权投资而收到的现金，但处置子公司及其他营业单位应收到的现金净额除外。

【例31-3】甲企业出售某项长期股权投资,收回的全部投资金额为510 000元;出售某项长期债权性投资,收回的全部投资金额为270 000元,其中,20 000元是债券利息。

本期收回投资所收到的现金计算如下(以元为单位):

收回长期股权投资金额 510 000

加:收回长期债权性投资本金(270 000-20 000) 250 000

本期收回投资所收到的现金 760 000

2. 取得投资收益收到的现金

本项目反映企业除现金等价物以外的对其他企业的长期股权投资等分回的现金股利和利息等。

【例31-4】甲企业期初长期股权投资余额为2 400 000元,其中1 600 000元投资于联营企业A企业,占其股本的25%,采用权益法核算,另外300 000元和500 000元分别投资于B企业和C企业,各占接受投资企业总股本的5%和10%,采用成本法核算;当年A企业盈利2 500 000元,分配现金股利900 000元,B企业亏损没有分配股利,C企业盈利500 000元,分配现金股利100 000元。企业已如数收到现金股利。

本期取得投资收益收到的现金计算如下(以元为单位):

取得A企业实际分回的投资收益(900 000×25%) 225 000

加:取得B企业实际分回的投资收益 0

取得C企业实际分回的投资收益(100 000×10%) 10 000

本期取得投资收益收到的现金 235 000

3. 处置固定资产、无形资产和其他长期资产收回的现金净额

本项目反映企业出售、报废固定资产、无形资产和其他长期资产所取得的现金(包括因资产毁损而收到的保险赔偿收入),减去为处置这些资产而支付的有关费用后的净额。

4. 处置子公司及其他营业单位收到的现金净额

本项目反映企业处置子公司及其他营业单位所取得的现金,减去相关处置费用以及子公司及其他营业单位持有的现金和现金等价物后的净额。

5. 收到其他与投资活动有关的现金

本项目反映企业除上述各项目外,收到的其他与投资活动有关的现金。其中价值较大的,应单列项目反映。本项目可以根据有关科目的记录分析填列。

6. 购建固定资产、无形资产和其他长期资产支付的现金

本项目反映企业购买、建造固定资产,取得无形资产和其他长期资产所支付的现金(含增值税税款等),以及用现金支付的应由在建工程和无形资产负担的职工薪酬。

7. 投资支付的现金

本项目反映企业取得除现金等价物以外的对其他企业的长期股权投资所支付的现金以及支付的佣金、手续费等附加费用,但取得子公司及其他营业单位支付的现金净额除外。

【例31-5】甲企业以银行存款2 500 000元投资于A企业的股票。此外,购买中国

光大银行发行的金融债券,面值总额为 150 000 元,票面年利率为 7%,实际支付金额为 160 500 元。

本期投资所支付的现金计算如下(以元为单位):

投资于 A 企业的现金总额 2 500 000

投资于中国光大银行金融债券的现金总额 160 500

本期投资所支付的现金 2 660 500

8. 取得子公司及其他营业单位支付的现金净额

本项目反映企业购买子公司及其他营业单位购买出价中以现金支付的部分,减去子公司及其他营业单位持有的现金和现金等价物后的净额。

9. 支付其他与投资活动有关的现金

本项目反映企业除上述各项目外,支付的其他与投资活动有关的现金。其他与投资活动有关的现金,如果价值较大,应单列项目反映。本项目可以根据有关科目的记录分析填列。

(三)筹资活动产生的现金流量有关项目的编制

1. 吸收投资收到的现金

本项目反映企业以发行股票、债券等方式筹集资金实际收到的款项,减去直接支付的佣金、手续费、宣传费、咨询费、印刷费等发行费用后的净额。

【**例31-6**】甲企业对外公开募集股份 1 000 000 股,每股面值为 1 元,发行价为每股 1.1 元,代理发行的证券公司为其支付的各种费用,共计 17 000 元。此外,甲企业为建设一新项目,批准发行 1 800 000 元的长期债券。与证券公司签署的协议规定:该批长期债券委托证券公司代理发行,发行手续费为发行总额的 3.5%,宣传及印刷费由证券公司代为支付,并从发行总额中扣除。该企业至委托协议签署为止,已支付咨询费、公证费等 6 300 元。证券公司按面值发行,价款全部收到,支付宣传及印刷费等各种费用 14 070 元。按协议将发行款划至企业在银行的存款账户。

本期吸收投资收到的现金计算如下(以元为单位):

发行股票取得的现金 1 083 000

其中:发行总额(1 000 000×1.1)1 100 000

减:发行费用 17 000

发行债券取得的现金 1 737 000

其中:发行总额 1 800 000

减:发行手续费(1 800 000×3.5%)63 000

本期吸收投资收到的现金 2 820 000

本例中,已支付的咨询费、公证费等 6 300 元,应在"支付其他与筹资活动有关的现金"项目中反映。

2. 取得借款收到的现金

本项目反映企业举借各种短期、长期借款而收到的现金。

3.收到其他与筹资活动有关的现金

本项目反映企业除上述各项目外,收到的其他与筹资活动有关的现金。其他与筹资活动有关的现金,如果价值较大的,应单列项目反映。

4.偿还债务支付的现金

本项目反映企业以现金偿还债务的本金,包括归还金融企业的借款本金、偿付企业到期的债券本金等。

5.分配股利、利润或偿付利息支付的现金

本项目反映企业实际支付的现金股利、支付给其他投资单位的利润或用现金支付的借款利息、债券利息。

6.支付其他与筹资活动有关的现金

本项目反映企业除上述各项目外,支付的其他与筹资活动有关的现金,其中价值较大的,应单列项目反映。

(四)汇率变动对现金及现金等价物的影响

本项目反映下列项目之间的差额。

(1)企业外币现金流量折算为记账本位币时,采用现金流量发生日的即期汇率近似的汇率折算的金额(编制合并现金流量表时折算境外子公司的现金流量,应当比照处理)。

(2)企业外币现金及现金等价物净增加额按年末汇率折算的金额填列。

【例31-7】甲企业当期出口商品一批,售价为8 000美元。假设销售实现时的汇率为1:7.87,收汇当日汇率为1:7.85;当期进口货物一批,价值为6 000美元,结汇当日汇率为1:7.88,资产负债表日的即期汇率为1:7.89;当期没有其他业务发生。

(1)汇率变动对现金的影响额计算如下:

经营活动流入的现金8 000(美元)

汇率变动(7.89−7.85)0.04

汇率变动对现金流入的影响额320(元)

经营活动流出的现金6 000(美元)

汇率变动(7.89−7.88)0.01

汇率变动对现金流出的影响额60(元)

汇率变动对现金的影响额260(元)

(2)现金流量表中(以元为单位):

经营活动流入的现金62 800

经营活动流出的现金47 280

经营活动产生的现金流量净额15 520

汇率变动对现金的影响额260

现金及现金等价物净增加额15 780

(3)现金流量表补充资料中(以元为单位):

现金及现金等价物净增加情况如下:

银行存款的期末余额（2 000×7.89）15 780
银行存款的期初余额 0
现金及现金等价物净增加额 15 780

31.3 披露

按照《企业会计准则第 31 号——现金流量表》具体准则对现金流量表信息披露的规定，企业应当在附注中披露将净利润调节为经营活动现金流量的信息。至少应当单独披露对净利润进行调节的下列项目：

（1）资产减值准备；
（2）固定资产折旧；
（3）无形资产摊销；
（4）长期待摊费用摊销；
（5）待摊费用；
（6）预提费用；
（7）处置固定资产、无形资产和其他长期资产的损益；
（8）固定资产报废损失；
（9）公允价值变动损益；
（10）财务费用；
（11）投资损益；
（12）递延所得税资产和递延所得税负债；
（13）存货；
（14）经营性应收项目；
（15）经营性应付项目。

企业应当在附注中以总额披露当期取得或处置子公司及其他营业单位的下列信息：

（1）取得或处置价格；
（2）取得或处置价格中以现金支付的部分；
（3）取得或处置子公司及其他营业单位收到的现金；
（4）取得或处置子公司及其他营业单位按照主要类别分类的非现金资产和负债。

企业应当在附注中披露不涉及当期现金收支，但影响企业财务状况或在未来可能影响企业现金流量的重大投资和筹资活动。

企业应当在附注中披露与现金和现金等价物有关的下列信息：

（1）现金和现金等价物的构成及其在资产负债表中的相应金额；
（2）企业持有但不能由母公司或集团内其他子公司使用的大额现金和现金等价物金额。

第32章
中期财务报告

编制中期财务报告可以及时向报告使用者提供企业较为完整的会计信息，帮助他们较为全面地评价企业的经营业绩，预测企业的发展前景，做出正确的经济决策。

32.1 中期财务报告概述

32.1.1 中期财务报告的定义

中期财务报告，是指以中期为基础编制的财务报告。中期，是指短于一个完整的会计年度的报告期间，它可以是一个月、一个季度或者半年，也可以是其他短于一个会计年度的期间。

32.1.2 中期财务报告的内容

中期财务报告至少应当包括以下部分：
（1）资产负债表；
（2）利润表；
（3）现金流量表；
（4）附注。

32.2 确认和计量

32.2.1 会计政策

企业在编制中期财务报表时应当采用与年度财务报表相一致的会计政策。

上年度资产负债表日之后发生了会计政策变更，且变更后的会计政策将在年度财务报表中采用的，中期财务报表应当采用变更后的会计政策，应当按照《企业会计准则第28号——会计政策、会计估计变更和差错更正》处理，并按照该准则规定在附注中做相应披露。

32.2.2 会计估计

在同一会计年度内，以前中期财务报表项目在以后中期发生了会计估计变更的，以后中期财务报表应当反映该会计估计变更后的金额，但对以前中期财务报表项目金额不做调整，也不重编以前中期的财务报表。同时，该会计估计变更应当按照规定在附注中做相应披露。

32.2.3 重要性

企业在确认、计量和报告各中期财务报表项目时，对项目重要性程度的判断，应当以中期财务数据为基础，不应以年度财务数据为基础。中期会计计量与年度财务数据相比，可在更大程度上依赖于估计,但是,企业应当确保所提供的中期财务报告包括了相关的重要信息。

32.2.4 会计计量

中期会计计量应当以年初至本中期末为基础,企业中期会计计量的结果最终应当与年度财务报告中的会计计量结果相一致,财务报告的频率不应当影响年度结果的计量。

【例32-1】ABC公司于2×18年11月利用专门借款资金开工兴建一项固定资产。2×19年3月1日,固定资产建造工程由于资金周转发生困难而停工。公司预计在一个半月内即可获得补充专门借款,解决资金周转问题,工程可以重新施工。

根据《企业会计准则第17号——借款费用》(以下简称"借款费用准则")的规定,固定资产的购建活动发生非正常中断、并且中断时间连续超过3个月的,应当暂停借款费用的资本化,将在中断期间发生的借款费用确认为当期费用,直至资产的购建活动重新开始。据此,在第一季度末,公司考虑到所购建固定资产的非正常中断时间将短于3个月,所以,在编制2×19年第一季度财务报告时,没有中断借款费用的资本化,将3月发生的符合资本化条件的借款费用继续资本化,计入在建工程成本。后来的事实表明,公司直至2×19年6月15日才获得补充专门借款,工程才重新开工。这样,公司在编制2×19年第二季度财务报告时,如果仅仅以第二季度发生的交易或者事项作为会计计量的基础,那么,公司在第二季度发生工程非正常中断的时间也只有两个半月,短于借款费用准则规定的借款费用应当暂停资本化的3个月的期限,从而在第二季度内将4月1日和6月15日之间所发生的与购建固定资产有关的借款费用将继续资本化,计入在建工程成本。

显然,上述处理是错误的。因为,如果公司只需编制年度财务报告,不必编制季度财务报告,那么,从全年来看,公司建造固定资产工程发生非正常中断的时间为三个半月,公司应当暂停这三个半月内所发生借款费用资本化。也就是说,如果以整个会计年度作为会计计量的基础,上述4月1日和6月15日之间发生的借款费用都应当予以费用化,计入当期损益。而如果仅仅以每一报告季度作为会计计量的基础,则上述4月1日和6月15日之间发生的相关借款费用都将继续资本化,计入在建工程成本。季度计量的结果与年度计量的结果将发生不一致,而这种不一致的产生就是由于财务报告的频率由按年编报变为按季编报所致。毫无疑问,单纯以季度为基础对上述固定资产建造中断期间所发生的借款费用进行计量是不正确的。为了避免公司中期会计计量与年度会计计量的不一致,防止公司因财务报告的频率而影响其年度财务结果的计量,公司应当以年初至本中期末为期间基础进行中期会计计量。

在本例中,当公司编制第二季度财务报告时,对于所购建固定资产中断期间所发生的借款费用的会计处理,应当以2×19年1月1日至6月30日的期间为基础。显然,在1月1日至6月30日的期间基础之上,所购建固定资产的中断期间超过了3个月,应当将中断期间所发生的所有借款费用全部费用化,所以在编制第二季度财务报告时,不仅第二季度4月1日和6月15日之间发生的借款费用应当费用化,计入第二季度的损益,而且,上一季度已经资本化了的3月的借款费用也应当费用化,调减在建工程成本,调增财务费用,这样计量的结果将能够保证中期会计计量结果与年度会计计量结果相一致,实现财务报告的频率不影响年度结果计量的目标。

需要说明的是，本例还涉及会计估计变更事项，因此公司还应当根据中期财务报告准则的规定，在其第二季度财务报告附注中做相应披露。

32.2.5 季节性、周期性或者偶然性取得收入的确认和计量

企业取得的季节性、周期性或者偶然性收入，应当在发生时予以确认和计量，不应在中期财务报表中预计或者递延，但会计年度末允许预计或者递延的除外。

【例32-2】HF公司为一家房地产开发公司，采取滚动开发房地产的方式，即每开发完成一个房地产项目后，再开发下一个房地产项目。该公司于2×18年1月1日开始开发一个住宅小区，小区建成完工需2年。公司采取边开发、边销售楼盘的策略。假定该公司在2×18年各季度分别收到楼盘销售款1 000万元、3 000万元、2 500万元和2 000万元；为小区建设分别发生开发成本2 000万元、1 500万元、2 200万元和1 900万元；在2×19年各季度分别收到楼盘销售款2 500万元、3 000万元、3 000万元和1 000万元；为小区建设分别发生开发成本1 000万元、1 700万元、500万元和300万元。小区所有商品房于2×19年11月完工，12月全部交付给购房者，并办理完有关产权手续。

本例中，HF公司的经营业务具有明显的周期性特征，公司只有在每隔一个周期待房地产开发完成并实现对外销售后，才能确认收入，即公司只有在2×19年12月所建商品房完工后，与商品房有关的风险和报酬已经转移给了购房者，符合收入确认标准后，才能确认收入。这一收入就属于周期性取得的收入，在2×19年12月之前的各中期都不能预计收入，也不能将已经收到的楼盘销售款直接确认为收入，企业应当在收到这些款项时将其作为预收款处理。对于开发小区所发生的成本也应当首先归集在开发成本中，待确认收入时，再结转相应的成本。另外，HF公司对于其经营的周期性特征，则应当根据中期财务报告准则的要求在各有关中期财务报告附注中予以披露。

32.2.6 会计年度中不均匀发生的费用的确认和计量

《企业会计准则第32号——中期财务报告》具体准则规定，企业在会计年度中不均匀发生的费用，应当在发生时予以确认和计量，不应在中期财务报表中预提或者待摊，但会计年度末允许预提或者待摊的除外。

【例32-3】ABC公司根据年度培训计划，在2×20年6月对员工进行了专业技能和管理知识方面的集中培训，共发生培训费用30万元。

本例中，对于该项培训费用，公司应当直接计入6月的损益，不能在6月之前预提，也不能在6月之后待摊。

32.3 合并财务报表

《企业会计准则第32号——中期财务报告》具体准则规定，上年度编制合并财务报表的，中期期末应当编制合并财务报表。上年度财务报告除了包括合并财务报表，还包括母公司财务报表的，中期财务报告也应当包括母公司财务报表。上年度财务报告包括了合并财务报表，

但报告中期内处置了所有应当纳入合并范围的子公司的，中期财务报告只需提供母公司财务报表，但上年度比较财务报表仍应当包括合并财务报表，上年度可比中期没有子公司的除外。如果企业在报告中期内新增子公司，在这种情况下，企业在中期末就需要将该子公司财务报表纳入合并财务报表的合并范围。

【例32-4】XYZ公司成立于2×18年初，公司成立之初没有一家子公司，因此公司在2×18年第一季度财务报告中只需要提供公司本身财务报表。在2×18年第二季度，公司并购一家LLQ公司，获得了该公司90%的股份，从而使得该公司成为XYZ公司的控股子公司。这样，在2×18年第二季度财务报告中，XYZ公司就需要同时提供合并财务报表和母公司财务报表。第三季度财务报告和2×18年度财务报告也是如此。假定在2×20年第一季度，XYZ公司又将LLQ子公司对外出售，这样，XYZ公司在2×20年又没有了子公司，所以，尽管公司在上年度财务报告中编制了合并财务报表，但是在2×20年第一季度财务报告中，公司无须编制合并财务报表。而且由于在上年度第一季度财务报告中公司也没有编制合并财务报表，所以，在提供上年度比较财务报表时，除了上年度末的资产负债表仍然应当包括合并财务报表和母公司财务报表之外，其他比较财务报表（包括利润表和现金流量表）都不必提供合并财务报表。在2×20年第二季度，公司仍然没有需要纳入合并财务报表合并范围的子公司，因此仍然不必编制合并财务报表，但是，在提供上年度比较财务报表时，则应当同时提供合并财务报表和母公司财务报表。

应当编制合并财务报表的企业，如果在上年度财务报告中除了提供合并财务报表之外，还提供了母公司财务报表，如上市公司，那么在其中期财务报告中除了应当提供合并财务报表之外，也应当提供母公司财务报表。

32.4 比较财务报表

《企业会计准则第32号——中期财务报告》具体准则规定，中期财务报告应当按照下列规定提供比较财务报表。

（1）本中期末的资产负债表和上年度末的资产负债表。

（2）本中期的利润表、年初至本中期末的利润表以及上年度可比期间的利润表。

（3）年初至本中期末的现金流量表和上年度年初至可比本中期末的现金流量表。

【例32-5】某企业按要求需要提供半年度中期财务报告，则该企业在截至20×9年6月30日的上半年财务报告中应当提供以下财务报表，如表32-1所示。

表32-1　　　　　　　　企业应当提供的财务报表

报表类别	本年度中期财务报表时间（或者期间）	上年度比较财务报表时间（或者期间）
资产负债表	20×9年6月30日	20×8年12月31日
利润表	20×9年1月1日至6月30日	20×8年1月1日至6月30日
现金流量表	20×9年1月1日至6月30日	20×8年1月1日至6月30日

32.5 附注

《企业会计准则第 32 号——中期财务报告》具体准则规定，中期财务报告中的附注应当以年初至本中期末为基础编制，披露自上年度资产负债表日之后发生的，有助于理解企业财务状况、经营成果和现金流量变化情况的重要交易或者事项。

1. 中期财务报告附注应当以年初至本中期末为基础编制

编制中期财务报告的目的是向报告使用者提供自上年度资产负债表日之后所发生的重要交易或者事项，因此，中期财务报告附注应当以"年初至本中期末"为基础进行编制，而不应当只披露本中期所发生的重要交易或者事项。

【例 32-6】KK 公司需要编制季度财务报告，该公司在 2×19 年 3 月 5 日对外进行重大投资，设立一家子公司。

本例中，对于这一事项，KK 公司不仅应当在 2×19 年第一季度财务报告附注中予以披露，在 2×19 年第二季度财务报告和第三季度财务报告附注中也应当予以披露。

2. 中期财务报告附注应当对自上年度资产负债表日之后发生的重要交易或者事项进行披露

中期财务报告附注应当以年初至本中期末为基础编制，披露自上年度资产负债表日之后发生的，有助于理解企业财务状况、经营成果和现金流量变化情况的重要交易或者事项。此外，对于理解本中期财务状况、经营成果和现金流量有关的重要交易或者事项，也应当在附注中作相应披露。

【例 32-7】ABC 公司在 2×19 年 1 月 1 日至 6 月 30 日累计实现净利润 2 500 万元，其中，第二季度实现净利润 90 万元，公司在第二季度转回前期计提的坏账准备 100 万元，第二季度末应收账款余额为 900 万元。

本例中，尽管该公司第二季度转回的坏账准备仅占 ABC 公司 1—6 月净利润总额的 4%（100÷2 500），可能并不重要，但是该项转回金额占第二季度净利润的 111.11%（100÷90），占第二季度末应收账款余额的 11.11%，对于理解第二季度（4—6 月）经营成果和第二季度末财务状况而言，属于重要事项，所以，ABC 公司应当在第二季度财务报告附注中披露该事项。在实务工作中，企业还应当综合考虑资产规模、经营特征等因素，以对重要性做出较为合理的判断。

《企业会计准则第 32 号——中期财务报告》具体准则规定，中期财务报告中的附注至少应当包括下列信息。

（1）中期财务报表所采用的会计政策与上年度财务报表相一致的声明。

会计政策发生变更的，应当说明会计政策变更的性质、内容、原因及其影响数；无法进行追溯调整的，应当说明原因。

（2）会计估计变更的内容、原因及其影响数；影响数不能确定的，应当说明原因。

（3）前期差错的性质及其更正金额；无法进行追溯重述的，应当说明原因。

（4）企业经营的季节性或者周期性特征。

（5）存在控制关系的关联方发生变化的情况；关联方之间发生交易的，应当披露关联方关系的性质、交易类型和交易要素。

（6）合并财务报表的合并范围发生变化的情况。

（7）对性质特别或者金额异常的财务报表项目的说明。

（8）证券发行、回购和偿还情况。

（9）向所有者分配利润的情况，包括在中期内实施的利润分配和已提出或者已批准但尚未实施的利润分配情况。

（10）根据《企业会计准则第 35 号——分部报告》规定披露分部报告信息的，应当披露主要报告形式的分部收入与分部利润（亏损）。

（11）中期资产负债表日至中期财务报告批准报出日之间发生的非调整事项。

（12）上年度资产负债表日以后所发生的或有负债和或有资产的变化情况。

（13）企业结构变化情况，包括企业合并，对被投资单位具有重大影响、共同控制或者控制关系的长期股权投资的购买或者处置，终止经营等。

（14）其他重大交易或者事项，包括重大的长期资产转让及其出售情况、重大的固定资产和无形资产取得情况、重大的研究和开发支出、重大的资产减值损失情况等。

企业在提供上述（5）和（10）有关关联方交易、分部收入与分部利润（亏损）信息时，应当同时提供本中期（或者本中期末）和本年度年初至本中期末的数据，以及上年度可比本中期（或者可比期末）和可比年初至本中期末的比较数据。

第33章
合并财务报表

合并财务报表是指由母公司编制的包括所有控股子公司财务报表的有关数据的报表。该报表可向报表使用者提供公司集团的财务状况和经营成果。

33.1 合并财务报表基础

33.1.1 合并财务报表的定义及解释

（一）财务报表定义及特点

合并财务报表，是指反映母公司和其全部子公司形成的企业集团（以下简称"企业集团"）整体财务状况、经营成果和现金流量的财务报表，其具有以下特点。

（1）合并财务报表反映的对象是由母公司和其全部子公司组成的会计主体。

（2）合并财务报表的编制者是母公司，但所对应的会计主体是由母公司及其控制的所有子公司所构成的合并财务报表主体（以下简称"合并集团"）。

（3）合并财务报表是站在合并财务报表主体的立场上，以纳入合并范围的企业个别财务报表为基础，根据其他有关资料，抵销母公司与子公司、子公司相互之间发生的内部交易，考虑了特殊交易事项对合并财务报表的影响后编制的，旨在反映合并财务报表主体作为一个整体的财务状况、经营成果和现金流量。

（二）豁免规定

母公司应当编制合并财务报表。如果母公司是投资性主体，且不存在为其投资活动提供相关服务的子公司，则不应编制合并财务报表。除上述情况外，不允许有其他情况的豁免。

33.1.2 合并范围的确定

（一）控制的定义

合并财务报表的合并范围应当以控制为基础予以确定。控制，是指投资方拥有对被投资方的权力，通过参与被投资方的相关活动而享有可变回报，并且有能力运用对被投资方的权力影响其回报金额。

（二）控制的要素

控制的定义包含三项基本要素：一是投资方拥有对被投资方的权力，二是因参与被投资方的相关活动而享有可变回报，三是有能力运用对被投资方的权力影响其回报金额。在判断投资方是否能够控制被投资方时，当且仅当投资方具备上述三要素时，才能表明投资方能够控制被投资方。

(三)对被投资方可分割部分的控制

在少数情况下,如果有确凿证据表明同时满足下列条件并且符合相关法律法规规定的,投资方应当将被投资方的一部分(以下简称"该部分")视为被投资方可分割部分,进而判断是否控制该部分:

(1)该部分的资产是偿付该部分负债或该部分其他权益的唯一来源,不能用于偿还该部分以外的被投资方的其他负债;

(2)除与该部分相关的各方外,其他方不享有与该部分资产相关的权利,也不享有与该部分资产剩余现金流量相关的权利。

(四)控制的持续评估

控制的评估是持续的,当环境或情况发生变化时,投资方需要评估控制的三项基本要素中的一项或多项是否发生了变化。如果有任何事实或情况表明控制的三项基本要素中的一项或多项发生了变化,投资方应重新评估对被投资方是否具有控制。

(1)如果对被投资方的权力的行使方式发生变化,该变化必须反映在投资方对被投资方权力的评估中。

(2)某些事件即使不涉及投资方,也可能导致该投资方获得或丧失对被投资方的权力。

(3)投资方应考虑因其参与被投资方相关活动而承担的可变回报风险敞口的变化带来的影响。

(4)投资方还应考虑其作为代理人或主要责任人的判断是否发生了变化。投资方与其他方之间整体关系的变化可能意味着原为代理人的投资方不再是代理人;反之亦然。

(五)投资性主体

《企业会计准则第33号——合并财务报表》(以下简称"合并财务报表准则")第二十一条规定,母公司应当将其全部子公司(包括母公司所控制的单独主体)纳入合并范围并编制合并财务报表。如果母公司是投资性主体,则母公司应当仅将那些为投资性主体的投资活动提供相关服务的子公司(如有)纳入合并范围并编制合并财务报表,其他子公司不应予以合并,应按照公允价值计量且其变动计入当期损益。如果母公司其本身不是投资性主体,则应当将其控制的全部主体,包括投资性主体以及通过投资性主体间接控制的主体,纳入合并财务报表范围。

(1)投资性主体的定义。

投资性主体需要同时满足以下三个条件:一是该公司以向投资方提供投资管理服务为目的,从一个或多个投资者获取资金;二是该公司的唯一经营目的,是通过资本增值、投资收益或两者兼有而让投资者获得回报;三是该公司按照公允价值对几乎所有投资的业绩进行考量和评价。

(2)投资性主体的特征。

投资性主体通常应当具备下列四个特征:一是拥有一个以上投资;二是拥有一个以上投资者;三是投资者不是该主体的关联方;四是该主体的所有者权益以股权或类似权益方式存在。当主体不完全具备上述四个特征时,需要审慎评估,判断是否有确凿证据证明虽然缺少其中一个或几个特征，但该主体仍然符合投资性主体的定义。

（3）投资性主体的转换。

当母公司由非投资性主体转变为投资性主体时，除仅将为其投资活动提供相关服务的子公司纳入合并财务报表范围编制合并财务报表外，企业自转变日起对其他子公司不应予以合并，其会计处理参照部分处置子公司股权但不丧失控制权的处理原则。

当母公司由投资性主体转变为非投资性主体时，应将原未纳入合并财务报表范围的子公司于转变日纳入合并财务报表范围，将转变日视为购买日，原未纳入合并财务报表范围的子公司于转变日的公允价值视为购买的交易对价，按照非同一控制下企业合并的会计处理方法进行会计处理。

33.1.3 合并财务报表的编制原则

合并财务报表的编制除在遵循财务报表编制的一般原则和要求外，还应遵循以下原则和要求：

（1）以个别财务报表为基础编制；

（2）一体性原则；

（3）重要性原则。

33.1.4 编制合并财务报表的前期准备工作

（1）统一母子公司的会计政策。

（2）统一母子公司的资产负债表日及会计期间。

（3）对子公司以外币表示的财务报表进行折算。

（4）收集编制合并财务报表的相关资料。

33.1.5 合并财务报表的编制程序

（1）设置合并工作底稿。

（2）将个别财务报表的数据过入合并工作底稿。

（3）编制调整分录和抵销分录。

（4）计算合并财务报表各项目的合并金额。

（5）填列合并财务报表。

33.1.6 报告期内增减子公司的处理

（一）增加子公司

在企业合并发生当期的期末和以后会计期间，母公司应当分别情况进行处理。

（1）同一控制下企业合并增加的子公司或业务，视同合并后形成的企业集团报告主体自最终控制方开始实施控制时一直是一体化存续下来的。编制合并资产负债表时，应当调整合并资产负债表的期初数，合并资产负债表的留存收益项目应当反映母子公司视同一直作为一个整体运行至合并日已实现的盈余公积和未分配利润的情况，同时应当对比较财务报表的相关项目进行调整；编制合并利润表时，应当将该公司或业务自合并当期期初至报告期末的收入、费用、利润纳入合并利润表，而不是从合并日开始纳入合并利润表，同时应当对比较财务报表的相关项目进行调整；在编制合并现金流量表时，应当将该子公司或业务自合并当期期初到报告期末的现金流量纳入合并现金流量表，同时应当对比较财务报表的相关项目进行调整。

（2）非同一控制下企业合并或其他方式增加的子公司或业务，应当从购买日开始编制合并财务报表，在编制合并资产负债表时，不调整合并资产负债表的期初数，企业以非货币性资产出资设立子公司或对子公司增资的，需要将该非货币性资产调整恢复至原账面价值，并在此基础上持续编制合并财务报表；在编制合并利润表时，应当将该子公司或业务自购买日至报告期末的收入、费用、利润纳入合并利润表；在编制合并现金流量表时，应当将该子公司购买日至报告期期末的现金流量纳入合并现金流量表。

（二）处置子公司

在报告期内，如果母公司处置子公司或业务，失去对子公司或业务的控制，被投资方从处置日开始不再是母公司的子公司，不应继续将其纳入合并财务报表的合并范围，在编制合并资产负债表时，不应当调整合并资产负债表的期初数；在编制合并利润表时，应当将该子公司或业务自当期期初至处置日的收入、费用、利润纳入合并利润表；在编制合并现金流量表时，应将该子公司或业务自当期期初至处置日的现金流量纳入合并现金流量表。

33.2 合并日财务报表的编制

33.2.1 对子公司的个别财务报表进行调整

在编制合并财务报表时，首先应对各子公司进行分类，分为同一控制下企业合并中取得的子公司和非同一控制下企业合并中取得的子公司两类。

（一）属于同一控制下企业合并中取得的子公司

如果子公司的会计期间与母公司不一致，应当按照母公司的会计期间对子公司财务报表进行调整；或者要求子公司按照母公司的会计期间另行编报财务报表。否则，只需要抵销内部交易对合并财务报表的影响即可。

（二）属于非同一控制下企业合并中取得的子公司

除了存在与母公司会计政策和会计期间不一致的情况，还应当通过编制调整分录，使子公司的个别财务报表反映为在购买日公允价值基础上确定的可辨认资产、负债及或有负债在本期资产负债表日的金额。

33.2.2 合并日资产负债表的编制

合并财务报表准则规定，合并财务报表应当以母公司和其子公司的财务报表为基础，根据其他有关资料，按照权益法调整对子公司的长期股权投资后，由母公司编制。

在合并工作底稿中编制的调整分录为：对于当期该子公司实现净利润，按母公司应享有的份额，借记"长期股权投资"项目，贷记"投资收益"项目；对于当期该子公司发生的净亏损，按母公司应分担的份额，借记"投资收益"项目，贷记"长期股权投资""长期应收款"等项目。对于当期收到的净利润或现金股利，借记"投资收益"项目，贷记"长期股权投资"项目。

对于子公司除净损益以外所有者权益的其他变动，按母公司应享有的份额，借记"长期股权投资"项目，贷记"资本公积"项目。

合并财务报表准则也允许企业直接在对子公司的长期股权投资采用成本法核算的基础上编制合并财务报表，但是所生成的合并财务报表应当符合合并财务报表准则的相关规定。

母子公司有交互持股情形的，在编制合并财务报表时，对于母公司持有的子公司股权，与通常情况下母公司长期股权投资与子公司所有者权益的合并抵销处理相同。对于子公司持有的母公司股权，应当按照子公司取得母公司股权日所确认的长期股权投资的初始投资成本，将其转为合并财务报表中的库存股；对于子公司持有母公司股权所确认的投资收益（如利润分配或现金股利），应当进行抵销处理。子公司将所持有的母公司股权分类为可供出售金融资产的，按照公允价值计量的，同时冲销子公司累计确认的公允价值变动。

【例33-1】M股份有限公司（以下简称"M公司"）是一家从事新能源产业开发的上市公司。2×19年1月1日，M公司以定向增发普通股股票的方式，从非关联方处购买取得了N股份有限公司（以下简称"N公司"）70%的股权，于同日通过产权交易所完成了该项股权转让程序，并完成了工商变更登记。M公司定向增发普通股股票5 000万股，每股面值为1元，每股市场价格为2.95元。M公司与N公司属于非同一控制下的企业。

N公司2×19年1月1日（购买日）资产负债表有关项目信息列示如下。

（1）股东权益总额为16 000万元。其中：股本为10 000万元，资本公积为4 000万元，盈余公积为600万元，未分配利润为1 400万元。

（2）应收账款账面价值为1 960万元，经评估的公允价值为1 560万元；存货的账面价值为10 000万元，经评估的公允价值为11 000万元；固定资产账面价值为9 000万元，经评估的公允价值为12 000万元，固定资产评估增值为公司办公楼增值，该办公楼采用年限平均法计提折旧，该办公楼的剩余折旧年限为15年。

M公司取得N公司可辨认资产、负债和所有者权益在购买日的公允价值备查簿见表33-1；2×19年1月1日，M公司资产负债表、N公司资产负债表及资产负债公允价值见表33-2。

假定M公司、N公司均是我国境内公司，M公司计划长期持有对N公司的股权，不考虑上述合并事项中所发生的审计、评估、股票发行以及法律服务等相关费用。N公司的会计政策和会计期间与M公司一致。购买日，N公司资产和负债的公允价值与其计税基础之间形成的暂时性差异均符合确认递延所得税资产或递延所得税负债的条件，不考虑M公司、N公司除企业合并和编制合并财务报表之外的其他税费，两家公司适用的所得税税率均为25%。除非有特别说明，本案例中的资产和负债的账面价值与计税基础相同。（本案例的会计分录金额单位以万元表示）

分析：

M公司购买N公司股权形成了非同一控制下的企业合并，按照企业合并准则的规定，非同一控制下的企业合并，母公司应当编制购买日的合并资产负债表，因企业合并取得的被购买方各项可辨认资产、负债应当以公允价值列示，母公司应当设置备查簿，记录企业合并中取得的子公司各项可辨认资产、负债在购买日的公允价值。

合并日调整项目如下。

（1）对母子公司个别资产负债表的调整。

①调整母公司长期股权投资的入账价值。M公司将购买取得N公司70%的股权作为长期股权投资入账的会计处理如下。

借：长期股权投资——N公司	（2.95×5 000）14 750	（1）
贷：股本	5 000	
资本公积	9 750	

②调整子公司资产和负债的公允价值。

编制购买日的合并资产负债表时，根据M公司购买N公司设置的股权备查簿中登记的信息（见表33-1、表33-2），将N公司资产和负债的评估增值或减值分别调增或调减相关资产和负债项目的金额。

根据税法规定，在购买日子公司（N公司）的资产和负债的计税基础还是其原来的账面价值。购买日子公司资产和负债的公允价值与其计税基础之间的差异，形成暂时性差异。在符合有关原则和确认条件的情况下，编制购买日合并财务报表时，需要对该暂时性差异确认相应的递延所得税资产或递延所得税负债。

本例中，N公司应收账款的公允价值小于其计税基础的金额为400（1 960-1 560）万元，形成可抵扣暂时性差异，应当对其确认递延所得税资产100（400×25%）万元；存货的公允价值大于其计税基础的金额为1 000（11 000-10 000）万元，形成应纳税暂时性差异，应当对其确认递延所得税负债250（1 000×25%）万元；固定资产中的办公楼的公允价值大于其计税基础的金额为3 000（4 000-1 000）万元，形成应纳税暂时性差异，应当对其确认递延所得税负债750（3 000×25%）万元。在合并工作底稿中的调整分录如下。

借：存货	1 000	（2）
固定资产	3 000	
递延所得税资产	100	
贷：应收账款	400	
递延所得税负债	（250+750）1 000	
资本公积	2 700	

（2）母公司长期股权投资与子公司所有者权益的抵销处理。经过对N公司资产和负债的公允价值调整后，N公司所有者权益总额为18 700（16 000+2 700）万元，M公司对N公司所有者权益中拥有的份额为13 090（18 700×70%）万元，M公司对N公司长期股权投资的金额为14 750万元，因此合并商誉为1 660（14 750-13 090）万元。M公司购买N公司股权所形成的商誉，在M公司个别财务报表中表示为对N公司长期股权投资的一部分，在编制合并财务报表时，将长期股权投资与在子公司所有者权益中所拥有的份额相抵销，其抵销差额在合并资产负债表中则表现为商誉。

M公司长期股权投资与其在N公司所有者权益中拥有份额的抵销分录如下。
借：股本 10 000 （3）
　　资本公积 6 700
　　盈余公积 600
　　未分配利润 1 400
　　商誉 1 660
　　贷：长期股权投资——N公司 14 750
　　　　少数股东权益 5 610

表33-1　　　　　　　M公司购买股权备查簿——N公司

单位：万元

购买日：2×19年1月1日　　　购买价：14 750万元　　　本次交易后累计持股：70%

项目	购买日账面价值	购买日公允价值	公允价值与账面价值的差额	合并财务报表调整	公允价值增加额计提折旧或摊销后余额	备注
流动资产	17 500	18 100	600			
其中：应收账款	1 960	1 560	-400			
存货	10 000	11 000	1 000			
非流动资产	11 500	14 500	3 000			
其中：固定资产——办公楼	1 000	4 000	3 000			
资产总计	29 000	32 600	3 600			
流动负债	10 500	10 500	0			
非流动负债	2 500	2 500	0			
负债合计	13 000	13 000	0			
股本	10 000	10 000	0			
资本公积	4 000	7 600	3 600			
盈余公积	600	600	0			
未分配利润	1 400	1 400	0			
股东权益合计	16 000	19 600	3 600			
负债和股东权益总计	29 000	32 600	3 600			

表 33-2

资产负债表（简表）

2×19 年 1 月 1 日

编制单位：M 公司　　　　　　　　　　　　　　　　　　　　　　　　　　　　　　　　　　　单位：万元

资产	M 公司	N 公司 账面价值	公允价值	负债和所有者权益（或股东权益）	M 公司	N 公司 账面价值	公允价值
流动资产：				流动负债：			
货币资金	4 500	2 100	2 100	短期借款	6 000	2 500	2 500
交易性金融资产	2 000	900	900	交易性金融负债	1 900	0	0
应收票据	2 350	1 500	1 500	应付票据	5 000	1 500	1 500
应收账款	2 900	1 960	1 560	应付账款	9 000	2 100	2 100
预付账款	1 000	440	440	预收账款	1 500	650	650
应收利息	0	0	0	应付职工薪酬	3 000	800	800
应收股利	2 100	0	0	应交税费	1 000	600	600
其他应收款	0	0	0	应付利息	0	0	0
存货	15 500	10 000	11 000	应付股利	2 000	2 000	2 000
其他流动资产	650	600	600	其他流动负债	0	0	0
流动资产合计	31 000	17 500	18 100	流动负债合计	600	350	350
非流动资产：				非流动负债：			
债权投资	5 500	0	0	长期借款	30 000	10 500	10 500
其他债权投资	3 000	700	700	应付债券	2 000	1 500	1 500
长期应收款	0	0	0	长期应付款	10 000	1 000	1 000
长期股权投资	16 000	0	0	递延所得税负债	1 000	0	0
固定资产	10 500	9 000	12 000	其他非流动负债	0	0	0
在建工程	10 000	1 000	1 000	非流动负债合计	13 000	2 500	2 500
无形资产	2 000	800	800	负债合计	43 000	13 000	13 000
商誉	0	0	0				

续表

资产	M公司	N公司 账面价值	N公司 公允价值	负债和所有者权益（或股东权益）	M公司	N公司 账面价值	N公司 公允价值
				所有者权益（或股东权益）：			
长期待摊费用	0	0	0	实收资本	20 000	10 000	10 000
递延所得税资产	0	0	0	资本公积	5 000	4 000	7 600
其他非流动资产	0	0	0	减：库存股	0	0	0
非流动资产	47 000	11 500	14 500	其他综合收益	0	0	0
				盈余公积	5 500	600	600
				未分配利润	4 500	1 400	1 400
				所有者权益合计	35 000	16 000	19 600
资产合计	78 000	29 000	32 600	负债和所有者权益合计	78 000	29 000	32 600

根据上述调整分录和抵销分录，M公司编制购买日合并资产负债表工作底稿，见表33-3。

表33-3　合并资产负债表工作底稿（简表）

编制单位：M公司　　　2×19年1月1日　　　单位：万元

项目	M公司	N公司	合计金额	调整分录 借方	调整分录 贷方	抵销分录 借方	抵销分录 贷方	合并金额
流动资产：								
货币资金	4 500	2 100	6 600					6 600
交易性金融资产	2 000	900	2 900					2 900
应收票据	2 350	1 500	3 850					3 850
应收账款	2 900	1 960	4 860		（2）400			4 460
预付账款	1 000	440	1 440					1 440
应收利息	0	0	0					0
应收股利	2 100	0	2 100					2 100
其他应收款	0	0	0					0

续表

项目	M公司	N公司	合计金额	调整分录 借方	调整分录 贷方	抵销分录 借方	抵销分录 贷方	合并金额
存货	15 500	10 000	25 500	（2）1 000				26 500
其他流动资产	650	600	1 250					1 250
流动资产合计	31 000	17 500	48 500	1 000	400	0	0	49 100
非流动资产：								
债权投资	5 500	0	5 500					5 500
其他债权投资	3 000	700	3 700					3 700
长期应收款	0	0	0					0
长期股权投资	16 000	0	16 000	（1）14 750			（3）14 750	16 000
固定资产	10 500	9 000	19 500	（2）3 000				22 500
在建工程	10 000	1 000	11 000					11 000
无形资产	2 000	800	2 800					2 800
商誉	0	0	0			（3）1 660		1 660
递延所得税资产	0	0	0	（2）100				100
其他非流动资产	0	0	0					0
非流动资产合计	47 000	11 500	58 500	17 850	0	1 660	14 750	63 260
资产合计	78 000	29 000	107 000	18 850	400	1 660	14 750	112 360
流动负债：								
短期借款	6 000	2 500	8 500					8 500
交易性金融负债	1 900	0	1 900					1 900
应付票据	5 000	1 500	6 500					6 500
应付账款	9 000	2 100	11 100					11 100
预收账款	1 500	650	2 150					2 150
应付职工薪酬	3 000	800	3 800					3 800
应交税费	1 000	600	1 600					1 600

续表

项目	M公司	N公司	合计金额	调整分录 借方	调整分录 贷方	抵销分录 借方	抵销分录 贷方	合并金额
应付利息	0	0	0					0
应付股利	2 000	2 000	4 000					4 000
其他应付款	0	0	0					0
其他流动负债	600	350	950					950
流动负债合计	30 000	10 500	40 500					40 500
非流动负债:								
长期借款	2 000	1 500	3 500					3 500
应付债券	10 000	1 000	11 000					11 000
长期应付款	1 000	0	1 000					1 000
递延所得税负债	0	0	0		(2) 1 000			1 000
其他非流动负债	0	0	0	1 000				0
非流动负债合计	13 000	2 500	15 500	1 000				16 500
负债合计	43 000	13 000	56 000					57 000
所有者权益(或股东权益):								
实收资本(或股本)	20 000	10 000	30 000		(1) 5 000	(3) 10 000		25 000
资本公积	5 000	4 000	9 000		(1) 9 750 (2) 2 700	(3) 6 700		14 750
其他综合收益	0	0	0					0
盈余公积	5 500	600	6 100			(3) 600		5 500
未分配利润	4 500	1 400	5 900			(3) 1 400		4 500
归属于母公司所有者权益合计	35 000	16 000	51 000	0	17 450	18 700	0	49 750
少数股东权益	0	0	0				(3) 5 610	5 610
所有者权益合计	35 000	16 000	51 000	0	17 450	18 700	5 610	55 360
负债和所有者权益合计	78 000	29 000	107 000	0	18 450	18 700	5 610	112 360

33.3 购买日后合并财务报表的编制

33.3.1 合并资产负债表

合并资产负债表是以母公司和子公司的个别资产负债表为基础编制的，但是需要将重复因素进行抵销。

编制合并资产负债表时需要进行抵销处理的，主要有以下项目。

（1）母公司对子公司的长期股权投资与母公司在子公司所有者权益中所享有的份额应当相互抵销，同时抵销相应的长期股权投资减值准备。

①在子公司为全资子公司的情况下，母公司对子公司长期股权投资的金额和子公司所有者权益各项目的金额应当全额抵销。在合并工作底稿中编制的抵销分录为：借记"实收资本""资本公积""盈余公积"和"未分配利润——年末"项目，贷记"长期股权投资"项目。其中，属于商誉的部分，还应借记"商誉"项目。

②在子公司为非全资子公司的情况下，应当将母公司对子公司长期股权投资的金额与子公司所有者权益中母公司所享有的份额相抵销。子公司所有者权益中不属于母公司的份额，即子公司所有者权益中抵销母公司所享有的份额后的余额，在合并财务报表中作为"少数股东权益"处理。在合并工作底稿中编制的抵销分录为：借记"实收资本""资本公积""盈余公积"和"未分配利润——年末"项目，贷记"长期股权投资"和"少数股东权益"项目。其中，属于商誉的部分，还应借记"商誉"项目。

另外，子公司持有母公司的长期股权投资，应当视为企业集团的库存股，作为所有者权益的减项，在合并资产负债表中所有者权益项目下以"减：库存股"项目列示。子公司相互之间持有的长期股权投资，应当比照母公司对子公司的股权投资的抵销方法，将长期股权投资与其对应的子公司所有者权益中所享有的份额相互抵销。

（2）母公司与子公司、子公司相互之间的债权与债务项目应当相互抵销，同时抵销相应的减值准备。

①应收账款与应付账款的抵销处理。

a. 初次编制合并财务报表时应收账款与应付账款的抵销处理，其抵销分录为：借记"应付账款"项目，贷记"应收账款"项目。内部应收账款计提的坏账准备抵销时，其抵销分录为：借记"应收账款——坏账准备"项目，贷记"资产减值损失"项目。

【例33-2】P公司20×9年个别资产负债表中应收账款475万元（假定不含增值税，下同）为20×9年向S公司销售商品发生的应收销货款的账面价值，P公司对该笔应收账款计提的坏账准备为25万元。S公司20×9年个别资产负债表中应付账款500万元系20×9年向P公司购进商品存货发生的应付购货款。

在编制合并财务报表时，应将内部应收账款与应付账款相互抵销；同时还应将内部应收账款计提的坏账准备予以抵销，其抵销分录为：

借：应付账款　　　　　　　　　　　　　　　　　　　　　　　5 000 000
　　贷：应收账款　　　　　　　　　　　　　　　　　　　　　　　　5 000 000

借：应收账款——坏账准备　　　　　　　　　　　　　　　250 000
　　贷：资产减值损失　　　　　　　　　　　　　　　　　　　250 000

b.在连续编制合并财务报表进行抵销处理时，首先，将内部应收账款与应付账款予以抵销，即按内部应收账款的金额，借记"应付账款"项目，贷记"应收账款"项目。其次，应将上期资产减值损失中抵销的内部应收账款计提的坏账准备对本期期初未分配利润的影响予以抵销，即按上期资产减值损失项目中抵销的内部应收账款计提的坏账准备的金额，借记"应收账款——坏账准备"项目，贷记"未分配利润——年初"项目。再次，对于本期个别财务报表中内部应收账款相对应的坏账准备增减变动的金额也应予以抵销，即按照本期个别资产负债表中期末内部应收账款相对应的坏账准备的增加额，借记"应收账款——坏账准备"项目，贷记"资产减值损失"项目，或按照本期个别资产负债表中期末内部应收账款相对应的坏账准备的减少额，借记"资产减值损失"项目，贷记"应收账款——坏账准备"项目。

在第三期编制合并财务报表的情况下，必须将第二期内部应收账款期末余额相应的坏账准备予以抵销，以调整期初未分配利润的金额。然后，计算确定本期内部应收账款相对应的坏账准备增减变动的金额，并将其增减变动的金额予以抵销。其抵销分录与第二期编制的抵销分录相同。

②其他债权与债务的抵销处理。

【例33-3】P公司2×19年个别资产负债表中预收款项100万元为S公司预付账款；应收票据400万元为S公司2×19年向P公司购买商品3 500万元开具的票面金额为400万元的商业承兑汇票；S公司应付债券200万元为P公司所持有（P公司划归为债权投资）。对此，在编制合并资产负债表时，应编制以下抵销分录。

（1）将内部预收账款与内部预付账款抵销时，应编制以下抵销分录。

借：预收款项　　　　　　　　　　　　　　　　　　　　　1 000 000
　　贷：预付款项　　　　　　　　　　　　　　　　　　　　　1 000 000

（2）将内部应收票据与内部应付票据抵销时，应编制以下抵销分录。

借：应付票据　　　　　　　　　　　　　　　　　　　　　4 000 000
　　贷：应收票据　　　　　　　　　　　　　　　　　　　　　4 000 000

（3）将债权投资中债券投资与应付债券抵销时，应编制以下抵销分录。

借：应付债券　　　　　　　　　　　　　　　　　　　　　2 000 000
　　贷：债权投资　　　　　　　　　　　　　　　　　　　　　2 000 000

在某些情况下，债券投资企业持有的企业集团内部成员企业的债券并不是从发行债券的企业直接购进，而是在证券市场上从第三方手中购进的。在这种情况下，债权投资中的债券投资与发行债券企业的应付债券抵销时，可能会出现差额，应分别进行处理：如果债券投资的余额大于应付债券的余额，其差额应作为投资损失计入合并利润表的投资收益项目；如果债券投资的余额小于应付债券的余额，其差额应作为利息收入计入合并利润表的财务费用项目。

（3）母公司与子公司、子公司相互之间销售商品（或提供劳务，下同）或其他方式形成的存货、固定资产、工程物资、在建工程、无形资产等所包含的未实现内部销售损益应当抵销。对存货、固定资产、工程物资、在建工程和无形资产等计提的跌价准备或减值准备与未实现内部销售损益相关的部分应当抵销。

①存货价值中包含的未实现内部销售损益的抵销处理。

在编制合并资产负债表时，应当将存货价值中包含的未实现内部销售损益予以抵销。编制抵销分录时，按照集团内部销售企业销售该商品的销售收入，借记"营业收入"项目，按照销售企业销售该商品的销售成本，贷记"营业成本"项目，按照当期期末存货价值中包含的未实现内部销售损益的金额，贷记"存货"项目。

a. 当期内部购进商品并形成存货情况下的抵销处理。

在企业集团内部购进并且在会计期末形成存货的情况下，如前所述，一方面将销售企业实现的内部销售收入及其相对应的销售成本予以抵销，另一方面将内部购进形成的存货价值中包含的未实现内部销售损益予以抵销。

【例33-4】S公司2×19年向P公司销售商品1 000万元，其销售成本为800万元，该商品的销售毛利率为20%。P公司购进的该商品20×9年全部未实现对外销售而形成期末存货。

借：营业收入　　　　　　　　　　　　　　　　　　　　10 000 000
　　贷：营业成本　　　　　　　　　　　　　　　　　　　　　　　10 000 000
借：营业成本　　　　　　　　　　　　　　　　　　　　　2 000 000
　　贷：存货　　　　　　　　　　　　　　　　　　　　　　　　　　2 000 000

b. 连续编制合并财务报表时内部购进商品的抵销处理。

对于上期内部购进商品全部实现对外销售的情况下，在本期连续编制合并财务报表时也不涉及对其进行处理的问题。但在上期内部购进并形成期末存货的情况下，本期编制合并财务报表时必须在合并母子公司期初未分配利润的基础上，将上期抵销的未实现内部销售损益对本期期初未分配利润的影响予以抵销，调整本期期初未分配利润的金额。

在连续编制合并财务报表的情况下，首先必须将上期抵销的存货价值中包含的未实现内部销售损益对本期期初未分配利润的影响予以抵销，调整本期期初未分配利润的金额；然后再对本期内部购进存货进行抵销处理，其具体抵销处理程序和方法如下。

1）将上期抵销的存货价值中包含的未实现内部销售损益对本期期初未分配利润的影响进行抵销。即按照上期内部购进存货价值中包含的未实现内部销售损益的金额，借记"未分配利润——年初"项目，贷记"营业成本"项目。

2）对于本期发生内部购销活动的，将内部销售收入、内部销售成本及内部购进存货中未实现内部销售损益予以抵销。即按照销售企业内部销售收入的金额，借记"营业收入"项目，贷记"营业成本"项目。

3）将期末内部购进存货价值中包含的未实现内部销售损益予以抵销。对于期末内部购买形成的存货（包括上期结转形成的本期存货），应按照购买企业期末内部购入存货价值中包含的未实现内部销售损益的金额，借记"营业成本"项目，贷记"存货"项目。

②内部固定资产交易的抵销处理。

a. 企业集团内部的母公司或子公司将自身生产的产品销售给企业集团内部的其他企业作为固定资产使用。

1) 内部交易形成的固定资产在购入当期的抵销处理，其抵销处理程序如下。

将与内部交易形成的固定资产相关的销售收入、销售成本以及原价中包含的未实现内部销售损益予以抵销。

将内部交易形成的固定资产当期多计提的折旧费和累计折旧予以抵销。应按当期多计提的折旧额，借记"固定资产——累计折旧"项目，贷记"管理费用"等项目。

【例33-5】S公司2×19年以300万元的价格将其生产的产品销售给P公司，其销售成本为270万元，因该内部固定资产交易实现的销售利润为30万元。P公司购买该产品作为管理用固定资产，按300万元入账。假设P公司对该固定资产按3年的使用寿命采用年限平均法计提折旧，预计净残值为0。该固定资产交易时间为2×19年1月1日，本章为简化抵销处理，假定P公司该内部交易形成的固定资产2×19年按12个月计提折旧。

本例有关抵销处理如下。

与该固定资产相关的销售收入、销售成本以及原价中包含的未实现内部销售损益的抵销。

借：营业收入　　　　　　　　　　　　　　　　　　　　　3 000 000
　　贷：营业成本　　　　　　　　　　　　　　　　　　　　　2 700 000
　　　　固定资产——原价　　　　　　　　　　　　　　　　　 300 000

该固定资产当期多计提折旧额的抵销。

该固定资产折旧年限为3年，原价为300万元，预计净残值为0。2×19年计提的折旧额为100万元，而按抵销其原价中包含的未实现内部销售损益后的原价，2×19年计提的折旧额为90万元，当期多计提的折旧额为10万元。本例中应当按10万元分别抵销管理费用和累计折旧。

借：固定资产——累计折旧　　　　　　　　　　　　　　　　 100 000
　　贷：管理费用　　　　　　　　　　　　　　　　　　　　　　 100 000

通过上述抵销分录，在合并工作底稿中固定资产累计折旧额减少10万元，管理费用减少10万元，在合并财务报表中该固定资产的累计折旧为90万元，该固定资产当期计提的折旧费为90万元。

2) 连续编制合并财务报表时内部交易形成的固定资产的抵销处理。

在以后会计期间，首先，必须将期初未分配利润中包含的该未实现内部销售损益予以抵销，以调整期初未分配利润的金额。即按照原价中包含的未实现内部销售损益的金额，借记"未分配利润——年初"项目，贷记"固定资产——原价"项目。

其次，还必须调整期初未分配利润的金额。即按以前会计期间抵销该内部交易形成的固定资产多计提的累计折旧额，借记"固定资产——累计折旧"项目，贷记"未分配利润——年初"项目。

最后，按本期该内部交易形成的固定资产多计提的折旧额，借记"固定资产——累计折旧"项目，贷记"管理费用"等项目。

3）内部交易形成的固定资产在清理期间的抵销处理。

由于销售企业因该内部交易所实现的利润，作为期初未分配利润的一部分结转到购买企业对该内部交易形成的固定资产进行清理的会计期间为止，为此，必须调整期初未分配利润。其次，在固定资产进行清理的会计期间，如果仍计提了折旧，本期计提的折旧费中仍然包含多计提的折旧额，因此，需要将多计提的折旧额予以抵销。

b. 企业集团内部企业将其自用的固定资产出售给集团内部的其他企业。

必须将销售企业因该内部交易所实现的固定资产处置损益予以抵销，同时将购买企业固定资产原价中包含的未实现内部销售损益的金额予以抵销。通过抵销，使其在合并财务报表中该固定资产原价仍然以销售企业的原账面价值反映。

【例33-6】假设P公司将其账面价值为130万元的某项固定资产以120万元的价格出售给S公司作为管理用固定资产。P公司因该内部固定资产交易发生处置损失10万元。假设S公司以120万元作为该项固定资产的成本入账，S公司对该固定资产按5年的使用寿命采用年限平均法计提折旧，预计净残值为0。该固定资产交易时间为20×9年7月1日，本章为简化处理，假定S公司该内部交易固定资产于20×9年按6个月计提折旧。

本例有关抵销处理如下。

该固定资产的处置损失与固定资产原价中包含的未实现内部销售损益的抵销。

借：固定资产——原价　　　　　　　　　　　　　　　　　　　100 000
　　贷：资产处置收益　　　　　　　　　　　　　　　　　　　　　　　　100 000

该固定资产当期少计提折旧额的抵销。

该固定资产折旧年限为5年，原价为120万元，预计净残值为0。20×9年计提的折旧额为12万元，而按抵销其原价中包含的未实现内部销售损益后的原价，20×9年应计提的折旧额为13万元，当期少计提的折旧额为1万元。本例中应当按1万元分别抵销管理费用和累计折旧。

借：管理费用　　　　　　　　　　　　　　　　　　　　　　　10 000
　　贷：固定资产——累计折旧　　　　　　　　　　　　　　　　　　　　10 000

通过上述抵销分录，在合并工作底稿中固定资产累计折旧额增加1万元，管理费用增加1万元，在合并财务报表中该固定资产的累计折旧为13万元，该固定资产当期计提的折旧费为13万元。

（4）因抵销未实现内部销售损益导致合并资产负债表中资产、负债的账面价值与其在所属纳税主体的计税基础之间产生暂时性差异的，在合并资产负债表中应当确认递延所得税资产或递延所得税负债，同时调整合并利润表中的所得税费用，但与直接计入所有者权益的交易或事项及企业合并相关的递延所得税除外。

33.3.2　合并利润表

合并利润表应当以母公司和子公司的利润表为基础，在抵销母公司与子公司、子公司相互之间发生的内部交易对合并利润表的影响后，由母公司合并编制。

子公司当期净损益中属于少数股东权益的份额，应当在合并利润表中净利润项目下以"少数股东损益"项目列示。子公司当期综合收益中属于少数股东权益的份额，应当在合并利润表中综合收益总额项目下以"归属于少数股东的综合收益总额"项目列示。子公司少数股东分担的当期亏损超过了少数股东在该子公司期初所有者权益中所享有的份额的，其余额仍应当冲减少数股东权益。

编制合并利润表时需要进行抵销处理的，主要有以下项目。

（1）内部营业收入和内部营业成本的抵销处理。

内部营业收入是指企业集团内部母公司与子公司、子公司相互之间发生的商品销售（或劳务提供，下同）活动所产生的营业收入。内部营业成本是指企业集团内部母公司与子公司、子公司相互之间发生的销售商品的营业成本。

在购买企业将内部购进的商品用于对外销售时，可能出现以下三种情况。

①母公司与子公司、子公司相互之间销售商品，期末全部实现对外销售。

对于同一购销业务，在销售企业和购买企业的个别利润表中都有反映。但从整个企业集团来看，这一购销业务只是实现了一次对外销售。因此，在编制合并利润表时，就必须将重复反映的内部营业收入与内部营业成本予以抵销。

【例33-7】假设P公司2×19年利润表的营业收入中有3 500万元，系向S公司销售产品取得的销售收入，该产品销售成本为3 000万元。S公司在本期将该产品全部售出，其销售收入为5 000万元，销售成本为3 500万元，反映在S公司利润表中。

对此，编制合并利润表将内部销售收入和内部销售成本予以抵销时，应编制以下抵销分录。

借：营业收入　　　　　　　　　　　　　　　　　　35 000 000
　　贷：营业成本　　　　　　　　　　　　　　　　　　35 000 000

②母公司与子公司、子公司相互之间销售商品，期末未实现对外销售而形成存货的抵销处理。

母公司与子公司、子公司相互之间销售商品，期末未实现对外销售而形成存货、固定资产、工程物资、在建工程、无形资产等资产的，在抵销销售商品的营业成本和营业收入的同时，应当将各项资产所包含的未实现内部销售损益予以抵销。

③母公司与子公司、子公司相互之间销售商品，期末部分实现对外销售、部分形成期末存货的抵销处理。

内部购进的商品部分实现对外销售、部分形成期末存货的情况，可以将内部购买的商品分解为两部分来理解：一部分为当期购进并全部实现对外销售；另一部分为当期购进但未实现对外销售而形成期末存货。【例33-7】介绍的就是前一部分的抵销处理；【例33-4】介绍的则是后一部分的抵销处理。

将【例33-7】和【例33-4】的抵销处理合在一起，就是第三种情况下的抵销处理。其抵销处理如下。

借：营业收入　　　　　　　　（35 000 000+10 000 000）45 000 000
　　贷：营业成本　　　　　　　　　　　　　　　　　　45 000 000
借：营业成本　　　　　　　　　　　　　　（0+2 000 000）2 000 000

贷：存货 2 000 000

（2）在对母公司与子公司、子公司相互之间销售商品形成的固定资产或无形资产所包含的未实现内部销售损益进行抵销的同时，也应当对固定资产的折旧额或无形资产的摊销额与未实现内部销售损益相关的部分进行抵销。

（3）母公司与子公司、子公司相互之间持有对方债券所产生的投资收益、利息收入及其他综合收益等，应当与其相对应的发行方利息费用相互抵销。

在编制合并财务报表时，应当在抵销内部发行的应付债券和持有至到期投资等内部债权债务的同时，将内部应付债券和持有至到期投资相关的利息费用与投资收益（利息收入）相互抵销，即将内部债券投资收益与内部发行债券的利息费用相互抵销。

【例33-8】假设S公司20×9年确认的应向P公司支付的债券利息费用总额为20万元（假定该债券的票面利率与实际利率相差较小，发生的债券利息费用不符合资本化条件）。在编制合并利润表时，应将内部债券投资收益与应付债券利息费用相互抵销，其抵销分录为：

借：投资收益 200 000
　　贷：财务费用 200 000

（4）母公司对子公司、子公司相互之间持有对方长期股权投资的投资收益应当抵销。

在子公司为全资子公司的情况下，子公司本期净利润就是母公司本期对子公司长期股权投资按权益法调整的投资收益。假定子公司期初未分配利润为零，母公司对子公司的长期股权投资按权益法调整的投资收益正好与子公司的本年利润分配项目相抵销。在子公司为非全资子公司的情况下，母公司本期对子公司长期股权投资按权益法调整的投资收益与本期少数股东损益之和就是子公司本期净利润，同样假定子公司期初未分配利润为零，母公司本期对子公司长期股权投资按权益法调整的投资收益与本期少数股东损益之和，正好与子公司本期利润分配项目相抵销。

至于子公司个别所有者权益变动表中本年利润分配项目中的"未分配利润——年初"项目，在全资子公司的情况下已全额包括在母公司以前会计期间按权益法调整的投资收益之中。为此，也应将其予以抵销。母公司本期对子公司长期股权投资按权益法调整的投资收益和子公司期初未分配利润正好与子公司本年利润分配项目相抵销。在子公司为非全资子公司的情况下，母公司本期对子公司长期股权投资按权益法调整的投资收益、本期少数股东损益和期初未分配利润与子公司本年利润分配项目也正好相抵销。

【例33-9】S公司为非全资子公司，P公司拥有其80%的股份。在合并工作底稿中P公司按权益法调整的S公司本期投资收益为627.2（784×80%）万元，S公司本期少数股东损益为156.8（784×20%）万元。S公司年初未分配利润为0元，S公司本期计提的盈余公积为100万元、分派现金股利600万元、未分配利润为84（784-600-100）万元。为此，对S公司20×9年利润分配进行抵销处理时，应编制以下抵销分录。

借：投资收益 6 272 000
　　少数股东损益 1 568 000
　　未分配利润——年初 0

贷：提取盈余公积		1 000 000
对所有者（或股东）的分配		6 000 000
未分配利润——年末		840 000

（5）母公司向子公司出售资产。

母公司向子公司出售资产所发生的未实现内部交易损益，应当全额抵销"归属于母公司所有者的净利润"。子公司向母公司出售资产所发生的未实现内部交易损益，应当按照母公司对该子公司的分配比例在"归属于母公司所有者的净利润"和"少数股东损益"之间分配抵销。子公司之间出售资产所发生的未实现内部交易损益，应当按照母公司对出售方子公司的分配比例在"归属于母公司所有者的净利润"和"少数股东损益"之间分配抵销。

33.3.3　合并现金流量表

合并现金流量表是综合反映母公司及其所有子公司组成的企业集团在一定会计期间现金和现金等价物流入和流出的报表。合并现金流量表，既可以以母公司和所有子公司的个别现金流量表为基础，在抵销母公司与子公司、子公司相互之间发生的内部交易对合并现金流量表的影响后由母公司合并编制，也可以直接根据合并资产负债表和合并利润表由母公司合并编制。并且在编制合并现金流量表时，也需要将重复的因素予以剔除。

编制合并现金流量表时需要进行抵销处理的主要有以下项目。

（1）母公司与子公司、子公司相互之间当期以现金投资或收购股权增加的投资所产生的现金流量应当抵销。

从企业集团整体来看，母公司以现金对子公司进行的长期股权投资实际上相当于母公司将资本拨付下属核算单位，并不引起整个企业集团现金流量的增减变动。因此，编制合并现金流量表时，应当在母公司与子公司现金流量表数据简单相加的基础上，将母公司当期以现金对子公司长期股权投资所产生的现金流量予以抵销。

【例33-10】P公司在购买日（2×19年1月1日）支付银行存款3 000万元购得S公司80%的股份从而取得对S公司的控制权，使S公司成为其子公司。在该日，S公司实际持有货币资金300万元，在编制合并现金流量表时，应在合并工作底稿中编制以下抵销分录。

借：取得子公司及其他营业单位支付的现金净额		3 000 000
贷：年初现金及现金等价物余额		3 000 000

（2）母公司与子公司、子公司相互之间当期取得投资收益、利息收入收到的现金，应当与分配股利、利润或偿付利息支付的现金相互抵销。

从整个企业集团来看，这种投资收益的现金收支，并不引起整个企业集团现金流量的增减变动。因此，编制合并现金流量表时，应当在母公司与子公司现金流量表数据简单相加的基础上，将母公司当期取得投资收益收到的现金与子公司分配股利、利润或偿付利息支付的现金予以抵销。

【例33-11】2×19年，P公司收到S公司向其支付的债券利息费用200 000元和S公司分派的2×19年现金股利4 800 000元。P公司应编制以下抵销分录。

借：分配股利、利润或偿付利息支付的现金	5 000 000	
贷：取得投资收益收到的现金		5 000 000

（3）母公司与子公司、子公司相互之间以现金结算债权与债务所产生的现金流量应当抵销。

从整个企业集团来看，这种现金结算债权与债务的方式，并不引起整个企业集团现金流量的增减变动。因此，编制合并现金流量表时，应当在母公司与子公司现金流量表数据简单相加的基础上，将母公司与子公司、子公司相互之间当期以现金结算债权与债务所产生的现金流量予以抵销。

（4）母公司与子公司、子公司相互之间当期销售商品所产生的现金流量应当抵销。

从整个企业集团来看，这种内部商品购销现金收支，并不会引起整个企业集团现金流量的增减变动。因此，编制合并现金流量表时，应当在母公司与子公司现金流量表数据简单相加的基础上，将母公司与子公司、子公司相互之间当期销售商品所产生的现金流量予以抵销。

【例33-12】假设P公司2×19年向S公司销售商品的价款3 500万元中实际收到S公司支付的银行存款2 600万元，同时S公司还向P公司开具了票面金额为400万元的商业承兑汇票。S公司2×19年向P公司销售商品1 000万元的价款全部收到。应编制以下抵销分录。

借：购买商品、接受劳务支付的现金	36 000 000	
贷：销售商品、提供劳务收到的现金		36 000 000

【例33-13】假设S公司2×19年1月1日向P公司销售商品300万元的价款全部收到。应编制以下抵销分录。

借：购建固定资产、无形资产和其他长期资产支付的现金	3 000 000	
贷：销售商品、提供劳务收到的现金		3 000 000

（5）母公司与子公司、子公司相互之间处置固定资产、无形资产和其他长期资产收回的现金净额，应当与购建固定资产、无形资产和其他长期资产支付的现金相互抵销。

从整个企业集团来看，这种固定资产处置与购置的现金收支，并不会引起整个企业集团现金流量的增减变动。因此，在编制合并现金流量表时，应当在母公司与子公司现金流量表数据简单相加的基础上，将母公司与子公司、子公司相互之间处置固定资产、无形资产和其他长期资产收回的现金净额与购建固定资产、无形资产和其他长期资产支付的现金相互抵销。

【例33-14】假设P公司向S公司出售固定资产的价款120万元全部收到。应编制以下抵销分录。

借：购建固定资产、无形资产和其他长期资产支付的现金	1 200 000	
贷：处置固定资产、无形资产和其他长期资产收回的现金净额		1 200 000

另外，合并现金流量表的编制与个别现金流量表相比，一个特殊的问题就是在子公司为非全资子公司的情况下，涉及子公司与其少数股东之间的现金流入和现金流出的处理问题。

对于子公司的少数股东增加在子公司中的权益性投资，在合并现金流量表中应当在"筹资活动产生的现金流量"之下的"吸收投资收到的现金"项目下"其中：子公司吸收少数股东投资收到的现金"项目反映。

对于子公司向少数股东支付现金股利或利润，在合并现金流量表中应当在"筹资活动产生的现金流量"之下的"分配股利、利润或偿付利息支付的现金"项目下"其中：子公司支付给少数股东的股利、利润"项目反映。

对于子公司的少数股东依法抽回在子公司中的权益性投资，在合并现金流量表应当在"筹资活动产生的现金流量"之下的"支付其他与筹资活动有关的现金"项目反映。

在企业合并当期，母公司购买子公司及其他营业单位支付对价中以现金支付的部分与子公司及其他营业单位在购买日持有的现金和现金等价物应当相互抵销，区别以下两种情况分别处理。

①子公司及其他营业单位在购买日持有的现金和现金等物价小于母公司支付对价中以现金支付的部分，按减去子公司及其他营业单位在购买日持有的现金和现金等价物后的净额在"取得子公司及其他营业单位支付的现金净额"项目反映，应编制的抵销分录为：借记"取得子公司及其他营业单位支付的现金净额"项目，贷记"年初现金及现金等物价余额"项目。

②子公司及其他营业单位在购买日持有的现金和现金等物价大于母公司支付对价中以现金支付的部分，按减去子公司及其他营业单位在购买日持有的现金和现金等价物后的净额在"收到其他与投资活动有关的现金"项目反映，应编制的抵销分录为：借记"取得子公司及其他营业单位支付的现金净额"项目和"收到其他与投资活动有关的现金"项目，贷记"年初现金及现金等物价余额"项目。

33.3.4　合并所有者权益变动表

合并所有者权益变动表是反映构成企业集团所有者权益的各组成部分当期的增减变动情况的财务报表。合并所有者权益变动表既可以根据个别所有者权益变动表进行编制，也可以根据合并资产负债表和合并利润表进行编制。并且在编制合并所有者权益变动表时，也需要将重复的因素予以剔除。

编制合并所有者权益变动表时需要进行抵销处理的主要有以下项目：（1）母公司对子公司的长期股权投资应当与母公司在子公司所有者权益中所享有的份额相互抵销。子公司持有母公司的长期股权投资以及子公司相互之间持有的长期股权投资。（2）母公司对子公司、子公司相互之间持有对方长期股权投资的投资收益应当抵销。（3）母公司与子公司、子公司相互之间发生的其他内部交易对所有者权益变动的影响应当抵销。另外，有少数股东的，应当在合并所有者权益变动表中增加"少数股东权益"项目，反映少数股东权益变动的情况。

从合并财务报表前后一致的理念、原则出发，企业集团内部母子公司之间的投资收益和利润分配与其他内部交易一样应当相互抵销。同时，应当关注合并所有者权益变动表"未分配利润"的年末余额，将其中子公司当年提取的盈余公积归属于母公司的金额进行单项附注披露。

子公司在"专项储备"项目中反映的按照国家相关规定提取的安全生产费等，在长期股权投资与子公司所有者权益相互抵销后，应当按归属于母公司所有者的份额予以恢复，借记"未分配利润"项目，贷记"专项储备"项目。子公司其他所有者权益变动的影响中其他综合收益公允价值变动净额归属于母公司的份额等，在编制合并所有者权益变动表时，将其由"权益法下被投资单位其他所有者权益变动的影响"项目反映调整至"其他综合收益公允价值变动净额"等项目反映。

33.3.5 案例分析

【例33-15】 接【例33-1】，N公司2×19年12月31日资产负债表有关项目信息列示如下。

（1）股东权益总额为19 150万元。其中：股本为10 000万元，资本公积为4 000万元、其他综合收益为150万元（其他债权投资公允价值变动的利得），盈余公积为1 600万元，未分配利润为3 400万元。

（2）2×19年全年实现净利润5 250万元，当年提取盈余公积1 000万元，年末向股东宣告分配现金股利2 250万元，现金股利款项尚未支付。

（3）截至2×19年12月31日，应收账款按购买日评估确认的金额收回，评估确认的坏账已核销；购买日发生评估增值的存货当年已全部实现对外销售。

2×19年，M公司和N公司内部交易和往来事项列示如下。

（1）截至2×19年12月31日，M公司个别资产负债表应收账款中有480万元为应收N公司账款，该应收账款账面余额为500万元，M公司当年计提坏账准备20万元。N公司个别资产负债表中应付账款中列示有应付M公司账款500万元。

（2）2×19年5月1日，M公司向N公司销售商品1 000万元，商品销售成本为700万元，N公司以支票支付商品价款500万元，其余价款待商品售出后支付。N公司购进的该商品本期全部未实现对外销售而形成年末存货。2×19年年末，N公司对存货进行检查时，发现该商品已经部分陈旧，其可变现净值已降至980万元。为此，N公司2×19年年末对该存货计提存货跌价准备20万元，并在其个别财务报表中列示。

2×19年6月1日，N公司向M公司销售商品1 200万元，商品销售成本为800万元，M公司以支票支付全款。M公司购进该商品本期40%未实现对外销售。年末，M公司对剩余存货进行检查，并未发生存货跌价损失。

（3）2×19年6月20日，M公司将其资产原值为1 000万元，账面价值为600万元的某厂房，以1 200万元的价格变卖给N公司作为厂房使用，N公司以支票支付全款。该厂房预计剩余使用年限为15年，M公司和N公司均采用直线法对其计提折旧。

2×19年12月31日，M公司、N公司资产负债表见表33-4；2×19年，M公司、N公司当年利润表、现金流量表和所有者权益变动表分别见表33-5、表33-6和表33-7。

表 33-4　　　　　　　　　　　　　　资产负债表（简表）

会企 01 表

编制单位：M 公司 /N 公司　　　　　　2×19 年 12 月 31 日　　　　　　单位：万元

资产	M 公司	N 公司	负债和所有者权益（或股东权益）	M 公司	N 公司
流动资产：			流动负债：		
货币资金	2 850	3 250	短期借款	5 000	2 400
交易性金融资产	1 500	2 500	交易性金融负债	2 000	1 200
应收票据	3 600	1 800	应付票据	6 500	1 800
应收账款	4 250	2 550	应付账款	9 000	2 600
预付账款	750	1 250	预收账款	2 000	1 950
应收利息	0	0	应付职工薪酬	2 500	800
应收股利	2 400	0	应交税费	1 350	700
其他应收款	250	650	应付利息	0	0
存货	18 500	9 000	应付股利	0	2 250
其他流动资产	900	500	其他应付款	2 650	200
流动资产合计	35 000	21 500	其他流动负债	1 000	450
非流动资产：			流动负债合计	32 000	14 350
债权投资	7 000	2 000	非流动负债：		
其他债权投资	4 500	900	长期借款	2 000	2 400
长期应收款	0	0	应付债券	10 000	3 500
长期股权投资	34 750	0	长期应付款	3 000	0
固定资产	14 000	13 000	递延所得税负债	0	100
在建工程	6 500	1 200	其他非流动负债	0	0
无形资产	3 000	900	非流动负债合计	15 000	6 000
商誉	0	0	负债合计	47 000	20 350
长期待摊费用	0	0	所有者权益（或股东权益）：		
递延所得税资产	0	0	实收资本（或股本）	25 000	10 000
其他非流动资产	0	0	资本公积	14 750	4 000
非流动资产	69 750	18 000	减：库存股	0	0
			其他综合收益	0	150
			盈余公积	9 000	1 600
			未分配利润	9 000	3 400
			所有者权益合计	57 750	19 150
资产合计	104 750	39 500	负债和所有者权益合计	104 750	39 500

表 33-5　　　　　　　　　　　　利润表（简表）

会企 02 表

编制单位：M 公司 /N 公司　　　　　　2×19 年度　　　　　　　　　单位：万元

项目	M 公司	N 公司
一、营业收入	75 000	47 400
减：营业成本	48 000	36 500
税金及附加	900	500
销售费用	2 600	1 700
管理费用	3 000	1 950
研发费用	—	—
财务费用	600	400
其中：利息费用	—	—
利息收入	—	—
加：其他收益		
投资收益（损失以"—"号填列）		
其中：对联营企业和合营企业的投资收益		
以摊余成本计量的金融资产终止确认收益（损失以"—"号填列）		
净敞口套期收益（损失以"—"号填列）		
公允价值变动收益（损失以"—"号填列）	4 900	100
信用减值损失		
资产减值损失	300	150
资产处置收益（损失以"—"号填列）		
二、营业利润（亏损以"—"号填列）	24 500	6 300
加：营业外收入	800	1 200
减：营业外支出	1 300	500
三、利润总额（亏损总额以"—"号填列）	24 000	7 000
减：所得税费用	6 000	1 750
四、净利润（净亏损以"—"号填列）	18 000	5 250
（一）持续经营净利润（净亏损以"—"号填列）	18 000	5 250
（二）终止经营净利润（净亏损以"—"号填列）		
五、其他综合收益的税后净额		150
（一）不能重分类进损益的其他综合收益		
1. 重新计量设定受益计划变动额		

续表

项目	M公司	N公司
2. 权益法下不能转损益的其他综合收益		
3. 其他权益工具投资公允价值变动		
4. 企业自身信用风险公允价值变动		
……		
（二）将重分类进损益的其他综合收益		150
1. 权益法下可转损益的其他综合收益		
2. 其他债权投资公允价值变动		150
3. 金融资产重分类计入其他综合收益的金额		
4. 其他债权投资信用减值准备		
5. 现金流量套期储备		
6. 外币财务报表折算差额		
……		
六、综合收益总额	18 000	5 400
七、每股收益：		
（一）基本每股收益		
（二）稀释每股收益		

表33-6 现金流量表（简表）

会企03表

编制单位：M公司/N公司　　2×19年度　　单位：万元

项目	本期金额	上期金额
一、经营活动产生的现金流量：		
销售商品、提供劳务收到的现金	53 000	45 000
收到的税费返还		
收到其他与经营活动有关的现金		
经营活动现金流入小计	53 000	45 000
购买商品、接受劳务支付的现金	42 400	36 600
支付给职工以及为职工支付的现金	6 000	4 500
支付的各项税费	4 495	1 775
支付其他与经营活动有关的现金		
经营活动现金流出小计	52 895	42 875

续表

项目	本期金额	上期金额
经营活动产生的现金流量净额	105	2 125
二、投资活动产生的现金流量：		
收回投资收到的现金		
取得投资收益收到的现金	125	
处置固定资产、无形资产和其他长期资产收回的现金净额	100	
处置子公司及其他营业单位收到的现金净额		
收到其他与投资活动有关的现金		
投资活动现金流入小计	225	
购建固定资产、无形资产和其他长期资产支付的现金	1 030	225
投资支付的现金		
取得子公司及其他营业单位支付的现金净额		
支付其他与投资活动有关的现金		
投资活动现金流出小计		
投资活动产生的现金流量净额	−805	−225
三、筹资活动产生的现金流量：		
吸收投资收到的现金		
取得借款收到的现金		
收到其他与筹资活动有关的现金		
筹资活动现金流入小计		
偿还债务支付的现金	950	750
分配股利、利润或偿付利息支付的现金		
支付其他与筹资活动有关的现金		
筹资活动现金流出小计	950	750
筹资活动产生的现金流量净额	−950	−750
四、汇率变动对现金及现金等价物的影响		
五、现金及现金等价物净增加额	−1 650	1 150
加：期初现金及现金等价物余额	4 500	2 100
六、期末现金及现金等价物余额	2 850	3 250

表 33-7

所有者权益变动表

编制单位：M公司/N公司　　2×19年度　　会企04表　单位：万元

项目	M公司 本年金额											N公司 本年金额										
	实收资本（或股本）	其他权益工具			资本公积	减：库存股	其他综合收益	专项储备	盈余公积	未分配利润	所有者权益合计	实收资本（或股本）	其他权益工具			资本公积	减：库存股	其他综合收益	专项储备	盈余公积	未分配利润	所有者权益合计
		优先股	永续债	其他									优先股	永续债	其他							
一、上年末余额	20 000				5 000		0		5 500	4 500	35 000	10 000				4 000		0		600	1 400	16 000
加：会计政策变更																						
前期差错更正																						
其他																						
二、本年年初余额	20 000				5 000		0		5 500	4 500	35 000	10 000				4 000		0		600	1 400	16 000
三、本年增减变动金额（减少以"－"号填列）					9 750					18 000	18 000							150			5 250	5 400
（一）综合收益总额																						
（二）所有者投入和减少资本	5 000				9 750						14 750											
1. 所有者投入的普通股	5 000				9 750						14 750											
2. 其他权益工具持有者投入资本																						
3. 股份支付计入所有者权益的金额																						

续表

项目	M公司 本年金额										N公司 本年金额									
	实收资本（或股本）	其他权益工具			资本公积	减：库存股	其他综合收益	专项储备	盈余公积	未分配利润	所有者权益合计	实收资本（或股本）	其他权益工具			资本公积	减：库存股	其他综合收益	专项储备	盈余公积	未分配利润	所有者权益合计
		优先股	永续债	其他									优先股	永续债	其他							
4. 其他																						
（三）利润分配																						
1. 提取盈余公积									3 500	-3 500	0									1 000	-1 000	0
2. 对所有者（或股东）的分配										-10 000	-10 000										-2 250	-2 250
3. 其他																						
（四）所有者权益内部结转																						
1. 资本公积转增资本（或股本）																						
2. 盈余公积转增资本（或股本）																						
3. 盈余公积弥补亏损																						
4. 设定受益计划变动额结转留存收益																						
5. 其他综合收益结转留存收益																						
6. 其他																						
四、本年年末余额	25 000				14 750				9 000	9 000	57 750	10 000				4 000		150		1 600	3 400	19 150

（1）对母子公司个别财务报表的调整处理（以万元为单位）。

①调整子公司资产和负债的公允价值。根据 M 公司购买 N 公司设置的股权备查簿中登记的信息，将 N 公司资产和负债的评估增值或减值分别调增或调减相关资产和负债项目的金额。在合并工作底稿中的调整分录如下。

借：存货　　　　　　　　　　　　　　　　　　　　　　1 000　　（1）
　　固定资产　　　　　　　　　　　　　　　　　　　　3 000
　　递延所得税资产　　　　　　　　　　　　　　　　　　100
　贷：应付账款　　　　　　　　　　　　　　　　　　　　　400
　　　递延所得税负债　　　　　　　　　　　　（250+750）1 000
　　　资本公积　　　　　　　　　　　　　　　　　　　　2 700

②子公司个别财务报表中公允价值与原账面价值存在差额的资产或负债项目，在经营过程中因资产的折旧、摊销和减值等对子公司当期净利润的影响，需要在净利润计算中予以反映。在合并财务报表工作底稿中的调整分录如下。

借：营业成本　　　　　　　　　　　　　　　　　　　　1 000　　（2）
　　管理费用　　　　　　　　　　　　　　　　　　　　　200
　　应收账款　　　　　　　　　　　　　　　　　　　　　400
　贷：存货　　　　　　　　　　　　　　　　　　　　　　1 000
　　　固定资产　　　　　　　　　　　　　　　　　　　　　200
　　　资产减值损失　　　　　　　　　　　　　　　　　　　400

因此，经已实现公允价值调整后的 N 公司 2×19 年度净利润 =5 250+400（因购买日应收账款公允价值减值的实现而调减资产减值损失）-1 000（因购买日存货公允价值增值的实现而调增营业成本）-200（因固定资产公允价值增值计算的折旧而调增管理费用）=4 450（万元）。

③递延所得税资产或递延所得税负债的暂时性差异的转回。由于 N 公司应收账款按购买日评估的确认的金额已收回，评估确认的坏账已核销，因递延所得税资产的转回而增加当期所得税费用 100（400×25%）万元；由于 N 公司购买日发生评估增值的存货当年已全部实现对外销售，因递延所得税负债的转回而减少当期所得税费用 250（1 000×25%）万元；由于 N 公司购买日发生增值的办公楼 2×19 年年末应纳税暂时性差异为 2 800（3 000-200）万元，应确认的递延所得税负债为 700（2 800×25%）万元，因递延所得税负债的转回而减少当期所得税费用 50（750-700）万元。在合并财务报表工作底稿中的调整分录如下。

借：递延所得税负债　　　　　　　　　　　　　（250+50）300　　（3）
　贷：递延所得税资产　　　　　　　　　　　　　　　　　　100
　　　所得税费用　　　　　　　　　　　　　　　　　　　　200

因此，考虑递延所得税后，N 公司当年净利润为 4 650（4 450+200）万元。

④按照权益法调整母公司财务报表项目。本例中，应当调整 M 公司 2×19 年投资 N 公司取得的投资收益 3 255（4 650×70%）万元，已确认取得的 N 公司已宣告分派的现金股利 1 575（2 250×70%）万元以及 N 公司本期其他综合收益 150 万元中归属于 M 公司的份额 105（150×70%）万元。在合并财务报表工作底稿中的调整分录如下。

借:长期股权投资	(3 255+105)3 360	(4)
投资收益	1 575	
贷:投资收益	3 255	
长期股权投资	1 575	
其他综合收益	105	

（2）抵销合并财务报表相关项目（以万元为单位）。

①抵销长期股权投资与所有者权益项目。

将M公司对N公司的长期股权投资与其在N公司股东权益中拥有的份额予以抵销。N公司2×19年年末经调整后的未分配利润=1 400（年初）+4 650（经已实现公允价值和递延所得税调整后的本年净利润）-1 000（提取盈余公积）-2 250（分派股利）=2 800（万元）；N公司本期由于其他债权投资公允价值变动增加其他综合收益150万元，其中归属于M公司的份额为105（150×70%）万元，归属于少数股东的份额为45（150-105）万元；M公司2×19年年末对N公司长期股权投资为16 535（14 750+3 255-2 250×70%+105）万元；少数股东权益为6 375 [5 610（2×19年1月1日少数股东投入资本）+1 395（4 650×30%，本年少数股东损益）+45（归属于少数股东的其他综合收益）-675（2 250×30%，本年对少数股东的利润分配）]万元。在合并财务报表工作底稿中的抵销分录如下。

借:股本	10 000	(5)
资本公积	6 700	
其他综合收益	150	
盈余公积	1 600	
未分配利润——年末	2 800	
商誉	1 660	
贷:长期股权投资	16 535	
少数股东权益	6 375	

②抵销投资收益与子公司利润分配等项目。

将M公司对N公司的投资收益与N公司本年利润分配有关项目的金额予以抵销。N公司年末向股东宣告分配现金股利2 250万元，其中，归属于少数股东的现金股利为675（2 250-1 575）万元。在合并财务报表工作底稿中的抵销分录如下。

借:投资收益	(4 650×70%)3 255	(6)
少数股东损益	(4 650×30%)1 395	
未分配利润——年初	1 400	
贷:未分配利润——本年提取盈余公积	1 000	
——本年利润分配	2 250	
——年末	2 800	

③抵销应收账款与应付账款项目。

在合并财务报表工作底稿中的抵销分录如下。

借：应付账款 500 （7）
　　贷：应收账款 500

④抵销坏账准备与资产减值损失项目。M公司将与N公司往来的内部应收账款与应付账款相互抵销的同时，还应将内部应收账款计提的坏账准备予以抵销。在合并财务报表工作底稿中的抵销分录如下。

借：应收账款 20 （8）
　　贷：资产减值损失 20

⑤抵销因抵销坏账准备与资产减值损失产生的所得税影响。在合并财务报表工作底稿中的抵销分录如下。

借：所得税费用 （20×25%）5 （9）
　　贷：递延所得税资产 5

⑥抵销应收股利与应付股利项目。M公司根据N公司宣告分派现金股利的公告，按照其所享有的金额已确认应收股利，并在其资产负债表中计列应收股利1 575万元。在合并财务报表工作底稿中的抵销分录如下。

借：应付股利 1 575 （10）
　　贷：应收股利 1 575

（3）抵销内部顺流交易的存货（以万元为单位）。

①抵销内部销售收入、成本和内部销售形成的存货价值中包含的未实现内部销售损益。在合并财务报表工作底稿中的抵销分录如下。

借：营业收入 1 000 （11）
　　贷：营业成本 700
　　　　存货 300

②抵销N公司本期计提的存货跌价准备。在合并财务报表工作底稿中的抵销分录如下。

借：存货 20 （12）
　　贷：资产减值损失 20

③抵销内部顺流存货交易的所得税影响。在合并财务报表工作底稿中的抵销分录如下。

借：递延所得税资产 [（300-20）×25%] 70 （13）
　　贷：所得税费用 70

④抵销顺流存货交易中内部存货交易的现金流量。在合并财务报表工作底稿中的抵销分录如下。

借：购买商品、接受劳务支付的现金 1 000 （14）
　　贷：销售商品、提供劳务收到的现金 1 000

（4）抵销内部逆流交易的存货（以万元为单位）。

①抵销内部销售收入、成本和内部销售形成的存货中包含的未实现内部销售损益。存货中包含的未实现内部销售损益为160 [（1 200-800）×40%]万元。在合并财务报表工作底稿中的抵销分录如下。

借：营业收入		1 200	（15）
贷：营业成本		1 040	
存货		160	

②将内部销售形成的存货中包含的未实现内部销售损益进行分摊。在存货中包含的未实现内部销售损益中，归属于少数股东的未实现内部销售损益分摊金额为48（160×30%）万元。在合并财务报表工作底稿中的抵销分录如下。

| 借：少数股东权益 | | 48 | （16） |
| 贷：少数股东损益 | | 48 | |

③抵销因逆流存货交易的所得税影响。在合并财务报表工作底稿中的抵销分录如下。

| 借：递延所得税资产 | （160×25%） | 40 | （17） |
| 贷：所得税费用 | | 40 | |

④抵销因抵销逆流存货交易发生的递延所得税对少数股东权益的份额。在合并财务报表工作底稿中的抵销分录如下。

| 借：少数股东损益 | （40×30%） | 12 | （18） |
| 贷：少数股东权益 | | 12 | |

⑤抵销逆流存货交易中内部存货交易的现金流量。在合并财务报表工作底稿中的抵销分录如下。

| 借：购买商品、接受劳务支付的现金 | | 1 200 | （19） |
| 贷：销售商品、提供劳务收到的现金 | | 1 200 | |

（5）抵销内部固定资产购销交易（以万元为单位）。

①抵销内部固定资产购销交易。在合并财务报表工作底稿中的抵销分录如下。

| 借：营业外收入 | （1 200-600） | 600 | （20） |
| 贷：固定资产——从M公司购入×厂房 | | 600 | |

②抵销内部固定资产交易计提折旧中包含的未实现内部销售损益。在合并财务报表工作底稿中的抵销分录如下。

| 借：固定资产——从M公司购入×厂房 | （600÷15×1/2） | 20 | （21） |
| 贷：管理费用 | | 20 | |

③抵销内部固定资产交易对所得税的影响。在合并财务报表工作底稿中的抵销分录如下。

| 借：递延所得税资产 | [（600-20）×25%] | 145 | （22） |
| 贷：所得税费用 | | 145 | |

④抵销内部固定资产交易的现金流量。在合并财务报表工作底稿中的抵销分录如下。

| 借：购建固定资产、无形资产和其他长期资产支付的现金 | | 1 200 | （23） |
| 贷：处置固定资产、无形资产和其他长期资产收回的现金净额 | | 1 200 | |

根据上述资料及有关调整、抵销分录编制合并工作底稿，见表33-8。

根据合并工作底稿，编制M公司2×19年合并资产负债表、合并利润表、合并现金流量表及合并所有者权益变动表，见表33-9至表33-12。

表 33-8 合并财务报表工作底稿

编制单位：M公司　　　　　　2×19年12月31日　　　　　　单位：万元

项目	M公司	N公司	合计金额	调整、抵销分录 借方	调整、抵销分录 贷方	少数股东权益	合并金额
（资产负债表项目）							
流动资产：							
货币资金	2 850	3 250	6 100				6 100
交易性金融资产	1 500	2 500	4 000				4 000
应收票据	3 600	1 800	5 400				5 400
应收账款	4 250	2 550	6 800	（2）400 （8）20	（1）400 （7）500		6 320
预付账款	750	1 250	2 000				2 000
应收股利	2 400		2 400		（10）1 575		825
其他应收款	250	650	900				900
存货	18 500	9 000	27 500	（1）1 000 （12）20	（2）1 000 （11）300 （15）160		27 060
其他流动资产	900	500	1 400				1 400
流动资产合计	35 000	21 500	56 500	1 440	3 935		54 005
非流动资产：							
债权投资	7 000	2 000	9 000				9 000
其他债权投资	4 500	900	5 400				5 400
长期股权投资	34 750		34 750	（4）3 360	（4）1 575 （5）16 535		20 000
固定资产	14 000	13 000	27 000	（1）3 000 （21）20	（2）200 （20）600		29 220
在建工程	6 500	1 200	7 700				7 700
无形资产	3 000	900	3 900				3 900
商誉				（5）1 660			1 660
递延所得税资产				（1）100 （13）70 （17）40 （22）145	（3）100 （9）5		250
非流动资产合计	69 750	18 000	87 750	8 395	19 015		77 130
资产合计	104 750	39 500	144 250	9 835	22 950		131 135
流动负债：							
短期借款	5 000	2 400	7 400				7 400
交易性金融负债	2 000	1 200	3 200				3 200
应付票据	6 500	1 800	8 300				8 300
应付账款	9 000	2 600	11 600	（7）500			11 100

续表

项目	M公司	N公司	合计金额	调整、抵销分录 借方	调整、抵销分录 贷方	少数股东权益	合并金额
预收账款	2 000	1 950	3 950				3 950
应付职工薪酬	2 500	800	3 300				3 300
应交税费	1 350	700	2 050				2 050
应付股利		2 250	2 250	(10) 1 575			675
其他应付款	2 650	200	2 850				2 850
其他流动负债	1 000	450	1 450				1 450
流动负债合计	32 000	14 350	46 350	2 075			44 275
非流动负债:							
长期借款	2 000	2 400	4 400				4 400
应付债券	10 000	3 500	13 500				13 500
长期应付款	3 000		3 000				3 000
递延所得税负债		100	100	(3) 300	(1) 1 000		800
其他非流动负债合计	15 000	6 000	21 000	300	1 000		21 700
负债合计	47 000	20 350	67 350	2 375	1 000		65 975
所有者权益(或股东权益):							
实收资本(或股本)	25 000	10 000	35 000	(5) 10 000			25 000
资本公积	14 750	4 000	18 750	(5) 6 700	(1) 2 700		14 750
其他综合收益		150	150			45	105
盈余公积	9 000	1 600	10 600	(5) 1 600			9 000
未分配利润	9 000	3 400	12 400	14 442	12 008		9 966
归属于母公司所有者权益合计							58 821
少数股东权益				(16) 48	(5) 6 330 (18) 12		6 294
所有者权益合计	57 750	19 150	76 900	32 940	21 200		65 160
负债和所有者权益合计	104 750	39 500	144 250	35 315	22 200		131 135
(利润表项目)							
一、营业收入	75 000	47 400	122 400	(11) 1 000 (15) 1 200			120 200
减:营业成本	48 000	36 500	84 500	(2) 1 000	(11) 700 (15) 1 040		83 760
税金及附加	900	500	1 400				1 400
销售费用	2 600	1 700	4 300				4 300
管理费用	3 000	1 950	4 950	(2) 200	(21) 20		5 130
财务费用	600	400	1 000				1 000

续表

项目	M公司	N公司	合计金额	调整、抵销分录 借方	调整、抵销分录 贷方	少数股东权益	合并金额
资产减值损失	300	150	450		（2）400 （8）20 （12）20		10
加：公允价值变动损益（损失以"－"号填列）							
投资收益（损失以"－"号填列）	4 900	100	5 000	（4）1 575 （6）3 255	（4）3 255		3 425
二、营业利润（亏损以"－"号填列）	24 500	6 300	30 800	8 230	5 455		28 025
加：营业外收入	800	1 200	2 000	（20）600			1 400
减：营业外支出	1 300	500	1 800				1 800
三、利润总额（亏损总额以"－"号填列）	24 000	7 000	31 000	8 830	5 455		27 625
减：所得税费用	6 000	1 750	7 750	（9）5	（3）200 （13）70 （17）40 （22）145		7 300
四、净利润（净亏损以"－"号填列）	18 000	5 250	23 250	8 835	5 910		20 325
少数股东损益				（6）1 395 （18）12	（16）48	1 359	1 359
归属于母公司股东的净利润	18 000	5 250	23 250	10 242	5 958		18 966
五、其他综合收益的税后净额		150	150	150	105	45	150
（一）以后不能重分类进损益的其他综合收益							
（二）以后将重分类进损益的其他综合收益		150	150	150	105		105
其中：权益法核算的在被投资单位以后重分类进损益的其他综合收益中所享有的份额					（4）105		105
可供出售金融资产公允价值变动的利得或损失		150	150	（5）150		（5）45	45
六、综合收益总额	18 000	5 400	23 400	8 985	6 015	45	20 475
归属于母公司所有者的综合收益总额							19 071
归属于少数股东的综合收益总额						1 404	1 404

续表

项目	M公司	N公司	合计金额	调整、抵销分录 借方	调整、抵销分录 贷方	少数股东权益	合并金额
（所有者权益变动表项目）							
一、未分配利润——年初	4 500	1 400	5 900	（6）1 400			4 500
未分配利润——本期	4 500	2 000	6 500				6 500
其中：归属于母公司股东的净利润	18 000	5 250	23 250	10 242	5 958		18 966
提取盈余公积	-3 500	-1 000	-4 500		（6）1 000		-3 500
对所有者（或股东）的分配	-10 000	-2 250	-12 250		（6）2 250		-10 000
未分配利润——期末	9 000	3 400	12 400	（5）2 800 14 442	（6）2 800 12 008		9 966
（现金流量表项目）							
一、经营活动产生的现金流量：							
销售商品、提供劳务收到的现金	53 000	45 000	98 000		（14）1 000 （19）1 200		95 800
经营活动现金流入小计	53 000	45 000	98 000		2 200		95 800
购买商品、接受劳务支付的现金	42 400	36 600	79 000	（14）1 000 （19）1 200			76 800
支付给职工以及为职工支付的现金	6 000	4 500	10 500				10 500
支付的各项税费	4 495	1 775	6 270				6 270
支付其他与经营活动有关的现金	52 895	42 875	95 770	2 200			93 570
经营活动现金流出小计	105	2 125	2 230	2 200	2 200		2 230
经营活动产生的现金流量净额							
二、投资活动产生的现金流量：							
取得投资收益收到的现金	125		125				125
处置固定资产、无形资产和其他长期资产收回的现金净额	100		100		（23）1 200		-1 100
投资活动现金流入小计	225		225		1 200		-975
购建固定资产、无形资产和其他长期资产支付的现金	1 030	225	1 255	（23）1 200			55

续表

项目	M公司	N公司	合计金额	调整、抵销分录 借方	调整、抵销分录 贷方	少数股东权益	合并金额
投资活动现金流出小计	1 030	225	1 255	1 200			55
投资活动产生的现金流量净额	−805	−225	−1 030	1 200	1 200		−1 030
三、筹资活动产生的现金流量:							
吸收投资收到的现金	0	0					0
取得借款收到的现金	0	0					0
筹资活动现金流入小计	0	0					0
四、偿还债务支付的现金	950	750	1 700				1 700
筹资活动现金流出小计	950	750	1 700				1 700
筹资活动产生的现金流量净额	−950	−750	−1 700				−1 700
五、现金及现金等价物净增加额	−1 650	1 150	−500				−500
加:期初现金及现金等价物余额	4 500	2 100	6 600				6 600
六、期末现金及现金等价物余额	2 850	3 250	6 100				6 100

表 33-9 合并资产负债表

编制单位: M公司　　　　2×19 年 12 月 31 日　　　　单位: 万元

资产	期末余额	期初余额	负债和所有者权益（或股东权益）	期末余额	期初余额
流动资产:			流动负债:		
货币资金	6 100		短期借款	7 400	
交易性金融资产	4 000		交易性金融负债	3 200	
应收票据	5 400		应付票据	8 300	
应收账款	6 320		应付账款	11 100	
预付账款	2 000		预收账款	3 950	
应收利息	0		应付职工薪酬	3 300	

续表

资产	期末余额	期初余额	负债和所有者权益（或股东权益）	期末余额	期初余额
应收股利	825		应交税费	2 050	
其他应收款	900		应付利息	0	
存货	27 060		应付股利	675	
其他流动资产	1 400		其他应付款	2 850	
流动资产合计	54 005		其他流动负债	1 450	
非流动资产：			流动负债合计	44 275	
债权投资	9 000		非流动负债：		
其他债权投资	5 400		长期借款	4 400	
长期应收款	0		应付债券	13 500	
长期股权投资	20 000		长期应付款	3 000	
固定资产	29 220		递延所得税负债	800	
在建工程	7 700		其他非流动负债	0	
无形资产	3 900		非流动负债合计	21 700	
商誉	1 660		负债合计	65 975	
长期待摊费用	0		所有者权益（或股东权益）：		
递延所得税资产	250		实收资本（或股本）	25 000	
其他非流动资产	0		资本公积	14 750	
非流动资产合计	77 130		减：库存股		
			其他综合收益	105	
			盈余公积	9 000	
			未分配利润	9 966	
			归属于母公司所有者权益合计	58 821	
			少数股东权益	6 339	
			所有者权益合计	65 160	
资产合计	131 135		负债和所有者权益合计	131 135	

表 33-10　　　　　　　　　　　合并利润表

会企 02 表

编制单位：M 公司　　　　　　2×19 年度　　　　　　　　　　单位：万元

项目	期末余额	期初余额
一、营业收入	120 200	
减：营业成本	83 760	
税金及附加	1 400	
销售费用	4 300	
管理费用	5 130	
研发费用		
财务费用	1 000	
其中：利息费用	—	
利息收入	—	
加：其他收益		
投资收益（损失以"—"号填列）		
其中：对联营企业和合营企业的投资收益		
以摊余成本计量的金融资产终止确认收益（损失以"—"号填列）		
净敞口套期收益（损失以"—"号填列）		
公允价值变动收益（损失以"—"号填列）	3 425	
信用减值损失		
资产减值损失	10	
资产处置收益（损失以"—"号填列）		
二、营业利润（亏损以"—"号填列）	28 025	
加：营业外收入	1 400	
减：营业外支出	1 800	
三、利润总额（亏损总额以"—"号填列）	27 625	
减：所得税费用	7 300	
四、净利润（净亏损以"—"号填列）	20 325	
（一）持续经营净利润（净亏损以"—"号填列）	20 325	
（二）终止经营净利润（净亏损以"—"号填列）		
五、其他综合收益的税后净额	150	
（一）不能重分类进损益的其他综合收益		

续表

项目	期末余额	期初余额
1．重新计量设定受益计划变动额		
2．权益法下不能转损益的其他综合收益		
3．其他权益工具投资公允价值变动		
4．企业自身信用风险公允价值变动		
……		
（二）将重分类进损益的其他综合收益	105	
1．权益法下可转损益的其他综合收益	105	
2．其他债权投资公允价值变动		
3．金融资产重分类计入其他综合收益的金额		
4．其他债权投资信用减值准备		
5．现金流量套期储备		
6．外币财务报表折算差额		
……		
六、综合收益总额	20 475	
七、每股收益：		
（一）基本每股收益		
（二）稀释每股收益		

表 33-11　　　　　　　　　　　合并现金流量表

会企 03 表

编制单位：M 公司　　　　　2×19 年度　　　　　　单位：万元

项目	期末金额	期初金额
一、经营活动产生的现金流量：		
销售商品、提供劳务收到的现金	95 800	
收到的税费返还		
收到其他与经营活动有关的现金		
经营活动现金流入小计	95 800	
购买商品、接受劳务支付的现金	76 800	
支付给职工以及为职工支付的现金	10 500	
支付的各项税费	6 270	
支付其他与经营活动有关的现金		
经营活动现金流出小计	93 570	
经营活动产生的现金流量净额	2 230	

续表

项目	期末金额	期初金额
二、投资活动产生的现金流量：		
收回投资收到的现金		
取得投资收益收到的现金	125	
处置固定资产、无形资产和其他长期资产收回的现金净额	-1 100	
处置子公司及其他营业单位收到的现金净额		
收到其他与投资活动有关的现金		
投资活动现金流入小计	-975	
购建固定资产、无形资产和其他长期资产支付的现金	55	
投资支付的现金		
取得子公司及其他营业单位支付的现金净额		
支付其他与投资活动有关的现金		
投资活动现金流出小计	55	
投资活动产生的现金流量净额	-1 030	
三、筹资活动产生的现金流量：		
吸收投资收到的现金		
取得借款收到的现金		
收到其他与筹资活动有关的现金		
筹资活动现金流入小计		
偿还债务支付的现金	1 700	
分配股利、利润或偿付利息支付的现金		
支付其他与筹资活动有关的现金		
筹资活动现金流出小计	1 700	
筹资活动产生的现金流量净额	-1 700	
四、汇率变动对现金及现金等价物的影响		
五、现金及现金等价物净增加额	-500	
加：期初现金及现金等价物余额	6 600	
六、期末现金及现金等价物余额	6 100	

表 33-12

合并所有者权益变动表

2×19 年度

编制单位：M 公司　　　　　　　　　　　　　　　　　　　　　　　　　　　　　　　　　　　　单位：万元

项目	本年金额							上年金额						
	归属于母公司所有者权益						少数股东权益	所有者权益合计	归属于母公司所有者权益						少数股东权益	所有者权益合计
	实收资本（或股本）	资本公积	其他综合收益	盈余公积	未分配利润	小计			实收资本（或股本）	资本公积	其他综合收益	盈余公积	未分配利润	小计		
一、上年末余额	20 000	5 000	0	5 500	4 500	35 000	0	35 000								
加：会计政策变更																
前期差错更正																
二、本年年初余额	20 000	5 000	0	5 500	4 500	35 000	0	35 000								
三、本年增减变动金额（减少以"－"号填列）			105		18 966	19 071	1 404	20 475								
（一）综合收益总额																
（二）所有者投入和减少资本	5 000	9 750				14 750	5 610	20 360								
1. 所有者投入资本																
2. 股份支付计入所有者权益的金额																
3. 其他																
（三）利润分配				3 500	−3 500	0										
1. 提取盈余公积																
2. 对所有者（或股东）的分配					−10 000	−10 000	−675	−10 675								
3. 其他																
（四）所有者权益内部结转																
四、本年年末余额	25 000	14 750	105	9 000	9 966	58 821	6 339	65 160								

33.4 特殊交易的会计处理

33.4.1 追加投资的会计处理

追加投资合并财务报表中的会计处理应当分别以下情况。

（1）母公司购买子公司少数股东拥有的子公司股权的，因购买少数股权新取得的长期股权投资与按照新增持股比例计算应享有子公司自购买日（或合并日）开始持续计算的净资产份额之间的差额，应当调整资本公积（资本溢价或股本溢价），资本公积不足冲减的，调整留存收益。

（2）企业因追加投资等原因能够对非同一控制下的被投资方实施控制的，对于购买日之前持有的被购买方的股权，应当按照该股权在购买日的公允价值进行重新计量，公允价值与其账面价值之间的差额计入当期投资收益；购买日之前持有的被购买方的股权涉及权益法核算下的其他综合收益以及除净损益、其他综合收益和利润分配外的其他所有者权益变动（以下简称"其他所有者权益变动"）的，与其相关的其他综合收益、其他所有者权益变动应当转为购买日所属当期收益，由于被投资方重新计量设定受益计划净负债或净资产变动而产生的其他综合收益除外。

企业通过多次交易分步实现非同一控制下企业合并的，在合并财务报表上，首先，应结合分步交易的各个步骤的协议条款，以及各个步骤中所分别取得的股权比例、取得对象、取得方式、取得时点及取得对价等信息来判断分步交易是否属于"一揽子交易"。各项交易的条款、条件以及经济影响符合以下一种或多种情况的，通常应将多次交易事项作为"一揽子交易"进行会计处理：①这些交易是同时或者在考虑了彼此影响的情况下订立的；②这些交易整体才能达成一项完整的商业结果；③一项交易的发生取决于其他至少一项交易的发生；④一项交易单独考虑时是不经济的，但是和其他交易一并考虑时是经济的。

如果分步取得对子公司股权投资直至取得控制权的各项交易属于"一揽子交易"，应当将各项交易作为一项取得子公司控制权的交易，并区分企业合并的类型分别进行会计处理。

如果不属于"一揽子交易"，在合并财务报表中，还应区分企业合并的类型分别进行会计处理。对于分步实现的非同一控制下企业合并，购买日之前持有的被购买方的股权，应当按照该股权在购买日的公允价值进行重新计量，公允价值与其账面价值的差额计入当期投资收益；购买日之前持有的被购买方的股权涉及权益法核算下的其他综合收益、其他所有者权益变动的，应当转为购买日所属当期收益，由于被投资方重新计量设定受益计划净负债或净资产变动而产生的其他综合收益除外。

（3）通过多次交易分步实现的同一控制下企业合并。

对于分步实现的同一控制下企业合并，在编制合并财务报表时，应视同参与合并的各方在最终控制方开始控制时即以目前的状态存在进行调整，在编制比较财务报表时，以不早于合并方和被合并方同处于最终控制方的控制之下时点为限，将被合并方的有关资产、负债并入合并方合并财务报表的比较财务报表，并将合并而增加的净资产在比较财务报表中调整所有者权益项下的相关项目。

为避免对被合并方净资产的价值进行重复计算，合并方在取得被合并方控制权之前持有的股权投资，在取得原股权之日与合并方和被合并方同处于同一方最终控制之日孰晚日起至合并日之间已确认有关损益、其他综合收益以及其他净资产变动，应分别冲减比较财务报表期间的期初留存收益或当期损益。

33.4.2 处置对子公司投资的会计处理

处置对子公司的投资，合并财务报表中的会计处理应区分以下情况。

（1）母公司在不丧失控制权的情况下部分处置对子公司的长期股权投资的，处置价款与处置长期股权投资相对应享有子公司自购买日或合并日开始持续计算的净资产份额之间的差额，应当调整资本公积（资本溢价或股本溢价），资本公积不足冲减的，调整留存收益。

（2）母公司因处置对子公司长期股权投资而丧失控制权。

1. 一次交易的处置

母公司因处置部分股权投资或其他原因丧失了对原有子公司控制的，在合并财务报表中，对于剩余股权，应当按照丧失控制权日的公允价值进行重新计量。处置股权取得的对价和剩余股权公允价值之和，减去按原持股比例计算应享有原有子公司自购买日开始持续计算的净资产的份额与商誉之和的差额，计入丧失控制权当期的投资收益。

此外，与原有子公司的股权投资相关的其他综合收益、其他所有者权益变动，应当在丧失控制权时转入当期损益，由于被投资方重新计量设定受益计划净负债或净资产变动而产生的其他综合收益除外。

2. 多次交易分步处置子公司

（1）会计处理。企业通过多次交易分步处置对子公司股权投资直至丧失控制权，在合并财务报表中，首先，应结合分步交易的各个步骤的交易协议条款、分别取得的处置对价、出售股权的对象、处置方式、处置时点等信息来判断分步交易是否属于"一揽子交易"。

如果分步交易不属于"一揽子交易"，则在丧失对子公司控制权以前的各项交易，应按照本章上述"母公司在不丧失控制权的情况下部分处置对子公司的长期股权投资"的有关规定进行会计处理。

如果分步交易属于"一揽子交易"，则应将各项交易作为一项处置原有子公司并丧失控制权的交易进行会计处理，其中，对于丧失控制权之前的每一次交易，处置价款与处置投资对应的享有该子公司自购买日开始持续计算的净资产账面价值的份额之间的差额，在合并财务报表中应当计入其他综合收益，在丧失控制权时一并转入丧失控制权当期的损益。

（2）所得税影响。通常情况下，当居民企业持有另一居民企业的股权意图为长期持有，通过股息、红利或者其他协同效应获取回报时，不存在相关所得税费用。只有当居民企业通过转让股权获取资本利得收益时，该笔资产转让利得才产生相应的所得税费用。并且如果预期出现母公司处置股权至实际转移之间存在跨期的情况，母公司应在合并财务报表中考虑上述递延所得税的影响。

33.4.3 因子公司的少数股东增资而稀释母公司拥有的股权比例

子公司的其他股东对子公司进行增资，稀释了母公司对子公司的股权比例时，应当按照增资前的母公司股权比例计算其在增资前子公司账面净资产中的份额，该份额与增资后按母公司持股比例计算的在增资后子公司账面净资产份额之间的差额计入资本公积，资本公积不足冲减的，调整留存收益。

【例33-16】A公司原持有B公司100%的股权并控制B公司。2×19年1月1日，第二方C公司向B公司增资100万元，增资前B公司净资产账面价值为900万元，增资后B公司净资产账面价值和公允价值均为1 000万元。增资后C公司占B公司10%的股权，A公司仍控制B公司（不考虑所得税等影响）。

本例中，由于第二方C公司增资导致A公司持股比例下降。A公司按原持股比例享有的子公司净资产账面价值的份额900（900×100%）万元和按新持股比例享有的子公司净资产账面价值900（1 000×90%）万元份额之间的差额为0，因此对归属母公司股东的权益不产生影响。

【例33-17】2×19年，A公司和B公司分别出资750万元和250万元设立C公司，A公司、B公司的持股比例分别为75%和25%。C公司为A公司的子公司。

2×20年B公司对C公司增资500万元，增资后占C公司股权比例为35%。交易完成后，A公司仍控制C公司。C公司自成立日至增资前实现净利润1 000万元，除此以外，不存在其他影响C公司净资产变动的事项（不考虑所得税等影响）。

本例中，在A公司合并财务报表中，B公司对C公司增资的会计处理如下。

A公司持股比例原为75%，由于少数股东增资而变为65%。增资前，A公司按照75%的持股比例享有的C公司净资产账面价值为1 500（2 000×75%）万元；增资后，A公司按照65%持股比例享有的净资产账面价值为1 625（2 500×65%）万元，两者之间的差额为125万元，在A公司合并资产负债表中应调增资本公积。

33.4.4 其他特殊交易

对于站在企业集团合并财务报表角度的确认和计量结果与其所属的母公司或子公司的个别财务报表层面的确认和计量结果不一致的，在编制合并财务报表时，应站在企业集团角度对该特殊交易事项予以调整。在母、子公司个别财务报表及在母公司合并财务报表中，部分特殊交易由于会计主体假设的不同而导致对同一事项的会计处理结果存在差异，也需要站在企业集团合并财务报表的角度对这类交易予以调整。

第34章
每股收益

每股收益是指普通股股东每持有一股普通股所能享有的企业净利润或需承担的企业净亏损。每股收益包括基本每股收益和稀释每股收益两类。每股收益通常被用来反映企业的经营成果，衡量普通股的获利水平及投资风险，是投资者等信息使用者据以评价企业盈利能力、预测企业成长潜力，进而做出相关经济决策的重要的财务指标之一。

34.1 基本每股收益

《企业会计准则第34号——每股收益》规定，基本每股收益只考虑当期实际发行在外的普通股股份，按照归属于普通股股东的当期净利润除以当期实际发行在外普通股的加权平均数计算确定。

34.1.1 分子的确定

计算基本每股收益时，分子为归属于普通股股东的当期净利润，即企业当期实现的可供普通股股东分配的净利润或应由普通股股东分担的净亏损金额。

34.1.2 分母的确定

计算基本每股收益时，分母为当期发行在外普通股的算术加权平均数，即期初发行在外普通股股数根据当期新发行或回购的普通股股数与相应时间权数的乘积进行调整后的股数。计算公式如下：

发行在外普通股加权平均数 = 期初发行在外普通股股数 + 当期新发行普通股股数 × 已发行时间 ÷ 报告期时间 - 当期回购普通股股数 × 已回购时间 ÷ 报告期时间

【例34-1】某公司2×19年期初发行在外的普通股为40 000万股；4月30日新发行普通股13 200万股；12月1日回购普通股6 000万股，以备将来奖励职工之用。该公司当年实现净利润16 250万元。假定该公司按月数计算每股收益的时间权重。2×19年度基本每股收益计算如下。

发行在外普通股加权平均数 = 40 000×12÷12+13 200×8÷12-6 000×1÷12 = 48 300（万股）

或者 40 000×4÷12+53 200×7÷12+47 200×1÷12 = 48 300（万股）

基本每股收益 = 16 250÷48 300 = 0.336（元）

34.2 稀释每股收益

34.2.1 基本计算原则

稀释每股收益是假设企业所有发行在外的稀释性潜在普通股均已转换为普通股，从而分别调整归属于普通股股东的当期净利润以及发行在外普通股的加权平均数计算而得的每股收益。

（一）稀释性潜在普通股

稀释性潜在普通股，是指假设当期转换为普通股会减少每股收益的潜在普通股。对于亏损企业而言，稀释性潜在普通股假设当期转换为普通股，将会增加每股亏损的金额。计算稀释每股收益时只考虑稀释性潜在普通股的影响，而不考虑不具有稀释性的潜在普通股。

（二）分子的调整

计算稀释每股收益时，应当根据下列事项对归属于普通股股东的当期净利润进行调整：（1）当期已确认为费用的稀释性潜在普通股的利息；（2）稀释性潜在普通股转换时将产生的收益或费用。上述调整应当考虑相关的所得税影响。对于包含负债和权益成分的金融工具，仅需调整属于金融负债部分的相关利息、利得或损失。

（三）分母的调整

计算稀释每股收益时，当期发行在外普通股的加权平均数应当为计算基本每股收益时普通股的加权平均数与假定稀释性潜在普通股转换为已发行普通股而增加的普通股股数的加权平均数之和。

34.2.2 可转换公司债券

可转换公司债券是指发行公司依法发行、在一定期间内依据约定的条件可以转换成股份的公司债券。计算公式如下：

稀释每股收益 =（净利润 + 假设转换时增加的净利润）÷（发行在外普通股加权平均数 + 假设转换时所增加的普通股股数的加权平均数）

【例34-2】 某上市公司2×19年归属于普通股股东的净利润为36 000万元，期初发行在外普通股股数为25 000万股，年内普通股股数未发生变化。2×19年1月1日，公司按面值发行50 000万元的三年期可转换公司债券，债券每张面值为100元，票面固定年利率为2%，利息自发行之日起每年支付一次，即每年12月31日为付息日。该批可转换公司债券自发行结束12个月以后即可转换为公司股票，即转股期为发行12个月后至债券到期日止的期间。转股价格为每股10元，即每100元债券可转换为10股面值为1元的普通股。债券利息不符合资本化条件，直接计入当期损益，所得税税率为25%。

假设不具备转换选择权的类似债券的市场利率为3%。公司在对该批可转换公司债券初始确认时，根据《企业会计准则第37号——金融工具列报》的有关规定将负债和权益成分进行了分拆。2×19年度每股收益计算如下。

基本每股收益 = 36 000 ÷ 25 000 = 1.44（元）

每年支付利息 =50 000×2%=1 000（万元）

负债成分公允价值 =1 000÷（1+3%）+1 000÷（1+3%）^{2}+51 000÷（1+3%）^{3}=48 585.69（万元）

权益成分公允价值 = 50 000-48 585.69=1 414.31（万元）

假设转换所增加的净利润 =48 585.69×3%×（1-25%）=1 093.18（万元）

假设转换所增加的普通股股数 =50 000÷10=5 000（万股）

增量股的每股收益 =1 093.18÷5 000=0.22（元）

增量股的每股收益小于基本每股收益，可转换公司债券具有稀释作用。

稀释每股收益 =（36 000 +1 093.18）÷（25 000+5 000）=1.24（元）

34.2.3 认股权证、股份期权

对于盈利企业，认股权证和股份期权等的行权价格低于当期普通股平均市场价格时，应当考虑其稀释性。计算公式如下：

增加的普通股股数 = 拟行权时转换的普通股股数 − 行权价格 × 拟行权时转换的普通股股数 ÷ 当期普通股平均市场价格

【例34-3】某公司2×19年度归属于普通股股东的净利润为3 500万元，发行在外普通股加权平均数为7 000万股，该普通股平均每股市场价格为8元。2×18年1月1日，该公司对外发行1 200万份认股权证，行权日为2×19年3月1日，每份认股权证可以在行权日以7元的价格认购本公司1股新发的股份。该公司2×19年度每股收益计算如下。

基本每股收益 =3 500÷7 000=0.5（元）

调整增加的普通股股数 =1 200-1 200×7÷8=150（万股）

稀释每股收益 =3 500÷（7 000 +150）=0.49（元）

34.2.4 企业承诺将回购其股份的合同

企业承诺将回购其股份的合同中规定的回购价格高于当期普通股平均市场价格时，应当考虑其稀释性。计算稀释每股收益时，具体步骤如下。

（1）假设企业于期初按照当期普通股平均市场价格发行普通股，以募集足够的资金来履行回购合同；合同日晚于期初的，则假设企业于合同日按照自合同日至期末的普通股平均市场价格发行足量的普通股。

（2）假设回购合同已于当期期初（或合同日）履行，按照约定的行权价格回购本企业股票。

（3）比较假设发行的普通股股数与假设回购的普通股股数，差额部分作为净增加的发行在外普通股股数，再乘以相应的时间权重，据此调整计算稀释每股收益的分母数。计算公式如下：

增加的普通股股数 = 回购价格 × 承诺回购的普通股股数 ÷ 当期普通股平均市场价格 − 承诺回购的普通股股数

【例34-4】某公司2×19年度归属于普通股股东的净利润为600万元，发行在外普通股

加权平均数为2 000万股。2×19年3月2日，该公司与股东签订一份远期回购合同，承诺一年后以每股4.5元的价格回购其发行在外的200万股普通股。假设，该普通股2×19年3月至12月平均市场价格为4元。2×19年度每股收益计算如下。

基本每股收益 =600÷2 000=0.3（元）

调整增加的普通股股数 =200×4.5÷4-200=25（万股）

稀释每股收益 =600÷（2 000 +25×10÷12）=0.30（元）

34.2.5 多项潜在普通股

企业对外发行不同潜在普通股的，单独考察其中某潜在普通股可能具有稀释作用，但如果和其他潜在普通股一并考察时可能恰恰变为反稀释作用。为了反映潜在普通股最大的稀释作用，应当按照各潜在普通股的稀释程度从大到小的顺序计入稀释每股收益，直至稀释每股收益达到最小值。

对外发行多项潜在普通股的企业应当按照下列步骤计算稀释每股收益，计算流程如图34-1所示。

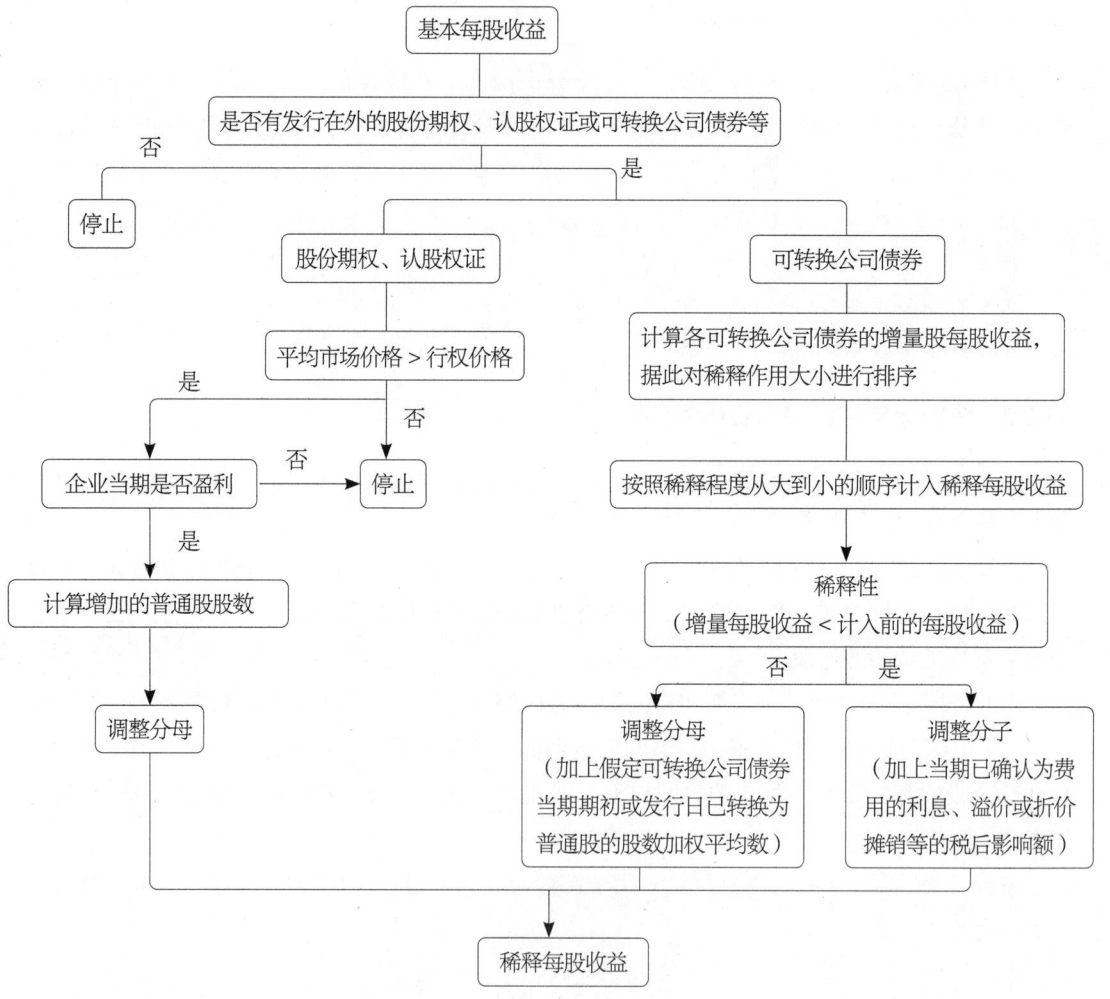

图34-1 稀释每股收益计算流程

【例 34-5】 某公司 2×19 年度归属于普通股股东的净利润为 5 600 万元，发行在外普通股加权平均数为 19 000 万股。年初已发行在外的潜在普通股有：（1）认股权证 7 700 万份，每份认股权证可以在行权日以 7 元的价格认购 1 股本公司新发股票。（2）按面值发行的 5 年期可转换公司债券 72 000 万元，每张债券面值为 100 元，票面年利率为 2.5%，转股价格为每股 12.5 元，即每 100 元债券可转换为 8 股面值为 1 元的普通股。（3）按面值发行的 3 年期可转换公司债券 140 000 万元，每张债券面值为 100 元，票面年利率为 1.4%，转股价格为每股 10 元，即每 100 元债券可转换为 10 股面值为 1 元的普通股。当期普通股平均市场价格为 11 元，年度内没有认股权证被行权，也没有可转换公司债券被转换或赎回，所得税税率为 25%。假设不考虑可转换公司债券在负债和权益成分的分拆，且债券票面利率等于实际利率。

2×19 年度每股收益计算如下。

基本每股收益 = 5 600 ÷ 19 000 = 0.29（元）

计算稀释每股收益。

（1）假设潜在普通股转换为普通股，计算增量股每股收益并排序，计算过程如表 34-1 所示。

表 34-1　　　　　　　　　　　增量股每股收益的计算

	净利润增加（万元）	股数增加（万股）	增量股的每股收益（元）	顺　序
认股权证	—	2 800①	—	1
2.5% 债券	1 350②	5 760③	0.23	3
1.4% 债券	1 470④	14 000⑤	0.11	2

注：① 7 700 − 7 700 × 7 ÷ 11 = 2 800（万股）；② 72 000 × 2.5% ×（1 − 25%）= 1 350（万元）；
③ 72 000 ÷ 12.5 = 5 760（万股）；④ 140 000 × 1.4% ×（1 − 25%）= 1 470（万元）；
⑤ 140 000 ÷ 10 = 14 000（万股）。

由此可见，认股权证的稀释性最大，2.5% 可转债的稀释性最小。

（2）分步计入稀释每股收益，计算过程如表 34-2 所示。

表 34-2　　　　　　　　　　　稀释每股收益的计算

	净利润（万元）	股数（万股）	每股收益（元）	稀释性
基本每股收益	5 600	19 000	0.29	
认股权证	0	2 800		
	5 600	21 800	0.26	稀释
1.4% 债券	1 470	14 000		
	7 070	35 800	0.20	稀释
2.5% 债券	1 350	5 760		
	8 420	41 560	0.20	稀释

因此，稀释每股收益为 0.20 元。

34.2.6　子公司、合营企业或联营企业发行的潜在普通股

子公司、合营企业、联营企业发行能够转换成其普通股的稀释性潜在普通股，不仅应当

包括在其稀释每股收益计算中,而且还应当包括在合并稀释每股收益以及投资者稀释每股收益的计算中。

【例34-6】甲公司2×19年度归属于普通股股东的净利润为60 000万元(不包括子公司乙公司利润或乙公司支付的股利),发行在外普通股加权平均数为55 000万股,持有乙公司80%的普通股股权。乙公司2×19年度归属于普通股股东的净利润为36 000万元,发行在外普通股加权平均数为15 000万股,该普通股当年平均市场价格为8元。年初,乙公司对外发行1 000万份可用于购买其普通股的认股权证,行权价格为4元,甲公司持有20万份认股权证,当年无认股权证被行权。假设除股利外,母子公司之间没有其他需抵销的内部交易;甲公司取得对乙公司投资时,乙公司各项可辨认资产等的公允价值与其账面价值一致。2×19年度每股收益计算如下。

(1)子公司每股收益。

①基本每股收益=36 000÷15 000=2.4(元)

②调整增加的普通股股数=1 000-1 000×4÷8=500(万股)

稀释每股收益=36 000÷(15 000+500)=2.32(元)

(2)合并每股收益。

①归属于母公司普通股股东的母公司净利润=60 000(万元)

包括在合并基本每股收益计算中的子公司净利润部分=2.4×15 000×80%=28 800(万元)

基本每股收益=(60 000+28 800)÷55 000=1.61(元)

②子公司净利润中归属于普通股且由母公司享有的部分=2.32×15 000×80%=27 840(万元)

子公司净利润中归属于认股权证且由母公司享有的部分=2.32×500×20÷1 000=23.2(万元)

稀释每股收益=(60 000+27 840+23.2)÷55 000=1.60(元)

34.3 每股收益的列报

34.3.1 重新计算

(一)派发股票股利、公积金转增资本、拆股和并股

企业派发股票股利、公积金转增资本、拆股或并股等,会增加或减少其发行在外普通股或潜在普通股的数量,但并不影响所有者权益金额。因此,为了保持会计指标的前后期可比性,企业应当在相关报批手续全部完成后,按调整后的股数重新计算各列报期间的每股收益。上述变化发生于资产负债表日至财务报告批准报出日之间的,应当以调整后的股数重新计算各列报期间的每股收益。

【例34-7】某企业2×18年和2×19年归属于普通股股东的净利润分别为1 600万元和1 750万元,2×18年1月1日发行在外的普通股为830万股,2×18年4月1日按市价新发行普通股200万股,2×19年7月1日分派股票股利,以2×18年12月31日总股本

1 010万股为基数每10股送3股，假设不存在其他股数变动因素。

2×19年度比较利润表中基本每股收益的计算如下。

2×19年发行在外的普通股加权平均数 =（830+180+303）×12÷12=1 313（万股）

2×18年发行在外的普通股加权平均数 =830×1.3×12÷12+200×1.3×9÷12=1 274（万股）

2×19年度基本每股收益 =1 750÷1 313=1.33（元）

2×18年度基本每股收益 =1 600÷1 274=1.26（元）

（二）配股

配股是向全部现有股东以低于当前股票市价的价格发行普通股，实际上可以理解为按市价发行股票和无对价送股的混合体。为此，企业首先应当计算出一个调整系数，再用配股前发行在外普通股的股数乘以该调整系数，得出计算每股收益时应采用的普通股股数。计算公式如下。

每股理论除权价格 =（行权前发行在外普通股的公允价值总额 + 配股收到的款项）÷ 行权后发行在外的普通股股数

调整系数 = 行权前发行在外普通股的每股公允价值 ÷ 每股理论除权价格

因配股重新计算的上年度基本每股收益 = 上年度基本每股收益 ÷ 调整系数

本年度基本每股收益 = 归属于普通股股东的当期净利润 ÷（配股前发行在外普通股股数 × 调整系数 × 配股前普通股发行在外的时间权重 + 配股后发行在外普通股加权平均数）

【例34-8】 某企业2×19年度归属于普通股股东的净利润为22 000万元，2×19年1月1日发行在外普通股股数为7 600万股，2×19年6月10日，该企业发布增资配股公告，向截止到2×19年6月30日（股权登记日）所有登记在册的老股东配股，配股比例为每4股配1股，配股价格为每股6元，除权交易基准日为2×19年7月1日。假设行权前一日的市价为每股11元，2×18年度基本每股收益为2.56元。

2×19年度比较利润表中基本每股收益的计算如下。

每股理论除权价格 =（11×7 600+6×1 900）÷（7 600+1 900）=10（元）

调整系数 =11÷10=1.1

因配股重新计算的2×18年度基本每股收益 =2.56÷1.1=2.33（元）

2×19年度基本每股收益 =22 000÷（7 600×1.1×6÷12 +9 500×6÷12）=2.46（元）

（三）以前年度损益的追溯调整或追溯重述

对以前年度损益进行追溯调整或追溯重述的，应当重新计算各列报期间的每股收益。

34.3.2 列报

对于普通股或潜在普通股已公开交易的企业以及正处于公开发行普通股或潜在普通股过程中的企业，如果不存在稀释性潜在普通股则应当在利润表中单独列示基本每股收益；如果存在稀释性潜在普通股则应当在利润表中单独列示基本每股收益和稀释每股收益。编制比较财务报表时，各列报期间中只要有一个期间列示了稀释每股收益，那么所有列报期间均应当列示稀释每股收益，即使其金额与基本每股收益相等。

企业对外提供合并财务报表的，仅要求其以合并财务报表为基础计算每股收益，并在合并财务报表中予以列报；与合并财务报表一同提供的母公司财务报表中不要求计算和列报每股收益，如果企业自行选择列报的，应以母公司个别财务报表为基础计算每股收益，并在其个别财务报表中予以列报。

企业应当在附注中披露与每股收益有关的下列信息：（1）基本每股收益和稀释每股收益分子、分母的计算过程。（2）列报期间不具有稀释性但以后期间很可能具有稀释性的潜在普通股。（3）在资产负债表日至财务报告批准报出日之间，企业发行在外普通股或潜在普通股发生重大变化的情况。

企业如有终止经营的情况，应当在附注中分别持续经营和终止经营披露基本每股收益和稀释每股收益。

第 35 章
分部报告

企业提供分部信息,能够帮助会计信息使用者更好地理解企业以往的经营业绩,更好地评估企业的风险和报酬,以便更好地把握企业整体的经营情况,对未来的发展趋势作出合理的预期。

35.1 报告分部的确定

35.1.1 业务分部

业务分部,是指企业内可区分的、能够提供单项或一组相关产品或劳务的组成部分。该组成部分承担了不同于其他组成部分的风险和报酬。

通常情况下,一个企业的内部组织和管理结构,以及向董事会或者类似机构的内部报告制度,是企业确定分部的基础。企业在确定业务分部时,应当结合企业内部管理要求,并考虑下列因素:

(1)各单项产品或劳务的性质,包括产品或劳务的规格、型号、最终用途等;

(2)生产过程的性质,包括采用劳动密集或资本密集方式组织生产、使用相同或者相似设备和原材料、采用委托生产或加工方式等;

(3)产品或劳务的客户类型,包括大宗客户、零散客户等;

(4)销售产品或提供劳务的方式,包括批发、零售、自产自销、委托销售、承包等;

(5)生产产品或提供劳务受法律、行政法规的影响,包括经营范围或交易定价限制等。

35.1.2 地区分部

地区分部,是指企业内可区分的、能够在一个特定的经济环境内提供产品或劳务的组成部分。企业在确定地区分部时,应当结合企业内部管理要求,并考虑下列因素:

(1)所处经济、政治环境的相似性,包括境外经营所在地区经济和政治的稳定程度等;

(2)在不同地区经营之间的关系,包括在某地区进行产品生产,而在其他地区进行销售等;

(3)经营的接近程度大小,包括在某地区生产的产品是否需在其他地区进一步加工生产等;

(4)与某一特定地区经营相关的特别风险,包括气候异常变化等;

(5)外汇管理规定,即境外经营所在地区是否实行外汇管制;

(6)外汇风险。

35.1.3 分部合并的条件

两个或两个以上的业务分部或地区分部同时满足下列条件的,可以予以合并:

（1）具有相近的长期财务业绩，包括具有相近的长期平均毛利率、资金回报率、未来现金流量等；

（2）确定业务分部或地区分部所考虑的因素类似。

【例35-1】 XYZ公司是一家全球性公司，总部在美国，主要生产A、B、C、D 4个品牌的皮箱、各种手提包、公文包、皮带等，以及相关产品的运输、销售，每种产品均由独立的业务部门完成。其生产的产品主要销往中国、日本、美国等地。该公司各项业务于2×20年12月31日的相关收入、费用、利润等信息如表35-1所示（金额单位为万元）。假定经预测，生产皮箱的4个部门今后5年内平均销售毛利率与本年度差异不大，并且各品种皮箱的生产过程、客户类型、销售方式等类似，该公司将业务分部作为主要报告形式提供分部信息。

表35-1　　　　　　　　　XYZ公司各项业务相关信息

单位：万元

项目	品牌A	品牌B	品牌C	品牌D	手提包	公文包	皮带	销售公司	运输公司	合计
营业收入	106 000	130 000	100 000	95 000	260 000	230 000	69 000	270 000	50 000	1 310 000
对外交易	100 000	120 000	80 000	90 000	180 000	150 000	50 000	270 000	50 000	1 090 000
分部间交易	6 000	10 000	20 000	5 000	80 000	80 000	19 000			220 000
营业费用	74 200	92 300	69 000	66 500	156 000	142 600	55 200	220 000	30 000	905 800
对外交易	60 000	78 300	57 000	62 000	149 000	132 000	47 200	205 000	30 000	820 500
分部间交易	14 200	14 000	12 000	4 500	7 000	10 600	8 000	15 000		85 300
营业利润	31 800	37 700	31 000	28 500	104 000	87 400	13 800	50 000	20 000	404 200
销售毛利率	30%	29%	31%	30%	40%	38%	20%	18.5%	40%	
资产总额	350 000	400 000	300 000	250 000	650 000	590 000	250 000	700 000	300 000	3 790 000
负债总额	150 000	170 000	130 000	100 000	300 000	200 000	150 000	300 000	180 000	1 680 000

从上述资料可以看出，XYZ公司生产皮箱的部门有4个，分别是生产品牌A、品牌B、品牌C、品牌D皮箱的部门，其销售毛利率分别是30%、29%、31%、30%。由于其近5年平均销售毛利率差异不大，因此可以认为这4个皮箱分部具有相近的长期财务业绩；同时，A、B、C、D这4个部门都生产皮箱，其生产过程、客户类型、销售方式等类似，符合确定业务分部所考虑因素的相似性。因此，XYZ公司在确定业务分部时，可以将生产4个品牌皮箱的分部予以合并，组成一个"皮箱"分部。合并后，皮箱分部的分部收入为431 000万元，分部费用为302 000万元，分部利润为129 000万元。

35.1.4　报告分部的确定

（一）报告分部的确定条件

企业应当以业务分部或地区分部为基础确定报告分部。

业务分部或地区分部的大部分收入是对外交易收入，且满足下列条件之一的，应当将其确定为报告分部。

（1）该分部的分部收入占所有分部收入合计的10%或者以上。

（2）该分部的分部利润（亏损）的绝对额，占所有盈利分部利润合计额或者所有亏损分部亏损合计额的绝对额两者中较大者的10%或者以上。

（3）该分部的分部资产占所有分部资产合计额的10%或者以上。

【例35-2】 沿用【例35-1】，皮箱分部合并后，其分部收入合计431 000万元，其中对外交易收入合计390 000万元。对外交易收入占该分部收入合计的比例为90%（390 000÷431 000×100%），大部分收入为对外交易取得。同时，由于皮箱分部收入占所有分部收入合计的比例为32.9%（431 000÷1 310 000×100%），满足了不低于10%的条件，因此，该企业在确定报告分部时，应当将皮箱分部确定为报告分部。

分部资产，是指分部经营活动使用的可以归属于该分部的资产。具体来说，分部资产符合下列两个条件：一是在分部的经营中使用、可直接归属于该分部；二是能够以合理的基础分配给该分部。企业在计量分部资产时，应当按照分部资产的账面价值进行计量，即，按扣除相关累计折旧或摊销额以及累计减值准备后的金额计量。

当某一分部的大部分收入是对外交易收入，并且分部资产占所有分部资产合计额的10%或者以上，则可以将其确定为报告分部。

（二）低于10%重要性标准的选择

业务分部或地区分部未满足上述条件的，可以按照下列规定处理：

（1）不考虑该分部的规模，直接将其指定为报告分部；

（2）不将该分部直接指定为报告分部的，可将该分部与一个或一个以上类似的、未满足上述规定条件的其他分部合并为一个报告分部；

（3）不将该分部指定为报告分部且不与其他分部合并的，应当在披露分部信息时，将其作为其他项目单独披露。

（三）报告分部75%的标准

报告分部的对外交易收入合计额占合并总收入或企业总收入的比重未达到75%的，应当将其他的分部确定为报告分部，直到该比重达到75%。

（四）垂直一体化经营下报告分部的确定

企业的内部管理按照垂直一体化经营的不同层次来划分的，即使其大部分收入不通过对外交易取得，仍可将垂直一体化经营的不同层次确定为独立的报告业务分部。

（五）为提供可比信息报告分部的确定

对于上期确定为报告分部的，企业本期认为其依然重要，单独披露该分部的信息能够更有助于报表使用者了解企业的整体情况，即使本期未满足上述规定条件的，仍应将其确定为本期的报告分部。

35.2 分部信息的披露

35.2.1 分部信息披露的主要报告形式和次要报告形式

企业应当区分主要报告形式和次要报告形式披露分部信息。

（1）风险和报酬主要受企业的产品和劳务差异影响的，披露分部信息的主要形式应当是业务分部，次要形式是地区分部。

（2）风险和报酬主要受企业在不同的国家或地区经营活动影响的，披露分部信息的主要形式应当是地区分部，次要形式是业务分部。

（3）风险和报酬同时较大地受企业产品和劳务的差异以及经营活动所在国家或地区差异影响的，披露分部信息的主要形式应当是业务分部，次要形式是地区分部。

在确定报告分部的主要报告形式和次要报告形式时，应当以考虑风险和报酬的主要来源和性质为依据，同时结合企业的内部组织结构、管理结构以及董事会或类似机构的内部报告制度。

企业风险和报酬的主要来源和性质，通常与其提供的产品和劳务，或者经营所在国家或地区密切相关。企业在分析所承担的风险和报酬时，应当注意以下因素：

（1）所生产产品或劳务的性质、过程、客户类型、销售方式；

（2）所生产产品或提供劳务受法律、行政法规的影响等；

（3）所处经济、政治环境等。

35.2.2 主要报告形式下分部信息的披露

对于主要报告形式，企业应当在附注中披露分部收入、分部费用、分部利润（亏损）、分部资产总额和分部负债总额等。

（1）分部收入，是指可归属于分部的对外交易收入和对其他分部交易收入。分部的对外交易收入和对其他分部交易收入，应当分别披露。分部收入主要由可归属于分部的对外交易收入构成，通常为营业收入。

（2）分部费用，是指可归属于分部的对外交易费用和对其他分部交易费用。分部的折旧费用、摊销费用以及其他重大的非现金费用，应当分别披露。分部费用通常包括营业成本、税金、销售费用等。

（3）分部利润（亏损），是指分部收入减去分部费用后的余额。在合并利润表中，分部利润（亏损）应当在调整少数股东损益前确定。

（4）分部资产，是指分部经营活动使用的可归属于该分部的资产，不包括递延所得税资产。

分部资产的披露金额应当按照扣除相关累计折旧或摊销额以及累计减值准备后的金额确定。

披露分部资产总额时，当期发生的在建工程成本总额、购置的固定资产和无形资产的成本总额，应当单独披露。

（5）分部负债，是指分部经营活动形成的可归属于该分部的负债，不包括递延所得税负债。

35.2.3 分部信息与企业合并财务报表或企业财务报表总额信息的衔接

企业披露的分部信息,应当与合并财务报表或企业财务报表中的总额信息相衔接。

(1) 分部收入应当与企业的对外交易收入(包括企业对外交易取得的、未包括在任何分部收入中的收入)相衔接;

(2) 分部利润(亏损)应当与企业营业利润(亏损)和企业净利润(净亏损)相衔接;

(3) 分部资产总额应当与企业资产总额相衔接;

(4) 分部负债总额应当与企业负债总额相衔接。

35.2.4 次要报告形式下分部信息的披露

《企业会计准则第 35 号——分部报告》具体准则规定以下披露内容。

(1) 采用业务分部作为主要报告形式,应当就次要报告形式披露以下信息。

①对外交易收入占企业对外交易收入总额 10% 或者以上的地区分部,以外部客户所在地为基础披露对外交易收入。

②分部资产占所有地区分部资产总额 10% 或者以上的地区分部,以资产所在地为基础披露分部资产总额。

(2) 采用地区分部作为主要报告形式,应当就次要报告形式披露以下信息。

①对外交易收入占企业对外交易收入总额 10% 或者以上的业务分部,应当披露对外交易收入。

②分部资产占所有业务分部资产总额 10% 或者以上的业务分部,应当披露分部资产总额。

35.2.5 其他披露要求

企业在编制分部报告时,除对上述信息进行披露以外,还应当对下列内容进行披露。

(一)分部间转移价格的确定及变更

分部间转移交易应当以实际交易价格为基础计量。转移价格的确定基础及其变更情况,应当予以披露。

(二)分部会计政策的披露

企业应当披露分部会计政策,但分部会计政策与合并财务报表或企业财务报表一致的除外。

分部会计政策变更影响重大的,应当按照《企业会计准则第 28 号——会计政策、会计估计变更和差错更正》进行披露,并提供相关比较数据。提供比较数据不切实可行的,应当说明原因。企业改变分部的分类且提供比较数据不切实可行的,应当在改变分部分类的年度,分别披露改变前和改变后的报告分部信息。

按照相关规定,企业应当披露分部会计政策。但是,如果分部会计政策与合并财务报表或企业财务报表一致,并且已按《企业会计准则第 30 号——财务报表列报》和《企业会计准则第 33 号——合并财务报表》等规定在附注中进行了相关披露,则不需要在披露分部信息时重复披露。

有些会计政策变更只与分部报告相关，当企业改变了其分部信息采用的会计政策，并且这种变更对分部信息产生了实质性的影响，企业应当披露这一变更情况，具体按照《企业会计准则第 28 号——会计政策、会计估计变更和差错更正》的规定披露，并按规定提供相关比较数据。如果提供比较数据不切实可行的，应当说明原因。

（三）比较信息的披露

《企业会计准则第 35 号——分部报告》具体准则规定，企业在披露分部信息时，应当提供前期比较数据。但是，提供比较数据不切实可行的除外。

第36章 关联方披露

关联方关系及其交易的披露,有助于会计信息使用者了解企业真实的财务状况和经营成果,披露关联方关系及其交易的目的是防范不公平交易和虚假交易。

36.1 关联方披露的基本规定

36.1.1 关联方的认定

《企业会计准则第36号——关联方披露》具体准则给出的定义是:一方控制、共同控制另一方或对另一方施加重大影响,以及两方或两方以上同受一方控制、共同控制或重大影响的,构成关联方。

关联方具有以下特征。

一是关联方涉及两方或多方。

二是关联方以各方之间的影响为前提。这种影响包括控制或被控制、共同控制或被共同控制、施加重大影响或被施加重大影响的各方之间。

36.1.2 基本规定

按照《企业会计准则第36号——关联方披露》具体准则的规定,企业财务报表中应当披露所有关联方关系及其交易的相关信息。对外提供合并财务报表的,对于已经包括在合并范围内各企业之间的交易不予披露,但应当披露与合并范围外各关联方的关系及其交易。

36.2 关联方关系的认定

36.2.1 关联方关系认定的一般原则

根据《企业会计准则讲解》的解释,关联方关系的存在是以控制、共同控制或重大影响为前提条件的。在判断是否存在关联方关系时,尤其应当遵守实质重于形式的原则。

《企业会计准则第36号——关联方披露》(以下简称"关联方披露准则")具体准则对关联方的范围进行了具体阐释,规定以下企业构成关联方关系。

(一)该企业的母公司

该企业的母公司,不仅包括直接或间接地控制该企业的其他企业,也包括能够对该企业实施直接或间接控制的单位等。

(二)该企业的子公司

该企业的子公司,包括直接或间接地被该企业控制的其他企业,也包括直接或间接地被该企业控制的单位、信托基金等。

（三）与该企业受同一母公司控制的其他企业

关联方披露准则规定与该企业受同一母公司控制的两个或多个企业之间构成关联方关系。

（四）对该企业实施共同控制的投资方

这里的共同控制包括直接的共同控制和间接的共同控制。需要强调的是，对企业实施直接或间接共同控制的投资方与该企业之间是关联方关系，但这些投资方之间并不能仅仅因为共同控制了同一家企业而视为存在关联方关系。例如，A、B、C三个企业共同控制D企业，从而A和D、B和D以及C和D成为关联方关系。如果不存在其他关联方关系，A和B、A和C以及B和C之间不构成关联方关系。具体关系如图36-1所示。

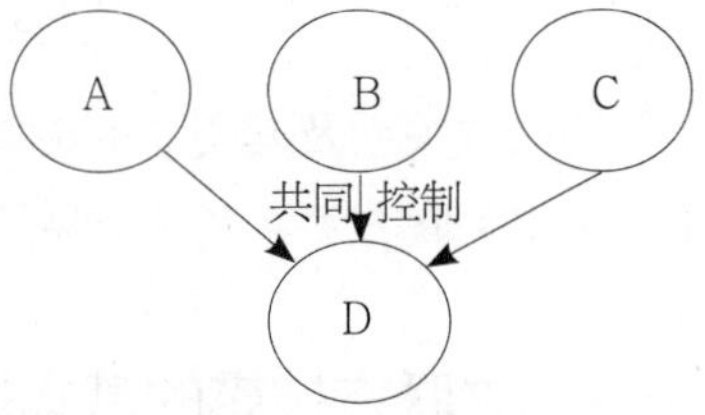

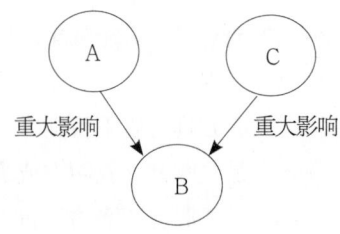

图36-1　关联方关系图1

（五）对该企业施加重大影响的投资方

这里的重大影响包括直接的重大影响和间接的重大影响。对企业实施重大影响的投资方与该企业之间是关联方关系，但这些投资方之间并不能仅仅因为对同一家企业具有重大影响而视为存在关联方关系。例如，A企业和C企业均能够对B企业施加重大影响，如果A和C不存在其他关联方关系，则A和C不构成关联方关系。具体关系如图36-2所示。

图36-2　关联方关系图2

（六）该企业的合营企业

合营企业是以共同控制为前提的，两方或多方共同控制某一企业时，该企业则为投资者的合营企业。例如，A、B、C、D企业各占F企业表决权资本的25%，按照合同规定，投资各方按照出资比例控制F企业，由于出资比例相同，F企业由A、B、C、D企业共同控制，在这种情况下，A和F、B和F、C和F以及D和F之间构成关联方关系。具体关系如图36-3所示。

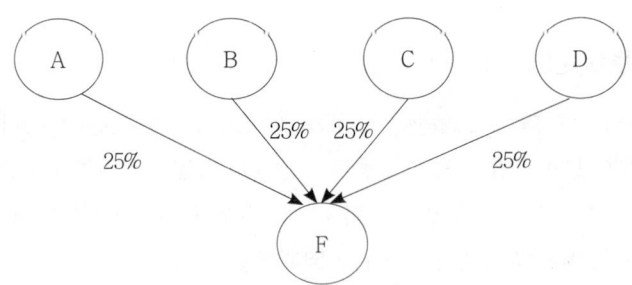

图36-3　关联方关系图3

（七）该企业的联营企业

联营企业和重大影响是相联系的，如果投资者能对被投资企业施加重大影响，则该被投资企业视为投资者的联营企业。

（八）该企业的主要投资者个人及与其关系密切的家庭成员

主要投资者个人，是指能够控制、共同控制一个企业或者对一个企业施加重大影响的个人投资者。

（九）该企业或其母公司的关键管理人员及与其关系密切的家庭成员

关键管理人员，是指有权力并负责计划、指挥和控制企业活动的人员，与主要投资者个人或关键管理人员关系密切的家庭成员，是指在处理与企业的交易时可能影响该个人或受该个人影响的家庭成员。

（十）该企业主要投资者个人、关键管理人员或与其关系密切的家庭成员控制、共同控制或施加重大影响的其他企业

与主要投资者个人或关键管理人员关系密切的家庭成员，是指在处理与企业的交易时可能影响该个人或受该个人影响的家庭成员，如父母、配偶、兄弟、姐妹和子女等。判断与主要投资者个人或关键管理人员关系密切的家庭成员是否为一个企业的关联方，应当视他们在处理与企业交易时的互相影响程度而定。对于这类关联方，应当根据主要投资者个人、关键管理人员或与其关系密切的家庭成员对两家企业的实际影响力具体分析判断。

36.2.2 关联方关系界定的例外情况

《企业会计准则第36号——关联方披露》具体准则规定了以下例外情况，不认定为关联方关系。

（一）仅与企业存在下列关系的各方，不构成企业的关联方

（1）与该企业发生日常往来的资金提供者、公用事业部门、政府部门和机构。

（2）与该企业发生大量交易而存在经济依存关系的单个客户、供应商、特许商、经销商或代理商。

（3）与该企业共同控制合营企业的合营者。

（二）仅仅同受国家控制而不存在其他关联方关系的企业，不构成关联方

36.3 关联方交易

36.3.1 关联方交易的定义

根据《企业会计准则第36号——关联方披露》具体准则对关联方交易的定义，关联方交易，是指关联方之间转移资源、劳务或义务的行为，而不论是否收取价款。

《企业会计准则讲解》对具体准则中给出的定义进行了分解，归纳出这一定义的以下要点。

（1）按照关联方定义，构成关联方关系的企业之间、企业与个人之间的交易，即通常是在关联方关系已经存在的情况下，关联各方之间的交易。

（2）资源或义务的转移是关联方交易的主要特征，通常情况下，在资源或义务转移的同时，风险和报酬也相应地转移。

（3）关联方之间资源或义务的转移价格，是了解关联方交易的关键。

36.3.2　关联方交易的类型

《企业会计准则第 36 号——关联方披露》具体准则规定关联方交易的类型通常包括下列各项。

（1）购买或销售商品。

（2）购买或销售商品以外的其他资产。

（3）提供或接受劳务。

（4）担保。

（5）提供资金（贷款或股权投资）。

（6）租赁。

（7）代理。

（8）研究与开发项目的转移。

（9）许可协议。

（10）代表企业或由企业代表另一方进行债务结算。

（11）关键管理人员薪酬。

36.4　关联方及其交易的披露

《企业会计准则第 36 号——关联方披露》具体准则规定，涉及关联方及其交易的企业，在财务报表中必须披露下列信息。

（1）企业无论是否发生关联方交易，均应当在附注中披露与母公司和子公司有关的下列信息。

①母公司和子公司的名称。

②母公司和子公司的业务性质、注册地、注册资本（或实收资本、股本）及其变化。

③母公司对该企业或者该企业对子公司的持股比例和表决权比例。

（2）企业与关联方发生关联方交易的，应当在附注中披露该关联方关系的性质、交易类型及交易要素。交易要素至少应当包括下列信息。

①交易的金额。

②未结算项目的金额、条款和条件，以及有关提供或取得担保的信息。

③未结算应收项目的坏账准备金额。

④定价政策。

（3）关联方交易应当分别关联方以及交易类型予以披露。

类型相似的关联方交易，在不影响财务报表阅读者正确理解关联方交易对财务报表影响的情况下，可以合并披露。

（4）企业只有在提供确凿证据的情况下，才能披露关联方交易是公平交易。

第 37 章
金融工具列报

金融工具列报有助于财务报表使用者就金融工具对企业财务状况和经营成果影响的重要程度、金融工具使企业在报告期间和期末所面临风险的性质和程度,以及企业如何管理这些风险做出合理评价。

37.1 金融工具列报概述

37.1.1 金融工具列报的含义

金融工具列报,包括金融工具列示和金融工具披露。金融工具列示,是指将其正确地在资产负债表中列示为一项金融资产、金融负债或者权益工具,并在利润表的相关项目中列示与金融工具有关的收入、费用、利得或损失。金融工具披露,是指在财务报表附注中披露与金融工具有关的性质、分类、风险及对企业财务报表产生的具体影响。

37.1.2 金融工具列报准则适用范围

通常情况下,符合《企业会计准则第 22 号——金融工具确认和计量》中金融工具定义的项目,应当按照该准则核算,并按照《企业会计准则第 37 号——金融工具列报》(以下简称"金融工具列报准则")具体准则列报。

37.2 金融负债和权益工具的区分

37.2.1 金融工具的分类

企业应当根据所发行金融工具的合同条款及其所反映的经济实质而非仅以法律形式,结合金融资产、金融负债和权益工具的定义,在初始确认时将该金融工具或其组成部分分类为金融资产、金融负债或权益工具。

37.2.2 金融负债和权益工具的区分

(一)金融负债和权益工具区分的总体要求

1. 金融负债和权益工具的定义

金融负债,是指企业符合下列条件之一的负债。
(1)向其他方交付现金或其他金融资产的合同义务。
(2)在潜在不利条件下,与其他方交换金融资产或金融负债的合同义务。
(3)将来须用或可用企业自身权益工具进行结算的非衍生工具合同,且企业根据该合同将交付可变数量的自身权益工具。

（4）将来须用或可用企业自身权益工具进行结算的衍生工具合同（以固定数量的自身权益工具交换固定金额的现金或其他金融资产的衍生工具合同除外）。

权益工具，是指能证明拥有某个企业在扣除所有负债后的资产中的剩余权益的合同。企业发行的金融工具同时满足下列条件的，符合权益工具的定义，应当将该金融工具分类为权益工具。

（1）该金融工具应当不包括交付现金或其他金融资产给其他方，或在潜在不利条件下与其他方交换金融资产或金融负债的合同义务；

（2）将来须用或可用企业自身权益工具结算该金融工具。如为非衍生工具，该金融工具应当不包括交付可变数量的自身权益工具进行结算的合同义务；如为衍生工具，企业只能通过以固定数量的自身权益工具交换固定金额的现金或其他金融资产结算该金融工具。企业自身权益工具不包括应按照《企业会计准则第37号——金融工具列报》分类为权益工具的金融工具，也不包括本身就要求在未来收取或交付企业自身权益工具的合同。

2. 区分金融负债和权益工具需考虑的因素

（1）合同所反映的经济实质。

（2）工具的特征。

（二）金融负债和权益工具区分的基本原则

1. 是否存在无条件地避免交付现金或其他金融资产的合同义务

（1）如果企业不能无条件地避免以交付现金或其他金融资产来履行一项合同义务，则该合同义务符合金融负债的定义。常见的情形如下所示。

①不能无条件避免地赎回。

②强制付息。

（2）如果企业能够无条件地避免交付现金或其他金融资产，同时所发行的金融工具没有到期日且合同对手没有回售权，或虽有固定期限但发行方有权无限期递延（即无支付本金的义务），则此类交付现金或其他金融资产的结算条款不构成金融负债。如果发放股利由发行方根据相应的议事机制自主决定，则股利是累积股利还是非累积股利本身不影响该金融工具被分类为权益工具。

【例37-1】甲公司发行了一项年利率为8%、无固定还款期限、可自主决定是否支付利息的不可累积永续债，其他合同条款如下。

（1）该永续债嵌入了一项看涨期权，允许甲公司在发行第5年及之后以面值回购该永续债。

（2）如果甲公司在第5年末没有回购该永续债，则之后的票息率增加至11%（通常称为"票息递增"特征）。

（3）该永续债票息在甲公司向其普通股股东支付股利时必须支付（即"股利推动机制"）。

甲公司根据相应的议事机制能够自主决定普通股股利的支付；该公司发行该永续债之前多年来均支付普通股股利。

分析：

本例中，尽管甲公司多年来均支付普通股股利，但由于甲公司能够根据相应的议事机制自主决定普通股股利的支付，并进而影响永续债利息的支付，对甲公司而言，该永续债利息并未形成支付现金或其他金融资产的合同义务；尽管甲公司有可能在第5年末行使回购权，但是甲公司并没有回购的合同义务。如果没有其他情形导致该工具被分类为金融负债，则该永续债应整体被分类为权益工具。同时，虽然合同中存在利率跳升安排，但该安排也不构成企业无法避免的支付义务。

【例37-2】甲公司发行了一项年利率为8%、无固定还款期限、可自主决定是否支付利息的不可累积永续债，合同条款中包含的投资者保护条款如下。

当发行人未能清偿到期应付的其他债务融资工具、企业债或任何金融机构贷款的本金或利息时，发行人立即启动投资者保护机制（实务中有时将此类保护条款称为"交叉保护"），即主承销商于20个工作日内召开永续债持有人会议。永续债持有人有权对以下处理方案进行表决。

（1）无条件豁免违反约定。

（2）有条件豁免违反约定，即如果发行人采取了补救方案（如增加担保），并在30日内完成相关法律手续的，则豁免违反约定。

如上述豁免的方案经表决生效，发行人应无条件接受持有人会议作出的上述决议，并于30个工作日内完成相关法律手续。如上述方案未获表决通过，则永续债本息应在持有人会议召开日的次日立即到期应付。

分析：

本例中，首先，因为受市场对生产经营的影响等因素，能否有足够的资金支付到期的债务不在甲公司的控制范围内，即其无法控制是否会对债务产生违约；其次，当甲公司对债务产生违约时，其无法控制持有人大会是否会通过上述豁免的方案。而当持有人大会决定不豁免时，永续债本息就到期应付。因此，甲公司不能无条件地避免以交付现金或其他金融资产来履行一项合同义务，该永续债符合金融负债的定义，应当被分类为金融负债而非权益工具。

除上述示例中的相关条款外，企业还应当注意其他投资者保护条款。企业应当基于真实、完整的合同进行相关分析和判断。

（3）判断一项金融工具是划分为权益工具还是金融负债，不受下列因素的影响：

①以前实施分配的情况；

②未来实施分配的意向；

③相关金融工具如果没有发放股利对发行方普通股的价格可能产生的负面影响；

④发行方的未分配利润等可供分配权益的金额；

⑤发行方对一段期间内损益的预期；

⑥发行方是否有能力影响其当期损益。

（4）有些金融工具虽然没有明确地包含交付现金或其他金融资产义务的条款和条件，但有可能通过其他条款和条件间接地形成合同义务。在实务中，相关合同可能包含利率跳升等特征，往往可能构成发行方交付现金或其他金融资产的间接义务。企业须借助合同条款和相关信息，全面分析判断。

2. 是否通过交付固定数量的自身权益工具结算

对于将来须交付企业自身权益工具的金融工具，如果未来结算时交付的权益工具数量是可变的，或者收到的对价的金额是可变的，则该金融工具的结算将对其他权益工具所代表的剩余权益带来不确定性，也就不符合权益工具的定义。

将来须用或可用企业自身权益工具结算的金融工具应当区分为衍生工具和非衍生工具。

（1）基于自身权益工具的非衍生工具。

对于非衍生工具，如果发行方未来有义务交付可变数量的自身权益工具进行结算，则该非衍生工具是金融负债；否则，该非衍生工具是权益工具。

【例37-3】甲公司与乙公司签订的合同约定，甲公司以100万元等值的自身权益工具偿还所欠乙公司债务。

本例中，甲公司须偿还的负债金额100万元是固定的，但甲公司须交付的自身权益工具的数量随着其权益工具市场价格的变动而变动。在这种情况下，甲公司发行的该金融工具应当划分为金融负债。

在上述例子中，虽然企业通过交付自身权益工具来结算合同义务，该合同仍属于一项金融负债，而并非企业的权益工具。因为企业以可变数量的自身权益工具作为合同结算方式，该合同不能证明持有方享有发行方在扣除所有负债后的资产中的剩余权益。

（2）基于自身权益工具的衍生工具。

对于衍生工具，如果发行方只能通过以固定数量的自身权益工具交换固定金额的现金或其他金融资产进行结算，则该衍生工具是权益工具；如果发行方以固定数量自身权益工具交换可变金额现金或其他金融资产，或以可变数量自身权益工具交换固定金额现金或其他金融资产，或在转换价格不固定的情况下以可变数量自身权益工具交换可变金额现金或其他金融资产，则该衍生工具应当确认为衍生金融负债或衍生金融资产。

【例37-4】甲公司于2×18年2月1日向乙公司发行以自身普通股为标的的看涨期权。根据该期权合同，如果乙公司行权，乙公司有权以每股102元的价格从甲公司购入普通股1 000股。有关资料如下：

（1）合同签订日为2×18年2月1日；

（2）行权日（欧式期权）为2×19年1月31日；

（3）2×19年1月31日应支付的固定行权价格为102元；

（4）期权合同中的普通股数量为1 000股；

（5）2×18年2月1日每股市价为100元；

（6）2×18年12月31日每股市价为104元；

（7）2×19年1月31日每股市价为104元；

（8）2×18年2月1日期权的公允价值为5 000元；

（9）2×18年12月31日期权的公允价值为3 000元；

（10）2×19年1月31日期权的公允价值为2 000元。

情形1：期权以现金净额结算。

分析：

在现金净额结算约定下，甲公司不能完全避免向另一方支付现金的义务，因此应当将该期权划分为金融负债。

甲公司的账务处理如下。

（1）2×18年2月1日，确认发行的看涨期权。

借：银行存款　　　　　　　　　　　　　　　　　　　　　　5 000
　　贷：衍生工具——看涨期权　　　　　　　　　　　　　　　　5 000

（2）2×18年12月31日，确认期权公允价值减少。

借：衍生工具——看涨期权　　　　　　　　　　　　　　　　2 000
　　贷：公允价值变动损益　　　　　　　　　　　　　　　　　2 000

（3）2×19年1月31日，确认期权公允价值减少。

借：衍生工具——看涨期权　　　　　　　　　　　　　　　　1 000
　　贷：公允价值变动损益　　　　　　　　　　　　　　　　　1 000

在同一天，乙公司行使了该看涨期权，合同以现金净额方式进行结算。甲公司有义务向乙公司交付104 000（104×1 000）元，并从乙公司收取102 000（102×1 000）元，甲公司实际支付净额为2 000元。反映看涨期权结算的账务处理如下。

借：衍生工具——看涨期权　　　　　　　　　　　　　　　　2 000
　　贷：银行存款　　　　　　　　　　　　　　　　　　　　　2 000

情形2：期权以普通股净额结算。

分析：

普通股净额结算是指甲公司以普通股代替现金进行净额结算，支付的普通股公允价值等于应当支付的现金金额。在普通股净额结算约定下，由于甲公司须交付的普通股数量[（行权日每股价格-102）×1 000÷行权日每股价格]不确定，因此应当将该期权划分为金融负债。

除期权以普通股净额结算外，其他资料与情形1相同。甲公司实际向乙公司交付普通股数量约为19.23（2 000÷104）股，因交付的普通股数量须为整数，实际交付19股，余下的金额24（0.23×104）元将以现金方式支付。因此，甲公司除以下账务处理外，其他账务处理与情形1相同：

2×19年1月31日：

借：衍生工具——看涨期权　　　　　　　　　　　　　　　　2 000
　　贷：股本　　　　　　　　　　　　　　　　　　　　　　　　19
　　　　资本公积——股本溢价　　　　　　　　　　　　　　　1 957
　　　　银行存款　　　　　　　　　　　　　　　　　　　　　　24

情形3：期权以普通股总额结算。

分析：

在普通股总额结算约定下，甲公司须交付的普通股数量固定，将收到的金额也是固定的，因此应当将该期权划分为权益工具。

除甲公司以约定的固定数量的自身普通股交换固定金额现金外,其他资料与情形1相同。因此,乙公司有权于2×19年1月31日以102 000(102×1 000)元购买甲公司1 000股普通股。

甲公司的账务处理如下。

(1)2×18年2月1日,确认发行的看涨期权。

借:银行存款　　　　　　　　　　　　　　　　　　　　5 000
　　贷:其他权益工具　　　　　　　　　　　　　　　　　　5 000

由于甲公司将以固定数量的自身股票换取固定金额现金,应将该衍生工具确认为权益工具。

(2)2×18年12月31日,由于该期权合同确认为权益工具,甲公司无须就该期权的公允价值变动做出会计处理,因此无须在2×18年12月31日编制会计分录。

由于该看涨期权是价内期权(行权价格每股102元小于市场价格每股104元),乙公司在行权日行使了该期权,向甲公司支付了102 000元以获取1 000股甲公司股票。

(3)2×19年1月31日,乙公司行权。

借:现金　　　　　　　　　　　　　　　　　　　　　102 000
　　其他权益工具　　　　　　　　　　　　　　　　　　5 000
　　贷:股本　　　　　　　　　　　　　　　　　　　　　1 000
　　　　资本公积——股本溢价　　　　　　　　　　　　106 000

(三)以外币计价的配股权、期权或认股权证

企业对全部现有同类别非衍生自身权益工具的持有方同比例发行配股权、期权或认股权证,使之有权按比例以固定金额的任何货币交换固定数量的该企业自身权益工具的,该类配股权、期权或认股权证应当分类为权益工具。这是一类范围很窄的例外情况,不能以类推方式适用于其他工具。

【例37-5】一家在多地上市的企业,向其所有的现有普通股股东提供每持有2股普通股可购买其1股普通股的权利(配股比例为2股配1股),配股价格为配股公告当日股价的70%。由于该企业在多地上市,受到各国家和地区当地的法规限制,配股权行权价的币种须与当地货币一致。

本例中,由于企业是按比例向其所有同类普通股股东提供配股权,且以固定金额的任何货币交换固定数量的该企业普通股,因此该配股权应当分类为权益工具。

(四)或有结算条款

对于附有或有结算条款的金融工具,发行方不能无条件地避免交付现金、其他金融资产或以其他导致该工具成为金融负债的方式进行结算的,应当分类为金融负债。但是,满足下列条件之一的,发行方应当将其分类为权益工具。

(1)要求以现金、其他金融资产或以其他导致该工具成为金融负债的方式进行结算的或有结算条款几乎不具有可能性,即相关情形极端罕见、显著异常且几乎不可能发生。

（2）只有在发行方清算时，才需以现金、其他金融资产或以其他导致该工具成为金融负债的方式进行结算。

（3）按照《企业会计准则第37号——金融工具列报》具体准则第三章分类为权益工具的可回售工具。

【例37-6】甲公司拟发行优先股。按合同条款约定，甲公司可根据相应的议事机制自行决定是否派发股利，如果甲公司的控股股东发生变更（该事项不受甲公司控制），甲公司必须按面值赎回该优先股。

本例中，该或有事项（控股股东变更）不受甲公司控制，属于或有结算事项。同时，该事项的发生并非"极端罕见、显著异常且几乎不可能发生"。由于甲公司不能无条件地避免赎回股份的义务，因此，该工具应当划分为一项金融负债。

（五）结算选择权

对于存在结算选择权的衍生工具，发行方应当将其确认为金融负债或金融资产；如果可供选择的结算方式均表明该衍生工具应当确认为权益工具，则应当确认为权益工具。

（六）复合金融工具

对于复合金融工具，发行方应于初始确认时将各组成部分分别分类为金融负债、金融资产或权益工具。企业发行的一项非衍生工具同时包含金融负债成分和权益工具成分的，应于初始计量时先确定金融负债成分的公允价值，再从复合金融工具公允价值中扣除负债成分的公允价值，作为权益工具成分的价值。

可转换债券等可转换工具可能被分类为复合金融工具。发行方对该类可转换工具进行会计处理时，应当注意以下方面。

（1）在可转换工具转换时，应终止确认负债成分，并将其确认为权益。原来的权益成分仍旧保留为权益。可转换工具转换时不产生损益。

（2）企业通过在到期日前赎回或回购而终止一项仍具有转换权的可转换工具时，应在交易日将赎回或回购所支付的价款以及发生的交易费用分配至该工具的权益成分和负债成分。分配价款和交易费用的方法应与该工具发行时采用的分配方法一致。价款和交易费用分配后，所产生的利得或损失应分别根据权益成分和负债成分所适用的会计原则进行处理，分配至权益成分的款项计入权益，与债务成分相关的利得或损失计入当期损益。

【例37-7】甲公司2×18年1月1日按每份面值1 000元发行了2 000份可转换债券，取得总收入2 000 000元。该债券期限为3年，票面年利息为6%，利息按年支付；每份债券均可在债券发行1年后的任何时间转换为250股普通股。甲公司发行该债券时，二级市场上与之类似但没有转股权的债券的市场利率为9%。假定不考虑其他相关因素。甲公司以摊余成本计量分类为金融负债的应付债券。

分析：

本例中，转股权的结算是以固定数量的债券换取固定数量的普通股，因此该转股权应归类为权益工具。具体计算和账务处理如下。

（1）先对负债成分进行计量，债券发行收入与负债成分的公允价值之间的差额则分配到权益成分。负债成分的现值按9%的折现率计算，见表37-1。

表37-1　　　　　　　　　　债券发行总收入计算表

单位：元

项目	金额
本金的现值： 第3年年末应付本金2 000 000元（复利现值系数为0.772 183 5）	1 544 367
利息的现值： 3年期内每年应付利息120 000元（年金现值系数为2.531 291 7）	303 755
负债成分总额	1 848 122
权益成分金额	151 878
债券发行总收入	2 000 000

（2）甲公司的账务处理。

① 2×18年1月1日，发行可转换债券。

借：银行存款　　　　　　　　　　　　　　　　　2 000 000
　　应付债券——利息调整　　　　　　　　　　　　151 878
　　贷：应付债券——面值　　　　　　　　　　　　2 000 000
　　　　其他权益工具　　　　　　　　　　　　　　151 878

② 2×18年12月31日，计提和实际支付利息。

计提债券利息时。

借：财务费用　　　　　　　　　　　　　　　　　166 331
　　贷：应付利息　　　　　　　　　　　　　　　　120 000
　　　　应付债券——利息调整　　　　　　　　　　46 331

实际支付利息时。

借：应付利息　　　　　　　　　　　　　　　　　120 000
　　贷：银行存款　　　　　　　　　　　　　　　　120 000

③ 2×19年12月31日，债券转换前，计提和实际支付利息。

计提债券利息时。

借：财务费用　　　　　　　　　　　　　　　　　170 501
　　贷：应付利息　　　　　　　　　　　　　　　　120 000
　　　　应付债券——利息调整　　　　　　　　　　50 501

实际支付利息时。

借：应付利息　　　　　　　　　　　　　　　　　120 000
　　贷：银行存款　　　　　　　　　　　　　　　　120 000

至此，转换前应付债券的摊余成本为1 944 954（1 848 122+46 331+50 501）元。

假定至2×19年12月31日，甲公司股票上涨幅度较大，可转换债券持有方均于当日将持有的可转换债券转为甲公司股份。由于甲公司对应付债券采用摊余成本进行后续计量，因此，在转换日，转换前应付债券的摊余成本应为1 944 954元，而权益成分的账面价值仍为151 878元。在转换日，甲公司发行股票数量为500 000股。对此，甲公司的账务处理如下。

借：应付债券——面值	2 000 000	
贷：应付债券——利息调整		55 046
股本		500 000
资本公积——股本溢价		1 444 954
借：其他权益工具	151 878	
贷：资本公积——股本溢价		151 878

（3）企业可能修订可转换工具的条款以促成持有方提前转换。在条款修订日，对于持有方根据修订后的条款进行转换所能获得的对价的公允价值与根据原有条款进行转换所能获得的对价的公允价值之间的差额，企业（发行方）应将其确认为一项损失。

（4）企业发行认股权和债权分离交易的可转换公司债券，所发行的认股权符合有关权益工具定义的，应当确认为一项权益工具（其他权益工具），并以发行价格减去不附认股权且其他条件相同的公司债券公允价值后的净额进行计量。认股权持有方到期没有行权的，企业应当在到期时将原计入其他权益工具的部分转入资本公积（股本溢价）。

（七）合并财务报表中金融负债和权益工具的区分

在合并财务报表中对金融工具（或其组成部分）进行分类时，企业应考虑集团成员和金融工具的持有方之间达成的所有条款和条件，以确定集团作为一个整体是否由于该工具而承担了交付现金或其他金融资产的义务，或者承担了以其他导致该工具分类为金融负债的方式进行结算的义务。

【例37-8】甲公司为乙公司的母公司，其向乙公司的少数股东签出一份在未来6个月后以乙公司普通股为基础的看跌期权。如果6个月后乙公司股票价格下跌，乙公司少数股东有权要求甲公司无条件地以固定价格购入乙公司少数股东所持有的乙公司股份。

在本例甲公司的个别财务报表中，由于该看跌期权的价值随着乙公司股票价格的变动而变动，并将于未来约定日期进行结算，因此该看跌期权符合衍生工具的定义而被确认为一项衍生金融负债。在乙公司个别财务报表中，少数股东所持有的乙公司股份则是其自身权益工具。而在集团合并财务报表层面，由于看跌期权使集团整体承担了不能无条件避免的支付现金的合同义务，因此该少数股东权益不再符合权益工具定义，而应确认为一项金融负债，其金额等于回购所需支付金额的现值。

37.2.3　金融工具的列示

金融资产和金融负债应当在资产负债表内分别列示，不得相互抵销，但在特殊情况下应当以相互抵销后的净额在资产负债表内列示。

（一）金融负债的列示

（1）金融工具或其组成部分属于金融负债的，其相关利息、股利（或股息）、利得或损失，以及赎回或再融资产生的利得或损失等，应当计入当期损益。

（2）企业发行的金融负债可以采用公允价值进行后续计量，且公允价值的变动应当计入当期损益。

（二）权益工具的列示

（1）金融工具或其组成部分属于权益工具的，其在发行期间应当确认的利息或股利不能确认为当期损益，而应当作为利润分配冲减留存收益。

（2）金融工具或其组成部分属于权益工具的，其发行（含再融资）、回购、出售或注销时产生的利得和损失，发行方应当作为权益的变动处理。发行方不应当确认权益工具的公允价值变动。

（3）发行方向权益工具持有方的分配应当作为其利润分配处理，发放的股票股利不影响发行方的所有者权益总额。

（三）交易费用的列示

（1）与权益性交易相关的交易费用应当从权益中扣减。终止的未完成权益性交易所发生的交易费用应当计入当期损益。

（2）发行复合金融工具发生的交易费用，应当在金融负债成分和权益工具成分之间按照各自占总发行价款的比例进行分摊。与多项交易相关的共同交易费用，应当在合理的基础上，采用与其他类似交易一致的方法，在各项交易间进行分摊。

（3）发行方分类为金融负债的金融工具支付的股利，在利润表中应当确认为费用，与其他负债的利息费用合并列示，并在财务报表附注中单独披露。作为权益扣减项的交易费用，应当在财务报表附注中单独披露。

37.3 特殊金融工具的区分

37.3.1 可回售工具

可回售工具，是指根据合同约定，持有方有权将该工具回售给发行方以获取现金或其他金融资产的权利，或者在未来某一不确定事项发生或者持有方死亡或退休时，自动回售给发行方的金融工具。符合金融负债定义，但同时具有一定特征的可回售工具，应当分类为权益工具。

【例37-9】甲企业为合伙企业。相关合伙协议约定：新合伙人加入时按确定的金额和财产份额入伙，合伙人退休或退伙时以其财产份额的公允价值予以退还；合伙企业营运资金均来自合伙人，合伙人入伙期间可按财产份额分得合伙企业的利润（但利润分配由合伙企业自主决定）；当合伙企业清算时，合伙人可按财产份额获得合伙企业的净资产。

本例中，由于合伙企业在合伙人退休或退伙时有向合伙人交付金融资产的义务，因而该可回售工具（合伙协议）满足金融负债的定义。同时，其作为可回售工具具备了以下特征：（1）合伙企业清算时合伙人可按财产份额获得合伙企业的净资产；（2）该协议属于合伙企业中最次级类别的工具；（3）所有合伙人权益具有相同的特征；（4）合伙企业仅有以现金或其他金融资产回购该工具的合同义务；（5）合伙人入伙期间可获得的现金流量总额，实质上基于该工具存续期内企业的损益、已确认净资产的变动、已确认和未确认净资产的公允价值变动。因而，该金融工具应当确认为权益工具。

企业在认定可回售工具是否应分类为权益工具时，应当注意以下三点。

（1）在企业清算时具有优先要求权的工具不是有权按比例份额获得企业净资产的工具。

（2）在确定一项工具是否属于最次级类别时，应当评估若企业在评估日发生清算时该工具对企业净资产的要求权。同时，应当在相关情况发生变化时重新评估对该工具的分类。

（3）除了发行方应当以现金或金融资产回购或赎回该工具的合同义务外，该工具应当不包括其他符合金融负债定义的合同义务。

37.3.2　发行方仅在清算时才向另一方按比例交付其净资产的金融工具

符合金融负债定义，但同时具有一定特征的、发行方仅在清算时才有义务向另一方按比例交付其净资产的金融工具，应当分类为权益工具。

37.3.3　特殊金融工具分类为权益工具的其他条件

分类为权益工具的可回售工具，或发行方仅在清算时才有义务向另一方按比例交付其净资产的金融工具，除应当具有《企业会计准则第37号——金融工具列报》具体准则第十六条或第十七条所述特征外，其发行方应当没有同时具备下列特征的其他金融工具或合同：（1）现金流量总额实质上基于企业的损益、已确认净资产的变动、已确认和未确认净资产的公允价值变动（不包括该工具或合同的任何影响）。（2）实质上限制或固定了金融工具列报准则第十六条或第十七条所述工具持有方所获得的剩余回报。

37.4　金融负债和权益工具之间的重分类

由于发行的金融工具原合同条款约定的条件或事项随着时间的推移或经济环境的改变而发生变化，可能会导致已发行金融工具的重分类。

发行方原分类为权益工具的金融工具，自不再被分类为权益工具之日起，发行方应当将其重分类为金融负债，以重分类日该工具的公允价值计量，重分类日权益工具的账面价值和金融负债的公允价值之间的差额确认为权益。发行方原分类为金融负债的金融工具，自不再被分类为金融负债之日起，发行方应当将其重分类为权益工具，以重分类日金融负债的账面价值计量。

37.5　收益和库存股

37.5.1　发行方对利息、股利、利得或损失的处理

金融工具或其组成部分属于金融负债的，相关利息、股利、利得或损失，以及赎回或再融资产生的利得或损失等，应当计入当期损益。金融工具或其组成部分属于权益工具的，其发行（含再融资）、回购、出售或注销时，发行方应当作为权益的变动处理；发行方不应当确认权益工具的公允价值变动；发行方对权益工具持有方的分配应作利润分配处理，发放的股票股利不影响所有者权益总额。

与权益性交易相关的交易费用应当从权益中扣减。与多项交易相关的共同交易费用，应

当在合理的基础上，采用与其他类似交易一致的方法，在各项交易间进行分摊。

利息、股利、利得或损失的会计处理原则同样也适用于复合金融工具。

37.5.2 库存股

回购自身权益工具（库存股）支付的对价和交易费用，应当减少所有者权益，不得确认金融资产。如果企业持有库存股之后又将其重新出售，无论这些库存股的公允价值如何变动，企业应直接将支付或收取的所有对价在权益中确认，而不产生任何损益。

37.5.3 对每股收益计算的影响

企业应当按照《企业会计准则第34号——每股收益》的规定计算每股收益。企业存在发行在外的除普通股以外的金融工具的，在计算每股收益时，应当按照以下原则处理。

1. 基本每股收益的计算

在计算基本每股收益时，基本每股收益中的分子，不应包含其他权益工具的股利或利息。其中，对于发行的不可累积优先股等其他权益工具应扣除当期宣告发放的股利，对于发行的累积优先股等其他权益工具，无论当期是否宣告发放股利，均应予以扣除。

基本每股收益计算中的分母，为发行在外普通股的加权平均股数。

2. 稀释每股收益的计算

企业发行的金融工具中包含转股条款的，即存在潜在稀释性的，在计算稀释每股收益时考虑的因素与企业发行可转换公司债券、认股权证相同。

37.6 金融资产与金融负债的抵销列示

37.6.1 金融资产与金融负债抵销列示的条件

金融工具列报准则规定，金融资产和金融负债应当在资产负债表内分别列示，不得相互抵销。但是，同时满足下列条件的，应当以相互抵销后的净额在资产负债表内列示。

（1）企业具有抵销已确认金额的法定权利，且该种法定权利是当前可执行的。

（2）企业计划以净额结算，或同时变现该金融资产和清偿该金融负债。

37.6.2 金融资产与金融负债不得抵销的情形

在下列情况下，通常被认为不满足抵销条件，不得抵销相关金融资产和金融负债。

（1）使用多项不同金融工具来仿效单项金融工具的特征。

（2）金融资产和金融负债虽然具有相同的主要风险敞口，但涉及不同的交易对手。

（3）无追索权金融负债与作为其担保物的金融资产或其他资产。

（4）债务人为解除某项负债而将一定的金融资产进行托管，但债权人尚未接受以这些资产清偿负债。

（5）因某些导致损失的事项而产生的义务预计可以通过保险合同向第三方索赔而得以补偿。

37.6.3 总互抵协议

企业与同一交易对手进行多项金融工具交易时，可能与该交易对手签订涵盖其所有交易的"总互抵协议"。一旦发生触发事件，这些协议通常规定对协议涵盖的所有金融工具按单一净额进行结算。

37.7 金融工具对财务状况和经营成果影响的列报

37.7.1 一般性规定

（1）企业应当根据金融工具的特点及相关信息的性质对金融工具进行归类，充分披露与金融工具相关的信息，使得财务报表附注中的披露与财务报表列示的各项目相互对应。

（2）企业应当按照金融工具列报准则规定，并根据自身实际情况，合理确定列报金融工具的详细程度。

（3）在确定列报类型时，应当至少按计量属性将金融工具分为以摊余成本计量和以公允价值计量两种类型。企业应在此基础上做进一步分类。

（4）企业应当披露编制财务报表时对金融工具所采用的重要会计政策、计量基础和与理解财务报表相关的其他会计政策等信息。

37.7.2 资产负债表中的列示及相关披露

1. 部分金融资产的信用风险披露

以摊余成本计量以及以公允价值计量且其变动计入其他综合收益的金融资产应当进行减值会计处理并按照《企业会计准则第37号——金融工具列报》具体准则第七章第二节披露信用风险相关信息。企业应当设置专门的备抵账户，按类别记录相关金融资产因信用损失发生的减值，并披露减值准备的期初余额，本期计提、转回、转销、核销及其他变动的金额和期末余额等信息。若企业将原本分类为以摊余成本计量以及以公允价值计量且其变动计入其他综合收益的金融资产（债务工具投资）指定为以公允价值计量且其变动计入当期损益，则不用对其进行减值会计处理，也不适用准则第七章第二节规定。但是，这些资产仍然面临信用风险问题，因此企业须按照金融工具列报准则第四十条披露相关信息。

【例37-10】某企业持有的本应以公允价值计量且其变动计入其他综合收益的一组金融资产符合金融工具确认和计量准则中指定为以公允价值计量且其变动计入当期损益的条件。基于管理需要，该企业将该组金融资产指定为以公允价值计量且其变动计入当期损益的金融资产，且在管理中未使用信用衍生工具或类似工具。

对于指定为以公允价值计量且其变动计入当期损益的金融资产。

（1）截至2×19年12月31日使企业面临的最大信用风险敞口为3 696万元。

（2）信用风险变动引起的公允价值本期变动额为10.8万元、累计变动额为35.4万元。这些变动额，是该金融资产公允价值变动扣除由于市场风险因素的变化导致公允价值变动后的金额。市场风险因素的变化包括可观察的利率、商品价格、汇率以及价格指数、利率指数、汇率指数等指数的变动。

此外，该企业还按照金融工具列报准则第四十三条的规定，披露了该组金融资产因信用风险变动引起的公允价值本期变动额和累计变动额的确定方法。

2. 以公允价值计量的金融负债的披露

企业将某项金融负债指定为以公允价值计量且其变动计入当期损益的，应当按金融工具列报准则第四十一条或第四十二条的规定披露。第四十一条针对的是因自身信用风险变动引起的公允价值变动计入其他综合收益的金融负债；第四十二条针对的是根据金融工具确认和计量准则第六十八条第二款将全部利得和损失（包括自身信用风险变动引起的部分）计入当期损益的金融负债。由于前者涉及其他综合收益在负债终止确认时转入留存收益的情形，因此相比后者多一项披露要求。

【例37-11】某公司对指定为以公允价值计量且其变动计入当期损益的金融负债的相关信息披露如表37-2所示。

表37-2　　　　　　　金融负债的相关披露信息

单位：万元

项目	2×19年公允价值变动额	因相关信用风险变动引起的公允价值本期变动额	因相关信用风险变动引起的公允价值累计变动额
（1）发行的普通债券	1 236 358	835 000	1 034 610
（2）发行的次级债券	3 693 000	2 100 000	3 000 600
合计	4 929 358	2 935 000	4 035 210

2×19年12月31日，指定为以公允价值计量且其变动计入当期损益的金融负债的账面价值高于按合同约定到期应支付债权人金额58 300元。

3. 金融资产和金融负债互抵协议的影响

为使财务报表使用者了解企业所签订的总互抵协议对企业财务状况的影响，企业需要披露总互抵协议（或类似协议）下的金融资产和金融负债的总额、已抵销金额、列示净额、潜在可能抵销金额以及扣除已抵销和潜在可能抵销金额后的净额。上述5项金额分别对应金融工具列报准则第四十七条第（一）至（五）项要求。

【例37-12】金融资产和金融负债抵销的相关披露示例如下。

（1）抵销的金融资产以及可执行的总互抵协议或类似协议下的金融资产如表37-3所示。

表37-3　抵销的金融资产以及可执行的总互抵协议或类似协议下的金融资产

单位：百万元

类型	（一）已确认金融资产的总额	（二）在资产负债表中抵销的金额	（三）=（一）-（二）在资产负债表中列示的净额	（四）不满足抵销条件的工具		（五）=（三）-（四）资产负债表中列示的净额扣除（四）中金额后的余额
					财务担保物	
衍生工具	200	（80）	120	（80）	（30）	10

续表

类型	（一） 已确认金融资产的总额	（二） 在资产负债表中抵销的金额	（三）=（一）-（二） 在资产负债表中列示的净额	（四） 不满足抵销条件的工具	财务担保物	（五）=（三）-（四） 资产负债表中列示的净额扣除（四）中金额后的余额
逆回购、证券借贷协议或类似协议	90		90	（90）		0
其他金融工具						
合计	290	（80）	210	（170）	（30）	10

（2）抵销的金融负债以及可执行的总互抵协议或类似协议下的金融负债如表37-4所示。

表37-4　抵销的金融负债以及可执行的总互抵协议或类似协议下的金融负债

单位：百万元

类型	（一） 已确认金融负债的总额	（二） 在资产负债表中抵销的金额	（三）=（一）-（二） 在资产负债表中列示的净额	（四） 不满足抵销条件的工具	财务担保物	（五）=（三）-（四） 资产负债表中列示的净额扣除（四）中金额后的余额
衍生工具	160	（80）	80	（80）		0
逆回购、证券借贷协议或类似协议	80		80	（80）		0
其他金融工具						
合计	240	（80）	160	（160）		0

37.7.3　利润表中的列示及相关披露

《企业会计准则第37号——金融工具列报》具体准则第五十五条对利润表中的列示及相关披露做出了规范，如下所示。

（1）企业至少应当按金融工具的不同计量基础分别披露利得或损失。

（2）企业应披露的利息收入或利息费用为按实际利率法计算的金融资产或金融负债产生的利息收入或利息费用总额。

【例37-13】某银行利润表利息收入和利息费用的披露格式如表37-5所示。

表37-5　利息收入和利息费用的披露格式

利息净收入	本期发生额	上期发生额
利息收入：		
存放中央银行款项		
发放贷款和垫款		
债券投资		

续表

利息净收入	本期发生额	上期发生额
拆出资金		
买入返售金融资产		
存放同业		
其他		
利息收入合计		
利息支出:		
吸收存款		
拆入资金		
卖出回购金融资产		
同业存放		
应付债券		
向中央银行借款		
其他		
利息支出合计		
利息净收入		

（3）企业应分别披露下列手续费收入或支出。

①金融资产和金融负债（不含以公允价值计量且其变动计入当期损益的金融资产和金融负债）产生的直接计入当期损益（即在确定实际利率时未包括）的手续费收入或支出。

②企业通过信托和其他托管活动代他人持有资产或进行投资而形成的，直接计入当期损益的手续费收入或支出。

对应上述①所要求的披露范围取决于企业的业务性质。

37.7.4 套期会计相关披露

套期活动属于企业风险管理活动，在符合套期会计应用条件的前提下，企业可以选择应用套期会计。

企业应当按照风险类型披露相关定量信息，这些要求披露的明细信息应当包括：

（1）套期工具名义金额的时间分布；

（2）套期工具的平均价格或利率（如适用）。

【例37-14】表37-6列示了以人民币为记账本位币，被指定为套期工具的期权合同的到期日和平均汇率概况。

表 37-6 到期日和平均汇率概况

单位：万元

	0~6 个月	6~12 个月	12 个月以后
美元期权合同名义金额	125 000	105 000	150 000
人民币兑美元的平均汇率	6.85	6.91	6.87
欧元期权合同名义金额	（53 000）	（40 000）	（35 000）
人民币兑欧元的平均汇率	7.75	7.76	7.80
英镑期权合同名义金额	（82 000）	（64 000）	（90 000）
人民币兑英镑的平均汇率	8.68	8.77	8.78

对于公允价值套期，企业应当以表格形式、按风险类型分别披露与被套期项目相关的下列金额：

（1）资产负债表中已确认的被套期项目账面价值，资产项目和负债项目应分别列示；

（2）已确认的被套期项目账面价值中所包含的被套期项目累计公允价值套期调整，资产项目和负债项目应分别列示；

（3）被套期项目所属的资产负债表项目；

（4）本期用作确认套期无效部分基础的被套期项目价值变动；

（5）对于以摊余成本计量的金融工具作为被套期项目的情况，企业应当根据套期会计准则第二十三条要求对被套期项目价值调整进行摊销。若套期关系先于被套期项目终止，则未摊销的价值调整还将保留在资产负债表中直至摊销完。该情况下，企业应当披露保留在资产负债表中的公允价值套期累计调整额。

对于现金流量套期和境外经营净投资套期，企业应当以表格形式、按风险类型分别披露与被套期项目相关的下列金额：

（1）本期用作确认套期无效部分基础的被套期项目价值变动；

（2）根据套期会计准则第二十四条的规定继续按照套期会计处理的现金流量套期储备的余额；

（3）根据套期会计准则第二十七条的规定继续按照套期会计处理的境外经营净投资套期计入其他综合收益的余额；

（4）不再适用套期会计的套期关系所导致的现金流量套期储备和境外经营净投资套期中计入其他综合收益的利得和损失的余额。

37.7.5 公允价值披露

1. 金融资产或金融负债初始确认时交易价格与公允价值差异产生利得或损失的信息披露

金融资产或金融负债初始确认的公允价值与交易价格存在差异时，如果其公允价值并非基于相同资产或负债在活跃市场中的报价，也非基于仅使用可观察市场数据的估值技术确定的，企业在初始确认金融资产或金融负债时不应将该差异确认为利得或损失，而应当将其递延，在后续期间根据相关因素的变动确认利得或损失。

2. 金融工具公允价值信息披露的豁免

金融工具公允价值披露的有限豁免，包括：账面价值与公允价值差异很小的金融资产或金融负债；包含相机分红特征且其公允价值无法可靠计量的合同；租赁负债。

37.8 与金融工具相关的风险披露

与金融工具相关的风险主要包括信用风险、流动性风险、市场风险等。相关信息披露要求如下。

37.8.1 定性和定量信息

1. 定性信息

金融工具列报准则规定，对金融工具产生的各类风险，企业应当披露下列定性信息。
①风险敞口及其形成原因，本期发生的变化。
②风险管理目标、政策和程序，主要包括以下几点。
　a. 企业风险管理的目标和风险偏好设定。
　b. 企业风险管理的组织架构。
　c. 风险识别、评价、规避和报告流程。
　d. 企业的风险报告或计量系统的范围和性质。
　e. 企业对风险进行套期或降低风险的政策，包括接受担保物的政策和程序。
　f. 企业对这种套期或降低风险的方法的持续有效性进行监控的流程。
　g. 企业避免风险过度集中的政策和程序。
③计量风险的方法及其在本期发生的变化。

2. 定量信息

对金融工具产生的各类风险，企业应当按类别披露期末风险敞口的汇总数据，可基于关键管理人员提供的信息进行披露。

除上述基于由关键管理人员提供的信息进行披露的数据外，金融工具列报准则还要求企业按照金融工具列报准则的具体要求披露有关信用风险、流动性风险和市场风险的信息。

企业可以按总额和已扣除风险转移或其他分散风险交易后的净额进行披露。

企业还应当披露期末风险集中度信息。风险集中度的披露可能包括以下3个方面。
①管理层确定风险集中度的说明。
②管理层确定风险集中度的参考因素。
③各风险集中度相关的风险敞口金额。

【例37-15】某公司有关金融工具风险集中度定量披露的示例如下。

不同行业及地区经济发展的不均衡以及经济周期的不同使得相关行业和地区的信用风险亦不相同。因某一行业或地区的授信客户具备某些共同经济特征，故授信在行业或地区维度上过于集中会增加信用风险。本公司主要通过对客户授信环节的额度控制来统筹管理贷款和垫款的行业及地区信用风险集中度。

(1) 发放贷款和垫款的行业类别分布情况如表37-7所示。

表37-7　　　　　　　发放贷款和垫款的行业类别分布情况

单位：百万元

行业类别	2×19年12月31日	2×18年12月31日
制造业	21 320	19 275
批发及零售业	15 943	16 237
房地产业	10 692	12 838
交通运输业	8 253	7 735
服务业	5 217	8 269
建筑业	4 927	3 184
金融业	4 356	5 769
公共事业	2 148	2 582
个人	8 629	8 237
合计	81 485	84 126

(2) 发放贷款和垫款的地区分布情况如表37-8所示。

表37-8　　　　　　　发放贷款和垫款的地区分布情况

单位：百万元

地区分布	2×19年12月31日	2×18年12月31日
中国大陆	65 743	67 298
北美洲	4 239	3 853
欧洲地区	3 267	2 941
其他地区	2 563	3 789
合计	81 485	84 126

37.8.2　信用风险披露

信用风险，是指金融工具的一方不履行义务，造成另一方发生财务损失的风险。

金融工具列报准则对信用风险披露要求的结构如下。

1. **定性披露**

(1) 信用风险管理实务，主要包括：

①信用风险的评价方法；

②对违约的界定；

③对已发生减值的判定。

（2）预期信用损失相关会计政策、估计和判断，主要包括：

①确定信用风险、预期信用损失、实际减值的方法、假设和参数；

②计算预期信用损失时对前瞻性信息的使用；

③上述方法、假设的变动。

2. 预期信用损失金额相关信息

（1）预期信用损失金额本期变动（期初期末余额调节表）。

（2）计提预期信用损失的金融工具的账面余额本期变动。

（3）合同现金流量修改对预期信用损失的影响。

（4）担保物和其他信用增级对预期信用损失的影响，主要包括：

①企业总信用风险敞口；

②信用增级的情况；

③信用增级降低信用损失的量化信息。

3. 信用风险敞口相关信息

（1）不同信用等级资产的风险敞口、不同信用等级上的风险集中度。

（2）不适用减值规定的金融工具信用风险敞口。

4. 其他有用信息

通过信用增级所确认资产（如担保物）相关信息。

相关披露要求如下：

1. 信用风险管理实务

企业应当披露与信用风险管理实务有关的下列信息：

（1）企业评估信用风险自初始确认后是否已显著增加的方法，以及下列信息：①根据金融工具确认计量准则第五十五条的规定，在资产负债表日只具有较低的信用风险的金融工具及其确定依据（包括适用该情况的金融工具类别）；②逾期超过30日，而信用风险自初始确认后未被认定为显著增加的金融资产及其确定依据。

（2）企业对违约的界定及其原因。企业披露内容可包括：①在定义违约时所考虑的定性和定量因素；②是否针对不同类型的金融工具应用不同的定义；③在金融资产发生违约后，关于"恢复率"（即恢复到正常状态的金融资产的数量）的假设。

（3）以组合为基础评估预期信用风险的金融工具的组合方法。

（4）确定金融资产已发生信用减值的依据。

（5）企业直接减记金融工具的政策，包括没有合理预期金融资产可以收回的迹象和已经直接减记但仍受执行活动影响的金融资产相关政策的信息。

（6）根据金融工具确认计量准则第五十六条的规定评估合同现金流量修改后金融资产的信用风险的，企业应当披露其信用风险的评估方法以及下列信息：①对于损失准备为整个存续期预期信用损失的金融资产，在发生合同现金流修改时，评估信用风险是否已下降，从而企业可以按照该金融资产未来 12 个月内预期信用损失金额确认计量其损失准备的情况；②对于上述金融资产，企业应当披露其如何监控后续该金融资产的信用风险是否显著增加，从而按照整个存续期预期信用损失的金额重新计量损失准备。

2. 输入值、假设和估值技术

企业应当披露金融工具确认和计量准则第八章有关金融工具减值所采用的输入值、假设和估值技术等相关信息，具体包括以下方面。

（1）用于确定下列各事项或数据的输入值、假设和估计技术：①金融工具的信用风险自初始确认后是否已显著增加；②未来 12 个月内预期信用损失和整个存续期的预期信用损失的计量；③金融资产是否已发生信用减值。

（2）确定预期信用损失时如何考虑前瞻性信息，包括宏观经济信息的使用。

（3）报告期估计技术或重大假设的变更及其原因。

另外，企业应考虑披露影响预期信用损失准备的重要假设及其敏感性分析，以及该披露的详细程度是否适宜。

3. 损失准备期初余额与期末余额的调节表

企业应当以表格形式按金融工具的类别编制损失准备期初余额与期末余额的调节表，分别说明下列项目的变动情况。

（1）按相当于未来 12 个月预期信用损失的金额计量的损失准备。

（2）按相当于整个存续期预期信用损失的金额计量的下列各项的损失准备：①自初始确认后信用风险已显著增加但并未发生信用减值的金融工具；②对于资产负债表日已发生信用减值但并非购买或源生的已发生信用减值的金融资产；③根据金融工具确认和计量准则第六十三条的规定计量减值损失准备的应收账款、合同资产和租赁应收款。

（3）购买或源生的已发生信用减值的金融资产的变动。除调节表外，企业还应当披露本期初始确认的该类金融资产在初始确认时未折现的预期信用损失总额。

4. 金融工具账面余额变动情况

企业应当对本期发生损失准备变动的金融工具账面余额显著变动情况做出说明。这些说明信息应当包括定性和定量信息，并应当对按照金融工具列报准则第八十三条规定披露损失准备的各项目分别单独披露，具体可包括下列情况下发生损失准备变动的金融工具账面余额显著变动信息。

（1）本期因购买或源生的金融工具所导致的变动。

（2）未导致终止确认的金融资产的合同现金流量修改所导致的变动。

（3）本期终止确认的金融工具（包括直接减记的金融工具）所导致的变动。对于当期已直接减记但仍受执行活动影响的金融资产，还应当披露尚未结算的合同金额。

（4）因金融资产在"未来 12 个月预期信用损失"和"整个存续期内预期信用损失"两个类别之间转换而导致的在每个类别内的账面余额变动。

【例 37-16】某集团影响损失准备变动的抵押贷款账面余额重大变动包括以下信息。

①购入某主要贷款组合导致住宅抵押贷款账面余额增加×%，并相应导致12个月预期信用损失的增加。

②本地房产市场大跌后，直接减记某资产组合人民币×元，导致有客观证据表明减值的金融资产的损失准备减少人民币×元。

③某地区的预期失业率上升导致按整个存续期预期信用损失计提损失准备的金融资产净增加，导致整个存续期预期信用损失准备净增加人民币×元。

对抵押贷款账面余额重大变动的进一步解释如表37-9所示。

表37-9　　　　　　　　　抵押贷款账面余额重大变动

单位：百万元

抵押贷款——账面余额	未来12个月预期信用损失	整个存续期预期信用损失（组合评估）	整个存续期预期信用损失（单项评估）	已发生信用减值金融资产（整个存续期预期信用损失）
2×18年1月1日的账面余额	×	×	×	×
转入整个存续期预期信用损失的单项金融资产	(×)		×	
转入已发生信用减值的金融资产的单项金融资产	(×)		(×)	×
从已发生信用减值的金融资产转回的单项金融资产	×		×	(×)
转入整个存续期预期信用损失的基于组合评估的金融资产	(×)	×		
购买或源生的新金融资产	×			
直接减记的金融资产			(×)	(×)
终止确认的金融资产	(×)	(×)	(×)	(×)
未导致终止确认的修改产生的变动	(×)		(×)	(×)
其他变动	×	×	×	×
2×18年12月31日的账面余额	×	×	×	×

5. 未导致终止确认的金融资产合同现金流量修改

企业应当披露下列信息：①企业在本期修改了金融资产合同现金流量，且修改前损失准备是按整个存续期预期信用损失金额计量的，应当披露修改或重新议定合同前的摊余成本及修改合同现金流量的净利得或净损失；②对于之前按照整个存续期内预期信用损失的金额计量了损失准备的金融资产，而当期按照相当于未来12个月内预期信用损失的金额计量该金融资产的损失准备的，应当披露该金融资产在资产负债表日的账面余额。

6. 担保物或其他信用增级

企业应当按照金融工具的类别，披露下列信息。

（1）在不考虑可利用的担保物或其他信用增级的情况下，企业在资产负债表日的最大信用风险敞口。

（2）作为抵押持有的担保物和其他信用增级的描述，包括：

①所持有担保物的性质和质量的描述;

②本期由于对方信用恶化或担保政策变更,导致担保物或信用增级的质量发生显著变化的说明;

③由于存在担保物而未确认损失准备的金融工具的信息。

(3) 企业在资产负债表日持有的担保物和其他信用增级为已发生信用减值的金融资产作抵押的定量信息。

企业既无须披露关于担保物和其他信用增级公允价值的信息,也无须对预期信用损失计算中包含的担保物的价值准确地量化。

担保物和其他信用增级的描述可以包含以下信息:

①担保物和其他信用增级的主要类型;

②持有的担保物和其他信用增级的数量及其在损失准备方面的作用;

③评估和管理担保物和其他信用增级的政策和流程;

④担保物和其他信用增级交易对手的主要类型及其信用等级。

7. 最大信用风险敞口

对于每一类别的金融工具,企业应当披露在不考虑可利用的担保物或其他信用增级的情况下,企业在资产负债表日的最大信用风险敞口的金额。金融工具的账面价值能代表最大信用风险敞口的,无须提供此项披露。最大信用风险敞口的来源也包括企业未在资产负债表中确认的金融工具的信用风险敞口。

【例37-17】某公司是一家拥有庞大客户群的上市零售企业。客户按照公司的标准信用条款购买商品,公司同时向某些主要客户购买其他商品。有关其应收款项最大信用风险敞口的披露如表37-10所示。

表37-10 应收款项最大信用风险敞口的披露

单位:百万元

	2×19年12月31日	2×18年12月31日
应收款项账面余额	365 500	323 700
坏账准备	(14 620)	(12 948)
账面价值	350 880	310 752
应付客户的金额	(75 500)	(62 250)

本公司与客户订立协议,只有在客户发生拖欠的情况下,应付客户的金额才可以与应收客户的金额进行抵销。因此,本公司在每一资产负债表日面临的最大信用风险敞口为应向客户收取的总金额减去坏账准备后的金额。由于应付款项在资产负债表内不可抵销,因此该最大信用风险敞口未扣减应付客户的金额。

8. 重大信贷风险集中度

企业应于资产负债表日披露信用风险敞口及重大信用风险集中度的信息。

如果企业以组合为基础评估信用风险是否显著增加,则应将金融工具列报准则第八十七条要求应用于能够直接分配至某一信用风险等级的金融工具,并将在组合基础上计量整个存续期预期信用损失的金融工具的账面余额单独披露(即不分配至某一等级)。

按照金融工具列报准则第八十七条所披露信息的风险等级,应与企业为内部信用风险管理目的而向关键管理人员内部报告时所使用的风险等级一致。但是,获取信用风险等级信息不可行或者成本过高,并且企业按照金融工具确认和计量准则第五十三条规定采用逾期信息评估自初始确认后信用风险是否显著增加时,企业应提供对这些金融资产基于逾期情况的分析。

【例37-18】甲汽车制造企业为经销商和终端客户提供融资。甲企业将其经销商融资和消费者融资分别作为单独的金融工具类别予以披露,并对其应收账款应用简化方法,即损失准备总是以整个存续期预期信用损失计量。表37-11为根据简化方法进行风险披露的示例。

表37-11　　　　　　　　　　　应收账款风险披露表

单位:百万元

	应收账款逾期天数				
	未逾期或逾期30日以内(含30日)	30~60日(含60日)	60~90日(含90日)	90日以上	合计
经销商融资					
预期信用损失率	0.10%	2%	5%	13%	
估计发生违约的账面余额	20 777	1 416	673	235	23 101
整个存续期预期信用损失	21	28	34	31	114
消费者融资					
预期信用损失率	0.20%	3%	8%	15%	
估计发生违约的账面余额	19 222	2 010	301	154	21 687
整个存续期预期信用损失	38	60	24	23	145

9. 贷款承诺和财务担保合同

对于贷款承诺和财务担保合同,损失准备应确认为一项负债。企业应将关于金融资产损失准备变动的信息披露与关于贷款承诺和财务担保合同损失准备变动的信息披露区分开来。但是,如果一项金融工具同时包含贷款(即金融资产)和未使用的承诺(即贷款承诺)部分,则企业将无法把贷款承诺成分产生的预期信用损失与金融资产成分产生的预期信用损失单独区分开来。据此,贷款承诺的预期信用损失应与金融资产的损失准备一同确认。如果该两项预期信用损失的合计数超过金融资产的账面余额,则预期信用损失应当确认为一项准备(负债)。

37.8.3 流动性风险披露

流动性风险,是指企业在履行以交付现金或其他金融资产的方式结算的义务时发生资金短缺的风险。

1. 到期期限分析

(1) 总体要求。

企业应当披露金融负债按剩余到期期限进行的到期期限分析,以及管理这些金融负债流动性风险的方法:①对于非衍生金融负债(包括财务担保合同),到期期限分析应当基于合同剩余到期期限;②对于衍生金融负债,如果合同到期期限是理解现金流量时间分布的关键因素,到期期限分析应当基于合同剩余到期期限。

对于包含嵌入衍生工具的混合金融工具,在披露上述到期期限分析时,应当将包含嵌入衍生工具的混合金融工具整体视为非衍生金融负债进行披露。

如果有关衍生金融负债合同到期日的信息对了解现金流量的时间分布并非至关重要,则无须披露其合同到期期限分析。

(2) 时间段的确定。

企业在披露到期期限分析时,应当运用职业判断划分适当的时间段。企业可以但不限于按下列时间段进行到期期限分析:①一个月以内(含一个月,下同);②一个月至三个月以内;③三个月至一年以内;④一年至五年以内;⑤五年以上。

企业所披露的时间段应与内部报告的时间段相一致,并且应考虑其流动性需求的相应时间。

债权人可以选择收回债权时间的,债务人应当将相应的金融负债列入债权人可以要求收回债权的最早时间段内。

如果企业发行被分类为金融负债的永续债务,企业应当考虑如何将期限为永续的现金流量纳入到期期限分析。企业还应当通过额外披露说明在永续工具下负有永续支付利息现金流量的义务,并对该永续工具的关键条款进行描述,以便财务报表使用者更好地了解企业的流动性风险敞口。

(3) 披露金额的确定。

企业在披露金融负债到期期限分析时,应将按照金融工具列报准则规定所披露的金额列入各时间段。列入各时间段内的金融负债金额,应当是未经折现的合同现金流量。

当应付金额不固定时,应当根据资产负债表日存在的情况确定披露的金额。如果应付金额随着指数的变化而变化,披露的金额可基于资产负债表日指数的水平来确定。

【例37-19】某公司有关金融负债和表外担保项目按资产负债表日的合同剩余期限列示的应付现金流量如表37-12所示。表中披露的金融负债金额为未经折现的现金流量,因而可能与资产负债表中的账面价值有所不同。

表 37-12　　　　　　　　　　　　应付现金流量

单位：百万元

	即时偿还	1个月以内	1~3个月	3个月~1年	1~5年	5年以上	总额
非衍生金融负债：							
应付票据	4 513	792	474	122	9		5 910
借款	5 055	2 352	3 961	1 982	2 111	279	15 740
应付债券			271	646	2 153	395	3 465
非衍生金融负债小计	9 568	3 144	4 706	2 750	4 273	674	25 115
衍生金融工具		164	276	481	586	216	1 723
担保		99	66	250	75	22	512
金融负债和或有负债总额	9 568	3 407	5 048	3 481	4 934	912	27 350

注 1：本公司持有的衍生工具均按净额结算。

注 2：本公司对外提供担保的最大担保金额按照相关方能够要求支付的最早时间段列示。

2. 流动性风险管理

企业在披露如何管理流动性风险时，也应披露可能考虑的其他因素。这些因素包括但不限于以下方面：企业是否拥有已承诺的贷款额度或其他授信额度；是否在中央银行有存款以备流动性之需；是否有多样化的资金来源；是否有资产或筹资来源方面的重大流动性集中情况；是否就管理流动性风险建立了内部控制程序和应急方案；是否有包含加速偿还条款的工具；是否有协议约定必要时追加担保物；是否有协议约定允许企业选择以交付现金、其他金融资产或其自身权益工具来结算负债；是否约定交易结算遵循"总互抵协议"等。

37.8.4　市场风险披露

（一）市场风险的含义与类型

金融工具的市场风险，是指金融工具的公允价值或未来现金流量因市场价格变动而发生波动的风险，包括汇率风险、利率风险和其他价格风险。

汇率风险，是指金融工具的公允价值或未来现金流量因外汇汇率变动而发生波动的风险。

利率风险，是指金融工具的公允价值或未来现金流量因市场利率变动而发生波动的风险。

其他价格风险，是指汇率风险和利率风险以外的市场价格变动而发生波动的风险。

（二）对于市场风险的敏感性分析的披露

编制市场风险敏感性分析的披露信息可以遵循下列步骤。

1. 识别风险来源

需要识别企业面临的所有市场风险，包括汇率风险、利率风险和其他价格风险。

2. 确定资产负债表日的风险敞口及其影响

金融工具列报准则要求识别在资产负债表日其公允价值或现金流量受风险因素变化影响的所有金融工具。对于在资产负债表日已确认的金融工具，如果其现金流量根据合同规定与某一变量相联结，或者其公允价值取决于某一变量，且该变量的变化会影响损益或所有者权益的，企业应将该已确认金融工具纳入敏感性分析。

某些金融工具既不影响损益也不影响所有者权益，则无须纳入敏感性分析。

3. 确定相关风险变量的合理可能变动

企业应考虑企业经营所处的经济环境以及进行评估的时间段。企业须判断变动的合理范围，且合理可能变动不应包括罕见的"最坏的情况"或"压力测试"。对于相关风险变量的合理可能变动，企业应以本次披露至下一次披露（通常是下一个年度资产负债表日）的期间为时间框架进行评估。并且企业仅披露在合理可能变动范围上下限内的变动的影响即可。

4. 确定披露中的适当汇总水平

企业应汇总敏感性分析的结果以在更大程度上反映企业对市场风险的整体敏感性，但不应将来自重大不同经济环境的风险敞口的不同特征的信息汇总。对具有重大汇率风险敞口的每一种货币，应当分币种进行敏感性分析。

企业应当提供整个企业业务的敏感性分析，但是对不同类型的金融工具应当提供不同类型的敏感性分析。

企业可以根据内部管理风险的方式对业务的不同部分提供不同类型的敏感性分析。

5. 计算和列报敏感性分析

企业应披露，假设相关风险变量的合理可能变动应用于资产负债表日的风险敞口时，这些变动对损益和所有者权益的影响。企业无须确定在相关风险变量的所有假设情况下对当期损益和所有者权益的影响金额。但是，企业应当就资产负债表日存在的风险敞口，披露如果相关风险变量在该日发生了合理可能变动而对损益和所有者权益的影响。

企业可以对损益以及所有者权益中的不同项目分别披露敏感性分析。企业也可针对对其具有重大利率风险敞口的每种货币分别披露利率风险的敏感性分析。损益的敏感性分析应与所有者权益的敏感性分析分开披露。

6. 提供额外披露

按照金融工具列报准则第九十五条或第九十六条对敏感性分析的披露不能反映金融工具市场风险的，企业应当披露这一事实及其原因。

37.9 金融资产转移的披露

企业应当就资产负债表日存在的所有未终止确认的已转移金融资产，以及对已转移金融资产的继续涉入，按《企业会计准则第 37 号——金融工具列报》具体准则要求单独披露。

37.9.1 金融资产转移信息披露的一般要求

出于不同的目标，《企业会计准则第 37 号——金融工具列报》具体准则中有关金融资产转移的披露中涉及的"金融资产转移"和"继续涉入"的概念不同于金融资产转移准则中的概念。

1. 金融资产转移

《企业会计准则第 37 号——金融工具列报》具体准则所述的"金融资产转移"包含两种情形：（1）企业将收取金融资产现金流量的合同权利转移给另一方；（2）企业保留了收取

金融资产现金流量的合同权利,并承担将收取的现金流量支付给一个或多个收款方的合同义务。这种情形通常被称为"过手协议"。

2. 继续涉入

《企业会计准则第37号——金融工具列报》具体准则所述的"继续涉入",是指企业保留了已转移金融资产中内在的合同权利或义务,或者取得了与已转移金融资产相关的新合同权利或义务。常规声明和保证、以公允价值回购已转移金融资产的合同,以及同时满足金融资产转移准则中三个条件的"过手协议"不构成继续涉入。

从《企业会计准则第37号——金融工具列报》具体准则关于"金融资产转移"和"继续涉入"的定义,以及金融资产转移准则关于金融资产终止确认的条件可以看出,尚在资产负债表中的金融资产可能因为转移而引起负债,而已经终止确认的金融资产可能因为继续涉入而引起风险敞口。对这两种情形,企业都需要提供相关信息帮助报表使用者判定其影响。

37.9.2 已转移但未整体终止确认的金融资产的信息披露

《企业会计准则第37号——金融工具列报》具体准则第一百零一条对已转移但未整体终止确认的金融资产的披露要求进行了规范。

关于该条第(四)项和第(五)项的披露要求,企业可以参考表37-13进行披露。

表37-13　已转移但未整体终止确认的金融资产信息披露表

单位:万元

	以公允价值计量且其变动计入当期损益的金融资产		以摊余成本计量的金融资产		以公允价值计量且其变动计入其他综合收益的金融资产
	交易性金融资产	衍生工具	抵押贷款	消费贷款	债权投资
已转移金融资产的账面价值	×	×	×	×	×
相关负债的账面价值	(×)	(×)	(×)	(×)	(×)
仅对已转移资产有追索权的交易					
已转移金融资产的公允价值	×	×	×	×	×
相关负债的公允价值	(×)	(×)	(×)	(×)	(×)
净头寸	×	×	×	×	×

无论是金融资产整体转移,还是金融资产部分转移,只要不满足终止确认的条件,均应按照以上要求进行披露。

37.9.3 已整体终止确认但转出方继续涉入已转移金融资产的信息披露

有时存在尽管企业继续涉入已转移的金融资产,但是该金融资产仍满足整体终止确认条件的情况。

针对这一情况,在每个资产负债表日,企业应按照类别披露相关信息。各披露类别应当按照企业继续涉入面临的风险敞口类型进行划分。

《企业会计准则第37号——金融工具列报》具体准则第一百零二条对已整体终止确认但

转出方继续涉入已转移金融资产的披露要求进行了规范。对于其第一款第（一）项至第（三）项的披露要求，企业可以参考表 37-14 和表 37-15 进行披露。

表 37-14　　　　　因继续涉入而确认的资产负债的信息披露表

单位：万元

继续涉入的类型	因继续涉入确认的资产和负债的账面价值			因继续涉入确认的资产和负债的公允价值		损失的最大风险敞口	回购已转移（已终止确认）资产需要支付的未折现金流量
	以公允价值计量且其变动计入当期损益的金融资产	以公允值计量且其变动计入其他综合收益的金融资产	以公允价值计量且其变动计入当期损益的金融负债	资产	负债		
签出的看跌期权			（×）		（×）	×	（×）
购入的看涨期权	×			×			（×）
融券业务			（×）	×	（×）	×	（×）
……							
合计	×		（×）	×	（×）	×	

表 37-15　　　　　回购已转移金融资产需支付的未折现金流量计算表

单位：万元

继续涉入的类型	回购已转移金融资产需要支付的未折现金流量						
		继续涉入的到期期限					
	合计	1个月之内	1~3个月	3~6个月	6个月~1年	1~3年	3~5年	5年以上
签出的看跌期权	×		×	×	×	×	×	
购入的看涨期权	×			×	×	×		×
融券业务	×	×	×					

企业按照《企业会计准则第 37 号——金融工具列报》具体准则第一百零二条第（三）项披露到期期限时，应当合理确定适当数量的时间段。

企业按照《企业会计准则第 37 号——金融工具列报》具体准则第一百零二条第（五）项披露相关的终止确认利得或损失时，应当披露利得或损失是否是由于该资产各组成部分的公允价值和该资产整体的公允价值不同造成的。如果是，企业还应披露该资产的公允价值计量是否包含可观察市场数据以外的重大输入值。

37.10　衔接规定

自金融工具列报准则执行日起，企业应当按照该准则的规定列报金融工具相关信息。企业比较财务报表列报的信息与金融工具列报准则规定不一致的，不需要按照金融工具列报准则的规定进行调整。

企业首次执行金融工具确认和计量准则、金融资产转移准则和套期会计准则（本部分除特别指明外，以上准则均指 2017 年修订版），应当披露下列内容。

（1）企业应当在首次执行日，用表格形式对每一类别的金融资产和金融负债披露下列信息：

①执行金融工具确认和计量准则之前存在的金融工具的原计量类别和账面价值；

②根据金融工具确认和计量准则确定的新计量类别和账面价值；

③资产负债表中之前被指定为以公允价值计量且其变动计入当期损益但不再做出这一指定的所有金融资产和金融负债的金额，并分别根据该准则规定做出重分类，以及企业选择在首次执行日进行重分类两种情况进行披露。

对于上述的披露要求，企业可以参考以下披露表格。

【例 37-20】某企业在首次执行日，金融资产按照修订前后金融工具确认和计量准则的规定进行分类和计量结果对比如表 37-16 所示。

表 37-16　　　　　　　　　　准则修订前后结果对比

单位：百万元

金融资产类别	修订前的金融工具确认和计量准则		修订后的金融工具确认和计量准则	
	计量类别	账面价值	计量类别	账面价值
现金及存放中央银行款项	摊余成本（贷款和应收款项）	4 343	摊余成本	4 343
存放同业	摊余成本（贷款和应收款项）	8 050	摊余成本	7 992
客户贷款及垫款	摊余成本（贷款和应收款项）	76 520	摊余成本	68 992
			以公允价值计量且其变动计入当期损益（准则要求）	6 617
交易性金融资产	以公允价值计量且其变动计入当期损益（交易性）	10 880	以公允价值计量且其变动计入当期损益（准则要求）	10 880
套期衍生工具	以公允价值计量且其变动计入当期损益（套期工具）（注）	1 654	以公允价值计量且其变动计入当期损益（准则要求）（注）	1 654
证券投资	以公允价值计量且其变动计入其他综合收益（可供出售类资产）	2 678	以公允价值计量且其变动计入其他综合收益	1 228
	摊余成本（贷款和应收款项）	546	摊余成本	2 209
	摊余成本（持有至到期）	1 205		
	以公允价值计量且其变动计入当期损益（指定）	546	以公允价值计量且其变动计入当期损益（指定）	
	以公允价值计量且其变动计入当期损益（嵌入衍生工具）	12	以公允价值计量且其变动计入当期损益（准则要求）	1 536

注：指定为现金流量套期关系的衍生工具，公允价值变动的有效部分通过其他综合收益计入套期储备，无效部分计入当期损益。

（2）在包含首次执行日的报告期间内，企业应当披露下列定性信息：

①企业应用金融工具确认和计量准则的规定对金融资产进行重分类的情况；

②金融资产或金融负债在首次执行日被指定或被取消指定为以公允价值计量且其变动计入当期损益的原因。

（3）对于首次执行金融工具确认和计量准则的报告期间，企业应当披露金融工具确认和计量准则的首次执行日金融资产和金融负债分类的变化，并分别列示：

①在重分类前计量类别下的账面价值变动；

②因采用金融工具确认和计量准则而产生的计量变更所导致的账面价值变动。

（4）对于企业在首次执行金融工具确认和计量准则的报告期间，因采用金融工具确认和计量准则重分类为以摊余成本计量的金融资产或金融负债，或者将以公允价值计量且其变动计入当期损益的金融资产重分类为以公允价值计量且其变动计入其他综合收益的金融资产，应当披露下列信息：

①金融资产或金融负债在报告期末的公允价值；

②若金融资产或金融负债未做出重分类，应在报告期内计入当期损益或其他综合收益的公允价值变动金额。

在企业首次执行金融工具确认和计量准则的年度报告期间之后，无须提供本段所规定的披露。

（5）对于企业在首次执行金融工具确认和计量准则的报告期间，因采用金融工具确认和计量准则将以公允价值计量且其变动计入当期损益类别的金融资产和金融负债重分类为其他类别时，企业应当披露下列信息：

①在首次执行日确定的实际利率；

②已确认的利息收入或费用。

如果企业根据金融工具确认和计量准则第八十条规定将金融资产或金融负债的公允价值作为首次执行日的新账面余额或新摊余成本，则应在直至终止确认之前（含终止确认时）的每一报告期间进行上述披露。

（6）企业在按照上述（3）至（5）进行披露时，一般无须重述前期报告。企业只有在仅根据重述期间所获取的信息就能重述前期报告的情况下，才可以重述。如果企业不进行重述，则应当将原账面价值和首次执行日所属的年度报告期间期初账面价值之间的差额确认为该期间的期初留存收益或其他综合收益。但是如果企业进行重述，重述的财务报告必须遵循金融工具确认和计量准则的所有要求。

（7）企业在按照上述（3）至（5）进行披露时，以及根据金融工具列报准则第七十一条进行披露时，必须提供下列两项在首次执行日前后的对照信息：

①列报的计量类别；

②金融工具的类别。

（8）在金融工具确认和计量准则的首次执行日，企业需要披露对下列两项进行调节的信息：

①根据金融工具确认和计量准则（2017）的相关规定计量的期末损失准备和根据《企业会计准则第13号——或有事项》计提的准备；

②根据金融工具确认和计量准则确定的期初损失准备。

对于金融资产，企业应当按照首次执行前和首次执行后的计量类别分别提供上述披露，并且应单独列示计量类别的变化对首次执行日损失准备的影响。

【例37-21】某企业在首次执行日，原金融资产减值准备期末金额调整为按照修订后金融工具确认和计量准则的规定进行分类和计量的新损失准备的调节表列示如表37-17所示。

表37-17　　　　　　　　　　　准则修订后的调节表列示

单位：百万元

计量类别	按原CAS 22计提损失准备／按或有事项准则确认的预计负债	重分类	重新计量	按新CAS 22计提损失准备
贷款和应收款项（原CAS 22）／以摊余成本计量的金融资产（新CAS 22）				
现金及存放中央银行款项				
存放同业			58	58
客户贷款及垫款	3 001	（65）	987	3 923
证券投资			7	7
总计	3 001	（65）	1 052	3 988
持有至到期（原CAS 22）／以摊余成本计量的金融资产（新CAS 22）				
证券投资			10	10
可供出售金融工具（原CAS 22）／以公允价值计量且其变动计入其他综合收益的金融资产（新CAS 22）				
证券投资			1	1
贷款承诺和财务担保合同				
贷款承诺准备			10	10
财务担保准备			65	65
总计	3 001	（65）	1 138	4 074

（9）在金融工具确认和计量准则首次执行日所属的报告期间内，企业无须披露根据金融工具确认和计量准则（2017）的分类和计量要求对本期项目进行列报的金额，也无须披露根据金融工具确认和计量准则的分类和计量要求对前期项目进行列报的金额。

（10）如果企业按照金融工具确认和计量准则第七十五条规定，在评估金融资产合同现金流量特征时不考虑关于时间价值要素修正的规定，则在该金融资产终止确认之前，企业均应披露该金融资产在资产负债表日的账面价值。

（11）如果企业按照金融工具确认和计量准则第七十六条规定，在评估金融资产合同现金流量特征时不考虑关于提前还款特征的规定，则在该金融资产终止确认之前，企业均应披露该金融资产在资产负债表日的账面价值。

第38章
首次执行企业会计准则

首次执行企业会计准则可以规范首次执行企业会计准则对会计要素的确认、计量和财务报表列报。

38.1 首次执行企业会计准则概述

首次执行企业会计准则,是指企业第一次执行企业会计准则体系,包括基本准则、具体准则和会计准则应用指南。

38.2 首次执行日的确认与计量

38.2.1 首次执行日的新旧会计科目余额对照表和期初资产负债表

在首次执行日,企业应当对所有资产、负债和所有者权益按照新企业会计准则规定重新分类、确认和计量,设置新旧会计科目余额对照表,结束旧账,建立新账,编制期初资产负债表,作为执行新企业会计准则体系的起点。

38.2.2 首次执行日采用追溯调整法有关项目的处理

(一)首次执行日长期股权投资的处理

(1)属于同一控制下企业合并产生的长期股权投资,尚未摊销完毕的股权投资差额应全额冲销,并调整留存收益,以冲销股权投资差额后的长期股权投资账面余额作为首次执行日的认定成本。

【例38-1】甲公司2×20年1月1日投资于乙公司(不属于企业合并形成的投资),投资成本为600 000元,持有乙公司30%的股份,对乙公司能够实施控制,甲公司投资时采用权益法核算。假设乙公司2×20年1月1日所有者权益总额为400 000元。股权投资差额按10年摊销,已经摊销6年。2×20年1月1日,甲公司执行新的企业会计准则,按照新准则的规定,甲公司应进行以下会计处理。

投资时股权投资差额 =600 000-400 000×30%=480 000(元)

未摊销股权投资差额 =480 000-(480 000÷10)×6=192 000(元)

甲公司20×7年1月1日长期股权投资账面余额 =600 000-192 000=408 000(元)

(2)除上述(1)以外的其他采用权益法核算的长期股权投资,存在股权投资贷方差额的,应冲销贷方差额,调整留存收益,并以冲销贷方差额后的长期股权投资账面余额作为首次执行日的认定成本;存在股权投资借方差额的,应当将长期股权投资的账面余额作为首次执行日的认定成本。

(二) 首次执行日以公允价值模式计量的投资性房地产的处理

在首次执行日按照公允价值进行计量，并将账面价值与公允价值的差额调整留存收益。

(三) 首次执行日预计资产弃置费用的处理

满足预计负债的确认条件，应当选择该项资产初始确认开始至首次执行日期间适用的折现率，以该项预计负债折现后的金额增加资产成本，据此计算确认应补提的资产折旧（或油气资产的折耗），同时调整期初留存收益。

(四) 首次执行日解除劳务关系计划的处理

满足预计负债确认条件的，应当确认因解除与职工的劳动关系给予补偿而产生的负债，并调整留存收益。

(五) 首次执行日企业年金基金投资的处理

在首次执行日按照公允价值进行计量，并将账面价值与公允价值的差额调整留存收益。

【例38-2】甲公司2×17年12月建造一项大型资产项目，预计使用20年，预计弃置费用为6 000 000元。按照工业企业会计制度的规定，此项预计弃置费用不计入固定资产成本。该公司于2×20年1月1日执行新的企业会计准则体系，按照新准则的规定，预计弃置费用已满足预计负债的确认条件，应确认相应的负债并应增加该项资产的成本，同时补提折旧调整留存收益。假定预计弃置费用现值为4 600 000元，该资产采用年限平均法提取折旧。甲公司应进行以下会计处理。

2×20年将预计弃置费用增加固定资产成本。

借：固定资产　　　　　　　　　　　　　　　　4 600 000
　　贷：预计负债　　　　　　　　　　　　　　　　4 600 000

补提折旧调整留存收益。

借：利润分配——未分配利润　　　　　　　　　　1 380 000
　　贷：累计折旧　　　　　　　　　　　　　　　　1 380 000

(六) 可行权日在首次执行日或之后的股份支付的公允价值

(1) 对于可行权日在首次执行日或之后的股份支付，应当按照权益工具、其他方服务或承担的以权益工具为基础计算确定的负债的公允价值，将应计入首次执行日之前等待期的成本费用金额调整留存收益，相应增加所有者权益或负债。首次执行日之前可行权的股份支付，不应追溯调整。

(2) 授予职工以权益结算的股份支付，应当按照权益工具在授予日的公允价值调整期初留存收益，相应增加资本公积；授予日的公允价值不能可靠计量的，应当按照权益工具在首次执行日的公允价值计量。

(3) 授予职工以现金结算的股份支付，应当按照权益工具在等待期内首次执行日之前各资产负债表日的公允价值计量，减少期初留存收益，相应增加应付职工薪酬；上述各资产负债表日的公允价值不能可靠计量的，应当按照权益工具在首次执行日的公允价值计量。

（4）授予其他方的股份支付，在首次执行日，比照授予职工的股份支付处理。

（七）首次执行日重组义务的处理

将满足预计负债确认条件的重组义务，确认为负债，并调整留存收益。

（八）首次执行日所得税的处理

（1）在首次执行日对资产、负债的账面价值与计税基础不同形成的暂时性差异的所得税影响进行追溯调整，并将影响金额调整留存收益。

（2）在首次执行日，企业应当停止采用应付税款法或原纳税影响会计法，改按所得税准则规定的资产负债表债务法。

（3）采用应付税款法核算所得税费用的，应当以按照企业会计准则相关规定调整后的资产、负债账面价值为基础，与其计税基础进行比较，确定应纳税暂时性差异和可抵扣暂时性差异，采用适用的税率计算递延所得税负债及递延所得税资产金额，相应调整期初留存收益。

（4）采用原纳税影响会计法核算所得税费用的，应计算递延所得税负债和递延所得税资产的金额，同时冲销原来的递延所得税借项或贷项的金额，上述两项金额之间的差额调整期初留存收益。

（九）首次执行日非同一控制下企业合并的处理

除下列项目外，对于首次执行日之前发生的企业合并不应追溯调整。

（1）属于同一控制下企业合并，原已确认商誉的摊余价值应当全额冲销，并调整留存收益。属于非同一控制下企业合并的，应当将商誉在首次执行日的摊余价值作为认定成本，不再进行摊销。

【例38-3】A公司、B公司同为甲公司的子公司。2×17年1月，A公司收购B公司的全部资产。收购日，B公司的资产账面价值总额为460 000 000元，负债账面价值总额为240 000 000元；资产评估价值总额为350 000 000元，负债评估价值总额为150 000 000元。经过多次谈判，最终A公司以270 000 000元的价格购入B公司。2×20年1月1日，A公司执行新的企业会计准则，根据新准则的规定，对同一控制下企业合并，原已经确认商誉的摊余价值应进行追溯调整。商誉的摊销期为10年。

A公司购入B公司商誉价值计算方法如下。

购入商誉=270 000 000-（350 000 000-150 000 000）=70 000 000（元）

商誉摊余价值=70 000 000-（70 000 000÷10）×3=49 000 000（元）

A公司会计处理如下。

借：利润分配——未分配利润　　　　　　　　　　　　　　　　49 000 000
　　贷：商誉　　　　　　　　　　　　　　　　　　　　　　　　49 000 000

如果按照新准则的规定，属于非同一控制下企业合并的，应当将商誉在首次执行日的摊余价值作为认定成本，不再进行摊销。

（2）首次执行日之前发生的企业合并，合并合同或协议中约定根据未来事项的发生对合并成本进行调整的，如果首次执行日预计未来事项很可能发生并对合并成本的影响金额能够可靠计量的，应当按照该影响金额调整已确认商誉的账面价值。

（3）在首次执行日对商誉进行减值测试，发生减值的，应当以计提减值准备后的金额确认，并调整留存收益。

（十）首次执行日金融工具的处理

在首次执行日，企业应当将所持有的金融资产重分类。

（1）划分为以公允价值计量且变动计入其他综合收益的金融资产、以公允价值计量且变动计入当期损益的金融资产的，应当在首次执行日按照公允价值计量，并将账面价值与公允价值的差额调整留存收益。

（2）划分为持有至到期投资、贷款和应收款项的，应当自首次执行日起改按实际利率法，在随后的会计期间采用摊余成本计量。

（十一）首次执行日以公允价值计量且其变动计入当期损益的金融负债

企业应将账面价值与公允价值的差额调整留存收益。

（十二）首次执行日已确认或已按成本计量的衍生金融工具的处理

对于未在资产负债表内确认或已按成本计量的衍生金融工具（不包括套期工具），应当在首次执行日按照公允价值计量，同时调整留存收益。

（十三）首次执行日金融工具分拆时的公允价值

（1）对于嵌入衍生金融工具应从混合工具中分拆的，应当在首次执行日将其从混合工具中分拆并单独处理；嵌入衍生金融工具的公允价值无法合理确定的，应当将该混合工具整体指定为以公允价值计量且其变动计入当期损益的金融资产或金融负债。

（2）企业发行的包含负债和权益成分的非衍生金融工具，在首次执行日进行分拆时，先确定负债成分发行时的公允价值并以此作为其初始确认金额，再按该金融工具的整体发行价格扣除负债成分公允价值后的金额，确定权益成分的初始确认金额。

（3）负债发行时的公允价值不能合理确定的，可以按该项负债在首次执行日的公允价值作为其初始确认金额。发行时和首次执行日负债的公允价值均不能合理确定的，不应对金融工具进行分拆。

（十四）首次执行日再保险分出业务的处理

发生再保险分出业务的企业，在首次执行日将应向再保险接受人摊回的相应准备金确认为资产，并调整各项准备金的账面价值。

38.2.3　首次执行日采用未来适用法有关项目的处理

（一）正在开发和加工的无形资产或存货

（1）对于首次执行日企业正在开发过程中的内部开发项目，已经费用化的开发支出，不应追溯调整；首次执行日及以后发生的开发支出，符合无形资产确认条件的，应当予以资本化。

（2）对于处在开发阶段的内部开发项目、处于生产过程中的需要经过相当长时间才能达到预定可销售状态的存货，以及营造、繁殖需要经过相当长时间才能达到预定可使用或可销售状态的生物资产，首次执行日之前未予资本化的借款费用，不应追溯调整；上述尚未完成开发或尚未完工的各项资产，首次执行日及以后发生的借款费用，应当将符合资本化条件的部分予以资本化。

（二）超过正常信用条件延期付款（或收款）、实质上具有融资性质的购销业务

（1）对于首次执行日处于收款过程中的采用递延收款方式、实质上具有融资性质的销售商品或提供劳务收入，首次执行日前已确认的收入和结转的成本不再追溯调整。在首次执行日后的第一个会计期间，企业应当将销售合同或协议剩余价款作为长期应收款，尚未收取的合同或协议价款的公允价值即现值确认为主营业务收入，两者的差额作为未实现融资收益，在剩余收款期限内按照实际利率法进行摊销。

（2）首次执行日之前购买的固定资产、无形资产在超过正常信用条件的期限内延期付款，实质上具有融资性质的，首次执行日之前已计提的折旧和摊销额，不再追溯调整；在首次执行日，企业应当以尚未支付的款项折现后的现值与资产账面价值的差额，减少资产的账面价值，同时增加未确认融资费用。首次执行日后，企业应当以调整后的资产账面价值作为认定成本并以此为基础计提折旧，未确认融资费用按照实际利率法进行摊销。融资租赁下出租人和承租人的租赁资产价值、未确认融资收益、未确认融资费用以及初始直接费用等，比照上述原则处理。

（三）会计估计

（1）企业在首次执行日按照企业会计准则所做的估计，应当与按照原会计制度或准则所做的估计一致，不应追溯调整，除非有客观证据表明原估计是错误的。首次执行日以后获得的、表明首次执行日后发生情况的新信息，视同《企业会计准则第29号——资产负债表日后事项》中的非调整事项处理。

（2）按照企业会计准则规定需要做出的会计估计事项，在原会计制度或准则不要求估计的，如某些资产、负债的公允价值等，在首次执行日，关于市场价格、利率或汇率的估计应当反映该日的市场状况。

38.3 首次执行日会计列报

38.3.1 首份年度财务报表

在首次执行日后按照企业会计准则编制的首份年度财务报表（以下简称"首份年度财务报表"）期间，企业应当按照《企业会计准则第30号——财务报表列报》和《企业会计准则第31号——现金流量表》的规定，编报资产负债表、利润表、现金流量表和所有者权益变动表及附注。

对外提供合并财务报表的，应当遵循《企业会计准则第33号——合并财务报表》的规定。

在首份年度财务报表涵盖的期间内对外提供中期财务报告的，应当遵循《企业会计准则第32号——中期财务报告》的规定。

企业应当在附注中披露首次执行企业会计准则财务报表项目金额的变动情况。

38.3.2 比较财务报表及披露

首份年度财务报表至少应当包括上年度按照企业会计准则列报的比较信息。财务报表项目的列报发生变更的，应当对上年度比较数据按照企业会计准则的列报要求进行调整，但不切实可行的除外。

对于原未纳入合并范围但按照《企业会计准则第 33 号——合并财务报表》规定应纳入合并范围的子公司，在上年度的比较合并财务报表中，企业应当将该子公司纳入合并范围。对于原已纳入合并范围但按照该准则规定不应纳入合并范围的子公司，在上年度的比较合并财务报表中，企业不应将该子公司纳入合并范围。上年度比较合并财务报表中列示的少数股东权益，应当按照该准则的规定，在所有者权益类列示。

应当列示每股收益的企业，比较财务报表中上年度的每股收益按照《企业会计准则第 34 号——每股收益》的规定计算和列示。

应当披露分部信息的企业，比较财务报表中上年度关于分部的信息按照《企业会计准则第 35 号——分部报告》的规定披露。

第 39 章
公允价值计量

公允价值计量是市场经济条件下维护产权秩序的必要手段,也是提高会计信息质量的重要途径,它代表了会计计量体系变革的总体趋势。

39.1 公允价值计量概述

公允价值,是指市场参与者在计量日发生的有序交易中,出售一项资产所能收到或者转移一项负债所需支付的价格。

39.2 相关资产或负债

39.2.1 资产或负债的特征

企业以公允价值计量相关资产或负债,应当考虑该资产或负债的特征。

39.2.2 资产或负债的计量单元

以公允价值计量的相关资产或负债可以是单项资产或负债,也可以是资产组合、负债组合或者资产和负债的组合。企业是以单项还是以组合的方式对相关资产或负债进行公允价值计量,取决于该资产或负债的计量单元。

39.3 有序交易和市场

39.3.1 有序交易

有序交易,是指在计量日前一段时期内相关资产或负债具有惯常市场活动的交易。

【例39-1】甲公司持有一项权益性工具,相关法律法规规定,该项权益性工具在特定期间内不得对外转让。则在特定期间内不得对外转让是该项权益性工具的特征。因此,在计量该项权益工具的公允价值时,可以采用不受转让限制的、相同的权益性工具的公开市场的报价作为计量基础,并对不能转让的法律限制的影响做出一定的调整。该项调整的大小将取决于以下几个因素:①该限制的性质和时间;②该限制对购买者的影响大小;③与该项权益性工具以及其发行者相关的其他因素。

39.3.2 主要市场和最有利市场

企业以公允价值计量相关资产或负债,应当假定出售资产或者转移负债的有序交易在相关资产或负债的主要市场进行。不存在主要市场的,企业应当假定该交易在相关资产或负债的最有利市场进行。主要市场,是指相关资产或负债交易量最大和交易活跃程度最高的市场。最有利市场,是指在考虑交易费用和运输费用后,能够以最高金额出售相关资产或者以最低金额转移相关负债的市场。

39.4 市场参与者

39.4.1 公允价值计量条件

企业以公允价值计量相关资产或负债,应当采用市场参与者在对该资产或负债定价时为实现其经济利益最大化所使用的假设。企业在确定市场参与者时,应当考虑所计量的相关资产或负债、该资产或负债的主要市场(或最有利市场)以及在该市场上与企业进行交易的市场参与者等因素,从总体上识别市场参与者。

39.4.2 市场参与者定义

市场参与者,是指在相关资产或负债的主要市场(或最有利市场)中,同时具备下列特征的买方和卖方:

(1)市场参与者应当相互独立,不存在《企业会计准则第36号——关联方披露》所述的关联方关系;

(2)市场参与者应当熟悉情况,能够根据可取得的信息对相关资产或负债以及交易具备合理认知;

(3)市场参与者应当有能力并自愿进行相关资产或负债的交易。

【例39-2】假定A公司拥有一项资产,该资产存在甲和乙两个市场,两个市场的交易量基本相同,只是价格有所不同。A公司在计量日都能够进入这两个市场。该项资产没有主要市场。具体价格及费用如表39-1所示。

表39-1　　　　　　　　　甲、乙市场价格及费用

单位:元

项目	甲市场	乙市场
售价	28	26
运输费用	4	3
合计	24	23
交易费用	3	1
净额	21	22

分析:

如果甲市场为该项资产的主要市场(即交易量最大和活跃程度最大的市场),则该项资产的公允价值为该市场的市场价格,如果再考虑运输费用,则其公允价值为24元。

如果该资产的主要市场不存在,则要考虑其最有利市场。如果考虑运输费用和交易费用,

在乙市场出售该项资产所获得的净额最大，因此乙市场为最有利市场。但是，计量公允价值时不能考虑交易费用，因而该项资产的公允价值应该为23元。

39.5 公允价值初始计量

39.5.1 初始计量

企业应当根据交易性质和相关资产或负债的特征等，判断初始确认时的公允价值是否与其交易价格相等。

39.5.2 公允价值通常与其交易价格不相等的情况

相关资产或负债在初始确认时的公允价值通常与其交易价格相等，但在下列情况中两者可能不相等。

（1）交易发生在关联方之间。但企业有证据表明该关联方交易是在市场条件下进行的除外。

（2）交易是被迫的。

（3）交易价格所代表的计量单元与按照公允价值计量准则第七条确定的计量单元不同。

（4）交易市场不是相关资产或负债的主要市场（或最有利市场）。

【例39-3】假定A公司生产并销售一种产品，该产品存在甲、乙、丙三个市场。A公司在这三个市场上均能销售该种产品。在计量日，A公司在这三个市场上生产和销售了100个产品，具体销售情况如表39-2所示。

表39-2　　　　　　　　　　A公司销售情况

市场类别	销售价格（元）	A公司分别在各个市场的销售比重	该种产品在各个市场的整体销售比重
甲	27 000	50%	12%
乙	24 000	30%	80%
丙	18 000	20%	8%

分析：

根据上述信息，按照新企业会计准则的规定，乙市场是该种产品的主要市场，原因在于乙市场为市场交易量最大的市场。因此，A公司在计量该种产品的公允价值时，应当以24 000元作为公允价值。

39.5.3 以公允价值对相关资产或负债进行初始计量且交易价格与公允价值不相等的利得或损失处理

企业应当将交易价格与公允价值不相等的相关利得或损失计入当期损益，但其他相关会计准则另有规定的除外。

39.6 估值技术

39.6.1 估值技术概述

企业以公允价值计量相关资产或负债，应当采用在当前情况下适用并且有足够可利用数据和其他信息支持的估值技术。

39.6.2 估值技术方法

企业以公允价值计量相关资产或负债，使用的估值技术主要包括市场法、收益法和成本法。

市场法，是利用相同或类似的资产、负债或资产和负债组合的价格以及其他相关市场交易信息进行估值的技术。

收益法，是将未来金额转换成单一现值的估值技术。

成本法，是反映当前要求重置相关资产服务能力所需金额（通常指现行重置成本）的估值技术。

【例39-4】甲公司以企业合并的方式获取了一项资产组合，该资产组合包括一项由被并购企业内部研发的软件资产、相关性互补性资产（如相关性的数据库）和相关性负债。根据企业会计准则购买法，甲公司应当按照公允价值模式计量该项软件资产。甲公司认为，该项软件资产与相关性互补性资产及相关性负债组合使用，能为市场参与者创造最大的价值。另外，没有证据表明，该项软件资产的现行用途不是它的最佳用途。因此，我们假定该项资产的最佳用途为现行用途。

目前，甲公司拥有足够的数据来运用收益法和成本法去计算该项软件资产的公允价值，但是现行条件无法运用市场法。收益法和成本法的具体运用如下。

采用现值技术运用收益法。该方法所采用的现金流量为该项软件资产在其寿命期所能产生的净现金流量。据此方法计算得出的公允价值为 20 000 000 元。

成本法是通过估算开发类似用途的替代软件资产所需要的支出来计算。运用该种方法计算得出的公允价值为 18 000 000 元。

由于运用成本法时的替代软件资产具有一定的功能独特性，只有使用专有信息才能开发出来，而且较难被复制，因此甲公司认为内部无法开发该项替代软件产品，因此该项软件资产的公允价值应当采用收益法所计算得出的公允价值计量，即为 20 000 000 元。

39.6.3 变更估值技术的情况

公允价值计量使用的估值技术一经确定，不得随意变更，但变更估值技术或其应用能使计量结果在当前情况下同样或者更能代表公允价值的情况除外，包括但不限于下列情况。

（1）出现新的市场。

（2）可以取得新的信息。

（3）无法再取得以前使用的信息。

（4）改进了估值技术。

（5）市场状况发生变化。

39.7 公允价值层次

企业应当将公允价值计量所使用的输入值划分为三个层次,并首先使用第一层次输入值,其次使用第二层次输入值,最后使用第三层次输入值。

第一层次输入值是在计量日能够取得的相同资产或负债在活跃市场上未经调整的报价。

第二层次输入值是除第一层次输入值外相关资产或负债直接或间接可观察的输入值。

第三层次输入值是相关资产或负债的不可观察输入值。

39.8 非金融资产的公允价值计量

39.8.1 非金融资产的计量

企业应当考虑市场参与者将该资产用于最佳用途产生经济利益的能力,或者将该资产出售给能够用于最佳用途的其他市场参与者产生经济利益的能力。

39.8.2 非金融资产最佳用途的影响因素

企业应当考虑法律上是否允许、实物上是否可能以及财务上是否可行等因素。

39.8.3 估值前提的确定

企业应当基于最佳用途确定下列估值前提。

(1)市场参与者单独使用一项非金融资产产生最大价值的,该非金融资产的公允价值应当是将其出售给同样单独使用该资产的市场参与者的当前交易价格。

(2)市场参与者将一项非金融资产与其他资产(或者其他资产或负债的组合)组合使用产生最大价值的,该非金融资产的公允价值应当是将其出售给以同样组合方式使用该资产的市场参与者的当前交易价格,并且该市场参与者可以取得组合中的其他资产和负债。

【例39-5】甲公司拥有一项投资性房地产,具体为一块土地以及土地上所建造的旧冷库。该块土地可用来重新建造一个休闲场所,其市场价值远高于其作为一个冷库的价值。甲公司管理层不知道该如何确定该项投资性房地产的公允价值。

分析:

依据新企业会计准则,企业以公允价值计量非金融资产时,应当假定非金融资产的最佳用途。在该例子中,重新建造一个休闲场所显然是该项投资性房地产的最佳用途。但是,值得注意的是,重新建造休闲场所需要拆除现有的冷库,因此,在最佳用途假设下,该冷库的市场价值为零。

39.9 负债和企业自身权益工具的公允价值计量

39.9.1 负债和企业自身权益工具的计量

企业以公允价值计量负债,应当假定在计量日将该负债转移给其他市场参与者,而且该负债在转移后继续存在,并由作为受让方的市场参与者履行义务。企业以公允价值计量自身权益工具,应当假定在计量日将该自身权益工具转移给其他市场参与者,而且该自身权益工具在转移后继续存在,并由作为受让方的市场参与者取得与该工具相关的权利、承担相应的义务。

39.9.2 计量原则

企业以公允价值计量负债或自身权益工具,应当遵循下列原则。

(1) 存在相同或类似负债或企业自身权益工具可观察市场报价的,应当以该报价为基础确定该负债或企业自身权益工具的公允价值。

(2) 不存在相同或类似负债或企业自身权益工具可观察市场报价,但其他方将其作为资产持有的,企业应当在计量日从持有该资产的市场参与者角度,以该资产的公允价值为基础确定该负债或自身权益工具的公允价值。

(3) 不存在相同或类似负债或企业自身权益工具可观察市场报价,并且其他方未将其作为资产持有的,企业应当从承担负债或者发行权益工具的市场参与者角度,采用估值技术确定该负债或企业自身权益工具的公允价值。

39.10 市场风险或信用风险可抵销的金融资产和金融负债的公允价值计量

39.10.1 计量原则

企业以市场风险和信用风险的净敞口为基础管理金融资产和金融负债的,可以以计量日市场参与者在当前市场条件下有序交易中出售净多头(即资产)或者转移净空头(即负债)的价格为基础,计量该金融资产和金融负债组合的公允价值。

39.10.2 计量条件

企业按上述计量原则计量金融资产和金融负债组合的公允价值的,应当同时满足下列条件。

(1) 企业风险管理或投资策略的正式书面文件已载明,企业以特定市场风险或特定对手信用风险的净敞口为基础,管理金融资产和金融负债的组合。

(2) 企业以特定市场风险或特定对手信用风险的净敞口为基础,向企业关键管理人员报告金融资产和金融负债组合的信息。

(3) 企业在每个资产负债表日以公允价值计量组合中的金融资产和金融负债。

39.11 公允价值披露

39.11.1 公允价值披露要求

企业应当根据相关资产或负债的性质、特征、风险以及公允价值计量的层次对该资产或负债进行恰当分组,并按照组别披露公允价值计量的相关信息。

企业应当区分持续的公允价值计量和非持续的公允价值计量。

39.11.2　持续以公允价值计量的每组资产和负债的附注披露要求

在相关资产或负债初始确认后的每个资产负债表日，企业至少应当在附注中披露持续以公允价值计量的每组资产和负债的下列信息。

（1）其他相关会计准则要求或者允许企业在资产负债表日持续以公允价值计量的项目和金额。

（2）公允价值计量的层次。

（3）在各层次之间转换的金额和原因，以及确定各层次之间转换时点的政策。每一层次的转入与转出应当分别披露。

（4）对于第二层次的公允价值计量，企业应当披露使用的估值技术和输入值的描述性信息。当变更估值技术时，企业还应当披露这一变更以及变更的原因。

（5）对于第三层次的公允价值计量，企业应当披露使用的估值技术、输入值和估值流程的描述性信息。当变更估值技术时，企业还应当披露这一变更以及变更的原因。企业应当披露公允价值计量中使用的重要的、可合理取得的不可观察输入值的量化信息。

（6）对于第三层次的公允价值计量，企业应当披露期初余额与期末余额之间的调节信息，包括计入当期损益的已实现利得或损失总额，以及确认这些利得或损失时的损益项目；计入当期损益的未实现利得或损失总额，以及确认这些未实现利得或损失时的损益项目；计入当期其他综合收益的利得或损失总额，以及确认这些利得或损失时的其他综合收益项目；分别披露相关资产或负债购买、出售、发行及结算情况。

（7）对于第三层次的公允价值计量，当改变不可观察输入值的金额可能导致公允价值显著变化时，企业应当披露有关敏感性分析的描述性信息。

（8）当非金融资产的最佳用途与其当前用途不同时，企业应当披露这一事实及其原因。

39.11.3　非持续以公允价值计量的每组资产和负债的附注披露要求

在相关资产或负债初始确认后的资产负债表中，企业至少应当在附注中披露非持续以公允价值计量的每组资产和负债的下列信息。

（1）相关会计准则要求或者允许企业在特定情况下非持续以公允价值计量的项目和金额，以及以公允价值计量的原因。

（2）价值计量的层次。

（3）第二层次的公允价值计量，企业应当披露使用的估值技术和输入值的描述性信息。当变更估值技术时，企业还应当披露这一变更以及变更的原因。

（4）第三层次的公允价值计量，企业应当披露使用的估值技术、输入值和估值流程的描述性信息，当变更估值技术时，企业还应当披露这一变更以及变更的原因。企业应当披露公允价值计量中使用的重要不可观察输入值的量化信息。

（5）金融资产的最佳用途与其当前用途不同时，企业应当披露这一事实及其原因。

第 40 章
合营安排

40.1 合营安排概述

40.1.1 合营安排定义

合营安排,是指一项由两个或两个以上的参与方共同控制的安排。合营安排具有下列特征:

(1)各参与方均受到该安排的约束;

(2)两个或两个以上的参与方对该安排实施共同控制。

40.1.2 合营安排参与方

合营安排不要求所有参与方都对该安排实施共同控制。合营安排参与方既包括对合营安排享有共同控制的参与方(即合营方),也包括对合营安排不享有共同控制的参与方。

40.2 合营安排的认定和分类

40.2.1 合营安排的认定

共同控制,是指按照相关约定对某项安排所共有的控制,并且该安排的相关活动必须经过分享控制权的参与方一致同意后才能决策。在判断是否存在共同控制时,应当首先判断所有参与方或参与方组合是否集体控制该安排,其次判断该安排相关活动的决策是否必须经过这些集体控制该安排的参与方一致同意。如果存在两个或两个以上的参与方组合能够集体控制某项安排的,不构成共同控制。仅享有保护性权利的参与方不享有共同控制。

【例40-1】A、B、C、D四个公司持有甲公司股份,持股比例分别是30%、30%、5%、3%,持股合约显示A和B公司对甲公司进行合营安排,类别为共同经营,现在甲公司在决策是否进行新产品的研制和开发,则A和B公司对甲公司共同享有安排相关资产并承担相关负债的合营安排,且任何一方不能独立进行安排,安排确定后其他参与方也需遵从此安排。

40.2.2 合营安排的分类

合营安排分为共同经营和合营企业。合营方应当根据其在合营安排中享有的权利和承担的义务确定合营安排的分类。对权利和义务进行评价时应当考虑该安排的结构、法律形式以及合同条款等因素。

(1)未通过单独主体达成的合营安排,应当划分为共同经营。

（2）通过单独主体达成的合营安排，通常应当划分为合营企业。但有确凿证据表明满足下列任一条件并且符合相关法律法规规定的合营安排应当划分为共同经营。

①合营安排的法律形式表明，合营方对该安排中的相关资产和负债分别享有权利和承担义务。

②合营安排的合同条款约定，合营方对该安排中的相关资产和负债分别享有权利和承担义务。

③其他相关事实和情况表明，合营方对该安排中的相关资产和负债分别享有权利和承担义务。

【例40-2】A、B两个公司对甲公司享有合营安排权利，该合营安排已通过单独主体达成，合营安排合同的相关条款中规定A、B两公司对安排中的相关资产和负债分别享有权利和承担义务，则A、B公司对甲公司的合营安排是哪一类？

分析：

通常情况下，通过单独主体达成的合营安排应当划分为合营企业，而此案例中，合营安排合同的相关条款中规定A、B两公司对安排中的相关资产和负债分别享有权利和承担义务，此种情况下，应当将这类合营安排划分为共同经营。

40.3 共同经营参与方的会计处理

40.3.1 共同经营合营方利益份额的确定

合营方应当确认其与共同经营中利益份额相关的下列项目，并按照相关企业会计准则的规定进行会计处理：

（1）确认单独所持有的资产，以及按其份额确认共同持有的资产；

（2）确认单独所承担的负债，以及按其份额确认共同承担的负债；

（3）确认出售其享有的共同经营产出份额所产生的收入；

（4）按其份额确认共同经营因出售产出所产生的收入；

（5）确认单独所发生的费用，以及按其份额确认共同经营发生的费用。

40.3.2 共同经营投出或出售资产损益的确认

合营方向共同经营投出或出售资产等（该资产构成业务的除外），在该资产等由共同经营出售给第三方之前，应当仅确认因该交易产生的损益中归属于共同经营其他参与方的部分。投出或出售的资产发生符合《企业会计准则第8号——资产减值》等规定的资产减值损失的，合营方应当全额确认该损失。

40.3.3 共同经营购买资产损益中归属于共同经营其他参与方的部分确认

合营方自共同经营购买资产等（该资产构成业务的除外），在将该资产等出售给第三方之前，应当仅确认因该交易产生的损益中归属于共同经营其他参与方的部分。购入的资产发生符合《企业会计准则第8号——资产减值》等规定的资产减值损失的，合营方应当按其承担的份额确认该部分损失。

40.3.4 对共同经营不享有共同控制的参与方损益的确认

对共同经营不享有共同控制的参与方，如果享有该共同经营相关资产且承担该共同经营相关负债的，应当按照合营安排准则第十五条至第十七条的规定进行会计处理；否则，应当按照相关企业会计准则的规定进行会计处理。

40.4 合营企业参与方的会计处理

合营方应当按照《企业会计准则第2号——长期股权投资》的规定对合营企业的投资进行会计处理。对合营企业不享有共同控制的参与方应当根据其对该合营企业的影响程度进行会计处理。

（1）对该合营企业具有重大影响的，应当按照《企业会计准则第2号——长期股权投资》的规定进行会计处理。

（2）对该合营企业不具有重大影响的，应当按照《企业会计准则第22号——金融工具确认和计量》的规定进行会计处理。

第41章
在其他主体中权益的披露

企业披露的在其他主体中权益的信息，有助于财务报表使用者评估企业在其他主体中权益的性质和相关风险，以及该权益对企业财务状况、经营成果和现金流量的影响。

41.1 在其他主体中权益的披露概述

在其他主体中的权益，是指通过合同或其他形式能够使企业参与其他主体的相关活动并因此享有可变回报的权益。

《企业会计准则第41号——在其他主体中权益的披露》适用于企业在子公司、合营安排、联营企业和未纳入合并财务报表范围的结构化主体中权益的披露。

41.2 重大判断和假设的披露

41.2.1 对其他主体实施控制、共同控制或重大影响的重大判断和假设的披露

企业应当披露包括但不限于下列各项。

（1）企业持有其他主体半数或以下的表决权但仍控制该主体的判断和假设，或者持有其他主体半数以上的表决权但并不控制该主体的判断和假设。

（2）企业持有其他主体20%以下的表决权但对该主体具有重大影响的判断和假设，或者持有其他主体20%或以上的表决权但对该主体不具有重大影响的判断和假设。

（3）企业通过单独主体达成合营安排的，确定该合营安排是共同经营还是合营企业的判断和假设。

（4）确定企业是代理人还是委托人的判断和假设。

41.2.2 由非投资性主体转变为投资性主体的信息披露

企业（母公司）由非投资性主体转变为投资性主体的，应当披露该变化及其原因，并披露该变化对财务报表的影响。企业（母公司）由投资性主体转变为非投资性主体的，应当披露该变化及其原因。

41.3 在子公司中权益的披露

41.3.1 在合并财务报表附注中的披露一般要求

企业应当在合并财务报表附注中披露企业集团的构成，包括子公司的名称、主要经营地及注册地、业务性质、企业的持股比例（或类似权益比例，下同）等。

41.3.2 使用企业集团资产和清偿企业集团债务存在重大限制的企业的附注披露要求

企业应当在合并财务报表附注中披露下列信息。
（1）重大限制的内容。
（2）重大限制的性质和程度。
（3）重大限制涉及的资产和负债在合并财务报表中的金额。

41.3.3 存在纳入合并财务报表范围的结构化主体的企业的附注披露要求

企业或其子公司向该结构化主体提供财务支持的，应当在合并财务报表附注中披露下列信息。
（1）合同约定的，应当披露提供财务支持的合同条款，包括可能导致企业承担损失的事项或情况。
（2）没有合同约定的，应当披露所提供支持的类型、金额及原因，包括帮助该结构化主体获得财务支持的情况。
（3）企业存在向该结构化主体提供财务支持或其他支持意图的，应当披露该意图，包括帮助该结构化主体获得财务支持的意图。

41.3.4 对子公司所有者权益所拥有份额发生变化时企业的附注披露要求

企业在其子公司所有者权益份额发生变化且该变化未导致企业丧失对子公司控制权的，应当在合并财务报表附注中披露该变化对本企业所有者权益的影响。企业丧失对子公司控制权的，应当在合并财务报表附注中披露下列信息。
（1）由于丧失控制权而产生的利得或损失以及相应的列报项目。
（2）剩余股权在丧失控制权日按照公允价值重新计量而产生的利得或损失。

41.3.5 作为投资性主体的企业对未纳入合并财务报表的投资企业的一般披露要求

企业是投资性主体且存在未纳入合并财务报表范围的子公司，并对该子公司权益按照公允价值计量且其变动计入当期损益的，应当在财务报表附注中对该情况予以说明。同时，对于未纳入合并财务报表范围的子公司，企业应当披露下列信息。
（1）子公司的名称、主要经营地及注册地。
（2）企业对子公司的持股比例。

41.3.6 作为投资性主体的企业对未纳入合并财务报表的投资企业的风险披露要求

企业应当披露与未纳入合并财务报表范围的子公司权益相关的风险信息。
（1）该未纳入合并财务报表范围的子公司以发放现金股利、归还贷款或垫款等形式向企业转移资金的能力存在重大限制的，企业应当披露该限制的性质和程度。
（2）企业存在向未纳入合并财务报表范围的子公司提供财务支持或其他支持的承诺或意图的，企业应当披露该承诺或意图。在没有合同约定的情况下，企业应当披露提供支持的类型、金额及原因。
（3）合同约定企业或其纳入合并财务报表范围的子公司向未纳入合并财务报表范围，

但受企业控制的结构化主体提供财务支持的,企业应当披露相关合同条款,以及可能导致企业承担损失的事项或情况。没有合同约定的,企业或其未纳入合并财务报表范围的子公司当期向原先不受企业控制且未纳入合并财务报表范围的结构化主体提供财务支持或其他支持,并且所提供的支持导致企业控制该结构化主体的,企业应当披露决定提供上述支持的相关因素。

41.4 在合营安排或联营企业中权益的披露

41.4.1 存在重要的合营安排或联营企业的,企业应当披露的信息

(1)合营安排或联营企业的名称、主要经营地及注册地。
(2)企业与合营安排或联营企业的关系的性质。
(3)企业的持股比例。

41.4.2 重要的合营企业或联营企业补充信息披露

对于重要的合营企业或联营企业,企业除了应当按照在其他主体中权益的披露准则第十四条披露相关信息外,还应当披露对合营企业或联营企业投资的会计处理方法,从合营企业或联营企业收到的股利,以及合营企业或联营企业在其自身财务报表中的主要财务信息。

41.4.3 企业在单个合营企业或联营企业中的权益不重要的信息披露

企业应当分别就合营企业和联营企业两类披露下列信息。
(1)按照权益法进行会计处理的对合营企业或联营企业投资的账面价值合计数。
(2)对合营企业或联营企业的净利润、终止经营的净利润、其他综合收益、综合收益等项目,企业按照其持股比例计算的金额的合计数。

41.4.4 限制性信息披露

合营企业或联营企业以发放现金股利、归还贷款或垫款等形式向企业转移资金的能力存在重大限制的,企业应当披露该限制的性质和程度。

41.4.5 超额亏损的份额确认

企业对合营企业或联营企业投资采用权益法进行会计处理,被投资方发生超额亏损且投资方不再确认其应分担合营企业或联营企业损失份额的,应当披露未确认的合营企业或联营企业损失份额,包括当期份额和累积份额。

41.4.6 未确认承诺及或有负债的披露

企业应当单独披露与其对合营企业投资相关的未确认承诺,以及与其对合营企业或联营企业投资相关的或有负债。

41.5 在未纳入合并财务报表范围的结构化主体中权益的披露

41.5.1 对于未纳入合并财务报表范围的结构化主体的企业应当披露的信息

企业应当披露下列信息。

（1）未纳入合并财务报表范围的结构化主体的性质、目的、规模、活动及融资方式。

（2）在财务报表中确认的与企业在未纳入合并财务报表范围的结构化主体中权益相关的资产和负债的账面价值及其在资产负债表中的列报项目。

（3）在未纳入合并财务报表范围的结构化主体中权益的最大损失敞口及其确定方法。企业不能量化最大损失敞口的，应当披露这一事实及其原因。

（4）在财务报表中确认的与企业在未纳入合并财务报表范围的结构化主体中权益相关的资产和负债的账面价值与其最大损失敞口的比较。

企业发起设立未纳入合并财务报表范围的结构化主体，但资产负债表日在该结构化主体中没有权益的，企业不需要披露上述（2）至（4）项要求的信息，但应当披露企业作为该结构化主体发起人的认定依据，并分类披露企业当期从该结构化主体获得的收益、收益类型，以及转移至该结构化主体的所有资产在转移时的账面价值。

41.5.2 披露对未纳入合并财务报表范围的结构化主体提供财务支持或其他支持的意图

企业应当披露其向未纳入合并财务报表范围的结构化主体提供财务支持或其他支持的意图。在没有合同约定的情况下，企业还应当披露提供支持的类型、金额及原因。

41.5.3 企业是投资性主体的，对受其控制但未纳入合并财务报表范围的结构化主体的处理

企业应当按照本章 3.5 节和 3.6 节的规定进行披露，不需要按照本章规定进行披露。

第42章
持有待售的非流动资产、处置组和终止经营

规范持有待售的非流动资产、处置组和终止经营的会计处理,有利于企业适应社会主义市场经济发展需要,规范相关会计处理,提高会计信息质量。

42.1 准则适用范围

《企业会计准则第42号——持有待售的非流动资产、处置组和终止经营》(以下简称"持有待售")适用于所有非流动资产和处置组。本准则的计量规定适用于所有非流动资产,但下列各项的计量适用其他相关会计准则,如表42-1所示。

表42-1　　　　　　　　不适用持有待售准则的非流动资产

非流动资产项目	适用准则
采用公允价值模式进行后续计量的投资性房地产	《企业会计准则第3号——投资性房地产》
采用公允价值减去出售费用后的净额计量的生物资产	《企业会计准则第5号——生物资产》
职工薪酬形成的资产	《企业会计准则第9号——职工薪酬》
递延所得税资产	《企业会计准则第18号——所得税》
由金融工具相关会计准则规范的金融资产	适用金融工具相关会计准则
由保险合同相关会计准则规范的保险合同所产生的权利	适用保险合同相关会计准则

处置组包含适用本准则计量规定的非流动资产的,本准则的计量规定适用于整个处置组。处置组中负债的计量适用相关会计准则。

42.2 持有待售的非流动资产或处置组的定义与分类

42.2.1 持有待售类别的定义

非流动资产是流动资产以外的资产。流动资产是指满足下列条件之一的资产:(1)预计在一个正常营业周期中变现、出售或耗用;(2)主要为交易目的而持有;(3)预计在资产负债表日起一年内变现;(4)自资产负债表日起一年内,交换其他资产或清偿负债的能力不受限制的现金或现金等价物。

处置组,是指在一项交易中作为整体通过出售或其他方式一并处置的一组资产,以及在该交易中转让的与这些资产直接相关的负债。

资产组,是指企业可以认定的最小资产组合,其产生的现金流入应当基本上独立于其他资产或者资产组产生的现金流入。处置组可能是一组资产组组合、一个资产组或某个资产组的一部分。

42.2.2 持有待售类别的划分条件

1. 非流动资产或处置组划分为持有待售类别的满足条件

一是在当前状况下,仅根据出售此类资产或处置组的惯常条款,即可立即出售。

二是出售极可能发生,即企业已经就一项出售计划作出决议且获得确定的购买承诺,预计出售将在一年内完成。如果该出售计划需要得到企业相关权力机构或者监管部门批准,应当已经取得批准。

(1) 可立即出售。

根据类似交易中出售此类资产或处置组的惯例,在当前状况下即可立即出售。为满足该条件,企业应当具有在当前状态下出售该非流动资产或处置组的意图和能力,并且企业应当在出售前做好相关准备。

上文所述"出售"包括具有商业实质的非货币性资产交换。另外,如果企业以非流动资产或处置组作为换出资产进行债务重组,也可能符合划分为持有待售类别的条件。

【例 42-1】G 企业在 X 市区繁华地段拥有一栋办公大楼,企业的主要业务部门均在该大楼内办公。由于发展战略发生改变,G 企业计划整体搬迁至 Y 市。G 企业与 H 企业签订了办公大楼转让合同,附带约定条款。

情形一:G 企业将在腾空办公大楼后将其交付给 H 企业,且腾空办公大楼所需时间是正常且符合交易惯例的。

情形二:G 企业将在 Y 市兴建的新办公大楼竣工并装修完成前继续使用现有办公大楼,竣工并装修完成后将 X 市办公大楼交付 H 企业。

分析:

情形一,在出售建筑物前将其腾空属于出售此类资产的惯例,且腾空只占用常规所需时间,因此,即使 G 企业的办公大楼当前尚未腾空,并不影响其满足在当前状况下即可立即出售的条件。

情形二,"在 Y 市兴建的新办公大楼竣工并装修完成前继续使用现有办公大楼"的条件不属于类似交易中出售此类资产的惯例,使得办公大楼在当前状况下不能立即出售,在新大楼竣工并装修完成前 G 企业虽然已取得确定的购买承诺,办公大楼仍然不符合持有待售类别的划分条件。

(2) 出售极可能发生。

"出售极可能发生"应当包含以下几层含义。

一是企业出售非流动资产或处置组的决议,如果规定企业相关权力机构或者监管部门批准后方可出售,应当已经获得批准。

二是企业已经获得确定的购买承诺,该协议包含交易价格、时间和足够严厉的违约惩罚等重要条款,使协议出现重大调整或者撤销的可能性极小。

三是预计自划分为持有待售类别起一年内,出售交易能够完成。

因企业无法控制的下列原因之一,导致非关联方之间的交易未能在一年内完成,且有充分证据表明企业仍然承诺出售非流动资产或处置组的,企业应当继续将非流动资产或处置组划分为持有待售类别。

①意外设定条件。买方或其他方意外设定导致出售延期的条件，企业针对这些条件已经及时采取行动，且预计能够自设定导致出售延期的条件起一年内顺利化解延期因素。

【例 42-2】 E 企业计划将整套钢铁生产厂房和设备出售给 F 企业，E 企业和 F 企业不存在关联方关系，双方已于 2×19 年 9 月 16 日签订了转让合同。因该厂区的污水排放系统存在缺陷，对周边环境造成了污染。

情形一：E 企业不知晓土地污染情况，2×19 年 11 月 6 日，F 企业在对生产厂房和设备进行检查过程中发现污染，并要求 E 企业进行补救。E 企业立即着手采取措施，预计至 2×20 年 10 月底环境污染问题能够得到成功整治。

情形二：E 企业知晓土地污染情况，在转让合同中附带条款，承诺将自 2×19 年 10 月 1 日起开展污染清除工作，清除工作预计将持续 8 个月。

情形三：E 企业知晓土地污染情况，在协议中标明不承担清除污染义务，并在确定转让价格时考虑了该污染因素，预计转让将于 9 个月内完成。

分析：

情形一，在签订转让合同前，买卖双方并不知晓影响交易进度的环境污染问题，属于符合延长一年期限的例外事项，在 2×19 年 11 月 6 日发现延期事项后，E 企业预计将在一年内消除延期因素，因此仍然可以将处置组划分为持有待售类别。

情形二，虽然买卖双方已经签订协议，但在污染得到整治前，该处置组在当前状态下不可立即出售，不符合划分为持有待售类别的条件。

情形三，由于卖方不承担清除污染义务，转让价格已将污染因素考虑在内，该处置组于协议签署日即符合划分为持有待售类别的条件。

②发生罕见情况。因发生罕见情况，导致持有待售的非流动资产或处置组未能在一年内完成出售，企业在最初一年内已经针对这些新情况采取必要措施且重新满足了持有待售类别的划分条件。这里的"罕见情况"主要指因不可抗力引发的情况、宏观经济形势发生急剧变化等不可控情况。

【例 42-3】 A 企业拟将一栋原自用的写字楼转让，于 2×18 年 12 月 6 日与 B 企业签订了房产转让协议，预计将于 10 个月内完成转让，假定该写字楼于签订协议当日符合划分为持有待售类别的条件。由于全球金融危机，市场状况迅速恶化，房地产价格大跌，B 企业认为原协议价格过高，决定放弃购买，并于 2×19 年 9 月 21 日按照协议约定缴纳了违约金。A 企业决定在考虑市场状况变化的基础上降低写字楼售价，并积极开展市场营销，于 2×19 年 12 月 1 日与 C 企业重新签订了房产转让协议，预计将于 9 个月内完成转让，A 企业和 B 企业不存在关联方关系。

分析：

A 企业与 B 企业之间的房产转让交易未能在一年内完成，原因是发生市场恶化、买方违约的罕见情况。在将写字楼划分为持有待售类别的最初一年内，A 企业已经重新签署转让协议，并预计将在 2×19 年 12 月 1 日开始的一年内完成，使写字楼重新符合了持有待售类别的划分条件。因此，A企业仍然可以将该资产继续划分为持有待售类别。

2. 某些特定持有待售类别分类的具体应用

（1）专为转售而取得的非流动资产或处置组。

（2）持有待售的长期股权投资。

42.3 持有待售的非流动资产或处置组的计量

42.3.1 取得日的计量

企业应当在初始计量时比较假定其不划分为持有待售类别情况下的初始计量金额和公允价值减去出售费用后的净额，以两者孰低计量。除企业合并中取得的非流动资产或处置组外，由非流动资产或处置组以公允价值减去出售费用后的净额作为初始计量金额而产生的差额，应当计入当期损益。

42.3.2 持有待售类别的初始计量和后续计量

（一）初始计量

企业将非流动资产或处置组首次划分为持有待售类别前，应当按照相关会计准则规定计量非流动资产或处置组中各项资产和负债的账面价值。

【例42-4】A企业拥有一座仓库，原价为120万元，年折旧额为12万元，截至2×16年12月31日已计提折旧60万元。2×17年1月31日，A企业与B企业签署不动产转让协议，拟在6个月内将该仓库转让，假定该不动产满足划分为持有待售类别的其他条件，且不动产价值未发生减值。

分析：

2×17年1月31日，A企业应当将仓库资产划分为持有待售类别，并按照《企业会计准则第4号——固定资产》对该固定资产计提1月折旧1万元。2×17年1月31日，该仓库在划分为持有待售类别前的账面价值为59万元，此后不再计提折旧。

企业初始计量持有待售的非流动资产或处置组时：如果其账面价值低于其公允价值减去出售费用后的净额，企业不需要对账面价值进行调整；如果账面价值高于其公允价值减去出售费用后的净额，企业应当将账面价值减记至公允价值减去出售费用后的净额，减记的金额确认为资产减值损失，计入当期损益，同时计提持有待售资产减值准备，但不应当重复确认不适用持有待售准则计量规定的资产和负债按照相关准则规定已经确认的损失。

企业应当按照有关规定确定非流动资产或处置组的公允价值。有些情况下，公允价值减去出售费用后的净额可能为负值，持有待售的非流动资产或处置组中资产的账面价值应当以减记至零为限。是否需要确认相关预计负债，应当按照相关规定进行会计处理。

【例42-5】P企业拟将下属子公司Q公司出售给R企业，双方已签订了转让协议，预计将在5个月内完成转让，Q子公司满足划分为持有待售类别的条件。Q子公司与T银行之间存在未决诉讼，Q子公司可能败诉。由于不符合预计负债的确认条件，P企业仅在报表附注中披露了或有负债。转让协议约定，Q子公司的转让价格将根据最终判决结果做出调整。

分析：

在合并财务报表中确定Q子公司的公允价值减去出售费用后的净额时，需要考虑尚未确认的或有负债的公允价值，Q子公司的账面价值未确认该项或有负债，因此Q子公司的公允价值减去出售费用后的净额低于其账面价值，应当确认持有待售资产减值损失，计入当期损益。

在合并财务报表中，非同一控制下的企业合并中新取得的非流动资产或处置组划分为持有待售类别的，应当按照公允价值减去出售费用后的净额计量；同一控制下的企业合并中非流动资产或处置组划分为持有待售类别的，应当按照合并日在被合并方的账面价值与公允价值减去出售费用后的净额孰低计量。除企业合并中取得的非流动资产或处置组外，由以公允价值减去出售费用后的净额作为非流动资产或处置组初始计量金额而产生的差额，应当计入当期损益。

【例42-6】2×19年3月1日，L公司购入非关联的M公司的全部股权，支付价款1 600万元。购入该股权之前，L公司的管理层已经作出决议，一旦购入M公司，将在一年内将其出售给N公司，M公司当前状况下即可立即出售。预计L公司还将为出售该子公司支付12万元的出售费用。L公司与N公司计划于2×19年3月31日签署股权转让合同。情形一：L公司与N公司初步议定股权转让价格为1 620万元。情形二：L公司尚未与N公司议定转让价格，2×19年3月1日股权公允价值与支付价款1 600万元一致。

情形一：M公司是专为转售而取得的子公司，其不划分为持有待售类别情况下的初始计量金额应当为1 600万元，当日公允价值减去出售费用后的净额为1 608万元，按照两者孰低计量。L公司2×19年3月1日的账务处理如下。

借：持有待售资产——长期股权投资　　　　　　　　　　16 000 000
　　贷：银行存款　　　　　　　　　　　　　　　　　　　16 000 000

情形二：M公司是专为转售而取得的子公司，其不划分为持有待售类别情况下的初始计量金额为1 600万元，当日公允价值减去出售费用后的净额为1 588万元，按照两者孰低计量。L公司2×19年3月1日的账务处理如下。

借：持有待售资产——长期股权投资　　　　　　　　　　15 880 000
　　资产减值损失　　　　　　　　　　　　　　　　　　　　120 000
　　贷：银行存款　　　　　　　　　　　　　　　　　　　16 000 000

持有待分配给所有者的非流动资产或处置组发生的分配费用，是可以直接归属于分配资产或处置组的增量费用，但不包括财务费用和所得税费用。除此之外，持有待分配给所有者类别的计量要求与持有待售类别相类似。

（二）后续计量

1. 持有待售的非流动资产的后续计量

企业在资产负债表日重新计量持有待售的非流动资产时，如果其账面价值高于公允价值减去出售费用后的净额，应当将账面价值减记至公允价值减去出售费用后的净额，减记的金额确认为资产减值损失，计入当期损益，同时计提持有待售资产减值准备。

如果后续资产负债表日持有待售的非流动资产公允价值减去出售费用后的净额增加，以前减记的金额应当予以恢复，并在划分为持有待售类别后非流动资产确认的资产减值损失金额内转回，转回金额计入当期损益，划分为持有待售类别前确认的资产减值损失不得转回。

持有待售的非流动资产不应计提折旧或摊销。

【例42-7】沿用【例42-6】，2×19年3月31日，L公司与N公司签订合同，转让所持有M公司的全部股权，转让价格为1 607万元，L公司预计还将支付8万元的出售费用。

情形一：2×19年3月31日，L公司持有的M公司的股权公允价值减去出售费用后的净额为1 599万元，账面价值为1 600万元，以两者孰低计量，L公司2×19年3月31日的账务处理如下。

借：资产减值损失　　　　　　　　　　　　　　　　　　　10 000
　　贷：持有待售资产减值准备——长期股权投资　　　　　10 000

情形二：2×19年3月31日，L公司持有的M公司的股权公允价值减去出售费用后的净额为1 599万元，账面价值为1 588万元，以两者孰低计量，L公司不需要进行账务处理。

2. 持有待售的处置组的后续计量

企业在资产负债表日重新计量持有待售的处置组时，应当首先按照相关会计准则规定计量处置组中不适用持有待售准则计量规定的资产和负债的账面价值。

在进行上述计量后，企业应当比较持有待售的处置组整体账面价值与公允价值减去出售费用后的净额，如果账面价值高于其公允价值减去出售费用后的净额，应当将账面价值减记至公允价值减去出售费用后的净额，减记的金额确认为资产减值损失，计入当期损益，同时计提持有待售资产减值准备，但不应当重复确认不适用持有待售准则计量规定的资产和负债按照相关准则规定已经确认的损失。

对于持有待售的处置组确认的资产减值损失金额，如果该处置组包含商誉，应当先抵减商誉的账面价值，再根据处置组中适用持有待售准则计量规定的各项非流动资产账面价值所占比重，按比例抵减其账面价值。确认的资产减值损失金额应当以适用持有待售准则计量规定的各项资产的账面价值为限，不应分摊至处置组中不适用持有待售准则计量规定的其他资产。

如果后续资产负债表日持有待售的处置组公允价值减去出售费用后的净额增加，以前减记的金额应当予以恢复，并在划分为持有待售类别后适用持有待售准则计量规定的非流动资产确认的资产减值损失金额内转回，转回金额计入当期损益，且不应当重复确认不适用持有待售准则计量规定的资产和负债按照相关准则规定已经确认的利得。已抵减的商誉账面价值，以及适用持有待售准则计量规定的非流动资产在划分为持有待售类别前确认的资产减值损失不得转回。对于持有待售的处置组确认的资产减值损失后续转回金额，应当根据处置组中除商誉外适用持有待售准则计量规定的各项非流动资产账面价值所占比重，按比例增加其账面价值。

【例42-8】A企业拥有一个销售门店，2×19年6月15日，该门店的部分科目余额表如表42-2所示。

表 42-2　　　　2×19 年 6 月 15 日门店调整前的部分科目余额表

单位：元

科目名称	借方余额	贷方余额
库存现金	310 000	
应收账款	260 000	
坏账准备		10 000
库存商品	300 000	
存货跌价准备		100 000
其他债权投资	380 000	
固定资产	1 100 000	
累计折旧		30 000
固定资产减值准备		15 000
无形资产	950 000	
累计摊销		14 000
无形资产减值准备		5 000
商誉	200 000	
应付账款		310 000
其他应付款		560 000
预计负债		250 000

当日，A 企业与 B 企业签订转让协议，将该门店资产和相关负债整体转让，但保留员工，假设该处置组不构成一项业务，转让价格初定为 1 900 000 元。转让协议同时约定，对于门店 2×19 年 6 月 10 日购买的一项分类为以公允价值计量且其变动计入其他综合收益的其他债权投资（其购入成本即为 380 000 元），转让价格以转让完成当日市场报价为准。假设该门店满足划分为持有待售类别的条件，但不符合终止经营的定义。

截至 2×19 年 6 月 15 日，固定资产还应当计提折旧 5 000 元，无形资产还应当计提摊销 1 000 元，固定资产和无形资产均用于管理。2×19 年 6 月 15 日，其他债权投资公允价值降至 360 000 元，固定资产可收回金额降至 1 020 000 元，其他资产、负债价值没有发生变化。2×19 年 6 月 15 日，该门店的公允价值为 1 900 000 元，A 企业预计为转让门店还需支付律师和注册会计师专业咨询费共计 70 000 元。假设 A 企业不存在其他持有待售的非流动资产或处置组，不考虑税收影响。

2×19 年 6 月 30 日，该门店尚未完成转让，A 企业作为其他债权投资核算的债券投资市场报价上升至 370 000 元，假设其他资产、负债价值没有变化。B 企业在对门店进行检查时发现一些资产轻微破损，A企业同意修理，预计修理费用为5 000元，A企业还将律师和注册会计师咨询费预计金额调整至40 000元。当日，门店处置组整体的公允价值为1 910 000元。

分析：

（1）2×19年6月15日，A企业首次将该处置组划分为持有待售类别前，应当按照适用的会计准则计量各项资产和负债的账面价值。其账务处理如下。

借：管理费用　　　　　　　　　　　　　　　　　　　　　　6 000
　　贷：累计折旧　　　　　　　　　　　　　　　　　　　　5 000
　　　　累计摊销　　　　　　　　　　　　　　　　　　　　1 000
借：其他综合收益　　　　　　　　　　　（380 000-360 000）20 000
　　贷：其他债权投资　　　　　　　　　　　　　　　　　　20 000
借：资产减值损失［（1 100 000-30 000-15 000-5 000）-1 020 000］30 000
　　贷：固定资产减值准备　　　　　　　　　　　　　　　　30 000

经上述调整后，2×19年6月15日该门店各资产和负债的账面价值见表42-3。

表42-3　　2×19年6月15日门店资产和负债调整后账面价值

单位：元

报表项目	账面价值
持有待售资产：	
库存现金	310 000
应收账款	260 000
库存商品	200 000
其他债权投资	360 000
固定资产	1 020 000
无形资产	930 000
商誉	200 000
持有待售资产小计	3 280 000
持有待售负债：	
应付账款	（310 000）
其他应付款	（560 000）
预计负债	（250 000）
持有待售负债小计	（1 120 000）
合计	2 160 000

（2）2×19年6月15日，A企业将该门店处置组划分为持有待售类别时，其账务处理如下。

借：持有待售资产——库存现金　　　　　　　　　　　　　310 000
　　　　　　　　——应收账款　　　　　　　　　　　　　260 000
　　　　　　　　——库存商品　　　　　　　　　　　　　300 000
　　　　　　　　——其他债权投资　　　　　　　　　　　360 000

——固定资产	1 020 000
——无形资产	930 000
——商誉	200 000
存货跌价准备	100 000
固定资产减值准备	45 000
累计折旧	35 000
累计摊销	15 000
无形资产减值准备	5 000
贷：持有待售资产减值准备——存货跌价准备	100 000
库存现金	310 000
应收账款	260 000
库存商品	300 000
其他债权投资	360 000
固定资产	1 100 000
无形资产	950 000
商誉	200 000
借：应付账款	310 000
其他应付款	560 000
预计负债	250 000
贷：持有待售负债——应付账款	310 000
——其他应付款	560 000
——预计负债	250 000

（3）2×19年6月15日，由于该处置组的账面价值2 160 000元高于公允价值减去出售费用后的净额1 830 000（1 900 000-70 000）元，A企业应当以1 830 000元计量处置组，并计提持有待售资产减值准备330 000（2 160 000-1 830 000）元，计入当期损益。

持有待售资产的减值损失应当分配至适用持有待售准则计量规定的非流动资产的账面价值。具体来说，应当先抵减处置组中商誉的账面价值200 000元，剩余金额130 000元再根据固定资产、无形资产账面价值所占比重，按比例抵减其账面价值。2×19年6月15日，各项资产和负债分摊持有待售资产减值损失及抵减减值损失后的账面价值见表42-4。

表42-4　2×19年6月15日门店资产和负债抵减减值损失后的账面价值

单位：元

报表项目	2×19年6月15日抵减减值损失前账面价值	减值损失分摊	2×19年6月15日抵减减值损失后账面价值
持有待售资产：			
库存现金	310 000		310 000
应收账款	260 000		260 000

续表

报表项目	2×19年6月15日抵减减值损失前账面价值	减值损失分摊	2×19年6月15日抵减减值损失后账面价值
库存商品	200 000		200 000
其他债权投资	360 000		360 000
固定资产	1 020 000	(68 000*)	952 000
无形资产	930 000	(62 000**)	868 000
商誉	200 000	(200 000)	0
持有待售资产小计	3 280 000		2950 000
持有待售负债：			
应付账款	(310 000)		(310 000)
其他应付款	(560 000)		(560 000)
预计负债	(250 000)		(250 000)
持有待售负债小计	(1 120 000)		(1 120 000)
合计	2 160 000	-330 000	1 830 000

注：*130 000÷（1 020 000+930 000）×1 020 000。

** 130 000÷（1 020 000+930 000）×930 000。

A企业的账务处理如下。

借：资产减值损失　　　　　　　　　　　　　　　　330 000

　　贷：持有待售资产减值准备——固定资产　　　　68 000

　　　　　　　　　　　　　　——无形资产　　　　62 000

　　　　　　　　　　　　　　——商誉　　　　　　200 000

（4）2×19年6月30日，A企业按照适用的会计准则计量其他债权投资，账务处理如下。

借：持有待售资产——其他债权投资　　　　　　　　10 000

　　贷：其他综合收益　　　　　　　　　　　　　　10 000

当日，该处置组的账面价值为1 840 000元（包含其他债权投资已经确认的利得10 000元），预计出售费用为45 000（5 000+40 000）元，公允价值减去出售费用后的净额为1 865 000（1 910 000-45 000）元，高于账面价值。

处置组的公允价值减去出售费用后的净额后续增加的，应当在原已确认的持有待售资产减值损失范围内转回，但已抵减的商誉账面价值200 000元和划分为持有待售类别前适用持有待售准则计量规定的非流动资产已计提的资产减值准备不得转回，因此，转回金额应当以130 000（68 000+62 000）元为限。根据上述分析，A企业可转回已经确认的持有待售资产减值损失25 000（1 865 000-1 840 000）元，根据固定资产、无形资产账面价值所占比重，按比例转回其账面价值。资产减值损失转回金额的分摊见表42-5。

表 42-5　2×19 年 6 月 30 日门店资产和负债减值损失转回后的账面价值

单位：元

报表项目	2×19 年 6 月 15 日抵减减值后账面价值	2×19 年 6 月 30 日按照其他适用准则重新计量	2×19 年 6 月 30 日重新计量后的账面价值	减值损失转回的分摊	2×19 年 6 月 30 日减值损失转回后账面价值
持有待售资产：					
货币资金	310 000		310 000		310 000
应收账款	260 000		260 000		260 000
存货	200 000		200 000		200 000
其他债权投资	360 000	10 000	370 000		370 000
固定资产	952 000		952 000	13 077*	965 077
无形资产	868 000		868 000	11 923**	879 923
商誉	0		0		0
持有待售资产小计	2 950 000				2 985 000
持有待售负债：					
应付账款	（310 000）		（310 000）		（310 000）
其他应付款	（560 000）		（560 000）		（560 000）
预计负债	（250 000）		（250 000）		（250 000）
持有待售负债小计	（1 120 000）				（1 120 000）
合计	1 830 000	10 000	1 840 000	25 000	1 865 000

注：* 25 000÷（952 000+868 000）×952 000。

　　** 25 000÷（952 000+868 000）×868 000。

借：持有待售资产减值准备——固定资产　　　　　　　　　13 077
　　　　　　　　　　　　　　——无形资产　　　　　　　　11 923
　贷：资产减值损失　　　　　　　　　　　　　　　　　　　25 000

A 企业在 2×19 年 6 月 30 日的资产负债表中应当分别以"持有待售资产"和"持有待售负债"列示 2 985 000 元和 1 120 000 元。由于处置组不符合终止经营定义，持有待售资产确认的资产减值损失应当在利润表中以持续经营损益列示。企业同时应当在附注中进一步披露该持有待售处置组的相关信息。

持有待售的处置组中的非流动资产不应计提折旧或摊销，持有待售的处置组中的负债和不适用持有待售准则计量规定的金融资产、以公允价值计量的投资性房地产等的利息或租金收入、支出以及其他费用应当继续予以确认。

【例42-9】F企业拟将拥有的核电站转让给H企业，双方已签订了转让协议。由于核电站主体设备核反应堆将对当地生态环境产生一定影响，在核电站最初建造完成并交付使用时，F企业考虑到设备使用期满后将其拆除并整治污染的弃置费用，确认了38.55万元的预计负债，并按照每年10%的实际利率对该弃置费用逐期确认利息费用。

分析：

F企业将核电站划分为持有待售类别后，该预计负债应当作为持有待售负债，且该资产弃置义务产生的利息费用应当继续确认。

42.3.3 减值准备的转回

后续资产负债表日持有待售的非流动资产公允价值减去出售费用后的净额增加的，以前减记的金额应当予以恢复，并在划分为持有待售类别后确认的资产减值损失金额内转回，转回金额计入当期损益。划分为持有待售类别前确认的资产减值损失不得转回。对于后续资产负债表日持有待售的处置组同样适用，并且已抵减的商誉账面价值不得转回。

持有待售的非流动资产或处置组中的非流动资产不应计提折旧或摊销，持有待售的处置组中负债的利息和其他费用应当继续予以确认。

42.3.4 不再满足划分条件时的处理

非流动资产或处置组因不再满足持有待售类别划分条件而不再继续划分为持有待售类别或非流动资产从持有待售的处置组中移除时，应当按照以下两者孰低计量。

（1）划分为持有待售类别前的账面价值，按照假定不划分为持有待售类别情况下本应确认的折旧、摊销或减值等进行调整后的金额。

（2）可收回金额。由此产生的差额计入当期损益，可以通过"资产减值损失"科目进行会计处理。

42.4 终止经营

终止经营，是指企业满足下列条件之一的、能够单独区分的组成部分，且该组成部分已经处置或划分为持有待售类别：

（1）该组成部分代表一项独立的主要业务或一个单独的主要经营地区；

（2）该组成部分是拟对一项独立的主要业务或一个单独的主要经营地区进行处置的一项相关联计划的一部分；

（3）该组成部分是专为转售而取得的子公司。

终止经营的定义包含以下三方面含义。

（1）终止经营应当是企业能够单独区分的组成部分。

（2）终止经营应当具有一定的规模。

【例42-10】某快餐A企业在全国拥有500家零售门店，A企业决定将其位于Z市的8家零售门店中的一家门店C出售，并于2×19年8月13日与B企业正式签订了转让协议，假设该门店C符合持有待售类别的划分条件。判断门店C是否构成A企业的终止经营。

分析：

尽管门店C是一个处置组，也符合持有待售类别的划分条件，但由于它只是一个零售点，不能代表一项独立的主要业务或一个单独的主要经营地区，也不构成拟对一项独立的主要业务或一个单独的主要经营地区进行处置的一项相关联计划的一部分，因此该处置组并不构成A企业的终止经营。

（3）终止经营应当满足一定的时点要求。符合终止经营定义的组成部分应当属于以下两种情况之一。

①该组成部分在资产负债表日之前已经处置，包括已经出售和结束使用。

【例42-11】C企业集团拥有一家经营药品批发业务的子公司H公司，药品批发构成C的一项独立的主要业务，且H在全国多个城市设立了营业网点。由于经营不善，C决定停止H的所有业务。截至2×19年10月13日，已处置了该子公司所有存货并辞退了所有员工，但仍有一些债权等待收回，部分营业网点门店的租约尚未到期，仍需支付租金费用。判断H是否构成C的终止经营。

分析：

由于H子公司原药品批发业务已经停止，收回债权、处置租约等尚未结算的未来交易并不构成上述业务的延续，因此该子公司的经营已经终止，应当认为2×19年10月13日后该子公司符合终止经营的定义。

②该组成部分在资产负债表日之前已经划分为持有待售类别。

【例42-12】F企业集团决定出售其专门从事酒店管理的下属子公司R公司，酒店管理构成F的一项主要业务。R子公司管理一个酒店集团和一个连锁健身中心。为获取最大收益，F决定允许将酒店集团和连锁健身中心出售给不同买家，但酒店集团和健身中心的转让是相互关联的，即两者或者均出售，或者均不出售。F于2×19年12月6日与S企业就转让连锁健身中心正式签订了协议，假设此时连锁健身中心符合了持有待售类别的划分条件，但酒店集团尚不符合持有待售类别的划分条件。判断酒店集团和连锁健身中心是否构成F的终止经营。

分析：

处置酒店集团和连锁健身中心构成一项相关联的计划，虽然酒店集团和连锁健身中心可能出售给不同买家，但分别属于对一项独立的主要业务进行处置的一项相关联计划的一部分，因此连锁健身中心符合终止经营的定义，酒店集团在未来符合持有待售类别划分条件时也符合终止经营的定义。

不是所有划分为持有待售类别的处置组都符合终止经营的定义，因为有些处置组可能不是"能够单独区分的组成部分"或不符合终止经营定义中的规模条件；也不是所有终止经营都划分为持有待售类别，因为有些终止经营在资产负债表日前已经处置。

42.5 列报

42.5.1 资产负债表列报

持有待售资产和负债不应当相互抵销。"持有待售资产"和"持有待售负债"应当分别作为流动资产和流动负债列示。具体来说,企业应当在资产负债表资产项下"一年内到期的非流动资产"项目之上增设"持有待售资产"项目,反映资产负债表日划分为持有待售类别的非流动资产及划分为持有待售类别的处置组中的流动资产和非流动资产的期末账面价值。"持有待售资产"项目应当根据"持有待售资产"科目的期末余额,减去"持有待售资产减值准备"科目的期末余额后的金额填列。企业应当在资产负债表负债项下"一年内到期的非流动负债"项目之上增设"持有待售负债"项目,反映资产负债表日处置组中与划分为持有待售类别的资产直接相关的负债的期末账面价值。"持有待售负债"项目应当根据"持有待售负债"科目的期末余额填列。

对于当期首次满足持有待售类别划分条件的非流动资产或划分为持有待售类别的处置组中的资产和负债,不应当调整可比会计期间资产负债表。

终止经营的列示:如果终止经营划分为持有待售类别,应当按照上述持有待售类别的列报要求处理。如果终止经营没有划分为持有待售类别,而是被处置,无论是当期还是可比会计期间的资产负债表中都不应当列报与之相关的持有待售资产或负债。

【例42-13】甲公司为增值税一般纳税人,适用的增值税税率为13%。2×20年1月1日,甲公司与乙公司签订一项购货合同,甲公司从乙公司购入一台需要安装的大型机器设备。合同约定,甲公司采用分期付款方式支付价款。该设备价款共计6 000万元(不含增值税),分6期平均支付,首期款项1 000万元于2×20年1月1日支付,其余款项在5年内平均支付,每年的付款日期为当年12月31日。支付款项时收到增值税专用发票。2×20年1月1日,设备如期运抵并开始安装,发生运杂费和相关税费260万元,已用银行存款付讫。2×20年12月31日,设备达到预定可使用状态,发生安装费360万元,已用银行存款付讫。甲公司按照合同约定用银行存款如期支付了款项。假定折现率为10% [$(P/A, 10\%, 5)$ =3.790 81]。甲公司会计处理如下(以万元为单位)。

(1)计算购买价款的现值。

1 000+1 000×$(P/A, 10\%, 5)$=1 000+1 000×3.790 8=4 790.8(万元)

(2)2×20年1月1日。

借:在建工程	4 790.8
未确认融资费用	1 209.2
贷:长期应付款	(1 000×6)6 000
借:长期应付款	1 000
应交税费——应交增值税(进项税额)	130
贷:银行存款	1 130
借:在建工程	260
贷:银行存款	260

(3) 2×20年1月1日至2×20年12月31日为设备的安装期间,未确认融资费用的分摊额符合资本化条件,计入固定资产成本。

2×20年12月31日。

本期摊销金额=(长期应付款期初余额-未确认融资费用期初余额)×折现率

借:在建工程　　　　　　　　　　　[(5 000-1 209.2)×10%]379.08
　　贷:未确认融资费用　　　　　　　　　　　　　　　　　　379.08
借:长期应付款　　　　　　　　　　　　　　　　　　　　　1 000
　　应交税费——应交增值税(进项税额)　　　　　　　　　　130
　　贷:银行存款　　　　　　　　　　　　　　　　　　　　1 130
借:在建工程　　　　　　　　　　　　　　　　　　　　　　360
　　贷:银行存款　　　　　　　　　　　　　　　　　　　　360
借:固定资产　　　　　　　　(4 790.8+260+379.08+360)5 789.88
　　贷:在建工程　　　　　　　　　　　　　　　　　　　　5 789.88

(4) 2×20年12月31日,设备已经达到预定可使用状态,2×21年至2×25年未确认融资费用的分摊额不再符合资本化条件,应计入当期损益。

2×21年12月31日。

未确认融资费用的分摊额=3 169.88×10%=316.99(万元)

借:财务费用　　　　　　　　　　　　　　　　　　　　　316.99
　　贷:未确认融资费用　　　　　　　　　　　　　　　　316.99
借:长期应付款　　　　　　　　　　　　　　　　　　　　1 000
　　应交税费——应交增值税(进项税额)　　　　　　　　　130
　　贷:银行存款　　　　　　　　　　　　　　　　　　　1 130

(5) 计算2×22年12月31日未确认融资费用的分摊额。

未确认融资费用的分摊额=2 486.87×10% = 248.69(万元)

【例42-14】 沿用【例42-13】的资料。假定2×22年12月31日甲公司与丙公司签订资产组(包括上述固定资产和长期应付款)转让协议,内容为将2×20年1月1日从乙公司取得的固定资产转让给丙公司,转让价款为5 000万元,同时甲公司、乙公司与丙公司签订协议,约定甲公司因取得该固定资产尚未支付乙公司的款项2 000万元由丙公司负责偿还。预计2×23年3月末甲公司与丙公司办理完成了固定资产的权利变更手续。2×23年3月末,甲公司开出增值税发票,价款为5 000万元,增值税为650万元,同时,收到丙公司支付的款项3 650万元,转让前,固定资产采用直线法计提折旧,预计使用年限为10年。

甲公司2×22年12月31日的会计处理如下。

(1) 计量。

该资产组符合持有待售的非流动资产,按照资产组账面价值(4 631.9万元)与公允价值减去处置费用后的净额(5 000-264.44 = 4 735.56万元)孰低进行计量,不调整资产组账面价值。

（2）列报。

持有待售的非流动资产既包括单项资产也包括处置组。因此，无论是被划分为持有待售的单项非流动资产还是处置组中的资产，都应当在资产负债表的流动资产部分单独列报，即"持有待售的资产"项目 4 631.9 万元；类似地，被划分为持有待售的处置组中的与转让资产相关的负债应当在资产负债表的流动负债部分单独列报，即"持有待售的负债"项目 4 735.56 万元。

42.5.2 利润表列报

企业应当在利润表中"营业利润"项目之上单设"资产处置收益"项目，反映企业出售划分为持有待售的非流动资产（金融工具、长期股权投资和投资性房地产除外）或处置组（子公司和业务除外）时确认的处置得利或损失。"资产处置收益"项目应根据"资产处置损益"科目的发生额分析填列；如为处置损失，以"-"号填列。企业应当分别列示持续经营损益和终止经营损益，在利润表"净利润"项目下增设"持续经营净利润"和"终止经营净利润"项目，以税后净额分别反映持续经营相关损益和终止经营相关损益。

终止经营的减值损失和转回金额等经营损益及处置损益应当作为终止经营损益列报。

持有待售的非流动资产或处置组的列示。不符合终止经营定义的持有待售的非流动资产或处置组所产生的下列相关损益，应当在利润表中作为持续经营损益列报：（1）企业初始计量或在资产负债表日重新计量持有待售的非流动资产或处置组时，因账面价值高于其公允价值减去出售费用后的净额而确认的资产减值损失。（2）后续资产负债表日持有待售的非流动资产或处置组公允价值减去出售费用后的净额增加，因恢复以前减记的金额而转回的资产减值损失。（3）持有待售的非流动资产或处置组的处置损益。

终止经营的列示。终止经营的相关损益应当作为终止经营损益列报，列报的终止经营损益应当包含整个报告期间，而不仅包含认定为终止经营后的报告期间。相关损益具体包括：（1）终止经营的经营活动损益。（2）企业初始计量或在资产负债表日重新计量符合终止经营定义的持有待售的处置组时，因账面价值高于其公允价值减去出售费用后的净额而确认的资产减值损失。（3）后续资产负债表日符合终止经营定义的持有待售处置组的公允价值减去出售费用后的净额增加，因恢复以前减记的金额而转回的资产减值损失。（4）终止经营的处置损益。（5）终止经营处置损益的调整金额。

企业在处置终止经营的过程中可能附带产生一些增量费用，如果不进行该项处置就不会产生这些费用，企业应当将这些增量费用作为终止经营损益列报。

【例42-15】A企业集团拥有子公司B公司，并为其专门租入一栋写字楼作为办公场所，现A决定将B子公司转让给F企业，转让完成后，B将整体搬迁至F的写字楼。由于B目前办公所在地的租期未满，A必须承担将办公楼低于原租金转租或者提前终止租赁合同的损失。假设B子公司符合持有待售类别的划分条件和终止经营的定义。

分析：

尽管如果不出售B子公司，与租赁办公楼相关的损失就不会发生，但对于出售B子公司本身而言，该损失并不是必不可少的，不是与出售B子公司直接相关的增量成本。因此，在对 B 子公司以账面价值与公允价值减去出售费用后的净额孰低计量时，不应当将办公楼低于原租金转租或者提前终止租赁合同的损失作为出售费用处理，但应当在利润表中将其列示在"终止经营净利润"项目中，并在附注中作为终止经营费用的一部分披露。

拟结束使用而非出售的处置组满足终止经营定义中有关组成部分的条件的，应当自停止使用日起作为终止经营列报。列报的终止经营损益应当包含整个报告期间，而不仅包含认定为终止经营后的报告期间。如果因出售对子公司的投资等原因导致企业丧失对子公司的控制权，且该子公司符合终止经营定义的，应当在合并利润表中列报相关终止经营损益。

对于当期列报的终止经营，企业应当在当期财务报表中，将原来作为持续经营损益列报的信息重新作为可比会计期间的终止经营损益列报。

企业应当在利润表中将终止经营处置损益的调整金额作为终止经营损益列报，并在附注中披露调整的性质和金额。

在利润表中要单独反映终止经营损益，其他细化信息在附注中披露即可。

42.5.3 报表附注中的披露

一、企业应当在附注中披露下列信息

（1）持有待售的非流动资产或处置组的出售费用和主要类别，以及每个类别的账面价值和公允价值。

（2）持有待售的非流动资产或处置组的出售原因、方式和时间安排。

（3）列报持有待售的非流动资产或处置组的分部。

（4）持有待售的非流动资产或持有待售的处置组中的资产确认的减值损失及其转回金额。

（5）与持有待售的非流动资产或处置组有关的其他综合收益累计金额。

（6）终止经营的收入、费用、利润总额、所得税费用（收益）和净利润。

（7）终止经营的资产或处置组确认的减值损失及其转回金额。

（8）终止经营的处置损益总额、所得税费用（收益）和处置净损益。

（9）终止经营的经营活动、投资活动和筹资活动现金流量净额。

（10）归属于母公司所有者的持续经营损益和终止经营损益。

非流动资产或处置组在资产负债表日至财务报告批准报出日之间满足持有待售类别划分条件的，应当作为资产负债表日后非调整事项进行会计处理，并按照前三条的规定进行披露。

二、企业应当在附注中披露有关终止经营的下列信息

（1）终止经营的收入、费用、利润总额、所得税费用（收益）和净利润，即利润表中"终止经营净利润"项目信息的进一步分解。

（2）终止经营的资产或处置组确认的减值损失及其转回金额。

（3）终止经营的处置损益总额、所得税费用（收益）和处置净损益。

（4）终止经营的经营活动、投资活动和筹资活动现金流量净额。

（5）归属于母公司所有者的持续经营损益和终止经营损益。

（6）终止经营处置损益调整的性质和金额。

如果企业因出售对子公司的投资等原因导致其丧失对子公司的控制权，且该子公司符合终止经营定义，应当在附注中披露上述信息。

三、对于当期首次列报的终止经营，企业应当在附注中披露可比会计期间与该终止经营有关的下列信息

（1）终止经营的收入、费用、利润总额、所得税费用（收益）和净利润。

（2）终止经营的资产或处置组确认的减值损失及其转回金额。

（3）终止经营的经营活动、投资活动和筹资活动现金流量净额。

（4）归属于母公司所有者的持续经营损益和终止经营损益。

企业专为转售而取得的持有待售的子公司，应当按照"一、企业应当在附注中披露下列信息"中的（2）至（5）和（10）的规定进行披露。

42.5.4 可比期间信息的披露

（1）对于当期首次满足持有待售类别划分条件的非流动资产或处置组，不应当调整可比会计期间资产负债表。

（2）对于当期列报的终止经营，企业应当在当期财务报表中，将原来作为持续经营损益列报的信息重新作为可比会计期间的终止经营损益列报。

（3）拟结束使用而非出售的处置组满足终止经营定义中有关组成部分的条件的，应当自停止使用日起作为终止经营列报。

（4）企业因出售对子公司的投资等原因导致其丧失对子公司控制权，且该子公司符合终止经营定义的，应当在合并利润表中列报相关终止经营损益，并按照准则在报表附注中进行披露。

（5）非流动资产或处置组不再继续划分为持有待售类别或非流动资产从持有待售的处置组中移除的，企业应当在当期利润表中将非流动资产或处置组的账面价值调整金额作为持续经营损益列报。企业的子公司、共同经营、合营企业、联营企业以及部分对合营企业或联营企业的投资不再继续划分为持有待售类别或从持有待售的处置组中移除的，企业应当在当期财务报表中相应调整各个划分为持有待售类别后可比会计期间的比较数据。企业应当在附注中披露下列信息：

①企业改变非流动资产或处置组出售计划的原因；

②可比会计期间财务报表中受影响的项目名称和影响金额。

（6）终止经营不再满足持有待售类别划分条件的，企业应当在当期财务报表中，将原来作为终止经营损益列报的信息重新作为可比会计期间的持续经营损益列报，并在附注中说明这一事实。